최신 회계감사

최신 회계감사

이효익 · 김한수

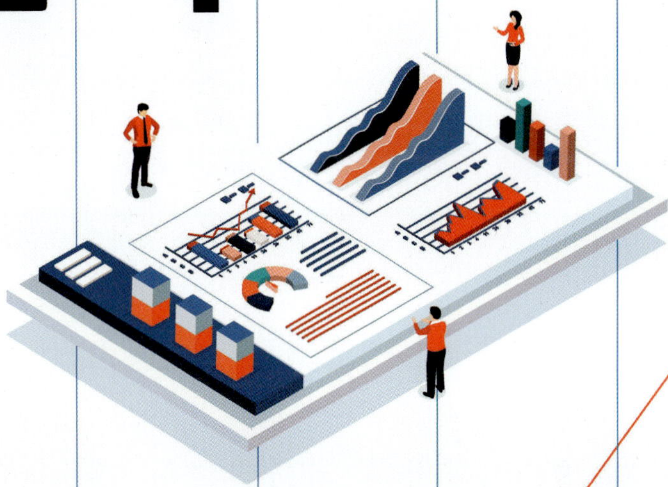

제2판

신영사

머리말(제2판)

본서 「최신 회계감사」를 처음 발간한 2021년 이후에 회계와 감사환경에 많은 변화가 있었다. 여러 관련 규정이 개정 또는 신설되었고 2025년부터는 새로운 공인회계사 시험제도가 시행될 예정이다. 특히 회계감사에서는 IT분야의 중요성이 대두되어 출제 비중을 확대할 계획이다. 이러한 변화에 맞춰 제2판에서는 다음 사항을 중점 반영하였다.

- 금융감독원은 새로운 분야에 대한 수험생의 적응력을 높이기 위해 모의문제와 데이터베이스(DB) 관련 용어를 제시한 바 있다. 이에 따라 '제8장 전산환경에서의 감사'에 '제6절 데이터 분석'을 추가하였다. 데이터베이스의 이해를 돕기 위해 빅데이터의 중요성, 관계형 데이터베이스의 개념 및 적용방식을 서술하고 있다. 독자가 이해하기 쉽도록 금융감독원에서 제시한 관련 용어를 본문에 제시하였고, 관련 모의사례는 연습문제에 반영하였다.
- 2021년 초판을 출간한 후 최근까지 개정된 「외부감사법」과 「공인회계사법」 그리고 관련 시행령과 기타 규정의 변동내용을 모두 반영하였다.

한편 회계감사기준 및 관련 법령을 처음 접하는 독자가 더 쉽게 이해할 수 있도록 초판에서의 문장과 편집형식에 대해 수정작업을 하였다. 아울러 제2판부터는 학생들의 사용편의를 도모하고 경제적 부담을 완화하기 위해 해답집을 전자책(eBook)으로만 출간하기로 하였다.

한 권의 책이 세상의 빛을 보고, 이론서뿐만 아니라 실무적 지침서의 역할을 충실히 소화해 내기 위해서는 많은 사람의 지혜와 경험이 함께 모아져야 한다. 지난 38년여 동안 본서의 원전인 「회계감사론」과 「New ISA 회계감사」를 강의교재로 사용하면서 격려와 제안을 해주신 많은 교수님께 깊은 감사를 드린다. 감사실무의 최신 동향에 관한 값진 조언을 해주신 공인회계사분들 그리고 본서의 구성과 전개방식에 대해 건설적인 제안을 해주신 독자들에게도 감사의 말씀을 전한다. 본서의 출간을 위해 항상 수고하시는 신영사의 권영섭 사장님, 박지영 편집국장님과 편집부 직원 여러분께도 감사를 표한다.

2024년 6월
저자들 씀

머리말 (제1판)

2014년 신국제감사기준(New ISA)의 전면 도입을 결정한 이후 우리 회계감사 환경에는 많은 변화가 있었다. 이에 맞추어 국회는 2018년 회계산업 전반에 걸친 대대적인 개혁을 위하여 외부감사법을 대폭 개정하였다. 개정 외부감사법에서는 회사의 회계처리에 대한 책임 및 자체 역량 강화, 감사인의 회사로부터의 독립성 및 감사품질 제고와 정부의 회계부정 · 감사부실에 대한 감독 역량 및 제재 수준 강화를 위한 내용을 담고 있다. 2019년부터는 상장기업에 대해 단계적으로 내부회계관리제도의 검토수준에서 감사수준으로 강화하였다.

본서 「최신 회계감사」는 새롭게 변화된 감사환경 관점에서 최신의 감사이론과 실무를 기술하고 있다. 본서는 크게 다음의 다섯 부문으로 구성하고, 총 16개의 장으로 편성하였다.

제Ⅰ부	감사일반론	(제1장~제3장)
제Ⅱ부	감사목표와 감사계획	(제4장~제6장)
제Ⅲ부	통제테스트와 실증절차	(제7장~제10장)
제Ⅳ부	활동유형별 감사절차	(제11장~제14장)
제Ⅴ부	감사의 종료 및 보고	(제15장~제16장)

제Ⅰ부에서는 감사의 본질, 감사인의 직업윤리와 책임을 다루고, 제Ⅱ부에서는 감사목표, 감사절차, 감사증거수집방법, 감사위험 등 감사기술 일반과 감사계획의 수립을 기술한다. 제Ⅲ부에서는 내부통제의 평가절차와 실증절차에 대해 매출과 대금회수 활동을 예로 들어 설명하고 전산감사와 표본감사의 방법을 구체적 사례로 상세하게 설명한다. 제Ⅳ부에서는 각 활동유형별(계정과목별)로 내부통제의 평가와 계정잔액 실증절차를 감사실무 중심으로 기술한다. 마지막으로 제Ⅴ부에서는 현장감사의 종료시

점에서 수집한 감사증거의 평가와 의견형성 절차 및 감사보고의 방법을 다룬다.

본서는 회계감사를 광범위하게 포괄적으로 다루고 있어 학생들이 한 학기에 모두 배우기에는 벅찰 수 있다. 제Ⅳ부 활동유형별 감사절차는 강의를 생략해도 전반적인 회계감사 흐름을 파악하고 감사실무를 무리 없이 이해할 수 있도록 집필하였다.

본서는 감사실무의 경험이 없는 학생에게 감사의 기초개념과 이론을 설명하기 위한 기본서로 저술하였다. 아울러 이론교재의 기능뿐만 아니라 다양한 환경에 대응해야 하는 감사인에게 실무지침서의 역할도 수행할 수 있도록 기술적 측면도 상세히 다루고 있다.

본서는 상세한 설명과 현장사례 중심으로 논리를 전개함으로써 그 원리를 이해하기 쉽도록 고민과 정성을 기울였다. 각 장에서는 학습 전에 중점적으로 다루는 사항을 '학습목표'에서 먼저 제시하고, '한눈에 살펴보는 이 장의 내용'에서는 각 장의 전반적인 흐름을 전체적으로 조감할 수 있도록 핵심정리의 형식을 빌려 미리 요약하였다. 본문에서 새로운 용어나 개념이 등장할 경우 이들은 본문여백 날개에 정리하는 형식을 취하였다.

연습문제에서는 본문의 내용을 충분히 이해하였는지 확인할 수 있도록 '진위형'을 먼저 '서술형' 앞에 배치하였다. 실무경험이 없는 학생이 감사현상을 간접적으로나마 체험할 수 있도록 '서술형' 문제를 만들려고 노력하였고, '사례연구'는 플립러닝(flipped learning)과 문제중심학습(project based learning) 목적으로 활용할 수 있도록 집필하였다.

지난 35년여 동안 본서의 원전인 「회계감사론(이효익, 1987)」과 「New ISA 회계감사(이효익 · 김한수, 2013)」를 강의교재로 사용하시면서 격려해 주신 많은 교수님께 깊은 감사를 드린다. 감사실무를 수행하면서 값진 조언을 제공해 주신 공인회계사분들과 각종 자격시험을 준비하면서 좋은 제안을 주었던 수험생에게도 감사의 말씀을 드린다.

세상에 좋은 책을 널리 보급하기 위해 노력을 아끼지 않은 신영사의 권영섭 사장님, 책의 형식뿐만 아니라 내용까지 꼼꼼하게 검토해 주시는 박지영 국장님과 편집국에 깊은 감사를 드린다.

2021년 6월

저자들 씀

차 례

제 I 부 감사일반론

제 1 장 감사의 수요

제 1 절 감사의 기본개념 ······ 17
제 2 절 감사의 경제적 효과 ······ 21
제 3 절 감사의 종류 ······ 25
제 4 절 감사인과 감사업무 ······ 34
제 5 절 일반적으로 인정된 감사기준 ······ 37
제 6 절 회계감사의 역사적 발전과정 ······ 40
❖ 연습문제 / 47

제 2 장 감사인의 직업윤리

제 1 절 감사인에게 윤리는 왜 필요한가? ······ 53
제 2 절 공인회계사윤리기준의 체계와 독립성 ······ 54
제 3 절 감사의 품질관리 ······ 78
❖ 연습문제 / 88

제 3 장 감사인의 법적 책임

제 1 절 감사인 책임의 의의 ······ 97
제 2 절 법적 책임 ······ 100

제 3 절 부정발견과 법규준수고려의 책임 ······ 105
✤ 연습문제 / 124

제Ⅱ부 감사목표와 감사계획

제 4 장 감사목표와 감사절차

제 1 절 경영진주장에 대한 감사인의 감사목표 ······ 137
제 2 절 감사목표 달성을 위한 감사절차 ······ 143
제 3 절 감사절차의 흐름 ······ 160
✤ 연습문제 / 171

제 5 장 감사증거와 감사위험

제 1 절 감사증거 질과 양의 결정 ······ 181
제 2 절 감사증거의 수집방법 ······ 183
제 3 절 감사조서 ······ 188
제 4 절 중요성과 감사위험 ······ 192
✤ 연습문제 / 211

제 6 장 감사의 시작 : 기업의 이해와 감사계획

제 1 절 감사업무조건의 합의 ······ 224
제 2 절 기업과 기업환경의 이해 ······ 234
제 3 절 왜곡표시위험의 식별과 평가 ······ 238
제 4 절 전반감사계획의 수립과 감사전략 ······ 244
제 5 절 감사의 분할과 세부감사계획의 수립 ······ 248
✤ 연습문제 / 256

제Ⅲ부 통제테스트와 실증절차

제7장 내부통제의 이해와 통제테스트

제 1 절 내부통제의 본질 ······ 269
제 2 절 내부통제의 구성요소 ······ 273
제 3 절 내부통제 이해와 통제테스트 ······ 284
제 4 절 내부통제평가 결과의 보고 ······ 302
제 5 절 지배기구와의 커뮤니케이션 ······ 310
✣ 연습문제 / 315

제8장 전산환경에서의 감사

제 1 절 정보기술의 발달이 감사절차에 미치는 영향 ······ 325
제 2 절 전산내부통제 ······ 333
제 3 절 전산내부통제의 평가절차 ······ 342
제 4 절 전산환경에서의 감사기법 ······ 345
제 5 절 서비스조직을 이용한 처리방식 ······ 351
제 6 절 데이터 분석 ······ 354
✣ 연습문제 / 366

제9장 매출과 대금회수활동의 통제테스트 및 실증절차

제 1 절 매출과 대금회수활동의 내부통제 ······ 380
제 2 절 매출거래와 대금회수거래의 테스트절차 ······ 394
제 3 절 매출채권 계정잔액의 실증절차 ······ 406
제 4 절 매출채권의 외부조회절차 ······ 414
제 5 절 공정가치 등 회계추정에 대한 감사 ······ 421
✣ 연습문제 / 429

제10장 통제테스트와 계정잔액 세부테스트를 위한 표본감사

제 1 절 표본감사의 기초 ······ 441
제 2 절 표본감사의 적용절차 ······ 445
제 3 절 통제테스트를 위한 속성표본감사 ······ 460
제 4 절 계정잔액 세부테스트를 위한 금액단위표본감사 ······ 475
[보 론] 실물단위변수표본감사 ······ 489
❖ 연습문제 / 501

제Ⅳ부 활동유형별 감사절차

제11장 급여와 인사활동의 감사

제 1 절 활동유형별 감사절차의 개관 ······ 517
제 2 절 급여와 인사활동의 내부통제 ······ 521
제 3 절 급여와 인사활동의 거래유형 테스트절차 ······ 530
제 4 절 급여와 인사활동의 계정잔액 실증절차 ······ 534
❖ 연습문제 / 539

제12장 구매와 대금지급활동의 감사

제 1 절 구매와 대금지급활동의 내부통제 ······ 547
제 2 절 구매와 대금지급활동의 거래유형 테스트절차 ······ 559
제 3 절 매입채무 계정잔액의 실증절차 ······ 563
제 4 절 유형자산의 감사절차 ······ 569
❖ 연습문제 / 575

제13장 재고자산과 생산활동의 감사

제 1 절 재고자산과 생산활동의 내부통제 ······ 585
제 2 절 재고자산과 생산활동의 거래유형 테스트절차 ······ 594
제 3 절 재고자산 계정잔액의 실증절차 ······ 596
✣ 연습문제 / 607

제14장 자금조달과 상환활동의 감사

제 1 절 차입금계정의 감사절차 ······ 615
제 2 절 부외부채의 감사절차 ······ 620
제 3 절 자본계정의 감사절차 ······ 628
제 4 절 금융상품의 감사절차 ······ 633
제 5 절 현금및현금성자산의 감사절차 ······ 638
✣ 연습문제 / 646

제Ⅴ부 감사의 종료 및 보고

제15장 감사의 종료절차

제 1 절 공시사항의 세부테스트 ······ 659
제 2 절 후속사건의 검토 ······ 676
제 3 절 감사업무수행의 종합평가와 감사조서의 검토 ······ 681
제 4 절 감사결과의 종합과 의견형성 ······ 686
✣ 연습문제 / 689

제16장 감사결과의 보고

제 1 절 표준감사보고서 ······ 701
제 2 절 감사의견의 변형 ······ 708
제 3 절 연결재무제표의 감사보고 ······ 718
제 4 절 비교재무제표의 감사보고 ······ 727
제 5 절 내부회계관리제도의 감사보고 ······ 732
제 6 절 기타정보에 대한 고려사항 ······ 739
✣ 연습문제 / 742

■ 찾아보기 ······ 757

PART

I

감사일반론

제 1 장 감사의 수요
제 2 장 감사인의 직업윤리
제 3 장 감사인의 법적 책임

CHAPTER 1

감사의 수요

제 1 절 감사의 기본개념

제 2 절 감사의 경제적 효과

제 3 절 감사의 종류

제 4 절 감사인과 감사업무

제 5 절 일반적으로 인정된 감사기준

제 6 절 회계감사의 역사적 발전과정

학습목표

이 장의 학습을 완료하면 다음 질문에 답변할 수 있어야 한다.

1. 자질을 갖춘 독립적인 제삼자, 감사대상이 되는 정보, 미리 설정된 일정한 평가기준 및 감사결과 보고 등의 용어를 이용하여 감사개념을 설명할 수 있는가?
2. 대리인 비용과 정보위험 개념을 이용하여 감사의 필요성을 설명할 수 있는가?
3. 재무제표감사의 한계와 이러한 한계점이 발생하는 원인은 무엇인가?
4. 감사는 실시하는 목적에 따라 재무제표감사, 업무감사, 준법감사 등으로 구분할 수 있다. 이들은 감사목적, 평가기준에 있어서 어떠한 차이가 있는가?
5. 공인회계사가 수행하는 주업무는 재무제표감사이다. 이 외에도 어떠한 업무를 수행하는가?
6. 일반적으로 인정된 감사기준은 어떤 체계로 이루어졌고 어떤 기능을 수행하는가?
7. 현대 회계감사는 어떠한 특징을 갖고 있는가?

한눈에 살펴보는 이 장의 내용

정보이용자가 편의(bias)가 있는 정보를 잘못 이용하여 의사결정을 하면 손해를 입을 수 있는데, 이러한 위험을 감소시키기 위한 수단으로서 감사가 등장하였다. 감사는 정보이용자가 정보 품질의 신뢰도를 평가하는 데 도움을 제공하고, 정보이용자가 올바른 의사결정을 하도록 유도함으로써 자원배분이 효율적으로 이루어지도록 돕는다. 재무제표감사는 합리적인 시간과 비용의 범위 내에서 수행해야 하므로 한계가 있고, 감사인이 수집한 감사증거는 대부분 결정적이라기보다는 설득적이다. 이러한 이유로 감사인은 절대적 확신이 아닌 합리적 확신을 기초로 표명한다.

감사는 실시하는 목적에 따라 재무보고체계에 따라 작성되었는지 의견을 표명할 목적으로 수행하는 재무제표감사, 조직의 업무 효율성을 측정할 목적으로 수행하는 업무감사, 법률 등의 이행 혹은 준수 여부를 결정할 목적으로 수행하는 준법감사로 구분한다. 감사주체에 따라 독립된 감사인이 수행하는 외부감사와 조직 내부의 임직원이 실시하는 내부감사로 구분할 수 있다. 재무제표감사는 법률 등에 따라 감사가 강제되는지에 따라 법정감사와 임의감사로 구분할 수 있는데, 임의감사를 수행하는 감사인도 회계감사기준을 준수해야 한다. 회계감사의 연속성 여부에 따라 당기감사인이 전기재무제표를 감사하지 않은 초도감사와 당기감사인과 전기감사인이 동일한 계속감사로 구분할 수 있다. 감사의 실시시기에 따라 기중에 실시하는 중간감사와 보고기간말 이후에 수행하는 보고기간말감사로 구분한다.

감사인은 감사업무를 수행하는 주체인 감사담당자로, 「외부감사법」에서는 일정한 요건에 해당하는 회사는 재무제표를 공시할 때 외부감사인(회계법인과 감사반)의 감사를 받도록 규정하고 있다. 공인회계사는 회계감사, 세무업무, 경영자문업무, 회계자문업무 등을 수행한다.

경영진은 일반적으로 인정된 회계원칙에 따라 재무제표를 작성하며, 감사인은 일반적으로 인정된 감사기준에 따라 감사를 수행하여 경영진이 작성한 재무제표가 공정하게 작성되었는지에 대한 의견을 표명한다. 회계감사기준은 재무제표감사를 수행할 때 감사인이 필수적으로 지켜야 할 행위기준이며 감사인의 책임한계를 정하는 최소한의 기준이다.

제 1 절 감사의 기본개념

오래전부터 원시적이든 체계적이든 회계검증 기능은 어떠한 형태로든 수행되어 왔다. 왜냐하면 분별이 있는 사람이라면 자기 재산을 관리하는 사람의 수탁책임(stewardship)을 독자적으로 검증해야 할 필요성을 알기 때문이다. 이러한 검증기능은 사회환경과 회계시스템 변화에 따라 방법과 내용이 달라져 검증의 목적과 의미가 시대에 따라 변동되었을 뿐이다.

Ⅰ. 감사의 본질

감사(audit)라는 어원은 라틴어의 '청취하다(auditre)'라는 말에서 유래되었다. 특정한 사람이 문제가 되는 이의 행위내용을 듣거나, 창고에 보관한 재산 수량의 보고를 청취하여 장부기록을 확인하는 것을 의미하였다. 감사라는 용어는 목적이나 대상에 따라 재무제표감사, 업무감사, 준법감사 등 여러 의미로 사용한다.

미국회계학회(American Accounting Association : AAA)는 감사의 기초개념보고서(A Statement of Basic Auditing Concepts : ASOBAC)에서 다음과 같이 감사를 포괄적으로 정의하고 있다.[1)]

▶ 감사의 정의

> 감사란 경제활동 및 사상에 관한 어떠한 주장에 대해 미리 설정된 평가기준과의 일치 정도를 확인하기 위해 이들 주장에 관한 증거를 객관적으로 수집하고 평가하여 그 결과를 이해관계자인 이용자에게 전달하는 체계적인 과정이다.

상기 정의에 따르면 감사는 기본적으로 조사적 과정(investigative process)이다. 즉 ① 감사의 핵심은 증거를 객관적으로 수집하고 평가하는 데 있고, ②

---

1) AAA, Committee on Basic Auditing Concepts, *A Statement of Basic Auditing Concepts, Studies in Accounting Research* No. 6 (Sarasota, Florida : AAA, 1973), p.2.

필요한 증거를 과학적 방법에 따라 수집·평가하는 체계적 과정이 중요하며, ③ 모든 경제활동이 감사대상이 될 수 있다.

감사의 핵심개념을 주요 용어를 중심으로 살펴보면 다음과 같다.

(1) 자질을 갖춘 독립적인 제삼자

• 감사의 신뢰성 확보를 위해 감사인은 적격성과 독립성을 구비해야 한다.

감사인(auditor)은 감사대상정보를 검증하기 위한 평가기준을 이해하고, 감사를 수행하기 위해 해당 분야에 필요한 전문지식(competence, 적격성)과 경험이 필요하다. 또한 감사인은 감사결과를 이해관계자에게 공정하게 보고하기 위해 독립적인 자세(independence, 독립성)를 유지해야 한다.

이러한 맥락에서 외부감사를 수행하는 감사인을 독립된 감사인(independent auditor)이라고도 부른다. 재무제표감사를 수행하는 감사인은 감사대상회사로부터 수수료를 받지만 감사수행과정에서 독립성을 엄격하게 유지해야 한다.

(2) 감사대상이 되는 정보나 주장

감사인이 감사를 수행하기 위해서는 감사대상으로부터 검증하려는 정보를 제한 없이 제공받을 수 있어야 한다. 검증가능한 정보는 일반적으로 계량화되어 있는데, 재무제표, 세무신고서, 로열티계산서 등 여러 가지 형태로 존재할 수 있다.

(3) 미리 설정된 일정한 평가기준

• 미리 설정된 일정한 평가기준 : 감사인의 판단기준으로 재무제표감사에서는 일반적으로 인정된 회계원칙이 이에 해당한다.

감사인이 감사대상정보를 검증하기 위해서는 사전에 합의된 일정한 평가기준이 필요하다. 사전에 설정된 평가기준은 감사목적이나 감사대상정보의 형태에 따라 달라진다. 미리 정해진 평가기준으로는 세법, 회계기준, 상급기관의 지시사항 또는 기업의 경영방침 등이 있다.

(4) 증거의 수집과 평가

감사증거의 수집과 평가는 감사과정에서 가장 핵심적인 절차이고 시간과 비용이 많이 소요되며, 감사목적을 달성하기 위해서는 충분하고 적합한 감사증거를 입수해야 한다. 감사대상인 정보나 주장이 평가기준에 일치하는지 결정하는 데 감사인이 이용하는 모든 자료와 정보를 감사증거라고 표현한다. 감사인은 기록과 문서에 대한 검사, 관찰, 질문, 조회, 계산검증 등 여러 가지 방법으로 감사증거를 수집한다.

(5) 감사결과의 전달

• 감사결과의 전달 : 감사인은 감사보고서를 작성해 관련 정보가 일정한 평가기준에 일치하는지를 전달한다.

감사인은 감사를 완료하면 감사보고서를 작성해 정보이용자에게 감사결과를 전달한다. 감사보고서는 감사목적 및 대상에 따라 형태와 성격에 차이가 있으나, 검증대상정보와 평가기준이 일치하는지에 대한 감사인 의견을 포함한다.

이제까지 살펴본 감사 정의를 국세청의 세무조사로 예를 들어 설명하면 [도표 1-1]과 같다. 국세청이 납세자의 탈세여부를 판단하기 위해 미리 설정된 평가기준은 세법 규정이다. 국세청은 매출세금계산서와 손익계산서의 매출액을 비교하고, 관련 수입 및 지출 증빙서류를 검증하여 탈세여부와 관련한 증거를 수집하고 평가한다. 이러한 과정에서 수집한 증거를 기초로 세법 규정과 국세청에 제출된 세무 신고서류와의 일치 정도를 확인하여 세무조사 결과를 납세자에게 통지한다.

• 인증 : 대상내용에 대한 전문가의 의견을 기술하여 일정한 수준의 확신을 제공하는 기능

감사와 관련하여 인증(attestation)이라는 용어를 자주 사용한다. 인증은 공인된 전문가가 대상내용에 대해 자신의 의견을 기술한 보고서를 발행해 이용자에게 일정한 수준의 확신(assurance)을 제공하는 기능을 말한다.

도표 1-1
세무신고서의 감사

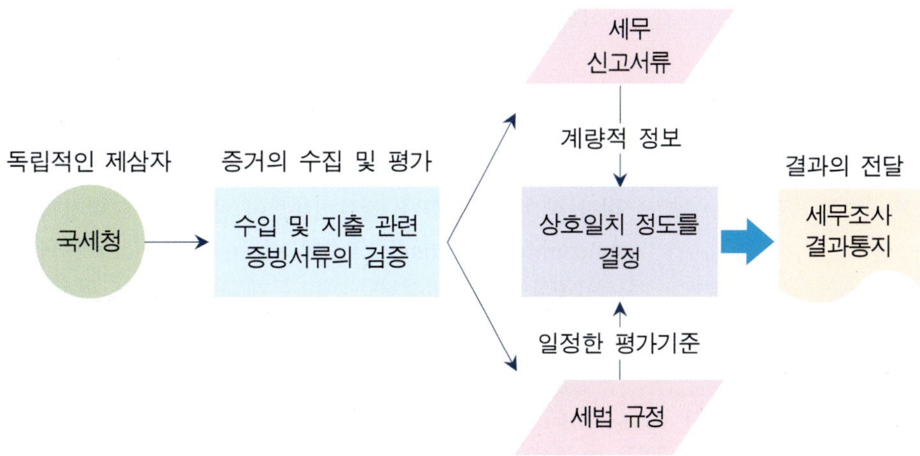

감사인이 제공하는 인증서비스(assurance service)는 공인회계사의 고유 업무로서 회사 등이 작성한 재무정보를 독립된 제삼자인 외부감사인 또는 공인회계사가 별도로 규정된 업무수행기준에 따라 확인 · 증명해 주는 업무이다. 인증은 보장이나 보증(guarantee)을 의미하지는 않으며, 일정한 수준의 확신을 부여한다.

Ⅱ. 감사는 왜 필요한가?

1. 정보위험의 존재

회계의 목적은 정보이용자가 투자 및 신용 등의 경제적 의사결정을 할 수 있도록 유용한 정보를 제공하는 데 있다. 정보이용자가 편의(bias)가 있는 정보를 이용하면 잘못된 의사결정으로 손해를 입을 수 있다. 여기에서 정보위험이 발생한다.

• 정보위험 : 오류가 포함된 정보를 이용해 잘못된 의사결정으로 손해를 입을 위험

정보위험(information risk)은 정보이용자가 오류가 포함된 정보를 이용해 잘못된 의사결정으로 손해를 입을 위험을 말한다. 정보위험은 이와 같이 정확하지 않거나 오류가 포함된 재무정보를 검증 없이 이용자에게 제공할 때 발생한다. 감사는 정보위험을 감소시키기 위한 수단으로 등장했다.[2)]

대리인이론(agency theory)에서는 정보제공자(대리인)와 정보이용자(위임자) 간에 정보비대칭으로 대리인 비용(agency cost)이 발생하며, 이러한 비용을 감소시키기 위한 수단으로 감사에 대한 수요가 발생한다고 본다.

▶ 정보비대칭과 회계감사의 수요(대리인이론)

소유와 경영이 분리되면 경영 효율성이 높아져 기업가치는 증대할 수 있다. 경영진은 소유주보다 기업에 대해 더 많은 정보를 갖고 있어 위임자와 대리인 간에 정보비대칭 현상이 발생한다. 정보비대칭이 발생하면 도덕적 해이(moral hazard), 거짓보고(untruthful reporting), 역선택(adverse selection) 등의 대리문제가 발생한다.

이해상충으로 발생하는 대리문제를 해소하기 위해서는 자원을 추가로 투입해야 한다. 대리인 비용의 감소를 위한 제도 중 하나가 회계감사이다. 회계감사를 수행하

2) A. Arens, R. Elder, M. Beasley and C. Hogan, *Auditing and Assurance Services*, 16th ed. (Upper Saddle River, New Jersey : Pearson Education, Inc., 2017), pp.30～31.

면 경영진에 대한 감시비용(monitoring cost)은 증가하나, 정보생산자(대리인)와 이용자(위임자) 간의 정보비대칭 현상을 완화시키고 경영진의 도덕적 해이를 예방함으로써 전체적인 대리인 비용은 감소한다.

2. 정보위험을 감소시키는 감사

정보위험은 이용자에게 경제적 손실을 초래하므로 이를 감소시키기 위한 대책이 필요하다. 이를 위해 정보 품질을 독립적으로 검증하는 감사가 실행되어 왔다.

독립적 제삼자인 외부전문가가 정보를 검증하면, 정보이용자는 검증된 정보가 비교적 완전하고 정확하며 공정할 것이라는 믿음을 갖고 의사결정에 정보를 이용할 수 있다. 이러한 외부전문가의 검증은 정보이용자가 다수이며 일정한 유형의 신뢰성 있는 정보를 원할 때 선택할 수 있는 경제적인 방법이다.

가장 전형적인 방법은 외부감사인이 수행하는 재무제표감사로서, 「주식회사 등의 외부감사에 관한 법률(이하 「외부감사법」)」에서는 일정규모 이상인 주식회사 등은 독립적인 외부감사인에게 재무제표감사를 받도록 규정하고 있다. 대부분 금융기관은 대출을 위한 신용평가를 할 때 「외부감사법」 대상이 아닌 기업에게 감사받은 재무제표를 요구하기도 한다.

제 2 절 감사의 경제적 효과

Ⅰ. 감사의 기능

정보이용자는 경영진이 작성한 재무제표에 포함된 회계정보를 전달받으면 다음과 같이 해석하고 평가한다.

- 자신의 정보욕구에 부합되는지를 파악하기 위해 정보내용을 해석한다.
- 전달받은 정보의 품질을 평가한다.

넓은 의미에서 감사는 정보이용자가 정보 품질(quality)의 신뢰도를 평가하는 데 도움을 준다.

[도표 1-2]에서 실선으로 표시된 왼쪽 부분은 정보제공자와 정보이용자 간 관계인 정보의 1차 전달과정에 해당한다. 정보제공자(경영진)는 경제사상과 활동을 종합해 재무보고서를 작성하여 정보이용자에게 전달하는데, 이는 회계의 본질적 기능에 해당한다. 1차 전달과정에서 정보제공자는 정보이용자에게 목적적합한 정보를 제공한다.

도표의 오른쪽에 점선으로 표시된 부분은 감사인과 정보이용자 간의 관계를 보여주는 정보의 2차 전달과정에 해당한다. 보고대상과 정보이용자를 연결시키는 1차 전달과정에 감사인이 추가되어 정보의 전달기능이 더욱 강화된다. 감사인은 정보제공자로부터 증거를 수집하고 평가하여, 재무보고서의 주장내용과 미리 설정된 평가기준의 일치 정도에 대한 독립적인 의견을 정보이용자에게 전달한다. 2차 전달과정은 정보이용자가 전달받은 정보의 품질을 평가하는 데 도움을 주는 것을 목적으로 한다. 즉 감사는 회계정보 전달과정에서 정보이용자가 이용하는 정보의 품질에 대해 감사인이 전문가적 의견을 표명하는 인증기능을 제공한다.

도표 1-2
회계정보의 전달과정에서 감사의 역할

Ⅱ. 감사의 경제적 효과

• 감사의 기능 : 감사는 정보이용자가 올바른 의사결정을 하는 데 정보를 제공해 효율적인 자원배분이 이루어지도록 한다.

거시적 관점에서 경제적 의사결정의 목표는 제한된 자원을 효율적으로 배분하여 개인과 사회의 효용을 극대화하는 데 있다. 이러한 의사결정을 위해 정보를 이용하는데, 제공받은 정보에 중요한 오류가 있으면 잘못된 의사결정으로 인해 자원은 비효율적으로 배분된다.

감사는 정보이용자가 의사결정에 이용하는 정보가 일정한 평가기준과 일치하는지 검증함으로써 잘못된 의사결정에 따른 자원의 낭비를 방지해 자원을 효율적으로 배분하는 사회적 기능을 수행한다. 개인뿐만 아니라 사회 전체에 부가되는 가치의 관점에서 보더라도 감사는 회계정보의 품질을 향상시켜 사회적 자원을 효율적으로 배분하는 기능을 수행한다.

첫째, 감사는 경영진이 제공하는 회계정보의 신뢰성을 향상시킨다(신뢰성 효과).

- 정보이용자는 전달받은 정보를 신뢰할 수 있을 때에만 의사결정을 위해 정보를 이용한다. 감사는 정보제공자와 정보이용자 간 이해관계 상충에서 발생할 수 있는 신뢰성의 괴리(creditability gap)를 감소시켜 회계정보가 지닌 잠재적 가치를 실현한다. 정보가치는 정보이용자가 정보를 실제 이용함으로써 실현되며 검증되지 않은 정보를 전달받는 것만으로 실현되지는 않기 때문이다.

둘째, 감사는 일반인에게 제공하는 회계정보의 품질을 검증해 부정한 재무보고 동기를 사전에 억제하는 통제효과가 있다.

- 감사는 정보가 정보이용자에게 전달되기 전에 검증하므로 잘못된 경제적 의사결정으로 필요한 자원이 낭비되지 않도록 감시하는 역할을 수행한다.
- 정보제공자는 자신이 제공하는 정보가 독립적인 외부전문가의 감사를 받는다는 사실을 알고 있다. 정보제공자는 자발적으로 기준에 맞도록 업무를 처리하고 재무보고체계를 준수하려는 동기를 갖는다.

Ⅲ. 재무제표감사의 한계

• 재무제표감사의 한계 : 재무제표감사는 합리적 확신을 기초로 하므로 왜곡표시가 모두 적발될 것을 보장하지 않는다.

재무제표감사는 감사인, 정보제공자와 정보이용자가 속한 환경과 제도에 의해 제약받는다. 재무보고 성격과 회계기준의 불완전성, 감사인 능력과 감사수행방법의 한계, 감사시간과 비용의 제약으로 재무제표감사는 한계가 있다. 이러한 이유로 재무제표에 대한 감사의견은 재무제표에 왜곡표시가 전혀 존재하지 않는다는 절대적인 확신을 제공하지 않으며, 중요한 왜곡표시가 포함되지 않았다는 합리적인 확신(reasonable assurance)을 기초로 한다.

대부분의 감사증거는 결정적(conclusive)이라기보다는 설득적(persuasive)이다. 감사인은 설득적 수준의 감사증거를 기초로 판단해 감사의견을 표명한다. 따라서 감사인 판단이 절대적으로 옳을 것이라고 기대하기는 어렵다. 예를 들어 감사인은 매출채권이 실제로 존재하는지를 확인하기 위해 거래처에 조회서를 보낼 수 있다. 조회서 잔액에 이상이 없다는 회신을 받으면 감사인은 매출채권에 왜곡표시가 없다고 판단한다. 감사인이 조회서를 발송하기 전에 기업이 거래처와 공모해 매출채권 과대계상을 고의적으로 은폐할 수 있다. 이러한 상황에서 감사인이 감사절차를 수행해도 기업의 부정을 적발하기는 어렵다.

재무보고 및 감사절차의 성격, 합리적인 시간과 비용의 범위 내에서 감사를 수행해야 하기 때문에 재무제표감사의 고유한계가 발생한다.

(1) 재무보고의 성격

• 재무제표감사가 고유한계를 갖는 이유
① 경영진 판단이 개입되는 재무제표의 본질적인 성격
② 감사증거 수집능력의 실무적·법률적 한계
③ 표본추출에 의한 테스트 방법으로 감사수행

재무제표를 작성하는 과정에서 경영진의 판단, 주관적인 결정이나 평가 또는 불확실성이 수반된다. 회계추정치와 같은 항목에서 발생하는 불확실성은 감사절차를 수행해도 제거할 수 없다. 이러한 재무정보의 성격 때문에 재무제표감사의 고유한계가 발생한다.

(2) 감사절차의 성격

감사인이 감사증거를 수집할 때 실무적·제도적인 제약이 있다. 경영진이 재무제표 작성과 관련된 모든 정보를 감사인에게 제공하지 않는다면, 감사인은 감사자료의 완전성을 확보할 수 없다.

감사인은 문서의 진위에 대한 검증 전문가로서의 훈련을 받지 않기 때문에 기업이 거래처와 공모해 문서를 조작하면 적발하기 어렵고, 감사인에게는 강제수색과 같은 특정한 법적 권한도 없다. 이러한 감사절차의 제한된 성격으로 재무제표감사는 고유한계가 있다.

(3) 합리적인 시간과 비용으로 감사를 수행할 필요성

감사인은 제한된 감사보수와 정해진 기한 내에 감사결과를 전달해야 한다. 감사인은 시간과 비용의 제한 때문에 감사증거를 수집할 때 전수조사 대신 표본감사방법을 선택한다. 감사인이 수행하는 표본감사에서는 추출한 표본이 모집단을 대표하지 못하는 감사위험이 발생한다. 이러한 이유로 감사인이 표명하는 감사의견은 절대적 확신이 아닌 합리적 확신을 기초로 한다.

제 3 절 감사의 종류

Ⅰ. 감사목적에 따른 분류

감사는 실시하는 목적에 따라 재무제표감사, 업무감사, 준법감사와 포괄감사로 구분한다.

1. 재무제표감사

• 재무제표감사 : 재무제표가 공정하게 작성되었는지를 판단

재무제표감사(audit of financial statements)는 재무제표가 사전에 설정된 일정한 평가기준(재무보고체계)에 따라 공정하게 작성(fair presentation)되었는지에 대한 의견을 표명할 목적으로 수행하는 감사이다. 회계감사라는 용어를 사용하기

도 한다. 앞으로 본서에서 논의하는 내용은 주로 재무제표감사와 관련이 있다. 재무제표감사에서의 평가기준은 일반적으로 인정된 회계원칙(GAAP)이며, 상장회사와 금융회사의 재무제표를 작성할 때 적용하는 「한국채택국제회계기준」이 이에 해당한다.

일반대중이 재무제표감사 결과를 신뢰하고 인정할 수 있어야 하므로 감사인은 전문지식과 함께 독립성을 엄격하게 유지해야 한다. 우리나라에서는 「공인회계사법」에 따라 일정한 자격시험과 실무수습을 거친 공인회계사가 이러한 기능을 수행한다.

재무제표감사에서 감사인은 경영진이 제시한 재무제표가 일반적으로 인정된 회계원칙에 따라 작성되었는지를 평가한다. 즉 감사인은 기업의 존속가능성이나 경영성과 또는 재무상태의 양호여부를 인증하지는 않는다. 예를 들어 자본잠식상태에 있는 기업이라도 회계원칙에 따라 재무제표가 공정하게 표시되어 있으면, 감사인은 재무제표에 대해 적정의견을 표명한다.

2. 업무감사

• **업무감사**: 업무의 효율성과 효과성 검토. 예를 들어 기획재정부의 공기업 평가

업무감사(operational audit)는 조직의 업무성과를 측정할 목적으로 수행한다. 즉 업무감사는 어떤 조직이나 기업의 영업활동 및 업무절차의 효율성(efficiency)과 효과성(effectiveness)을 평가할 목적으로 실시한다.

업무감사는 사전에 설정된 목표 또는 경영방침에 따라 업무를 수행하고 자원을 효율적으로 관리하는지 평가하고, 업무나 제도에 대한 개선방안을 제시한다. 예를 들어 회사의 서비스센터가 고객의 불만사항을 효율적이며 효과적으로 대처하는지 감사하는 것이 바로 업무감사이다. 이때 효율성은 고객의 수리대기시간으로 측정하고, 효과성은 수리 후 고객만족도로 평가한다.

업무감사의 평가기준은 감사 환경과 상황에 따라 달라지므로, 대상과 범위도 다양하다. 업무감사에서는 조직의 문제점을 분석하고 개선을 권고하는 지도적 기능을 강조한다. 따라서 업무감사는 재무제표감사처럼 독립적인 제삼자가 감사를 수행할 필요는 없다. 업무감사보고서는 재무제표감사보다는 인증수준이 낮으며, 보고서의 형식과 내용이 다양하다.

3. 준법감사

• **준법감사**: 감사대상이 법률・절차・규정을 이행 또는 준수했는지를 결정할 목적으로 수행하는 감사

준법감사(compliance audit)는 법률・절차・규정 등의 이행 혹은 준수 여부를 결정할 목적으로 수행하는데, 이행감사라고도 표현한다. 준법감사는 사기업이나 공기업, 비영리조직이나 정부조직 모두에 적용할 수 있다. 사기업 준법감사의 예로는 회계담당자의 재무관리규정 이행여부, 퇴직급여계산방식의 근로자퇴직급여보장법 준수여부, 신용대출기관의 여신관리규정 이행여부 등이 있다. 정부조직의 예로는 공립학교의 관계법령 준수여부나 상부기관 지시사항의 이행여부를 들 수 있다. 비영리조직에서는 내규 혹은 약관 등에서 정한 규제사항과 업무처리방침의 준수여부를 확인하기 위해 준법감사를 실시한다.

준법감사 의뢰인은 주로 상급기관이나 동일조직 내 상급자이므로 결과보고서 형태도 다양하다. 준법감사의 감사결과는 감사대상자에게 중대한 영향을 미칠 수 있으므로 내용이 구체적이며 분명해야 하고, 합리적인 감사절차와 충분한 증거로 감사결과를 뒷받침해야 한다. 예를 들어 세법 규정에 따라 세액을 산출하고 납부했는지를 결정할 목적으로 세무감사를 수행한다고 하자. 이때 감사결과를 납세자에게 통보해야 하는데, 불이행하였다면 위반한 규정과 세무신고서에 미친 영향도 언급해야 한다.

준법감사를 실시하는 감사인은 동일조직의 내부인일 수 있고, 규제 혹은 법령을 부과하는 상급기관일 수도 있다. 때로는 상급기관이 지정하거나 위탁하는 독립적인 제삼자가 감사를 수행하기도 한다.

도표 1-3
재무제표감사, 업무감사, 준법감사의 상호 비교

	재무제표감사	업무감사	준법감사
감사목적	재무제표의 공정표시 여부를 결정 (fair presentation)	업무의 효율성과 효과성을 평가(efficiency and effectiveness)	법규・규정 사항의 준수여부를 결정 (compliance)
평가기준	일반적으로 인정된 회계원칙	사전에 정해진 업무목표	법규・절차・규정이나 지시사항
감사인	독립성을 갖춘 전문감사인. 주로 공인회계사	외부・내부감사인	외부・내부감사인
감사보고서 이용자	불특정 다수	주로 내부경영진	주로 내부경영진과 상급규제기관
주감사기능	비판적 기능	지도적 기능	감시적 기능
사 례	회계법인의 상장회사에 대한 재무제표감사	기획재정부의 공기업 경영평가	국세청의 법인세 세무조사

재무제표감사, 업무감사 및 준법감사를 비교하면 [도표 1-3]과 같다.

4. 포괄감사

전술한 세 가지 감사의 목적을 모두 포함하면 포괄감사(comprehensive auditing)라고 표현한다. 포괄감사는 정부조직, 관련기관과 행정법규에 따라 정부의 직접적인 통제를 받는 조직을 감사할 때 주로 실시한다. 포괄감사에서는 감사목적을 하나로 한정하지 않으며 여러 가지 목적을 포괄적으로 수행하기 때문에 종합감사라고도 부른다. 정부기관 감사에서는 주로 다음의 세 가지를 감사목표로 설정한다.

- 재무활동 및 규정준수(financial and compliance audits)의 평가
  - 재무활동을 적절하게 수행했는가?
  - 재무보고서를 공정하게 작성했는가?
  - 조직은 관련법규와 규정을 준수했는가?
- 경제성과 효율성(economy and efficiency audits)의 평가
- 특징사업의 수행성과(program audits) 평가

Ⅱ. 감사주체에 따른 분류

감사인이 기업 내부 또는 외부에 있는지에 따라 외부감사와 내부감사로 분류한다.

1. 외부감사

• 외부감사는 적격성과 독립성이 반드시 요구되며, 내부감사는 적격성은 요구되나 독립성이 반드시 요구되지는 않는다.

외부감사(external audit)는 감사대상회사와 독립된 감사인이 수행하는 감사이다. 공인회계사와 같은 전문직업인이나 상급감독기관처럼 이해관계가 없는 제삼자가 외부감사를 수행하므로 공정한 의견을 기대할 수 있다. 외부감사인

이 감사하면 회계정보의 신뢰성은 높아지므로, 이들이 표명하는 의견은 인증 기능을 갖는다. 일반적으로 외부감사는 강제성을 띠므로 외부감사인은 다수의 이해관계자를 조정하고 보호해야 할 책임이 있다.

가장 전형적인 외부감사는 공인회계사가 수행하는 재무제표감사이다. 앞으로 별도 언급이 없으면 외부감사는 독립된 외부감사인이 수행하는 재무제표감사(「외부감사법」에서는 회계감사라고 표현)를 전제로 한다.

2. 내부감사

내부감사(internal audit)는 조직 내부의 임직원이 실시하는 감사이다. 대부분의 업무감사는 내부감사인이 실시하므로 내부감사와 업무감사는 같은 의미로 받아들여진다.

내부감사인 자격은 법적 제한이 없으나 내부감사인은 회사 업무나 회계제도에 관한 충분한 지식을 보유해야 한다. 내부감사인은 기업과 고용관계에 있어 독립성을 유지하기 어렵기 때문에 내부감사인이 작성한 보고서에는 「독립된 감사인의 감사보고서」라는 용어를 사용할 수 없다.

미국내부감사인회(The Institute of Internal Auditors : IIA)는 경영진이 관리업무를 효율적으로 수행하는 데 도움을 주기 위해 내부통제의 적합성과 업무수행의 품질을 평가하는 것을 내부감사라고 정의하고 있다. 즉 조직의 효율성과 업적평가인 자문기능을 업무감사 성격의 주된 내용으로 강조하고 있다. IIA가 발간한 「내부감사업무기준」에서는 내부감사인의 업무범위를 다음과 같이 규정하고 있다.[3)]

내부감사인은,

- 재무 및 영업 활동에 관한 정보의 신뢰성(reliability)과 성실성(integrity)을 검토하고, 이러한 정보를 식별・측정・분류・보고하기 위해 경영진이 사용한 방법을 검토한다.
- 내부통제가 영업활동에 영향을 미치는 정책・계획・절차・법률・규제사항을 준수할 수 있도록 설계되고, 조직이 이를 이행하는지(in compliance)

3) The Institute of Internal Auditors, *IIA International Standards for the Professional Practice of Internal Auditing* (New York, N.Y. : IIA, 2020), Section 1000.

를 결정한다.

- 자산을 보전하는 수단과 자산이 실제 존재하는지를 검토한다.
- 자원 이용에 대한 경제성(economy)과 효율성(efficiency)을 평가한다.
- 설정한 목표에 도달할 수 있도록 계획을 수립했으며, 업무와 계획을 사전에 의도한 대로 수행하는지를 검토한다.

3. 상법상 감사 또는 감사위원회의 감사

「상법」에서 규정하고 있는 감사(監事)에 의한 내부감시 기능은 위에서 설명한 업무감사 중심의 내부감사와는 성격이 매우 다르다. 「상법」상 감사(監事) 또는 감사위원회는 주주 이익을 보호하고 경영진을 감시하는 기능을 수행하며, 회계감사뿐만 아니라 업무감사도 수행한다.

외부감사인은 감사 혹은 감사위원회에 감사보고서를 제출해야 하는데, 감사 또는 감사위원회는 문서로 정한 사항(감사인의 감사보수와 감사시간, 감사에 필요한 사항)이 준수되었는지를 확인해야 한다. 외부감사인은 이사의 직무수행에 관한 부정행위 또는 법령·정관을 위반한 중대한 사실이나 회사가 회계처리기준을 위반한 사실을 발견하면 「상법」상 감사 혹은 감사위원회에 통보해야 한다. 감사나 감사위원회도 이사의 직무수행에 관한 부정행위나 법령·정관을 위배한 중대한 사실을 발견하면 이를 즉시 외부감사인에게 통보해야 한다.

Ⅲ. 감사의 강제성 여부에 따른 분류

회계감사는 법률 또는 규정에 따라 감사가 강제되는지에 따라 법정감사와 임의감사로 구분할 수 있다.

1. 법정감사

법정감사(statutory audit)는 관련 법률이나 규정에 따라 수행하는 감사를 의미한다. 법정감사의 예로는 「외부감사법」에서 규정한 재무제표감사, 「공동주택관리법」에서 정한 공동주택 관리주체에 관한 회계감사, 「자본시장과 금융투자업에 관한 법률(이하 「자본시장법」)」에 따라 금융위원회와 한국거래소 등에 재무서류를 제출하는 자에 대한 감사, 「지방공기업법」에 따른 지방직영기업에 대한 회계감사 등이 있다.

다음에 해당하면 「외부감사법」에 따라 외부감사를 받아야 한다.

▶ 외부감사법에 의한 재무제표감사대상

1. 직전 사업연도말 자산총액이 500억원 이상인 회사
2. 직전 사업연도말 매출액이 500억원 이상인 회사
3. 다음의 사항 중 2개(유한회사 : 3개) 이상에 해당하는 회사
   (1) 직전 사업연도말 자산총액이 120억원 이상
   (2) 직전 사업연도말 부채총액이 70억원 이상
   (3) 직전 사업연도말 매출액이 100억원 이상
   (4) 직전 사업연도말 종업원이 100명 이상
   (5) 직전 사업연도말 사원이 50명 이상(유한회사에 한정)
4. 주권상장법인. 해당 또는 다음 사업연도에 주권상장법인이 되려는 회사

2. 임의감사

임의감사(voluntary audit)란 법정감사대상은 아니지만, 회사가 자발적으로 외부감사를 받는 것을 말한다. 예를 들어 「외부감사법」에서 규정한 재무제표감사대상이 아니라도 자금조달을 위해 금융기관에 감사받은 재무제표를 제출하기도 한다.

임의감사라 하더라도 재무제표의 공정성을 인증받기 위한 외부감사라면 감사인은 「외부감사법」에서 정한 「회계감사기준」에 따라 감사를 수행해야 한다.

Ⅳ. 감사의 연속성 및 실시시기에 따른 분류

1. 감사의 연속성에 따른 분류

회계감사의 연속성 여부에 따라 초도감사와 계속감사로 구분한다.

(1) 초도감사

초도감사는 당기감사인이 전기재무제표를 감사하지 않은 경우를 말한다. 초도감사를 수행할 때 당기감사인은 기초잔액에 관한 감사증거를 갖고 있지 않다. 당기감사인은 감사의견 형성을 위해서는 기초잔액의 적절성에 대해 충분하고 적합한 감사증거를 수집해야 한다.

핵심 초도감사의 종류

① 전기재무제표가 어느 감사인에게도 감사받지 않음
② 전기재무제표를 다른 감사인이 감사함

(2) 계속감사

당기감사인과 전기감사인이 같으면 계속감사라고 표현한다. 감사인은 기초잔액에 대한 감사증거를 보유하고 있으므로 초도감사와 비교할 때 수행해야 할 감사범위는 상대적으로 작다.

2. 감사의 실시시기에 따른 분류

감사의 실시시기에 따라 기중에 실시하는 중간감사와 보고기간말 이후에 수행하는 보고기간말감사로 구분한다.

(1) 중간감사

중간감사(interim audit)는 보고기간말 이전에 실시한다. 중간감사에서는 재무제표의 왜곡표시위험을 평가하여 보고기간말감사에서 실시할 실증절차의 성격, 시기 및 범위를 계획한다. 중간감사에서 왜곡표시위험이 높다고 평가하면 보고기간말감사에서는 재무제표에 존재하는 왜곡표시를 확인하기 위해 실시하는 실증절차를 확대하는 계획을 수립한다. 반면에 왜곡표시위험이 낮다고 평가하면 실증절차를 축소하는 계획을 수립한다.

도표 1-4
중간감사 평가결과와 보고기간말감사 범위 간의 관계

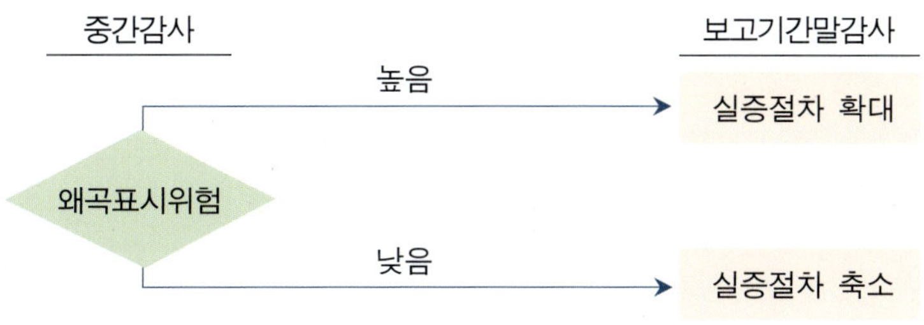

중간감사는 내부통제를 평가하거나 보고기간말감사를 보완하기 위한 목적으로 실시하기도 한다. 예를 들어 보고기간말감사의 부담을 완화할 목적으로 기말에 근접하는 특정시점을 기준으로 계정잔액의 실증절차로서 중간감사를 실시했다고 하자. 이때는 중간감사 이후부터 보고기간말까지 발생한 거래와 보고기간말잔액은 간단한 감사절차만 실시한다.

(2) 보고기간말감사

보고기간말감사(year-end audit)는 보고기간말 이후에 실시하는 감사로, 통상 기말감사라고도 표현한다. 보고기간말감사에서는 실증절차 계획에 따라 거래나 계정잔액이 회계원칙에 따라 중요성 관점에서 공정하게 표시되었는지를 확인한다.

제 4 절 감사인과 감사업무

Ⅰ. 감사인의 유형

감사인은 감사업무를 수행하는 주체인 감사담당자를 말한다. 포괄적인 의미에서 감사인은 법령에 따른 일정한 자격을 갖춘 공인회계사뿐만 아니라, 정부나 감독기관 그리고 기업의 내부감사인을 총칭한다.

1. 공인회계사

「공인회계사법」에서는 공인회계사(Certified Public Accountant : CPA)의 자격요건을 규정하고 있다. 시험 합격 후 연수교육 및 일정기간 실무수습을 거쳐야 공인회계사로서 등록할 수 있다.

공인회계사는 이러한 법적 자격요건 외에도 한국공인회계사회에서 정하고 있는 「공인회계사윤리기준」을 준수해야 하며, 독립성이나 적격성을 갖추지 못하면 감사에 참여할 수 없다. 공인회계사는 개인 자격으로 감사 및 관련 업무를 수행할 수도 있고 회계법인이나 감사반에 소속되어 업무를 수행한다.

2. 감사인조직(회계법인 · 감사반)

「외부감사법」에서는 자산총액 등이 일정규모 이상인 회사는 재무제표를 공시할 때 외부감사인의 감사를 받도록 규정하고 있다. 외부감사인의 자격은 「공인회계사법」에서 규정한 회계법인과 감사반으로 한정하고 있다.

회계법인은 「공인회계사법」상 특수법인으로 소속공인회계사가 일정규모(7인) 이상이어야만 설립이 가능하다. 회계법인은 「공인회계사법」을 따르되,

도표 1-5
회계법인과 감사반의 비교

구 분	회계법인	감사반
회계사수	7인 이상	3인 이상
자본금	5억원 이상	없음
감사가능회사	모든 회사가 가능하나 주권상장법인의 감사는 금융위원회에 등록해야 가능	주권상장법인과 연결재무제표의 감사는 제외
책임범위	회계법인은 유한책임 —출자자는 간접·유한책임	감사참여 공인회계사가 연대책임
손해배상 준비재원	• 「외부감사법」에 따라 한국공인회계사회에 손해배상공동기금 적립 • 「공인회계사법」에 따라 회계법인 내에 손해배상준비금 적립	1인당 5천만원 이상 보험 또는 공제사업 가입

여기에서 규정하지 않은 사항은 「상법」상 유한회사에 관한 규정을 준용한다.

회계법인이 자본을 충분히 확보하여 손해배상책임에 대비할 수 있도록 자본금은 5억원 이상으로 규정하고 있다. 회계법인은 내부에 사원총회, 대표이사를 포함한 3인 이상의 공인회계사인 이사를 두어야 하며, 대표이사 및 이사 자격에 일정한 제한을 두고 있다.

회계법인은 모든 회사의 감사가 가능하나, 주권상장법인을 감사하기 위해서는 금융위원회가 정한 「외부감사 및 회계 등에 관한 규정」에 따라 주권상장법인 감사인의 등록요건을 갖추어 금융위원회에 등록해야 한다. 주권상장법인 감사인 등록제는 감사품질을 확보하고 관리하기 위한 제도이다.

감사반은 3인 이상의 개인공인회계사로 구성된다. 개인공인회계사는 별개의 사무실을 갖고 공인회계사 업무를 독자적으로 수행하며, 「외부감사법」의 회계감사를 수행할 때 감사반을 구성하여 공동으로 감사업무를 수행한다. 감사반은 주권상장법인과 대형비상장회사의 재무제표, 연결재무제표 및 감사인지정 대상 회사의 감사는 수임할 수 없다. 이는 감사품질의 유지 및 손해배상책임의 능력을 고려한 조치이다.

Ⅱ. 공인회계사의 업무

공인회계사는 고유영역인 회계감사뿐만 아니라 세무업무, 경영자문업무, 회계자문업무도 수행한다. 과거에는 감사업무와 세무업무가 높은 비중을 차지했으나, 최근에는 업무영역이 온실가스 검증업무와 기후변화 컨설팅 등으로 확장·다양화되고 있다.

1. 인증용역

공인회계사의 가장 기본적인 고유 업무로서, 인증서비스(assurance service)가 없었다면 공인회계사라는 직업도 존재하지 않았을 것이다. 인증은 회사 등이 작성한 재무정보를 독립된 제삼자인 외부감사인 또는 공인회계사가 별도로 규정된 업무수행기준에 따라 검증·의견표명을 해 주는 업무이다. 인증용역으로는 재무제표감사업무, 재무제표 검토업무와 기업진단업무가 있다.

2. 세무용역

공인회계사는 기업과 개인 등 납세자에게 세무용역을 제공한다. 각종 세무신고를 대리하고, 세무 쟁점사항을 파악하는 세무진단을 수행한다. 조세불복 관련 행정심판을 대리하고, 세무조사를 대리하며 의견을 진술한다.

대기업에게는 이전가격과 반덤핑 등 세무자문을 제공하고 FTA 원산지 증명업무 등 국제 조세관련 업무를 제공한다. 중소기업에게는 급여와 회계 업무를 제공하고, 장부기장을 대행하거나 지원한다.

3. 경영자문용역

공인회계사는 회사가 효율적으로 경영관리를 수행할 수 있도록 특정분야 혹은 경영전반을 자문한다. 이러한 업무는 경영진단을 수행해 사업전략을 수립해 주고, 지배구조전략의 구축과 신사업 진입 등 비즈니스 전략을 수립해 준다. 인수합병 전략 및 실사, 내부통제의 설계, 구축 및 테스트, 무형자산의 평가, 재무추정 및 재무추정모형의 수립 등 회사 경영의 모든 분야를 포함한다.

대부분의 회계법인에서는 감사업무와는 독립적으로 경영자문업무를 전담하는 조직을 운영하고 있다. 이러한 자문업무를 전담하는 공인회계사는 특정 전문분야를 집중적으로 연구조사하고, 많은 회사의 감사실무경험이 있어 전문적인 서비스를 제공할 수 있다.

4. 회계자문용역

회계정보 투명성에 대한 사회 요구에 따라 공인회계사는 기업 재무정보의 건전성을 높일 수 있는 회계자문용역을 제공한다. 특별한 이슈에 대한 회계자문, 재무회계시스템의 구축자문 등 회계자문업무와 재무제표 작성 및 자문 등의 업무를 지원한다.

제 5 절 일반적으로 인정된 감사기준

Ⅰ. 일반적으로 인정된 감사기준

투자자는 재무제표를 이용해 기업들의 경영성과와 재무상태를 분석해 투자대상을 결정한다. 기업간 재무상태나 경영성과를 비교하기 위해서는 재무제표를 작성할 때 일정한 기준이 필요하다. 경영진이 재무제표를 작성할 때 준수해야 하는 일정한 기준을 '일반적으로 인정된 회계원칙(Generally Accepted Accounting Principles : GAAP)'이라고 한다. 감사인은 일정한 기준에 따라 재무제표감사를 수행해야 하는데, 이를 일반적으로 인정된 감사기준(Generally

도표 1-6
우리나라의 GAAP와 GAAS

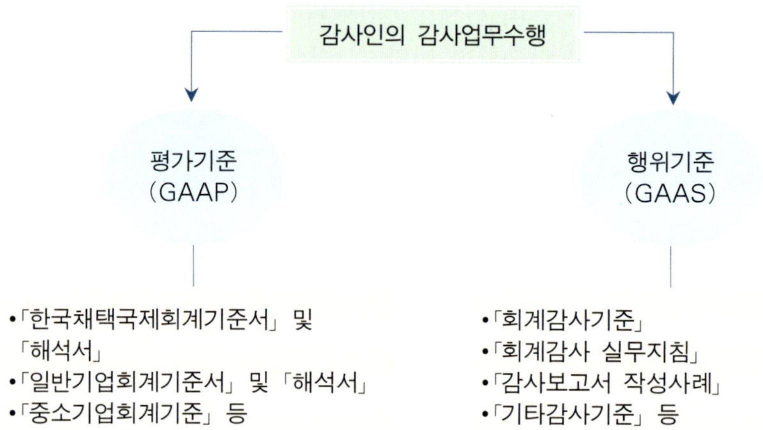

Accepted Auditing Standards : GAAS)이라고 표현한다.

우리나라에서 현재 수용되고 있는 GAAS는 「외부감사법」에서 정한 「회계감사기준」을 근간으로 하고 있다. 「외부감사법」에서는 감사인은 일반적으로 공정타당하다고 인정된 「회계감사기준」에 따라 감사를 실시하도록 규정하고 있는데, 「회계감사기준」은 한국공인회계사회에서 정하되, 금융위원회의 사전승인을 받아야 한다.

한국공인회계사회는 국제회계사연맹(International Federation on Accountants : IFAC)이 2006년 11월부터 발표하기 시작한 신국제감사기준서(New International Standards on Auditing : New ISAs)를 전면 수용해 「회계감사기준」으로 정하였다. 금융위원회의 승인을 받아 2018년 11월 이후에 시작하는 회계연도의 재무제표부터 적용하고 있다. 신국제감사기준(New ISA)은 「외부감사법」에 따른 감사 외에 임의감사 또는 공기업이나 지방자치단체와 같은 공공부문 등의 재무제표감사에도 준용할 수 있다.

II. 회계감사기준의 의의

회계감사기준은 감사인이 「외부감사법」에서 규정한 재무제표감사를 실시할 때 필수적으로 지켜야 할 지침이다. 감사인은 감사기준서 및 해당 감사와 관련성이 있는 모든 감사기준서의 요구사항을 준수해야 감사보고서에 "감사기준을 준수하였다"라고 기술할 수 있다.

회계감사기준에 감사인이 지켜야 할 절차와 기준을 모두 규정할 수는 없다. 이러한 이유로 회계감사기준에서 규정한 절차를 모두 수행해도 감사인이 책임을 완수했다고 볼 수는 없다. 왜냐하면 회계감사기준은 감사를 수행할 때 감사인이 지켜야 할 최소한의 기준(minimum standards)이기 때문이다.

감사인이 모든 상황에서 감사기준에서 정한 절차를 반드시 준수해야 하는 것은 아니다. 예를 들어 어떤 상황에서는 감사기준에서 요구하는 특정절차가 해당 요구사항의 목표를 달성하는 데 효과적이지 않을 수 있다. 감사인은 이러한 예외적 상황에서 불가피하게 감사기준의 특정 요구사항을 이탈할 필요가 있다고 판단할 수 있다. 감사기준의 특정 요구사항을 이탈하면, 감사인은 해당 요구사항의 목적달성을 위한 대체적 감사절차를 수행하고 이탈의 정당성을 문서화해야 한다.

핵심 회계감사기준

① 회계감사기준은 감사를 수행할 때 감사인이 원칙적으로 준수해야 할 행위기준이다.
② 회계감사기준은 감사인의 책임한계를 정하는 최소한의 기준(minimum standards)이다.
③ 회계감사기준은 목표달성에 비효과적인 상황에서는 예외적으로 절차수행의 이탈을 허용하고 있으나 감사인은 이탈의 정당성을 문서화해야 한다.
④ 회계감사기준은 공인회계사회에서 제정하되, 금융위원회의 승인을 받아야 한다.

우리나라의 현행 회계감사기준은 국제회계사연맹(IFAC)의 신국제감사기준(New ISA)에서 정하고 있는 요구사항(Requirements)과 적용 및 기타설명자료(Application and Other Explanatory Material)를 수정 없이 그대로 도입하여 제정되었다. 「회계감사기준」은 코드식(예 : 200, … 1100 등) 형태를 갖춘 38개 기준서로 구성되어 있다. 이 중 33개 감사기준서는 재무제표감사에 대한 기준서이고, 1개 기준서는 내부회계관리제도감사에 대한 내용을 담고 있으며, 특정목적 감사업무를 수행해야 할 때 준수해야 할 기준서 3개와 소규모기업 재무제표와 관련한 기준서 1개가 있다.

2023년 2월 중소기업의 외부감사 부담을 경감하기 위해 '소규모기업 재무제표에 대한 감사(감사기준서 1200)'를 제정하였다. 소규모기업용 감사기준서는 「외부감사법」 제16조에 따른 회계감사기준의 일부를 구성하나, 이에 상응하는 국제감사기준은 없다.

동 기준서의 적용대상인 소규모기업은 자산 200억원 미만 또는 100억원 미만인 비상장기업이며, 이해관계자가 많고 거래구조가 복잡한 주권상장법인·상장예정기업·연결재무제표 작성기업·금융회사는 제외하고 있다.

소규모기업용 감사기준은 감사기준서 200에서 720(이하 '일반 감사기준서')과는 독립된 별도 기준이다. 즉, 소규모기업용 감사기준서는 합리적 확신을 달성하는 데 필요한 감사절차를 완전하게 갖춘 독립된 별도 기준으로 제정되었으므로 동 기준서를 적용하면 일반 감사기준서를 적용할 수 없다. 감사인이 기업과 서면으로 합의하면 소규모기업용 감사기준서 대신 일반 감사기준서를 적용할 수 있다. 감사인이 소규모기업용 감사기준서를 적용해 감사를 수행하면, 감사보고서에 회계감사기준 전체를 준수하였다고 기술하거나 일반 감사기준서(또는 그 일부)를 언급해서는 안 된다.[4)]

제 6 절 회계감사의 역사적 발전과정

회계감사가 오늘의 경제사회에서 어떠한 역할을 담당하고 있으며 앞으로 어떻게 발전할 것인지 예측하기 위해서는 역사적 발달과정을 살펴볼 필요가 있다. 회계감사의 기능과 목적은 경제환경의 변화에 따라 달라져 왔으며, 앞으로도 기능과 목적을 달성하기 위한 수단과 기법에도 많은 변화가 있을 것이다.

Ⅰ. 감사목적과 감사기법의 변화과정

감사의 역사적 변천과정을 [도표 1-7]에서와 같이 편의상 다섯 단계로 나누어

---

4) 소규모기업용 감사기준서는 소규모기업 특성을 고려해 일반 감사기준서와는 다른 규정(지배기구와의 커뮤니케이션, 감사계획, 중요성, 위험평가절차 등)을 담고 있다. 본서에서는 일반 감사기준서를 중심으로 기술한다.

도표 1-7
감사목적의 변천과 감사기법의 발달

기 간	감사목적	감사기법	주요 이용자
1500년대 이전	개인의 정직성 및 성실성의 시험	모든 항목(100%)의 정사(精査)	왕정 혹은 시정기관
1500년대~1850년대	부정적발 및 수탁책임 이행여부의 확인	모든 항목(100%)의 정사	소유주(주인)
1850년대~1900년대	부정과 오류의 적발 및 회사업무상태의 보고	대부분 정사, 극히 제한적으로 일부는 시사(試査)	주주·채권자
1900년대~1930년대	실제의 재무상태와 수익력의 확인	정사와 표본을 통한 시사의 병행	주주·채권자 및 정부 관계기관
1930년대 이후	재무제표 전반의 공정표시에 대한 의견표명	대부분 표본을 통한 시사	잠재적 주주·채권자를 포함한 다수의 일반 이해관계자

살펴본다.

첫 번째 단계는 회계제도의 생성과 감사기능을 추적해 볼 수 있는 태동기로 1500년대 이전까지의 시기이다. 두 번째 단계는 비교적 조직적인 감사제도의 필요성을 인식하고 근대의 감사기능이 불완전하게 존재했던 1850년대, 즉 산업혁명 이전까지의 시기이다. 세 번째 단계는 산업혁명 이후부터 1900년대까지로 산업기술 등의 발달과 대규모 자본조달에 따른 주식회사제도의 정착, 소유와 경영의 분리와 이에 따른 독립적 감사기능의 필요성이 확대된 시기이다.

1900년대 이후 세계경제의 발달과 그 중심축이 점차 유럽에서 미국으로 이전되면서 감사제도도 미국을 중심으로 발달한다. 네 번째 단계인 1900년대부터 1930년대 미국의 대공황 이전까지는 독립된 감사인이 체계적인 감사를 시행하고 인증기능이 탄생한 시기이다. 1930년대 이후부터인 다섯 번째 단계에서는 자본시장을 중심으로 서로 다른 이해관계자의 조정과 기업의 올바른 가치평가를 위한 재무제표 공정표시가 가장 중요한 목표가 되었다. 1980년대 이후는 현대 감사기법이 체계적으로 개발되고 신감사이론들이 학문적으로 뿌리를 내리기 시작한 시기로 볼 수 있다.

Ⅱ. 감사전문직의 국제화와 국제감사기준의 도입

국가중심의 지역경제에서 벗어나 국가간 교역과 금융자본 이동이 활발해지면서 국제적인 회계기구 설립의 필요성이 대두되었다. 1977년 미국공인회계사를 중심으로 한 국제회계사연맹(International Federation of Accountants : IFAC)이 국제회계사총회(International Congress of Accountants)의 승인을 받아 창립되었다. 2024년 6월 현재 국제회계사연맹은 전 세계 135개국의 180개 회계사협회로부터 3백만 명의 회계사로 구성된 국제회원을 보유하고 있다.

1973년 회계문제의 세계적 조화를 성취하기 위해 개별국가보다는 국제적 차원에서 해결해야 한다는 취지로 국제회계기준위원회(International Accounting Standards Committee : IASC)가 결성되었다. 1983년 IASC는 국제회계사연맹과 협약을 맺어 국제회계기준의 조화를 추진할 수 있는 전환점을 마련하였다. IASC는 국제회계기준을 제・개정했으나 보다 조직화된 체제하에서 국제회계기준 제정 및 유지의 필요성이 제기되었다. IASC 후신으로 2001년 런던에 본부를 둔 국제회계기준위원회(International Accounting Standards Board : IASB)가 설립되었다. IASB는 국제회계기준(International Financial Reporting Standards : IFRS)을 제정하고 해석하는 유일한 국제기구이다. 2005년 EU 28개국이 채택한 후 2023년 현재 세계적으로 140개 이상의 국가에서 IFRS를 채택하거나 허용하고 있다.

국제회계사연맹은 1994년 통일된 국제감사기준(International Standards on Auditing : ISA)을 제정하기 위해 국제감사실무위원회를 설립하여 국제감사기준, 실무지침 및 해석을 발표했다. 국제감사기준의 발표 이후 각국의 기업환경과 재무보고방법이 다양할 뿐만 아니라, 발표된 기준 및 지침이 이해하기 어렵다는 비판이 있었다. 국제회계사연맹은 2006년 11월부터 국제감사기준을 전면적으로 개정해 2009년 3월까지 37개의 신국제감사기준서(New ISAs)를 공표하였다. 국제회계사연맹 산하에 있던 국제감사인증기준위원회는 2023년 4월 국제윤리감사재단으로 이관되었다.

우리나라는 1999년 국제회계사연맹의 국제감사기준을 일부 수정하여 회계감사준칙으로 받아들이면서 국제감사기준을 처음 도입하였다. 2014년 1월 국제회계사연맹이 발표한 신국제감사기준(New ISA)을 전면적으로 수용해 2018년부터 실무에서 시행하고 있다.

Ⅲ. 우리나라의 감사전문직

우리나라에서는 1953년 12월 「계리사법 시행령」 제정 후 회계전문직이 제도적으로 인정되었으나, 자율적인 형태로 계리사라는 직업은 이미 존재하고 있었다.

1940년대 이전까지 우리나라의 기업 수는 극히 적었고 계리사를 활용할 정도로 성장하지도 못했다. 당시의 계리사는 회사 설립이나 청산 업무, 심지어는 번역 업무도 하였다. 1945년 광복 이후 조선방송협회의 재산조사(1948)와 「반민족행위 처벌법」에 따른 피의자의 재산조사(1949) 등 정부기관 요청으로 감사업무를 수행한 기록이 있다.[5)]

1950년 3월 「계리사법」과 1953년 「계리사법 시행령」 제정으로 회계사 업무는 전문직업으로서 법적인 인정을 받았으며, 1954년 12월 한국계리사회가 정식으로 발족하였다. 전란과 경제발전 부진으로 전문적인 감사업무는 극히 미미했으며, 기장대리업무나 세무상담이 주요한 업무였다. 1961년 한국계리사회는 회계감사기준을 제정하였으며, 직업윤리규정을 제정하였다.

1963년 4월 상장법인에 대한 외부감사를 의무화한 「증권거래법」 개정은 우리나라 감사전문직의 발전에 획기적인 전환점이 되었다. 당시의 경제와 자본시장 여건이 성숙하지 못해 감사업무도 크게 활성화되지 않았다. 1966년 7월 「계리사법」을 폐지하고 「공인회계사법」을 제정하면서 외부감사인 자격요건을 대폭 강화하였고, 한국공인회계사로 명칭을 변경하였다. 공인회계사 직무내용이 구체화되었고, 자격획득을 위해 3차에 걸친 국가시험에 합격하도록 규정하였다.

1973년 「증권거래법」에서는 상장법인뿐만 아니라 증자, 사채발행, 기타 유가증권신고서를 제출할 때 공인회계사 감사보고서를 첨부하도록 규정하면서 감사범위가 확대되었다. 1976년에는 외부감사대상을 등록법인까지 확대하여 감사대상범위는 약 2배로 증가하였다.

1980년 12월 「주식회사의 외부감사에 관한 법률(이하 「외감법」)」이 제정되면서, 상장법인, 등록법인 및 직전 사업연도말 자본금이 5억원 또는 자산총액이 30억원 이상인 주식회사는 반드시 외부감사를 받도록 규정함에 따라 감

5) 한국공인회계사회, 「공인회계사제도발전에 관한 좌담회」, 「회계」, 제21호(한국공인회계사회, 1984. 12), p.25.

사대상회사 수가 급격히 증가하였다.

우리나라 회계감사기준은 1961년 4월 1일 한국공인회계사회가 최초로 제정·공표하였다. 1980년 12월 「외감법」이 제정·공표됨에 따라 1982년 3월 한국공인회계사회가 제정하고 재정경제부장관의 승인을 받도록 하였다가, 1991년 12월부터는 증권관리위원회가 제정하고 재정경제부장관의 승인을 받도록 하였다.

1990년대말 외환위기에 따른 정부의 금융감독체계 전면 개편으로 1998년 4월 금융감독위원회가 발족되었으며, 동 위원회는 국제적 기준을 대폭 수용하는 새로운 회계감사기준을 제정하였다. 2001년 4월 「외감법」을 개정해 한국공인회계사회가 회계감사기준을 제정하되 금융감독위원회(현 금융위원회)의 사전승인을 받도록 하였다.

2018년부터 국제회계사연맹이 제정한 개정 국제감사기준(New ISA)을 적용하고 있다. 개정 국제감사기준은 한국공인회계사회가 설치한 감사·인증기준위원회의 의결을 거쳐 금융위원회의 사전승인을 거쳐 공표되고 있다.

Ⅳ. 현대감사이론의 특징

현대 회계감사의 주요 특징으로는 이해관계자 집단간의 공정성 강조, 감사서비스업무의 다양화, 내부통제와 준법감시의 중요성 증가, 위험중심 감사접근법의 채택, IT감사기법의 발전 및 감사이론의 학문적 발전을 들 수 있다.

1) 이해관계자 집단간의 공정성 강조

재무제표의 정확성(correctness)을 검증하거나 부정적발을 위한 고전적인 감사목적에서 재무제표 전체를 대상으로 이해관계자(stake-holders)에 대한 재무제표 표시 공정성(fairness)과 관련한 의견을 표명하는 방향으로 감사목적이 변화하였다. 감사인은 기업이 작성한 재무제표가 재무상태와 경영성과를 공정하게 표시하고 있는가에 궁극적인 관심이 있다. 즉 감사인의 목적은 단순히 숫자의 정확성을 검증하는 것이 아니라 공정성에 대한 의견 표명에 있다. 감사인은 개별 재무제표에 표시된 숫자적 내용뿐만 아니라 설명적·보충적 정보의 내용과 공시방법에도 큰 관심을 둔다. 감사인은 감사의견의 전달자 역할뿐만 아니라 감사보고서를 통해 정보이용자에게 기업가치나 미래전망에 대한 신호효과(signaling)를 제공하는 데에도 관심을 기울인다.

재무제표의 개별 항목 혹은 개별 재무제표를 대상으로 하지 않고 재무제표 전반을 하나로 보며(taken as a whole), 재무정보가 기업의 상태를 공정하게 표시하고 있는가에 대한 전문가적인 의견을 표명한다는 점이 현대감사의 특징이다.

2) 감사서비스업무의 다양화 추구

감사인 업무가 재무제표감사뿐만 아니라 경영자문업무, 세무조정 및 자문 업무, 가치평가업무, 재무정보 구축업무, 기장대리업무 등으로 확대되고 있다. 미국 등에서는 이미 재무제표감사 이외의 자문 및 인증 업무가 총수수료수입 중 과반을 차지하며 우리나라도 이러한 추세를 따르고 있다.

3) 내부통제와 준법감시의 중요성 증가

감사인은 기업 내부통제의 평가결과에 따라 실증절차의 시기, 방법 및 범위를 결정한다. 기업규모가 거대해지고 회계자료가 대량화되면서 감사인은 효율적 · 효과적인 감사업무를 수행하기 위해 회계자료를 생성하는 기업 내부통제의 신뢰도에 의존하고 있다. 감사인은 기업이 내부통제, 준법감시, 위험관리를 위한 시스템을 효과적으로 설계하고 효율적으로 운영할 수 있도록 조언하고 감시한다.

4) 위험중심 감사접근법의 채택

기업규모가 확대되면서 모든 항목을 자세히 조사하던 감사기법에서 표본감사 방법으로 전환되었다. 과거에는 거래유형이나 계정과목별 왜곡표시의 집계를 중심으로 한 거래중심 감사접근법을 이용하였다. 최근에는 재무제표 왜곡표시위험을 중심으로 관련 통제테스트 및 실증절차를 수행하는 위험중심 감사접근법(risk-based approach)을 사용하고 있다. 이러한 접근법을 이용하면 분야별 위험수준에 따라 실증절차의 수행여부 및 빈도(표본규모)의 조정이 가능하므로 감사팀은 핵심영역에 집중할 수 있다. 위험중심 감사접근법을 이용하면 한정된 인적자원을 효율적으로 운용하면서 효과적으로 감사결론에 도달할 수 있다.

5) IT감사기법의 발전과 활용

전산시스템의 도입은 기업의 회계처리시스템에도 많은 변화를 주었다. 수작업에서 존재하던 증빙자료를 전산환경에서는 육안으로 확인할 수 없으며, 회계자료처리가 집중되어 업무분장의 통제효과가 사라지는 등 감사환경은 변화하였다. 전산시스템을 감사하는 많은 기법이 새로 개발되고 있으며 이를 전문으로 하는 감사인이 등장하였고 컴퓨터 지원을 받아 감사업무를 수행하고 있다. 감사업무지원을 위한 여러 가지 프로그램이 개발되어 감사인은 자신의 컴퓨터를 활용할 수 있어 감사의 효율성이 크게 증가하였다. 범용감사소프트웨어(Generalized Audit Software : GAS)의 보급이 대표적인 예이다.

6) 감사이론의 학문적 발전

회계감사실무는 전통적으로 기술적 측면만 강조하여 감사이론은 현장에서 실시하는 감사실무를 정당화하기 위한 수단으로서만 존재 의의가 있었으나, 1970년대에 들어오면서 감사이론에 대한 학문적 체계가 정립되기 시작했다.

1973년 미국회계학회에서 「감사의 기초개념에 관한 보고서」(A Statement of Basic Auditing Concept : ASOBAC)가 발표되었다. ASOBAC는 규범적 측면에서의 이론정립과 과학적 방법에 의한 감사증거의 체계적 수집과정 등을 강조하였다. 이때 괄목할 만한 이론적 발전을 보인 분야는 표본감사, 위험중심 감사접근법, 내부통제 평가, 전산감사이다.

21세기 초부터는 감사인의 감사전략과 관련하여 게임이론을 도입한 의사결정모형, 감시장치(monitoring device)와 관련한 감사인 역할, 진실한 재무보고 및 감사인의 독립성 유인을 위한 대리계약(agency contract)모형, 감사인에 대한 행동과학적 연구 등 인접과학분야의 이론을 감사에 접목시키는 연구가 활발히 진행되고 있다.

CHAPTER 1

연습문제

진위형

다음의 설명을 읽고, 틀린 기술이라면 그 이유를 제시하시오.

(1) 「외부감사법」에 따라 외부감사인이 수행하는 재무제표감사에서는 일반적으로 인정된 회계원칙이 평가기준이다.

(2) 인증은 보증의 의미로서 감사업무뿐만 아니라 가치평가 등 기타 전문용역의 업무도 포함하는 광의의 개념이다.

(3) 부정확하거나 오류가 포함된 재무정보를 일정한 검증 없이 이용자에게 제공하면 정보위험이 발생한다.

(4) 감사의견은 재무제표에 왜곡표시가 전혀 존재하지 않는다는 절대적인 확신을 제공한다.

(5) 감사의 고유한계는 재무보고의 성격, 감사절차의 성격, 합리적인 시간과 비용의 범위 내에서 감사를 수행하기 때문에 발생한다.

(6) 재무제표감사란 재무제표가 사전에 설정된 일정 평가기준에 따라 적정하게 작성되었는지에 대한 의견을 표명할 목적으로 수행되는 감사를 말한다.

(7) 업무감사란 감사대상이 법률・절차・규정을 이행 또는 준수했는지 결정할 목적으로 실시되는 감사이다.

(8) 외부감사에서는 감사인에게 적격성과 독립성을 반드시 요구하며, 내부감사에서는 적격성을 요구하나 독립성을 반드시 요구하지는 않는다.

(9) 직전 사업연도말 자산총액이 120억원 이상인 주식회사는 「외부감사법」에서 규정한 외부감사를 반드시 받아야 한다.

(10) 중간감사란 보고기간말 이전에 실시하는 감사로서, 거래나 계정잔액이 회계원칙에 따라 중요성 관점에서 공정하게 표시되었는지를 확인하기 위해 실시한다.

(11) 감사반은 유가증권상장법인과 대형비상장회사의 재무제표, 연결재무제표 및 감사인지정 대상회사는 감사할 수 없다.

(12) 일반적으로 인정된 감사기준(GAAS)은 감사인이 감사업무를 수행할 때 준수해야 할 필수적 행위기준이다.

(13) 감사인은 예외적인 상황에서 불가피하게 감사기준서에서 규정한 특정 요구사항을 이탈할 필요가 있다고 판단할 수 있다.

(14) 감사인이 소규모기업을 감사할 때 해당 기업의 감사위험이 높거나 기업이 복잡하다고 판단하면 소규모기업용 감사기준서 외에 다른 기준서를 보충적으로 적용할 수 있다.

(15) 소규모기업을 감사할 때 소규모기업용 감사기준서 또는 일반 감사기준서(감사기준서 200에서 700) 중 적용해야 할 행위기준을 감사인 판단에 맡기면 주관이 개입될 수 있다. 이러한 이유로 소규모기업을 감사할 때에는 반드시 소규모기업용 감사기준서만 적용해야 한다.

서술형

1 감사의 정의

와룡은행은 중소규모 업체로부터 배송위탁을 받아 여러 종류의 상품을 전문적으로 배달해 주는 명륜운송회사에 ₩260,000,000을 대출하고 있다. 명륜운송회사는 대출과 관련하여 은행측에 평균 취득원가가 ₩11,000,000인 배달트럭 35대를 담보물로 제공하였다.

와룡은행의 대출담당부서 차장인 나바로 씨는 대출금의 회수가능성과 관련하여 담보물로 제공받은 트럭을 명륜운송회사가 실제 소유하고 있는지 우려하고 있다. 송선숙 회계사에게 은행이 보관하고 있는 자동차 등록원부를 이용하여 트럭대수와 가치를 산정해 줄 것을 의뢰했다. 송선숙 회계사에게 의뢰한 이유는 그녀가 중고차딜러와 물류운송회사에 대한 감사경험이 많고 중고트럭에 해박한 전문지식을 갖고 있으며 명륜운송회사와는 특별한 이해관계가 없기 때문이다. 나바로 씨는 송선숙 회계사에게 다음과 같은 사항을 확인하여 보고서를 작성해 줄 것을 요청하였다.

(1) 20×1년 6월 30일 밤 현재 명륜운송회사의 주차장에 담보물로 제공된 35대의 트럭 중 실제 몇 대가 주차되어 있는지 확인한다.
(2) 주차된 트럭이 모두 회사의 소유인지 확인한다.
(3) 각 트럭의 물리적 상태를 불량, 양호, 매우 양호 등의 세 가지로 구분한다.
(4) 중개업자의 시중 중고차가격표를 이용하여 세 가지 물리적 상태분류에 따른 각 트럭의 6월 30일 현재 공정가치를 추정한다.

요구사항

감사의 정의로부터 인용한 다음의 각 표현을 상기 사례와 서로 연결시켜 구체적으로 설명하시오.

① 자질을 갖춘 독립적인 제삼자
② 감사대상이 되는 정보나 주장
③ 미리 설정된 일정한 평가기준
④ 증거의 수집과 평가
⑤ 감사결과의 전달

2 정보위험과 감사의 필요성

서울소비자조합은 소비자용 재화와 용역의 각종 정보와 상담서비스를 제공하는 비영리단체이다. 서울소비자조합은 시장에서 판매되는 여러 유형의 상품을 조사하고, 그 결과를 기초로 추천상품을 「소비자월간」으로 발행한다. 서울소비자조합은 전기차, 노트북, 공기청정기, 건조기 등을 검사한다.

요구사항

1. 재무제표이용자가 직면하는 정보위험에 대한 이론적 개념과 위의 사례에서 제시한 제품 구매자가 직면하는 정보위험을 상호연결하여 설명하시오.
2. 재무제표이용자가 정보위험을 줄일 수 있는 방법과 제품 구매자가 정보위험에 대처하기 위해 취할 수 있는 방법을 상호 비교하여 설명하시오.
3. 서울소비자조합이 제공하는 서비스용역의 기능과 목적은 재무제표감사와 비교할 때 어떤 점이 유사하며, 어떤 점이 다른가?

3 감사의 목적과 효과

강서주식회사의 홍길동 사장은 공인회계사인 당신에게 왜 회사가 독립적인 외부감사인에게 재무제표감사를 받아야 하는지를 질문하였다.

요구사항

1. 독립적인 외부감사인이 재무제표감사를 실시하는 목적은 무엇인가?
2. 외부감사인이 표명하는 감사의견의 한계를 '합리적 확신'의 내용을 중심으로 기술하시오.

4 회계감사의 필요성과 한계

공인회계사인 김판돌 씨에게 친구는 다음과 같이 질문했다.

"요즘 많은 기업이 도산하고 있어. 심지어 감사의견이 적정의견인데도 도산하기도 해. 그렇다면 회계감사는 왜 필요하지?"

요구사항

1. 당신이 김판돌 회계사라면 "감사의견이 적정의견인데도 왜 부도가 나는가?"라는 질문에 어떻게 답변할 것인가?
2. 김판돌 회계사의 설명(요구사항 1)에 따르면 회계감사에는 고유한계가 존재한다. 그런데도 회계감사가 유용하다면, 그 이유를 설명하시오.

5 감사 및 감사인의 종류

감사인은 업무를 수행하는 과정에서 다음과 같은 내용을 조사하고 검토하였다.

(1) 과세소득이 누락 없이 기재되어 있는지 파악하기 위해 납세자가 세무서에 제출한 소득세신고서를 감사
(2) 전산부문이 효율적으로 운영되는지 평가하기 위해 회사의 정보시스템을 감사
(3) 회사의 경영진에게 보고하기 위해 재무제표를 감사
(4) 세무공무원이 근무시간을 효율적으로 이용하는지를 평가하기 위해 일선 세무서 직원의 근무상태를 감사
(5) 내부감사인이 없는 규모가 너무 작은 회사가 은행이나 채권자에게 제출하기 위해 재무상태와 경영성과를 포함한 보고서를 감사
(6) 일정기간의 실제 예산지출에 대한 내용이 공정하게 표시되어 있는지 확인하기 위해 정부관련기관의 회계자료 및 재무서류를 감사
(7) 세법의 준수여부를 검증하기 위해 회사가 세무서에 제출한 법인세신고서를 감사
(8) 내부감사인이 상근하고 있는 회사의 주주를 위해 수행한 재무제표감사
(9) 사채발행회사가 부채약정조건을 이행하고 있는지 확인하기 위해 사채발행계약서의 약정사항을 감사
(10) 정부부서가 특별연구계획 수행목적으로 지출한 금액이 계획을 승인한 국회의 예산승인내역과 일치하는지 감사

요구사항

위에 설명한 각각의 사항에 가장 적절한 감사인 종류(세무감사인, 정부기관감사인, 공인회계사, 내부감사인)와 감사유형(재무제표감사, 업무감사, 준법감사)을 기술하시오.

6 재무제표감사의 의의 (KICPA)

다음은 재무제표감사와 관련한 설명이다.

(1) 재무제표에 대한 감사인의 의견은 기업의 재무상태 또는 경영성과의 양호여부를 평가하거나 장래전망을 보장하는 것은 아니다.
(2) 외부감사인의 재무제표감사는 경영진의 재무제표 작성책임을 경감시킨다.
(3) 감사인은 감사대상회사에서 발생한 모든 거래를 검토하지는 않는다.
(4) 감사인이 적정의견을 표명해도 감사대상회사의 재무제표가 정확하다고 확신할 수는 없다.
(5) 기업의 임직원에 의한 내부공모, 위조 또는 변조 등 문서의 허위성 여부에 대한 조사 및 판단은 재무제표감사 범위에 포함된다.

요구사항

위의 각 설명에 대해 참과 거짓을 밝히고 거짓이라고 판단한 때에는 그 이유를 설명하시오.

CHAPTER 2

감사인의 직업윤리

제 1 절 감사인에게 윤리는 왜 필요한가?
제 2 절 공인회계사윤리기준의 체계와 독립성
제 3 절 감사의 품질관리

학습목표

이 장의 학습을 완료하면 다음 질문에 답변할 수 있어야 한다.

1. 감사인에게 윤리를 강조하는 이유는 무엇이며, 감사인이 윤리강령을 준수하는 과정에서 어떠한 위협이 발생할 수 있는가?
2. 감사인에게 독립성을 강조하는 이유는 무엇이며, 정신적 독립성과 외관상 독립성은 어떤 관계가 있는가?
3. 감사품질은 어떻게 정의할 수 있는가? 감사품질을 높이기 위한 제도로는 어떠한 것들이 있는가?

한눈에 살펴보는 이 장의 내용

감사인은 불특정 다수의 사람에게 공공서비스를 제공하는 업무를 수행하므로 전문직업인으로서의 높은 윤리의식을 유지해야 한다. 「공인회계사윤리기준」에서는 감사인이 독립적이고 정직한 감시자의 역할을 수행할 수 있도록 직업윤리로서의 5대 강령을 규정하고 있다. 공인회계사가 이러한 윤리강령을 준수하는 데 방해하는 요소를 위협이라고 하며, 감사인은 위협의 심각성이 명백하게 가볍지 않은 한 이를 감소시키기 위한 안전장치를 마련해야 한다.

재무제표에 대한 감사인의 공정한 견해가 전제되어야 감사보고서이용자는 감사보고서를 신뢰할 수 있다. 이를 위해 감사인은 모든 감사업무의 수행과정에서 공정한 견해를 유지할 수 있는 독립성을 확보해야 한다. 신분상이나 경제적 이해관계인 외관적 여건을 고려할 때 독립성에 의문을 초래할 만한 이해관계가 있으면 감사인에 대한 신뢰성은 떨어진다. 「공인회계사윤리기준」과 「공인회계사법」 등 관련 법규에서는 외관상 독립성을 확보할 수 없는 상황에서 공인회계사가 재무제표를 감사하거나 증명하는 인증업무를 수행할 수 없도록 규정하고 있다.

재무제표에 포함된 왜곡표시를 감사인이 제대로 발견하고, 이를 사실대로 정직하게 보고할 때 감사품질은 높다고 할 수 있다. 투자자 보호를 위해 공정한 감사가 필요한 회사에 대해서는 증권선물위원회에서 감사인을 지정하고 있으며, 외부감사인의 공정성과 신뢰성을 높이기 위해 감사보고서와 감사인조직 운영을 평가하는 감리를 시행하고 있다.

감사인(auditor)은 감사를 실시하고 결과를 이해관계자에게 보고한다. 감사인은 정보제공자와 정보이용자 사이에서 객관적이고 공정한 입장을 유지하는 독립적인 제삼자로서 정직한 감시자의 역할을 수행해야 한다. 이때 감사인은 전문직업인으로서 관련법규에서 정하는 자격기준을 갖추고 윤리기준에서 정하는 윤리강령을 준수해야 한다.

제 1 절 감사인에게 윤리는 왜 필요한가?

우리 사회는 전문가(professional)라는 용어에 특별한 의미를 부여한다. 전문가에게는 일반인보다는 높은 수준의 윤리의식을 요구하며, 법에서 정한 것 이상으로 더 높은 책임과 의무를 기대한다. 일반인은 전문가가 수행하는 업무 품질을 제대로 평가하기 어려우며, 감사인이 수행한 업무를 직접 관찰할 기회도 없고 이해하지도 못한다. 의사나 변호사의 고객은 직접 서비스를 받는 수혜자이므로 서비스제공자를 관찰할 기회가 있으나, 감사서비스 수혜자인 재무제표이용자는 감사인을 직접 접촉할 기회가 없다. 따라서 감사인은 업무를 수행할 때 일정한 절차와 방침, 윤리적 행위기준에 대한 원칙을 일반대중에게 적극적으로 알리고 이를 준수해야 한다.

정보이용자는 감사인이 전문능력을 갖고 있고 공정한 견해를 유지할 것으로 기대한다. 감사받은 재무제표에서 정보위험이 감소하지 않는다면 감사에 대한 수요는 발생하지 않는다. 감사인이 전문직업인으로서의 높은 윤리의식이 없다면 그 피해가 사회적으로 미치는 범위는 넓고 크다. 의사는 특정환자에게, 변호사는 특정고객에게만 영향을 미치지만, 감사인이 제공하는 서비스는 불특정 다수인인 재무정보이용자를 대상으로 하기 때문이다.

- **감사인에게 직업윤리가 필요한 이유:** 서비스 대상이 불특정 다수의 정보이용자로 공정한 견해를 유지하지 못하면 광범위한 피해가 발생하기 때문이다.

한국공인회계사회에서는 1961년부터 공인회계사가 지켜야 할 윤리기준을 자율적으로 제정·시행하여 전문직업인으로서의 사회적 신망을 유지하기 위해 노력하고 있다.

제 2 절 공인회계사윤리기준의 체계와 독립성

2005년 한국공인회계사회는 세계적 기준에 부합하는 높은 수준의 전문직을 지향하기 위해 국제회계사연맹(International Federal of Accountants : IFAC)이 제정한 국제윤리기준을 전면적으로 수용하여, 2006년 7월 「공인회계사윤리기준」을 제정 · 시행하고 있다.

I. 윤리기준의 개념체계

감사인이 업무를 수행하면서 겪게 되는 상황은 너무나 많고 다양하며 이러한 상황을 빠짐없이 열거하는 것은 불가능하다. 「국제윤리기준」에서는 원칙중심으로 접근해 윤리강령에 대해 개념체계접근법을 기본원리로 삼고 있다. 개념체계접근법에서는 공인회계사의 어떤 행위가 윤리적인지 비윤리적인지를 개념적으로 정의하고 개념체계를 적용해 개별 사례를 판단한다.

[도표 2-1]에서와 같이 「공인회계사윤리기준」은 윤리강령, 위협, 제도적 안전장치, 적절한 조치의 네 가지 요소로 구성되어 있다. 감사인이 윤리기준의 준수에 위협을 받을 때 대처하는 접근방법을 단계적으로 규정하고 있다.

도표 2-1
윤리기준의 체계

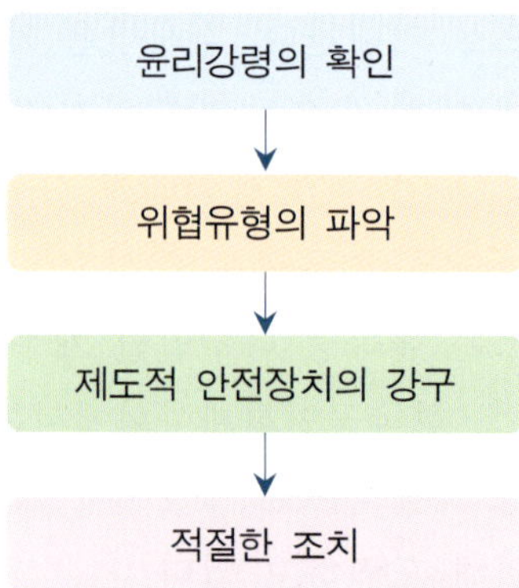

감사인은 먼저 준수해야 할 윤리강령을 확인하고, 이를 위협하는 유형과 심각성을 파악한다. 파악된 위협 정도에 따라 이를 완화 또는 제거할 수 있는 제도적 안전장치를 강구해야 한다. 이러한 노력에도 위협수준을 수용가능 수준 이하로 감소할 수 없다면 업무철수 또는 계약철회 등과 같은 적절한 조치를 취한다.

1. 윤리강령의 준수

「공인회계사윤리기준」에서는 반드시 준수해야 할 5대 윤리강령을 다음과 같이 규정하고 있다.

핵심 직업윤리로서의 5대 강령

- 성실
- 전문가적 적격성과 정당한 주의
- 전문가적 품위
- 공정
- 비밀유지

(1) 성 실

성실(integrity)이란 모든 직무를 수행함에 있어서 솔직하고 정직해야 할 의무를 말한다. 공인회계사는 내용의 왜곡표시, 사실의 오도, 무모한 정보, 정보의 누락과 불완전한 표현이 포함된 보고서 등에 자신의 명칭이 사용되는 것을 허용해서는 안 된다.

(2) 공 정

공정(fairness)이란 직무를 수행함에 있어 편견, 이해의 상충 또는 외부의 부당한 영향을 받아서는 안 된다는 것을 의미한다. 공인회계사는 전문가적인 판단을 할 때 편견을 갖게 하거나 부당한 영향을 미칠 수 있는 관계를 회피해야 한다. 감사인의 독립성(independence)이 훼손되면 업무수행에서 이해관계자 집단에 대해 공정한 태도를 유지하기 어렵다.

(3) 전문가적 적격성과 정당한 주의

1) 적격성

재무제표감사뿐만 아니라 업무감사나 준법감사를 수행하기 위해서는 해당 분야에 필요한 전문지식과 경험인 적격성(competence)을 갖추고 있어야 한다. 예를 들어 기업의 회계처리가 복잡한 전산시스템에 의존하고 있다면 감사인은 전산시스템을 감사할 수 있는 전문지식과 경험을 갖추고 있어야 한다.

• **전문가적 적격성**: 공인회계사는 의뢰인이나 고용인에게 적격성을 갖춘 전문서비스를 제공하기 위해 전문적 지식과 기술을 유지해야 한다.

전문가적 적격성(professional competence)이란 전문서비스를 제공할 수 있도록 전문적 지식과 기술(실무적 경험)을 유지하는 것을 의미한다. 이를 위해 감사인은 관련 기술 및 산업 발전동향에 지속적인 관심을 갖고 전문가로서의 역량을 개발해야 한다.

감사인 자신의 적격성이 부족하다고 판단하면 관련 전문가(보험계리사, 감정평가사, 변호사 등)에게 자문을 구해야 한다. 이러한 자문을 받아도 적격성을 확보할 수 없다면 감사계약을 수임하지 않아야 한다. 예를 들어 업무수행팀이 필요한 적격성을 보유하고 있지 않거나 적격성을 일정기간 내에 습득할 수 없다면 업무를 수임해서는 안 된다.

사례 적격성의 결여

X회계법인의 공인회계사인 김정국 씨는 주식회사 Z생명보험과 감사계약을 체결하고, 본인이 업무수행이사로서 감사에 참여하려고 한다. 김정국 회계사는 십여년간 건설회사에 대한 외부감사를 수행하였으나, 생명보험업에 대한 전문지식이나 실무경험은 전혀 없다. 주식회사 Z생명보험을 담당할 X회계법인의 회계감사팀도 생명보험업종에 대한 감사실무경험은 없다. 그나마 다행스러운 점은 보험업보다도 더 복잡하고 다양한 업종에서 여러 회사를 감사한 경력이 있는 선임회계사가 감사팀을 총괄하고 있다는 것이다.

분석

감사책임자와 보조자가 생명보험업에 대한 감사경험이 없기 때문에 감사인의 적격성을 보유하고 있지 않다. 생명보험업에 감사경험이 있는 회계사를 감사실무팀에 포함시키고, 보험계리사 등 생명보험업의 전문지식이 있는 외부전문가를 활용해야 수임이 가능할 것이다.

2) 정당한 주의

• 정당한 주의 : 감사인에게 통상적으로 기대하는 사회적 요구를 충족시킬 수 있는 수준의 주의

정당한 주의(due care)란 전문서비스를 제공할 때 정당한 주의를 기울여야 하며, 관련 기술적 및 전문적 기준을 준수해야 하는 것을 의미한다. 전문가로서의 정당한 주의(due professional care)는 전문직업인으로서 마땅히 기울여야 할 주의를 의미한다. 즉 공인회계사라는 명칭을 사용하므로 전문감사인에게 기대하는 사회적 요구를 충족할 수 있도록 일정한 수준의 주의를 기울여야 한다. 전문직업인에게 요구되는 정당한 주의를 다하지 못하면 과실로 인한 법적 책임으로부터 자유로울 수 없다.

(4) 비밀유지

• 비밀유지 : 공인회계사는 직무수행과정에서 알게 된 정보에 대한 비밀을 지켜야 한다.

비밀유지(confidentiality)란 공인회계사가 직무수행과정에서 알게 된 정보에 대한 비밀을 지켜야 할 의무를 말한다. 법적 또는 직업적으로 공개할 권리나 의무가 없으면 의뢰인의 승인 없이 제삼자에게 정보를 누설하거나 기밀정보를 본인 또는 제삼자의 개인적 이익을 위해 사용해서는 안 된다. 이러한 비밀유지의무는 계약관계가 끝나도 계속 준수해야 한다.

「형사소송법」과 「민사소송법」에서는 직무상 알게 된 고객의 비밀에 대해 의사나 변호사는 물론 공인회계사와 세무사에게도 증언거부권을 인정하고 있다. 다만 공인회계사는 법규에 따라 정보공개가 허용되거나 요구되는 상황에서는 기밀정보를 공개할 수 있다. 의뢰인이 허락하면 감사인은 감사계약과 관련한 정보를 입수하기 위해 전임감사인과 교신을 할 수 있다.

(5) 전문가적 품위

• 전문가적 품위 : 공인회계사는 관련 법규를 준수해야 하며, 공인회계사의 품위를 실추시키는 부당광고 등의 행동은 삼가야 한다.

전문가적 품위(professional behavior)의 강령에 따라 공인회계사는 관련 법규를 준수해야 하며 공인회계사의 품위를 실추시키는 행동은 삼가야 한다. 금지대상에는 모든 정보를 알고 있는 합리적인 제삼자의 관점에서 볼 때 공인회계사의 명성에 부정적인 영향을 미친다고 판단할 수 있는 모든 행동을 포함한다.

과장 · 부당광고의 금지, 중개인을 내세우거나 권력의 이용 및 금전제공으로 업무위촉을 강요하거나 수임하는 행위는 금지하고 있다.

2. 위협유형의 파악

• **위협** : 공인회계사가 윤리강령을 준수하는 것을 방해하는 요소

공인회계사가 윤리강령을 준수하는 것을 방해하는 요소를 윤리강령 준수에 대한 위협(threat)이라고 한다. 이러한 위협으로는 이기적위협, 자기검토위협, 변호위협, 유착위협, 압력위협이 있다. 감사인은 윤리강령을 준수하는 과정에서 다음의 어느 위협이 문제가 되는지를 파악해야 한다.[1)]

(1) 이기적위협

이기적위협은 감사업무의 수행결과가 감사인 자신의 이익에 영향을 주기 때문에 독립성 준수에 위협이 된다. 주로 감사의뢰인 혹은 감사대상회사와의 재무적・사업적인 이해관계 때문에 발생한다.

핵심 이기적위협 발생의 예

(1) 직간접의 재무상・사업상 이해관계가 있음 → 특정상황에서는 무조건 수임거절
(2) 보수관련
  ① 감사보수를 성공보수방식으로 계약 → 무조건 수임거절
  ② 특정고객(감사대상회사 및 동일계열기업군)의 감사보수비중이 현저히 높음 → 안전장치 강구
  ③ 보수의 연체 → 안전장치(다른 임원급 공인회계사의 검토 등) 강구
  ④ 현저히 낮은 감사보수 → 안전장치(문서화) 강구
(3) 친밀한 사업관계 → 사업관계를 종료하거나 인증업무의 수임 거절
(4) 인증의뢰인과 고용관계가 예정 → 안전장치 강구

1) 재무상・사업상 이해관계

① **재무적 이해관계**　재무적 이해관계는 직접적인 이해관계와 간접적인 이해관계로 나눈다. 직접적인 이해관계는 개인이나 회사가 통제력을 가지고 있는 재무적 이해관계(예 : 수탁자)를 의미한다. 간접적인 이해관계란 개인이나 회사가 통제력이 없는 재무적 이해관계(뮤추얼펀드, 신탁계정, 수익증권 등)를 말한다. 직접적인 재무적 이해관계가 있으면

1) 독립성 훼손위협은 많은 경우 하나 이상의 복합적인 위협요인으로 발생한다. 본서에서는 편의상 어느 한 위협부분에서 내용을 포괄적으로 기술한다. 예를 들어 의뢰인과 감사인이 가족관계에 있으면 이기적위협, 유착위협과 압력위협이 동시에 발생할 수 있으나 본서에는 유착위협에서 이를 설명한다.

원칙적으로 독립성을 훼손할 수 있는 위협으로 간주한다. 간접적인 재무적 이해관계는 중요한 경우에만 독립성을 훼손하는 위협으로 본다.

• 회계법인(≒사원=배우자): 감사불가
• 감사보조자(사원 이외의 공인회계사): 해당 감사보조자 제외시 감사가능

회계법인 등이 인증의뢰인과 이해관계가 있으면, 이기적위협을 제거하거나 수용가능한 수준 이하로 감소시킬 수 있는 유일한 안전장치는 관계를 청산하는 것이다. 재무적 이해관계가 있는 인증업무팀 구성원(감사보조자)은 해당 인증업무에서 제외하면 인증업무를 수임할 수 있다.[2)]

직접적인 재무적 이해관계	간접적인 재무적 이해관계
인증업무팀의 구성원이 되기 전에 이해관계를 청산	재무적 이해관계를 전부 청산하거나 남아 있는 간접적인 재무적 이해관계가 중요하지 않도록 청산

회계법인, 회계법인의 파트너 또는 그 배우자[3)]가 회사와 다음의 재무적 이해관계에 있으면 안전장치가 없으므로 재무제표를 감사하거나 인증하는 업무를 수임할 수 없다.

• 주식 또는 출자지분을 보유하고 있음
• 파트너에게 직무를 수행하는 대가로 자기 회사의 주식, 신주인수권부사채, 전환사채 또는 주식선택권을 제공하였거나 제공하기로 함

• 상속·증여, 합병의 경우: 안전장치 강구 후 수임가능

② **상속이나 증여 또는 합병으로 인한 이해관계** 인증업무팀의 구성원(사원 및 감사보조자)이나 직계가족이 상속이나 증여 또는 합병으로 인해 인증의뢰인과 직접적인 이해관계 또는 중요한 간접적인 재무적 이해관계를 갖게 되면 이기적위협이 발생할 수 있다. 따라서 다음의 안전장치를 강구해야 한다.

▶ 안전장치

• 사원: 가능한 한 빠른 시일 내에 재무적 이해관계를 청산
• 감사보조자: 인증업무에서 제외

2) 사원이 주식을 1주라도 갖고 있으면 해당 인증업무에 참여하지 않아도 감사업무를 수임할 수 없다. 감사보조자(사원 외의 공인회계사를 지칭)는 주식을 갖고 있더라도 해당 인증업무에 참여하지 않으면 재무제표감사업무를 수임할 수 있다.

3) 파트너와 그 배우자에 대한 규정만 있으며, 감사보조자와 그 배우자에 대한 제한규정은 없다. 왜냐하면 감사보조자와 그 배우자가 주식을 보유하고 있으면 수임 후 해당 인증업무팀에서 감사보조자를 제외하면 되기 때문이다.

③ 대출과 보증

- 인증의뢰인인 금융기관으로부터 받은 대출 : 회계법인, 인증업무팀의 구성원(직계가족 포함)에 대한 대출이나 보증이 정상적인 절차와 조건 및 요구사항에 따라 이루어졌다면 독립성 훼손위협은 발생하지 않는다.
- 금융기관이 아닌 인증의뢰인으로부터 받은 대출 : 중요한 대출이나 중요한 차입에 대한 보증을 제공하거나 제공받으면 안전장치가 없다. 이러한 대출이나 보증이 양자 모두에게 중요하지 않다면 제외한다.4)

2) 보수관련

- 성공보수
  ① 인증업무 불가
  ② 비인증업무는 안전장치 강구 후 가능

① **성공보수**　성공보수약정은 거래나 수행업무의 결과에 따라 사전에 결정된 기준에 따라 보수를 산정하는 계약이다.

- 인증업무와 관련하여 성공보수를 받기로 함 : 이기적위협과 변호위협이 발생하며 안전장치는 존재하지 않는다. 회계법인은 인증업무의 결과나 인증대상 정보항목에 따라 결정되는 성공보수조건으로 인증업무계약을 체결해서는 안 된다.
- 비인증업무와 관련하여 성공보수를 받기로 함 : 비인증업무에서는 원칙적으로 성공보수를 받을 수 있다. 예를 들어 조세불복청구업무에서 승소하면 승소금액의 일정비율을 수령하는 것이 성공보수에 해당한다. 성공보수계약에서 발생하는 위협이 명백하게 경미하지 않다면 안전장치를 강구해야 한다. 이러한 안전장치의 예로는 보수성격과 범위를 인증의뢰인의 감사위원회 등 내부감시기구에 보고하는 것을 들 수 있다.

- 특정 인증의뢰인의 수임보수비중이 높은 경우 : 안전장치 강구 후 수임 가능

② **수임보수비중이 현저히 높음**　특정 인증의뢰인의 보수총액이 회계법인 보수총액의 상당한 부분을 차지하면, 의뢰인의 상실을 우려한 이기적위협이 발생할 수 있다. 안전장치를 예시하면 다음과 같다.

---

4) 「공인회계사윤리기준」에는 구체적인 금액을 언급하지 않고 있다. 「공인회계사법 시행령」에서는 공인회계사(그 배우자)가 상거래를 위해 약관에 따라 체결된 계약으로 발생한 3천만원 미만의 채무로 규정하고 있다.

▶ 안전장치

- 감사위원회 등 지배기구와 보수의 범위와 성격에 관하여 논의함
- 의뢰인의 수임의존도를 줄이기 위한 조치를 취함
- 외부의 품질관리검토를 받음
- 감독기관 또는 다른 공인회계사 등의 제삼자로부터 자문을 받음

• 장기간 감사보수가 연체 : 안전장치 강구 후 수임가능

③ **보수의 연체** 인증의뢰인에게 청구한 감사보수 상당액이 차기연도의 인증보고서를 발행하기 전까지 회수되지 않으면 이기적위협[5]이 발생할 수 있다. 안전장치를 예시하면 다음과 같다.

- 인증의뢰인의 내부감시기구와 연체보수 규모를 논의함
- 인증업무에 참여하지 않은 공인회계사를 투입해 인증업무팀이 수행한 업무를 검토하게 함

• 현저히 낮은 감사보수 : 안전장치 강구 후 수행가능

④ **현저히 낮은 감사보수** 다른 개업공인회계사보다 낮은 보수를 제시한다는 사실만으로는 비윤리적이라고 보기 어렵다. 제시된 보수가 너무 낮아 해당 업무의 합리적 수행을 위해 적용해야 하는 전문적 기준의 준수가 어렵다면 이기적위협이 발생할 수 있다. 안전장치를 예시하면 다음과 같다.

- 적절한 시간을 투입함
- 자질 있는 구성원을 업무에 배정함
- 인증업무와 관련한 모든 기준을 준수함

사례

서초회계법인은 (주)프랜드의 회계감사업무에 대한 수임을 요청받았다. (주)프랜드는 전기에 방배회계법인으로부터 감사를 받았는데, 전기감사수수료는 5천만원이었으나 서초회계법인에 감사보수를 3천만원으로 낮추어 감사계약을 요청하였다.

분석

윤리기준에서 정하는 안전장치로서, 서초회계법인은 보수산정 기준 및 제시된 보수로 수행할 서비스의 구체적인 내용을 의뢰인에게 인지시켜야 한다. 사전에 서비스의 구체적인 범위(예를 들어 세무조정서비스를 제외한 회계감사업무만 수행) 등 업무조건의 합의내용을 계약서를 통해 인지시킴으로써 부실감사 위험을 방지해야 한다.

---

5) 한정의견을 받으면 금융기관에서는 차입금 만기연장 등을 승인하지 않으므로 부도 발생의 위험이 따른다. 감사인 입장에서는 적정의견을 표명해 미수수수료를 회수하고자 하는 동기가 존재할 수 있다.

감사에는 적절한 시간과 적격한 감사요원을 투입해야 한다. 보수할인이 발생하면 감사투입시간을 줄이거나 적격성이 떨어지는 감사요원을 배치할 수도 있다. 이러한 이유로 부실감사 가능성을 방지하기 위한 안전장치가 필요하다.

3) 인증의뢰인과의 친밀한 사업관계

인증의뢰인과의 친밀한 사업관계는 재무적 이해관계를 수반하므로 이기적위협과 압력위협이 동시에 발생할 수 있다. 예를 들어 인증의뢰인과의 공동투자로 중요한 재무적 이해관계가 있거나, 회계법인의 서비스와 인증의뢰인의 상품을 결합해 일괄 판매하는 약정을 체결한 사례가 이에 해당한다.

이때에는 안전장치가 존재하지 않으므로, 인증업무를 수임하기 위해서는 사업관계를 종료하거나 재무적 이해관계가 중요하지 않고 명백하게 경미한 관계가 될 수 있도록 관련 금액을 감소시켜야 한다.

4) 고용관계가 예정됨

인증업무팀 구성원이 장래의 특정시점에 인증의뢰인에게 고용될 것을 알고 있거나 이를 믿을 만한 근거가 있으면 이기적위협이 발생한다. ① 인증의뢰인과의 고용 사실을 회계법인에 통보하도록 요구하는 정책과 절차를 수립·수행하고, ② 해당 구성원을 인증업무에서 제외시키며, ③ 개인이 수행한 중요한 판단에 대해 독립적인 검토를 수행하는 등의 안전장치를 적용해야 한다.

(2) 자기검토위협

감사인이 의뢰인을 위해 내린 중요한 의사결정이나 비인증업무의 수행으로 결과가 반영된 재무정보를 감사인 자신이 감사업무를 수행하면, 인증업무에 영향을 미쳐 자기검토위협이 발생할 수 있다.

핵심 자기검토위협이 발생하는 예

(1) 인증의뢰인과 고용관계에 있던 자가 인증업무팀의 구성원이 됨
(2) 인증의뢰인의 임원으로 근무함
(3) 인증의뢰인에게 비인증업무를 제공함

1) 인증의뢰인과 고용관계에 있던 자가 인증업무팀 구성원(감사보조자)이 됨

최근까지 인증의뢰인의 임직원이었던 인증업무팀 구성원이 인증대상정보에 영향을 미치는 직위에 재직하였다면 자기검토위협과 이기적위협으로 독립성 훼손에 심각한 영향을 미치며, 별도의 안전장치가 존재하지 않는다. 따라서 해당 개인을 인증업무팀에 배정해서는 안 된다.

2) 인증의뢰인의 임원으로 근무

회계법인 파트너나 직원이었던 사람이 인증의뢰인의 임원으로 근무하고 있으면 안전장치가 존재하지 않으므로 인증업무수임을 거절하거나 계약을 해지해야 한다.

3) 인증의뢰인에게 비인증업무를 제공

• 감사업무와 동시에 수행할 수 없는 비감사업무
① 재무제표 작성업무
② 상당한 정도의 주관이 개입되는 매도목적의 가치평가
③ 내부감사업무
④ 재무정보시스템 구축·운영

① **인증의뢰인에게 비인증업무를 제공** 인증의뢰인에게 비인증업무를 제공하면 회계법인 또는 인증업무팀의 구성원의 독립성이 훼손될 수 있다. 비인증업무의 제공이 독립성 훼손위협을 발생시키는지 고려하고, 안전장치가 존재하지 않는다면 비인증업무의 수임을 거절해야 한다.

아래의 활동들은 감사인이 회사 의사결정기구의 업무를 대신 수행하는 상황에 해당하므로 회피해야 한다.

▶ 회피대상 활동 또는 거절대상 비인증업무

① 거래를 승인, 실행, 완결하는 행위 또는 인증의뢰인을 대신해 권한을 행사하거나 이와 같은 권한을 보유하는 것
② 회계법인의 권고사항을 이행하는 것을 결정해 주는 행위
③ 감사위원회 등 내부감시기구에 경영진 역할로 보고하는 행위

② **회계기록과 재무제표 작성업무** 회계법인이 회계기록이나 재무제표 작성업무를 지원한 후, 동 재무제표를 감사하면 자기검토위협이 발생한다. 이러한 상황에서는 안전장치가 존재하지 않으므로 재무제표감사업무와 동시에 수행할 수 없다.

예를 들어 「공인회계사법」에 따라 재무제표에 계상되는 보험충당부채 금액산출과 관련한 보험계리업무와 재무제표감사업무를 동시에 제공할 수 없다.

③ **가치평가업무** 재무제표에 중요한 사항으로서 상당한 정도의 주관성이 개입되는 매도목적의 가치평가는 자기검토위협이 발생하며 별도의 안전장치가 존재하지 않는다. 따라서 재무제표감사 업무계약을 해지하거나 가치평가용역의 수임을 거절해야 한다.

재무제표에 중요하지 않거나 상당한 정도의 주관성이 개입되지 않는 가치평가업무는 제공할 수 있다. 이때 가치평가업무를 제공하는 구성원이 해당 감사업무에 참여하지 않도록 업무배정을 조정하는 등의 안전장치를 강구해야 한다.

④ **세무업무를 제공** 세무신고서의 작성, 세액산정 또는 세무계획수립목적의 가치평가는 일반적으로 세무당국 등 외부 검토를 받기 때문에 독립성에 심각한 위협을 발생시키지 않는다. 세무규정의 준수, 공식적인 세무의견 제공 및 세금분쟁 해결의 지원 등 업무는 일반적으로 독립성 훼손위협을 발생시키지 않는 것으로 본다. 실무에서는 재무제표감사와 세무업무를 동시에 제공하는 상황이 발생하면 감사인은 업무를 수행하기 전에 회사의 감사(또는 감사위원회)와 협의하고 동의를 얻고 있다.

⑤ **내부감사업무를 제공** 재무제표를 감사하거나 인증하는 업무를 수행하는 계약을 체결하고 있는 기간중에는 해당 회사에 대한 내부감사업무를 대행할 수 없다.

⑥ **재무정보기술시스템업무를 제공** 재무제표감사의뢰인에게 재무제표의 일부 정보를 산출하는 재무정보기술시스템의 설계 및 구축 업무를 제공하면 자기검토위협이 발생할 수 있다. 「공인회계사윤리기준」에서는 관련 서비스의 제공은 회계법인이 경영의사결정기능을 수행하지 않는 한 독립성 훼손위협을 발생시키지 않는 것으로 본다. 「공인회계사법」에서는 재무제표감사나 인증업무를 수행하는 계약을 체결하고 있는 기간중에는 해당 회사의 재무정보체제 구축 또는 운영업무를 할 수 없도록 규정하고 있다. 윤리기준에서 수행가능한 업무라 하더라도 국내 공인회계사법이 우선하므로 수임이 불가능하다.

⑦ **소송지원서비스의 제공** 소송지원서비스는 전문가로서의 증인 역할, 추정손실액 또는 소송이나 법정분쟁결과로 받거나 지급할 금액의 계산, 분쟁이나 소송과 관련된 서류를 관리하고 복구하는 활동의 지원 등을 포함한다.

소송지원서비스 일환으로 제공한 추정치가 재무제표의 금액이나 공시에 영향을 미치면 자기검토위협이 발생할 수 있으므로 필요한 안전장치를 강구해야 한다.

(3) 변호위협

변호위협은 객관성이 손상될 수 있을 정도로 어떤 입장이나 의견을 옹호할 때 발생한다. 변호위협이 발생할 수 있는 상황은 다음과 같다.

▶ 변호위협이 발생할 수 있는 상황

- 상장회사인 재무제표감사의뢰인의 주식을 알선함
- 제삼자와의 소송이나 분쟁해결에서 인증의뢰인을 옹호하는 역할을 수행함

1) 법률서비스 제공

• 일반적인 법률서비스는 감사업무와 동시에 수행 가능

① **거래집행에 관한 법률자문서비스** 거래집행에 관한 법률서비스(예를 들어 계약에 대한 지원, 법률자문, 법적 실사 및 구조조정 등)를 제공하는 과정에 인증업무팀 구성원을 배제하는 등의 적절한 안전장치를 적용한다면 독립성이 훼손되지 않는 것으로 본다.

• 감사업무와 동시에 수행할 수 없는 법률서비스
① 재무제표 금액에 중요한 영향을 미치는 경우
② 법률고문으로 선임되는 경우

② **분쟁이나 소송을 위한 법률서비스** 재무제표감사의뢰인의 재무제표상 중요한 금액의 분쟁·소송에서 의뢰인을 위해 법률서비스를 제공할 때 발생하는 변호위협과 자기검토위협을 감소시킬 수 있는 안전장치가 존재하지 않는다.[6] 이러한 종류의 서비스를 제공해서는 안 된다.

③ **법률고문으로 선임** 회계법인 등의 파트너나 직원이 재무제표감사의뢰인의 법률고문으로 선임되면 자기검토위협과 변호위협을 감소시킬 수 있는 안전장치가 존재하지 않는다. 왜냐하면 법률고문직은 일반적으로 기업의 법률서비스에 대하여 광범위한 책임을 지는 고위직에 해당하기 때문이다.

2) 기업금융 및 이와 유사한 활동 지원

인증의뢰인에게 기업금융업무, 기업금융 관련 자문 또는 지원업무를 제공하

6) 이러한 서비스는 자문(advice)이 아닌 변호(advocacy)에 해당한다. 즉 회계전문가로서 제공하는 용역이 아니라 자신의 감사업무를 위한 변호이자 변호사로서 법률서비스를 제공하는 것이므로 금지한다.

면 변호위협과 자기검토위협이 발생할 수 있다. 윤리기준에서는 안전장치가 없는 기업금융활동으로 알선과 중개의 대상을 '주식'에 한정하고 있다. 「공인회계사법」에서는 주식에 한정하지 않고 자금조달·투자 관련 알선 및 중개 업무로 폭넓게 제한하고 있다.

기업금융활동 중 자문업무와 분석업무는 안전장치를 강구하면 수행할 수 있다.

안전장치가 없는 기업금융활동의 예시	안전장치가 존재하는 기업금융활동의 예시[7]
① 인증의뢰인의 주식을 알선, 중개 및 인수하는 활동 ② 인증의뢰인을 구속할 수 있는 거래 조건을 정하거나, 의뢰인을 대신하여 거래를 완수하는 활동	① 의뢰인의 기업전략 개발을 지원하는 업무 ② 기업구조조정 관련 자문업무 ③ 자금조달 관련 자문업무 ④ 매도, 매수, 중개 관련 자문업무 ⑤ 의뢰인이 제안하거나 의뢰인에게 제안된 거래가 회계에 미치는 영향을 분석하는 업무

(4) 유착위협

감사인이 자신의 가족과 의뢰인 또는 의뢰인 임직원과의 특수관계로부터 발생하는 동정심과 친밀성으로 인해 독립성 유지가 위협받는 것을 말한다.

핵심 유착위협 발생의 예

(1) 의뢰인의 임직원과 배우자 및 직계존비속의 관계 → 무조건 수임거절
(2) 과거 인증업무팀 구성원이 현재 인증의뢰인의 임직원 → 안전장치 강구
(3) 의뢰인과 장기간 감사수임관계를 유지 → 안전장치 강구
(4) 의뢰인의 고위경영진을 모집 → 안전장치 강구

1) 의뢰인의 임직원과 배우자 및 직계존비속의 관계

감사인이 의뢰인 또는 의뢰인의 임직원과 배우자 및 직계존비속의 관계가 있으면 안전장치의 강구여부와 관계없이 감사인의 독립성이 손상된 것으로 간주한다.

7) 안전장치로는 인증의뢰인을 대신하여 경영의사결정하는 행위를 금지, 당해 업무의 인증업무팀이 아닌 다른 전문가가 수행, 의뢰인을 대신하여 거래조건을 정하거나 완수하지 않는다는 사실의 보장 등의 장치가 있다.

2) 과거 인증업무팀 구성원이 현재 인증의뢰인의 임직원

과거에 인증업무팀의 구성원 또는 회계법인의 파트너였던 자가 현재는 인증의뢰인의 임직원이며 인증대상정보에 직접적이고 심각한 영향을 미칠 수 있는 직위에 있으면 회계법인이나 인증업무팀의 독립성이 위협받을 수 있다. 이러한 상황에서는 유착위협이 발생할 수 있으므로 해당 인증업무에 대해 품질관리검토를 실시해야 한다.

3) 장기간의 감사수임관계

• 장기간 수임관계 유지 : 안전장치 강구 후 수임 가능

의뢰인에게 감사업무를 장기간 제공하면 감사절차의 수행이나 주요 감사와 관련된 의사결정과정에서 유착위협으로 인해 독립성이 훼손될 수 있다. 빈번한 교체는 억제하되 동일한 담당공인회계사가 법규 등에서 정하는 기간을 초과하여 장기간 동일한 의뢰인의 감사업무를 수행하지 않도록 해야 한다. 다음과 같이 정기적인 교체로 감사인의 독립성을 유지해야 한다.

▶ 안전장치

① 관련 업무수행이사와 품질관리검토책임자는 각 업무의 수행기간 혹은 그 합이 7년을 경과하기 전에 교체해야 한다.
② 교체된 업무수행이사 또는 책임자는 교체된 때로부터 2년 동안 해당 감사업무에 참여하지 않는다.
③ 「외부감사법」에 따라 동일한 업무수행이사에게 감사대상회사의 연속하는 6개 사업연도(주권상장법인인 회사, 대형비상장회사 또는 금융회사의 경우에는 4개 사업연도)의 감사업무를 하게 할 수 없다. 연속하여 3개 사업연도를 감사하는 주권상장법인에 대해서는 그 다음 사업연도에 보조자의 2/3 이상을 교체해야 한다.

4) 고위경영진의 모집

• 고위경영진의 모집 : 「공인회계사법」에 따라 인사 관련 모든 업무와 재무제표감사업무의 동시 제공 불가

다수 지원자의 전문적 자질을 검토해 주거나 해당 직위에 적합한지에 대한 조언업무를 제공할 수 있다. 인증의뢰인이 구체적으로 제시한 선발기준을 따르는 경우에 한해 최종면접 후보자를 선발해 줄 수 있다. 회계법인은 경영의사결정을 대신할 수 없으며, 의뢰인이 고용의 최종적인 의사결정을 해야 한다.

「공인회계사법」에서는 재무제표감사업무와 인사 및 조직 등에 관한 지원업무를 동시에 제공할 수 없도록 규정하고 있다. 윤리기준에서는 고위경영진의 모집과 관련한 조언업무만 제한하고 있으나, 국내 공인회계사법을 우선 적용하므로 인사와 관련한 모든 업무는 재무제표감사업무와 동시에 제공할

수 없다.

(5) 압력위협

감사인이 감사업무를 수행함에 있어 의뢰인, 의뢰인의 임직원 또는 기타의 제삼자로부터 압력이나 위협을 받아 독립성 훼손의 위협이 발생하는 것을 말한다. 다음 상황에서 압력위협이 발생할 수 있다.

▶ 압력위협 발생상황의 예시

① 해임 또는 교체의 위협이 존재
② 인증의뢰인으로부터 소송제기 위협이 존재
③ 업무보수를 낮추기 위해 수행업무 범위를 부적절하게 제한하려는 압력이 존재

회계법인이나 인증업무팀 구성원과 인증의뢰인 간에 소송이 제기되거나 제기될 것으로 예측할 때 이기적위협이나 압력위협이 발생할 수 있다. ① 소송 성격과 범위를 인증의뢰인의 내부감시기구에 보고하고, ② 소송에 연루된 구성원을 인증업무팀에서 제외하며, ③ 공인회계사를 추가 투입하여 인증업무수행팀이 수행한 업무를 검토하는 등의 안전장치를 강구해야 한다.

3. 제도적 안전장치의 강구

• 제도적 안전장치 : 윤리강령의 준수에 위협이 되는 사항을 수용가능한 수준 이하로 감소시키기 위한 장치

공인회계사는 윤리강령을 준수하는 데 위협이 되는 상황에 직면하면, 위협의 심각성을 평가해야 한다. 위협의 심각성이 명백하게 경미하지 않는 한 관련 정보를 알고 있는 합리적인 제삼자가 수용가능한 수준 이하로 감소시키기 위한 방법을 강구해야 한다. 이를 제도적 안전장치라고 한다.

이러한 안전장치는 크게 ① 법규 또는 한국공인회계사회의 회칙에 따라 마련된 안전장치와 ② 감사인 조직의 업무환경 내에 마련된 자체적 안전장치(회계법인 전체 수준, 개별업무 수준)로 분류할 수 있다.

4. 적절한 조치

• 적절한 조치
① 조직 내의 적임자에게 도움 요청
⬇
② 회계법인 내 감시기구에 상의
⬇
③ 한국공인회계사회 또는 변호사에게 조언 요청
⬇
④ 해당 사안과 연관을 거부(업무철수, 사임 등)

개업공인회계사가 개별직무의 수행과 관련하여 윤리강령 준수에 위협이 되는 상황에 직면하면 다양한 안전장치를 강구해야 한다.

필요한 안전장치를 적용한 이후에도 관련 위협을 수용가능한 수준 이하로 감소시킬 수 없다면, 윤리강령을 준수하기 어려운 상황을 의미한다. 이러한 상황에서는 업무수임을 거절하거나 진행중인 업무의 중단, 필요에 따라서는 의뢰인과의 관계 단절, 소속기관으로부터의 사임 등 적절한 조치를 취해야 한다.

사례 윤리적 갈등의 해결

일심회계법인의 김차분 회계사는 (주)성훈약품의 회계감사 수행중에 재고자산이 중요하게 과대계상된 것을 발견하였다. 과대계상금액은 중요성기준을 초과하므로 경영진에게 수정요구를 하였으나 거부당했다. 김 회계사는 감사의견을 제한하고자 하였으나 일심회계법인의 대표이사인 무대책 회계사는 (주)성훈약품의 경영진과 절친한 친구관계이므로 적정의견을 표명할 것을 요구하였다.

김 회계사는 이러한 상황에서 어떠한 조치를 수행해야 하는가?

분석

① 회계법인 조직 내의 적임자(예 : 품질관리실)와 상의해 해결책을 구한다.
② 회계법인 이사회나 운영위원회, 감사 같은 해당 조직의 내부감시기구 담당자와 상의한다. 이때 사안의 요지, 논의내용과 결정사항 등을 감사조서에 기재한다.
③ 상기 절차를 수행해도 해결되지 않은 중요한 갈등에 대해 비밀유지의무의 위반가능성이 염려될 경우 한국공인회계사회(윤리신고센터) 또는 법률단체에 조언을 구한다.
④ 가능한 모든 방안 이후에도 윤리적 갈등이 해결되지 않으면 업무팀 또는 해당 업무의 철수, 계약철회 또는 소속조직의 사임 등을 고려한다.

Ⅱ. 개업공인회계사의 윤리기준 적용사례

「공인회계사윤리기준」의 제2부에서는 개업공인회계사가 업무수행과정에서

직면하는 윤리강령 준수의 위협상황과 이를 완화하기 위한 안전장치 사례를 구체적으로 기술하고 있다.[8]

개업공인회계사(이하 '공인회계사')가 업무의 수임, 이해상충, 제2의견, 보수 및 기타 보상과 관련하여 발생할 수 있는 윤리적 위협의 주요 사례를 살펴본다.

1. 업무의 수임

(1) 의뢰인의 수용 : 경영진의 정직 · 성실성 검토

• 업무수임의 승낙
  ① 경영진의 정직 · 성실성 검토
  ② 전문가적 적격성 검토
  ③ 기존공인회계사와 교신해 교체사유 및 배경을 확인

공인회계사는 새로운 의뢰인과의 업무관계를 수용할 때 윤리강령 준수를 저해할 위협이 발생하는지를 고려하고 평가해야 한다.

성실성이 의심되는 의뢰인을 수용하면 윤리강령 준수에 위협이 발생(예 : 부정한 재무보고)할 수 있다. 이에 대한 안전장치의 예로는 내부감시기구 운영방식 내부통제를 개선시키겠다는 의뢰인의 확약을 받는 것을 들 수 있다. 이러한 안전장치로도 해당 위협을 수용가능수준 이하로 감소시키지 못할 것으로 판단하면 수임을 거절해야 한다.

(2) 업무의 수임 : 감사인의 적격성 검토

특정업무를 수임할 때 전문가적 적격성과 정당한 주의의무 준수에 대한 이기적위협이 존재하는지 고려해야 한다.

(3) 기존공인회계사와의 교신

업무수임을 받은 공인회계사는 기존공인회계사와 직접 의견을 교환하여 교체 사유 및 배경을 확인하여 업무수임의 적합성 여부를 판단한다. 이때 기존공인회계사는 비밀유지의무를 준수해야 하므로 의뢰인 허락을 받은 후 교신에 응해야 한다.

8) 제3부(윤리기준 300)에서는 비개업공인회계사가 기업이나 학교 등의 소속조직에서 겪게 되는 공인회계사 자격소지자의 윤리문제를 다루고 있으나, 이는 회계감사를 다루는 본서의 범위를 벗어나므로 언급하지 않는다.

기존공인회계사와의 의견교환이 불가능하다면, 제삼자에게 질의하거나 최고경영자 또는 지배기구에 대한 배경조사 등의 안전장치를 강구한다. 기타 수단을 통해서도 필수적으로 알아야 할 사항을 충분히 확인할 수 없다면 해당 업무의 수임을 거절해야 한다.

2. 이해상충

• 이해상충 : 상호경쟁관계, 이해상충, 분쟁중인 의뢰인들에게 동시에 업무를 제공하는 경우

공인회계사는 이해상충을 유발할 수 있는 상황에서 윤리강령 준수에 위협이 되는 상황을 파악하기 위해 합리적인 조치를 취해야 한다.

상호경쟁관계, 이해상충 혹은 분쟁관계에 있는 둘 이상의 의뢰인에게 동시에 업무를 제공하면 공정 강령 또는 비밀유지 강령에 대한 위협이 발생할 수 있다. 예를 들어 A회계법인은 갑(주)의 의뢰를 받아 을(주)에 대한 매수인실사를 수행하고 있다. A회계법인의 다른 본부에서 을(주)에 대한 매도인실사를 수행하면 공정 또는 비밀유지 강령에 대한 위협이 발생할 수 있다.

윤리기준에서는 다음과 같이 의뢰인에 대한 기본적인 안전장치와 업무수행팀에 대한 추가적인 안전장치를 강구하도록 규정하고 있다.

(1) 기본적인 안전장치

• 기본적인 안전장치 : 모든 이해관계자에게 이러한 상황 통보 → 동의

기본적인 안전장치는 ① 모든 의뢰인에게 이해상충 사항의 통보와 동의, ② 특정 의뢰인만을 위해 배타적으로 활동하지 않는다는 통보와 동의를 얻는 것으로 구성된다.

- 사업적 이해관계나 영업활동에서 의뢰인과 이해상충될 수 있는 사항이 발생하면 이를 의뢰인에게 통보하고 동의를 얻는다.
- 어떤 사항에 관하여 이해관계가 서로 상충하고 있는 둘 이상의 대상자를 위해 직무를 수행하면, 이와 관련된 모든 이해관계자에게 통보하고 동의를 얻는다.
- 어느 한 의뢰인을 위해서만 배타적으로 활동하지 않는다는 점을 모든 의뢰인에게 통보하고 동의를 얻는다.

(2) 추가적인 안전장치

• 추가적인 안전장치
① 업무수행팀의 분리 운영
② 업무수행팀에 보안문제에 대한 명확한 지침 제공
③ 기밀유지약정서 서명 요구

추가적인 안전장치는 기본적인 안전장치를 강구한 후 수행하는 활동으로 업무수행팀의 기밀유지 및 보안문제와 관련이 있다.

- 업무수행팀을 분리해 운영
- 정보에 대한 접근금지(예를 들어, 업무수행팀의 엄격한 물리적 격리, 자료보관의 기밀과 보안유지)
- 업무수행팀 구성원에게 기밀유지와 보안문제에 대한 명확한 지침을 제공
- 회계법인의 파트너와 직원에게 기밀유지약정서에 대한 서명 요구
- 해당 의뢰인에 대한 업무에 참여하지 않는 상급자가 안전장치의 적용 상황을 정기적으로 검토

3. 제2의견

• 제2의견 : 의뢰인이 아닌 다른 회사로부터 회계, 감사, 보고 등의 적용에 대한 의견을 요청받는 것

제2의견이란 공인회계사가 자기 의뢰인이 아닌 다른 회사로부터 특정 상황이나 거래와 관련하여 회계, 감사, 보고 또는 기타의 기준 등의 적용에 대한 의견 제공을 요청받는 것을 말한다.

제2의견이 기존공인회계사가 알고 있는 사실과 동일한 사실에 근거하지 않거나 부적합한 증거에 근거해 형성되면 전문가적 적격성과 정당한 주의 강령 준수에 대한 위협이 발생할 수 있다.

제2의견의 제공을 요청받은 공인회계사는 의뢰인에게 기존공인회계사와 논의를 허용해 줄 것을 요청[9]하고, 제2의견 표명의 한계를 설명하며, 기존공인회계사에게 제2의견 사본을 제공하는 안전장치를 고려해야 한다.

9) 기존공인회계사와의 논의를 허용해 줄 것을 요청하는 이유는 의뢰인이 자신에게 유리한 사항만 정보로 제공할 유인이 존재하기 때문이다. 만약 기존공인회계사와의 의견교환을 허용하지 않는다면 제2의견의 제공 자체가 적절한 것인지를 검토해야 한다.

4. 알선수수료

• 알선수수료
{금지
{업무의 전부 또는 일부 인수 : 가능

공인회계사는 의뢰인과의 업무와 관련하여 알선수수료를 수령하거나, 의뢰인을 소개받는 대가로 알선수수료를 지급할 상황에 처할 수 있다. 이러한 알선수수료의 수령과 지급은 공정 강령, 전문가적 적격성 및 정당한 주의 강령 준수에 대한 이기적위협을 발생시킬 수 있다.

공인회계사는 어떠한 종류의 알선수수료도 지급하거나 수령하지 않아야 한다. 예를 들어 의뢰인으로부터 요청받은 특정업무를 본인이 수행하지 않고 다른 공인회계사에게 소개하고 대가를 수령할 수 없다.

공인회계사가 다른 회계법인이 수임한 업무의 전부 또는 일부를 인수하면서 지급하는 대가는 알선수수료로 보지 않는다.

Ⅲ. 독립성

회계감사기준에서는 감사인이 재무제표감사업무를 수행할 때에는 독립성 등 관련 윤리적 요구사항을 준수하도록 규정하고 있다.[10] 인증업무 관련하여 독립성은 특별히 중요한 윤리적 요구사항으로서 「공인회계사윤리기준」뿐만 아니라 「공인회계사법」에서도 엄격하게 규정하고 있다.

1. 독립성의 의의

독립성(independence)이란 감사절차의 수행, 결과 평가 및 감사보고서 작성에 이르기까지 모든 감사업무의 수행과정에서 정직하고 객관적인 마음을 잃지 않고 공정한 견해(unbiased viewpoint)를 유지할 수 있는 속성을 말한다.

감사보고서이용자가 감사보고서를 신뢰하는 이유는 재무제표 공정성에 대한 감사인의 견해가 공정하다고 전제하기 때문이다. 감사인의 법률적인 책임은 물론, 재무보고에 대한 사회적 신망의 제고라는 전문직업인으로서의 기

10) 「국제감사기준」에서는 독립성과 관련된 상세한 내용을 제시하는 대신 「공인회계사윤리기준」의 독립성 요건과 「공인회계사법」의 독립성 규정을 모두 준수할 것을 명시하고 있다.

본적인 책임을 완수하기 위해 감사인은 독립성을 유지해야 한다.

(1) 정신적 독립성

• **정신적 독립성** : 전문가적 판단시 외부의 영향을 받지 않는 정신적으로 정직한 상태

• **전문가적 의구심** : 오류나 부정으로 인한 왜곡표시 가능성을 나타내는 것일 수 있는 상황에 유의하면서, 의심하는 마음과 감사증거에 대한 비판적 평가를 포함하는 태도

정신적 독립성(independence in mental attitude)은 전문가적 판단을 훼손시키는 요인에 영향을 받지 않고 의견을 표명할 수 있는 정신적 상태를 의미한다. 감사인이 정신적 독립성을 유지하면 성실하게 행동하고 공정함을 유지하며 전문가적 의구심을 발휘할 수 있다. 감사인이 정신적 독립성을 유지하면 어떠한 외부 간섭이나 자신 혹은 주변의 이해관계자에 대해 편견을 배제하고, 모든 감사업무를 공정하고 진실하게 수행할 수 있다. 이러한 맥락에서 정신적 독립성은 사실상의 독립성(independence in fact)과 동일한 의미로 사용된다.

감사인의 정신적 독립성 유지여부는 외부이해관계자에게 감사의 본질적 기능과 관련하여 매우 중요한 의미를 갖는다. 독립성을 상실한 감사는 재무정보의 신뢰성 제고라는 감사의 기본목적을 달성할 수 없기 때문이다.

정신적 독립성은 관찰할 수 없기 때문에 확인하거나 입증하기가 곤란하므로 관련 규제는 외관상 독립성에 초점을 맞추고 있다.

(2) 외관상 독립성

• **외관상 독립성** : 제삼자 입장에서 정신적 독립성 훼손을 의심할 만한 이해관계를 가지지 않는 것

외관상 독립성(independence in appearance)이란 관련한 모든 정보를 알고 있는 합리적인 제삼자가 회계법인 또는 감사업무팀 구성원의 성실성, 공정 및 전문가적 의구심이 손상된 것으로 판단하는 중요한 사실이나 상황을 회피하는 상태를 말한다.

외관적 여건을 고려할 때 독립성에 의문을 초래할 만한 이해관계가 있다고 제삼자가 인식하면 감사인에 대한 신뢰성은 떨어진다. 감사인이 정신적 독립성을 유지해도 외부적으로 비춰진 감사환경 때문에 정보이용자가 독립성에 의문을 품는다면 감사의 의미는 상실된다. 외관상 독립성은 정신적인 독립성을 확보하기 위한 최소한의 전제요건이다.

핵심 정신적 독립성과 외관상 독립성의 상호관계

① 본질적으로 정신적 독립성은 외관상 독립성보다 상위개념으로, 외관상 독립성을 유지해도 정신적 독립성이 반드시 유지되는 것은 아니다.
② 외관상 독립성을 유지하면 정신적 독립성을 유지하기 쉬워진다.
③ 외관상 독립성에 의문이 발생하면 정신적 독립성 유지여부와 관계없이 감사보고서의 신뢰성은 저하된다.
④ 외관상 독립성은 감사보고서 신뢰성을 확보하기 위한 최소한의 필요조건이다. 외관상 독립성이 저해되면 외부정보이용자는 감사보고서 신뢰성을 의심하므로 외관상 독립성을 반드시 확보해야 한다.

2. 외관상 독립성 규정

(1) 공인회계사법상 독립성 규정

「공인회계사법」에서 규정한 다음의 (1)~(8)에 해당하면, 공인회계사는 재무제표를 감사하거나 증명하는 직무를 수행할 수 없다.

▶ 공인회계사법상 직무제한규정

(1) 자기 또는 배우자가 임원이나 그에 준하는 직위(재무에 관한 사무의 책임 있는 담당자 포함)에 있거나, 과거 1년 이내에 그러한 직위에 있었던 자
(2) 자기 또는 배우자가 그 직원이거나 과거 1년 이내에 직원이었던 자
(3) 공인회계사 또는 그 배우자가 주식 또는 출자지분을 소유하고 있는 자
(4) 상거래를 위해 약관에 따라 체결된 계약에 따라 공인회계사 또는 그 배우자와 3천만원 이상의 채권 또는 채무관계에 있는 자. 단, 다음의 채권 또는 채무는 제외한다.
 ① 공인회계사의 직무와 직접 관련된 채권 또는 채무
 ② 감사기간중 만기를 연장한 주택담보대출, 예금담보대출, 보험상품계약으로 발생한 채권 또는 채무
 ③ 재무제표감사·증명업무를 수행하는 계약체결 전에 약관에 따라 구입하거나 정상적인 가액으로 구입한 회원권·시설물이용권
 ④ 「근로자퇴직급여 보장법」에 따른 퇴직연금 등 채권
 ⑤ 감사기간중 합병·상속 또는 소송 등에 의해 비자발적으로 발생한 채권 또는 채무
(5) 공인회계사에게 무상으로 또는 통상의 거래가격보다 현저히 낮은 대가로 공인회계사 사무소나 영업용 차량을 제공하고 있는 자

(6) 공인회계사에게 공인회계사 업무 외의 업무로 인하여 계속적인 보수를 지급하거나 기타 경제상의 특별한 이익을 제공하고 있는 자
(7) 공인회계사에게 감사업무를 수행하는 대가로 자기회사의 주식, 신주인수권부사채, 전환사채 또는 주식선택권을 제공하였거나 제공하기로 한 자
(8) 공인회계사는 특정회사의 재무제표를 감사하거나 증명하는 업무를 수행하는 계약을 체결하고 있는 기간중에는 해당 회사에 대하여 다음의 업무를 수행할 수 없다.
① 회계기록과 재무제표의 작성
② 내부감사업무의 대행
③ 재무정보체제의 구축 또는 운영
④ 자산·자본, 그 밖의 권리 등을 매도 또는 매수하기 위한 업무로 자산 등에 대한 실사·재무보고·가치평가, 자산 등의 매도·매수거래 또는 계약의 타당성에 대한 의견제시
⑤ 인사 및 조직 등에 관한 지원업무
⑥ 재무제표에 계상되는 보험충당부채 금액 산출과 관련되는 보험계리업무
⑦ 민·형사 소송에 대한 자문업무
⑧ 자금조달·투자 관련 알선 및 중개업무
⑨ 중요한 자산의 처분 및 양도, 지배인의 선임 또는 해임 등 경영에 관한 의사결정으로서 임원이나 이에 준하는 직위의 역할에 해당하는 업무

(1)과 (2)를 금지하는 이유는 이들 상황에서 재무제표감사를 수행하는 감사인 또는 배우자가 과거 1년 이내 재무제표작성업무를 수행하면 자기검토위협과 유착위협이 존재하기 때문이다. (3)부터 (7)까지를 금지한 이유는 이들 상황에서 감사인이 재무제표감사를 수행하면 재무적 이해관계로 이기적위협이 발생할 수 있기 때문이다.

(8)을 금지하는 이유는 감사인이 재무제표감사업무를 수행하면서 관련 비감사용역을 제공하면 자기검토위협과 이기적위협이 발생할 수 있기 때문이다. 예를 들어 재무제표감사를 하면서 동시에 자산매도실사와 같은 비감사용역을 제공하면 경제적 상호의존도가 증가해 감사인의 독립성이 훼손될 수 있다.[11)]

11) 재무제표감사업무와 비감사용역의 동시 제공을 허용해도 된다는 반론도 있다. 비감사용역을 금지하면 감사인이 감사과정에서 축적한 정보나 지식을 활용할 수 없어 회계감사의 효율성이 떨어져 감사수수료의 상승과 사회적 비용이 증가한다고 주장한다.

(2) 독립성의 최소유지기간

인증업무팀의 구성원과 회계법인은 인증업무수임기간에 독립성을 유지해야 한다. 업무수임기간은 인증업무팀이 업무착수일로부터 인증보고서 발행일까지를 뜻한다. 반복적인 인증업무의 수임기간 종료일은 어느 일방의 계약당사자가 전문적 관계를 종료했음을 통고한 일자와 최종 인증업무보고서의 발행일자 중 더 늦은 일자로 한다.

재무제표감사업무의 수임기간은 회계법인이 보고하는 재무제표의 회계기간을 포함한다. 예를 들어 재무제표감사계약을 회계기간 시작일 이후에 체결해도 회계기간이 20×1년 1월 1일부터 12월 31일까지이면 업무착수일은 20×1년 1월 1일로 본다. 20×2년 2월 10일이 감사보고서일(감사현장철수일)이며 20×2년 2월 14일에 인증의뢰인이 재무제표감사업무를 재계약하지 않겠다고 통보하였다면, 독립성 유지기간은 20×1년 1월 1일부터 20×2년 2월 14일까지이다.

3. 독립성 결여시 감사인의 대응조치

안전장치를 강구해도 감사인이나 합리적인 제삼자가 독립성 훼손위협을 제거하거나 수용가능수준 이하로 감소시킬 수 없다고 판단하면 독립성을 결여한 것으로 본다.

독립성을 결여한 감사인은 감사계약을 거절하거나 해지해야 한다. 감사착수 이전에 감사인이 독립성 위반사유를 해소할 수 있거나 업무수행 중 알게 된 위반사유를 감사종료 전 단기간 내에 해소할 수 있다면 업무수임이 가능하다. 감사인이 감사계약체결시한 내에 독립성 결여를 알게 되면 감사계약을 즉시 철회해야 하며, 이러한 계약철회 사실을 증권선물위원회에 보고해야 한다.

독립성을 결여한 사실을 인지하지 못하고 계약을 체결해 감사를 진행할 수도 있다. 감사인은 감사와 관련하여 실시한 어떠한 절차도 감사기준을 준수하며 실시했다고 볼 수 없다. 이러한 상황에서는 업무의 수행 정도와 관계없이 감사의견의 표명을 거절해야 한다.

핵심 독립성 결여시 감사인의 대응조치

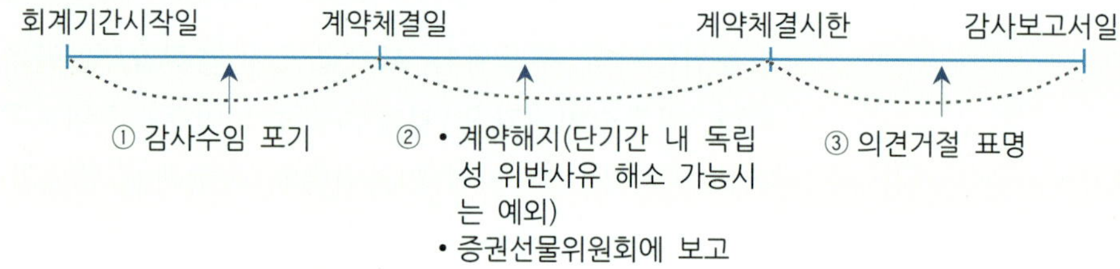

제 3 절 감사의 품질관리

1982년 감사인의 강제배정제도를 감사대상회사가 외부감사인을 선임하는 자유선임제도로 변경한 이래 감사인의 독립성 문제는 지속적으로 쟁점이었다. 그동안 감사품질수준 제고를 위한 회계업계의 노력과 제도적 장치를 강화하면서 우리 사회의 감사환경을 크게 개선하였다. 품질관리제도는 크게 한국공인회계사회 및 감사인조직에 의한 「자율적 관리제도」와 법규에서 정한 증권선물위원회 등에 의한 「외부감리제도」로 구분된다.

Ⅰ. 감사품질

감사품질(audit quality)은 재무제표에 포함된 왜곡표시를 감사인이 사실대로 발견할 가능성과 발견한 왜곡표시를 정직하게 보고할 가능성의 결합확률로 정의할 수 있다.

▶ 감사품질

$$AQ = Pr(Dis) \times Pr(Rep)$$

AQ : 감사품질
$Pr(Dis)$: 재무제표의 왜곡표시를 사실대로 발견할 확률(적격성)
$Pr(Rep)$: 발견한 왜곡표시를 정직하게 보고할 확률(독립성)

감사인이 재무제표에 포함된 10개의 왜곡표시 중 9개를 감사과정중에 발견하고, 발견한 중요한 왜곡표시 9개 중 7개만을 감사보고서에 보고한다면 왜곡표시가 감사보고서에 반영될 확률은 70%이다. 만약 10개의 왜곡표시 중 8개를 발견하고 왜곡표시 모두를 감사보고서에 정직하게 보고한다면 왜곡표시가 반영될 최종확률은 80%이다. 이때 80%로 표시되는 감사품질이 70%로 표시되는 감사품질보다 우수하다고 평가할 수 있다.

감사의 품질관리(quality control)는 왜곡표시발견가능성과 정직보고가능성의 결합확률을 증가시키는 통제절차이다.

(1) 재무제표 왜곡표시의 발견가능성

재무제표에 포함된 왜곡표시를 사실대로 발견할 가능성은 감사인의 전문지식 및 업무수행능력, 정당한 주의, 감사절차의 성격, 범위 및 시기의 선택 등에 좌우된다. 감사인의 전문지식과 실무경험이 많을수록 효과적으로 감사절차를 수행하며, 감사범위를 확대할수록 재무제표에 포함된 왜곡표시를 발견할 가능성은 높아진다.

왜곡표시의 발견가능성을 높이기 위한 방안은 감사품질을 높이기 위한 일차적인 통제절차이다.

(2) 발견한 왜곡표시의 정직보고가능성

감사인이 감사과정에서 발견한 왜곡표시를 공정하게 그리고 정직하게 사실대로 감사보고서에 반영할 가능성은 감사인의 정신적 정직성에 좌우한다. 감사인이 특정 이해관계자와의 이해관계로부터 자유롭고 공정한 자세를 유지할수록, 즉 감사인의 독립성이 높을수록 감사인이 발견한 왜곡표시를 사실대로 보고할 가능성은 높아진다.

발견한 왜곡표시의 보고가능성을 높이기 위한 제도적 장치의 강화는 감사의 품질관리를 결정하는 중요한 통제절차이다.

Ⅱ. 외부규제에 의한 품질관리제도

감사업무의 품질관리를 직접적으로 통제하는 외부규제기관으로는 금융위원회 산하의 증권선물위원회가 있으며, 금융감독원은 동 위원회 업무를 효율적으로 보좌하는 역할을 수행한다.

1. 증권선물위원회와 금융감독원

증권선물위원회는 「자본시장법」에서 규정한 유가증권의 발행·관리와 「외부감사법」에서 정한 외부감사의 공정한 업무수행 등에 관한 사항을 감독·심의·의결하기 위해 금융위원회 내에 설치된 기구이다. 금융감독원은 「금융감독기구의 설치에 관한 법률」에 따라 금융위원회 및 증권선물위원회의 지시를 받아 이러한 업무를 효율적으로 수행하기 위해 설립된 감독기구이다. 금융위원회는 회계기준을 제정(혹은 한국회계기준원으로의 제정위임)하고, 금융감독원은 회계 및 외부감사의 통일성과 객관성을 확보할 수 있도록 기업내용의 공시관리 및 회계감사기준을 최종 승인하는 과정에서 업무를 보조한다.

증권선물위원회는 감사인이 제출한 감사보고서 감리와 감사인조직의 감사업무운영감리의 감사품질관리업무를 수행한다.

핵심 증권선물위원회의 감사품질관리

- 특정회사에 대한 감사인의 변경명령 또는 지정
- 공공감리의 실시
  - 증권선물위원회에 제출된 감사보고서 감리
  - 감사인의 감사업무운영에 관한 조직감리
- 회계법인 사업보고서의 공시
- 감사인의 업무제한 및 법적 조치
- 감사인 위반행위의 공시

2. 증권선물위원회의 감사품질관리

(1) 감사인의 지정

감사인 지정제도는 투자자 보호를 위해 공정한 감사가 필요한 회사를 대상으로 증권선물위원회(금감원에 업무위탁)가 감사인을 지정하는 제도이다. 「외부감사법」에서 규정한 주요 지정사유는 다음과 같다.

① 감사 또는 감사위원회의 승인을 받아 감사인 선임기한 내 증권선물위원회에 감사인 지정을 요청한 회사
② 감사인 선임기한 내에 감사인을 선임하지 않은 회사
③ 감사인의 부당한 교체 또는 「외부감사법」을 위반한 감사인 선임
④ 증권선물위원회의 감리 결과 회계처리기준을 위반하여 재무제표를 작성한 사실이 지적된 회사. 다만 경미한 위반이 확인된 회사는 제외
⑤ 회사의 재무제표를 감사인이 대신 작성하거나, 재무제표 작성과 관련된 회계처리에 대한 자문을 요구하거나 받은 회사
⑥ 3개 사업연도 연속 영업이익이 0보다 작거나 영업현금흐름이 0보다 작거나 이자보상배율이 1 미만인 주권상장법인
⑦ 「기업구조조정촉진법」에 따라 주채권은행 또는 기관투자자인 주주가 증권선물위원회에 감사인 지정을 요청하는 회사
⑧ 「공인회계사법」상 직무제한 위반에 해당하는 감사인 및 감사 또는 감사위원회가 해임을 요청한 감사인을 해임하지 않거나 새로운 감사인을 선임하지 않은 회사
⑨ 감사인의 감사시간이 「외부감사법」에서 정한 표준 감사시간보다 현저히 낮은 수준이라고 증권선물위원회가 인정한 회사
⑩ 관리종목으로 지정된 주권상장법인
⑪ 투자주의 환기종목으로 지정된 코스닥시장상장법인
⑫ 해당 사업연도 또는 다른 사업연도 중에 주권상장법인(우회상장 포함)이 되려는 주식회사
⑬ 감사보수 미지급·미증액, 감사자료 미제출 또는 감사의견 관련 부당압력 등의 사유로 감사인이 감사계약을 해지한 회사
⑭ 경미한 사항으로 확인된 경우를 제외한 다음 어느 하나를 위반한 회

사. 재무제표 제출 및 공시, 내부회계관리제도 운영, 감사인의 자격제한, 감사인 선임시 준수사항, 감사인 선임 등의 보고·통지·공고, 감사인 해임 및 재선임, 감사인의 의견진술권, 감사 관련 자료 청구·열람과 관련한 감사인의 권한, 회계처리기준 위반이 발생한 회사에 대한 부정행위 등의 조사 및 시정요구, 부정행위 신고자의 보호

⑮ 소속 임직원이 금융위원회가 정한 일정금액 이상의 횡령·배임혐의로 고소·공소제기된 주권상장법인

⑯ 증권선물위원회에 지정기초자료를 기한 내에 제출하지 않거나 부실기재한 회사

(2) 감리의 실시

감리(audit review)는 외부감사의 공정성과 신뢰성을 제고하기 위해 독립된 제삼자가 재무제표, 감사보고서 및 감사인조직 운영에 관한 사항 등 감사업무 전반에 관한 평가의견을 표명하는 절차이다.

증권선물위원회는 「외부감사법」에 근거하여 감사의 공정한 수행을 위해 감사보고서의 감리와 감사인의 감사업무운영감리를 수행한다. 증권선물위원회가 수행하는 감리는 감사보고서 감리와 감사업무운영조직감리로 구분할 수 있다. 이러한 공공기관이 수행하는 품질관리제도의 목적은 사전에 회계감독기능을 강화해 감사품질을 향상시켜 회계투명성을 높이는 데 있다.

증권선물위원회는 주권상장법인이 「외부감사법」에 따라 내부회계관리제도를 운영했는지에 대한 감리업무와 주권상장법인 감사인으로 등록한 회계법인이 등록요건을 유지하는지에 대한 감리업무를 수행한다.

증권선물위원회는 재무제표 신뢰도를 높이기 위해 회사에서 제출한 재무제표가 회계처리기준을 준수했는지 감리를 수행하고 있다.

1) 감사보고서 감리

• 감사보고서 감리
① 주권상장법인 : 증권선물위원회
② 주권비상장법인 : 한국공인회계사회 위탁

감사보고서 감리는 감사인이 개별감사를 실시할 때 적용한 감사절차가 회계감사기준에 따라 적절하게 이루어졌는지를 조사하는 것이다. 주권상장법인 감리는 증권선물위원회가 직접 실시하며, 비상장법인 감리는 증권선물위원회의 위탁을 받아 한국공인회계사가 실시한다.

감사보고서 감리는 협의기업감리, 표본감리 및 위탁감리로 나뉜다. 협의

기업감리는 금융감독원의 업무수행과정 또는 외부제보 및 정찰 등 국가기관 감리의뢰 등으로 혐의사항을 인지한 때 실시한다.

표본감리는 표본추출방법으로 감리대상을 선정하여 실시하는 감리이다. 표본심사 대상을 선정할 때 위험요소, 테마(기획감리), 무작위 추출방법을 사용한다. 위험요소 표본선정방법에서는 위험요소별 회계오류 적발률을 분석해 표본을 추출하고, 기획감리는 매년 금융감독원에서 테마로 선정한 회계이슈(예를 들어, 수익인식 등)와 관련한 회계위반 가능성이 높은 기업을 표본으로 선정한다.

위탁감리를 실시하는 한국공인회계사회는 비상장기업 감리를 실시해 위반사항을 인지하면 회계법인과 공인회계사를 조사한다. 한국공인회계사회는 비상장기업 위반혐의를 금융감독원에 통보하고, 금융감독원은 비상장기업 감리를 실시하고 필요한 조치를 취한다.

금융감독원은 재무제표 심사·감리를 효율화해 회계오류를 신속하게 정정하도록 유도하고 있다. 재무제표 심사에서 발견한 경미한 오류는 신속하게 정정하도록 유도하고 있으며, 중대한 위반혐의를 적발하면 감리로 전환해 조사한다.

도표 2-2
감리업무절차

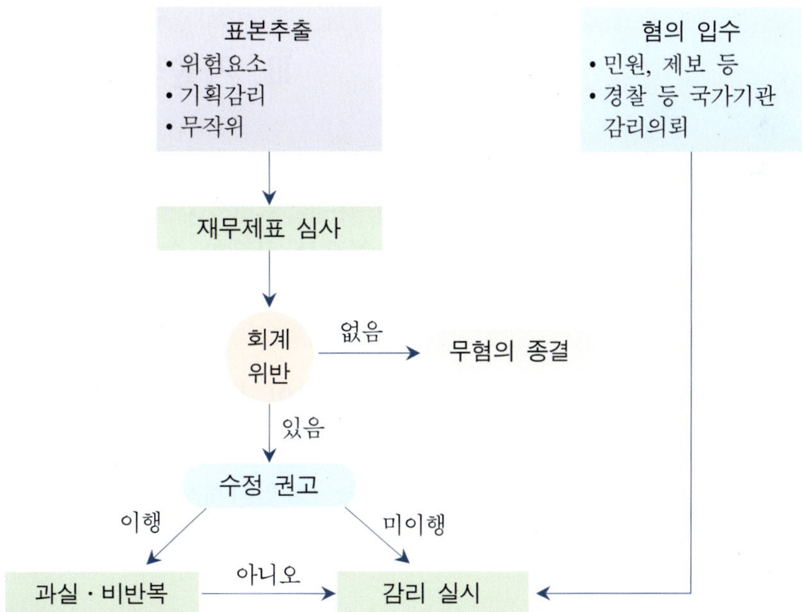

• 품질관리감리
① 대규모 감사인 : 증권선물위원회
② 소규모 감사인 : 한국공인회계사회 위탁

2) 감사업무운영의 조직감리(품질관리감리)

품질관리감리는 감사인의 감사업무운영을 대상으로 실시하는 조직감리를 말한다. 품질관리감리에서는 감사인이 감사업무의 질적 수준 향상 및 유지를 위하여 구축한 품질관리제도의 적정성과 동 제도가 적절히 운영되는지를 점검한다. 품질관리기준에서 규정한 6가지 구성요소(경영진의 운영책임, 윤리적 요구사항, 업무의 수임과 유지, 인적자원, 업무수행, 모니터링)에 관한 사항을 점검한다.

일정요건[12]에 해당하는 감사인은 증권선물위원회가 직접 감리를 수행하며, 그 외 감사인은 한국공인회계사회가 품질관리감리를 수행한다. 이러한 공공감리방식은 행정력을 통해 제도의 효율성을 높일 수 있다는 장점이 있다. 전문감사요원 확보 및 획일적 기준에 의한 감리 등 측면에서는 자율규제에 비해 비효율적이라는 문제점도 있다.

증권선물위원회는 비상장법인의 감사보고서 감리와 감사인의 감사업무운영에 관한 품질관리감리를 한국공인회계사회에 일부를 위탁하고 있다. 장기적으로는 감사의 품질관리업무를 한국공인회계사회가 스스로 관리하도록 유도하고 있다.

Ⅲ. 자율적 품질관리제도

자율적 품질관리제도는 한국공인회계사회의 품질관리와 개별 회계법인 차원의 품질관리시스템으로 구분할 수 있다.

1. 한국공인회계사회의 품질관리

한국공인회계사회는 「공인회계사법」에 따라 품질관리를 수행하고 있다.

12) 예를 들어, 매년 4월말 현재 자산총액 1조원 이상인 주권상장법인과 감사계약을 체결한 감사인 등이 이에 해당한다.

(1) 회원연수 등 교육을 통한 품질관리

한국공인회계사회 내에 설치된 회계연수원에서는 회원을 대상으로 공인회계사업무 및 제도에 관한 전문직업교육을 실시한다. 이러한 정기연수와 특별연수는 공인회계사의 업무능력을 향상시킬 수 있다.

(2) 공인회계사윤리기준의 제정을 통한 품질관리

공인회계사라는 직업의 특징 중 하나는 공익을 보호해야 할 책임이 있다는 것이다. 한국공인회계사회는 「공인회계사윤리기준」을 제정하여 공인회계사가 직무를 수행할 때 공익 보호를 위해 윤리기준 요구사항을 준수하도록 하고 있다.

(3) 윤리위원회 운영을 통한 품질관리

한국공인회계사회는 소속회원이 실시한 회계감사업무를 감리하고, 감리결과에 따라 회원 징계 및 감사업무 제한을 윤리위원회에 요청한다. 윤리위원회는 회원의 품위유지와 윤리확립을 위해 직무상 분쟁 등의 윤리문제를 심의하며, 회원의 등록취소 등을 결의한다.

2. 회계법인의 품질관리시스템

「외부감사법」에서는 감사인의 감사품질을 높이기 위해 감사인의 업무설계 및 운영에 관한 기준인 품질관리기준의 법적 근거를 규정하고 있다. 회계법인 대표자는 품질관리기준에 따른 업무설계 및 운영에 대한 책임을 지며 이를 담당하는 이사 1명을 지정해야 한다. 증권선물위원회는 감사인의 감사업무에 대한 품질관리기준 준수여부를 감리하고 품질관리수준을 평가한다.

품질관리기준서 1에서는 회계법인의 품질관리시스템 구성요소로 다음과 같이 다섯 가지의 정책과 절차를 제시하고 있다. 회계법인은 이러한 정책과 절차를 문서화하고 회계법인의 구성원과 커뮤니케이션해야 한다.

(1) 회계법인 내 품질에 대한 리더십 책임

회계법인은 업무를 수행할 때 품질이 핵심이라고 인식할 수 있는 내부문화를 촉진할 수 있도록 정책과 절차를 수립해야 한다.

회계법인은 회계법인 최고경영자나 사원총회로부터 품질관리시스템 운영책임을 부여받은 사람이 책임을 맡기에 충분하고 적합한 경험과 능력, 그리고 필요한 권한을 갖도록 정책과 절차를 수립해야 한다.

(2) 관련 윤리적 요구사항

회계법인은 회계법인과 구성원이 관련 윤리적 요구사항을 준수하고 있다는 합리적인 확신을 제공하도록 설계된 정책과 절차를 수립해야 한다. 「공인회계사윤리기준」에서 규정한 윤리강령은 회계법인의 리더십, 교육과 훈련, 모니터링, 위반에 대한 처리절차에 따라 강화될 수 있다.

(3) 의뢰인 관계 및 특정업무의 수용과 유지

회계법인은 ① 업무수행을 위한 적격성과 업무를 수행할 수 있는 시간과 자원을 갖고 있고, ② 관련 윤리적 요구사항을 준수하며, ③ 의뢰인이 성실한 경우에만 의뢰인 관계 및 특정업무를 수용 · 유지할 것이라는 합리적인 확신을 제공하도록 설계된 정책과 절차를 구축해야 한다.

(4) 인적자원

회계법인은 업무수행과 적합한 보고서 발행에 필요한 적격성을 갖추고 윤리원칙을 준수하는 충분한 인력을 보유해야 한다.

회계법인은 각각의 업무에 대한 책임을 업무수행이사에게 배정해야 하며, 적격성과 역량을 보유한 적합한 구성원에게 업무를 배정하는 정책과 절차를 수립해야 한다.

(5) 업무의 수행

회계법인은 전문직 기준과 해당 법규의 요구사항에 따라 업무를 수행하며, 회계법인이나 업무수행이사가 적합한 보고서를 발행한다는 합리적 확신을 제공할 수 있도록 설계된 정책과 절차를 수립해야 한다. 이러한 정책에는 업무수행품질의 일관성을 향상시키는 사항, 감독 및 검토책임을 포함해야 한다.

연습문제

진위형

다음의 설명을 읽고, 틀린 기술이라면 그 이유를 제시하시오.

(1) 감사인은 윤리강령의 준수를 위협하는 유형과 심각성을 파악하고, 이를 완화 또는 제거할 수 있는 제도적 안전장치를 강구해야 한다.

(2) 감사인은 적격성을 결여했다고 판단하면 관련 전문가로부터 자문을 구하고, 이러한 과정을 거쳐서도 해당 위험이 제거되지 않을 것으로 예상하면 감사계약을 수임하지 않아야 한다.

(3) 의사나 변호사와 마찬가지로 공인회계사는 직무수행과정에서 알게 된 정보의 비밀유지의무를 모든 소송절차에서 지켜야 한다.

(4) 의뢰인과 재무적 이해관계가 있거나 의뢰인과의 관계를 상실할 것으로 우려하는 상황에서는 이기적위협이 발생할 수 있다.

(5) 자신이 과거에 수행한 업무에 대해 감사를 실시하면 자기검토위협이 발생할 수 있다.

(6) 업무수행팀 구성원의 직계 또는 측근가족이 의뢰인 임원이면 자기검토위협이 발생한다.

(7) 인증업무 및 비인증업무와 관련하여 성공보수조건으로 수임이 가능하다.

(8) 본질적으로 정신적 독립성은 외관상 독립성보다 상위개념으로, 외관상 독립성을 유지한다 해도 정신적 독립성이 반드시 유지되지는 않는다.

(9) 인증업무팀 구성원과 회계법인은 인증업무수임기간에 인증의뢰인에 대한 독립성을 유지해야 한다. 여기서 업무수임기간은 인증업무팀이 업무착수한 날부터 보고기간말까지를 뜻한다.

(10) 독립성을 결여했어도 업무의 수행 정도가 충분하다면 적정의견을 표명할 수 있다.

(11) 회계법인의 파트너 배우자가 주식을 보유하고 있는 회사의 재무제표를 감사할 수 있다.

(12) 인증의뢰인인 금융기관으로부터 정상적인 절차와 조건 및 요구사항에 따라 대출이 이루어지면 독립성 훼손위협은 발생하지 않는다.

(13) 특정 인증의뢰인에 대한 보수총액이 회계법인 보수총액의 상당한 부분을 차지하면, 안전장치를 강구한 후 재무제표감사업무를 수행할 수 있다.

(14) 다른 공인회계사보다 현저히 낮은 감사보수를 제공하면 이기적위협이 심각하므로 감사업무를 수임할 수 없다.

(15) 의뢰인과의 친밀한 사업관계를 맺고 있으면 안전장치가 존재하지 않는다. 사업관계를 종료하거나 재무적 이해관계가 명백하게 경미한 관계가 될 수 있도록 관련 금액을 감소시켜야 한다.

(16) 인증업무팀 구성원이 현재 의뢰인 임원으로 종사하면 인증업무 수임을 거절해야 한다.

(17) 감사대상회사의 매도목적 가치평가업무는 수임할 수 없으나, 감사대상회사가 의뢰하는 매수목

적의 가치평가업무는 수임할 수 있다.

(18) 재무제표감사 의뢰인에게 세무관련 업무를 제공할 수 있다.

(19) 재무제표를 감사하는 계약을 체결하고 있는 기간중에는 해당 회사에 대한 내부감사업무를 대행할 수 없다.

(20) 의뢰인과 장기간의 감사수임관계를 유지하면 유착위협이 발생할 수 있으나, 안전장치를 강구하면 수임이 가능하다.

(21) 감사품질은 재무제표에 포함되어 있는 왜곡표시를 감사인이 사실대로 발견할 가능성과 발견한 왜곡표시를 정직하게 보고할 가능성의 합계로 표시할 수 있다.

(22) 직전 사업연도의 재무제표에 대하여 한정의견, 의견거절 또는 부적정의견을 표명한 감사인을 교체하면, 증권선물위원회의 감사인 지정대상이 된다.

서술형

1 윤리기준의 체계

국제윤리기준에서는 윤리강령에 대해 개념체계접근법을 기본원리로 삼고 있다. 개념체계접근법에서는 공인회계사의 어떤 행위가 윤리적인지 비윤리적인지를 개념적으로 정의하고 개념체계를 적용하여 개별 사례를 판단한다. 공인회계사윤리기준에서는 공인회계사 윤리강령을 방해하는 요소를 윤리강령 준수에 대한 위협으로 정의하고 있다.

요구사항

공인회계사윤리기준에서 감사인이 윤리기준의 준수를 위협을 받을 때 대처하는 접근방법을 단계적으로 규정하고 있다. 이러한 네 가지 단계(윤리강령의 준수 → 위협유형의 파악 → 제도적 안전장치의 강구 → 적절한 조치)를 설명하시오.

2 위협유형의 파악

윤리강령 준수에 대한 위협은 이기적위협, 자기검토위협, 변호위협, 유착위협, 압력위협으로 분류한다. 감사인은 윤리강령을 준수하는 과정에서 어느 위협이 문제되는지를 파악해야 한다.

다음은 윤리강령 준수를 방해하는 상황이다.

① 인증의뢰인과 고용관계에 있던 자가 인증업무팀의 구성원이 됨
② 인증의뢰인이 공인회계사에 대해 소송제기 위협이 있음
③ 직간접의 재무상·사업상 이해관계가 있음
④ 상장회사인 재무제표감사의뢰인의 주식을 알선함
⑤ 제삼자와의 소송이나 분쟁해결에서 인증의뢰인을 옹호하는 역할을 수행함

⑥ 인증업무팀 구성원이 인증의뢰인과 고용관계가 예정됨
⑦ 인증의뢰인으로부터 수령해야 할 감사보수가 연체됨
⑧ 인증의뢰인에게 비인증업무를 제공함

요구사항

위의 각 상황이 어느 위협에 문제가 되는지를 "이기적위협, 자기검토위협, 변호위협, 유착위협, 압력위협" 중 하나를 선택하여 기재하시오.

3 독립성의 사례(Ⅰ)

다음은 감사인의 독립성과 관련한 사례이다.

<사례 1> 감사인의 부인이 감사대상회사 대표이사로 근무하다가 감사대상기간 개시일 6개월 전에 퇴직하였다.

<사례 2> 회계법인 사원이 감사대상회사 지분 중 0.5%를 소유하고 있다. 주주인 사원은 감사업무에 관여하지 않았다.

<사례 3> 회계법인이 감사대상회사에 대하여 7천만원의 채권을 가지고 있으며, 감사업무와 관련한 채권이다.

<사례 4> 감사인은 감사대상회사 인사부장으로 8개월 전까지 근무했다.

<사례 5> 감사인이 의뢰인 및 그의 관계회사로부터 연간 받는 수임보수가 과거 5년간의 연평균 총수임보수 중 100분의 30 이상을 차지하고 있다.

<사례 6> 재무제표감사와 관련하여 특정한 결과를 얻는 조건으로 성공보수계약을 의뢰인과 체결하였다.

<사례 7> 감사인이 경영진을 대신하여 지배기구에 제출할 보고서를 작성하였다.

요구사항

각 사례가 공인회계사윤리기준을 위배하는지 판단하고 그 이유를 기술하시오.

4 독립성의 사례(Ⅱ)

아래 상황은 서로 독립적이다.

<상황 1>
금감회계법인은 대한(주)로부터 회계감사업무의 수임을 요청받았다. 대한(주)는 전기에 여의회계법인으로부터 감사를 받았다. 전기감사수수료는 6천만원이었으나 금감회계법인은 감사보수를 4천만원으로 낮추어 감사계약을 요청받았다.

〈상황 2〉

금감회계법인은 여의주식회사와 감사계약을 체결하려 한다. 금감회계법인 사원인 김대풍 회계사는 여의주식회사가 포함된 주식형 수익증권을 보유하고 있다. 동 주식형 수익증권은 신탁재산의 80%를 주식에 투자하며, 전체 주식 중 여의주식회사 주식이 50% 편입되어 있다. 김대풍 회계사와 여의주식회사는 수익증권의 주식편입비율과 구성항목을 결정하지는 못한다.

〈상황 3〉

여의주식회사의 회계감사를 수행하는 금감회계법인 인증업무팀의 김공정 회계사는 당기감사를 종료한 후 여의주식회사 재무담당이사로 이직할 예정이다. 김 회계사는 회계법인 정책에 따라 여의주식회사와의 고용 사실을 금감회계법인의 품질관리실에 통보하였다.

요구사항

1. 〈상황 1〉에서 금감회계법인이 대한(주)의 회계감사업무를 수임하기 위해 공인회계사윤리기준에서 정한 안전장치를 강구해야 한다. 이러한 안전장치의 두 가지를 서술하시오.
2. 〈상황 2〉에서 금감회계법인은 여의주식회사와 감사계약의 체결이 가능한지 서술하시오.
3. 〈상황 3〉에서 금감회계법인이 이와 관련하여 마련해야 할 안전장치를 서술하시오.

5 독립성의 사례(Ⅲ) (KICPA)

잘나가(주)는 할인점 체인을 운영하는 비상장회사이다. 지난 5년 동안 잘나가(주)의 연평균 매출성장률은 11%이었다. 독립회계법인은 지난 4년간 잘나가(주)의 재무제표감사를 수행하였으며 감사의견은 적정의견이었다. 잘나가(주)는 그동안 감사업무에 매우 협조적이었다.

회계기간중에 잘나가(주)의 재무보고에 핵심적인 역할을 수행하던 재무담당이사가 퇴직했다. 잘나가(주)의 대표이사는 해당 회사의 담당파트너인 독립회계법인의 예리한 회계사에게 새로운 재무담당이사를 소개해 줄 것을 요청하였다. 예리한 회계사는 동 업종의 회계업무에 뛰어난 지식이 있는 아주 친한 친구인 똑똑한 씨가 적임이라 생각해 잘나가(주)에 추천했다. 똑똑한 씨는 잘나가(주)의 재무담당이사로 채용되어 근무하고 있다.

요구사항

1. (1) 예리한 회계사의 이러한 행위는 감사인의 독립성에 어떠한 영향을 미치는가?
   (2) 공인회계사윤리기준에서 예리한 회계사가 어떻게 행동하도록 규정하는지를 설명하시오.
2. 잘나가(주)의 사업부문의 일부를 인수하려는 사들여(주)는 관련 자산의 실사, 매수자문업무를 독립회계법인에 의뢰하였다. 독립회계법인이 해당 업무를 수행하고자 할 때 강구해야 할 안전장치를 설명하시오.

6 독립성의 사례(IV)

금감회계법인은 인증업무를 제공하고 있는 여의주식회사에게 다음의 서비스를 제공하고 있다.

① 서비스 1 : 거래집행과 관련하여 계약 지원과 법률자문을 제공하고 있다.
② 서비스 2 : 여의주식회사의 재무제표상 중요한 금액의 소송에서 의뢰인을 위해 법률서비스를 제공하고 있다.
③ 서비스 3 : 금감회계법인 소속의 변호사가 재무제표감사의뢰인의 법률고문으로 선임되었다.

요구사항

공인회계사윤리기준을 근거로 법률서비스가 독립성 훼손을 초래하는지를 [답안양식]에 따라 기술하시오.

[답안양식]
독립성이 훼손되었다고 판단하면 '○'으로, 적절한 안전장치를 적용하여 독립성이 훼손되지 않는다고 판단하면 '×'로 표기하고 적절한 안전장치를 서술하시오.

구 분	독립성 훼손 여부	적절한 안전장치
서비스 1		
서비스 2		
서비스 3		

7 감사의 품질관리

(KICPA)

감사품질은 감사인이 (1) 재무제표에 존재하고 있는 왜곡표시를 사실대로 발견할 확률, (2) '(1)'에서 발견된 왜곡표시를 정직하게 보고할 확률의 결합으로 정의할 수 있다.

요구사항

1. 상기 (1)의 확률을 높이기 위하여 감사기준에서 규정한 내용을 설명하시오.
2. 상기 (2)의 확률을 높이기 위하여 외부감사법 및 감사기준에서 규정한 내용을 설명하시오.

♠사례연구

● 감사인의 직업윤리기준 준수 (KICPA)

하늘회계법인은 최근 구름회계법인과 합병해 국내 굴지의 대형회계법인으로 출범한 것을 기념하고, 이를 계기로 새로운 업무를 개발하기 위하여 주요 일간지에 전면광고할 예정이다.

합병 이전에 구름회계법인의 주요 고객인 공간디자인(주)와 하늘회계법인의 주요 고객인 창조인테리어(주)는 사업상 경쟁관계에 있으나, 회계법인의 합병으로 두 회사 모두 하늘회계법인의 고객이 되었다. 두 회사 모두 주요 건설회사가 시공하는 아파트, 오피스텔 등의 내부 인테리어 업무를 수주받아 수행하고 있다. 사업 특성상 시공사와의 계약관계, 내부인테리어설계 및 사용하는 내장재의 종류, 규격, 품질 등은 사업의 성공을 좌우하는 중요한 영업상 기밀에 해당한다. 이러한 이유로 두 회사 경영진은 경쟁사와 같은 회계법인으로부터 감사받는 상황을 우려하고 있다.

창조인테리어(주) 경영진은 외부감사와 관련해 회사 사업상 기밀 유출방지를 위해 하늘회계법인에 다음과 같은 내용을 포함한 비밀준수합의서를 요구하고 있다.

- 하늘회계법인 감사팀과 감사책임자(partner)는 창조인테리어(주)가 수주해 시공중인 아파트나 오피스텔의 위치와 명칭을 공개하지 않는다.
- 하늘회계법인 감사팀과 감사책임자는 인테리어시공을 발주한 건설회사의 누구와도 직접 접촉하거나 서신, 이메일, 전화통화 등으로 연락하지 않는다.
- 인테리어시공 현장방문은 창조인테리어(주)와 사전에 협의된 시간과 장소에 한하여, 창조인테리어(주)의 현장안내 규정을 준수해야 한다.

위 상황에서 하늘회계법인이 공인회계사윤리기준 적용과 관련해 검토해야 할 내용은 다음과 같다.

(가) 공인회계사가 광고 또는 기타 마케팅방식을 이용해 의뢰인에게 새로운 업무의 수임을 권유하면 윤리강령 준수에 대한 잠재적 위협이 발생할 수 있다. 공인회계사는 정직하고 진실해야 하며, 광고 또는 기타 마케팅방식과 관련하여 "다음과 같은 행위"를 해서는 안 된다.

(나) 공인회계사는 이해상충을 유발할 수 있는 상황을 파악하기 위해 합리적인 조치를 취해야 한다. 이해상충을 유발할 수 있는 상황에서는 윤리강령 준수에 대한 위협이 발생할 수 있다. 예를 들어 공인회계사가 이해가 서로 상충하는 의뢰인에게 동시에 업무를 제공하면 이해상충이 발생해 윤리강령 준수를 위협할 수 있다.

요구사항

1. 위의 (가)에서 광고내용 또는 기타 마케팅방식이 적절하지 않으면 윤리강령 중 어떤 강령에 부합하지 않을 수 있다. 이러한 윤리강령 준수에 대한 잠재적 위협이란 어떤 위협을 말하는가?

2. 위의 (가)에서 광고 또는 기타 마케팅방식과 관련해 공인회계사가 해서는 안 되는 "다음과 같은 행위"의 구체적인 사례 두 가지를 예시하시오.

3. 위의 (나)에서 윤리강령 중 어떤 강령의 준수와 관련한 위협이 발생할 수 있는가?

4. 창조인테리어(주)가 요구하는 비밀준수합의서를 하늘회계법인이 수용해야 할 것인지를 답하

고, 이유를 제시하시오.

5. 창조인테리어(주)의 경영진이 우려하는 사항과 관련해 하늘회계법인이 강구해야 할 안전장치 중 두 가지를 제시하시오.

6. 창조인테리어(주)는 당기중 보유하고 있는 부동산을 특수목적회사(SPE)에 매각하고, 수령한 매각대금으로 신탁회사와 스왑계약을 체결하였다. 하늘회계법인 담당회계사는 이러한 스왑계약이 실질적인 자금차입거래로서 해당 부동산을 장부에서 제거해서는 안 되며, 계약으로 받은 현금을 부채로 계상해야 한다고 지적하였다. 경영진은 정상적인 자산매각거래라고 주장하면서, 명성 있는 우주회계법인에 의뢰하여 의견을 받아 자신의 주장을 관철하려고 한다. 이러한 요청을 받은 우주회계법인은 공인회계사윤리기준에 따라 어떠한 대응을 해야 하는지 설명하시오.

CHAPTER 3

감사인의 법적 책임

제 1 절 감사인 책임의 의의

제 2 절 법적 책임

제 3 절 부정발견과 법규준수고려의 책임

학습목표

이 장의 학습을 완료하면 다음 질문에 답변할 수 있어야 한다.

1. 경영진과 지배기구 그리고 감사인은 재무제표의 공시와 관련하여 각각 어떠한 책임을 지는가?
2. 감사인은 어떤 상황에서 감사의뢰인과 감사보고서이용자에게 법적 책임을 지는가?
3. 부정의 유형, 부정위험요소 및 그 종류로 어떤 것들이 있는가?
4. 부정의 예방・발견과 관련하여, 경영진과 지배기구 및 감사인은 각각 어떠한 책임을 부담하며, 발견한 부정의 커뮤니케이션은 어떻게 진행하는가?
5. 법규준수와 관련하여, 경영진과 감사인의 책임은 각각 무엇인가? 감사인이 법규위반사항을 발견하면 지배기구, 정보이용자 및 규제감독기관에 각각 어떠한 커뮤니케이션책임을 지는가?

한눈에 살펴보는 이 장의 내용

경영진은 재무보고체계에 따라 재무제표를 공정하게 작성 · 공시해야 할 책임이 있으며, 감사인은 경영진이 작성한 재무제표가 공정하게 표시되어 있는지에 대한 의견을 표명할 책임을 진다. 감사인의 책임과 한계를 명확히 하고, 전문직업인으로서의 책임의식을 높이기 위해 감사인 책임을 관련 법에서 규정하고 있다.

감사계약에 따라 감사인은 일정요건에 해당하면 감사의뢰인과 감사보고서이용자에 대해 손해배상책임을 지며, 의무를 위반하면 형사책임을 질 수 있다. 「외부감사법」과 「공인회계사법」에서는 감사의뢰인이나 감사보고서이용자에 대한 손해배상책임에 대비할 수 있도록 감사인에게 손해배상기금을 적립하도록 규정하고 있다.

감사인은 감사과정에서 부정이나 오류를 발견하면 재무제표의 왜곡표시에 미치는 영향을 고려해야 한다. 재무제표의 중요한 왜곡표시를 초래하는 부정은 ① 부정한 재무보고와 ② 자산 횡령으로 구분할 수 있다. 이러한 부정이나 횡령은 ① 부정하는 동기, ② 부정행위를 유인하는 기회, ③ 부정행위에 대한 임직원의 태도가 동시에 존재할 때 발생한다. 감사인은 부정이 발생할 수 있는 요소를 기업 관점에서 파악해 부정을 발견할 수 있는 감사절차를 수립해야 한다. 부정을 예방하고 발견할 책임은 회사의 지배기구와 경영진에게 있다. 감사인은 재무제표에 부정과 오류로 인한 중요한 왜곡표시가 없다는 합리적 확신을 얻을 책임이 있다. 경영진은 법규에 따라 기업의 영업활동을 수행하도록 관리해야 하며, 법규위반사항을 예방하고 적발할 책임이 있다. 감사인은 법규위반으로 재무제표가 중요하게 왜곡표시되지 않았다는 합리적 확신을 얻을 책임이 있다. 이를 위하여 감사인은 법규위반 등을 알게 되면 적절한 감사절차를 수행해야 한다.

제 1 절 감사인 책임의 의의

1. 경영진의 책임과 감사인의 책임

기업의 경영진과 지배기구는 재무보고체계에 따라 재무제표를 공정하게 작성하고 공시해야 할 책임이 있다. 감사인은 기업의 경영진이 작성한 재무제표가 공정하게 표시되어 있는지에 관한 의견을 표명하므로 감사의견 표명에 대한 책임을 진다.

(1) 경영진과 지배기구의 재무제표 작성책임

- 경영진과 지배기구의 책임
  ① 건전한 회계정책의 수립
  ② 신뢰성 있는 내부통제의 유지
  ③ 재무정보의 공정한 표시

건전한 회계정책의 수립, 신뢰성 있는 내부통제의 유지 그리고 재무정보의 공정한 표시는 경영진 책임에 속한다. 재무제표감사는 기업의 경영진과 지배기구가 다음의 책임을 인정하고 이해한다는 전제로 수행된다.

- 해당 재무보고체계에 따라 재무제표를 공정하게 작성하고 표시할 책임
- 부정이나 오류로 인한 왜곡표시가 없는 재무제표를 작성하기 위해 내부통제를 유지할 책임
- 경영진, 지배기구 그리고 기업내부관계자가 알거나 보유한 모든 정보를 제한 없이 제공할 책임

감사인은 기업경영진이나 감사정보이용자에게 경영진의 재무제표 작성 및 공정한 표시 책임을 분명히 알리기 위해 감사계약서에 감사인과 기업경영진의 책임범위를 명시하고, 감사종료시점에는 경영진으로부터 경영진진술서를 서면으로 받는다. 감사보고서에는 재무제표에 대한 경영진과 지배기구의 책임을 재무제표감사에 대한 감사인 책임과 구분하고 있다.

(2) 감사인의 감사의견 표명 책임

감사인은 경영진이 작성한 재무제표가 공정하게 표시되어 있는지에 대해 전

• 감사인 책임
① 감사의견 표명 책임
② 전문직업인으로서의 윤리적 · 법률적 책임

문가로서의 의견을 표명하고, 자신이 표명한 감사의견에 책임을 진다.

감사인은 재무제표 작성자나 발행인으로서의 책임은 물론 재무제표의 공정표시를 보증하는 책임을 지지 않으며 그러한 역할을 해서도 안 된다. 감사기준에서 정한 감사절차는 모든 왜곡표시를 적발하기보다는 재무제표의 공정표시에 대해 감사인이 중요성 관점에서 합리적 확신을 갖는 수준에서 규정하고 있기 때문이다.

2. 전문직업인으로서의 책임

감사인은 전문직업인으로서 윤리적 책임뿐만 아니라 법률적인 책임을 진다. 감사인이 재무제표에 대해 잘못된 의견을 표명하였고, 잘못된 정보를 이용하여 손해를 입은 정보이용자는 손실 보전을 위해 소송을 제기할 수 있다. 의뢰인인 기업은 감사계약에서 정한 책임을 다하지 못했다는 이유로 감사인에게 손해배상을 청구할 수 있다.

감사전문직의 대응노력에도 불구하고 최근 감사관련 기소나 소송 건수와 배상판결액이 급격히 증가하고 있다. 이는 회계부정이나 부실감사에 대한 시민의식의 제고, 관련 법률의 강화 및 집단소송제도의 도입, 거래환경 복잡화와 급속한 세계화, 국제수준의 재무보고체계와 감사기준 도입에 따른 국내 회계환경 변화 등으로 나타난 현상이다.

3. 감사실패와 감사인의 책임

• 감사실패 : 감사인이 감사기준 등을 준수하지 못해 잘못된 감사의견을 표명할 때 발생

감사실패(audit failure)는 감사인이 감사기준이나 관련 법규를 준수하지 못해 잘못된 감사의견을 표명할 때 발생한다. 감사실패는 적격성이 부족한 업무팀원을 활용하거나 업무팀원에 대한 감독을 게을리하여 회사의 중요한 왜곡표시를 발견하지 못하거나, 감사기준에 규정된 절차를 수행하지 않을 때 발생한다.

• 감사위험 : 중요하게 왜곡표시된 재무제표에 대해 감사인이 적합하지 않은 감사의견을 표명할 위험

감사위험(audit risk)은 중요하게 왜곡표시된 재무제표에 대해 감사인이 적합하지 않은 감사의견을 표명할 위험이다. 감사인은 모든 왜곡표시를 발견하기 위한 감사절차를 적용하기보다는 합리적 확신을 얻는 수준에서 설득력을 가진 증거를 수집한다. 감사인은 감사위험접근법하에서 표본감사를 수행하므

로 감사기준을 준수하여 감사절차를 수행해도 일정수준의 감사위험을 피할 수 없고, 중요한 왜곡표시를 발견하지 못할 수 있다. 이러한 상황은 감사기준의 허용범위에서 감사위험이 발생한 것이므로 감사실패로 보지 않는다.

감사인이 회계감사기준을 준수했는지는 ① 특정한 상황에서 수행한 감사절차가 감사기준에 부합했는지, ② 그 결과를 기초로 한 감사보고서가 적절했는지로 판단한다.

법정에서 감사실패와 감사위험을 명확하게 구분하는 것은 쉽지 않다. 감사인이 감사기준에서 규정한 절차에 따라 정당한 주의를 다하여 감사하였음을 증명할 수 있다면 감사실패로 보지 않는다.

기업실패(business failure)가 발생하면 투자자들은 외부감사인이 감사절차를 소홀히 하여 중요한 왜곡표시를 발견하지 못해 감사실패가 발생했다고 판단해 감사인에게 소송을 제기할 수 있다. 감사인이 회계감사기준에 따라 감사절차를 수행했다면 수용가능한 수준에서 감사위험이 발생한 것이므로 감사실패에 해당하지 않는다. 투자자들이 기업실패를 감사실패와 곧바로 연관짓는 것은 감사인과 정보이용자 간에 감사성격의 오해로 발생하는 기대차이(expectation gap)가 존재하기 때문이다.

4. 증권집단소송제도

미국과 캐나다의 일부 주에서 처음으로 시행되었으며, 우리나라에서는 2005년 1월 상장기업을 대상으로 증권관련 집단소송법을 처음 도입하였다. 증권집단소송은 소액투자자를 보호하기 위한 제도이다. 분식회계, 부실감사, 허위공시, 시세조종, 미공개정보 이용행위 등과 같은 불법행위로 인해 손해를 본 투자자가 소송을 제기해 승소하면 같은 피해를 본 나머지 투자자는 소송을 거치지 않아도 동일한 보상을 받을 수 있다. 증권관련 집단소송은 증권거래과정에서 발생하는 집단적인 피해를 효율적으로 구제하고 기업과 시장의 투명성을 높일 수 있다. 집단소송을 제기하기 위해서는 주주 50명 이상이 해당기업이 발행한 유가증권 총수의 1만분의 1 이상을 보유해야 한다.

증권관련 집단소송의 긍정적 기능으로는 첫째, 집단소송은 다수의 소액투자자를 효과적으로 보호할 수 있다. 소액주주가 개별적으로 민사소송을 제기하면 소송비용이 많이 들고, 다수의 중복소송으로 비효율적이다. 집단소송은 대표당사자가 손해배상을 청구하고, 판결 효과가 피해자 전원에게 적용되므로 소액주주를 효과적으로 보호할 수 있다.

둘째, 집단소송은 불공정거래를 사전에 억제해 시장건전성과 투자자 신뢰가 증진한다.

셋째, 집단소송은 시장규율로 기업경영의 투명성을 높이고 지배구조를 개선하는 데 기여할 수 있다. 기업과 감사인은 집단소송의 영향력을 고려해 지배구조를 개선하기 위해 노력하기 때문이다.

기업의 소송방어비용은 증가하고, 패소하면 배상부담이 증가해 기업경영을 위축시킬 수 있다는 지적도 있다.

제 2 절 법적 책임

법률에서 감사인 책임을 규정한 이유는 감사인 책임과 한계를 명확히 하고, 전문직업인으로서의 책임의식을 높이기 위해서이다.

1. 법적 책임의 유형

감사인의 법적 책임은 의뢰인과 정보이용자에 대한 손해배상책임과 의무 위반에 따른 형사책임으로 구분한다.

고의는 자신의 행위가 어떠한 결과를 발생시킨다는 사실을 알면서도 행위를 할 때 발생한다. 과실은 자신의 행위가 어떠한 결과를 발생시킨다는 점을 부주의하게 인식하지 못할 때 발생한다.

(1) 감사의뢰인에 대한 법적 책임

• 감사의뢰인에 대한 법적 책임 : 임무해태로 손해가 발생하면 외부감사법 • 민법에 따른 배상책임이 발생

감사인은 계약당사자로서 감사의뢰인과 체결한 감사계약을 정당한 주의를 다하여 성실히 이행해야 할 책임이 있다. 감사계약에서 정한 기일까지 감사

보고서를 전달하지 않거나, 계약에서 정한 감사목적을 달성하지 못하면 계약 위반에 따른 손해배상책임을 진다.

과거에는 감사인 과실로 종업원 횡령이나 부정을 발견하지 못하여 기업이 입은 손해에 대한 감사인 책임이 강조되었다. 최근 미국에서는 감사의뢰인에 대한 비밀유지 위반에 따른 소송이 발생해 그 형태가 다양해지고 있다.

• **입증책임** : 소송을 제기한 감사의뢰인

감사의뢰인에 대한 법적 책임을 규정한 법률로는 「외부감사법」과 「민법」이 있으며, 입증책임은 양 법률 모두 원고인 감사의뢰인에게 있다.

「외부감사법」에 따라 감사인이 임무를 게을리하여 회사에 손해가 발생하면 배상할 책임이 있다. 감사인이 감사반에 해당하면 감사에 참여한 공인회계사가 연대하여 손해를 배상해야 한다. 소송을 제기한 감사의뢰인(회사)이 감사인 또는 감사에 참여한 공인회계사가 임무를 게을리하였음을 증명해야 한다.

「민법」에 따라 채무자가 고의나 과실로 계약에서 정한 채무내용을 이행하지 않으면, 채권자는 손해배상을 청구할 수 있다. 감사인이 고의나 과실로 계약상 의무를 이행하지 않아 감사의뢰인에게 손해가 발생하면 손해배상책임을 질 수 있다.

핵심 감사의뢰인에 대한 손해배상책임

구 분	외부감사법	민 법
회계감사영역	외부감사법상 회계감사	모든 회계감사(임의감사 포함)
위법사유	임무해태(원고입증책임)	고의 또는 과실(원고입증책임)
소멸시효 (제척기간)	안 날로부터 1년, 감사보고서 제출일로부터 8년 단, 계약으로 연장가능	안 날로부터 3년, 불법행위일로부터 10년
원 고	감사의뢰인	감사의뢰인
피 고	외부감사법상 감사인 (회계법인, 감사반)	타인에게 손해를 가한 자 (회계법인, 감사반, 공인회계사)

(2) 감사보고서이용자에 대한 법적 책임

감사인은 감사보고서이용자와 직접적인 계약관계가 없으나, 일정요건이 성립하면 손해를 입은 이해관계자에게 손해를 배상해야 한다.

• 감사보고서이용자에 대한 법적 책임 : 감사인의 허위기재 또는 기재누락으로 이용자가 손해를 입으면 외부감사법, 자본시장법, 민법에 따른 배상책임 발생

제삼자에 대한 법적 책임을 지는 일반적인 요건은 다음과 같다. ① 정보이용자가 감사보고서에 기재된 정보를 이용하여 의사결정을 하였고, ② 그 결과로 직접적인 피해를 입었으며, ③ 감사인의 고의 또는 과실에 의한 기재누락 또는 허위기재가 존재해야 한다.

「민법」에서는 고의 또는 과실에 의한 위법행위로 선의의 제삼자인 타인에게 손해를 끼치면 배상하도록 규정하고 있다. 「자본시장법」에서는 감사인이 임무를 게을리해 선의의 투자자에게 손해가 발생하면 배상하도록 규정하고 있다.

「외부감사법」에 따르면, 감사인이 중요한 사항을 감사보고서에 기재하지 않거나 허위로 기재하여 이를 믿고 이용한 제삼자에게 손해가 발생하면 배상할 책임이 있다.[1)] 감사인이 이러한 손해배상책임을 지지 않기 위해서는 자신의 임무를 게을리하지 아니하였음을 입증해야 한다. 입증책임은 원칙적으로 피고인 감사인에게 있으나, 금융기관이 소송을 제기하면 금융기관이 감사인의 임무해태를 입증해야 한다.[2)]

• 입증책임
① 원칙 : 감사인
② 예외 : 금융기관

「외부감사법」에 따라 법원은 제삼자가 제기한 손해배상청구소송에서 증권선물위원회의 안건과 의사록 등 해당 사건기록의 송부를 요구할 수 있다.

핵심 감사보고서이용자에 대한 손해배상책임

구 분	외부감사법	자본시장법	민 법
회계감사 영역	외부감사법상 회계감사	주권상장법인이 자본시장법에 의해 제출하는 재무서류의 회계감사	모든 회계감사 (임의감사 포함)
위법사유	중요한 사항을 감사보고서에 기재누락 또는 허위기재	중요한 사항을 감사보고서에 기재누락 또는 허위기재	고의 또는 과실
면책사유	감사인이 임무를 게을리하지 않았음을 증명(원칙은 감사인, 금융기관은 원고입증)	감사인이 임무를 게을리하지 않았음을 증명(원칙은 감사인, 금융기관은 원고입증)	원고(피해자)가 피고(감사인)의 과실을 입증
소멸시효 (제척기간)	안 날로부터 1년, 감사보고서 제출일로부터 8년	안 날로부터 1년, 감사보고서 제출일로부터 3년	안 날로부터 3년, 불법행위일로부터 10년
원 고	감사보고서를 믿고 이용한 제삼자	선의의 투자자	피해자
피 고	외부감사법상 감사인 (회계법인, 감사반)	외부감사법상 감사인 (회계법인, 감사반)	타인에게 손해를 가한 자 (회계법인, 감사반, 공인회계사)

1) 「외부감사법」에서는 감사인이 고의 또는 중대한 과실로 회계감사기준을 위반하여 감사보고서를 작성하면 감사보수의 5배를 초과하지 않는 범위에서 과징금을 부과할 수 있도록 규정하고 있다. 제척기간은 위반행위가 있었던 때부터 8년이다.
2) 금융기관은 재무에 관한 기타의 정보수집이나 전문적인 해석능력이 있다고 보기 때문이다.

「외부감사법」에서 정하는 손해배상청구권은 사실을 안 날로부터 1년 이내 또는 감사보고서를 제출한 날로부터 8년 이내 중 빠른 날짜에 시효가 소멸한다.

재무제표감사와 관련한 우리나라의 최초 소송사례는 1991년에 주식투자자 5명이 제기한 홍양주식회사의 외부감사인에 대한 손해배상소송사건이다. 홍양주식회사는 1990회계연도의 가결산에서 적자가 발생하여 재고자산 191억원을 과대계상하고 어음채무 132억원을 누락하는 방법으로 당기순손실 87억원을 당기순이익 5.4억원으로 바꾸며 재무제표를 허위 작성하였다. 이 회사를 감사한 경원합동회계사무소는 재고자산이 전기와 비교할 때 100억원이 증가했는데도 원인을 분석 · 검토하지 않았다. 어음 · 수표와 관련한 감사절차를 소홀히 하여 재무제표가 허위로 작성된 것을 알고도 이를 묵인하고 적정의견을 표명하였다. 1995년 대법원은 부실감사를 한 외부감사인에게 7,300만원을 배상하도록 판결하였다.

2004년 SK글로벌의 회계감사를 맡았던 영화회계법인이 감사절차를 소홀히 하여 회계부실을 밝혀내지 못한 책임을 지고 39개 금융기관에 156억원을 배상하였다.

2010년대 초반 부실화된 저축은행의 회계부정이 발견되어 회계감사를 담당했던 감사인에게 책임을 묻는 소송이 급증했다. 2010년부터 2012년까지 종결된 25건 손해배상소송사건 중 11건에서 감사인이 패소해 피고인 감사인의 패소비율도 40%를 웃돌게 되었다. 2013년 서울중앙지방법원은 포휴먼상장법인을 감사한 삼일회계법인에게 감사인으로서의 임무를 게을리해 가공매출 및 매출채권을 발견하지 못해 투자자에게 손실을 끼쳤다는 이유로 증권집단소송에서 140억원의 손해배상 평결을 내렸다.

• 감사인의 손해배상책임 : 원칙은 연대책임, 고의가 없다면 비례책임

감사인이 회사(감사의뢰인) 또는 제삼자(감사보고서이용자)에게 손해를 배상할 책임이 있다면 해당 회사의 이사 및 감사와 연대해 손해를 배상해야 한다. 고의가 없다면 법원이 정한 책임비율에 따라 손해를 배상할 책임이 있으나, 배상능력이 없는 자가 있어 손해액 일부를 배상하지 못하면 감사인은 책임비율의 50% 범위에서 손해를 추가로 배상해야 한다.

(3) 제도위반에 대한 형사적 책임

「외부감사법」에서는 감사인이 직무에 관하여 부정한 청탁을 받고 금품이나

이익을 수수·요구 또는 약속한 때에는 5년 이하의 징역 또는 5천만원 이하의 벌금에 처하도록 규정하고 있다. 감사보고서 미제출, 기재누락 혹은 허위기재된 감사보고서 제출, 직무상 비밀누설, 주주총회에서의 출석거부 및 허위진술이나 사실은폐의 경우 형사적 책임을 진다. 「공인회계사법」에서는 공인회계사가 고의로 진실을 은폐하거나 허위보고를 하면 징역 또는 벌금을 부과하도록 규정하고 있다. 감사인이 외부감사법, 공인회계사법 및 공인회계사회회칙 등을 위반하면 해당 법규에 따라 감사인의 등록취소·자격정지 혹은 직무정지를 당할 수 있다.

우리나라에서는 1990년 금하방직주식회사를 감사한 감사인이 감사중 발견한 부외부채를 감사보고서에 고의로 기재하지 않아 대법원에서 징역 8월에 집행유예 1년형이 최종확정되었다. 이 사건을 시작으로 형사적 책임을 묻는 적지 않은 수의 판례가 나오고 있다. 2000년 9월 산동회계법인은 대우그룹의 허위 재무제표 작성과 관련해 감사의무를 소홀히 하여 감독당국으로부터 영업정지명령을 받고 폐업하였다.

핵심 제도위반에 대한 형사적 책임

구 분	외부감사법	공인회계사법
위법사유	중요한 사항의 감사보고서 미기재 또는 허위기재 등	고의적 진실은폐 및 허위보고
피 고	감사인(회계법인, 감사반) 또는 소속공인회계사	공인회계사

과징금은 행정상 의무위반에 대한 제재로서 부과하는 금전적 부담을 말한다. 「외부감사법」에 따라 금융위원회는 감사인이 고의 또는 중대한 과실로 회계감사기준을 위반하여 감사보고서를 작성하면 과징금을 부과할 수 있다.

2. 손해배상기금 적립

감사의뢰인이나 감사보고서이용자에 대한 손해배상책임에 대비하기 위해 감

• 손해배상을 보장하기 위한 방안
① 감사업무와 관련하여 손해배상공동기금을 한국공인회계사회에 적립
② 모든 업무와 관련하여 손해배상준비금을 회계법인 내에 적립
③ 개인공인회계사는 보험에 가입

사인은 「외부감사법」 및 「공인회계사법」에 따라 손해배상기금을 마련해야 한다.

회계법인은 외부감사법에서 정하는 감사관련 업무와 관련한 손해를 배상하기 위해 한국공인회계사회에서 관리하는 손해배상공동기금에 매년 일정액을 적립해야 한다.

회계법인은 「공인회계사법」에서 정하는 모든 일반직무(회계감사 및 기타의 감사, 세무대리업무 등)의 수행 중 발생한 손해배상책임을 보장하기 위해 매 사업연도마다 일정액을 회계법인 내에 손해배상준비금으로 적립해야 한다.

회계법인에 소속되지 않은 개인공인회계사는 「공인회계사법」에서 규정한 모든 직무(회계감사 및 기타의 감사, 세무대리업무 등)를 수행하면서 발생한 손해를 배상하기 위해 한국공인회계사회가 운영하는 보험공제사업에 가입하거나 보험회사 보험가입 등의 조치를 취해야 한다.

핵심 손해배상기금 적립

구 분	외부감사법	공인회계사법
회계법인	손해배상공동기금(의무가입) 또는 배상책임보험가입	손해배상준비금
감사반	배상책임보험가입	–
개인공인회계사	–	공제사업에 가입 또는 보험가입

제 3 절 부정발견과 법규준수고려의 책임

감사기준서에서는 감사인이 감사과정 중 부정이나 오류를 발견하면 이들이 재무제표의 왜곡표시에 미치는 영향을 고려하도록 규정하고 있다. 법규위반사항에 대해서도 재무제표의 왜곡표시에 미치는 중요한 영향을 적절히 고려할 것을 요구하고 있다.

부정발견과 법규준수를 위한 내부통제의 설계와 운용책임은 회사 경영

진에게 있으며, 재무제표 감사인은 부정이나 법규위반이 재무제표 왜곡표시에 미치는 영향을 고려할 책임만 진다. 감사인은 부정이나 법규위반사항을 발견해야 할 책임이 없으며, 발생가능성이 높다고 평가하면 재무제표 왜곡표시에 미치는 영향을 고려하기 위해 적절한 감사절차를 수립해야 한다.

I. 부정의 특성과 발생유형

1. 부정과 오류의 구분

부정과 오류로 재무제표가 왜곡표시될 가능성은 항상 존재한다. 부정과 오류의 구분은 왜곡표시를 초래하는 기초행위가 의도적인지에 달려 있다.

감사인은 부정과 오류가 재무제표의 왜곡표시에 미치는 영향을 파악해야 한다. 부정으로 인한 왜곡표시는 의도적인 은폐와 공모를 수반하므로 잠재적 영향과 위험이 매우 크다.

핵심 부정과 오류의 구분

부 정	오 류
경영진, 지배기구, 종업원 또는 제삼자가 연루되어 불법적이거나 부당한 이득을 얻기 위해 의도적으로 저지른 기만행위	재무제표의 금액이나 공시사항에 대한 비의도적인 왜곡표시

(1) 오 류

오류(error)는 재무제표의 금액이나 공시사항의 누락 등 다음과 같은 비의도적인 왜곡표시를 말한다.

- 재무제표 작성의 기초가 되는 자료 수집과 처리과정에서의 오류
- 사실에 대한 간과 또는 해석 착오에 따른 회계추정의 오류
- 측정, 인식, 분류, 표시 또는 공시와 관련한 회계원칙의 적용 오류

(2) 부 정

부정(fraud)은 경영진, 지배기구, 종업원 또는 제삼자가 불법적이거나 부당한 이득을 얻기 위해 저지른 의도적인 기만행위를 말한다. 부정은 오류와 달리 의도적으로, 치밀하게 수행된다. 특히 경영진 부정으로 인한 왜곡표시를 발견하지 못할 위험은 종업원 부정보다 크기 때문에 감사인은 경영진에 의한 통제무력화 가능성에 높은 관심을 갖는다.

부정을 저지르게 하는 동기나 압력이 있고, 부정을 저지를 수 있는 기회가 주어졌을 때 부정은 실행된다. 예를 들면 경영진이나 종업원이 경제적 곤궁에 처했을 때 자산을 유용할 동기를 가지며, 경영진에게 비현실적인 목표이익달성을 요구할 때 부정한 재무보고의 동기가 발생한다. 부정의 동기가 있어도 내부통제 취약과 같이 행위를 유도할 기회가 없다면 부정이 실행되기는 어렵다.

2. 부정의 유형

• 부정의 유형
① 부정한 재무보고
② 자산 횡령

재무제표의 중요한 왜곡표시를 초래하는 부정의 유형은 ① 부정한 재무보고와 ② 자산 횡령으로 구분할 수 있다.

부정한 재무보고(fraudulent financial reporting)는 재무제표 금액이나 공시사항을 의도적으로 왜곡·누락시켜 재무제표이용자를 기만하는 행위를 말한다. 부정한 재무보고는 경영진이 내부통제를 의도적으로 무시할 때 발생할 수 있다. 부정한 보고의 예로는 당기 보고이익을 늘리기 위해 차기 매출액을 앞당겨 당기 매출로 인식하는 것을 들 수 있다.

자산 횡령(misappropriation of assets)은 자산 유용이나 절도를 수반하고, 이를 은폐하기 위해 기록이나 문서를 조작하기도 하며, 다양한 방법으로 이루어질 수 있다. 자산 횡령은 부정한 재무보고를 수반할 수 있고, 부정한 재무보고와는 무관하게 발생할 수 있다.

두 가지 부정의 유형 모두 재무제표이용자에게 나쁜 영향을 미친다. 감사 관점에서는 부정의 동기와 방법 그리고 재무제표의 왜곡표시에 미치는 영향이 서로 다르기 때문에 이 둘을 분리하여 고려할 필요가 있다.

재무제표감사를 수행하는 감사인은 부정한 재무보고에 보다 특별한 주의를 기울여야 한다. 왜냐하면 부정한 재무보고는 반드시 재무제표의 왜곡표시를 수반하기 때문이다.

핵심 부정의 유형

부정한 재무보고	자산 횡령
① 재무제표 작성의 기초가 되는 회계기록이나 문서에 대한 조작, 위조 또는 변조 ② 사건, 거래 또는 유의적인 정보를 재무제표에 의도적으로 누락하거나 허위로 기재 ③ 금액, 분류, 표시 또는 공시의 회계원칙을 의도적으로 잘못 적용	① 입금액의 횡령 ② 물리적·지적 자산의 절도 ③ 공급받지 않은 재화나 용역에 대가를 지급 ④ 기업 자산을 개인용도로 유용

3. 부정위험요소

부정위험요소(fraud risk factors)란 경영진이나 종업원이 부정을 행하게 하는 동기나 압력을 나타내거나, 부정을 행할 기회를 나타내는 사건이나 상황을 말한다. 부정위험요소는 일반적으로 [도표 3-1]과 같이 세 가지 조건이 결합하여 발생한다.

- 부정을 행하는 동기 · 압력(incentives/pressures)
- 부정행위를 유인하는 기회(opportunities)
- 부정행위에 대한 태도 · 합리화(attitudes/rationalizations)

도표 3-1
부정위험의 3요소

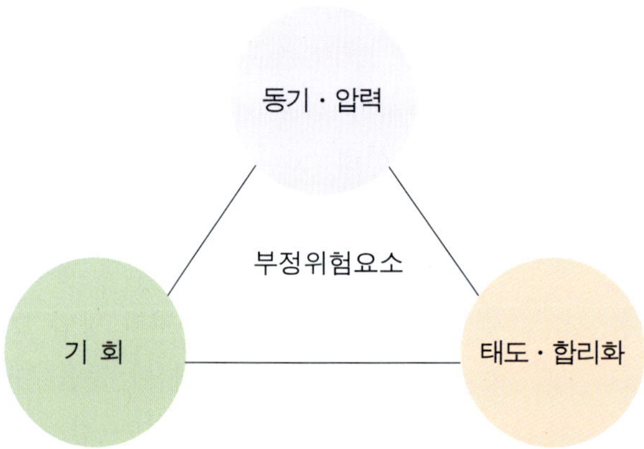

부정위험의 세 가지 요소는 부정한 재무보고와 자산 횡령에서 모두 존재하지만, 내용은 상황에 따라 다를 것이다. 감사인은 부정유형에 따라 세 가지 위험요소를 기업 관점에서 개별적으로 파악해 부정을 발견할 수 있는 감사절차를 수립해야 한다.

(1) 부정을 행하는 동기 · 압력

경영진이나 종업원이 부정한 재무보고를 저지르게 하는 동기 · 압력은 다음과 같은 상황에서 발생할 수 있다.

- 재무적 안정성이나 수익성이 경제적 · 산업적 또는 개별기업의 운영상황에 영향을 받음(예 : 이익감소를 수반하는 치열한 경쟁이나 시장포화)
- 경영진이 제삼자의 요구사항이나 기대 충족에 대해 중압감을 느끼고 있음(예 : 수익성이나 추세에 지나치게 낙관적인 기대수준)
- 경영진이나 지배기구 구성원의 개인적 재무상황이 기업의 재무적 성과에 위협받고 있음(예 : 상여금 등이 공격적인 목표의 달성여부에 의존)
- 지배기구가 책정한 재무적 목표를 달성하기 위해 경영진이나 종업원이 과도한 압력을 받고 있음

도표 3-2
무엇이 부정을 유도하는가?

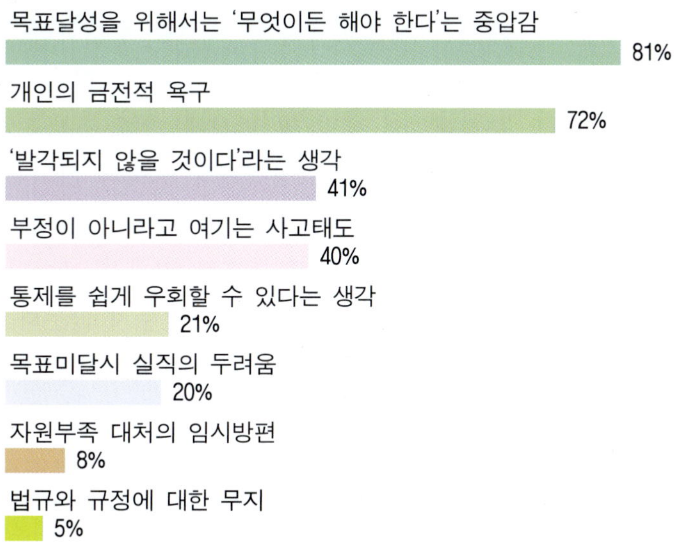

[도표 3-2]는 미국의 부정조사연구기관인 Oversight Systems가 발표한 부정의 동기에 관한 설문자료이다. 부정을 유도하는 가장 큰 동기요인으로 '주어진 목표달성을 위해서는 무엇이든 해야 한다'라는 중압감과 '개인의 금전적 욕구'가 꼽히고 있다.[3]

(2) 부정행위를 가능하게 하는 기회

부정한 재무보고의 기회는 어떤 상황의 특성이나 환경에 따라 증가하거나 억제될 수 있다. 예를 들어 내부통제가 효과적인 환경에서는 부정의 기회가 쉽게 주어지지 않는다. 다양하고 복잡한 고가의 재고자산을 보유하는 기업은 표준화된 품목만을 다루는 기업과 비교할 때 재고자산평가와 관련한 부정한 재무보고가 발생할 위험이 크다.

부정행위를 가능하게 하는 기회는 다음과 같은 상황에서 발생할 수 있다.

- 내부통제의 설계와 운영이 미비하다.
- 경영진의 모니터링이 효과적이지 않다.
- 조직구조가 복잡하거나 불안정하다.

(3) 부정행위에 대한 태도 · 합리화가능성

개인은 자신의 부정한 행위를 합리화하려 하며, 어떤 임직원은 의식적이고 악의적으로 부정한 행위를 저지르려는 태도나 윤리적 가치관을 갖고 있다. 부정행위의 예방 및 발생에 대한 조직구성원의 태도, 특히 기업윤리와 내부통제에 대한 최고경영진의 철학과 가치관, 그리고 교육훈련 및 상벌제도는 임직원이 부정에 대한 자기합리화 위험을 감소시킨다. 예를 들어 경영진이 기업의 주가변동에 과도한 집착을 보이면서 임직원에게 회사의 회계보고시스템을 신뢰하는 태도를 보여주지 않는다고 하자. 이러한 기업에서는 부정한 재무보고가 발생할 확률이 높아진다.

---

3) *The 2007 Oversight Systems Report on Corporate Fraud*, Oversight Systems, Inc., 2007.

도표 3-3 부정위험요소의 예시

	동기/압력	기 회	태도/합리화
부정한 재무보고	• 수요의 급격한 감소, 산업 또는 경제 전반에 걸친 기업실패의 위험 증가 • 상장유지조건 또는 채무약정조건을 충족해야 하는 등 경영진에게 가해지는 과도한 압력 • 기업성과에 따라 경영진의 상여금이나 주식옵션이 영향을 받음 • 매출 등 성과보상 목표달성에 과도한 압력	• 산업 또는 해당 기업의 영업성격에 따라 존재하는 특수관계자거래 또는 불공정거래 • 주관적 판단이나 불확실성을 내포하는 다수의 회계추정 존재 • 재무보고절차와 내부통제에 대한 지배기구의 비효과적인 감시 • 회계 및 내부감사 인원의 빈번한 교체, 내부통제의 취약	• 기업가치와 윤리기준에 대한 경영진의 비효과적인 의사소통과 지원체계 • 기업이나 고위경영진의 법규나 규정 위반 • 공격적이거나 비현실적인 예측치를 공표하는 경영진의 관행
자산 횡령	• 횡령이 용이한 자산을 취급하는 임직원의 개인적 금융채무 • 자산을 관리하는 종업원과 경영진 간 대립관계	• 거액의 현금, 고가 또는 환금이 용이한 재고자산을 보관 · 취급 • 자산의 부적절한 내부통제(적절하지 않은 물리적 보호장치)	• 내부통제를 의도적으로 무시하는 경영진 태도 • 내부통제 미비점을 개선하지 않음

4. 부정한 재무보고의 방법

• 부정한 재무보고의 방법
① 가공수익이나 조기의 수익인식으로 매출을 과대계상
② 가공자산을 과대계상하거나 비용처리할 항목을 자산으로 처리하여 자산을 과대계상
③ 회계추정을 필요로 하는 대손상각비 등 비용을 과소계상
④ 부채의 과소계상 또는 기록누락
⑤ 소송중인 사건 등의 공시누락 또는 허위공시

재무제표이용자를 속이기 위해 고의적으로 이루어지는 부정한 재무보고를 분식회계(window dressed accounting)라고 표현한다. 이익이나 자산의 과대계상뿐만 아니라 절세나 규제회피 목적으로 기업성과를 축소하여 보고하는 행위도 분식회계에 해당한다.

이익조정(earnings management)은 개인적인 이익을 얻기 위해 외부에 재무제표를 보고할 때 의도적으로 개입하는 행위를 말한다. 이익유연화(income smoothing)는 기간별 이익변동폭을 줄이기 위해서 수익이나 비용을 다른 기간으로 귀속시키는 이익조정행위를 의미한다. 목적이나 방법과 관계없이 재무제표이용자를 속이기 위한 의도적 왜곡표시는 모두 부정한 재무보고에 해당한다.

부정한 재무보고의 수단으로 경영진은 다양한 방법을 이용한다. 이러한 방법을 감사인이 이해하면 부정으로 인한 중요한 왜곡표시위험을 식별하고, 왜곡표시를 발견할 수 있는 절차를 설계할 수 있다.

(1) 수익의 과대계상

매출의 과대계상은 부정한 재무보고에서 빈번하게 사용된다. 매출은 손익계산서 항목 중 비중이 가장 높아 수익을 작은 폭으로 조정해도 큰 폭의 이익조정이 가능하기 때문이다.

일반적으로 가공으로 수익을 인식하거나 회계기준에서 정한 인식시점보다 수익을 조기에 인식하는 방법으로 수익을 과대계상한다. 이때 관련 매출원가를 누락하기 때문에 수익의 조정폭만큼 이익을 조정할 수 있다. 수익인식시점에 대한 경영진과 감사인 간에 의견이 다를 때 감사인이 설득력 있는 증거를 제시하기 쉽지 않기 때문에 수익을 이익조정에 자주 이용한다.

(2) 자산의 과대계상

자산을 과대계상할 때 가공의 매출채권이나 재고자산 계정을 가장 많이 활용한다. 매출채권이나 재고자산은 금액과 형태가 다양하기 때문에 부정한 재무보고의 방법으로 자주 활용한다. 해외 창고에 재고자산을 보관하거나 국내의 임대 혹은 보세창고를 활용하면 재고실사를 전수조사하기 어렵기 때문이다.

투자자산이나 무형자산은 추정의 불확실성에 따른 자산의 과대계상으로 부정의 재무보고가 발생할 가능성이 높다. 당기에 비용처리해야 할 연구비나 경상개발비를 자산화하거나, 수익적 지출을 자본적 지출로 처리해 자산을 과대계상하기도 한다.

(3) 비용의 과소계상

발생한 비용을 기록하지 않으면 당기순이익은 과대계상되고 관련 부채는 과소계상된다. 대손상각비, 퇴직급여나 감가상각비 등은 회계추정이나 기간배분 방법으로 인식하므로 당기에 의도적으로 비용을 과소계상할 수 있다.

(4) 부채의 과소계상 또는 기록누락

부채를 과소계상하거나 기록을 누락하는 방식으로 비용을 과소계상한다. 부채 과소계상의 예로는 매입채무의 과소계상, 미지급비용의 기재누락, 충당부채의 인식누락 등을 들 수 있다.

이익에는 영향을 미치지 않지만 부채비율을 줄이기 위해 자산과 부채의 기록을 동시에 누락하기도 한다. 예를 들어 동일거래처의 채권과 채무를 상계해 순액으로 보고하면 부채는 과소계상된다.

(5) 공시의 누락 또는 허위공시

공시를 누락하거나 부적절한 공시의 형태로 부정한 재무보고를 하는 사례가 빈번하다. 국제회계기준에서는 주석으로 공시할 사항이 많은데, 적절하게 공시하지 않거나 공시를 누락하는 사례가 빈번하다. 진행중인 중요한 소송사건의 공시누락, 담보로 제공한 자산, 관계회사에 대한 채무보증, 미래의 주식선택권 행사에 따른 재무적 영향 등은 재무제표 본문에 반영하지 않는다. 이러한 이유로 주석공시를 누락해 부정한 재무보고를 하는 사례가 빈번하다.

(6) 기타의 이익조정수단

경영진은 회계원칙이나 회계추정을 변경해 이익조정을 하기도 한다. 적정 재고량 이상으로 상품을 매입하거나 생산해 기말재고액을 늘려 매출원가를 작게 만들어 매출총이익을 크게 보고하기도 한다. 이를 실물활동(real-activity) 이익조정이라고 한다. 실물활동 이익조정은 회계기준을 위반하는 행위는 아니지만 적정 재고량 이상으로 상품을 매입하거나 제품을 생산하면 기업의 자원을 효율적으로 활용하지 못하므로 기업가치가 훼손될 수 있다.

감사인 입장에서 이러한 실물활동 이익조정이 감사기준에서 정한 부정한 재무보고에 해당하는지 명확하게 판단하기 어려울 수 있다. 실물활동 이익조정은 회계기준을 위배한 부정한 재무보고는 아니지만, 장기적으로 기업가치를 훼손시킬 수 있으므로 윤리적으로 수용하기 어려운 행위이다. 감사인이 경영진의 이익조정행위를 인지하면 기업환경의 이해단계에서 이를 적절하게 고려해 부정한 재무보고위험을 평가해야 할 것이다.

Ⅱ. 부정의 예방과 발견 책임

부정을 예방하고 발견할 책임은 회사의 지배기구와 경영진에게 있다. 감사인은 감사를 수행하고 그 결과를 보고하는 과정에서 재무제표에 부정과 오류로 인한 중요한 왜곡표시가 없다는 합리적 확신을 얻을 책임이 있다.

1. 지배기구와 경영진의 부정예방 및 발견 책임

기업의 지배기구와 경영진은 부정을 예방하고 발견할 책임이 있다. 경영진은 부정을 예방하고 적발하기 위해 지배기구가 감시하는 적절한 조직환경을 설정하고, 정직하고 윤리적인 기업문화를 유지하며 효과적인 통제절차를 수립해야 한다.

(1) 윤리적 환경의 조성과 부정의 예방정책 수립

부정은 사후적으로 발견하기 어렵기 때문에 부정을 예방하거나 억제하는 윤리적 환경을 조성하고 부정의 예방정책을 수립해야 한다.

기업의 핵심가치를 윤리적 경영에 두고 높은 수준의 윤리문화를 정착시킬 수 있는 통제환경을 조성해야 한다. 기업과 개인의 지속가능한 발전을 위해 윤리헌장(code of business conduct)을 제정하여 운용하는 기업이 늘고 있다. 부정의 예방 및 억제 정책의 예로는 기업의 반부정 캠페인 및 예방프로그램의 도입, 내부제보자 보호정책 및 부정 처벌에 대한 경영진의 의지표명, 부정예방 교육 및 훈련의 실시, 정기적인 윤리서약서 제출, 지배기구의 감시 강화 등을 들 수 있다.

(2) 부정위험요소를 평가하는 경영진의 노력

경영진은 부정위험요소를 파악하고 완화하기 위한 조치를 취하고, 부정을 효과적으로 예방·적발할 수 있는 내부통제를 설계·운용할 책임이 있다.

① **부정위험요소의 파악** 경영진은 기업에서 발생가능한 부정위험요소([도표 3-1] 참조)를 체계적으로 파악해야 한다.

② **부정위험요소의 완화 노력** 업무절차나 제도를 변경하거나 보완해 부정위험요소를 완화하거나 제거하기 위해 노력해야 한다. 예를 들어 특정물품 구매담당직원을 정기적으로 보직순환하면 후임자에 의해 전임자의 부정을 적발할 수 있고, 예방할 수도 있다.

③ **부정예방목적의 내부통제 강화** 부정예방을 위한 내부통제를 운영하고, 운영상태를 정기적으로 평가한다. 경영진은 효과적인 감시를 위해 내부감사를 실시하기도 하고, 감사위원회나 이사회 같은 독립적인 지배기구를 활용해 통제하기도 한다.

(3) 지배기구의 감시장치 강화

부정을 감시하는 특정 지배기구는 기업에 따라 다르나, 일반적으로 이사회나 감사위원회가 이러한 역할을 수행한다.

기업의 지배기구는 경영진을 감시하여 재무보고의 공정한 표시를 확보하고, 경영진 및 종업원의 부정위험 평가와 재무통제 그리고 법규준수 등의 통제가 적절하게 운용되는지 확인할 책임이 있다.

감사위원회는 내부감사팀 및 준법감시인 등의 도움을 얻어 일상적인 통제업무를 감시한다. 경영진의 내부통제 무력화 가능성, 경영진의 부정위험요소 평가절차 및 운용에 대한 감시업무도 수행한다.

2. 감사인의 부정발견 책임

재무제표감사에서 감사인의 목적은 재무제표가 중요성 관점에서 재무보고체계를 준수하여 공정하게 작성되었는지에 대해 의견을 표명하는 데 있다. 감사인은 부정과 오류의 적발보다는 재무제표에 미치는 중요한 왜곡표시가 없다는 합리적 확신을 얻기 위해 재무제표감사를 실시한다.

부정과 오류를 예방하고 발견할 책임은 경영진에게 있다. 감사인은 부정과 오류로 인한 왜곡표시가 재무제표에 미치는 중대한 영향을 파악할 수 있도록 감사증거를 수집하고 적절한 감사의견을 표명할 책임만 진다.

감사기준에서는 부정이 개입되면 왜곡표시를 은폐하려는 동기가 존재하므로 감사인이 발견하기 더 어렵다고 기술하고 있다. 그런데도 재무제표 왜곡표시의 발생원인이 오류 또는 부정인지에 따라 감사인 책임은 달라지지 않는다.

오류보다는 부정으로 인해 재무제표의 중요한 왜곡표시가 발생하면 감사인이 적발하지 못할 위험이 더 높아진다. 왜냐하면 부정을 저지를 때에는 사실을 은폐하기 위해 회계기록이나 문서를 위조하고 거래기록을 조직적으로 왜곡하기 때문이다. 또한 감사인에게 허위 자료나 정보를 제공하는 등 정교하고 면밀하게 설계한 수단을 이용한다. 공모가 있다면 감사인이 부정을 적발하기는 더 어려워진다.

감사인이 부정을 적발할 가능성은 부정을 저지른 상대방의 조작 정도, 부정행위의 빈도와 범위, 부정의 금액적 크기, 기업의 내부 또는 외부와의 공모 정도 그리고 관련자의 조직 내에서의 위치 등 여러 요인에 달려 있다.

지배기구와 경영진은 그 지위 자체가 성실하다고 믿게 하는 권위를 갖고 있고, 통제절차를 무력화시킬 수 있는 위치에 있다. 감사인은 종업원 부정보다는 경영진 부정으로 인한 중요한 왜곡표시를 적발하지 못할 위험이 더 크다는 점에 유의해야 한다.

부정의 특성 때문에 감사인은 전문가적 의구심(professional skepticism)을 유지하고 부정으로 인한 중요왜곡표시위험을 신중하게 고려해야 한다. 오류를 적발할 때 효과적인 감사절차가 부정적발에서는 효과적이지 않을 수 있다. 감사인은 감사과정에서 진실하지 않은 문서나 변조된 문서를 발견하면, 제삼자에게 직접 조회하거나 외부전문가를 활용해 추가로 조사해야 한다. 감사인의 질문에 대한 경영진 또는 지배기구 답변에 일관성이 없다면 일치하지 않는 내용을 조사하는 등 모든 과정에서 전문가적 의구심을 유지해야 한다.

[도표 3-4]는 미국의 공인부정감사인(Certified Fraud Examiners)협회에서 발표한 자료이다. 기업에서 발생한 부정이 외부감사인에 의해 적발될 확률은 의외로 높지 않다. 부정을 최초 발견한 비율은 내부제보와 투서가 가장 높은 것으로 나타났다.[4)]

「외부감사법」에서는 내부제보 등으로 인한 부정발견을 촉진시키기 위해 위반행위에 대한 익명신고를 규정하고 있다. 위반행위 신고자가 일정요건을

4) *2008 Report to the Nation on Occupational Fraud and Abuse*, Association of Certified Fraud Examiners, 2008. 발견방법의 합계가 100%를 초과하는 이유는 어떤 사건은 두 가지 이상의 방법에 의해 최초 발견되었기 때문이다.

도표 3-4
부정의 최초 발견경위

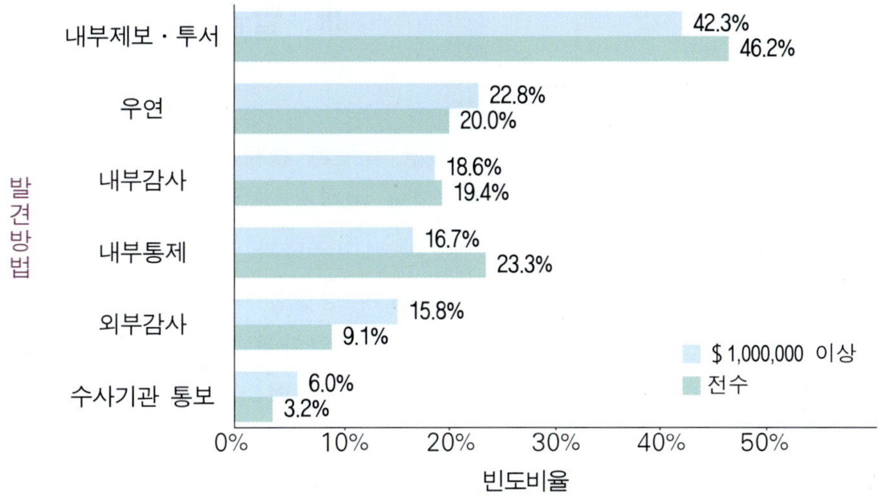

충족하면 신고자의 위반행위에 대한 조치를 감면하거나 감경해 위반행위 신고자를 보호할 수 있도록 규정하고 있다.

3. 부정발견시 커뮤니케이션

「외부감사법」에 따라 감사인은 회사가 회계처리기준을 위반한 사실을 발견하면 감사 또는 감사위원회에 통보할 의무가 있다. 위반사실을 통보받은 감사 또는 감사위원회는 회사의 비용으로 외부전문가를 선임하여 위반사실 등을 조사하도록 하고, 위반사항이 발견되면 회사의 대표자에게 시정 등을 요구해야 한다. 감사 또는 감사위원회는 조사결과와 회사의 시정조치 결과를 증권선물위원회와 감사인에게 제출해야 한다. 감사 또는 감사위원회는 조사업무를 수행할 때 회사의 대표자에게 필요한 자료나 정보 및 비용의 제공을 요청할 수 있다.

감사인은 직무를 수행할 때 이사의 직무수행과 관련한 부정행위 또는 법령이나 정관에 위반되는 중대한 사실을 발견하면 감사 또는 감사위원회에 통보하고 주주총회(또는 사원총회)와 증권선물위원회에 보고해야 한다. 감사인도 그러한 사실을 감사 또는 감사위원회로부터 통보받으면 증권선물위원회에 보고해야 한다.

Ⅲ. 법규준수고려의 책임

• 법규위반사항의 유형
① 재무제표에 직접적인 영향을 미치는 사항
② 재무제표에 간접적인 영향을 미치는 사항

법규위반은 고의성 유무와 관계없이 법규를 준수하지 않고 지배기구, 경영진 또는 종업원이 기업 명의로 거래를 집행하는 행위를 말한다. 일부 법규조항 위반은 재무제표의 보고금액과 공시에 직접적인 영향을 미치지만, 어떤 법규는 기업의 재무제표에 영향을 미치지 않는다.

감사인은 기업의 사업활동과 관련이 없는 지배기구나 경영진 또는 종업원의 사적인 위법행위는 고려하지 않는다.

1. 법규준수에 대한 책임

경영진 책임	감사인 책임
기업의 영업활동을 법규에 따라 수행하도록 관리해야 하며, 법규위반사항을 예방하고 적발할 책임이 있다.	법규위반을 예방할 책임이 없다. 법규위반으로 재무제표가 중요하게 왜곡표시되지 않았다는 합리적 확신을 얻을 책임이 있다.

(1) 법규준수에 대한 경영진의 책임

경영진은 기업의 영업활동이 법규를 준수하며 이루어지도록 해야 하며, 법규위반의 예방 및 적발 책임도 진다. 경영진은 종업원에게 법규교육을 실시하고 법규 준수를 위한 내부통제를 운영해야 한다.

2000년대 초부터 모든 금융기관은 고객재산의 선량한 관리자로서 금융기관과 그 종사자가 법률, 규정 및 기업의 일반정책을 준수하도록 준법감시인(compliance officer)을 두어 상시적으로 법규준수 감시업무를 수행하고 있다. 「상법」에 따라 자산총액 5천억원 이상인 회사는 준법통제기준을 마련하고 준법지원인을 1명 이상 두어야 한다. 준법지원인은 경영진과 임직원이 정해진 법과 규정을 준수하고 기업경영을 투명하게 수행하는지를 감시하여 이사회에 보고해야 한다.

(2) 법규위반사항에 대한 감사인의 고려 책임

기업의 법규위반사항은 재무제표에 중요한 영향을 미칠 수 있으므로 감사인은 전문가적인 의구심을 가지고 법규위반사항의 존재가 기업 재무제표에 영향을 미치는지를 고려하기 위한 감사절차를 수행해야 한다.

감사기준에 따라 감사인이 감사를 적절하게 계획하고 수행해도 재무제표에 존재하는 중요한 왜곡표시를 발견하지 못할 수 있다. 왜냐하면 법규위반은 공모, 위조, 거래기록의 고의적 누락, 경영진의 내부통제 무시, 감사인에 대한 의도적인 허위진술 등의 기만행위를 수반하는 고의적 은폐가 존재할 수 있기 때문이다.

2. 법규위반과 관련한 감사절차

「감사기준서 250」에서는 재무제표에 직접적인 영향을 미치는 법규준수는 오류 및 부정과 마찬가지로 감사인이 충분하고 적합한 감사증거를 수집할 것을 요구하고 있다. 간접적인 영향을 미치는 기타사항의 법규준수는 제한된 특정의 감사절차만 수행한다.

감사인은 기업과 관련한 법규를 이해하고 법규위반사항을 식별해야 한다. 이러한 감사절차를 수행해 법규위반 또는 법규위반을 의심하는 사항을 발견하면 재무제표에 미치는 영향을 평가하기 위한 정보를 입수해야 한다.

도표 3-5
법규위반 감사절차

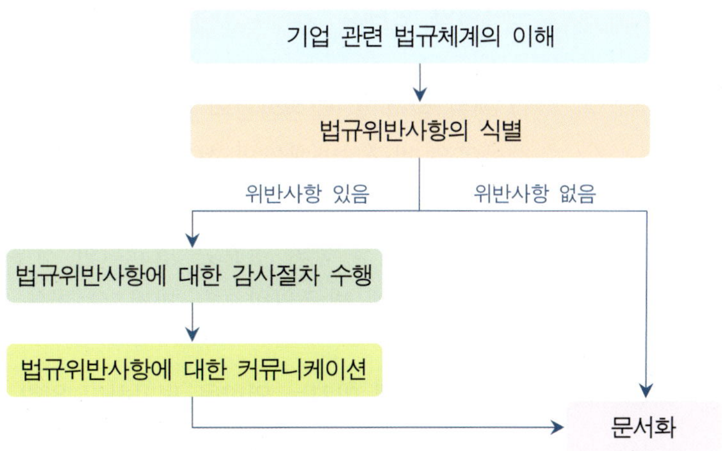

(1) 법규체계 이해와 위반사항의 식별

감사인은 기업과 기업환경의 이해단계에서 일상적인 감사절차를 실시하고, 다음의 기업 관련 법규체계를 이해해야 한다.

- 기업과 기업이 속한 산업에 적용되는 법규
- 기업이 법규를 어떻게 준수하고 있는지에 관한 사항

감사인은 재무제표에 중요한 영향을 미칠 수 있는 법규위반사항을 식별하기 위해 다음의 감사절차를 수행해야 한다.

- 경영진과 지배기구에게 기업의 법규준수 여부를 질의
- 관련 인허가기관이나 규제기관과의 왕복문서를 검사

감사인이 법규위반사항과 관련해 식별하거나 의심하는 위반내용이 없다고 판단하면, 상기 절차(질의, 문서검사)로 법규준수와 관련한 감사절차를 종결한다. 만약 법규위반사항을 식별하거나 의심할 때에는 법규위반사항에 대한 세부적 감사절차를 수행한다.

(2) 법규위반사항의 감사절차

감사인은 법규위반 또는 의심하는 위반사례의 정보를 알게 되면 다음 절차를 수행해야 한다.

1) 행위 성격 및 발생상황의 이해

감사인은 법규위반행위의 성격과 행위가 발생한 상황을 이해해야 한다. 감독기관의 조사에 따른 과태료 납부, 고가 구매에 따른 일부대금의 횡령, 승인 없는 거래 발생 등의 정보는 법규위반 징후로 볼 수 있다. 감사인은 그러한 징후가 어떻게 법규위반으로 진전되는지를 파악해야 한다.

2) 재무제표에 미치는 영향을 평가하기 위한 정보 수집

감사인은 법규위반 또는 의심하는 위반사례를 알게 되면 재무제표에 미칠 수 있는 영향을 평가하기 위해 추가적인 정보를 수집한다. 예를 들어 벌금, 강제적 영업중단 혹은 소송 등이 재무제표에 미치는 영향과 이에 대한 공시의 필요성, 그러한 영향이 재무제표의 공정표시에 미치는 심각성 여부 등과 관련한 자료를 수집해야 한다.

3) 경영진과의 논의 및 발견사항의 문서화

감사인이 기업의 법규위반 가능성을 의심하면, 법규상 금지되지 않는 한 관련 발견사항을 경영진 그리고 지배기구와 논의해야 한다. 이때 감사인은 지배기구가 법규위반 가능성과 상황을 감사인과 동일하게 이해하고 있는지 확인한다.

감사인은 식별되거나 의심되는 법규위반 및 다음 내용을 감사문서에 포함해야 한다.

① 수행한 감사절차, 유의적인 전문가적 판단 및 결론
② 위반과 관련된 유의적인 사항에 대한 경영진, 지배기구 및 기타인원과 토의한 사항. 해당 사항이 경영진과 관련이 있으면 지배기구의 대응

4) 기업 또는 감사인의 법률고문과 협의

감사인이 의심하는 위반에 대해 만족할 만한 정보를 얻지 못하면 그 상황에 대한 법규의 적용문제와 재무제표에 미칠 영향을 기업의 법률고문과 협의할 수 있다.

감사인이 기업의 법률고문과 협의하는 것이 부적절하다고 판단하거나 그의 의견만으로 만족하지 못한다면 감사인의 법률고문과 협의할 것을 고려한다.

5) 위반의 시사점 평가

감사인이 기업의 법규위반사항을 알게 되면 감사의 다른 측면, 특히 경영진의 연루가능성, 서면진술의 신뢰성에 미치는 영향을 고려해야 한다. 예를 들어 경영진의 서면진술에 포함하지 않았거나 내부통제 검토과정에서 발견하지 못한 위반사항을 법규위반 감사절차 수행중 알게 된다면, 감사인은 감사위험의 평가와 서면진술의 타당성을 다시 고려한다.

법규위반사항(재무제표에 미치는 영향이 중요하지 않은 경우도 포함)과 관련해 감사인이 필요하다고 판단하는 시정조치를 경영진 또는 지배기구가 수행하지 않을 수 있다. 이때 감사인은 감사계약을 해지하거나 해지가 불가능하다면 감사보고서의 기타사항문단에 위반사항을 언급하는 조치를 고려할 수 있다.

3. 법규위반사항에 대한 커뮤니케이션

커뮤니케이션 대상	내 용
(1) 지배기구	① 감사과정에서 알게 된 법규위반사항이 명백하게 경미하지 않음 : 지배기구에 통지 ② 경영진 또는 지배기구가 연루된 것으로 의심 : 감사위원회나 이사회 같은 차상위기구에 그 사실을 통지
(2) 정보이용자	① 법규위반사항의 영향을 재무제표에 적절히 반영하지 않음 : 한정의견 또는 부적정의견 ② 법규위반 여부에 대한 감사증거를 수집할 수 없음 : 한정의견 또는 의견거절
(3) 규제감독기관	특정법규 등에 따라 법적 보고의무가 있음 : 비밀유지의무를 고려하여 결정

(1) 지배기구와의 커뮤니케이션

감사인은 명백히 경미하지 않은 법규위반 의심사항은 법규상 금지되지 않는 한 지배기구와 커뮤니케이션해야 한다. 특히 의도적이며 중요하다고 믿는 위반이라면, 감사인은 가급적 조기에 이러한 사항을 지배기구와 커뮤니케이션해야 한다.

「회계감사실무지침」에서는 일반적으로 적합한 지배구조의 커뮤니케이션 대상을 감사 또는 감사위원회로 규정하고 있다. 감사 또는 감사위원회의 참여가 효과적이지 않거나 감사인과 감사(또는 감사위원회) 간의 양방향 커뮤니케이션이 적절하지 않을 수 있다. 이때 감사인은 이사회와 커뮤니케이션해야 하고, 커뮤니케이션한 내용을 감사(또는 감사위원회)에 전달해야 한다.

경영진 또는 지배기구가 법규위반에 연루된 것으로 의심하면, 감사인은 감사위원회 또는 이사회와 같은 차상위기구에 보고해야 한다.

(2) 감사보고서에 반영

재무제표에 중요한 영향을 미치는 식별되었거나 의심되는 법규위반이 기업의 재무제표에 적절하게 반영되지 않았다고 결론을 내리면 재무보고체계 위배에 따른 한정의견 또는 부적정의견을 표명한다.

재무제표에 중요한 영향을 미치는 법규위반의 발생 또는 발생가능성 여부를 평가하기 위한 감사증거의 수집을 지배기구나 경영진이 방해하면, 감사인은 감사범위 제한을 이유로 한정의견을 표명하거나 의견을 거절한다.

(3) 외부규제 및 감독기관에 대한 커뮤니케이션

법규 또는 윤리적 요구사항에 따라 부담할 수 있는 추가적인 책임으로 외부보고의무가 있을 수 있다. 감사인이 법규위반을 식별했거나 의심한다면 다음에 해당하는지 결정해야 한다.

- 법규 또는 관련 윤리적 요구사항에서 감사인이 기업 외부의 적절한 보고기간에 보고하도록 요구함
- 법규 또는 관련 윤리적 요구사항에서 확립된 책임에 따르면 기업 외부의 적절한 기관에 보고하는 것이 상황에 적합한 조치일 수 있음

감사인은 「외부감사법」이나 「공인회계사윤리기준」 등에서 요구하는 비밀유지의무에 따라 기업 이외의 이해관계자에게 법규위반 내용을 보고할 수 없다. 다른 법률에서 보고를 요구하는 특별한 규정이 있으면 그 법률에 따른 요구사항을 검토해야 할 것이다.

연습문제

CHAPTER 3

진위형

다음의 설명을 읽고, 틀린 기술이라면 그 이유를 제시하시오.

(1) 감사실패는 감사인이 회계감사기준을 준수하지 못해 잘못된 감사의견을 표명할 때 발생한다.
(2) 감사인에게 감사실패로 인한 책임을 물을 수 있지만, 수용해야 할 일정수준의 감사위험을 부담하고 회계감사기준을 준수했다면 감사인에게 기업실패에 대한 책임은 물을 수 없다.
(3) 감사인이 임무를 게을리하여 회사에 손해가 발생해 회사가 소송을 제기하면 그 입증책임은 감사인에게 있다.
(4) 감사인은 감사보고서이용자와 직접적인 계약관계가 없으므로 보고서이용자는 감사인에게 법률적 책임을 물을 수 없다.
(5) 감사인은 손해배상책임에 대비하기 위하여 감사업무와 관련하여 손해배상공동기금을 회계법인 내에 적립해야 한다.
(6) 부정위험요소란 경영진이나 종업원이 부정을 행하게 하는 동기나 압력, 부정행위를 유인하는 기회나 사건, 그리고 이를 합리화하는 종업원의 태도를 말한다.
(7) 부정한 재무보고는 반드시 재무제표의 왜곡표시를 수반하므로, 감사인은 부정한 재무보고에 대해 특별한 주의를 기울여야 한다.
(8) 다양하고 복잡한 고가의 재고자산을 보유하는 기업은 표준화된 품목만을 다루는 기업과 비교할 때 재고자산평가와 관련한 부정한 재무보고가 발생할 위험이 크다.
(9) 회사의 지배기구와 경영진은 부정을 예방하고 발견할 책임이 있으며, 감사인은 재무제표에 존재하는 모든 부정을 발견할 책임이 있다.
(10) 상위 경영진이 부정에 연루되어 있다면, 감사인은 이미 수집한 감사증거의 신뢰성을 재검토해야 한다.
(11) 부정과 관련하여 감사인이 필요하다고 판단한 적절한 절차를 회사가 조치하지 않으면 감사계약의 해지를 검토할 수 있다.
(12) 감사인은 기업의 법규위반을 예방할 책임이 없으나, 법규위반으로 재무제표가 중요하게 왜곡표시되지 않았다는 합리적 확신을 얻을 책임은 있다.
(13) 감사인이 기업의 법규사항을 의심하면 법규상 금지되지 않는 한 발견사항을 경영진 및 지배기구와 논의해야 한다.
(14) 감사 또는 감사위원회의 참여가 효과적이지 않다면 감사인이 의심하는 법규위반사항에 대해 감독기관과 커뮤니케이션할 수 있다.

서술형

1 감사인의 법적 책임

감사인 책임을 법률로 규정한 이유는 감사인 책임과 한계를 명확히 하고, 전문직업인으로서의 책임의식을 제고하려는 데 있다. 감사인은 관계법규에 따라 자기 과실에 대해 책임을 부담하지만, 부담할 필요가 없는 부당한 책임추궁으로부터 자신을 보호할 수도 있다.

요구사항

1. 다음은 감사보고서에 첨부된 재무제표 일부를 발췌한 것이다. "첨부된 재무제표는 당사가 작성한 것입니다"라는 문구를 재무제표 표지에 기술하는 이유를 경영진 및 감사인 책임과 연결지어 서술하시오.

(첨부) 재무제표 성균전자주식회사 (중략) "첨부된 재무제표는 당사가 작성한 것입니다." 성균전자주식회사 대표이사 이몽룡

2. 금감회계법인은 유가증권상장기업인 여의주식회사의 재무제표감사를 수행하고 적정의견을 표명한 감사보고서를 발행하였다. 감사보고서를 발행한 후 여의주식회사는 부도로 상장폐지되었다. 여의주식회사의 주주들은 외부감사를 담당했던 금감회계법인이 사실과 다르게 감사의견을 표명하여 감사실패가 발생한 것으로 간주하여 감사인을 상대로 손해배상의 소송을 제기하였다. 당신이 금감회계법인 담당사원이라면 법원에서 책임이 없다는 것을 어떻게 증명하겠는가?

2 감사인 법적 책임의 유형

왕부실 회계사는 20×1년 12월 31일로 종료하는 공공주식회사의 재무제표감사과정에서 장부에는 기말재고자산을 200억원으로 표시하고 있으나, 회사가 진부화로 폐기해야 할 재고자산을 저가평가하지 않은 것을 발견하였다.

대표이사는 재고자산을 저가로 평가하여 당기순손실을 보고하면 자신이 주주총회에서 해임될 수 있다고 하소연하였다. 왕부실 회계사는 이를 묵인해 적정의견 감사보고서를 발행하였다.

요구사항

왕부실 회계사는 허위기재사실을 알고도 묵인해 감사보고서를 발행했는데, 다음 사항과 관련한 법적 책임을 설명하시오.

1. 직업윤리에 대한 책임
2. 민사상 손해배상책임
3. 형사상 책임

3 외부감사법상 감사인의 손해배상책임

20×6년 12월 31일 순건성 회계사는 매출채권 외부조회에서 회신금액과 보조원장 금액 간에 차이가 있음을 발견하였다. 차이가 발생한 조회내역을 재무담당임원에게 통보하고 차이를 조사하도록 요청하였다. 재무담당임원은 회사의 회계담당자인 강심장 씨에게 분석을 지시하였으며, 강심장 씨는 예외사항을 분류하고 원인을 파악한 후 차이를 설명하는 보고서를 작성하였다. 강심장 씨의 분석보고서에 따르면 대부분의 차이는 고객과 기록시점의 차이 및 매출에누리 때문에 발생했다. 순건성 회계사는 동 보고서를 검토한 후 매출채권에 중요한 왜곡표시가 없다고 결론을 내렸다.

감사보고서가 발행된 6개월 후인 20×7년 9월에 강심장 씨가 지난 3년 동안 매출채권을 과대계상하는 수법으로 수십억원을 횡령한 사실이 내부감사과정에서 밝혀졌다. 회사는 순건성 회계사를 상대로 소송을 제기했고, 법정에서 20×6년 12월 31일의 감사인 조서에 편철된 매출채권 외부조회와 관련해 강심장 씨가 작성한 분석보고서가 허위인 것으로 밝혀졌다.

요구사항

1. (1) 「외부감사법」에서는 어느 상황에서 감사의뢰인에 대해 손해배상책임을 묻고 있는가?
   (2) 상기 상황과 관련해 감사인 책임에 대한 법적 쟁점은 무엇이며, 순건성 회계사는 자기 입장을 어떻게 변호하겠는가?
2. 매출채권 감사수행과정에서 순건성 회계사가 잘못한 점은 무엇인가?

4 부정의 개념

다음은 부정의 개념에 관한 일반적인 설명이다.

(1) 부정은 일반적으로 부정을 저지르려는 동기 또는 기회가 있어야 발생하지만, 두 가지가 동시에 존재해야 부정이 발생하는 것은 아니다.
(2) 재고자산과 관련한 부정가능성이 존재하면 감사인은 회사에 미리 재고실사계획을 통보해 준비시켜야 한다.
(3) 감사인이 감사기준에 규정한 정당한 주의의무를 다한다는 것은 감사인이 부정위험을 매우 높다고 평가하지 않는 한 문서의 진위여부까지 평가할 책임이 있다는 뜻은 아니다. 또한 감사인에게 그 문서의 진위여부를 판단해야 하는 전문지식을 요구하는 것도 아니다.
(4) 감사인에게 감사대상회사의 부정 발생에 대한 예방책임은 없으나 감사가 수행된다는 사실만으로도 기업의 부정 발생을 억제하는 예방효과를 기대할 수 있다.
(5) 부정한 재무보고란 재무제표 작성의 기초가 되는 회계기록이나 문서를 조작, 위조 또는 변경하

는 것을 의미하며, 부정한 재무보고가 이루어지려면 반드시 자산 횡령이 발생해야 한다.

(6) 일반적으로 감사인이 관심을 가지는 부정은 법률적인 관점에서 의미하는 부정의 정의보다 그 범위가 좁다.

(7) 감사인이 관심을 갖는 부정은 재무제표에 중대한 영향을 미치는 부정이지만 필요에 따라서는 부정에 따른 처벌 수준 등의 법률적인 판단을 할 필요가 있다.

(8) 경영진은 내부통제를 구축·운영해 부정을 예방하거나 적발할 책임이 존재하지만, 내부통제는 고유한계가 존재하기 때문에 모든 부정을 예방하거나 적발할 수 없다. 경영진은 합리적 범위에서 벗어나는 부정이나 오류에 대해서는 책임을 지지 않는다.

요구사항

부정의 정의, 특성 및 책임에 대한 위의 내용 중 틀린 내용을 선택하고 이유를 서술하시오.

5 부정위험요소

부정위험요소란 경영진이나 종업원이 부정을 행하게 하는 동기나 압력을 나타내거나, 부정을 행할 기회를 나타내는 사건이나 상황을 말한다. 부정위험요소는 ① 부정을 행하는 동기·압력, ② 부정행위를 유인하는 기회, ③ 부정행위에 대한 태도·합리화의 세 가지 조건에 기초한다. 감사인은 부정유형에 따라 세 가지 위험요소를 기업 관점에서 파악해 효과적으로 부정을 발견할 수 있는 감사절차를 수립해야 한다.

요구사항

다음 상황은 부정위험요소를 나열한 것이다. 각 상황이 어디에 해당하는지를 [답안양식]에 따라 "해당 상황의 번호"를 기입하시오.

① 기업 또는 고위 경영진의 법규·규정위반의 사실
② 상장유지조건을 충족해야 하는 등 경영진에게 가해지는 과도한 압력
③ 거액의 현금이나 고가 또는 환금이 용이한 재고자산의 보관 및 취급
④ 산업 또는 해당 기업의 영업성격에 따라 존재하는 특수관계자거래 또는 불공정거래
⑤ 예상하는 종업원해고계획, 기대와 다른 승진보상 혹은 상여계획
⑥ 과거 발생한 소액의 절도와 관련한 내부통제미비점을 개선하지 않는 통제환경

[답안양식]

(예시) ⑦ 업무분장 및 독립적 검증체계의 부재

구 분	동기 · 압력	기 회	태도 · 합리화
부정한 재무보고			
자산 횡령		*(예시)* ⑦	

6 부정발견의 감사절차

고속성장주식회사는 컴퓨터 하드웨어 및 서버 등을 생산해 직영 대리점에서 판매한다. 고속성장주식회사는 대리점에 제품을 출고하는 시점에서 수익을 인식하고 있다. 감사인은 재무제표감사과정에서 다음과 같은 부정한 재무보고 또는 자산 횡령을 나타내는 부정위험요소를 파악하였다.

(1) 기술이 급격히 변화해 제품의 수명이 매우 짧다.
(2) 제품의 환금성이 매우 높다.
(3) 회사는 제품을 5개의 창고에 분산해 보관하고 있다.
(4) 회사의 제품창고 출입통제절차가 효과적이지 않다.

요구사항

위에 기술한 부정위험요소가 영향을 미칠 수 있는 고속성장주식회사의 재무상태표 및 손익계산서의 계정과목을 3개 이상 제시하고 이유를 기술하시오.

7 감사인 책임

다음은 부정 및 오류와 관련한 감사인 책임을 기술한 문장이다.

① 감사기준에서는 기본적으로 재무제표 왜곡표시의 발생원인이 오류인지 부정인지에 따라 감사인의 책임이 달라지지 않는다.
② 재무제표의 중요한 왜곡표시는 오류보다는 부정으로 발생했을 때 적발하지 못할 위험이 더 높다.
③ 종업원 부정보다는 경영진 부정으로 인한 중요한 왜곡표시를 감사인이 적발하지 못할 위험이 더 크다.

요구사항

1. ①에서 발생원인에 따라 감사인 책임을 구분하지 않는 이유를 서술하시오.
2. ②에서 부정으로 인한 중요한 왜곡표시가 발생했을 때 적발하지 못할 위험이 더 큰 이유를 서술하시오.
3. ③에서 경영진 부정으로 인한 왜곡표시를 적발하지 못할 위험이 더 큰 이유를 서술하시오.

8 법규위반 관련 감사절차

다음은 여의주식회사를 감사하고 있는 김건성 회계사가 작성한 법규위반사항의 감사절차와 관련한 감사조서이다.

〈감사인 발견사항〉

- 기타비용 계정항목을 감사하던 중 감독기관의 조사 종결 후 과태료를 납부한 사실을 발견함. 이러한 법규위반사항은 내부통제 검토과정에서는 발견하지 못한 위반사항이었음.

〈감사인이 수행한 절차〉

- 회사가 과태료 납부액을 재무제표에 적절하게 반영하였음을 확인함.
- 경영진의 조치사항을 확인한 결과, 경영진은 추후에 동일한 법규위반사항이 발생하지 않도록 관련 부서에 시정하도록 조치함.
- 상기 사항 외 추가적인 감사절차는 수행하지 않고 관련 감사절차를 종결함.

요구사항

당신이 품질관리실 사원이라고 가정할 때, 상기 감사조서에서 미비한 감사절차 또는 추가적으로 수행해야 할 감사절차를 서술하시오.

♠ 사례연구

1 감사의뢰인 및 감사보고서이용자에 대한 법적 책임

H증권회사는 상장법인으로서 매년 증권선물위원회와 한국거래소에 연차재무제표를 제출할 의무가 있다.

M회계법인은 20×7년 12월 31일로 종료하는 H증권회사의 재무제표를 감사하고 적정의견을 표명하였고, 20×8년 3월 15일 증권선물위원회에 감사보고서를 제출하였다. 20×7년 H증권회사 자금담당부사장인 강심장 씨가 거액을 횡령했으나 이러한 사실은 20×8년 6월 회사의 내부감사과정에서 밝혀졌다. H증권회사는 강심장 씨가 횡령한 현금을 회수하지 못해 20×8년 8월에 파산하였다.

20×8년 4월 천진한 씨는 H증권회사 재무제표와 감사보고서를 검토해 투자가치가 높다고 판단해 H증권회사 주식에 투자했으나, 회사 파산으로 상당한 경제적 손실을 입게 되었다.

천진한 씨는 M회계법인이 회계감사기준을 준수해 감사했다면 이러한 횡령은 발견할 수 있었다고 주장하고 있다. 실제 M회계법인이 발행한 감사보고서에 첨부된 외부감사 실시내용을 살펴보면 전기와 비교할 때 당기 감사투입시간이 현저하게 감소하였다. 이러한 이유로 M회계법인은 감사과정에서 정당한 주의의무를 다하였다고 주장하고 있으나 강심장 씨의 횡령사실을 발견하지 못했었다는 사실을 입증하는 데 어려움을 겪고 있다.

요구사항

1. H증권회사는 회사임원의 횡령을 발견하지 못한 M회계법인에 법적 책임을 물을 수 있는가? 이때 과실에 대한 입증책임은 누구에게 있는가? 단, 감사계약서에는 감사인에게 부정을 발견할 책임에 관한 내용이 없다.
2. 정보이용자인 천진한 씨가 M회계법인을 상대로 손해배상청구소송을 제기하면 승소할 수 있는지 판단하시오. 이때 과실의 입증책임은 누구에게 있는가?

2 재무제표감사와 부정위험요소의 평가

강민재 회계사는 (주)명륜의 20×6년 12월 31일자 재무제표감사 업무수행이사(책임파트너)이다. 20×7년 1월 6일, 김태호 선임회계사는 감사계획 수립단계에서 강민재 이사와 다음과 같은 대화를 나누고 있다.

강민재 : 아직도 (주)명륜 감사프로그램을 업데이트하고 있습니까?

김태호 : 거의 다 했는데 아직 부정위험평가부문이 남아 있습니다.

강민재 : 작년에 썼던 "오류와 부정" 프로그램은 여전히 괜찮은데요. 그거 우리 심리실에서도 여러 번 검토한 겁니다. 게다가 감사계약서에 부정에 관한 구체적인 언급이 없어요. 만약에 부정을 발견하면 그때 가서 처리하면 됩니다.

김태호 : 제 생각은 좀 다릅니다. 새로운 CEO인 박상철 사장은 월급은 거의 받지 않고 대부분의 급여를 목표치를 달성해야 하는 상여금과 스톡옵션으로 받고 있습니다. 뭔가 걱정되는 게 없습니까?

강민재 : 없어요. 박상철 씨의 급여조건은 이사회에서 정식으로 승인했어요. 그것도 만장일치로요.

김태호 : 그렇긴 합니다만 박상철 씨는 증권회사 애널리스트들에게 (주)명륜의 이익이 20×7년에는 30% 증가할 것이라고 말했다고 합니다. 그게 가능할 것 같습니까?

강민재 : 모르지요. 우린 20×6년도 재무제표를 감사하는 거잖아요. 20×7년도 재무제표는 아니라고요. 그리고 박상철 씨는 아마도 지금부터 12월까지 매월 재무예측치를 변경할 거예요.

김태호 : 그렇겠죠. 그래도 말씀드린 사항을 반영해 이번 감사프로그램을 다소 수정해야 할 것 같습니다.

강민재 : 아니, 괜찮아요. 감사프로그램은 수정할 필요가 없어요. 만약에 세부테스트 중에 부정을 발견한다면 나한테 말해줘요. 그때는 테스트를 확대 실시하든지 감사위원회에 보고하면 되니까요.

김태호 : 그들이 뭘 어떻게 하겠습니까? 감사위원장 배명수 씨와 박상철 사장은 같은 고등학교와 대학교를 나온 아주 막역한 사이입니다. 게다가 박상철 씨는 막강한 권한을 갖고 있어요. 예전의 CEO였던 강명철 씨는 이사이지만 아무 일도 하지 않고 이사회에 참석도 하지 않아요. 경영진이나 이사회의 그 누구도 박상철 씨를 상대로 맞서지는 않을 겁니다.

강민재 : 뭐 새로울 게 없는데요. 강명철 씨는 몇 년 전부터 늘 그랬고, 또 전임감사인이었던 황연희 회계사하고 여러 번 논쟁을 한 적이 있었지요. 황연희 회계사는 3년 전에 강명철 씨에게 내

부감사부서가 얼마나 비능률적인지 말한 적이 있었어요. 그 다음, 알지요? 황연희 회계사는 해임됐고 내가 대신 감사업무를 맡게 되었잖아요. 왜 일을 복잡하게 만들어요? 난 그냥 허점투성인 내부감사 관련자들이 우리를 방해하지 않는다는 것이 너무 편해요. 그러니까 요점은… 재무제표가 "공정하게 표시(fairly presented)되어 있는가?"이고, 우리는 거기에 초점을 맞추면 돼요. 우리는 부정에 대해서는 어떠한 확신도 제공하지 않는다는 겁니다. 그건 회사경영진의 몫이니까요.

김태호 : 그렇다면 자금부서의 부실한 업무분장에 대해서는 어떻게 생각하십니까? 담당직원은 출납업무와 회계기록, 현금보관업무를 모두 맡고 있습니다.

강민재 : 당연히 매년 지적했던 중요한 취약점이었으니까 이번에도 그렇겠지요. 그런데 그건 비용절감과 관련한 사항이지, 부정 관련사항은 아닙니다. 우리는 그냥 현금지출거래에 관한 테스트를 충분히 실시하고 그 결과만 보고하면 됩니다.

김태호 : 다음 달에 계획중인 대규모 해고는 어떻습니까? 그건 루머 이상인 것 같습니다. 심지어 종업원들도 진짜로 시행될 것이라고 생각하고 있어요.

강민재 : 나도 알아요. 그건 최악의 공공연한 비밀이긴 하지요. 그런데 우리는 별로 신경 쓸 필요가 없어요. 일시해고가 발생한다면 오히려 올해 경영성과는 향상되겠지요. 강명철 씨는 이미 몇 년 전에 대규모 해고계획을 실행해야 했어요. 현실을 직시하자고요. 대규모 해고 외에 무슨 다른 방법으로 박상철 씨가 올해 30%의 이익증가 목표를 달성할 수 있겠어요?

요구사항

위 사례를 읽고 다음 물음에 대해 귀하의 의견을 기술하시오.

1. 위 대화에서 나타나는 부정위험요소(fraud risk factor)들을 지적하시오. 예를 들어 대화의 마지막 부분에서 언급한 대규모 해고 소식은 종업원 신분 및 고용불안으로 인해 부정을 야기하는 부정위험요소에 해당한다.

2. 위 대화 중 (주)명륜의 재무제표감사에서 부정 관련 고려사항에 대해 강민재 회계사가 오해하거나 잘못 생각한 사항이 있다면 지적하고 이유를 서술하시오.

PART II

감사목표와 감사계획

제 4 장 감사목표와 감사절차

제 5 장 감사증거와 감사위험

제 6 장 감사의 시작 : 기업의 이해와 감사계획

CHAPTER 4

감사목표와 감사절차

제 1 절 경영진주장에 대한 감사인의 감사목표

제 2 절 감사목표 달성을 위한 감사절차

제 3 절 감사절차의 흐름

학습목표

이 장의 학습을 완료하면 다음 질문에 답변할 수 있어야 한다.

1. 경영진은 재무제표를 통해 어떠한 주장을 하고, 감사인은 이를 확인하기 위해 대응목표를 어떻게 설정하는가?
2. 감사절차는 왜곡표시위험 평가절차, 통제테스트, 그리고 실증절차(분석적절차와 세부테스트)로 구성된다. 이러한 감사절차를 수행하는 목적은 무엇인가?
3. 분석적절차는 감사계획수립절차, 실증절차, 전반적 결론 등의 단계에서 수행될 수 있다. 각 단계에서 감사인이 수행하는 분석적절차는 무엇을 주목적으로 하는가?
4. 분석적절차는 구체적으로 어떻게 실행되는가?
5. 통제테스트와 계정잔액의 세부테스트는 어떻게 다르며, 또 서로 어떻게 연결되는가?

한눈에 살펴보는 이 장의 내용

경영진은 회계기간에 발생한 거래나 사건, 재무제표의 계정잔액 및 공시사항이 재무보고체계에 따라 공정하게 표시되었다고 주장한다. 감사인은 이러한 경영진주장을 검증하기 위해 감사목표를 설정하고 관련 증거를 수집한다.

감사인은 경영진주장에 대한 감사목표를 달성하기 위해 충분하고 적합한 감사증거를 수집해야 한다. 감사증거를 수집하는 일련의 과정을 감사절차라고 한다. 이러한 절차로는 위험평가절차, 통제테스트, 거래유형의 세부테스트, 분석적절차, 계정잔액의 세부테스트, 표시의 세부테스트가 있다.

감사인은 위험평가절차를 수행하여 이러한 평가결과를 토대로 감사계획을 수립한다. 감사인은 통제테스트를 수행하여 내부통제가 설계된 대로 운용되는지를 검증한다. 내부통제가 효과적이라고 결론을 내리면 후속하여 진행할 세부테스트 범위를 축소하고, 그렇지 않다면 세부테스트 범위를 확대한다.

실증절차는 재무제표의 금액 및 표시에 영향을 미치는 중요왜곡표시를 확인하기 위해 실시한다. 실증절차는 개별거래나 계정잔액을 구성하는 개별금액을 검증하기 위한 세부테스트와 거래나 계정잔액의 전반적인 합리성을 검증하기 위한 실증적인 분석적절차로 구분한다. 거래유형 세부테스트는 기중에 발생한 거래를 대상으로 감사목표를 충족하는지 검증하기 위해 수행한다. 계정잔액 세부테스트는 계정잔액이 재무보고체계에 따라 공정하게 표시되었는지 검증한다. 표시의 세부테스트에서는 재무제표가 재무보고체계에 따라 표시·공시되었는지를 검증한다.

분석적절차는 중요한 비율과 추세를 분석하여 비경상적인 항목을 발견하는 가장 경제적인 검증방법이다. 분석적절차는 기업이해단계, 실증절차단계, 감사종료단계에서 실시하는데, 잠재적 위험영역을 파악하기 위해 기업이해단계에서 실시하는 분석적절차와 재무제표 전반의 합리성을 판단하기 위해 감사종료단계에서 수행하는 분석적절차는 필수적이다. 실증절차단계에서 수행하는 실증적인 분석적절차는 관련 계정의 전반적 합리성과 왜곡표시위험을 평가하고 중점감사대상 항목을 사전에 파악하기 위해 수행한다.

감사절차의 흐름은 크게 "감사계획의 수립단계 → 거래유형의 테스트단계 → 계정잔액의 실증절차단계 → 감사의 종료 및 보고단계"의 4개 국면으로 구분할 수 있다. 감사계획의 수립단계에서는 감사 전반의 감사계획을 수립하고, 이를 근거로 제2국면에서는 당기중 발생한 거래를 테스트한다. 제3국면인 계정잔액의 실증절차단계에서는 계정잔액 표시의 공정성에 대한 감사의견 형성을 위해 감사증거를 수집한다. 마지막으로 제4국면에서는 재무제표 표시의 세부테스트를 실시하고, 입수한 감사증거를 기초로 재무제표 공정표시에 대해 종합적인 결론을 도출하고 감사보고서를 작성한다.

제 1 절 경영진주장에 대한 감사인의 감사목표

경영진은 회계기간에 발생한 거래 및 사건의 유형과 관련 공시, 보고기간말 계정잔액 및 관련 공시를 재무보고체계에 따라 공정하게 표시했다고 주장한다. 감사인은 이러한 경영진주장을 검증하기 위해 감사목표를 설정하고 관련 증거를 수집한다.

Ⅰ. 경영진주장

경영진주장은 거래 및 사건의 유형과 관련 공시, 보고기간말 계정잔액 및 관련 공시에 대한 경영진의 명시적 혹은 묵시적인 의사표시를 말한다. 예를 들어 재무상태표에 예금이 ₩3,000,000으로 표시되어 있다고 하자. 경영진은 보고기간말 은행잔고로 ₩3,000,000이 실제 존재하며, 예금은 기업 소유이고, 평가와 분류가 적절하게 이루어져 표시된 금액이라고 주장하는 것이다.

경영진주장은 [도표 4-1]에서 보듯이 감사대상기간의 거래 및 사건의 유형과 관련 공시에 대한 경영진주장과 보고기간말 계정잔액 및 관련 공시에 대한 경영진주장으로 구분할 수 있다.

○ 도표 4-1
경영진주장의 대상별 분류

주 장 \ 대 상	거래 및 사건의 유형과 관련 공시	계정잔액 및 관련 공시
실재성 · 발생사실	발생사실	실재성
권리와 의무		권리와 의무
완전성	완전성	완전성
정확성	정확성	정확성
평가와 배분		평가와 배분
기간귀속	기간귀속	기간귀속
분류	분류	분류
표시	표시	표시

각 회계보고 대상에 대해 개별 혹은 상호 결합하여 회계 관점에서 경영진은 [도표 4-1]의 사실을 주장한다. 하나의 경영진주장은 다른 주장과 포괄적으로 결합하여 사용될 수도 있다.

핵심 경영진주장

① 실재성 · 발생사실 : 자산이나 부채는 재무제표일 등 주어진 특정일자 현재 존재하며, 거래나 사건은 회계기간에 기업에서 실제로 발생하였다.
② 권리와 의무 : 자산이나 부채는 기업에 귀속되는 권리와 의무를 나타낸다.
③ 완전성 : 기록하지 않은 자산, 부채, 거래나 사건 혹은 공시를 누락한 항목은 없다.
④ 정확성 : 금액 및 기타자료를 정확하게 기록하고 관련 공시를 정확하게 측정하고 기술하였다.
⑤ 평가와 배분 : 자산이나 부채를 적정한 금액으로 계상하였고, 평가와 배분의 결과를 적합하게 기록하였다.
⑥ 기간귀속 : 거래나 사건을 올바른 보고기간에 기록하였다.
⑦ 분류 : 거래 · 사건, 자산 · 부채 · 주주지분을 적절한 계정으로 분류하였다.
⑧ 표시 : 거래 · 사건, 자산 · 부채 · 주주지분을 적합하게 합산 · 세분화하였고, 명확하게 기술했으며, 관련 공시는 해당 재무보고체계 요구사항과 관련이 있고 이해할 수 있다.

(1) 실재성 또는 발생사실

- 실재성 : 재무상태표 측면
- 발생사실 : 손익계산서 측면

재무상태표에 기록한 자산, 부채 및 주주지분은 특정일 현재 실재하며(실재성), 손익계산서에 기록되거나 공시된 거래나 사건은 회계기간에 실제로 발생했다는(발생사실) 주장이다. 예를 들어 재무상태표의 재고자산은 재무제표일 현재 판매가능하며, 손익계산서의 매출은 당기에 고객에게 재화나 용역을 제공하여 실제 발생한 거래라고 경영진은 주장한다.

(2) 권리와 의무

- 권리와 의무는 특정일 현재 자산이나 부채는 기업에 귀속된다는 주장이다.

기업이 자산에 대한 권리를 보유하고 있거나, 부채는 기업의 의무라는 주장이다. 예를 들어 기업이 리스를 계약하면 재무상태표의 사용권자산은 기업이 미래에 경제적 효익을 누릴 수 있는 배타적 권리이며, 리스부채는 기업이 리스제공자에게 미래에 지급해야 하는 의무라는 주장이다.

(3) 완전성

• 완전성은 발생한 거래를 누락하지 않았다는 주장이며, 실재성은 가공의 거래가 없다는 주장이다.

완전성은 기록해야 하는 모든 거래와 사건을 기록했으며 재무제표에 포함해야 하는 모든 관련 공시를 재무제표에 포함했다는 뜻이다.

완전성은 재무제표에 포함해야 할 항목의 누락가능성에 관한 주장이나, 실재성 또는 발생사실은 재무제표에 포함하지 않아야 할 가공거래는 없다는 주장이다.

(4) 정확성

• 정확성은 거래나 사건을 산술적으로 맞는 금액으로 기록하고 공시했다는 주장이다.

정확성이란 기록한 거래와 사건에 관련한 금액 및 기타 데이터를 적합하게 기록했고, 자산, 부채 및 주주지분은 적합한 금액으로 재무제표에 계상했으며, 관련 공시를 적합하게 측정하고 기술했다는 경영진주장을 말한다.

(5) 평가와 배분

• 평가와 배분은 자산이나 부채를 적합한 가치로 평가・배분했다는 주장이다.

평가와 배분은 재무제표에 계상한 자산, 부채 및 주주지분의 평가나 배분의 결과를 적합하게 기록했으며, 관련 공시를 적합하게 측정하고 기술했다는 경영진주장을 말한다.

(6) 기간귀속

• 기간귀속은 수익이나 비용을 적절한 회계기간에 귀속하거나 배분했다는 주장이다.

거래나 사건은 보고해야 할 보고기간에 적합하게 기록했으며, 수익이나 비용은 적절한 회계기간에 귀속하거나 배분했다는 주장이다.

(7) 분 류

• 분류는 거래와 사건, 자산・부채・주주지분을 적절한 계정으로 기록했다는 주장이다.

분류란 거래와 사건을 적절한 계정으로 기록했고, 자산, 부채 및 주주지분을 적절한 계정으로 기록했다는 경영진주장이다. 예를 들면 재무상태표에 장기차입금으로 분류한 채무는 보고기간말로부터 1년 이내에 상환기일이 도래하지 않아 비유동부채로 적절히 표시했으며, 중요한 부채계약을 주석으로 누락없이 공시했다고 주장한다.

(8) 표 시

• 표시는 거래 등을 적합하게 합산・세분화해 기술하고, 재무보고체계에 따라 공시했다는 주장이다.

표시란 거래와 사건, 자산・부채・주주지분을 적절하게 합산하거나 세분화하고 명확하게 기술했으며, 관련 공시는 해당 재무보고체계의 요구사항의 측면에서 관련성이 있고 이해할 수 있다는 경영진주장이다.

Ⅱ. 감사인의 감사목표

감사인은 감사의견을 표명하기 위해 거래 및 사건, 계정잔액 및 공시와 관련한 경영진주장의 합리적 근거와 정당성을 확인하고 관련 회계기록을 검증하기 위해 세부감사목표를 설계한다.[1] 세부감사목표는 경영진주장보다는 훨씬 구체적이어야 하며, 하나 이상의 경영진주장을 검증할 수 있도록 설계해야 한다.

본서에서는 경영진주장에 대응하는 감사인의 세부감사목표를 [도표 4-2]와 같이 설정한다. 감사인이 어떤 거래 혹은 계정잔액이 적절하게 기록되어 있다는 결론을 내리기 위해서는 세부감사목표를 달성해야 한다. 세부감사목표는 거래 또는 계정잔액 유형에 따라 교차적으로 혹은 상호결합해서 사용할

도표 4-2
경영진주장에 대한 감사인의 세부감사목표

경영진주장	대 응	감사인의 세부감사목표	
		거래유형	계정잔액
실재성・발생사실	⟷	발생사실	실재성
권리와 의무	⟷		권리와 의무
완전성	⟷	완전성	완전성
정확성	⟷	정확성	정확성
평가와 배분	⟷		평가
기간귀속	⟷	적시성	기간귀속
분류	⟷	분류	분류
표시	⟷	표시	표시

1) 국제감사기준서에서는 "세부감사목표"라는 용어 대신에 "경영진주장 수준에 대응한 감사절차(또는 감사목표)"라는 문구를 공식적으로 사용하고 있다.

수 있다.

(1) 실재성

• **실재성**: 자산을 감사할 때 특히 중요하게 검증해야 하는 감사목표

경영진이 재무제표에 기록하거나 공시한 거래가 실제로 회계기간에 발생하였으며, 계정잔액은 보고기간말에 실제 존재하는지를 검증하려는 목표이다. 기업이 고객에게 상품을 실제로 인도하지 않아 매출이 발생하지 않았는데 매출분개장(매출거래파일)과 총계정원장(마스터파일)에 가공거래를 포함했다면 이는 발생사실이 결여된 거래이다.[2] 보고기간말에 존재하지 않는 재고자산을 총계정원장이나 재무상태표에 포함했다면 실재성에 위배된다.

실재성은 주로 거래나 계정잔액의 과대계상 왜곡표시를 검증하기 위해 적용한다. 예를 들어 존재하지 않는 가공 재고자산을 적발하기 위해 실사를 수행하거나 거래처로부터 현금회수한 외상매출금을 매출채권에 포함했는지를 확인하기 위해 거래처에 외부조회를 실시한다. 이때 감사인이 설정하는 감사목표는 실재성이다.

(2) 권리와 의무

• **소유권**
① 권리: 소유권증서, 외부조회로 확인
② 의무: 질문, 외부조회로 확인

권리와 의무에 대한 경영진주장을 확인하기 위해 감사인도 동일한 목표를 설정한다. 자산은 소유권이나 배타적 사용권리가 있는지, 부채는 기업이 부담하는 의무가 있는지를 확인해야 한다.

소유권 없이 보관중인 수탁상품은 재고자산에서 제외해야 하며, 담보로 제공한 유형자산은 소유권 행사에 제한이 있으므로 주석에 공시해야 한다.

(3) 완전성

• **완전성**: 부채와 비용을 감사할 때 특히 중요하게 검증하는 감사목표

경영진이 당기에 발생한 거래와 기말에 존재하는 자산과 부채를 재무제표에 누락 없이 포함하였고 관련 공시를 모두 재무제표에 반영했는지를 확인하기 위한 감사목표이다. 상품을 창고에 입고하면 매입분개장(매입거래파일)과 총계정원장(마스터파일)에 관련 매입채무를 기록해야 한다. 이러한 기록을 누락했

---

2) 마스터파일(master file)은 컴퓨터로 데이터를 처리할 때 중심이 되는 데이터 파일이다. 이 파일을 중심으로 데이터 갱신이 이루어진다.

다면 완전성목표를 위배한 것이다.

완전성목표는 차입금이나 매입채무와 같은 부채를 감사할 때 중요하다. 완전성은 부외부채의 존재가능성이나 우발채무의 누락을 확인하는 데 적합한 감사목표이다.

(4) 정확성

• **정확성**: 계정명세서의 금액 및 증빙자료의 계산이 산술적으로 정확한지, 전기 및 요약의 일치성을 검증한다.

경영진이 재무제표 금액과 관련 공시를 정확하게 기록했는지 확인하기 위한 감사목표이다. 감사인은 이러한 목표를 달성하기 위해 계정명세서의 금액 및 증빙자료의 계산, 가로계산 및 세로계산과 총계의 정확성을 확인하고 관련 공시를 적합하게 측정하고 기술했는지를 검토한다. 계정명세서 금액이 총계정원장 및 재무제표의 금액과 상호 일치하는지 확인한다. 예를 들어 매출채권명세서의 고객별 매출채권 및 매출전표는 매출채권보조원장과 일치해야 하며, 총계정원장 및 재무제표의 금액과 일치해야 한다.

감사인은 기중의 거래유형에 대해 계산의 정확성뿐만 아니라 회계장부간 전기 및 요약에 대한 통제절차에도 큰 비중을 둔다. 계산의 정확성목표에 전기 및 요약(posting and summarization)을 감사목표로 추가로 설정하기도 한다. 즉 회계증빙서류와 전표(거래파일)를 총계정원장(마스터파일)에 올바르게 전기하고, 이들을 시산표에 적절하게 반영했는지를 검증한다.

(5) 평 가

• **평가**: 재무보고체계에 따라 적합하게 평가했는지 검증한다.

경영진이 자산, 부채 및 주주지분을 재무보고체계에서 인정하는 평가기준과 방법에 따라 적합하게 평가하거나 배분했는지와 관련 공시를 적합하게 기술했는지를 검증하기 위한 목표이다.

예를 들어 재고자산은 단가와 수량이 적합한 원가흐름가정에 따라 계산했으며, 진부화된 재고자산에 대한 재고자산평가손실을 적절하게 인식하고 관련 공시를 적합하게 기술했는지 확인한다. 매출채권은 대손충당금 추정이 합리적인지 검토해 경영진이 적절하게 평가했는지 검증하고 관련 공시를 적합하게 기술했는지를 확인한다.

(6) 기간귀속

• **기간귀속**: 재무제표 전후의 거래를 적절한 회계기간에 기록·보고했는지 검증한다.

경영진이 재무제표일 전후의 거래를 적절한 회계기간에 기록하고 보고했는지 검증하기 위한 목표이다. 예를 들어 재고자산은 매입 및 매출원가를 정확한 기간에 기록했으며 미착상품을 적합한 회계기간에 반영했는지를 확인한다.

감사기준서에는 규정이 없으나 실무에서는 내부통제를 평가할 때 기간귀속(cut-off)을 적시성(timeliness)으로 대체하여 거래가 발생한 즉시 장부에 기록되는지를 검증한다. 왜냐하면 거래를 적시에 기록하면 기간귀속이 적절하게 이루어지기 때문이다.

(7) 분 류

• **분류**: 거래·사건, 자산·부채·주주지분을 정확한 계정으로 분류했는지 검증한다.

분류는 경영진이 거래·사건, 자산·부채·주주지분을 적절하게 기록했는지를 검증하기 위한 목표이다. 예를 들어 자산을 유동자산과 비유동자산으로 적절하게 분류했는지를 검증한다.

(8) 표 시

• **표시**: 관련 공시가 재무보고체계에서 요구한 사항과 관련이 있고 이해가 능한지 검증한다.

경영진이 거래·사건, 자산·부채·주주지분을 적합하게 합산하거나 세분화하고 명확하게 기술했으며 관련 공시가 해당 재무보고체계에서 요구한 사항과 관련이 있고 이해할 수 있는지를 검증한다.

제 2 절 감사목표 달성을 위한 감사절차

감사인은 경영진주장에 대한 감사목표를 달성하기 위해 충분하고 적합한 감사증거를 수집해야 한다. 재무제표에 대한 의견을 표명하기 위해 증거를 수집하는 일련의 과정을 감사절차라고 한다. 이때 테스트, 시사(試査) 그리고 감사절차라고 표현한다.[3] 예를 들어 매출채권의 테스트라고 하는데, 매출채권의 시사 또는 감사절차라는 용어를 사용하기도 한다.

[도표 4-3]은 재고자산의 계정잔액감사에서 경영진주장, 감사목표와 감사절차가 어떻게 관련되는지 예시한 것이다. 감사인은 재고자산계정에 대한 각 경영진주장을 확인하기 위한 감사목표를 수립하고, 이를 달성하기 위한 감사절차를 계획한다. 어떤 감사목표를 달성하기 위해서는 한 가지 혹은 그 이상의 감사절차를 실시하기도 한다.

감사기준서에서는 감사증거 수집을 위한 감사절차로 감사계획 수립을 위한 위험평가절차와 추가감사절차로 구분하며, 추가감사절차를 다시 통제테

도표 4-3
경영진주장, 감사목표 및 구체적 감사절차

경영진주장	감사목표	구체적 감사절차(재고자산)
실재성 · 발생사실	실재성	• 기록된 모든 재고자산은 재무제표일에 실제로 존재하는가?
권리와 의무	소유권	• 기업은 명세서에 포함된 모든 재고자산의 소유권을 가지고 있는가?
완전성	완전성	• 실재하는 모든 재고자산을 빠짐없이 재무제표에 포함하고 기록했는가? • 재무제표에 포함해야 하는 재고자산과 관련한 모든 공시를 재무제표에 포함했는가? • 담보로 제공한 재고자산의 장부금액을 적절히 공시했는가?
정확성	정확성	• 「단가×수량」의 계산은 정확하고, 총계는 일치하는가? • 재고자산명세서 총계는 총계정원장과 일치하는가? • 재고자산의 단위원가 결정방법 등 재고자산을 측정하는 데 적용한 회계정책을 적절히 공시했는가?
평가와 배분	평 가	• 재고자산단가의 산출방법은 적합한가? • 진부화된 재고자산은 저가평가기준을 적용하여 순실현가능가치로 평가하였는가? • 재고자산평가손실을 적절히 공시했는가?
기간귀속	기간귀속	• 기말시점 전후로 기록한 매입항목의 기간귀속은 정확한가? • 기말시점 전후로 기록한 매출항목의 기간귀속은 정확한가?
분류	분류	• 재고자산을 원재료, 재공품, 제품으로 적절하게 분류했는가?
표시	표시	• 재고자산의 총장부금액과 분류별(원재료, 재공품, 재고자산) 장부금액을 적절히 공시했는가? • 당기 비용으로 인식한 재고자산 금액을 적절히 공시했는가?

3) 시사(試査)라는 용어를 감사절차라는 의미와는 달리 정사(精査)와 대립하는 개념으로 사용하기도 한다. 시사(試査, test basis)는 감사인이 검증하려는 모집단에서 일부 표본을 추출하여 정확성과 타당성을 조사하여 감사대상 전체의 속성이나 금액을 추정하는 방법이다. 이때는 표본감사의 의미로 사용한다.

스트와 실증절차로 구분한다.

경영진은 중요한 왜곡표시를 예방하거나 발견하고 수정하기 위해 내부통제를 운영한다. 통제테스트는 경영진주장 수준에서 내부통제의 운영효과성을 평가하기 위해 설계한 감사절차를 말한다. 실증절차는 경영진주장 수준의 중요한 왜곡표시를 발견하기 위해 설계한 감사절차이다. 이러한 실증절차는 다시 실증적인 분석적절차와 세부테스트로 나뉜다. 감사절차의 체계는 [도표 4-4]와 같이 정리할 수 있다.

도표 4-4
감사절차의 체계

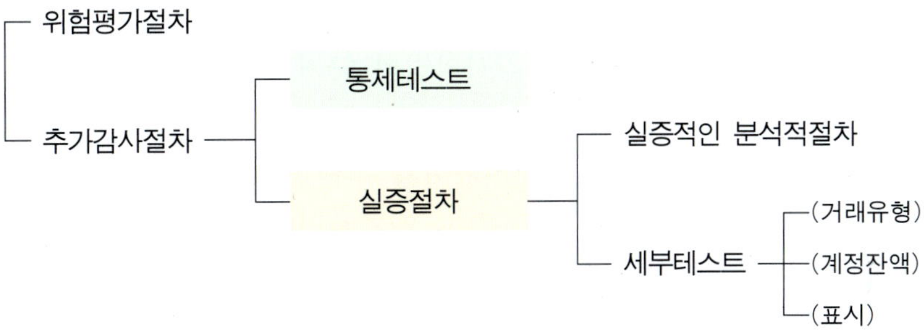

본절에서는 개별감사절차를 설명하고, 다음 절에서 감사의 전반적인 흐름과 관련하여 적용방법과 순서를 기술한다.

핵심 증거수집을 위한 개별감사절차

감사인은 재무제표에 대한 감사의견을 뒷받침하는 감사증거를 다음의 여섯 가지 개별절차 중 하나를 수행해 수집한다.
① 위험평가절차
② 통제테스트
③ 거래유형의 세부테스트
④ 분석적절차
⑤ 계정잔액의 세부테스트
⑥ 표시의 세부테스트[4]

4) 공시와 관련한 감사절차는 제1국면의 감사계획 수립단계로부터 감사의 모든 과정에서 수행해야 한다. 감사기준서에서는 특히 재무제표에 대한 의견을 형성할 때 재무제표의 전반적인 표시를 평가하도록 규정하고 있다. 본서에서는 이를 고려해 제4국면에서 실시하는 공시 관련 감사절차를 '표시의 세부테스트'라고 표현한다.

Ⅰ. 위험평가절차

• 위험평가절차 : 내부통제 등 기업과 기업환경을 이해하고, 중요왜곡표시위험을 식별・평가하기 위해 수행하는 감사절차

감사인은 위험평가절차를 수행하여 중요왜곡표시위험을 식별하고 평가하고, 이러한 평가결과를 토대로 감사계획을 수립한다. 감사인은 위험평가절차를 수행하여 기업이 속한 산업전반의 경제적 및 환경적 정보, 기업의 경영활동, 소유 및 지배구조와 자금조달방식, 회계정책, 사업위험 및 주요 재무성과와 같은 기업의 일반정보, 그리고 기업의 내부통제를 이해한다.

위험평가절차는 중요왜곡표시위험의 평가를 뒷받침하는 감사증거만 제공하므로 감사의견의 근거가 되는 충분하고 적합한 감사증거를 제공하지는 않는다.

위험평가절차를 수행할 때 다음과 같은 방법으로 감사증거를 수집한다.

• 경영진과 기업 내부 관련자에 대한 질문
• 분석적절차
• 관찰과 검사

감사인이 질문으로 얻는 정보는 대부분 경영진과 재무보고 책임자로부터 입수된다. 이때 감사인은 기업관련 내부자에게 질문해 중요왜곡표시위험을 식별하기 위한 정보나 경영진과 내부자 간 다른 견해를 입수할 수 있다.

감사인은 분석적절차(analytical procedures)를 실시하여 전기와 당기의 실적을 비교하거나 산업평균과 비교해 추세와 비율을 분석한다. 감사인이 위험평가를 위해 분석적절차를 수행하면 자신이 알지 못한 기업의 측면을 식별할 수 있고, 부정에 의한 중요왜곡표시위험을 식별할 수 있다.

감사인이 관찰과 검사로 입수한 감사증거는 경영진에 대한 질문을 뒷받침할 수 있으며, 기업 및 기업환경에 관한 정보를 얻을 수 있다.

Ⅱ. 통제테스트

• **통제테스트**: 내부통제를 설계한 대로 운용하는지 확인해 내부통제의 효과성을 평가한다.

감사인은 위험평가절차를 수행할 때 내부통제 설계가 효과적인지 평가한다. 내부통제를 부정이나 오류를 예방하고 적시에 발견할 수 있도록 설계했다면, 감사인은 왜곡표시위험이 낮다고 평가한다.

위험평가절차에서는 내부통제의 설계 자체에만 관심이 있으므로 '왜곡표시위험을 예비적으로 평가한다'라고 표현한다. 감사인은 이러한 예비적 평가(내부통제의 설계)가 적절한지 확인하기 위해 통제테스트를 수행한다. 감사인은 통제테스트(test of controls)를 수행하여 기업이 내부통제를 설계한 대로 운용하는지 확인한다.

통제테스트는 회계기간에 실제 운용중인 내부통제를 대상으로 하므로 기중에 발생한 거래를 대상으로 실시하는 거래유형의 감사목표와 동일하다. 통제테스트는 주로 다음 여섯 개의 세부감사목표를 달성하기 위해 수행한다.

- 기록되거나 공시된 거래와 사건은 발생되었는가?(발생사실)
- 실제 발생한 거래가 빠짐없이 모두 기록되고, 재무제표에 포함되어야 하는 모든 관련 공시는 재무제표에 포함되었는가?(완전성)
- 기록된 금액은 적합하게 기록되었고 관련 공시는 적합하게 측정되고 기술되었는가?(정확성)
- 거래는 회계장부(거래파일 및 마스터파일)에 적절하게 기록되고 요약되었는가?(분류)
- 거래는 발생 즉시 그리고 적절한 회계기간에 기록되었는가?(기간귀속)
- 거래는 적절히 분류되고, 재무보고체계에서 요구하는 사항과 관련이 있으며 이해할 수 있는가?(표시)

통제테스트는 기업이 운용중인 내부통제가 효과적인지를 검증하는 운용효과성의 테스트이다. 예를 들어 어떤 기업이 외상주문받은 상품을 매출승인하기 전에 거래처의 신용을 조사하는 통제절차를 운용하고 있다고 하자. 위험평가절차에서는 내부통제에 이러한 절차가 존재하는지 확인하고, 기업이 이러한 통제를 설계한 대로 운용한다는 전제로 왜곡표시위험평가를 실시한다. 통제테스트단계에서는 기업이 이러한 통제절차를 회계기간중에 효과적으로 운용하여 매출거래 관련 왜곡표시위험을 감소시킬 수 있는지 평가한다. 이를 위해 감사인은 회계기간중에 기업이 작성한 매출송장에서 표본을 추출하여 매출을 승인하기 전에 신용한도 초과여부를 확인했는지 검사한다.

통제테스트에서는 주로 질문, 검사, 관찰 그리고 재수행의 방법을 사용하여 증거를 수집한다. 통제테스트의 구체적인 감사절차 사례는 [도표 9-11] 매출거래의 통제테스트를 참조하기 바란다. 본서의 제Ⅳ부 활동유형별 감사절차에서는 5개의 활동유형에 대해 동일한 형식으로 설명하고 있다.

Ⅲ. 거래유형의 세부테스트

실증절차(substantive procedures)는 재무제표의 금액 및 공시에 영향을 미치는 중요왜곡표시를 확인하기 위해 실시한다.

실증절차는 개별거래나 계정잔액을 구성하는 개별금액을 검증하기 위한 세부테스트(detailed test)와 거래 혹은 계정잔액의 전반적인 합리성을 평가하기 위한 실증적인 분석적절차(substantive analytical procedures)로 구분한다.

• 거래유형의 세부테스트: 회계기간중 발생한 거래를 대상으로 정확하고 적합하게 기록되었는지 검증한다.

거래유형의 세부테스트(detailed tests of transactions)는 기중에 실제 발생한 거래를 대상으로 감사목표를 충족하는지 검증하기 위해 수행한다.

[도표 4-5]는 실증절차의 세부테스트를 3단계로 나누어 감사인이 수행할 실증절차의 검증대상을 설명한 것이다. 매출 및 대금회수거래와 관련한 분개장(거래파일)으로 매출분개장과 현금수입분개장이 있으며, 총계정원장(관련 마스터파일)으로는 매출, 매출채권, 현금계정이 있다.

매출채권과 현금계정의 기초잔액은 각각 ₩1,000과 ₩500이며 감사인은 전년도 감사에서 적합하다고 판단하였다. 기업은 당기에 신용매출한 ₩7,000과 대금회수한 ₩5,500을 각각 해당 전표(거래파일)에 기록했으며, 총계정원장(마스터파일)으로 전기(갱신)하였다. 총계정원장(마스터파일)에는 매출계정 총액 ₩7,000과 매출채권잔액 ₩2,500을 기록했다. 당기 손익계산서에 매출 ₩7,000, 재무상태표에 현금 ₩2,000과 매출채권 ₩2,500을 표시하였다.

기중에 발생한 매출거래(₩7,000)와 대금회수거래(₩5,500)가 거래유형 세부테스트의 수행대상이며, 세부감사목표(발생사실, 완전성, 정확성, 분류, 기간귀속, 표시)를 검증한다. 거래유형의 세부테스트는 회계기간에 발생한 거래를 대상

도표 4-5
실증절차의 검증대상

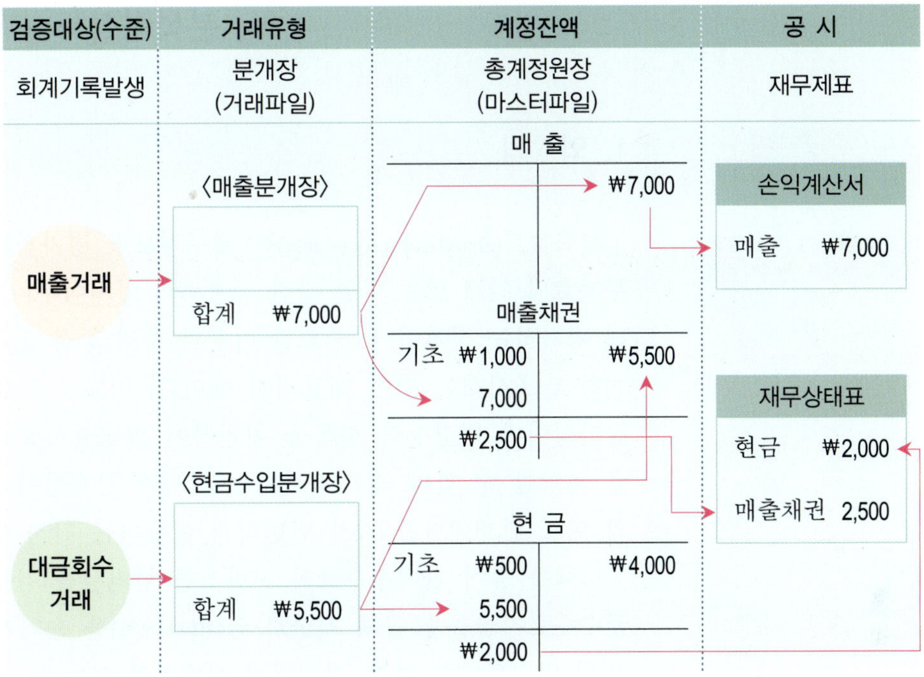

으로 왜곡표시를 검증한다. 감사인은 회계기간 종료 2~3개월 전에 거래유형의 세부테스트를 실시하며, 이때 검증하지 못한 2~3개월분은 기말시점에 보완검증한다.

[도표 4-5]에서 매출계정 잔액 ₩7,000, 매출채권계정 잔액 ₩2,500, 현금계정 잔액 ₩2,000에 대해서는 계정잔액의 세부테스트(test of details of balances)를 수행해 기말에 세부감사목표(실재성, 완전성, 정확성, 평가 및 배분, 분류, 표시)를 검증한다.

본서에서는 별도의 구체적 언급이 없는 한 거래유형에 대해 기중감사를 실시할 때 통제테스트와 세부테스트를 동시에 시행하는 이중목적 테스트(dual-purpose test)를 전제로 하며, 전술한 여섯 개의 세부감사목표의 검증절차를 함께 설명한다. 거래유형의 세부테스트 및 이중목적 테스트의 구체적 사례는 [도표 9-13]을 참조하기 바란다. 제Ⅳ부 활동유형별 감사절차에서도 동일한 형식으로 기술한다.

Ⅳ. 분석적절차

1. 의 의

• 분석적절차 : 중요한 비율과 추세를 분석해 비경상적인 항목을 발견·조사하는 방법이다.

분석적절차(analytical procedures)는 재무정보를 평가하기 위해 재무자료와 비재무자료의 관계 또는 다른 관련 정보와의 일치여부나 기대치와의 차이를 분석해 평가하는 절차이다. 중요한 비율과 추세 등을 분석해 비경상적 항목을 발견하고 조사하는 것이 대표적인 예이다. 비교적 간단한 방법으로 중요한 변동사항이나 비경상적 항목을 확인하여 왜곡표시금액이나 중점감사대상항목을 파악할 수 있다. 분석적절차는 감사의 경제성이나 효과성의 이유로 감사의 어느 단계에서든 가장 빈번하게 이용하는 감사절차이다.

예를 들어 판매수수료의 전반적인 합리성을 검토하기 위해 매출액에 평균수수료지급률을 곱해 계산한 금액(기대치)을 손익계산서의 판매수수료(실제치)와 비교한다고 하자. 기대치와 실제치의 차이가 크면 판매수수료나 매출액이 과대 혹은 과소 계상되었을 가능성이 있으므로 후속단계에서 수행할 세부테스트를 확대한다.

• 분석적절차를 수행하기 위한 전제
① 자료 사이에는 일정한 상관관계가 존재
② 이러한 관계는 미래에도 계속됨

분석적절차에서는 ① 이용하는 자료간에 일정한 상관관계가 존재하고, ② 이 관계는 특별한 사유가 없는 한 미래에도 계속될 것을 전제로 한다. 이러한 전제에 따라 계정간 논리적 관계를 이용해 여러 자료의 비율 및 추세를 비교할 수 있다. 전기와의 중요한 변동사항이나 기대치에 이탈하는 비경상적 항목이 있다면 왜곡표시의 가능성을 의심할 수 있다.

2. 목적과 적용단계

분석적절차의 목적과 적용단계를 정리하면 [도표 4-6]과 같다.

도표 4-6
분석적절차의 목적과 적용단계

단 계 / 목 적	기업이해단계 (필수적)	실증절차단계 (선택적)	감사의 종료단계 (필수적)
기업과 기업환경의 이해	일차적		
비경상적 항목 파악(주의 환기)	일차적	부수적	일차적
세부테스트의 축소	부수적	일차적	

감사기준서에서는 실증절차로서 수행하는 분석적절차를 실증적인 분석적절차(substantive analytical procedures)라고 표현하며, 나머지 단계의 분석적절차는 구분 없이 분석적절차라는 명칭을 사용한다. 분석적절차를 사용하는 단계는 다음과 같다.

(1) 기업과 기업환경의 이해단계 : 위험평가절차

• 기업과 기업환경의 이해단계에서 수행하는 분석적절차는 잠재적 위험영역을 파악하기 위해 수행한다.

감사인은 감사계획 수립을 위한 기업의 이해단계에서 잠재적 위험영역을 파악하기 위해 질문, 관찰 및 검사와 병행하여 분석적절차를 수행한다.

감사인이 분석적절차를 수행하면 다음과 같은 중요왜곡표시위험을 식별할 수 있다.

- 감사인이 알지 못한 기업의 측면을 인지할 수 있다.
- 감사상 시사점을 의미할 수 있는 비경상적인 거래나 사건, 금액, 비율 및 추세의 존재를 식별할 수 있다.

감사인이 위험평가절차로 수행하는 분석적절차에는 매출액과 판매장 면적 또는 판매량 간의 관계와 같이 재무적, 비재무적 정보를 모두 포함할 수 있다.

위험평가절차로서 수행하는 분석적절차에서 감사인이 발견한 비경상적인 상관관계는 부정으로 인한 왜곡표시위험을 식별하는 데 도움을 줄 수 있다. 이 단계에서 수행한 분석적절차는 왜곡표시위험의 존재가능성에 대한 광범위한 초기적 징후만 제공한다. 중요왜곡표시위험을 식별하기 위한 절차를 수행하여 입수한 기타의 정보를 함께 고려하면 분석적절차의 결과를 이해하고 평가하는 데 도움이 될 수 있다.

(2) 실증절차단계

• 실증절차단계에서 수행하는 실증적인·분석적절차는 관련 계정의 전반적인 합리성과 왜곡표시위험을 평가하고 중점감사대상항목을 사전에 파악하기 위해 수행한다.

감사실무에서는 계정잔액의 실증절차를 설계할 때 실증적인 분석적절차를 실시한 후 세부테스트를 실시한다. 실증적인 분석적절차를 실시하면 관련 계정의 전반적인 합리성과 왜곡표시위험을 평가하고 중점감사대상항목을 사전에 파악할 수 있다.

실증적인 분석적절차는 일반적으로 시간 경과에 따라 예측가능성이 높아지는 대규모 거래에 더 적합하다. 실증적인 분석적절차의 적합성은 경영진 주장의 성격과 감사인의 중요왜곡표시위험 평가에 영향을 받는다. 예를 들어, 내부통제와 관련한 중요왜곡표시위험이 높다고 평가했다면 실증적인 분석적절차보다는 세부테스트의 비중을 높인다.

수행한 실증적인 분석적절차에서 변동 정도 또는 기대치와 큰 차이가 없는 계정잔액은 세부테스트 범위를 축소할 수 있다. 기대치와의 차이가 중요하다면 중요한 왜곡표시를 의미하는지를 확인하기 위해 세부테스트 범위를 확대해야 한다. 예를 들어 전기와 당기의 월별 매출액을 비교하는 실증적인 분석적절차를 수행했는데, 특정기간에 비경상적인 변동이 나타나면 특정기간에 발생한 거래를 집중적으로 감사하는 세부테스트를 수행한다.

(3) 감사의 종료단계

• 감사의 종료단계에서 수행하는 분석적절차는 재무제표 전반의 합리성을 판단하기 위해 수행한다.

감사인은 감사의 종료단계에서 감사의견을 표명하기 위해 전반적인 결론을 내린다. 이 단계에서 재무제표가 감사인이 전반적으로 이해한 사항과 일치하는지 확인하기 위해 분석적절차를 적용해야 한다.

감사종료단계에서 실증적 분석적절차를 수행하면 감사과정에서 형성한 결론을 확인하거나 개별부문의 감사실시과정에서 발견하기 어려운 비경상적 항목을 확인하여 재무제표 전반의 합리성에 관한 결론을 내리는 데 도움을 받을 수 있다. 예를 들어 재무비율을 분석했는데 동업종의 비슷한 규모의 기업과 비교할 때 재무상태가 상대적으로 취약하다고 하자. 이러한 상황에서는 부채상환의 어려움이나 도산가능성과 같은 재무구조 문제점과 계속기업으로서의 존속여부를 평가해야 한다.

회계법인의 업무수행이사나 품질관리이사는 감사종료절차의 일환으로 감사조서와 감사보고서 초안을 검토할 때 분석적절차를 실시한다. 이들은 고객관리목적으로 기업의 영업상황 및 환경에 지속적인 관심을 갖고 있다. 이러한 기업에 대한 지식을 분석적절차에 활용하여 현장에서 간과한 감사절차를 발견하고 감사의견의 합리성을 검토한다.

3. 적용절차

(1) 유효적절한 분석기법의 선택

〈분석적절차의 적용절차〉

분석기법의 선택
↓
분석자료의 수집
↓
기대치의 설정과 차이조사
↓
결론 도출과 후속절차

분석적절차를 효과적으로 실시하기 위해 다음의 여러 방법 중 하나 또는 그 이상의 방법을 선택한다.

핵심 분석적절차의 방법

① 개관을 통한 비경상항목의 발견
② 횡단비교 : 기업과 동업종 간 재무자료 비교
③ 시계열 비교 : 당기와 전기의 재무자료 비교
④ 상관비교 : 당기 재무제표 구성요소간의 관계분석
재무자료를 경영진의 기대치와 비교
재무자료를 감사인의 기대치와 비교
재무자료를 비재무적 자료와 비교

① **개관을 통한 비경상항목의 발견** 기업 자료를 개관(scanning)해 계정잔액을 구성하는 개별항목에 비경상적인 성격의 항목이 있는지를 파악한다. 예를 들어 매출채권원장을 개관해 현금회수 이외의 내용으로 감소한 금액이나 비경상적으로 큰 금액을 발견할 수 있다.

② **기업과 동업종 간 재무자료 비교** 기업의 재무상태와 경영성과를 동업종의 평균이나 비슷한 규모를 가진 기업과 비교해 중요한 차이가 있는지 확인하고 원인을 조사한다.

③ **당기와 전기의 재무자료 비교** 당기의 주요 재무지표를 과거 2~3년간의 지표와 비교하여 중요한 변화를 확인하고 원인을 조사한다.

분석적절차에서 많이 사용하는 매출채권회전율과 재고자산회전율을 살펴보면 다음과 같다.

- **매출채권회전율** : 전기에 비해 당기의 매출채권회전율이 하락하면 매출채권 및 매출액의 과대계상, 대손충당금의 과소계상을 의심할 수 있다. 매출채권회전율이 상승하면 매출채권의 빈번한 팩토링으로 회전율이 상승한 것인지 확인한다. 유동성 부족으로 만기까지 매출채권을 보유하지 못하고 중도에 매각했다면 계속기업으로서의

존속능력이 의문시되는 상황일 수 있다.

- 재고자산회전율 : 전기에 비해 재고자산회전율이 하락하면 재고자산의 과대계상 및 매출원가의 과소계상, 재고자산평가손실의 과소계상을 의심할 수 있다. 반면에 재고자산회전율이 상승하면 기말에 재고자산의 밀어내기에 따른 매출의 과대계상이나 기간귀속의 오류로 인한 것인지 확인한다.

④ 당기 재무제표 구성요소간의 관계분석 재무제표는 각 구성요소를 상호 결합하여 작성되므로 개별계정의 변동은 다른 계정과 밀접한 관계가 있다. 예를 들어 매출변동은 매출원가, 재고자산과 매출채권에 영향을 미친다. 감사인은 한 계정의 변화가 다른 계정에 미치는 영향을 확인해야 한다.

- 재무자료를 기업의 기대치와 비교 : 예산은 기업의 당기 영업성과의 기대치를 반영한다. 예산과 실적 간 차이가 크다면 왜곡표시발생가능성이 있다.
- 재무자료를 감사인의 기대치와 비교 : 재무정보를 감사인의 기대치와 비교한다. 감사인은 다른 재무상태표계정이나 손익계산서계정과의 논리적 관계를 고려해 기대치를 설정하거나 과거자료를 추세분석하여 합리적인 기대치를 결정한다.
- 재무자료를 비재무적 자료와 비교 : 예를 들어 호텔을 감사할 때 객실수, 이용률, 객실요율 등의 비재무적 자료를 이용하여 개략적인 매출액을 추정할 수 있다.

(2) 적합하고 신뢰성 있는 분석자료의 수집

분석에 사용한 자료는 목적적합해야 하며, 신뢰성이 있어야 의미 있는 비교가 가능하다.

적합한 자료는 논리적 개연성과 예측가능성을 전제로 한다. 자료들 사이에 원인과 결과의 논리적 관계가 분명할수록 개연성은 높아지며, 상황에 관계없이 안정된 논리적 관계가 있을 때 예측가능성은 높아진다. 예를 들어 매출액 대비 판매수수료의 변동추세를 분석할 때 매출수준이 변동하면 판매수수료가 변동한다는 인과관계가 있어야 한다.

데이터의 신뢰성은 그 원천과 성격에 영향을 받으며 데이터가 수집된 상황에도 의존한다. 분석적절차를 위해 수집한 자료가 신뢰할 수 있는지를 이용가능한 정보의 원천과 비교가능성, 정보의 성격과 관련성을 고려하여 판단한다.

(3) 기대치의 설정과 차이조사

감사인은 분석적절차를 수행하기 전에 감사인의 기대치를 먼저 설정해야 한다. 기대치는 ① 실증적인 분석적절차의 예측이 정확할수록, ② 정보를 세분화할수록, ③ 재무 및 비재무 정보의 이용가능성이 높을수록, 정확하게 산출할 수 있다. 감사인은 수용가능한 차이금액을 설정한다.

감사인이 분석적절차를 실시하였는데 기대치와의 차이가 수용가능한 범위를 벗어나면 원인이나 내용을 조사해야 한다. 감사인은 경영진이나 관련 담당자에게 비경상적 변동의 원인을 질문하고, 경영진 답변과 관련이 있는 감사증거를 수집하기 위해 추가적인 절차를 수행해야 한다.

(4) 결론의 도출과 후속절차

감사인은 중요한 차이를 발견하면 후속조치를 수행해야 한다. 추가로 수행한 실증적인 분석적절차에서도 경영진의 만족스러운 설명이나 추가적 문서증거를 확보하지 못할 수 있다. 이때 감사인은 추가적 세부테스트를 확대하여 실시하도록 감사계획을 수정해 중요왜곡표시위험을 확인해야 한다.

전반적인 결론을 내리기 위해 수행하는 분석적절차에서도 중요한 차이나 비경상적 항목을 발견할 수 있다. 이때 감사인은 추가적 감사절차를 실시하여 재무제표의 왜곡표시 여부에 대한 설득력 있는 감사증거를 보강해야 할 것이다.

계정잔액 분석적절차의 구체적 사례는 [도표 9-16] 매출과 대금회수활동의 실증적인 분석적절차를 참고하기 바란다. 본서에서는 분석적절차를 제Ⅳ부 활동유형별 감사절차에서도 동일한 형식으로 기술하고 있다.

Ⅴ. 계정잔액의 세부테스트

감사인은 재무제표에 표시된 계정잔액이 재무보고체계에 따라 공정하게 표

• 계정잔액의 세부테스트 : 재무제표에 표시된 계정잔액이 재무보고체계에 따라 공정하게 표시되었는지 검증하는 절차로서, 원칙적으로 재무제표일 이후에 수행하나 때로는 기중에 수행하기도 한다.

시되었는지를 감사의견으로 표명하므로 계정잔액 세부테스트는 가장 결정적인 감사절차이다. 계정잔액 세부테스트는 재무상태표와 손익계산서 모두를 대상으로 하나, 일차적으로 재무상태표계정에 비중을 두어 왜곡표시를 검증한다. 예를 들어 매출채권잔액의 조회, 현금 및 재고자산의 실사, 은행조회를 통한 차입금 확인 등을 수행한다. 이미 설명한 [도표 4-5]에서 전표 등의 기중에 발생한 거래유형을 대상으로 하지 않고 총계정원장(마스터파일)의 계정잔액을 직접 검증하므로 계정잔액의 직접테스트(direct tests of account balances)라고도 표현한다.

계정잔액 세부테스트에서는 8개의 세부감사목표를 설정하고 이를 확인하기 위해 관련 증거를 수집한다.

- 계정잔액이 실제로 적합하게 표시되어 있는지 확인하기 위해 현금, 유가증권 및 재고자산 등의 실사, 예금이나 외상매출금 등의 외부조회, 그리고 서류검사 · 질문 · 재계산 · 분석적절차 및 기타 합리적인 방법으로 확인한다(실재성).
- 모든 자산의 소유권에 정당한 권리가 있는지, 모든 부채는 지급해야 할 정당한 채무인지 확인한다(권리와 의무).
- 보고기간말에 존재하는 부외자산과 부외부채의 누락을 확인하고, 재무제표에 포함되어야 하는 모든 관련 공시가 재무제표에 포함되었는지 확인한다(완전성).
- 재무제표의 금액이 산술적으로 정확하며, 총계정원장 및 기타 회계기록과 상호 일치하는지 확인한다. 재무제표일 현재 모든 자산과 부채는 적합한 금액으로 평가되었는지 확인하고 회계추정의 합리성을 검토한다(정확성).
- 정확성, 평가 및 배분과 관련된 공시가 적합하게 측정되고 기술되었는지 확인한다(평가 및 배분).
- 재무제표일 전후 상당기간의 거래를 검토하여 기간손익구분이 적합하게 처리되었는지 확인한다(기간귀속).
- 계정과목은 적절하게 분류되었는지 확인한다(분류).
- 거래 · 사건, 자산 · 부채 · 주주지분은 적합하게 합산되거나 세분화되고 명확하게 기술되었는지와 관련 공시가 재무보고체계와 관련이 있고 이해할 수 있는지 확인한다(표시).

계정잔액 세부테스트는 원칙적으로 재무제표일 이후에 보고기간말감사로서 실시한다. 기중 일자를 기준으로 계정잔액을 기중감사하였다면 실증절차 실시 후 재무제표일까지의 잔여기간을 대상으로 통제테스트를 수행하고 실증절차를 수행한다. 또한 후속적인 실증절차를 실시하여 보고기간말 계정잔액이 적절한지를 확인해야 한다.

매출채권 계정잔액 세부테스트의 구체적 사례는 [도표 9-17]을 참조하기 바란다. 제Ⅳ부 활동유형별 감사절차에서도 동일한 방식으로 설명하고 있다.

Ⅵ. 표시의 세부테스트

• **표시의 세부테스트**: 감사의 종료단계에서 실시하며 분류와 이해가능성을 중점적으로 검증한다.

감사기준서에서는 감사계획, 수행 전반에 걸쳐 공시를 고려하도록 규정하고 있다. 감사 초기 계획을 수립할 때 공시를 고려하면 감사인은 거래유형 및 계정잔액 테스트절차를 수행할 때 적합한 주의를 기울이고 적절한 시간을 계획할 수 있다. 공시는 해당 재무보고체계에서 재무제표 본문이나 주석 또는 상호참조로 그에 포함되도록 요구되거나, 명시적으로 허용되거나, 또는 달리 허용되는 것으로 제시된 설명적 정보나 서술적 정보로 구성된다. 공시는 해당 재무보고체계에서 공시하도록 요구하는 정보만을 의미하며 정기공시나 수시공시와 같이 재무보고체계가 아닌 다른 법규 등에서 공시하도록 요구하는 정보는 포함하지 않는다.

본서에서는 추가적 감사절차를 설계할 때 표시의 테스트절차를 별도로 분리하여 설명하지 않고 편의상 거래유형 세부테스트절차 또는 계정잔액 세부테스트절차의 일환으로 표시목표를 설정해 설명한다.

표시의 세부테스트는 ① 거래·사건, 자산·부채·주주지분이 적합하게 합산되거나 세분화되고 명확하게 기술되었는지와 ② 관련 공시가 해당 재무제표체계에서 요구한 사항과 관련이 있고 이해할 수 있는지를 검증하는 절차로 구성된다. ①의 공시와 관련된 감사절차는 감사계획의 수립단계로부터 감사의 모든 과정에서 수행해야 한다. 감사기준서에서는 재무제표에 대한 의견을 형성할 때 재무제표의 전반적인 표시를 평가하도록 규정하고 있는데, 상기 ②의 절차가 이에 해당한다.

Ⅶ. 요약 : 감사절차간의 상호관계

1. 충분하고 적합한 감사증거의 수집

감사인이 감사의견을 표명하기 위해서는 충분하고 적합한 감사증거를 수집해야 한다. [도표 4-7]에서 보듯이 여섯 개의 감사절차를 수행하여 감사목표를 달성하기 위한 감사증거를 수집한다.

특정 감사절차에서 수집해야 할 감사증거의 양은 감사증거의 수집가능성, 감사증거의 수집비용, 왜곡표시위험 등 상황에 따라 다르다.

여섯 개의 감사절차 중 계정잔액의 세부테스트(E)는 재무제표의 공정성 검증을 위한 가장 중요한 감사절차이며 시간과 비용이 가장 많이 소요된다. 표시의 세부테스트(F)를 제외한 다른 네 개의 감사절차(A, B, C, D)는 기본적으로 효율적인 감사를 위한 감사절차이며, 각 절차는 계정잔액 세부테스트(E)에 종속적인 성격이 강하다. 위험평가절차(A)와 통제테스트(B)의 목적은 거래유형의 세부테스트(C), 실증적인 분석적절차(D) 및 계정잔액의 세부테스트(E)의 범위를 줄일 수 있는지를 평가하는 데 있다.

[도표 4-7]에서 보듯이 기중에 발생하는 거래유형을 대상으로 통제테스트(B), 거래유형의 세부테스트(C) 그리고 실증적인 분석적절차(D)를 적용할

○ 도표 4-7
감사절차의 유형과 충분하고 적합한 감사증거의 수집

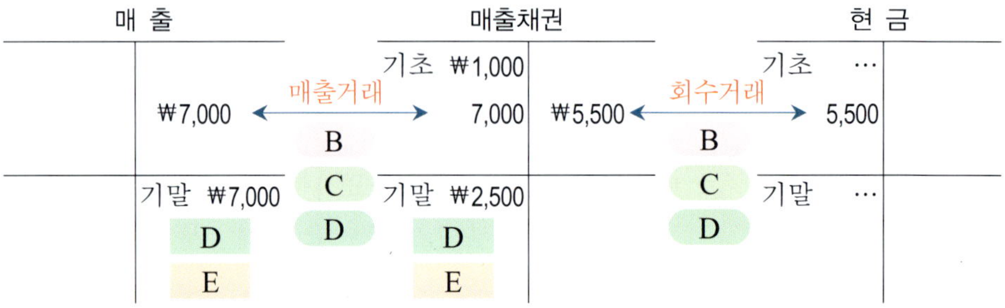

위험평가절차 (A) + 통제테스트 (B) + 거래유형의 세부테스트 (C) + 실증적인 분석적절차 (D) + 계정잔액의 세부테스트 (E) + 표시의 세부테스트 (F)

= 회계감사기준에서 정의한 충분하고 적합한 감사증거

수 있다. 계정잔액을 검증하기 위해 보고기간말 감사절차는 실증적인 분석적 절차(D)와 계정잔액의 세부테스트(E)를 수행한다.

2. 감사절차의 선택과 감사비용

시간과 비용의 제약으로 감사인은 가장 경제적인 감사를 실시해야 한다. 이를 위해 감사인은 중점을 두어야 할 절차와 각 절차에서 수집한 증거량이 다른 감사절차에 미치는 영향을 충분히 이해해야 한다.

핵심 단위당 감사비용 발생수준

단위당 감사비용의 발생수준별로 감사절차를 열거하면 다음과 같다.
① 분석적절차 < ② 통제테스트 < ③ 거래유형 세부테스트 < ④ 계정잔액 세부테스트

분석적절차는 비율의 비교, 추세나 관계의 분석과 같은 비교적 간단한 절차로 잠재적인 왜곡표시가능성에 대한 많은 정보를 얻을 수 있고 적용하기가 쉽다. 네 개 절차 중 분석적절차가 가장 경제적이므로 감사실무에서 자주 사용한다.

통제테스트도 상대적으로 비용이 적게 드는데, 주로 질문, 문서검사, 관찰 혹은 재수행 등을 수행해 통제의 운영효과성을 확인하기 때문이다. 거래유형 세부테스트는 통제테스트보다 시간과 비용이 더 많이 소요된다. 왜냐하면 통제테스트는 소수의 거래나 사건을 대상으로 통제절차 준수여부만을 검증하지만, 세부테스트는 다수의 거래 등을 대상으로 재계산이나 재수행 등을 수행해 정확한 거래금액이나 왜곡표시금액을 파악해야 하기 때문이다.

계정잔액 세부테스트는 단위당 감사비용이 가장 많이 소요된다. 왜냐하면 자산을 직접 실사하거나 실사입회하고 외부조회를 수행해 자산이나 부채의 존재를 확인하는 등 증거 수집절차에 상당한 비용과 노력이 필요하기 때문이다. 이러한 이유로 감사인은 계정잔액의 세부테스트 범위를 가능한 한 축소하기 위한 감사전략을 수립하려 한다. 예를 들어, 내부통제가 효과적으로 설계·운용되었다는 증거를 입수하면 세부테스트 범위를 축소할 수 있다.

제3절 감사절차의 흐름

감사란 증거를 객관적으로 수집하고 평가하는 일련의 체계적인 과정이다. 감사를 수행할 때 논리적인 순서가 중요하며, 이를 무시하면 효과적·효율적으로 감사업무를 수행할 수 없고 감사목적을 달성하기 어렵다. 감사절차의 적용시기 결정도 중요하다. 예를 들어 통제테스트는 회사가 실제 업무를 수행하는 회계기간중에 수행해야 내부통제 효과를 판단하기 위한 충분하고 적합한 감사증거를 입수할 수 있다.

[도표 4-8]은 감사절차의 흐름을 편의상 4개 국면으로 나누어 주요 업무와 적용시기를 설명한 것이며, [도표 4-9]는 이를 도식화한 것이다. 회계기간은 1월 1일에 시작하여 12월 31일로 종료되는 기업을 전제로 하며, 다음 연도의 2월 28일까지 감사보고서를 전달하는 감사일정과 이에 따라 수행하는 감사절차이다. 감사의 전체적인 흐름을 파악하는 데 도움이 되도록 독자의 이해목적으로 제시한 감사일정일 뿐, 감사인마다 상이하다.

도표 4-8 감사절차의 흐름과 적용시기

국 면	주요 감사절차 및 수행업무	적용시기
제1국면	감사계획의 수립단계	
	감사업무조건의 합의와 감사계약의 체결, 기업과 기업환경의 이해 내부통제의 이해, 왜곡표시위험의 평가, 감사계획의 수립	20×1. 1. 1 ~20×1. 8.31
제2국면	거래유형의 테스트단계	
	9개월간의 통제테스트 및 거래유형의 세부테스트	20×1. 9.30~
제3국면	계정잔액의 실증절차단계	
	현금, 유가증권 등 주요 자산의 실사 또는 입회 잔여 3개월에 대한 거래유형의 테스트 보고기간말 계정잔액의 실증적인 분석적절차 및 세부테스트	20×1.12.31 ~20×2. 2.20
제4국면	감사의 종료 및 보고단계	
	표시의 세부테스트, 감사조서의 검토, 감사결과의 종합과 의견형성	~20×2. 2.20 (현장감사완료일)
	감사보고서의 작성 및 전달	20×2. 2.28

도표 4-9

감사절차의 흐름

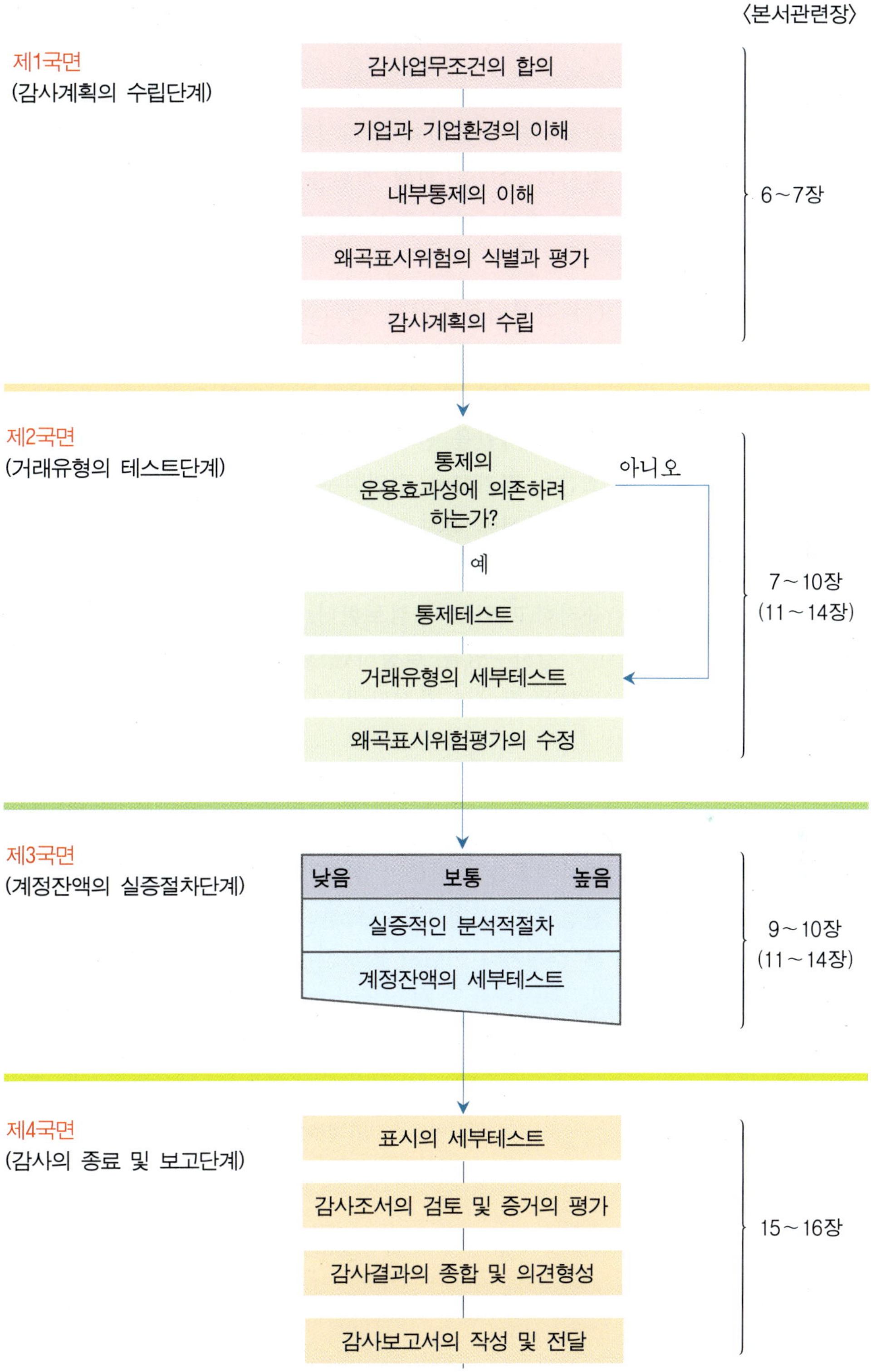

Ⅰ. 감사계획의 수립단계(제1국면)

감사인은 의뢰인과 감사업무조건을 합의해 수임여부를 결정하고, 효율적인 감사의 수행을 위해 계획을 수립하며 감사자원을 배분한다. 제1국면을 완료하면 감사전반의 감사계획을 수립해야 하며, 주요 업무는 다음과 같다.

(1) 감사업무조건의 합의와 감사계약의 체결

「외부감사법」에 따라 기업은 사업연도 개시일 전 또는 개시일로부터 45일 이내에 감사인을 선임해야 한다. 초도감사에서는 감사대상회사의 정보와 업무조건을 평가하여 수임여부를 결정한다. 감사계약 체결을 위해 필요한 자료를 수집해야 하므로 계속감사에 비해 업무량은 증가한다. 계속감사에서도 감사인은 매년 감사환경의 변화를 고려하여 감사가 가능한지, 독립성을 계속 유지하고 있는지 검토한다.

감사수임을 결정하면 합의한 감사의 조건, 감사인과 기업 간에 이해한 사항을 문서로 작성하여 감사계약을 체결한다.

(2) 기업과 기업환경의 이해

감사계획을 수립하기 위해 기업의 배경적 정보와 기업 내부의 영업 및 회계환경에 관한 정보를 파악한다. 이를 위해 기업관계자에게 질문하고 분석적절차를 수행하여 기업이 속한 산업정보, 기업의 조직구조와 재무자료를 수집한다.

도표 4-10 감사일정과 감사업무

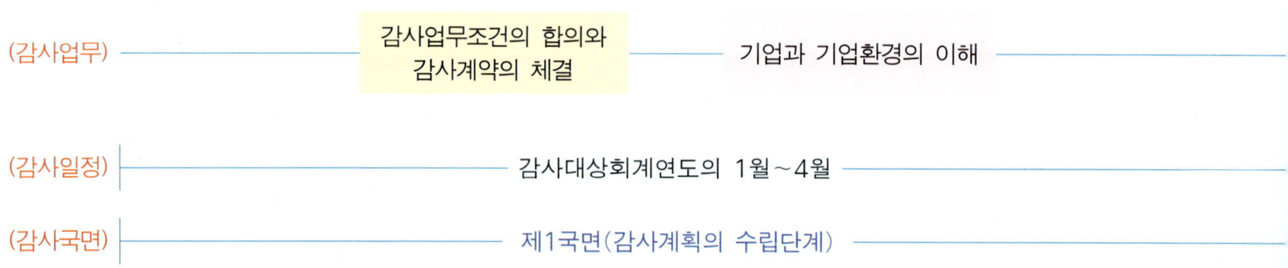

(3) 내부통제의 이해

감사인은 잠재적인 재무제표 왜곡표시위험에 영향을 미치는 요인을 파악하기 위해 기업이 설계한 내부통제를 이해한다. 내부통제를 이해한 후 내부통제가 중요한 왜곡표시의 예방을 위해 적절하게 설계되어 있는지 확인한다. 이 단계에서는 내부통제 설계만 확인해 왜곡표시위험을 예비평가하므로 내부통제가 설계된 대로 운영되는지와 관련한 내부통제 운용의 효과성은 검증하지 않는다.

(4) 중요왜곡표시위험의 식별과 평가

감사인은 기업과 기업환경 및 내부통제의 이해를 바탕으로 중요왜곡표시위험을 재무제표의 전반 수준과 거래유형과 계정잔액 및 표시의 경영진주장 수준에서 식별하고 평가한다.

(5) 감사계획의 수립

감사인은 잠재적인 왜곡표시위험의 평가결과를 기초로 각 단계별 예상소요시간을 수립하고, 감사담당자별로 업무를 할당하며 후속감사일정을 계획한다.

감사계획은 전반감사계획과 세부감사계획으로 구분하는데, 세부감사계획은 주요 거래유형별 통제테스트 및 실증절차의 실시계획을 포함한다. 감사계획은 기중감사인 거래유형의 테스트를 거치면서 새로운 사항을 발견하면 이를 반영하여 계속 수정한다.

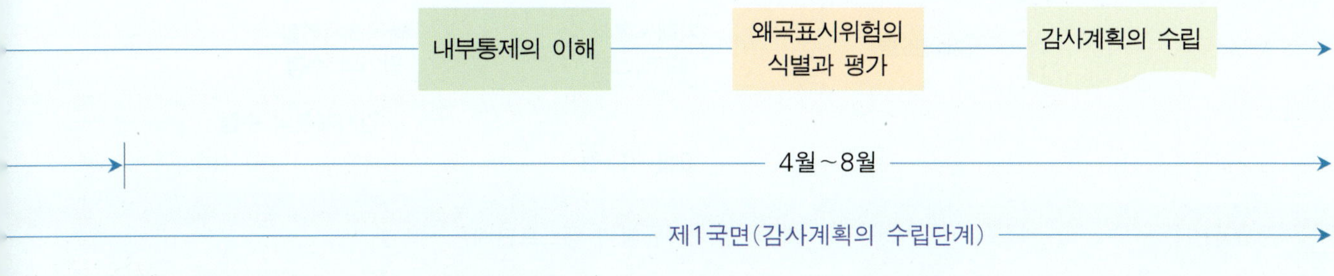

Ⅱ. 거래유형의 테스트단계(제2국면)

제1국면에서 감사계획을 수립한 후 감사인은 이를 근거로 제2국면에서 당기 중 발생한 거래를 테스트한다. 이때 다음의 두 가지를 목표로 한다.

첫째, 왜곡표시위험의 식별 및 평가(제1국면)와 관련한 증거를 주요 거래유형별로 기업의 내부통제를 중심으로 수집한다.

둘째, 왜곡표시의 금액(혹은 올바른 거래금액)을 거래유형별로 검증한다.

위에서 첫 번째 목표는 통제테스트를 수행하고, 두 번째 목표는 거래유형의 세부테스트(실증절차)를 수행하여 달성한다.

도표 4-11
원장에 표시된 계정잔액의 산출등식

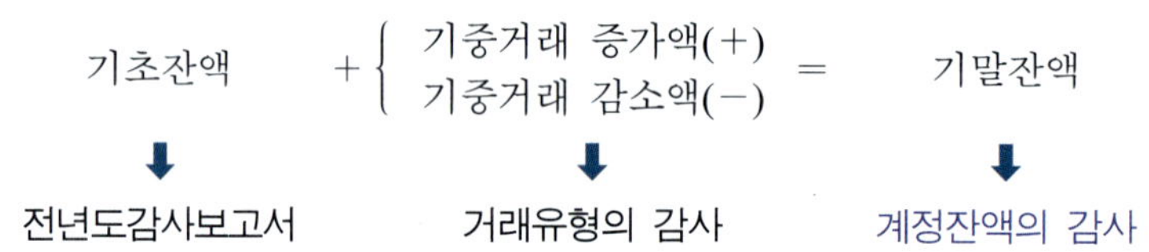

감사인은 궁극적으로 [도표 4-11]의 등식에서 우변에 있는 기말잔액의 적절성을 입증해 재무제표 공정성에 대한 의견을 표명하는 데 관심이 있다. 총계정원장(혹은 마스터파일)에 표시된 기말잔액의 적절성을 확인하는 방법으로 두 가지가 있다. 하나는 기중거래 증감액의 적절성을 검증한 후 이를 기초잔액에 가감하여 기말잔액을 산출하는 방법(거래유형의 감사)이다. 다른 하나는 실사 혹은 외부조회 등의 방법으로 기말잔액을 직접테스트(direct tests)하는 방법(계정잔액의 감사)이다.

도표 4-10(계속) 감사일정과 감사업무

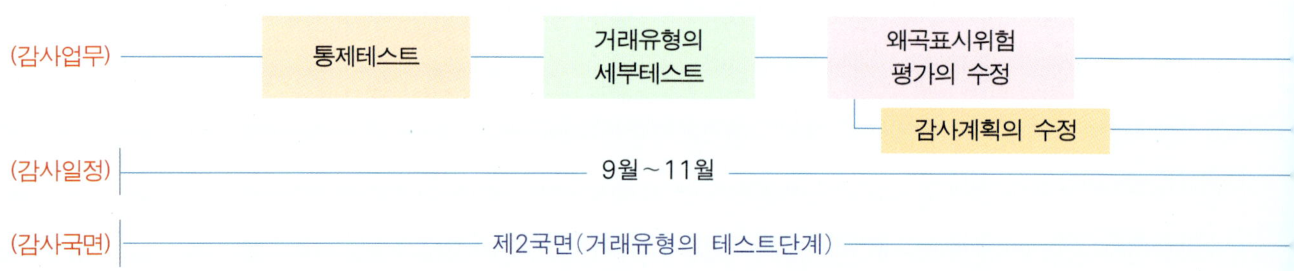

기중거래 증감액은 금액 및 거래량 검증대상이 기말잔액보다 훨씬 광범위하다. 이러한 이유로 실무에서는 기중거래(거래유형)의 감사보다는 기말잔액을 직접테스트하는 계정잔액을 감사하는 방법을 선택한다. 기중거래 유형의 테스트에서는 계정잔액의 공정표시 여부를 판단하기보다는, 중요왜곡표시위험의 평가를 목적으로 수행한다.

제2국면의 테스트에서 내부통제가 효과적으로 운용되지 않는다고 평가하면, 감사인은 왜곡표시위험의 평가결과를 수정하고 계정잔액의 실증절차계획을 수정한다. 거래유형 테스트는 일반적으로 보고기간말 2~3개월 전에 수행한다. 테스트 이후부터 재무제표일까지의 잔여기간은 필요에 따라 보고기간말에 추가적 테스트를 실시하여 회계기간 전체의 평가결과를 보완한다.

Ⅲ. 계정잔액의 실증절차단계(제3국면)

제3국면의 감사목적은 계정잔액 표시의 공정성에 대한 감사의견 형성의 근거가 되는 감사증거를 수집하는 데 있다. 감사인 업무 중 가장 큰 비중을 차지하며 이 국면에서 감사인은 가장 많은 시간을 투입한다. 계정잔액감사의 성격과 범위는 이전단계인 제1국면과 제2국면의 감사결과에 따라 달라진다.

[도표 4-9]에서 보듯이 제2국면에서 평가한 왜곡표시위험의 평가결과에 따라 실증절차 범위는 달라진다. 위험이 낮으면 실증절차 범위를 축소하고, 위험이 높아지면 실증절차 범위를 확대한다. "실증절차 범위를 확대한다"라는 표현은 표본감사를 수행할 때 추출해야 할 표본규모를 증가시킨다는 뜻이

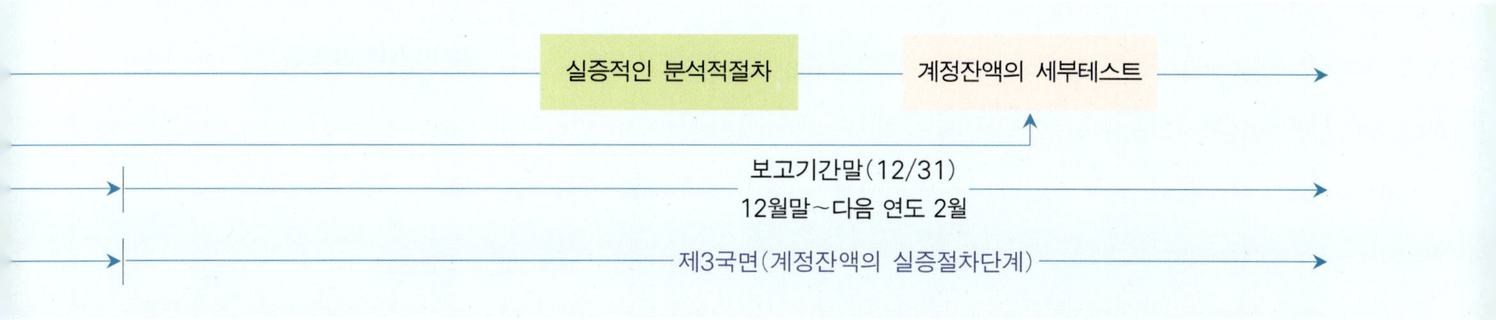

며, 필요에 따라 추가적으로 확대된 세부테스트를 실시해야 한다는 의미이다.

계정잔액 실증절차는 실증적인 분석적절차와 세부테스트로 구분한다. 실증적인 분석적절차는 세부테스트를 수행하기 전에 계정잔액의 전반적인 합리성과 비경상적 항목을 확인하기 위해 실시한다. 계정잔액의 세부테스트는 계정잔액에 포함된 왜곡표시금액을 구체적으로 확인하기 위해 수행하는 가장 핵심적인 실증절차이다.

Ⅳ. 감사의 종료 및 보고단계(제4국면)

제4국면에서는 재무제표 표시의 세부테스트를 실시한다. 이어서 모든 감사결과를 종합하고 계획대로 감사절차를 수행했는지 평가하고, 필요하다면 추가적인 감사절차를 수행한다. 감사인은 입수한 증거를 기초로 재무제표 공정표시의 종합적인 결론을 도출하고 감사보고서를 작성한다.

마지막 단계인 제4국면은 고도의 전문적인 판단이 필요한 단계이므로 경험이 많은 감사인이나 품질관리실에서 감사조서를 검토해 최종결론의 합리성을 판단해 감사보고서를 작성한다. 종료단계에서 감사인이 수행하는 주요 업무는 다음과 같다.

(1) 표시의 세부테스트

감사기준서에서는 감사계획, 수행 전반에 걸쳐 공시를 고려하도록 규정하고

도표 4-10(계속) 감사일정과 감사업무

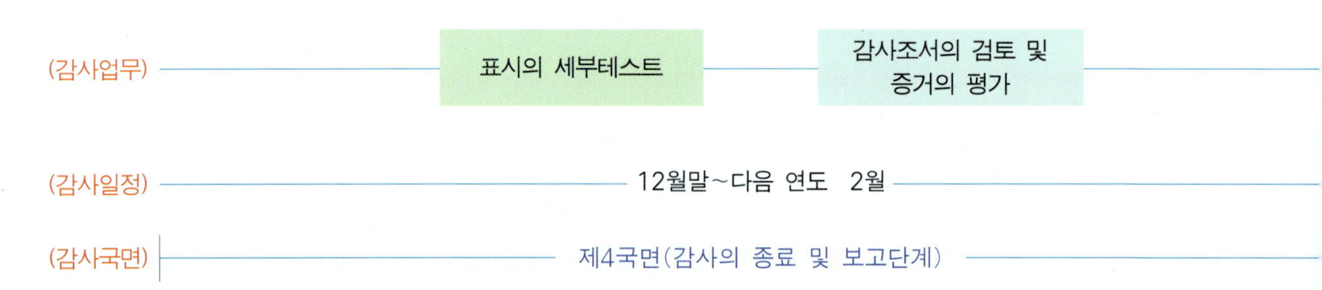

있고, 특히 감사인은 재무제표에 대한 의견을 형성할 때 재무제표의 전반적인 표시를 평가해야 한다.

감사인은 해당 재무보고체계에서 공시하도록 요구한 설명적 또는 서술적 정보가 재무제표에 명확하게 기술되었는지와 관련성과 이해가능성이 있는지를 검증한다. 특히 재무제표일 이후 감사보고서일 사이에 발생한 중요한 후속사건, 우발채무의 존재 그리고 특수관계자와 거래 등의 회계처리 및 공시의 적절성을 최종적으로 점검한다.

(2) 감사조서의 검토 및 증거의 평가

감사종료단계에서 감사조서를 검토하고 현장감사인이 수행한 감사업무를 현장 업무수행이사와 심리실의 품질관리이사가 검토한다.

감사조서 검토자는 ① 감사업무를 감사계획에 따라 적절하게 진행했는지 확인하고, ② 감사기준 및 기타 관련 규정에서 정한 모든 절차를 적용해 이를 위반한 사항이 없는지 확인하며, ③ 감사인의 편견이나 오판가능성을 검토하고, ④ 감사의견을 뒷받침할 수 있는 충분한 양과 적합한 질의 증거를 확보했는지 확인한다.

(3) 감사결과의 종합 및 의견형성

감사인은 부문별 감사결과를 종합하여 재무제표 전체의 관점에서 공정표시에 영향을 미치는 왜곡표시사항을 평가하고, 최종적으로 중요성 정도에 따라 감사의견(적정의견, 한정의견, 부적정의견 혹은 의견거절)을 형성한다.

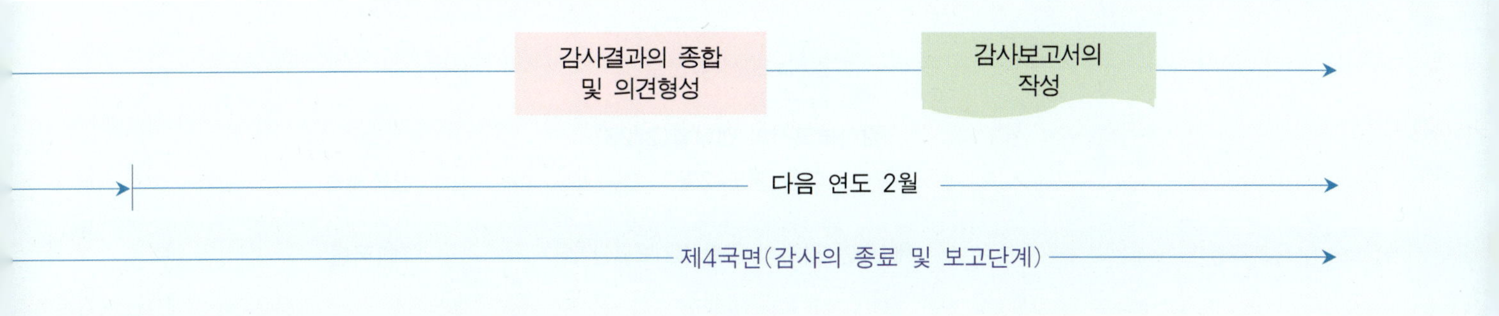

(4) 감사보고서의 작성 및 전달

감사를 종료하는 마지막 절차로 감사인은 감사보고서를 기업의 경영진에게 전달한다. 감사보고서는 통상 주주나 지배기구(이사회 등)를 수신인으로 하며, 회계법인의 대표나 감사인이 서명한다. 감사보고서에 감사의견, 감사의견근거, 강조사항, 핵심감사사항, 재무제표에 대한 경영진과 지배기구의 책임, 재무제표감사에 대한 감사인의 책임 등을 기재한다.

「외부감사법」에 따르면 감사인은 기업(監事 및 감사위원회 포함)에 정기주주총회 1주일 전까지 감사보고서를 전달해야 한다. 증권선물위원회 및 공인회계사회에는 정기주주총회 종료 후 2주 내에 감사보고서를 제출한다.

도표 4-10(계속) 감사일정과 감사업무

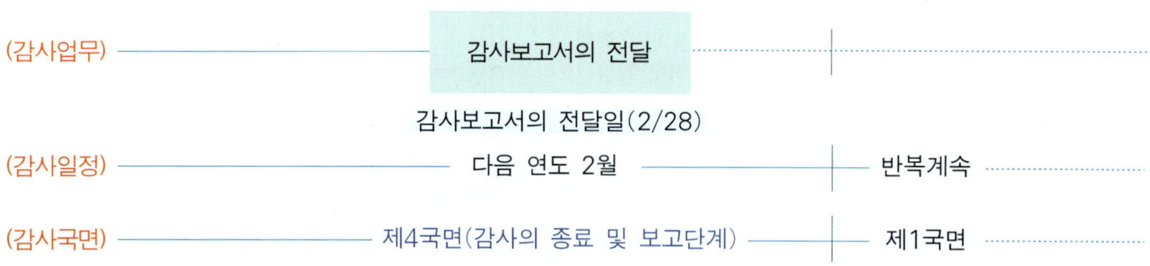

독립된 감사인의 감사보고서

ABC주식회사의 주주 귀중

감사의견

우리는 ABC주식회사(이하 "회사")의 재무제표를 감사하였습니다. 해당 재무제표는 20×1년 12월 31일 현재의 재무상태표, 동일로 종료되는 보고기간의 손익계산서(또는 포괄손익계산서), 자본변동표, 현금흐름표 그리고 유의적인 회계정책의 요약을 포함한 재무제표의 주석으로 구성되어 있습니다.

우리의 의견으로는 별첨된 회사의 재무제표는 회사의 20×1년 12월 31일 현재의 재무상태와 동일로 종료되는 보고기간의 재무성과 및 현금흐름을 한국채택국제회계기준에 따라, 중요성의 관점에서 공정하게 표시하고 있습니다.

감사의견근거

우리는 감사기준에 따라 감사를 수행하였습니다. 이 기준에 따른 우리의 책임은 이 감사보고서의 재무제표감사에 대한 감사인의 책임 단락에 기술되어 있습니다. 우리는 재무제표감사와 관련된 대한민국의 윤리적 요구사항에 따라 회사로부터 독립적이며 그러한 요구사항에 따른 기타의 윤리적 책임들을 이행하였습니다. 우리가 입수한 감사증거가 감사의견을 위한 근거로서 충분하고 적합하다고 우리는 믿습니다.

핵심감사사항

핵심감사사항은 우리의 전문가적 판단에 따라 당기 재무제표감사에서 가장 유의적인 감사사항들입니다. 해당 사항들은 전체재무제표감사의 관점에서 우리의 의견형성시 다루어졌으며, 우리는 이런 사항에 대하여 별도의 의견을 제공하지는 않습니다.

재무제표에 대한 경영진과 지배기구의 책임

경영진은 한국채택국제회계기준에 따라 이 재무제표를 작성하고 공정하게 표시할 책임이 있으며, 부정이나 오류로 인한 중요한 왜곡표시가 없는 재무제표를 작성하는 데 필요하다고 결정한 내부통제에 대해서도 책임이 있습니다.

경영진은 재무제표를 작성할 때, 회사의 계속기업으로서의 존속능력을 평가하고 해당되는 경우 계속기업 관련 사항을 공시할 책임이 있습니다. 그리고 경영진이 기업을 청산하거나 영업을 중단할 의도가 없는 한 또는 그 외에는 다른 현실적인 대안이 없는 한, 회계의 계속기업전제의 사용에 대해서도 책임이 있습니다.

지배기구는 회사의 재무보고절차의 감시에 대한 책임이 있습니다.

재무제표감사에 대한 감사인의 책임

우리의 목적은 재무제표에 전체적으로 부정이나 오류로 인한 중요한 왜곡표시가 없는지에 대하여 합리적인 확신을 얻어 우리의 의견이 포함된 감사보고서를 발행하는 데 있습니다. 합리적인 확신은 높은 수준의 확신을 의미하나 감사기준에 따라 수행된 감사가 항상 중요한 왜곡표시를 발견한다는 것을 보장하지는 않습니다. 왜곡표시는 부정이나 오류로부터 발생할 수 있으며 왜곡표시가 재무제표를 근거로 하는 이용자의 경제적 의사결정에 개별적으로 또는 집합적으로 영향을 미칠 것이 합리적으로 예상되면 그 왜곡표시는 중요하다고 간주됩니다.

이 독립된 감사인의 감사보고서의 근거가 된 감사를 실시한 업무수행이사는 ○○○입니다.

[*회계법인의 명칭이나 감사인 개인이름*]
[*감사인의 주소*]
[*감사보고서일*]

CHAPTER 4

연습문제

진위형

다음의 설명을 읽고, 틀린 기술이라면 그 이유를 제시하시오.

(1) 경영진주장은 거래 및 사건의 유형, 보고기간말 계정잔액 그리고 재무제표 표시와 공시에 대한 명시적 혹은 묵시적인 의사표시를 말한다.

(2) 감사인은 세부감사목표를 검증하기 전에 거래나 계정잔액의 전반적인 합리성을 평가한다.

(3) 감사인의 감사목표 중 실재성은 주로 거래나 계정잔액의 과소계상가능성을 검증하기 위해 적용한다.

(4) 거래처로부터 상품을 외상매입하고 이를 자산과 부채로 기록하지 않는다면 완전성목표에 위배된다.

(5) 완전성은 부채와 비용을 감사할 때 특히 중요한 감사목표이다.

(6) 기간귀속의 목표는 보고기간말 계정잔액 및 관련 공시를 중점적으로 검증할 때 설정하는 감사목표 중의 하나이다.

(7) 통제테스트는 거래유형의 금액(오류액 또는 올바른 장부금액)을 검증하기 위해 수행한다.

(8) 세부테스트는 거래 혹은 계정잔액을 대상으로 금액의 전반적인 합리성을 평가할 때 적용한다.

(9) 거래유형 세부테스트는 회계기간중 발생한 거래를 대상으로 정확하고 적절하게 기록되고 관련 공시가 적합하게 이루어졌는지 검증한다.

(10) 거래유형 테스트는 통상 회계기간 종료 2~3개월 전의 기중에 실시하며, 검증하지 못한 나머지 부분은 기말시점에 보완검증한다.

(11) 분석적절차는 위험평가절차단계, 실증절차단계 및 전반적 결론형성단계에서 모두 필수적으로 수행해야 한다.

(12) 내부통제와 관련하여 중요왜곡표시위험이 높다고 평가했다면 실증적인 분석적절차보다는 세부테스트의 비중을 높인다.

(13) 전기에 비해 당기의 매출채권회전율이 상승하면, 매출채권 및 매출액의 과대계상을 의심할 수 있다.

(14) 분석적절차는 비율, 추세 등의 방법을 이용하므로 재무자료만을 이용한다.

(15) 계정잔액 세부테스트는 계정잔액을 검증하기 위한 목적으로 실시하므로, 언제나 재무제표일 이후에 수행해야 한다.

(16) 단위당 감사비용의 발생수준은 "분석적절차 < 통제테스트 < 거래유형 세부테스트 < 계정잔액 세부테스트"의 순서로 열거할 수 있다.

(17) 감사기준서에서 언급하는 공시는 해당 재무보고체계에서 공시하도록 요구하는 정보뿐만 아니라 정기공시와 수시공시도 포함한다.

(18) 공시와 관련한 감사절차는 감사의 종료단계인 감사의견을 형성할 때 집중적으로 수행된다.

서술형

1 감사목표와 구체적 감사절차 - 유형자산

다음은 유형자산의 감사와 관련하여 감사목표(1~8)와 구체적 감사절차(a~j)를 예시한 것이다.

종류 \ 사항	내용	
감사목표	1. 실재성	2. 완전성
	3. 권리와 의무	4. 평가와 배분
	5. 정확성	6. 기간귀속
	7. 분류	8. 표시
구체적 감사절차	a. 사용중인 유형자산 중 재무제표에 포함되어야 하는 모든 관련 공시는 재무제표에 포함되었는가?	
	b. 기업이 소유한 자산의 명백한 권리가 인정되는가?	
	c. 유형자산계정명세서는 총계정원장과 일치하는가?	
	d. 유형자산이 실제로 존재하며 의도한 목적으로 사용하고 있는가?	
	e. 유형자산은 적합한 방법을 적용해 평가했는가?	
	f. 기업은 임차자산을 장기사용할 계약상 권리를 갖고 있는가?	
	g. 유치권 · 저당권이 설정된 유형자산은 적절히 공시되어 있는가?	
	h. 현금지출과 미지급금 계상 및 유형자산 취득의 회계기간구분은 적절한가?	
	i. 감가상각비계정에 무형자산 상각액이 포함되어 있는가?	
	j. 내용연수의 추정 및 감가상각비의 계산방법은 재무보고체계에서 인정하는 방법을 따르고 있는가?	

요구사항

상기 유형자산의 감사목표와 구체적 감사절차를 서로 짝지으시오. 단, 하나의 감사목표에 하나 이상의 감사절차가 대응될 수 있다.

2 경영진주장, 감사목표 및 구체적 감사절차 - 매입채무

다음은 매입채무계정에 적용하는 감사절차(a~h), 경영진주장(1~8) 및 감사목표(9~16)를 기술한 것이다.

구체적 감사절차	경영진주장	감사목표
a. 구매와 대금지급 관련계정은 적절히 표시되어 있는가?	1. 실재성 · 발생사실	9. 실재성
b. 구매와 자산취득거래는 적절한 기간에 기록되어 있는가?	2. 권리와 의무	10. 완전성
c. 매입채무계정명세서가 관련 보조기록과 일치하고, 총계는 올바르게 계산되었으며 총계정원장과 일치하는가?	3. 완전성	11. 권리와 의무
d. 매입채무 구성항목은 적절히 분류되었는가?	4. 평가와 배분	12. 평가와 배분
e. 매입채무계정명세서에 포함된 매입채무는 모두 실제 존재하는가?	5. 정확성	13. 정확성
f. 실제 발생한 매입채무는 누락 없이 매입채무계정명세서에 기록되었는가?	6. 기간귀속	14. 기간귀속
g. 매입채무 구성항목은 재무보고체계에 따라 적절하게 평가되었는가?	7. 표시	15. 분류
	8. 분류	16. 표시

요구사항

각 구체적 감사절차에 해당되는 경영진주장과 감사목표를 연결하시오.

3 감사절차의 유형과 관련 감사목표

다음은 대구회사의 여러 유형의 구체적 감사절차를 기술한 것이다.

(1) 현금지출분개장의 금액을 계산검증하고 잔액을 총계정원장으로 추적하다.
(2) 유형자산취득명세서에서 표본을 추출하여 관련 매도인송장이 존재하는지 조사하다.
(3) 주요 상품의 재고자산회전율을 계산하고 전년도와 비교하다.
(4) 지급어음에서 표본을 추출하여 지급어음금액, 이자율, 담보액 등을 조회하다.
(5) 매입채무명세서를 계산검증하고, 총계정원장잔액과 비교하다.
(6) 적절한 회계기간에 기록되었는지를 검증하기 위하여 재무제표일 전후에 취득한 유형자산거래를 중심으로 장부기록을 조사하다.
(7) 관련 직원이 거래처로부터 수금한 현금이 누락 없이 기록하는지 관찰하다.
(8) 매출채권의 회수가능성을 채권담당자에게 질문하다.

요구사항

1. (1)부터 (8)까지의 감사절차는 통제테스트, 거래유형 세부테스트, 실증적인 분석적절차, 계정잔액 세부테스트 중 어느 절차에 해당하는가?
2. 각 감사절차는 어떤 감사목표(전반적 합리성, 발생사실, 권리와 의무, 실재성, 완전성, 정확성, 평가와 배분, 기간귀속, 분류, 표시)를 충족시키기 위한 절차인지 서술하시오.

4 감사절차

감사기준서에서는 감사계획 수립을 위한 위험평가절차와 추가감사절차로 구분하고, 추가감사절차를 다시 통제테스트와 실증절차로 구분하고 있다.

요구사항

1. 감사인은 감사계약 체결 후 감사계획을 수립하기 위해 위험평가절차를 수행한다. 추가감사절차를 실시하기 전에 (1) 위험평가절차를 수행하는 이유를 서술하고, (2) 위험평가절차를 수행할 때 사용하는 감사증거수집방법을 기술하시오.
2. 대한(주)는 외상주문을 받은 상품을 매출승인하기 전에 거래처의 신용을 조사해 승인을 받도록 하는 통제절차를 운용하고 있다.
   (1) 내부통제 이해단계에서 이러한 절차가 존재하는지 확인하기 위한 감사증거수집방법을 제시하시오.
   (2) 대한(주)의 감사인은 통제테스트단계에서 신용승인절차가 회계기간중에 실제 효과적으로 운용되는지 평가하고자 한다. 이를 위해 감사인이 수행해야 할 감사절차를 서술하시오.

5 분석적절차(Ⅰ) (KICPA)

분석적절차란 재무적 또는 비재무적 자료나 항목을 대상으로 중요한 비율과 추세 등을 분석하여 비경상적인 항목을 발견하는 절차를 말한다.

요구사항

1. 감사인이 분석적절차를 감사계획 수립단계, 실증절차단계 및 의견형성단계에서 실시하면 어떤 효과를 기대할 수 있는가?
2. 분석적절차를 적용할 때 필요한 기본전제는 무엇인가?
3. 감사계획 수립단계, 실증절차 수행단계, 의견형성단계에서 분석적절차를 사용할 수 있다. 다음 표의 두 번째 열에서는 이러한 분석적절차와 관련된 세 가지 질문을, 세 번째 열에서는 이러한 질문에 대응하는 가능한 방안을 열거하고 있다.

질 문	질문내용	가능한 방안
가	절차를 수행할 회계사는?	1. 현장책임공인회계사 2. 계정담당공인회계사
나	절차를 수행하는 목적은?	a. 거래유형과 계정잔액에 중요한 왜곡사항이 존재하지 않는다는 확신을 감사인이 얻기 위해 b. 감사인이 파악한 내용과 재무제표가 전체적으로 일치하는지를 확인하기 위해 c. 재무제표의 비경상적인 변동을 확인하고 감사위험을 파악하기 위해
다	중점 수행 절차의 대상 및 내용은?	① 전체 재무제표 및 재무제표가 적절히 표시되고 공시사항을 포함하고 있는지 ② 재무제표 본문에서 별도 항목(line item)으로 표시되는 계정잔액 및 이들 계정간의 관계 ③ 특정 계정잔액 및 이들과 독립된 예측치 간의 비교

단계별로 위 표에서 「가능한 방안」 중의 한 가지를 선택하여 아래 표를 작성하시오.

질 문	계획단계(A)	실증절차단계(B)	의견형성단계(C)
가			
나			
다			

6 분석적절차(Ⅱ)

대한회사의 재무제표감사에서 강한국 회계사는 분석적절차를 실시해 다음과 같은 사항을 발견하였다.

(1) 과거 수년간 매출액 대비 판매수수료 비율은 일정했으나, 당기 비율은 급격하게 증가하였다. 계약조건을 검토한 결과, 판매원에게 지급하는 수수료 비율의 변동은 없었다.
(2) 재고자산회전율이 4년 전부터 감소하는 추세를 보이고 있다.
(3) 유동자산 대비 재고자산의 비율은 4년 전부터 증가하는 추세이다.
(4) 매출채권의 회수기간이 3년간 증가하는 추세이다.
(5) 매출채권 대비 대손충당금 비율이 3년간 감소하는 추세이다.
(6) 전체 유형자산에 대한 감가상각비의 비율이 전기보다 현저히 낮고, 금액도 감소하였다.

요구사항

각 사항에서 발생가능한 왜곡표시위험의 성격과 유형을 기술하시오.

7 분석적절차(Ⅲ) (AICPA)

다음 (1)~(6)은 김정직 회계사가 나래(주) 재무제표 비율을 분석하는 과정에서 발견한 사항이다.

(1) 재고자산회전율이 전기와 비교할 때 급격하게 증가하였다.
(2) 매출채권회전율이 전기와 비교할 때 급격하게 감소하였다.
(3) 대손충당금이 전기와 비교할 때 급격히 증가하였으나 매출채권 대비 대손충당금 비율은 전기와 비교할 때 감소하였다.
(4) 장기부채가 전기와 비교할 때 급격히 증가하였으나, 이자비용은 장기부채가 증가한 비율보다 더 큰 비율로 증가하였다.
(5) 전기와 비교할 때 수익성이 감소하였으나 영업이익은 증가하였다.
(6) 매출총이익률은 전기와 비교할 때 변동이 없었으나 당기 매출총이익은 전기 대비 증가하였다.

요구사항

(1)~(6)에서 비율의 변동원인을 가장 잘 설명한 사례를 아래에서 선택하시오. 아래의 각 사례는 중복선택이 가능하며, 선택하지 않을 수 있다. 나래(주)의 회계연도는 12월 31일에 종료한다.

〈사 례〉

(가) 12월에 적송한 제품을 적송시점에서 매출로 기록했으나, 다음 연도 1월초에 매출로 인식해야 하는 거래이다.
(나) 12월에 매출환입으로 입고된 재고자산을 기록하지 않았다.
(다) 다음 연도초에 구입한 상품을 올해말에 구입한 것으로 기록하였다.
(라) 12월말에 구입한 재고자산을 기록하지 않았다.
(마) 전기와 비교하여 올해말 매출액이 더 높은 비율로 증가하였다.
(바) 전기와 비교하여 올해말 매출액이 더 낮은 비율로 증가하였다.
(사) 전기와 비교하여 매출액 증가율이 매출원가 증가율과 동일하였다.
(아) 전기와 비교하여 매출액 증가율이 매출원가 증가율보다 높은 비율로 증가하였다.
(자) 전기와 비교하여 매출액 증가율이 매출원가 증가율보다 낮은 비율로 증가하였다.
(차) 단기차입금을 더 낮은 이자율조건으로 장기차입금으로 차환하였다.
(카) 단기차입금을 더 높은 이자율조건으로 장기차입금으로 차환하였다.

8 분석적절차(Ⅳ) (KICPA)

공인회계사 김칼날 씨는 (주)분식의 감사계획 수립단계에서 잠재적으로 위험이 있는 분야를 파악하기 위하여 당기와 전기의 재무제표를 비교분석하였다.

재무상태표 (단위 : 천원)

과 목	20×3	20×2	과 목	20×3	20×2
현 금	₩50,000	₩40,000	매 입 채 무	₩130,000	₩100,000
매 출 채 권	200,000	100,000	단기차입금	200,000	100,000
재 고 자 산	200,000	100,000	장기차입금	100,000	50,000
투 자 자 산	150,000	100,000	자 본 금	150,000	100,000
유 형 자 산	200,000	150,000	자본잉여금	120,000	100,000
감가상각누계액	(100,000)	(50,000)	이익잉여금	100,000	40,000
무 형 자 산	100,000	50,000			
합 계	₩800,000	₩490,000	합 계	₩800,000	₩490,000

손익계산서 (단위 : 천원)

과 목	20×3	20×2
매 출 액	₩2,000,000	₩1,800,000
매 출 원 가	1,600,000	1,584,000
매출총이익	400,000	216,000
판 매 비	50,000	40,000
관 리 비	40,000	60,000
영 업 이 익	310,000	116,000
기 타 수 익	180,000	150,000
기 타 비 용	400,000	100,000
법인세비용	30,000	50,000
당기순이익	₩60,000	₩116,000

요구사항

김칼날 회계사가 상기 비교재무제표 분석결과를 이용하여 중점감사항목(매출액과 매출채권, 매출원가와 재고자산, 투자자산, 자본금과 자본잉여금, 비용의 누락여부)으로 감사보조자에게 지시하는 이유를 분석적절차의 결과를 근거로 제시하시오.

♠사례연구

계속감사를 받는 제조기업 감사절차 수행의 문제점

정환일 회계사는 비상장중소기업인 한강제조회사를 13년째 감사하고 있다. 한강제조회사의 김도출 사장을 비롯한 경영진의 탁월한 경영관리능력으로 지난 10년간 괄목할 만한 성장과 이익을 실현하였다. 정 회계사는 한강제조회사의 경영진과 긴밀한 관계를 유지해 왔으며 수년간 기업발전에 도움을 주는 건설적 제안을 해왔음을 자랑스럽게 생각하고 있다. 지난 몇 년 동안 정 회계사가 속한 회계법인에서는 몇 차례 감사현장책임자를 교체할 것을 고려했으나 그때마다 정 회계사와 김 사장의 강력한 반대로 무산되었다.

감사초기에는 기업의 내부통제가 취약하고 회계담당자 자질도 부족했다. 감사중에 수집해야 할 감사증거량이 많았고 왜곡표시도 많이 발생했다. 정 회계사의 지속적인 조언으로 내부통제는 점진적으로 개선되었고, 올해에는 적격한 능력을 갖춘 새로운 회계책임자도 채용하였다.

최근에는 감사수정사항이 전혀 발생하지 않았고 수집해야 할 감사증거의 양도 점차 감소하였다. 지난 3년 동안 정 회계사는 감사업무수행의 상대적 용이성과 감사과정에서 구축한 협력관계로 감사시간을 절약할 수 있었다.

당기감사에서 정 회계사는 총감사예정시간을 최근 몇 년과 거의 동일하게 계획하였다. 새로 감사팀에 합류한 나누리 회계사는 감사업무에 뛰어난 자질을 갖추고 있으며, 감사시간을 계획보다 단축하는 것으로 유명하다. 최근 기업이 합병으로 사업영역을 확장해 감사시간이 늘어날 것으로 예상했지만 정 회계사는 나 회계사가 효율적인 감사를 실시해 이를 충분히 극복할 수 있을 것으로 판단하였다.

당기에 회사는 재고자산관리 및 회계처리의 전산시스템을 변경하고 회계책임자를 교체했다. 감사중 예년보다 높은 수준의 왜곡표시가 발견되어 기중에 실시한 통제테스트에서 계획보다 약간 많은 시간이 소요되었다. 정 회계사와 나 회계사는 기말감사에서 충분히 만회할 수 있다고 판단해 시간초과에 특별한 관심을 두지 않았다.

기말감사에서 나 회계사는 실사 경험은 없지만 유능하고 업무처리가 신속한 감사보조자에게 재고자산 실사입회를 모두 맡겼다. 재고자산 총액이 증가했는데도 감사보조자는 전기에 왜곡표시가 거의 없었다는 이유로 표본규모를 전기 수준보다 감소시켰다. 그는 전기보다 감사시간을 25% 단축해 실사를 완료했다. 모든 감사일정은 예정대로 진행되었으며 전기와 비교해 총시간은 약간 단축되었다. 감사결과에 따라 몇 개의 왜곡표시수정분개가 발생했으나 그중 두 개만이 중요했다. 정 회계사는 감사결과에 매우 만족하였고 나 회계사와 감사보조자에게 노고를 치하하였다.

6개월 후 정 회계사는 김 사장으로부터 기업이 심각한 자금난을 겪고 있다는 연락을 받았다. 정 회계사가 실시한 후속조사에서 재고자산이 중요하게 과대평가되었다는 사실이 발견되었다. 폐기처리한 재고자산을 재고자산에서 제외하지 않았고 새로운 전산시스템에서 처리된 가격계산에 오류가 있었으며, 기말 재고자산계정명세서에는 존재하지 않은 재고자산이 장부에 기록되어 있었다. 새로 채용한 회계책임자가 사장의 지시에 따라 전기보다 매출액이 감소한 사실을 은폐하려고 재고자산을 고의적으로 과대계상하였다.

요구사항

감사절차의 문제점을 다섯 가지 지적하고 이유를 설명하시오.

CHAPTER 5

감사증거와 감사위험

제 1 절 감사증거 질과 양의 결정

제 2 절 감사증거의 수집방법

제 3 절 감사조서

제 4 절 중요성과 감사위험

학습목표

이 장의 학습을 완료하면 다음 질문에 답변할 수 있어야 한다.

1. 감사증거는 형태별 또는 원천별로 분류할 수 있다. 각 분류유형에 따른 감사증거는 어떠한 특징을 갖고 있는가?
2. 감사증거의 질적 기준으로는 관련성과 신뢰성을 들 수 있다. 관련성 있는 감사증거를 획득하기 위해 감사인이 고려해야 할 사항은 무엇인가? 감사증거의 신뢰정도를 결정하는 요인은 무엇인가?
3. 감사의견을 형성하기 위해 충분한 감사증거를 수집해야 한다. 감사인은 수집해야 할 감사증거량을 어떻게 결정하는가?
4. 감사증거를 수집하는 절차로 질문, 검사, 관찰, 외부조회, 재계산, 재수행 및 분석적절차를 들 수 있다. 이들 각각의 감사증거의 수집방법은 어떠한 상황에서 적합한가?
5. 감사조서는 회계장부와 감사보고서를 상호 연결하며 유의적 사항에 대한 결론의 근거자료를 제공하는 기능을 갖는다. 감사조서를 작성하는 목적과 기대하는 효과는 무엇인가?
6. 중요성을 결정할 때 양적요소뿐만 아니라 질적요소도 고려한다. 양적요소는 어떠한 방식으로 결정하며, 질적요소로 어떠한 사항을 고려해야 하는가?
7. 감사위험은 고유위험, 통제위험과 적발위험의 결합으로 나타나는데, 각 위험의 결정요인은 무엇인가?
8. 감사위험평가는 어떠한 단계를 걸쳐 이루어지며, 감사인이 각 단계에서 고려해야 할 요소로 어떤 것이 있는가?
9. 감사위험과 감사증거량, 그리고 중요성의 사이에는 서로 어떠한 관계가 있는가?

한눈에 살펴보는 이 장의 내용

감사인이 감사의견을 표명하기 위해서는 충분하고 적합한 감사증거를 수집해야 한다. 적합한 감사증거란 달성하고자 하는 감사절차의 목적과 관련이 있고 신뢰할 수 있는 증거를 말하며, 충분한 감사증거란 감사의견을 형성하기 위해 수집해야 할 감사증거의 양을 말한다.

감사증거를 입수하는 절차로 질문, 검사, 관찰, 조회, 재계산, 재수행과 분석적절차가 있다. 질문은 기업 내·외부의 관련 지식이 있는 사람에게 질문을 해 정보를 구하는 것으로 감사의 모든 과정에서 폭넓게 이용된다. 검사는 물리적 자산을 실사하거나 기록이나 문서를 검사하는 행위를 말한다. 관찰은 타인이 수행하는 과정이나 절차를 육안으로 확인하는 방법이다. 조회는 감사인이 회계정보를 확인하기 위해 거래처 등에 조회내용을 회신을 받는 방법이다. 재계산은 회계기록을 대상으로 산술적 정확성을 확인하거나 계산검증을 수행하는 것을 말한다. 재수행에서는 내부통제 일부로서 기업이 수행한 절차와 통제를 감사인이 독립적으로 수행해 비교한다. 분석적절차는 거래나 계정잔액이 전반적으로 합리적인지 확인하기 위해 비율이나 추세를 분석하는 방법이다.

감사인은 감사의견 형성을 위해 자신이 입수한 감사증거를 문서화하거나 파일로 감사조서를 보존한다. 감사조서는 감사인이 회계감사기준과 법규 요구사항에 따라 감사를 계획하고 수행했다는 사실을 증명하는 기능을 갖는다. 감사조서는 법규에 따라 일정기간 보존해야 하며, 감사조서 소유권은 감사인에게 있으나 사용과 처분에는 일정한 제한이 있다.

중요성은 재무제표에 포함된 왜곡표시금액의 크기나 성격이 회계정보이용자의 합리적인 판단에 미치는 영향력의 크기를 말한다. 왜곡표시된 금액이 중요한지는 기업의 성격이나 규모에 따라 차이가 있다. 감사인은 양적요소인 규모뿐만 아니라 질적요소인 왜곡표시의 성격을 동시에 고려하여 중요성을 결정한다. 감사인은 자신이 사전에 설정한 중요성기준과 기업이 수정하지 않은 왜곡표시를 비교해 감사의견을 결정한다.

감사위험은 중요하게 왜곡표시된 재무제표에 대해 적절하지 않은 감사의견을 표명할 위험을 말한다. 감사인은 달성하고자 하는 감사위험의 목표수준을 미리 설정하고, 기업의 이해절차와 내부통제의 평가절차를 수행해 중요왜곡표시위험을 평가한다. 이러한 평가절차를 기초로 실증절차계획을 수립한다.

제 1 절 감사증거 질과 양의 결정

Ⅰ. 감사증거의 본질

• 감사증거 : 감사의견의 근거가 되는 결론에 도달하기 위해 이용한 정보

감사증거(audit evidence)는 감사인이 감사의견의 근거가 되는 결론에 도달하기 위해 이용한 정보로 재무제표의 기초가 되는 회계기록에 포함된 정보와 다른 원천에서 입수한 정보를 모두 포함한다. 감사인은 충분하고 적합한 감사증거를 수집해 감사의견을 표명하므로, 감사증거는 의견형성의 기초가 된다.

감사증거의 적합성과 충분성을 결정짓는 요인은 재무제표의 왜곡표시가능성과 밀접한 관계가 있다. 재무제표의 왜곡표시가능성이 높은 계정과목이 존재하거나 내부통제가 효과적이지 않으면, 감사인은 충분하고 적합한 감사증거를 수집하기 위해 많은 노력을 해야 한다. 반대의 상황이라면 감사증거 수집에 상대적으로 적은 노력을 기울일 수 있을 것이다.

Ⅱ. 감사증거 질과 양의 결정요인

1. 감사증거 질을 결정하는 요인

• 적합성 : 감사증거의 질적 척도로, 감사증거의 관련성과 신뢰성

「감사기준서 500」에서 규정하고 있는 적합한 감사증거란 달성하고자 하는 감사절차의 목적과 관련이 있고 신뢰할 수 있는 증거를 말한다. 적합성(appropriateness)은 감사증거의 질적 척도로, 감사증거의 관련성과 신뢰성을 말한다. 적합성이 높을수록 감사증거의 질은 강화된다.

(1) 관련성

감사증거의 관련성(relevance)은 감사인이 달성하고자 하는 감사목표, 즉 경영진주장과 논리적으로 연결된 정도를 의미한다. 감사증거의 관련성은 테스트

• **관련성**: 감사인이 달성하고자 하는 감사목표와 논리적으로 연결된 정도

• **역진법**: 총계정원장을 모집단으로 설정해 표본을 추출하여 관련 증빙을 대조하는 방법

• **전진법**: 거래증빙을 모집단으로 설정해 표본을 추출하고 총계정원장을 대조하는 방법

방향에 영향을 받는다.

예를 들어 기업이 고객에게 인도한 상품을 누락 없이 당기 매출액으로 기록했는지(완전성) 검증한다고 하자. 이때 감사인이 총계정원장에 기록된 매출거래 중에서 표본을 추출하여 이를 거래증빙으로 추적했다고 하자(이를 '역진법'이라 함). 감사인이 표본으로 추출한 매출거래는 실제로 발생했다는 실재성목표를 검증한 것이므로[1] 이때 입수한 감사증거로는 완전성목표를 달성할 수 없다. 거래증빙에서 표본을 추출해 총계정원장으로 추적(이를 '전진법'이라 함)하면, 상품을 인도했으나 매출로 기록하지 않은 거래를 적발할 수 있어 완전성목표를 달성할 수 있다.

감사증거의 입수시기도 관련성에 영향을 미친다. 보고기간말 재무상태와 관련한 증거는 보고기간말에 근접해 입수해야 관련성이 높다. 손익계산서는 일정기간의 경영성과를 나타내므로 추출한 표본이 회계기간에 걸쳐 분포하면, 몇 개월을 대상으로 입수한 증거보다 관련성이 높다.

(2) 신뢰성

• **감사증거의 신뢰성이 높은 상황**
① 기업 외부의 독립된 원천에서 입수
② 기업이 수립한 관련 내부통제가 효과적
③ 감사증거를 감사인이 직접 입수
④ 감사증거제공자가 전문성이 있음

관련성을 갖는 동시에 신뢰할 수 있는 감사증거를 수집해야 높은 질의 감사증거를 확보할 수 있다. 감사증거가 감사목표와 관련성이 높더라도 기업이 변조했을 가능성이 높다면 감사증거능력은 떨어진다. 감사인은 기업이 생산한 정보를 이용할 때 해당 정보의 신뢰성을 평가해야 한다.

감사증거의 신뢰성(reliability)은 감사증거의 객관성 및 정확성의 정도를 말한다. 감사증거의 신뢰성은 ① 정보제공자의 독립성, ② 내부통제의 효과성, ③ 감사인의 직접적인 입수활동, ④ 정보제공자의 전문성에 영향을 받는다.

2. 감사증거의 양을 결정하는 요인

• **충분성**: 감사증거의 양적 척도

감사인은 감사의견 형성을 위해 충분한 감사증거를 입수하고 평가해야 하는데, 충분성(sufficiency)은 수집해야 할 감사증거의 양과 관련이 있다. 필요한 감

1) 거래가 발생하면 "거래증빙 → 회계전표 → 분개장 → 보조원장 → 총계정원장"의 순서로 회계장부가 기록된다. 거래순서대로 거래증빙에서 표본을 추출하여 총계정원장으로 추적하면 전진법이라고 부르고, 거래순서의 역방향인 총계정원장에서 표본을 추출하여 거래증빙으로 추적하면 역진법이라고 표현한다.

사증거의 양은 본장 제4절에서 설명할 감사대상항목의 중요성과 감사위험(왜곡표시위험)의 평가수준에 따라 결정된다.2)

핵심 감사증거량의 결정요인

① 감사위험(왜곡표시위험)을 높게 평가할수록 입수해야 할 감사증거량은 증가한다.
② 감사대상항목의 중요성을 크다고 판단할수록 입수해야 할 감사증거량은 증가한다.
③ 수집한 감사증거의 질이 높을수록 입수해야 할 감사증거량은 상대적으로 감소한다.

"입수해야 할 감사증거량을 결정한다"라는 표현은 "감사범위를 결정한다"라는 의미이다. 실무에서는 모집단(감사대상전체)에서 일정량의 표본을 무작위로 추출해 모집단의 적절성 여부를 추정하는 표본감사방법을 사용한다.

- 감사범위 확대
  =증거수집량 증가
  =표본규모 증가

표본감사에서 감사증거량은 모집단에서 추출해야 할 표본규모(sample size)를 의미한다. 감사인이 감사범위를 확대한다거나 증거수집량을 증가시킨다는 표현은 추출해야 할 표본규모를 증가시킨다는 의미이다. 표본규모를 증가시키면 수집하는 감사증거량은 증가하고, 감사의견을 적절하게 표명하지 못하여 발생하는 감사위험이 감소해 감사의견의 확신수준을 높일 수 있다.

제 2 절 감사증거의 수집방법

Ⅰ. 감사증거의 수집방법

핵심 감사증거의 수집방법

감사기준서에서는 감사증거의 수집절차로 ① 질문, ② 검사, ③ 관찰, ④ 조회, ⑤ 재계산, ⑥ 재수행, ⑦ 분석적절차를 제시하고 있다.

2) 표본감사에서 표본규모(감사증거량)는 신뢰도(1－감사위험수준)와 정도(precision, 중요성의 허용수준)에 따라 결정된다.

1. 질 문

• **질문**: 기업 내・외부의 관련 지식이 있는 자로부터 정보를 구하는 것으로, 감사의 전 과정에 걸쳐 폭넓게 이용된다.

질문(inquiry)은 기업의 내・외부의 재무나 비재무 분야의 관련 지식을 갖추고 있는 사람에게 서면질의 또는 구두질문을 해 정보를 구하는 것을 말한다. 우발채무의 존재여부, 채권의 회수가능성에 관한 의견, 유형자산의 진부화 정도, 재무제표일 후에 발생한 중요사항 등을 검토하기 위해 사용한다. 중요한 구두진술은 내용과 함께 언제, 누구와 실시했는지 감사문서에 포함해야 한다.

질문은 감사의 모든 과정에서 폭넓게 이용된다. 경험이 많은 감사인은 간단한 질문으로 짧은 시간에 많은 단서를 얻어 다음 감사절차의 출발점으로 삼는다. 감사인은 질문에 대한 답변을 기초로 감사절차를 변경하거나 추가적인 감사절차를 수행하기도 한다.

감사인은 질문으로 많은 증거를 얻을 수 있으나, 경영진이 자신에게 유리하게 답변할 수 있다. 이러한 이유로 감사인은 질문으로 입수한 정보에 대해 추가 감사절차를 수행해 보강하거나 확인해야 한다. 예를 들어 특정거래의 기록에 관한 통제절차를 감사할 때 감사인은 기업담당자에게 질문한 후 답변한 내용대로 통제절차를 운용하는지 관찰 등으로 검증해야 한다.

2. 검 사

검사(inspection)는 물리적 자산을 실사하거나 기록・문서를 검사하는 행위를 말한다.

(1) 자산의 실사

• **자산의 실사**: 자산의 실재성에 관한 신뢰성 있는 감사증거를 제공하나, 자산의 소유권이나 평가(품질, 진부화 정도 등)에 관한 정보를 제공하지는 않는다.

물리적 자산의 검사는 실사라고도 부른다. 실사(physical examination)는 감사인이 기업의 실물자산의 수량을 직접 확인하는 방법이다. 실사는 현금, 재고자산, 유가증권, 받을어음, 유형자산 등과 같은 물리적 자산을 검증할 때 사용한다.

실사는 자산의 실재성을 검증하는 수단 중 가장 신뢰할 수 있으며 객관적인 방법이다. 현금, 유가증권, 받을어음 등 상호융통이 가능한 자산은 동시에 실사해 상호 대체가능성을 차단해야 하며, 재무제표일에 실사해 증거의 적시성을 확보해야 한다.

(2) 기록과 문서의 검사

• 기록 · 문서의 검사 : 성격과 원천 그리고 생성에 대한 내부통제의 효과성에 따라 감사증거의 신뢰성이 달라진다.

종이나 전자 또는 기타 매체형태의 기록 또는 문서의 검사는 성격, 원천 및 생성에 대한 내부통제 효과성에 따라 감사증거의 신뢰성이 달라진다.

핵심 문서적 증거의 신뢰성 수준

제삼자가 작성 · 보관 > 제삼자가 작성, 기업이 보관 > 기업이 작성 · 보관

외부증거인 제삼자가 작성 · 보관하는 문서적 감사증거가 신뢰성이 가장 높고, 내부증거인 기업이 작성 · 보관하는 문서적 감사증거가 신뢰성이 가장 낮다. 기업이 작성한 문서라도 내부통제 효과성에 따라 신뢰수준은 달라진다. 기록과 문서를 조사하는 방법으로 증빙대조(vouching)와 전기대조(post referencing)를 가장 많이 사용한다.

증빙대조는 기록의 원천대상인 증빙서류와 장부의 회계기록을 비교해 정확성을 확인하는 방법이다. 즉 거래기록이나 재무자료가 정당하고 타당한지를 확인하기 위해 회계기록의 근거가 되는 증빙서류를 조사해 회계장부와 비교한다. 전기대조는 관련계정 상호간 혹은 장부와 장부 간 기록내용의 일치여부를 비교하는 방식으로 수행한다.

3. 관　찰

• 관찰 : 기업측 인원이 실시하는 재고자산 실사나 통제활동 수행을 감사인이 관찰하는 것과 같이, 관찰은 타인이 수행하는 어떤 과정이나 절차를 육안으로 보는 것으로 이루어진다.

관찰(observation)은 타인이 수행하는 과정이나 절차를 육안으로 확인하는 방법이다. 실사관찰과 수행관찰을 포함하며 입회라고 표현하기도 한다.

감사인은 관찰의 일부로서 감사과정에서 다양한 대상에 대해 시각, 청각, 촉각과 후각을 사용한다. 공장을 방문하여 시설 및 업무 전반을 이해한다든지, 시설 노후화와 재고자산의 진부화 정도를 육안으로 확인하는 것도 관찰에 해당한다.

관찰은 어떤 과정이나 절차의 수행에 대한 증거를 제공한다. 관찰은 특정시점에서만 수행되므로, 감사대상은 감사인이 관찰하는 시점에서만 과정이나 절차를 적합하게 수행할 수 있기 때문에 증거로서 한계가 있다.

4. 조 회

• 조회 : 문서나 전자형태 또는 기타 형태의 매체로, 제삼자(조회대상자)가 감사인에게 직접 회신하도록 해 회계정보를 확인하는 방법이다.

조회(confirmation)는 감사인이 회계정보를 확인하기 위해 거래처 등에 조회내용을 종이, 전자문서 및 기타 형태의 매체를 이용해 회신을 받는 방법이다. 주로 예금 및 매출채권, 채무, 기업 외부에 보관중인 재고자산이나 자산권리증서, 계류중인 소송사건, 여신기관으로부터의 차입, 매입채무잔액 등의 계정잔액과 구성내역을 확인하기 위해 사용한다. 때로는 거래나 계약의 변경여부, 이면거래의 존재여부를 확인하기 위해 사용하기도 한다.

외부조회(external confirmations)는 기업이 아닌 제삼자로부터 감사증거를 입수하므로 신뢰성이 매우 높다. 시간과 비용이 많이 들며, 응답자의 회신부담 때문에 적용대상범위는 다소 제한적이다.

5. 재계산

• 재계산 : 문서나 기록의 산술적 정확성을 검사하는 것으로, 수작업 또는 전자적 수단으로 수행할 수 있다.

재계산(recalculation)은 회계기록을 대상으로 가로 또는 세로의 합계, 잔액, 적수 등 산술적 정확성을 확인하거나 계산검증을 수행하는 것을 말한다. 감사인은 기업이 계산한 금액이 자신의 계산 결과와 일치하는지를 확인한다.

예를 들어 감가상각비나 이자비용의 계산, 재고자산에서의 가로 및 세로계산 등을 확인한다. 이때 가로계산(extension)은 단가 ₩30, 수량 20개의 재고자산을 평가할 때 ₩30×20개＝₩600의 계산을 말한다. 세로계산(footing)은 이 계산의 결과인 ₩600, … 등 여러 항목의 값을 세로로 합산한 결과를 의미한다. 재계산은 수작업이나 전자적 수단을 이용해 수행한다.

6. 재수행

• 재수행 : 기업이 내부통제의 일부로서 수행한 절차와 통제를 감사인이 독립적으로 실행하는 것을 말한다.

재수행(reperformance)은 내부통제의 일부로서 기업이 수행한 절차와 통제를 감사인이 독립적으로 수행한 결과와 상호 비교하는 것을 말한다.

재계산에서는 산술적 정확성을 감사인이 직접 검증하지만, 재수행에서는 계산 이외의 다른 절차를 감사인이 직접 수행한다. 예를 들어 감사인이 은행계정조정표를 직접 작성해 기업이 작성한 은행계정조정표와 비교·검증하는 방식이 재수행에 해당한다.

7. 분석적절차

• **분석적절차**: 재무데이터와 비재무데이터 간의 관계를 분석해 재무정보를 평가하는 방법이다.

분석적절차(analytical procedures)는 거래나 계정잔액이 전반적으로 합리적인지 확인하기 위해 구성요소간의 비재무적 상관관계 또는 중요한 재무비율 및 추세를 분석하는 것을 말한다. 제4장에서 이미 상세하게 설명하였다.

Ⅱ. 감사인의 감사증거수집 의사결정

감사인은 감사증거의 질, 감사증거의 양, 감사증거의 입수시기에 관한 감사증거수집을 의사결정해야 한다. 이때 감사증거의 질은 감사방법(성격)의 선택과 관련이 있고, 감사증거의 양은 감사범위(표본의 규모와 추출방법)의 결정 그리고 감사증거의 수집시기는 감사시기와 관련이 있다.

예를 들어 매출채권 감사에서 매출채권잔액을 외부조회 혹은 문서검사할 것인지는 감사방법의 선택에 해당한다. 조회대상을 거래처 전부 혹은 일부로 할 것인지의 결정은 표본규모의 결정 및 추출방법의 선택에 해당하며, 조회서를 언제 발송·입수할 것인지는 감사시기의 결정에 해당한다.

감사인의 이러한 세 가지 의사결정을 부문별로 상세하게 기술하면 부문별 세부감사계획이 된다.

핵심 감사인의 감사증거수집 의사결정

- 감사증거의 질 → 어떤 종류의 감사증거를 수집할 것인가(감사성격의 결정)
- 감사증거의 양 → 표본규모는 얼마로 할 것인가(감사범위의 결정)
  → 모집단에서 어떤 항목을 추출할 것인가(추출방법의 선택)
- 증거수집의 시기 → 감사증거를 언제 수집할 것인가(감사시기의 결정)

제 3 절 감사조서

감사조서는 감사의 시작에서부터 감사의 종료시점까지 감사의견을 형성하기 위해 감사인이 입수한 증거자료와 서류의 집합체이다. 감사조서는 종이, 필름 및 시디롬(CD-ROM)이나 광파일 등의 전자 혹은 기타 매체 형태로 보존해야 한다.

감사기준서에서는 감사문서화(audit documentation) 또는 감사파일(audit file)이라는 명칭을 사용한다. 감사조서에는 감사인이 적용한 감사절차, 감사절차 수행중에 발견한 사항 및 입수한 모든 증거자료, 감사목적 달성에 관한 결론의 근거를 포함한다.

감사조서는 감사인이 회계감사기준과 관련 법규의 요구사항에 따라 감사를 계획하고 수행했다는 사실을 대내외적으로 증명하는 기능을 갖는다. 감사인은 감사를 전반적으로 이해할 수 있도록 충분하고 적합하게 감사조서를 적시에 작성해야 한다.

Ⅰ. 작성목적과 기능

감사조서는 회계장부와 감사보고서를 상호 연결하며 유의적 사항의 결론에 대한 근거를 제공한다. 감사조서를 작성하는 목적과 기대효과는 다음과 같다.

(1) 전반적인 감사목적 달성에 관한 결론의 근거자료

감사인이 감사업무를 수행하는 목적은 재무제표를 공정하게 표시하고 있는지에 대해 감사의견을 표명하기 위해서이다. 감사조서는 감사인이 수행한 감사절차에서 입수한 모든 정보, 감사결과와 결론을 포함하고 있다. 감사인은 최종단계에서 감사조서에 포함된 증거를 기초로 감사의견을 형성하며, 감사조서를 검토해 결론을 뒷받침할 수 있는 증거를 충분하게 수집했는지 확인한다.

(2) 실시한 감사업무의 감사기준 및 관련법규 요구사항 준수에 대한 증거기능

감사인은 회계감사기준을 준수하여 감사를 수행했다는 사실을 감사보고서에 기술한다. 감사조서는 감사를 합리적으로 계획했고, 보조자를 적절히 감독했으며, 내부통제의 설계와 운용상태를 평가하였고, 감사의견을 뒷받침할 만한 충분한 감사증거를 입수했으며, 재무제표가 재무보고체계에 따라 재무상태와 재무성과를 공정하게 표시하고 있고, 재무제표에 공시된 모든 중요한 사항이 누락되거나 왜곡표시되지 않았는지 감사하였다는 사실을 대내외적으로 입증하는 역할을 한다.

감사조서는 관련법규에서 규정한 감사인의 법적 책임과 관련하여 감사인이 임무를 게을리하지 않았다는 입증자료로도 사용된다. 감사인이 정당한 주의를 기울여 감사를 수행했어도 이러한 사실을 입증하는 증거를 감사조서에 포함하지 않으면 감사인의 무과실을 입증하기 힘들 수 있다.

(3) 감사업무의 계획과 수정에 도움

감사조서는 감사인이 당기에 실시하는 감사업무를 조직화하고 조정하는 수단으로 이용된다. 감사업무의 진행상황을 조직적으로 감사조서에 기록하면 실시한 감사절차와 보완해야 할 사항을 쉽게 파악할 수 있다.

(4) 차기감사계획의 지침

감사인은 전기감사조서를 참조해 당기 감사업무를 계획하고 수행한다. 전기감사조서를 검토하면 당기감사에서 유의해야 할 감사항목을 파악하고 이에 대응할 수 있는 적합한 감사절차를 수립할 수 있다.

Ⅱ. 감사조서의 구성과 작성방법

1. 감사조서의 구성

계속감사에서는 효율적인 감사를 위해 감사조서를 영구조서(permanent file)와 당기조서(current file)로 구분한다. 당기에만 필요한 당기조서와 당기 이후에도 필요한 영구조서를 구분하면 감사업무를 효율적으로 수행할 수 있다.

(1) 영구조서

• **영구조서**: 당기 이후에도 필요한 감사조서

당기감사뿐만 아니라 당기 이후에도 감사에서 사용할 중요한 자료를 갱신해 정리한 조서이다. 예를 들어 정관, 법인등기부등본, 사업자등록증, 중요한 법적 문서, 계약서 및 의사록의 발췌 또는 복사본 등은 영구조서로 구분해 보관한다.

(2) 당기조서

• **당기조서**: 당기에만 필요한 감사조서

당기감사에서 감사인이 작성하고 입수한 감사증거를 정리한 조서로서 매년의 정기조서이다. 당기조서의 예로는 감사프로그램, 분석자료, 감사쟁점, 유의적 사항의 요약, 조회확인 및 진술서, 각종 점검표 등이 있다.

2. 감사조서의 형식상 구비요건

감사의견 형성에 필요한 내용을 과부족 없이 감사조서에 문서화하는 작업은 실무적으로 쉽지 않다. 해당 감사목표와 관계없는 내용이나 불필요한 사항을 열심히 기록해도 의미가 없으며, 감사의견 형성에 필요한 유의적 사항을 빠짐없이 문서화해야 한다.

감사조서는 ① 감사기준 및 관련 법규를 준수하기 위해 수행한 감사절차의 성격, 시기 및 범위, ② 감사절차의 수행결과와 입수한 감사증거, ③ 유의적 발견사항과 전문가적 판단과 결론 등을 충분히 이해할 수 있도록 작성해야 한다.

3. 최종감사파일의 취합

감사인은 감사문서를 적시에 작성해야 한다. 감사인은 모든 감사를 종료한 후 회계법인 자체의 품질관리기준에 따라 적시에(회계감사기준에서는 일반적으로 감사보고일로부터 60일 이내로 예시) 단일의 감사파일 형태로 최종감사파일(final audit file)을 취합해야 한다.

감사인은 최종감사파일의 취합을 완료한 후 기존 감사문서를 수정하거나 새로운 감사문서를 추가할 필요가 있다. 이러한 상황에서는 ① 감사문서를 수정하거나 추가하는 구체적인 이유와 ② 감사문서를 수정 · 추가하고 이를 검토한 사람과 시기를 문서화해야 한다. 이는 감사조서의 보존기간중에 감사파일을 무단으로 위조하거나 삭제 또는 변조하는 행위를 방지하기 위해서이다.

Ⅲ. 감사조서의 보존과 소유권

1. 보존기간

• 감사조서의 보존기간
① 외부감사법 : 8년
② 상법 : 10년
③ 감사기준 : 5년 이상

감사인은 감사조서를 안전하게 보관할 수 있도록 적절한 보존절차를 수립해야 한다. 감사조서는 보존기간 종료 전까지 어떤 성격의 감사문서도 삭제하거나 폐기해서는 안 된다.

「외부감사법」에서는 감사조서를 감사종료시점부터 8년간 보존하되, 이를 위조 · 변조 · 훼손 및 파기하지 못하도록 규정하고 있다. 「상법」에서는 상업장부 보존기간을 10년(전표 또는 이와 유사한 서류는 5년)으로 규정하고 있다. 「품질관리기준서 1」에서는 감사관련 문서를 감사보고서일로부터 5년 이상 보존하도록 규정하고 있다.

2. 소유권

• **감사조서의 소유권**: 감사인이나 사용과 처분에는 일정한 제한이 존재

감사조서의 소유권은 법정감사이든 임의감사이든 기본적으로 감사인에게 있다. 감사인이 작성한 감사조서는 기업의 업무내용과 관련이 있지만 자기 책임에 관한 증거이므로 감사인의 소유이다.

감사조서에는 기업의 영업내용이나 기밀사항 등이 포함되므로 사용이나 처분에는 일정한 제한이 있다. 감사인은 감사업무 수행중에 알게 된 직원의 보상내역이나 생산품원가, 경영전략, 광고계획 등이 기록된 감사조서를 감사 종료 후에도 타인에게 유출해서는 안 되며, 기밀이 유지되도록 안전하게 보관해야 한다. 감사인은 감사조서를 출납이나 열람할 때 책임자의 허가를 받도록 해야 하며, 문서를 외부로 유출할 때에는 보관증을 받는 등 필요한 조치를 취해야 한다.

감사인이 감사조서 내용을 타인에게 공개하기 위해서는 다른 법률에서 특례를 인정하지 않는 한 반드시 기업의 동의를 얻어야 한다. 예를 들어 후속감사인이 전기감사조서를 열람하기 위해서는 전임감사인에게 열람을 요청해야 하며, 전임감사인은 의뢰인의 동의를 얻어야만 후속감사인에게 공개할 수 있다.

감사인 재량으로 감사조서의 일부 또는 일부의 발췌 내용을 고객인 기업에 제공할 수 있으나, 제공한 감사조서를 기업의 회계기록으로 대체할 수는 없다. 왜냐하면 감사조서는 감사의견을 지지하기 위한 증거자료이며, 재무제표 작성책임은 기업경영진에게 있기 때문이다.

제 4 절 중요성과 감사위험

중요성과 감사위험은 감사인이 수집해야 할 증거의 양을 결정하는 데 중요한 영향을 미친다. 왜곡표시의 성격이나 금액이 중요하다고 판단할수록 그리고 감사의견을 잘못 표명할 위험을 낮게 통제해야 할수록, 감사인이 수집해야 할 감사증거의 양은 증가한다.

감사보고서에서 재무제표감사에 대한 감사인의 책임문단은 "우리의 목적은 재무제표에 전체적으로 부정이나 오류로 인한 중요한 왜곡표시가 없는지에 대하여 합리적인 확신을 얻어 우리의 의견이 포함된 감사보고서를 발행하는 데 있습니다"라고 기술하고 있다. 여기에서 "중요하게 왜곡표시되지 않았다"라는 표현은 합리적 이용자의 경제적 의사결정에 영향을 미치지 않을 것으로 예상하는 중요하지 않은 왜곡표시는 고려하지 않는다는 의미이다. "합리적인 확신을 얻는다"라는 표현은 감사위험을 수용가능한 수준 이하로 감소시키되 재무제표의 공정한 표시를 절대적인 수준으로 보장하지 않는다는 뜻이다. 즉 전자는 중요성의 관점에서, 후자는 감사위험의 관점에서 기술된 문구이다.

감사인이 재무제표의 공정한 표시에 대해 어느 수준의 감사위험과 중요성을 설정하느냐는 증거수집의 양과 질에 직결된 문제이며, 감사계획을 수립할 때 가장 핵심적인 요소이다.

Ⅰ. 중요성

• **중요성** : 누락 등 왜곡표시가 재무제표에 기초한 이용자의 경제적 의사결정에 영향을 미칠 것으로 예상하면 중요하다고 간주한다.

중요성(materiality)은 재무제표에 포함된 왜곡표시금액의 크기나 성격이 개별적으로 또는 집합적으로 회계정보이용자의 합리적인 판단에 미치는 영향력의 크기를 말한다.[3)]

재무제표 왜곡표시가 재무제표이용자의 경제적 의사결정에 영향을 미칠 것으로 예상한다면 그러한 정보는 중요하다고 판단한다. 예를 들어 합리적인 이용자(a prudent person)가 누락 등의 왜곡표시가 없었다면 다른 의사결정을 내렸을 상황이라면 그 정보는 중요하다고 본다.

1. 중요성의 판단기준

중요성의 판단기준은 감사인이 재무제표이용자의 의사결정에 개별적으로 또

3) 감사기준서 320에서는 재무제표감사를 계획하고 수행할 때 중요성 개념을 적용해야 하는 감사인 책임을 다루고 있다. 감사기준서 450에서는 식별된 왜곡표시가 감사에 미치는 영향과 미수정왜곡표시가 재무제표에 미치는 영향을 평가할 때 중요성의 적용을 설명하고 있다.

는 집합적으로 영향을 미칠 것으로 판단하는 왜곡표시의 크기 또는 특성을 사전에 설정한 기준이다. 감사기준에서 중요성의 절대적 기준을 제시하지 않고 있다. 왜냐하면 중요성은 상대적 개념으로 상황에 따라 감사인이 전문가적 판단을 해야 하기 때문이다.

왜곡표시된 금액이 중요한지는 기업의 성격이나 규모에 따라 차이가 있다. 자본, 자산 혹은 매출액의 크기 그리고 거래유형 또는 계정잔액 성격에 따라 금액의 중요성은 달라진다. 감사인은 양적요소인 규모뿐만 아니라 질적요소인 왜곡표시의 성격을 고려하여 중요성을 결정한다.

(1) 양적요소

• 양적요소(벤치마크) : 재무제표의 공정표시 여부를 결정하는 중요성기준으로 금액이나 비율을 사용

양적요소란 재무제표를 재무보고체계에 따라 공정하게 표시하고 있는가를 결정할 때 금액이나 비율면에서의 중요성을 판단하는 기준이다. 중요성 결정은 전문가적 판단을 수반하는데, 백분율이나 금액은 특정의 선택된 벤치마크로서 적용된다. 회계감사기준에서는 양적요소를 벤치마크(benchmark)라고 표현한다.

가장 많이 사용하는 양적요소는 법인세비용차감전순이익과 매출액의 크기 또는 비율이다. 법인세비용차감전순이익의 변동성이 큰 기업이나 비영리조직은 매출총이익이나 매출이 보다 적합한 벤치마크가 될 수 있다. 자산총계, 부채총계, 순운전자본 및 순자산의 크기나 비율도 벤치마크로 자주 사용한다. 예를 들어 법인세비용차감전순이익의 5% 또는 법인세비용차감전순이익 10억원 이상을 중요한 금액으로 설정할 수 있다.

(2) 질적요소

• 질적요소 : 중요성기준으로 왜곡표시의 성격이나 특징을 사용

질적요소는 왜곡표시의 성격이나 특징이 재무제표에 미치는 영향을 고려해 판단하는 기준이다. 질적요소도 중요성을 판단할 때 영향을 미친다. 왜냐하면 왜곡표시금액이 동일해도 다음의 예와 같이 상황에 따라 다르게 영향을 미치기 때문이다.

- 부정을 수반하는 왜곡표시는 동일한 금액의 고의성 없는 왜곡표시보다 중요하다.

- 어떤 조건을 충족해야 하는 계약에서는 그러한 조건과 연계된 항목이 중요하다. 예를 들어 당기순이익의 보고를 조건으로 부채계약을 체결하면, 경영진은 당기순손실을 당기순이익으로 전환시키기 위해 의도적으로 왜곡표시할 수 있다. 이때 중요한 금액(양적요소)에는 해당하지 않더라도 왜곡표시 성격(질적요소)이 재무제표에 미치는 영향은 중요하다.
- 추세분석에 영향을 미치는 왜곡표시는 중요하다. 예를 들어 왜곡표시 금액을 수정해 절대액 또는 순이익증가율이 전기보다 감소한다면 왜곡표시는 금액의 크기와 관계없이 중요하다.
- 회계추정과 불확실성을 수반하는 왜곡표시는 중요하다. 예를 들어 수익, 원가 또는 비용 측정에 복잡한 추정과 주관이 개입되면 불확실성으로 인한 왜곡표시는 더 유의적이다.

2. 중요성 판단기준의 설정

중요성기준은 상대적인 개념이므로 모든 기업이나 감사인에게 획일적으로 적용하기는 어렵다. 높은 감사품질을 추구하는 위험회피성향의 감사인은 중요성기준을 보다 엄격하게 설정하려 할 것이고, 반대 성향의 감사인은 상대적으로 느슨하게 기준을 설정할 것이다. 동일한 감사인이라도 감사대상기업의 특성에 따라 중요성기준을 달리 적용한다.

다음은 중요성 판단기준을 설정하는 사례이다.

▶ 중요성 판단기준의 설정사례

(1) 다음의 금액은 반증이 없는 한 중요하다고 본다.
　가. 손익에 영향을 미치는 왜곡표시사항은 다음 사항 중 작은 금액
　　① 자산총계의 3%와 매출액의 3% 중 작은 금액
　　② 법인세비용차감전순이익의 15%
　나. 손익에 영향을 미치지 않는 왜곡표시사항은 다음의 금액
　　① 재무상태표항목은 자산총계의 5%
　　② 손익계산서항목은 매출액의 5%
(2) 다음의 금액은 반증이 없는 한 중요하지 않다고 본다.
　가. 손익에 영향을 미치는 왜곡표시사항은 '(1) 가'의 금액의 2/3에 상당하는 금액
　나. 손익에 영향을 미치지 않는 왜곡표시사항은 다음의 금액
　　① 재무상태표항목은 자산총계의 3%

② 손익계산서항목은 매출액의 3%

(3) (1)과 (2)의 양적요소에 해당 항목의 특성이나 왜곡표시성격 등의 질적요소를 추가적으로 고려하는데, 다음을 포함한다.
① 당기순손실을 당기순이익으로 또는 당기순이익을 당기순손실로 변경시키는 금액
② 자기자본을 (+)에서 (−)로 또는 (−)에서 (+)로 변경하는 금액

위의 사례를 요약하면 다음 표와 같다.

		중요하지 않음			중요함		
		미만 ←		이상 →	미만 ←		이상 →
〈손익의 영향〉	• 자산총계(B/S) 혹은 매출액(I/S) 기준*		2%			3%	
	• 법인세비용차감전 순손익기준		10%			15%	
〈손익 이외의 영향〉	• 자산총계(B/S) 혹은 매출액(I/S) 기준		3%			5%	

* 두 기준 중 작은 금액으로 한다.

위의 사례에서 감사인은 손익에 영향을 미치는 왜곡표시사항에 대해 '자산총계 혹은 매출액의 3%(사례의 (1))'를 '중요하다'라는 기준으로 설정하였다. 그런데도 '중요하지 않다'라는 판단기준인 '2%(사례의 (2))'를 별도로 설정하는 이유는 무엇일까?

추가로 고려해야 할 질적요소가 없다면 매출액의 2% 미만 금액은 '중요하지 않다'라고 결론을 내린다. 감사인이 2%와 3% 사이에 해당하는 왜곡표시를 발견하면, 중요성 판단기준인 3%를 초과하지 않는지를 높은 수준의 전문가적 의구심을 갖고 보수적으로 검토해야 한다. 왜곡표시가 3% 이상이라고 평가하면 '재무제표가 중요하게 왜곡표시되었다'라고 결론을 내린다.

• 수행중요성 설정수준
① 수행중요성<재무제표 전체의 중요성
② 수행중요성<특정 거래유형과 계정잔액 및 표시에 대한 중요성

중요하지 않다고 판단하기 위해 보수적으로 설정한 경곗값인 2%를 수행중요성이라고 부른다. 수행중요성(performance materiality)은 감사인이 원래 계획하던 재무제표 전체(또는 특정 거래유형과 계정잔액 및 표시)의 중요성(위 사례 3%)보다 엄격한 수준(after hair-cut)으로 설정한 금액(위 사례 2%)이다. 예를 들어 감사인이 감사계획을 수립할 때 수행중요성을 재무제표 전체의 중요성금액의 2/3로 낮춰 설정해 실증절차를 수행하기로 결정할 수 있다. 수행중요성이 재무제표 전체의 중요성금액보다 작다는 것은 실증절차를 수행할 때 기준

이 되는 중요성금액을 엄격하게 설정한다는 의미이다. 재무제표 전체의 중요성금액보다 수행중요성을 낮게 설정하는 이유는 다음과 같다.

감사인은 왜곡표시와 중요성을 비교해 재무제표에 대한 감사의견을 표명한다. 감사인은 감사를 수행하여 발견한 왜곡표시를 회사 경영진에게 수정하도록 요구한다. 이때 경영진이 수정을 거부한 왜곡표시를 미수정왜곡표시라고 표현한다. 감사인은 모집단 전체가 아닌 일부를 표본으로 추출해 감사를 수행한다. 감사하지 않은 항목에도 왜곡표시가 존재할 수 있는데, 통계적으로 추정해 계산한 것을 미발견왜곡표시라고 부른다.

감사인이 실무수행목적으로 중요성(재무제표 전체)을 보다 낮은 수준으로 설정하면, 재무제표의 미수정왜곡표시와 미발견왜곡표시의 합계가 재무제표 전체수준으로 합산되었을 때 원래의 중요성을 초과할 가능성을 적절하게 낮은 수준으로 감소시킬 수 있다. 즉 감사인이 감사계획단계에서 여러 요소를 고려해 재무제표 전체의 중요성금액을 설정했으나 감사수행단계에서 보다 낮은 금액(수행중요성)으로 조정하면 원래 계획했던 감사증거량보다 더 많은 양을 수집해야 한다. 이렇게 수집해야 할 감사증거량이 증가하면, 감사인이 발견하지 못한 왜곡표시가 존재할 가능성을 낮은 수준으로 통제할 수 있다.

수행중요성은 중요성과 마찬가지로 재무제표 전체수준, 특정 거래유형과 계정잔액 및 표시수준에서 설정할 수 있다. 실무적으로 수행중요성은 단순하게 기계적으로 계산하는 것은 아니며 과거의 감사결과나 당기 위험평가절차 수행중 기업에 대해 갱신된 이해 등을 고려한 전문가적 판단에 따라 설정된다.

• 수행중요성은 수집해야 할 감사증거량을 결정할 때 적용하고, 감사의견을 형성할 때에는 재무제표 전체수준의 중요성을 적용한다.

수행중요성은 실무적으로 수집해야 할 감사증거량을 결정할 때 적용하는 개념이다. 감사종료 후 감사의견을 형성할 때에는 수행중요성이 아닌 감사계획단계에서 설정한 재무제표 전체수준의 중요성을 적용해야 한다. 예를 들어 재무제표 전체수준의 중요성은 10억원, 수행중요성은 8억원이라고 하자. 감사인은 수행중요성(8억원)에 따라 감사증거량을 결정하지만, 감사의견을 형성할 때에는 재무제표 전체수준의 중요성(10억원)과 미수정왜곡표시와 비교해 감사의견에 미치는 영향을 결정한다. 감사인은 10억원(재무제표 전체수준의 중요성)이 아닌 8억원(수행중요성)의 중요성금액에 따라 감사증거를 수집했으므로 보다 많은 감사증거량을 확보할 수 있다. 이와 같이 수행중요성은 감사인이 왜곡표시를 발견하지 못할 감사위험을 안전하게 낮추는 안전판 역할을 한다.

3. 중요성기준과 감사의견

• **투영왜곡표시**: 표본조사에서 발견한 왜곡표시를 모집단으로 투영해 계산한 금액으로 모집단에서 존재할 것으로 추정하는 왜곡표시를 의미한다.

감사인은 각 계정의 감사절차를 수행한 후 발견한 모든 왜곡표시를 종합해 기업 전체의 입장에서 왜곡표시의 중요성을 평가한다. 예를 들어 매출채권의 외부조회를 실시해 200개의 표본에서 6개의 왜곡표시를 발견했다면 이를 기초로 매출채권계정 모집단에 존재할 것으로 추정하는 총왜곡표시를 계산한다.

예를 들어, 매출채권을 구성하는 거래처 수가 1,000개라고 하자. 감사인은 이 중 200개를 표본으로 추출해 외부조회를 실시하므로 나머지 800개에 존재할 수 있는 왜곡표시를 추정해야 하는데, 이러한 절차를 투영이라고 한다. 이렇게 계산한 모집단의 총왜곡표시 투영액을 투영왜곡표시(projected misstatement)라고 한다.

감사인은 각 계정에서 투영된 왜곡표시의 총계(투영왜곡표시)를 중요성의 기준치(허용왜곡표시)와 비교하며, 이때 허용왜곡표시는 수행중요성이 아닌 원래의 재무제표 전체수준의 중요성이다. 투영왜곡표시가 허용왜곡표시보다 크면 재무제표가 공정하게 표시하고 있다고 판단하지 않는다. 이때 감사인은 기업에 왜곡표시를 수정하도록 요구하며, 경영진이 수정을 거부하면 중요성 정도에 따라 감사의견을 제한한다.

핵심 중요성기준의 설정 이유

중요성기준을 미리 설정하는 이유는 감사증거의 수집계획을 수립하고 입수한 감사증거를 평가해 감사의견 종류를 결정하기 위해서이다.

(1) 감사계획의 수립

중요성기준(허용왜곡표시)을 높게(느슨하게) 설정하면 실증절차를 축소(감사증거량 감소)하는 감사계획을 수립한다. 중요성기준을 낮게(엄격하게) 설정하면 실증절차를 확대(감사증거량 증가)하는 감사계획을 수립한다.

(2) 감사결과의 평가

① 투영왜곡표시 > 중요성기준(허용왜곡표시): 한정의견, 부적정의견 또는 의견거절을 표명

② 투영왜곡표시 ≤ 중요성기준(허용왜곡표시): 적정의견을 표명

Ⅱ. 감사위험

• **감사위험** : 중요하게 왜곡표시된 재무제표에 대해 적합하지 않은 감사의견을 표명할 위험을 말한다.

실무에서는 감사대상자료를 전수조사하지 않고 대부분 표본감사를 수행한다. 감사인은 절대적 확신이 아닌 합리적 확신(reasonable assurance)을 기초로 감사의견을 표명한다.

표본감사에서는 선정한 표본이 모집단을 적절히 대표하지 못할 위험(표본위험)이 발생할 수 있다. 감사를 수행한 표본에 왜곡표시가 존재하는데 감사인의 부주의로 발견하지 못할 가능성(비표본위험)도 존재한다. 감사보고서의 감사인 책임문단 중 "합리적인 확신을 얻어" 그리고 감사의견문단 중 "우리의 의견으로는"이라는 문구는 이러한 위험의 존재가능성을 암시한다.

감사위험(audit risk)은 중요하게 왜곡표시된 재무제표에 대해 사실과 다른 감사의견을 표명할 위험이다.[4] "1－감사위험"은 표명한 감사의견의 확신수준(level of assurance)을 의미한다.

감사위험은 모든 회계기록을 전수조사할 수 없는 상황에서는 반드시 발생한다. 감사인은 감사위험을 수용가능한 수준 이하로 감소시킬 수 있도록 감사계획을 적절하게 수립해야 한다.

1. 감사위험의 구성요소

감사위험은 고유위험, 통제위험, 적발위험의 세 가지 요소로 구성된다. 감사위험은 이들 세 가지 구성요소의 곱으로 표시되는데, 이를 감사위험모형(audit risk model)이라고 부른다.

▶ 감사위험모형

$$AR = IR \times CR \times DR$$

AR : 감사위험 (Audit Risk)　　IR : 고유위험 (Inherent Risk)

CR : 통제위험 (Control Risk)　　DR : 적발위험 (Detection Risk)

---

4) 국제감사기준에서는 재무제표에 중요한 왜곡표시가 없는데 중요하게 왜곡표시되었다고 의견을 잘못 표명할 위험(통계에서의 제1종 오류)은 감사위험에서 제외하고 있다. 왜냐하면 이러한 제1종 오류가 발생하면 기업은 이의를 제기하고 이에 따라 감사인이 추가적인 또는 확대된 후속감사절차를 수행하면 제거되기 때문이다.

감사기준서에서는 고유위험과 통제위험을 구분하지 않고 이 둘을 결합($IR \times CR$)하여 감사착수 이전에 재무제표가 중요하게 잘못 표시되어 있을 위험인 중요왜곡표시위험(risks of material misstatement)이라고 표현한다. 감사인은 개별상황이나 실무적 고려에 따라 이 둘을 분리하거나 결합해 평가할 수 있다.

다음에서는 세 가지 구성위험을 개별적으로 살펴본 후 이들의 상호관계를 설명한다.

(1) 고유위험

• **고유위험** : 기업의 내부통제와는 관계없이 중요한 계정잔액이나 거래유형이 중요하게 왜곡표시될 가능성으로, 감사인 노력이나 기업의 효율적인 내부통제 운용에 따라 감소하는 위험이 아니다.

고유위험(inherent risk)은 내부통제를 고려하기 전에 거래유형과 계정잔액 및 표시에 대한 경영진주장이 개별적으로 또는 다른 왜곡표시와 결합하여 중요하게 왜곡표시될 가능성을 말한다. 즉 기업이 속한 산업 특성이나 계정과목 성격 등으로 재무제표를 구성하는 거래유형과 계정잔액에 부정이나 오류가 내재될 위험이다.

고유위험의 발행가능성은 계정잔액 및 거래유형의 성격에 따라 다르다. 예를 들어 현금은 재고자산보다 도난위험이 높으며, 회계추정이 반영된 계정은 확정거래로 이루어지는 계정보다 왜곡표시위험이 높다. 환경적인 요소도 고유위험에 영향을 미친다. 예를 들어 산업기술 발전은 특정제품을 진부화시키므로 재고자산이 과대계상될 위험은 높아진다.

고유위험은 감사인 노력이나 기업의 내부통제 운용에 따라 감소될 수 있는 위험이 아니다. 단지 감사인은 감사계획단계에서 고유위험을 평가하고 감사계획에 적절히 반영할 수 있을 뿐이다.

고유위험의 결정요인은 재무제표 전체수준과 개별 계정잔액 및 거래유형의 수준으로 나눈다. 전반감사계획을 수립할 때 재무제표 전체수준에서 고유위험을, 세부감사계획을 수립할 때에는 주요 계정잔액이나 거래유형별로 고유위험을 평가한다.

1) 재무제표의 전체수준

재무제표 전체수준의 고유위험은 재무제표 전체에 전반적으로 관련되므로 다수의 경영진주장에 영향을 미친다.

① **부정위험요소** 경영진이나 기업이 부정을 범할 수 있는 기회나 동기

• **부정위험요소**: 경영진·기업이 부정을 범할 수 있는 기회나 동기 또는 수단을 제공할 수 있는 사건이나 주변상황

또는 수단을 제공할 수 있는 부정위험요소(risks of fraud)가 클수록 고유위험을 높게 평가해야 한다.

경영진의 특성 및 통제환경과 관련된 부정위험요소는 산업여건이나 영업특성 등과 관련된 부정위험요소와는 달리 통제위험의 결정요인이기도 하다. 감사실무에서는 부정위험요소를 감사위험 평가모형과는 별도로 분리해 독립적으로 평가하기도 한다.

② **경영진의 정직·성실성** 기업의 지배구조가 정상적으로 작동하지 않고 소유권이 분산되어 있지 않으며, 성실하지 못한 대주주가 직접 경영하는 기업에서 작성되는 재무제표는 왜곡표시가능성이 높다.

③ **사업의 성격 및 산업적 요소** 기업이 속한 산업 및 사업 성격에 따라 위험의 정도가 다르다. 예를 들어 전자회사의 재고자산은 제철회사의 재고자산보다 진부화가능성이 높으며, 제2금융권의 대여금 회수가능성은 시중은행의 대여금 회수가능성보다 낮다. 감사인은 동일한 계정과목이라도 기업의 사업성격에 따라 고유위험을 다르게 평가한다.

④ **계속감사실시의 여부** 계속감사를 수행하는 감사인은 기업의 왜곡표시위험에 대한 사전지식이 있다. 초도감사에서 감사인은 계속감사에 비해 더욱 광범위한 정보를 수집해야 한다. 왜냐하면 초도감사에서는 재무상태표항목의 기초잔액을 검증해야 하며, 기업 영업의 일반적인 지식이 부족하기 때문이다.

2) 개별 거래유형, 계정잔액 및 표시의 수준

감사인은 주요 거래 및 계정을 위주로 고유위험을 평가한다.

① **부정 및 횡령에 대한 민감도** 부정의 민감도가 높은 항목일수록 고유위험은 증가한다. 예를 들어 현금, 유가증권이나 어음 등은 재고자산보다 도난이나 횡령에 민감한 자산이다. 재고자산은 유형자산보다 도난의 가능성이 높다.

② **계정잔액의 크기** 일반적으로 기말잔액이 큰 계정은 잔액이 작은 계정보다 왜곡표시위험이 크다. 예를 들어 선급비용보다는 기말잔액이 큰 매출채권에서 왜곡표시 발생가능성이 높다.

③ **모집단의 크기, 성격과 구성내용** 모집단이 클수록 왜곡표시 발생가능성은 높아진다. 예를 들어 매출채권잔액이 같더라도 거래처 수가

많은 기업에서 왜곡표시 발생가능성은 증가한다.

모집단을 구성하는 내용도 왜곡표시 발생가능성에 영향을 미친다. 예를 들어 비슷한 계정잔액을 가진 매출채권이라도 고객 유형(대리점과 일반소매상 등)에 따라 위험의 정도는 달라진다. 관계기업과의 거래에서 발생하거나 장기간 회수가 지연되고 있는 매출채권은 다른 일반거래에서 발생한 매출채권보다 왜곡표시위험이 훨씬 높다.

④ **회계추정의 복잡성, 주관성 및 불확실성의 정도** 계정의 성격상 추정의 불확실성이나 복잡성이 요구되는 계정에서는 왜곡표시위험이 증가한다. 예를 들어 수주산업의 진행률 산정과 이에 따른 수익 및 미청구공사계정에서 왜곡표시가 발생할 위험은 높아진다.

(2) 통제위험

- 통제위험 : 계정잔액이나 거래유형에 존재하는 왜곡표시를 기업이 운용하는 내부통제가 적시에 예방·발견하지 못할 위험이다. 통제위험은 기업이 통제가능하나, 감사인은 원칙적으로 통제할 수 없다.

통제위험(control risk)은 개별적으로 또는 다른 왜곡표시와 결합된 왜곡표시를 기업의 내부통제가 적시에 예방하거나 발견하지 못할 위험이다.

통제위험의 수준은 내부통제의 설계와 운영의 효과성에 달려 있다. 기업이 왜곡표시를 예방하고 적시에 발견할 수 있도록 내부통제를 설계하고, 설계한 대로 운영하면 통제위험은 낮아진다.

1) 내부통제의 설계효과성

- 내부통제의 설계효과성 : 기업의 이해단계를 거친 후 평가

기업의 내부통제가 부정 또는 오류로 인한 재무제표 왜곡표시를 적시에 발견하고 예방할 수 있도록 효과적으로 설계되어 있는지에 따라 통제위험의 수준이 결정된다.

적절한 업무분장과 문서화절차, 하급자에 대한 체계적인 통제절차 규정 등 효과적으로 내부통제를 설계하면 통제위험은 감소한다. 이는 기업의 내부통제 운영효과성과는 관계없이 내부통제의 설계 자체의 유효성을 뜻하는 것으로 기업의 이해단계에서 평가된다.

2) 내부통제의 운영효과성

- 내부통제의 운영효과성 : 통제테스트단계를 거친 후 평가

내부통제를 효과적으로 설계해도 설계된 대로 운용하지 않으면 통제위험은 발생한다. 내부통제 운영상태가 양호할수록 통제위험은 낮아지는데, 내부통제의 운영효과성은 통제테스트단계에서 평가된다.

(3) 적발위험

• 적발위험 : 거래유형이나 계정잔액에 존재하는 중요한 왜곡표시가 감사인이 감사절차를 수행해도 적발하지 못할 위험이다. 적발위험은 실증절차의 성격, 범위 및 시기에 따라 조절이 가능하므로 감사인이 통제가능한 위험이다.

적발위험(detection risk)은 거래유형이나 계정잔액 등에 존재하는 중요한 왜곡표시가 감사인이 감사절차를 실시한 후에도 적발되지 않을 위험을 말한다.

감사인이 효과적인 감사절차를 수행하면 적발위험은 감소하므로 감사인이 적발위험의 발생수준을 조절할 수 있다. 적발위험수준은 감사인이 결정하는 감사절차의 성격, 시기 및 범위에 달려 있다. 감사인은 감사절차를 선택하고 감사범위를 결정하는 방식으로 적발위험을 통제한다.

표본감사를 전제로 할 때 적발위험은 표본위험과 비표본위험으로 구성된다.

1) 표본위험

• 표본위험 : 표본이 모집단을 완전히 대표하지 못해 발생하는 통계적 위험으로, 표본규모를 증가시키면 감소한다. 주로 감사범위와 관련이 있다.

감사인은 감사대상인 항목을 전수조사하지 않고 일부만을 표본으로 추출하는 표본감사를 실시한다. 이때 표본이 모집단을 완전히 대표하지 못해 발생하는 통계적 위험을 표본위험이라고 표현한다. 감사인은 감사범위를 확대(표본규모 증가)하거나 축소(표본규모 감소)하는 방식으로 표본위험을 통제한다.

2) 비표본위험

• 비표본위험 : 부적절한 감사절차의 선택 등으로 발생하며, 표본규모와 상관없이 감사인의 적격성이 부족하여 잘못된 결론에 도달할 가능성을 말한다.

비표본위험은 주로 감사인의 적격성이 부족하거나 정당한 주의의무를 다하지 못했을 때 등의 인적 요인으로 발생한다.

2. 감사위험의 구성요소와 궁극적 감사위험

감사위험을 세 가지 구성요소의 결합으로 표시하는 이유는 각 위험단계를 각각의 여과과정(filtering process)으로 볼 수 있기 때문이다. 궁극적 감사위험(ultimate audit risk)은 왜곡표시위험이 이러한 세 가지의 단계적 여과과정을 거친 후에도 마지막까지 남아 있는 최종위험을 의미한다. 예를 들어 감사인이 감사를 실시하고 표명한 감사의견에 재무제표에 포함된 중요한 왜곡표시를 적절히 반영하지 못했다고 하자. 이는 고유위험으로 발생한 중요한 왜곡표시가 기업의 내부통제에서 걸러지지 않았고, 감사인이 수행한 감사절차에서도 발견되지 않아 감사의견이 잘못 표명되었다는 의미이다.

도표 5-1
감사위험의 구성요소와 궁극적 감사위험

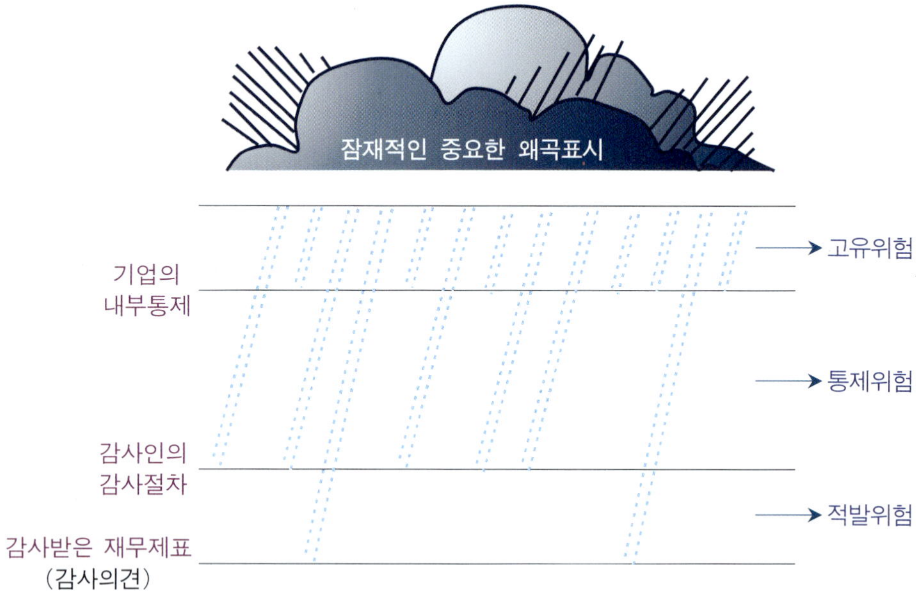

감사위험의 구성요소와 궁극적 감사위험 간의 관계를 정리하면 [도표 5-1]과 같다. 기상조건 및 구름의 종류에 따라 비가 어느 정도 내릴 것인지(고유위험의 정도)가 결정된다. 농부(기업)는 이러한 비(왜곡표시)가 농작물(재무제표 혹은 회계기록)에 주는 피해를 줄이기 위해 스스로 취할 수 있는 조치(내부통제의 효과적 설계와 운용)를 취한다. 이러한 농부의 노력에도 불구하고 일부 농작물은 어느 정도(통제위험의 수준) 비 때문에 피해를 입는다. 피해를 입은 농작물이 협동조합 검사원의 품질검사(감사인의 감사절차)를 거친 후에도 발견되지 않고(적발위험의 수준), 잘못된 등급으로 판정(감사의견)받아 소비자(정보이용자)에게 판매되면 이러한 피해는 궁극적으로 소비자가 부담할 것이다.

3. 감사위험 평가절차의 설계 및 적용

감사인 입장에서 세 가지 구성요소 중에서 고유위험과 통제위험은 평가대상이며, 감사인이 통제가능한 요소는 적발위험뿐이다. 적발위험수준은 실증절차의 성격, 시기 및 범위의 결정에 따라 조절가능하다.

감사인은 달성하고자 하는 감사위험의 목표수준을 미리 설정하고, 기업의 이해절차와 내부통제의 평가절차를 수행해 중요왜곡표시위험(고유위험 및 통제위험)을 평가한다. 이러한 평가절차를 기초로 적발위험 수준을 설정해 실증절차계획을 수립한다.

감사인이 수립한 감사절차에 따라 계정잔액 실증절차를 실시하면 일정 수준의 적발위험을 달성할 수 있다. 감사인이 모든 감사절차를 수행한 후 이론적으로 달성된 감사위험을 계산할 수 있는데, 이를 사전에 목표로 설정한 감사위험과 비교할 수 있다. 감사인은 달성감사위험수준이 목표감사위험수준을 초과하지 않도록 적절한 감사절차를 실시하고 감사증거를 수집해야 한다.

감사인은 감사위험의 평가절차를 다음과 같이 다섯 단계로 설계한다.

(1) [1단계] 감사위험의 목표수준 설정

〈감사위험의 설정 및 평가〉

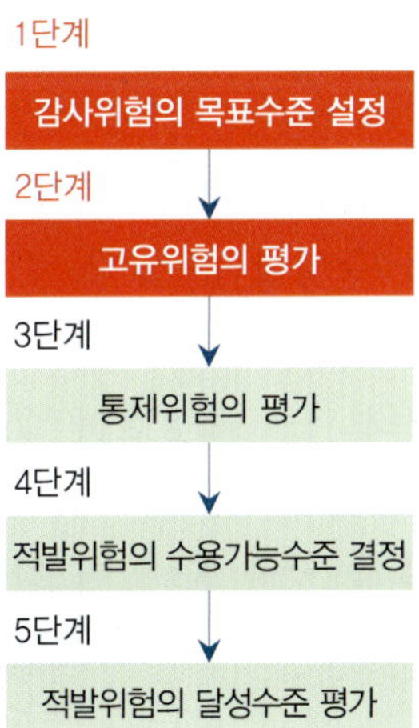

감사인은 감사를 실시하기 전에 자신이 수용하고자 하는 감사위험의 목표수준(목표감사위험 : planned audit risk)을 결정한다. 만약 목표수준을 1%로 설정한다면 기업의 재무제표에 적합한 감사의견을 표명하지 못할 위험을 1%로 통제하겠다는 의미이다.

감사인은 감사대상기업에 따라 목표감사위험을 다르게 설정한다. 예를 들어 감사보고서이용자로부터의 잠재적 소송가능성을 고려해 상장법인을 감사할 때에는 비상장법인보다는 목표수준을 엄격하게 통제해야 한다.

목표감사위험수준의 설정은 감사수임위험을 고려하는 데에서부터 출발한다. 감사수임위험(engagement risk)은 감사인이 감사업무의 수임으로 부담하는 위험이다. 예를 들면 감사보고서 발행 후 기업이 파산하면 감사실패가 없어도 감사인에 대한 외부정보이용자의 소송가능성은 매우 높아진다.

외부정보이용자의 재무제표에 대한 의존도가 높거나 기업이 재무적으로 취약해 기업실패위험이 높은 기업은 목표감사위험을 낮게(엄격하게) 설정해야 한다.

(2) [2단계] 고유위험의 평가

감사인은 감사위험의 목표수준을 결정한 후 고유위험을 평가한다. 고유위험 평가는 통상적으로 기업과 기업환경의 이해절차로서 실시된다. 감사인은 재무제표 전체수준 및 계정잔액과 거래유형 수준에서의 고유위험 결정요인을 고려하여 평가한다.

고유위험과 통제위험은 서로 긴밀하게 연관되어 있어 이들을 분리해 평가하는 방식은 적절하지 않을 수 있다. 실무에서는 고유위험과 통제위험(2단계와 3단계)을 함께 고려해 감사기준에서 정하고 있는 "중요왜곡표시위험"을 평가한다.

(3) [3단계] 통제위험의 평가

〈감사위험의 설정 및 평가〉

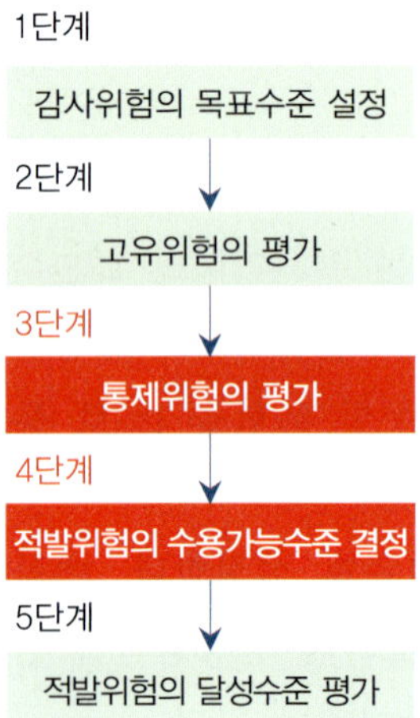

감사인이 내부통제를 평가하는 이유는 경제성 있는 감사를 실시하기 위해서이다. 기업의 내부통제가 효과적으로 운용된다면 감사비용이 가장 많이 발생하는 실증절차 범위를 축소할 수 있기 때문이다.

기업에 존재하는 실제 통제위험과 감사인이 평가하는 통제위험은 구분해야 한다. 기업의 실제 통제위험은 내부통제 유효성에 따라 결정되지만, 감사인이 평가하는 통제위험은 내부통제에 의존하려는 감사인의 의도수준에 따라 좌우되기 때문이다.

예를 들어 어떤 기업의 실제 통제위험이 10%라고 하자. 감사인은 기업의 실제 통제위험을 검증하기 위해 많은 시간과 노력을 투입할 수 있다. 감사인은 경제성을 이유로 20% 수준의 통제위험을 확인하는 감사계획을 수립할 수 있다. 통제위험을 높게 설정한 이유는 통제테스트보다는 계정잔액 실증절차에 더 의존하기 위해서이다. 감사위험은 고유위험, 통제위험과 적발위험의 결합확률이다. 실증절차 범위를 확대하면 적발위험을 낮출 수 있어 감사위험을 일정한 수준으로 유지할 수 있다.

(4) [4단계] 적발위험의 수용가능수준 결정

감사위험의 목표수준을 결정하고 왜곡표시위험(고유위험 및 통제위험)을 평가한 후 수용가능한 적발위험을 결정한다. 계정잔액 실증절차에서 적발위험의 수용가능수준(Acceptable Detection Risk : ADR)은 다음 식을 이용해 계산할 수 있다.

$$ADR = \frac{AR}{IR \times CR} = \frac{\text{목표감사위험}}{\text{왜곡표시위험}}$$

위 식은 목표감사위험(AR)이 일정하다고 가정할 때, 왜곡표시위험($IR \times CR$)

의 평가결과가 높으면 '수용가능한 적발위험(*ADR*)'의 수준을 엄격하게 설정해 감사범위를 확대해야 한다는 의미이다. 즉 중요왜곡표시위험($IR \times CR$)의 평가결과는 수용가능한 적발위험(*ADR*)과 역의 관계에 있다.

감사인은 어떤 실증절차를 수행하지 않아도 될 정도로 왜곡표시위험을 낮게 평가할 수 없다. 예를 들어 감사인은 목표감사위험(*AR*)을 5%로 설정하고 고유위험(*IR*)과 통제위험(*CR*)의 평가결과는 각각 20%와 15%라고 하자. 이때 고유위험과 통제위험의 곱의 결과인 중요왜곡표시위험($IR \times CR$)은 3%(=20%×15%)로, 이미 목표감사위험을 달성했다. 감사인은 이러한 상황에서도 실증절차를 완전히 생략할 수 없으며, 분석적절차 등 최소한의 실증절차는 실시해야 한다.

(5) [5단계] 적발위험의 달성수준 평가

〈감사위험의 설정 및 평가〉

1단계
감사위험의 목표수준 설정
2단계
고유위험의 평가
3단계
통제위험의 평가
4단계
적발위험의 수용가능수준 결정
5단계
적발위험의 달성수준 평가

감사인은 적발위험의 수용가능수준을 결정한 후 실증절차를 실시한다. 감사인은 실증절차 수행 후 달성한 감사위험의 수준(이하 '감사위험달성수준')이 사전에 설정한 감사위험목표수준에 일치하도록 감사를 실시해야 한다. 감사위험달성수준이 감사위험목표수준을 초과하면 추가적인 감사절차를 실시해야 한다.[5]

감사위험은 이론적으로 계산이 가능하지만 실무에서 측정하기는 어렵다. 이러한 이유로 실무에서는 중요왜곡표시위험을 평가할 때 위험이 낮음, 보통, 높음으로 설정해 이에 대응하는 보수적인 계량비율(예 : 50%, 80%, 100% 등)을 부여해 사용하기도 한다.

4. 감사위험의 응용

(1) 감사위험과 감사증거량

감사증거를 많이 수집할수록 감사위험의 발생가능성은 감소하지만 감사비용

5) 달성감사위험과 목표감사위험의 관계는 다음 표와 같다.

달성감사위험 = 목표감사위험	달성감사위험 > 목표감사위험	달성감사위험 < 목표감사위험
합리적인 확신수준	감사실패(효과성)	감사의 비능률(효율성)

도표 5-2
감사위험과 감사증거량

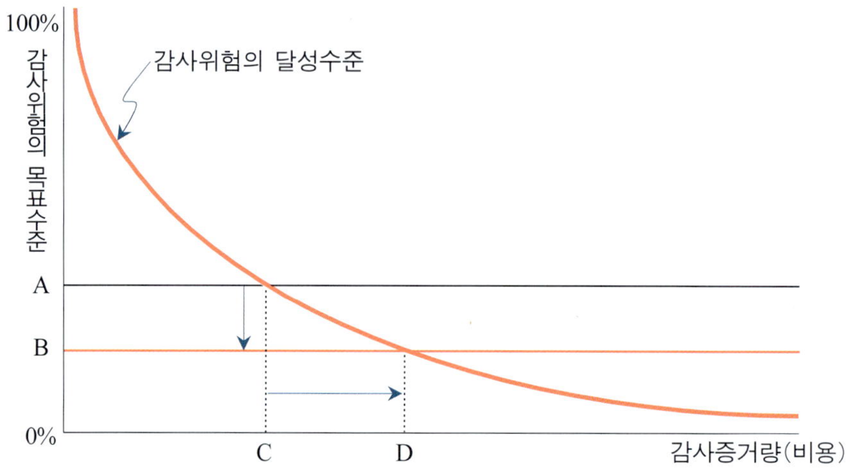

A : 수정 전 감사위험의 목표수준
B : 수정 후 감사위험의 목표수준
C : 수정 전에 필요한 감사증거량
D : 수정 후에 필요한 감사증거량

• 감사위험과 감사증거량 : 입수해야 할 감사증거량을 증가시킬수록 감사위험은 낮아진다.

은 증가한다. 감사인은 제한된 시간과 비용 때문에 비용 대비 효과를 고려하여 감사위험의 목표수준을 결정하고 이에 따른 증거수집량을 결정한다.

[도표 5-2]는 감사위험과 감사증거량 간의 관계를 나타낸 것이다. 동일한 감사위험의 달성수준을 유지하기 위해서는 감사위험의 목표수준을 낮게 설정할수록 증거수집량을 증가시켜야 한다. 예를 들어 감사위험의 목표수준을 A에서 B로 낮추려면 감사증거량을 C에서 D로 증가시켜야 한다.

감사증거량 증가는 감사위험 감소에 비례하지 않는다. 왜냐하면 감사위험의 목표수준을 추가로 낮추기 위해 입수해야 할 감사증거량은 가속적으로 증가하기 때문이다. 이러한 이유로 감사인이 감사위험의 목표수준을 변경할 때에는 비용과 효익을 고려해야 한다.

(2) 중요성과 감사위험의 상호관계

• 중요성과 감사위험 : 중요성금액을 작게(크게) 설정할수록 감사위험은 낮아(높아)진다.

실증절차에서 동일한 감사범위(증거수집량)를 가정할 때 중요성과 감사위험은 역의 관계에 있다. 즉 중요성수준이 높아질수록(엄격하게, 중요성금액이 작아질수록) 감사인은 목표감사위험은 낮게 설정해야 한다. 반대로 중요성수준이 낮아질수록(느슨하게, 중요성금액이 높아질수록) 감사인은 수용가능한 목표감사위험은 높게 설정할 수 있다. 감사인은 감사절차의 성격, 시기 및 범위를 결정할 때 이러한 중요성과 감사위험의 역의 관계를 고려해야 한다.

도표 5-3
감사위험, 중요성 및 증거수집량의 관계

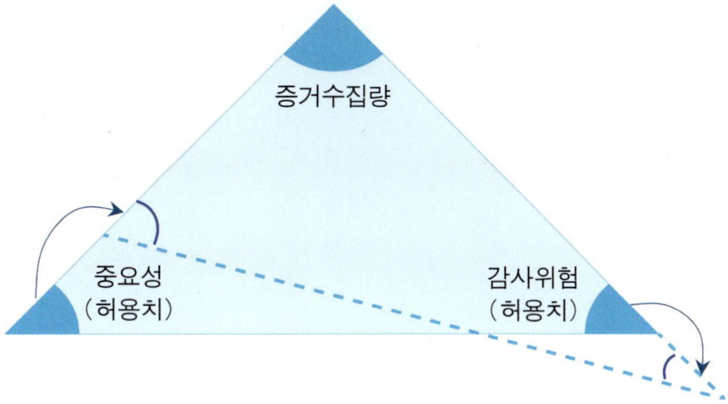

예를 들어 중요성 판단기준을 ₩500,000으로 설정하고 목표감사위험수준을 10%로 계획했다고 하자. 이는 표명하는 감사의견에 ₩500,000 이상의 왜곡표시가 존재하지 않는다는 확신수준(1－목표감사위험수준)을 90%로 유지하겠다는 의미이다. 동일한 감사환경에서 중요성기준을 ₩1,000,000으로 높게 허용한다면(즉 ₩1,000,000까지의 왜곡표시는 중요하지 않은 것으로 허용한다면) 목표감사위험수준을 10% 미만으로 낮춰야만 표명한 감사의견에 동일한 수준의 신뢰성을 유지할 수 있다.

[도표 5-3]은 감사위험, 중요성 및 증거수집량의 관계를 삼각형 형태로 도식화한 것이다. 삼각형 넓이는 감사의견의 불확실성(신뢰성) 크기를 나타낸다. 만약 증거수집량의 각 크기가 고정된 상황에서 중요성의 각 크기를 증가시키면, 감사위험의 각 크기를 감소시켜야만 삼각형 면적(표명된 감사의견의 불확실성 크기)을 동일하게 유지할 수 있다. 세 각 중 어느 한 각을 증가시키면 다른 두 각 중 하나 혹은 모두 감소해야만 동일한 면적을 유지할 수 있다.

(3) 감사계획과 감사위험

감사인은 효과적인 감사를 수행하기 위해 감사와 관련된 여러 가지 상황을 고려해 감사계획과 감사전략을 수립한다. 특히 감사위험의 평가개념을 적절히 활용하는 감사전략을 수립해야 한다.

[도표 5-4]를 이용하여 감사위험요인이 계정잔액 실증절차에서 적발위험의 목표수준과 감사증거의 수집범위에 미치는 영향을 살펴보자.

도표 5-4
상황별 감사위험 및 감사계획

상 황	감사위험의 목표수준	왜곡표시위험	적발위험의 수용가능수준	감사계획상 증거수집량
1	높음	낮음	높음	적음
2	낮음	낮음	보통	보통
3	낮음	높음	낮음	많음
4	보통	보통	보통	보통

상황 1에서 감사인은 달성하고자 하는 감사위험의 목표수준을 높게(느슨하게) 설정하고 왜곡표시위험(고유위험과 통제위험의 결합)은 낮다고 평가했다. 이때 적발위험의 수용가능수준은 높아지며 감사증거의 수집량은 감소한다.

상황 3에서는 왜곡표시위험을 높다고 평가하고 달성하고자 하는 감사위험의 목표수준을 낮게(엄격하게) 설정했다. 이때 적발위험의 수용가능수준을 낮춰야 하므로 감사인이 수집해야 하는 감사증거는 증가한다.

연습문제

진위형

다음의 설명을 읽고, 틀린 기술이라면 그 이유를 제시하시오.

(1) 감사인이 실사를 수행하면 실재성뿐만 아니라 소유권과 평가의 타당성을 확인할 수 있다.
(2) 문서적 증거는 수집이 용이하지만, 문서의 유형, 작성과정 및 수집방법에 따라 증거력은 달라진다.
(3) 구두적 증거는 증거력이 약하므로 다른 증거를 수집해 보완할 필요가 있다.
(4) 외부증거는 내부증거보다는 입수가 용이하지 않고 비용이 많이 들지만, 신뢰성은 매우 강하다.
(5) 원시증빙을 모집단으로 설정해 표본을 추출하여 총계정원장과 대조하면 실재성 주장을 검증할 수 있다.
(6) 매출활동 내부통제가 효과적이면, 취약한 내부통제에서 작성된 매출송장보다 더 신뢰성이 높을 것으로 기대할 수 있다.
(7) 왜곡표시위험을 높다고 평가할수록 수집해야 할 감사증거량은 감소한다.
(8) 재무제표 전체의 관점에서 중요성이 크다고 판단하는 감사대상항목일수록 수집해야 할 감사증거의 양은 증가한다.
(9) 감사조서는 감사인이 회계감사기준과 관련 법규 요구사항에 따라 계획하고 수행했다는 사실을 대내외적으로 증명하는 기능을 갖는다.
(10) 감사조서는 기업의 회계기록을 포함하므로 소유권은 기업에 있다.
(11) 감사조서는 기업의 회계기록에 포함하므로 감사조서는 기업의 회계기록을 대체할 수 있다.
(12) 중요성의 양적요소를 회계감사기준에서는 벤치마크라고 표현하며, 객관성을 확보하기 위해 회계감사기준에서는 양적요소 산정방법을 규정하고 있다.
(13) 일반적으로 감사인은 수행중요성을 재무제표 전체에서의 중요성보다 높게(느슨하게) 설정한다.
(14) 전체재무제표에 대한 중요성기준을 미리 설정하는 이유는 감사증거수집량과 관련한 전반감사계획을 수립하기 위해서이다.
(15) 투영왜곡표시가 허용왜곡표시보다 작다면 한정의견이나 부적정의견을 표명한다.
(16) 중요성기준치를 높게 설정하면 수집할 감사증거량을 증가시키는 감사계획을 수립해야 한다.
(17) 고유위험과 통제위험을 결합하여 왜곡표시위험이라고 부른다.
(18) 고유위험의 정도는 계정잔액 및 거래유형의 성격에 따라 다르다.
(19) 고유위험은 감사인의 노력이나 기업의 효율적인 내부통제 운용에 따라 감소될 수 있다.
(20) 부정위험요소란 경영진이나 기업이 부정을 범할 수 있는 기회나 동기 또는 수단을 제공할 수

있는 사건이나 주변상황을 말한다.
(21) 기업의 내부통제가 효과적으로 설계되고 운용될수록 통제위험은 낮아진다.
(22) 감사인은 내부통제의 설계 및 운영효과성을 통제테스트를 수행해 평가한다.
(23) 적발위험은 감사인이 통제가능한 위험으로, 감사절차의 선택과 적용범위로 조절가능하다.
(24) 감사인은 표본규모, 즉 감사범위의 확대나 축소를 통해 비표본위험을 통제할 수 있다.
(25) 감사인은 달성감사위험수준이 목표감사위험수준을 초과하지 않도록 적절한 감사절차를 실시하고 이에 상응하는 감사증거를 수집해야 한다.
(26) 감사인이 감사위험의 목표수준을 1%로 설정한다면, 기업의 재무제표에 대해 적절한 감사의견을 표명하지 못할 위험을 1%로 통제하겠다는 의미이다.
(27) 감사인이 목표감사위험을 5%로 설정했는데 중요왜곡표시위험이 3%이면 이미 목표감사위험을 달성한 것이므로 실증절차를 수행하지 않는다.
(28) 수집해야 할 감사증거량을 증가시킬수록 달성된 감사위험은 낮아진다.
(29) 허용가능한 중요성금액을 크게 설정할수록 달성된 감사위험은 낮아진다.

서술형

1 감사증거의 신뢰성 (KICPA)

감사인은 재무제표에 대한 감사의견 형성의 기초인 합리적인 감사결론을 도출할 수 있도록 충분하고 적합한 감사증거를 확보해야 한다. 감사인은 일반적으로 결론적 증거보다는 설득적 증거에 의존하므로, 하나의 계정과목에 대해 여러 원천으로부터 신뢰성이 높은 다음과 같은 다양한 성격의 감사증거를 수집해야 한다.

(1) 감사대상기업의 영업사원이 대신 회수해 준 매출채권조회서
(2) 진행중인 소송사건의 향후 전망에 대한 경영진의견서
(3) 감사인이 재고자산 실사에 입회하여 입수한 재고조사표
(4) 은행출납업무를 담당하지 않는 기업 내 독립된 제삼자가 매주 정기적으로 작성하는 은행계정조정표

요구사항

감사인 입장에서 위에 제시한 감사증거의 신뢰성 수준(높음, 보통, 낮음)을 항목별로 판단하고 이유를 기술하시오.

2 감사증거의 입수방법과 구체적 감사절차

다음은 감사인이 수행하는 감사절차와 증거수집방법을 예시한 것이다.

(1) 매출채권의 회수가능성을 평가하기 위해 기업의 신용담당자와 매출채권계정 내용을 논의하다.
(2) 다른 종업원이 출근기록부에 대리서명하는지 파악하고자 실제 출근기록부의 서명절차를 수위실 옆에서 지켜보다.
(3) 재고수량을 실지조사하고 감사조서에 실사수량을 기록하다.
(4) 변호사에게 기업과 관련하여 계류중인 법률소송이 있는지 외부조회를 발송하다.
(5) 재고자산의 정확성을 검증하기 위해 재고자산 취득단가에 수량을 곱해 계산하다.
(6) 보험회사가 건물과 기계장치에서 발생한 화재손실에 관한 보상내역에 대한 의견서를 감사인에게 보내왔다.
(7) 보험회사 약관을 검토해 건물과 기계장치의 화재보험보상금액을 확인하다.
(8) 당기 매출총이익의 타당성을 평가하기 위해 당기와 전기 매출총이익률을 계산하다.
(9) 기업의 담당자에게 질문서에 답하도록 요청하여 기업 내부통제의 정보를 수집하다.
(10) 감사인이 직접 계산해 현금원장의 세로 합계의 정확성을 확인하다.
(11) 감사인이 직접 은행계정조정표를 작성한 후 기업의 결과와 비교하다.
(12) 기계장치를 실제로 구입했으며, 사용하고 있는지 확인하기 위해 기계장치를 현장조사하다.
(13) 매출수수료의 적합성을 확인하기 위하여 매출액의 매출수수료비율을 계산하다.
(14) 회사채 발행의 승인여부를 확인하기 위해 기업의 이사회 회의록을 검토하다.
(15) 부외부채가 없다는 사실을 기술한 경영진서면진술을 경영진에게 요구하다.
(16) 수선비의 비경상성을 확인하기 위해 월별 지출액을 검토하다.
(17) 거래처의 명칭 및 수를 확인하기 위해 매출장과 매출송장을 비교하다.
(18) 매출장의 기록이 정확하게 집계되는지 확인하기 위해 감사인이 직접 계산하다.
(19) 금고에 보관중인 현금을 감사인이 직접 세어 보다.
(20) 은행으로부터 기업이 ₩2,671의 예금과 ₩10,000의 어음상 채무가 있다는 내용이 기술된 조회서를 입수하다.

요구사항

위에 열거한 감사절차를 다음의 여덟 가지 감사증거 입수방법에 따라 분류하시오.

1. 검사-자산의 실사
2. 검사-기록과 문서의 검사
3. 조회
4. 관찰
5. 질문
6. 재계산
7. 분석적절차
8. 재수행

3 중요성 판단과 허용왜곡표시

대한주식회사를 감사중인 성실한 회계사는 유동자산의 계정잔액을 감사하고 있다. 유동자산의 중요성을 고려하여 과대계상 ₩25,000, 과소계상 ₩40,000까지는 허용하기로 하였다. 다음은 사전에 설정한 허용왜곡표시액과 성 회계사가 평가한 투영왜곡표시액이다.

계정과목	허용왜곡표시액		투영왜곡표시액	
	과대계상	과소계상	과대계상	과소계상
현 금	₩2,000	₩3,000	₩1,000	₩0
매출채권	12,000	18,000	20,000	15,000
재고자산	8,000	14,000	7,000	19,000
선급비용	3,000	5,000	2,000	1,000
합 계	₩25,000	₩40,000	₩30,000	₩35,000

요구사항

1. 위의 표를 살펴보면 감사인은 유동자산의 경우 과소계상보다 과대계상의 중요성금액을 보다 엄격하게 설정하고 있다. 그 이유를 설명하시오.

2. 전체 유동자산의 투영왜곡표시합계가 허용왜곡표시합계보다 작은 것으로 나타났다. 이때 감사인은 개별 계정과목이 허용치를 벗어났는지는 관심이 없다고 가정하자.

① 위 사례에서 유동자산 합계만을 고려한다면 감사인은 과대계상 혹은 과소계상 어느 쪽에 더 관심을 두어야 하는가?

② 위 사례의 계정과목 중에서 감사인이 가장 큰 관심을 가져야 하는 계정은 무엇인가?

4 수행중요성

감사인은 손익에 영향을 미치는 왜곡표시사항에 대해 '자산총계 혹은 매출액의 3%'가 중요하다는 기준을 설정하였다. 그런데 수집해야 할 감사증거량을 결정하기 위해 중요하지 않다는 판단기준을 '자산총계 혹은 매출액의 2%'로 다시 설정하였다.

요구사항

1. 감사인이 수집해야 할 감사증거량과 관련해 중요하지 않다는 판단을 위한 경곗값을 3%에서 2%로 다시 설정하였다. 그 이유를 기술하시오.

2. 감사인이 감사의견을 형성할 때 적용하는 중요성은 '3%'와 '2%' 중 어떤 것인지와 그 이유를 기술하시오.

5 감사위험모형과 적발위험의 수용가능수준 계산

아래의 여섯 가지 상황은 감사증거의 수집범위를 결정할 때 이용하는 감사위험모형이며, 위험요소간 상호관계의 이해를 돕기 위해 각 수치를 제시하였다.

위 험	상 황					
	1	2	3	4	5	6
감사위험	5%	5%	5%	5%	1%	1%
고유위험	100	40	60	20	100	40
통제위험	100	60	40	30	100	60
적발위험	?	?	?	?	?	?

요구사항

1. 각 상황에서 수용가능한 적발위험수준을 계산하시오.

2. 감사위험모형은 "$AR = IR \times CR \times DR$"로 정의한다. 만약 아래의 각 요인이 변화한다면, 감사위험모형에서 다른 두 가지 요소는 일정하다고 가정할 때 각 요인의 변화 이전에 감사인이 계획한 적발위험(DR)에 어떠한 영향을 미치는지를 설명하시오. 앞에 제시한 감사위험모형을 활용해 답하시오.

> 〈예시〉
>
> (물음) 감사위험(AR)의 증가
>
> (답) 고유위험(IR)과 통제위험(CR)이 일정한 상황에서 감사위험(AR)이 증가하면 감사인은 적발위험(DR)을 증가시킬 수 있다.

① 통제위험(CR)의 감소

② 고유위험(IR)의 감소

3. 상기의 상황 1부터 상황 6 중 어떤 상황에서 감사인이 입수해야 할 증거량이 가장 많으며, 어떤 상황에서 입수해야 할 증거량이 가장 적은가?

6 감사위험

감사위험은 고유위험, 통제위험, 적발위험의 세 가지 요소의 곱으로 표시된다. 감사를 실시하기 전에 감사인이 수용하고자 하는 감사위험의 목표수준(목표감사위험)을 먼저 결정한다. 목표감사위험이 일정하다고 가정할 때, 계정잔액 실증절차에서 적발위험의 수용가능한 수준(Acceptable Detection Risk : ADR)은 다음 공식을 이용하여 계산할 수 있다.

$$\text{적발위험의 수용가능한 수준}(ADR) = \frac{\text{목표감사위험}}{\text{고유위험}(IR) \times \text{통제위험}(CR)}$$

<상황>

① 감사대상회사의 기업 지배구조가 양호하며 소유권이 분산되어 있고 성실한 전문경영인이 경영하고 있다. ② 감사대상회사의 업무분장이 적절하지 않다. ③ 감사대상회사는 수주산업을 영위하고 있으며, 진행률을 계산해 수익 및 미청구공사 계정에 반영하고 있다.

요구사항

1. 상기 상황이 고유위험과 통제위험 중 어디에 해당하는지를 기재하고, 그 위험이 높고 낮은지를 평가하시오. 또한 해당 상황에서 적발위험의 수용가능한 수준을 어떻게 설정(높게 또는 낮게)해야 하는지와 감사계획상의 증거수집량(많음, 보통, 적음)을 기술하시오.

2. 감사인은 목표감사위험을 5%로 설정하였고 고유위험과 통제위험을 각각 20%와 15%로 평가하였다. 이러한 감사위험의 평가결과를 실증절차계획을 수립할 때 어떻게 반영해야 하는지 서술하시오.

7 감사위험과 감사계획

감사위험모형을 이용해 다음의 각 독립된 사건이 고유위험, 통제위험, 감사위험의 목표수준(목표감사위험)과 감사인이 계획하는 감사증거입수량에 미치는 영향을 파악하고자 한다.

요구사항

(1)부터 (8)까지의 독립된 사건에서 각각의 세 개 변수(고유위험, 통제위험, 목표감사위험)와 계획된 감사증거입수량에 미치는 영향을 각각 해당되는 곳에 ○표를 하시오.

I : 증가 D : 감소 N : 영향 없음 C : 제시된 내용만으로는 알 수 없음

(1) 감사대상기업의 비유동부채가 당기에 크게 증가하였다.

① 통제위험	I D N C	② 목표감사위험	I D N C
③ 고유위험	I D N C	④ 감사증거입수량	I D N C

(2) 감사대상기업이 비상장기업에서 상장기업으로 전환되었다.

① 통제위험	I D N C	② 목표감사위험	I D N C
③ 고유위험	I D N C	④ 감사증거입수량	I D N C

(3) 매출액은 전기와 비슷한 수준인데 매출채권 계정잔액이 특별한 이유 없이 전기보다 크게 증가하였다.

① 통제위험	I D N C	② 목표감사위험	I D N C
③ 고유위험	I D N C	④ 감사증거입수량	I D N C

(4) 감사인은 감사계획단계에서 순운전자본, 부채비율 등 주요 재무지표가 전기에 비해 개선되었다고 판단하였다.

① 통제위험	I D N C	② 목표감사위험	I D N C
③ 고유위험	I D N C	④ 감사증거입수량	I D N C

(5) 당기는 감사계약 제2차년도인데 전기감사에서 왜곡표시가 거의 발견되지 않았다. 감사인은 당기에 내부통제의 의존도를 높이기로 결정하였다.

① 통제위험	I D N C	② 목표감사위험	I D N C
③ 고유위험	I D N C	④ 감사증거입수량	I D N C

(6) 감사인은 경영진과의 토의과정에서 몇 개월 후에 기업을 처분할 계획이 있다는 답변을 받았다. 이러한 계획으로 몇몇 회계실무자들이 수개월 전에 이직하였으며, 전기에 비해 매출총이익이 크게 증가하였음을 발견하였다.

① 통제위험	I D N C	② 목표감사위험	I D N C
③ 고유위험	I D N C	④ 감사증거입수량	I D N C

(7) 몇몇 주요 경영진이 변동되었다. 감사인은 전기에 비하여 경영진의 성실성이 떨어진다고 판단하고 있다.

① 통제위험	I D N C	② 목표감사위험	I D N C
③ 고유위험	I D N C	④ 감사증거입수량	I D N C

(8) 내부통제의 테스트에서 전기에 비하여 통제절차가 상당히 개선되었다고 판단하였다. 감사인은 급격한 기술변화로 감사대상기업의 재고자산이 진부화될 가능성이 높다고 예상한다.

① 통제위험	I D N C	② 목표감사위험	I D N C
③ 고유위험	I D N C	④ 감사증거입수량	I D N C

8 재무제표 전체수준에서의 왜곡표시위험 평가

공인회계사인 장그래 씨는 20×1년 12월 31일자로 종료하는 NFB은행 재무제표 감사계획의 수립과정에서 재무제표 전체수준의 왜곡표시위험을 고려하고자 한다. 이러한 왜곡표시위험은 기업의 주변상황과 특성에 따른 왜곡표시 발생가능성, 구체적으로 기업경영진, 산업의 전반환경, 기업실체의 영향을 받는다. 이러한 요인들을 평가하기 위해 장그래 씨는 NFB은행 환경에 영향을 미치는 다음의 정보를 수집하였다.

〈기업개요〉

NFB은행은 최근 급성장하고 있는 중소도시 소재의 부동산신탁토지를 운영하여 산업평균보다 많은 이익을 계속해서 얻었으며, 현재는 전국 점포망을 보유한 은행으로 성장하였다. NFB은행은 채무자가 만기까지 부채를 상환하지 못하면 채무의 담보로 설정한 토지를 대형 투자신탁회사에 매각한다.

최근 이자율이 급증했지만, NFB은행은 담보 물건을 매각해 새로운 대출자금을 마련하고 있다.

NFB은행 이사회는 대주주인 나홀로 씨가 사실상 지배하고 있는데, 그는 은행의 최고경영자이다. 나홀로 씨는 지점의 일상적인 영업을 지시하고 통제하는 권한이 있으며, 지점에서 발생한 수익에 따라 보상을 받는다. 내부감사인은 김바로 씨에게 직접 보고하는데, 그는 소액주주이면서 감사위원회의 위원장을 맡고 있다.

장그래 씨가 NFB은행을 감사했던 5년 동안 회계부서의 인원교체는 거의 없었다. NFB은행은 회계방침에 따라 대여금의 대손상각률을 계속해서 과소평가했으나, 재무담당임원(CFO)은 매년 상각률을 증가시켜야 한다는 장그래 씨의 제안을 수용해 공시하는 재무제표에 반영했다.

〈최근 동향〉

20×1년 NFB은행은 본점에서 30분 거리에 있는 도시외곽에 새로운 지점을 개설했다. 이 지점은 몇몇 유망지방은행들과 경쟁하고 있어 수익성이 낮지만, 경영진은 향후 해당 지점에서 이익이 발생할 것으로 판단하고 있다. NFB은행은 20×1년에 회계처리의 효율성을 높이기 위해 새로운 전산시스템을 도입하였다.

요구사항

위의 정보에서 재무제표 전체수준의 왜곡표시위험(고유위험)에 영향을 미치는 요소를 10개만 기술하고, 각 요소가 위험을 증가 또는 감소시키는지 기재하시오.

예)

	환경요인	왜곡표시위험 증가・감소
1.	나홀로 씨는 지점의 일상적인 영업을 지시하고 통제할 권한이 있다.	증가

9 감사위험의 목표수준 설정과 감사증거수집량

다음은 감사위험을 기술한 것이다.

(1) 기업의 유형(예 : 상장여부)에 관계없이 감사인이 입수하는 감사증거의 양은 거의 동일해야 한다.

(2) 서로 다른 두 기업의 목표감사위험이 거의 동일하다면 두 기업의 감사증거입수량도 대략 같아야 한다.

(3) 서로 다른 두 기업의 목표감사위험, 고유위험, 통제위험이 거의 같다면 두 기업의 감사증거입수량도 대략 같아야 한다.

(4) 서로 다른 감사인이라 하더라도 상황과 조건이 비슷한 기업은 비슷한 수준의 감사위험을 달성하도록 노력해야 한다.

(5) 외부이용자의 감사보고서 의존도가 크다면, 감사인은 감사위험을 낮추어야 한다.

(6) 기업실패위험이 크다고 예측하면, 감사인은 감사위험을 낮추어야 한다.

요구사항

상기 각 항목에 대해 참・거짓을 밝히고 이유를 설명하시오.

♠ 사례연구

감사위험모형과 제조회사의 감사계획

이형철 회계사는 중견규모의 제조회사인 (주)신한의 재무제표감사를 20×1년부터 5년간 계속해서 수행하고 있다.

요구사항

다음 사항은 서로 독립적이다.

1. 이 회계사는 20×1년에 (주)신한을 처음으로 감사하면서 기업의 내부통제가 취약하다고 판단하였다. (주)신한은 이 회계사와 감사계약을 체결하기 전에 재무제표감사를 받은 적이 없다.

(1) 이 회계사는 대부분의 계정과목에 중요왜곡표시위험(고유위험과 통제위험)을 매우 보수적으로 평가해 중요왜곡표시위험을 100%로 설정하였다. 이 회계사가 이러한 판단을 한 이유를 설명하시오.

(2) (1)과 달리 이 회계사가 중요왜곡표시위험을 중간수준인 50%로 평가했다고 가정한다. (1)과 비교할 때 이러한 평가결과는 감사인이 수집해야 할 감사증거량에 어떠한 영향을 미치는지와 그 이유를 설명하시오.

2. 이 회계사는 (주)신한의 20×3년 재무제표를 감사할 때, 내부통제가 효과적으로 개선되었다고 판단해 고유위험을 낮은 수준으로 평가하였다.

(1) 이 회계사는 고유위험과 통제위험이 낮다고 평가했으나 중요한 계정과목의 왜곡표시위험을 40% 이상으로 높게 설정하였다. 이 회계사는 왜 이러한 판단을 했는지 설명하시오.

(2) 이 회계사는 고유위험과 통제위험을 각각 50%로 평가하고 목표위험수준을 5%로 설정하였다. 이때 수용가능한 적발위험을 계산하시오.

(3) 이 회계사는 (2)에서 계산한 수치보다 적발위험 수용가능수준을 더 낮추고자 한다. 이러한 결정이 이 회계사가 입수해야 할 감사증거량에 어떠한 영향을 미치는지 설명하시오.

3. 이 회계사는 (주)신한의 20×5년 감사를 할 때 감사위험을 비교적 높게 설정하고 중요왜곡표시위험은 현저히 감소한 것으로 판단하였다.

(1) 감사인은 어떠한 상황에서 이러한 판단을 하는가?

(2) 이 회계사는 수선비 항목의 감사에서 고유위험과 통제위험을 각각 20%로 평가하였고 목표감사위험을 5%로 설정하였다. 이때 이 회계사가 수용가능한 적발위험수준을 계산하시오.

(3) (2)의 상황에서 이 회계사는 어느 정도의 감사증거를 입수해야 하며 어떠한 감사절차를 수행해야 하는가?

CHAPTER 6

감사의 시작 : 기업의 이해와 감사계획

제 1 절 감사업무조건의 합의
제 2 절 기업과 기업환경의 이해
제 3 절 왜곡표시위험의 식별과 평가
제 4 절 전반감사계획의 수립과 감사전략
제 5 절 감사의 분할과 세부감사계획의 수립

학습목표

이 장의 학습을 완료하면 다음 질문에 답변할 수 있어야 한다.

1. 상장법인과 비상장법인의 감사인 선임절차는 어떻게 다른가?
2. 감사인이 감사업무를 수임할 때 어떤 사항을 고려해야 하는가? 초도감사와 계속감사는 어떠한 차이가 있는가?
3. 초도감사에서 기초잔액 정당성을 확인하기 위해 어떠한 감사절차를 수행하는가? 매출채권을 예로 들어 설명하시오.
4. 기업과 기업환경의 이해를 위해 어떠한 정보를 수집해야 하는가? 감사인은 이러한 정보를 어떠한 방법으로 수집하는가?
5. 중요왜곡표시위험은 재무제표 수준과 경영진주장 수준 모두에서 존재할 수 있다. 감사인은 이러한 위험을 각각 어떠한 과정을 거쳐 평가하는가?
6. 감사업무는 일반적으로 활동유형별 접근방식에 따라 분할하여 수행한다. 활동유형별 접근방식이란 무엇이며, 이 방식의 특징은 무엇인가?

한눈에 살펴보는 이 장의 내용

감사인 선임은 재무보고의 투명성 확보를 위해 중요하므로 관련 법규에서는 요건과 절차를 상세하게 규정하고 있다. 감사인의 독립성을 높이기 위해 이해관계자가 다양한 상장법인과 금융회사는 최소 감사계약기간을 3년으로 의무화해 감사인의 잦은 교체를 제한하고 있다. 「외부감사법」에서는 감사인의 독립성을 확보하고 감사품질을 높이기 위해 주권상장법인과 소유·경영 미분리 대형비상장주식회사에 대해 주기적으로 감사인을 지정하도록 규정하고 있다.

감사인은 독립성과 적격성을 고려하여 감사업무의 수임여부를 결정해야 한다. 감사업무 수임에 대한 검토는 신규감사뿐만 아니라 계속감사에서도 고려해야 한다. 전기재무제표를 감사받지 않거나 다른 감사인이 감사하면 초도감사라고 표현한다. 초도감사를 수행하는 감사인은 기초잔액의 정당성을 검증해야 할 책임이 있으므로 충분하고 적합한 감사증거를 확보해야 한다.

감사인은 기업의 중요왜곡표시위험을 예비평가하기 위해 기업의 내부통제 등 기업과 기업환경을 이해하는 데 필요한 정보를 수집한다. 이러한 정보로는 산업적·규제적 요인, 기업의 성격, 회계정책의 선택과 적용, 기업의 사업위험 등이 있는데, 감사인은 질문과 분석적절차, 관찰과 검사를 수행하여 감사증거를 수집한다.

중요왜곡표시위험은 감사 착수 이전에 경영진이 제시한 재무제표가 부정이나 오류로 인해 중요하게 왜곡표시되어 있을 위험을 말한다. 중요왜곡표시위험은 재무제표 전체와 관련된 위험과 거래유형 및 관련 공시와 계정잔액 및 관련 공시에 대한 경영진주장 수준의 위험으로 구분할 수 있다.

감사인은 효과적이고 효율적인 감사업무의 수행과 관리를 위해 감사계획을 수립한다. 전반감사계획에는 감사의 목적과 범위, 주요 감사일정 및 실시장소, 감사자원의 배분, 전반감사전략과 세부감사계획에서 고려할 사항을 포함한다. 세부감사계획은 내부통제의 평가 및 실증절차에서 적용할 감사계획을 말한다. 감사인은 효율적인 감사를 수행하기 위해 기업의 경영활동을 주요 업무영역별로 구분해 감사를 수행하는 활동유형별 접근방식을 이용한다.

〈감사의 흐름〉

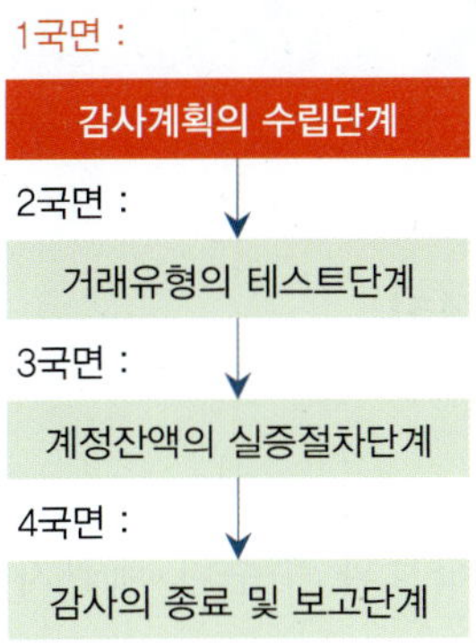

제5장까지는 회계감사의 기초가 되는 여러 개념을 이론적 관점에서 살펴보았다. 본장부터는 현장에서 실제 이루어지는 감사실무를 중심으로 그 순서에 따라 감사인의 업무수행절차를 살펴본다. 제6장에서는 감사수임부터 감사계획을 수립하기까지의 초기 절차를 다룬다.

감사인은 감사의뢰인의 수임여부를 결정하고 감사를 위한 전제조건과 감사계약서에 포함할 내용을 검토한 후 감사계약을 체결한다. 감사인은 감사계획을 수립할 목적으로 기업 및 기업환경에 대한 이해를 위해 자료를 수집하고 사업위험을 평가한다. 이때 기업의 내부통제를 이해하기 위해 질문·관찰하고 주요 기록과 문서를 조사한다. 감사인이 수집한 자료는 기업의 중요왜곡표시위험(고유위험과 통제위험의 결합)을 사전에 식별하고 평가하는 데 도움을 주며 후속감사절차를 설계하는 데 근거를 제공한다.

[도표 6-1]은 감사흐름의 제1국면에 해당하는 감사계획 수립단계의 세부절차를 표시한 것이다. 제1국면을 완료하면 감사인은 최종 결과물로서 감사계획을 수립하는데, 이는 다음 단계의 추가감사절차를 효율적으로 수행하는 역할을 한다.

도표 6-1
감사계획의 수립단계 (제1국면)

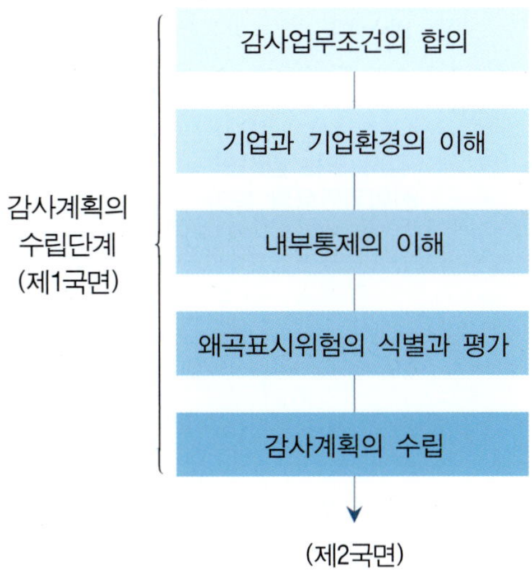

제 1 절 감사업무조건의 합의

Ⅰ. 감사인의 선임 또는 교체절차

감사인의 선임방식이나 교체절차는 재무보고의 투명성 확보와 주주나 채권자의 권익보호 관점에서 매우 중요한 절차이므로 「상법」, 「자본시장법」과 「외부감사법」에서 요건과 절차를 규정하고 있다.

1. 감사인의 선임

감사인을 선임기한 내 선임하지 않거나 감사인의 선임절차를 위반한 회사 등은 위반행위에 따라 감사인 지정 등의 행정조치와 벌금, 징역 등의 형사조치를 받는다.

도표 6-2
감사인의 선임절차

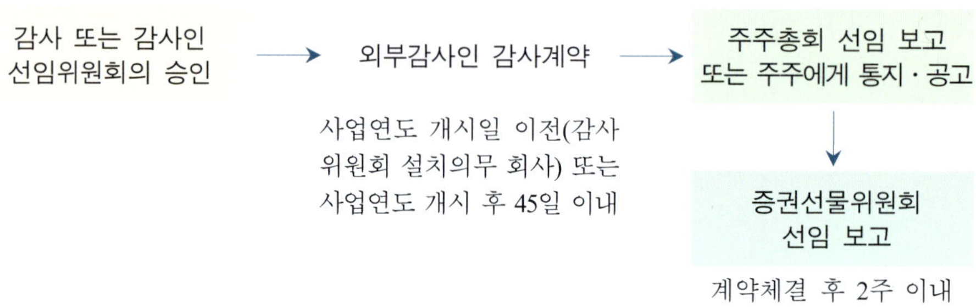

(1) 상장법인 및 금융회사

상장법인 및 금융회사의 감사 또는 감사위원회는 연속하는 3개 사업연도의 감사인을 동일감사인으로 선임해야 한다.

「상법」에 따라 감사위원회를 설치해야 하는 자산 2조원 이상인 대형상장법인과 「금융회사의 지배구조에 관한 법률」에 따라 감사위원회를 설치해야 하는 금융회사는 매 사업연도 개시일 전에 외부감사인을 선임해야 하며, 그

• 감사인유지제도 : 최소 감사계약기간을 3년으로 규정한 이유는 감사인의 압력을 회피하고 독립적인 감사를 수행할 수 있도록 하기 위해서이다. 일정기간의 감사수임으로 감사대상회사에 대한 이해를 높여 효율적이며 효과적인 감사를 수행할 수 있다.

외의 상장법인은 사업연도 개시 이후 45일 이내에 감사인을 선임하여 정기총회에 보고하거나 기타의 방법으로 주주에게 통지하거나 공고해야 한다.

핵심 감사인의 선임 및 보고절차

회사 구분	선정 주체	승 인	선임기한[주1)]
「상법」 또는 「금융회사의 지배구조에 관한 법률」에 따라 감사위원회를 설치해야 하는 회사	감사위원회	–	매 사업연도 개시일 이전
주권상장법인, 대형비상장법인,[주2)] 금융회사	감사 또는 감사위원회	감사인선임위원회(감사위원회 미설치 회사)	사업연도 개시 후 45일 이내
그 밖의 회사		–	

주1) 초도감사는 사업연도 개시 후 4개월 이내
주2) 직전 사업연도말 자산총액이 5천억원 이상인 회사

핵심 감사인선임위원회의 구성

감사인선임위원회는 기업경영진이 외부감사인을 임의로 선정하거나 부당교체하는 것을 통제해 소액주주 보호 및 감사인 독립성 유지를 위한 목적으로 설치하는 기구이다. 「외부감사법」에서는 감사인을 회사로부터 독립해 공정하게 심의할 수 있는 사람으로서 경영·회계·법률 또는 외부감사에 대한 전문성을 갖춘 다음의 사람을 감사인선임위원회로 구성하도록 규정하고 있다.

- 감사 1명
- 사외이사가 있는 경우 사외이사 중 2명 이내
- 지배주주(특수관계자 포함)를 제외한 의결권 있는 주식을 가장 많이 소유한 주주 1명
- 지배주주(특수관계자 포함)를 제외한 채권자 중 채권액이 가장 많은 금융회사의 임직원 1명
- 최대출자지분을 보유한 기관투자자의 임직원 1명

(2) 비상장법인

금융회사를 제외한 모든 비상장법인에서는 감사 또는 감사위원회가 외부감사인을 선임한다. 대형비상장주식회사(직전 사업연도말 자산총액이 5천억원 이상인 주식회사)[1)]는 감사위원회 설치의무가 없는 상장법인과 동일하게 연속하는

1) 공시대상기업집단에 속한 국내회사와 사업보고서 제출대상법인은 직전 사업연도말 기준 자산총액이 1천억원 이상이면 대형비상장주식회사로 분류한다.

3개 연도의 감사인을 동일감사인으로 하여, 그 외의 비상장법인은 매 사업연도마다 사업연도 개시일로부터 45일 이내에 감사인을 선임하여 주주총회에 보고한다.

직전 사업연도의 감사인을 계속감사인으로 선임하면 감사인 승인절차는 생략할 수 있으나, 주주총회에 대한 보고절차는 생략할 수 없다.

2. 감사인의 교체

(1) 감사인의 교체 제한

기업은 감사인을 계속하여 선임할 수 있으며, 다른 감사인으로 교체할 수 있어야 한다. 감사인의 잦은 혹은 부당한 교체는 감사인의 독립성을 심각하게 위협할 수 있다.

「외부감사법」에서는 주권상장법인(유가증권상장 및 코스닥상장법인), 대형비상장법인 및 금융회사는 감사계약기간을 3년으로 의무화해 감사인의 잦은 교체를 제한하고 있다.

(2) 감사인 지정제도

지정제도는 회사가 감사인을 자유선임하는 대신 증권선물위원회가 감사인을 지정하는 것으로, 주기적 지정과 직권지정으로 구분한다. 「외부감사법」에서는 감사인의 독립성을 확보하고 감사품질을 개선하기 위해 주권상장법인과 소유·경영 미분리 대형비상장주식회사에 대해 주기적 지정제를 규정하고 있다.

다음의 [도표 6-3]에서 보듯이 연속하는 6개 사업연도의 감사인을 자유선임한 주권상장법인과 소유·경영 미분리 대형비상장주식회사의 다음 3개 사업연도는 증권선물위원회가 지정한 감사인에게 외부감사를 받아야 한다.

도표 6-3
주기적 지정제

직권지정은 증권선물위원회가 투자자 보호를 위해 공정한 감사가 필요하다고 판단하는 회사에 대해 직권으로 감사인을 지정하는 제도이다. 직권지정은 기업에 유리한 감사의견을 얻기 위한 의견구매(opinion shopping) 목적 등으로 감사인을 교체하는 행위를 제한할 수 있어 감사인의 독립성을 높일 수 있다.

(3) 감사인조직 내부에서의 교체

계속감사에 따른 경영진과 감사인 간의 유착관계로 독립성이 훼손될 수 있다. 이러한 위험을 줄이기 위해 「외부감사법」에서는 주권상장법인, 대형비상장주식회사와 금융회사를 감사하는 회계법인은 동일한 이사에게 연속하는 4개(비상장법인은 6개) 사업연도의 감사업무를 금지하고 있다. 주권상장법인, 대형비상장주식회사와 금융회사의 업무수행이사는 연속 3년 감사업무 후 다음 연속 3개(비상장법인은 1개) 연도의 감사업무를 수행할 수 없도록(회계법인 담당이사의 감사업무 휴지기간(cooling period)) 규정하고 있다.

회계법인은 주권상장법인에 대한 감사보조자가 해당 기업의 연속하는 3개 사업연도를 감사하면 다음 해에는 보조자의 3분의 2 이상을, 감사반은 대통령령(2024년 현재 규정 없음)으로 정하는 주권상장법인의 감사에 참여한 공인회계사의 3분의 2 이상을 교체해야 한다. 이는 회계법인의 잦은 교체는 가급적 억제하되 동일한 사람이 장기간 계속감사업무에 참여하지 못하게 하여 감사인의 독립성을 유지하기 위해서이다.

핵심 감사인조직 내부에서의 교체 규정

제한내용	감사대상법인	연속감사제한기간
회계법인 내 동일이사의 담당업무 주기적 교체	상장법인, 대형비상장주식회사, 금융회사	3개 사업연도 초과
	비상장법인	5개 사업연도 초과
감사보조자의 주기적 교체	상장법인	3개 사업연도 초과

Ⅱ. 감사업무의 수임

감사인은 「외부감사법」 등 관련 법률에 따라 독립성과 적격성을 고려하여 의뢰인에 대한 감사를 수행할 수 있는지를 감사업무를 수임하기 전에 검토해야 한다. 감사인은 의뢰인의 이해를 통해 파악한 감사수임위험을 고려해 수임여부를 결정해야 한다.

1. 감사업무 수임의 전제조건 검토

감사인은 감사를 위한 전제조건이 존재하는지 확인하기 위해 재무제표 작성에 적용되는 재무보고체계를 수용할 수 있는지와 경영진이 자신의 책임을 이해하고 동의할 수 있는지 확인하기 위한 절차를 수행해야 한다.

경영진은 재무보고체계에 따라 재무제표를 작성하고, 중요한 왜곡표시를 예방하기 위해 내부통제를 유지해야 하며, 감사인에게 재무제표 작성과 관련된 모든 정보(공시 관련 정보 포함)를 제한 없이 제공할 책임이 있다.

감사인은 해당 재무보고체계를 수용할 수 없다고 결정하거나 경영진이 자신의 책임을 이해하지 못하거나 동의하지 않는다면 감사를 수임해서는 안 된다. 감사인은 감사업무를 수임하기 위해 감사를 위한 전제조건이 존재하는지 확인하고, 이러한 전제조건이 수용가능한지 검토하며 기업의 지배기구(경영진 및 지배기구)가 그들의 책임을 이해하고 있는지 확인해야 한다.

2. 신규감사의 수용과 계속감사의 유지

감사인은 초도감사는 물론 계속감사에서도 당기에 감사하지 못할 새로운 사유가 발생했는지 확인해야 한다. 예를 들면 감사인의 독립성이나 적격성이 당기에도 계속 유지할 수 있는지 확인하고, 전기에 표명한 의견이나 감사보수문제와 관련하여 발생한 불편한 관계가 감사를 어렵게 할 수 있는지 검토해야 한다.

감사인은 감사수임위험(engagement risk)을 고려하여 감사의 수용여부를 결정해야 한다. 특정 의뢰인으로부터 높은 감사수임위험을 예상하면 목표감사위험을 보다 엄격하게 설정해 증거수집량을 증가시키는 감사계획을 수립해야 한다. 감사인은 이런 사실을 고려하여 감사계약할 때 적절한 수준의 감사보수를 결정해야 할 것이다.

(1) 신규감사의 수용

1) 감사인의 자격요건 검토

신규감사에서 감사인은 윤리기준에서 요구하는 독립성을 검토해야 한다. 해당 분야의 전문지식을 가지고 있으며, 시간과 자원 등 필요한 역량을 갖추었는지의 적격성(competence) 판단은 매우 중요하다. 예를 들어 기업의 회계처리가 복잡한 전산시스템에 의존하고 있다면 감사인은 해당 전산시스템을 감사할 수 있는 전문지식과 경험을 갖추고 있는지 검토해야 한다.

감사인은 신규감사와 관련하여 자신이 부담할 감사수임위험과 법적 책임을 충분히 고려해야 한다. 고객 수임으로 발생할 수 있는 여러 가지 위험을 검토하고, 감사와 관련한 법적 책임과 외부규제사항이 존재하는지 파악해 수임을 결정한다. 예를 들어 은행이 대출조건으로 유동성을 일정비율 이상으로 유지하도록 요구하거나 사채발행과 관련한 약정사항이 있다면 이행여부를 별도로 보고할 필요가 있는지 확인한다.

2) 전임감사인과의 교신

감사인은 감사업무의 수임을 받으면 의뢰인의 동의를 얻은 후 그러한 제의를 받아들여서는 안 될 사유가 있는지 등의 의견을 전임감사인으로부터 청취해야 한다. 전임감사인과 교신하면 기업의 예비지식, 중점감사분야, 경영진의 성실성에 관한 정보를 얻을 수 있다. 이때 감사인의 교체사유 · 의견불일치 · 감사보수의 분쟁에 관한 정보도 얻을 수 있다.

교신요청을 받은 전임감사인은 비밀유지의무에 따라 기업의 동의를 얻은 후 업무수임 여부를 결정하는 데 필요한 정보를 서면으로 답변할 수 있다. 전임감사인은 중요한 견해차이와 업무수임을 해서는 안 되는 특별한 이유가 있다면 이를 분명히 밝혀야 한다.

(2) 계속감사의 유지

감사인은 계속감사에서도 「공인회계사법」과 「공인회계사윤리기준」에서 규정한 독립성(independence)을 당기에도 유지할 수 있는지 검토한다.

감사인은 상황 변화에 따라 감사인의 적격성이나 기타의 법률적 사유로 감사를 계속 수임하지 못할 특별한 사항이 당기에 발생했는지 평가해야 한다. 특히 감사대상기업의 사업규모 확대, 업종 다각화, 지분변동에 따른 계열기업 진입 등으로 감사업무량과 감사위험의 변동가능성이 있는지 유의해야 한다.

감사인은 기업이 감사목적과 범위를 오해하고 있다는 징후가 있거나 감사환경의 변화(예를 들어 고위경영진의 교체)가 발생하면, 기존 감사업무조건을 수정하거나 계약조건을 다시 주지시킬 필요가 있는지 검토한다.

Ⅲ. 초도감사의 감사계획과 감사절차

초도감사(initial audit engagement)는 전기재무제표가 감사받지 않거나 전기재무제표를 다른 감사인이 감사한 경우를 말한다. 초도감사는 계속감사보다 업무량이 크게 증가하는데, 전임감사인과의 교신, 기초잔액의 적합한 회계처리 확인, 새로운 영구조서철의 준비 등이 필요하기 때문이다. 초도감사에서는 감사인의 기업에 대한 이해 부족으로 감사능률이 떨어지므로 이를 고려해 감사계획을 수립해야 한다.

계속감사에서 재무상태표의 기초잔액은 전기감사보고서와 비교하고 총계정원장의 기초잔액을 확인하는 것으로 충분하다. 초도감사에서는 전기에 감사를 받았는지와 관계없이 기초잔액의 정당성에 대한 검증책임은 당기감사인에게 있다.

1. 기초잔액의 감사계획

감사인은 기초잔액에 대한 충분하고 적합한 감사증거를 입수하기 위해 다음 사항을 고려해 감사계획을 수립한다.

① **기업의 회계정책** 기업이 적용한 회계정책의 적절성을 검토해야 한다.

② **당기재무제표계정의 왜곡표시위험에 미치는 영향** 기초잔액이 당기재무제표의 왜곡표시위험에 미치는 영향을 파악해, 기초잔액에 대한 감사증거의 충분성과 적합성을 고려해야 한다. 예를 들어 재고자산처럼 기초잔액이 당기 자산(기말재고자산)과 손익(매출원가)에 동시에 영향을 미치는 항목은 감사증거의 충분성을 검토해야 한다.

③ **전기감사보고서의 변형여부** 전기 감사의견이 적정의견이 아니라면 변형된 사유(예를 들어 매출 및 매출채권의 과대계상)에 대해 충분한 감사증거를 수집하고 당기에 미치는 영향을 검토한다.

④ **전기 이전의 회계추정 · 불확실성 · 후속사건이 기초잔액에 미치는 영향** 전기 이전의 회계추정, 불확실성과 후속사건이 기초잔액에 적합하게 반영되었는지를 검토해야 한다. 예를 들어 재고자산평가충당금 기초잔액을 결정할 때 순실현가능가치를 1,000원(=예상판매가격 1,100원 − 예상판매비용 100원)으로 추정했다고 하자. 그런데 기중에 예상판매가격 1,100원이 아닌 900원에 판매했다면, 재고자산평가충당금이 과소계상되었다고 판단한다. 이와 같이 회사가 회계추정 등을 적절하게 반영하지 않았다고 판단하면 기초잔액의 왜곡표시위험을 높게 평가해야 한다.

2. 기초잔액의 감사절차

감사인은 기초잔액에 대해 충분하고 적합한 감사증거를 수집해야 한다. 감사인은 기초잔액에 적합한 회계정책이 반영되었는지와 수정이 필요한 사항이 정확하게 재작성되었는지 확인해야 한다. 전기재무제표가 감사를 받았다면 전임감사인과 교신하여 기초잔액의 왜곡표시가능성을 확인한다.

감사인은 기초잔액과 관련한 증거를 입수하기 위해 특정의 감사절차를 수행할 수 있다. 예를 들어, 감사계약 직후 재고자산에 대한 실사를 수행해 수량을 파악한 후 매출 및 매입 수량을 조정해 기초재고자산의 수량을 추정할 수 있다.

3. 기초잔액과 감사의견

감사인이 기초잔액과 관련하여 충분하고 적합한 감사증거를 입수할 수 없다면 감사범위 제한에 해당하므로 한정의견이나 의견거절을 표명한다. 감사인은 기초잔액에 당기재무제표에 중요하게 영향을 미칠 수 있는 왜곡표시가 포함되어 있고 왜곡표시 영향이 적합하게 회계처리되지 않았거나 적절하게 표시 또는 공시되지 않았다고 결론을 내리면, 한정의견이나 부적정의견을 표명한다.

Ⅳ. 감사계약의 체결

1. 감사계약서의 작성

감사계약서(audit engagement letter)는 의뢰인과 감사인이 합의한 업무조건을 일정한 형식을 갖춘 서류 형태로 작성한 문서이다.

감사계약서에는 감사인 위촉의 승낙, 감사의 목적과 범위, 감사인의 책임범위, 감사보고서의 형식(포함할 내용) 등을 포함한다. 감사계약서는 감사인과 의뢰인 간에 서로 이해해야 할 사항을 명확하게 문서화하므로 차후에 발생할 수 있는 분쟁사항을 방지할 수 있다.

감사계약은 민법상 계약에 해당하므로 감사인과 기업이 계약에서 규정한 의무를 이행하지 않으면 손해배상책임을 진다.

2. 감사업무조건의 변경

감사계약을 체결한 후 계약내용 변경을 요청받거나 계약에서 정한 감사수행이 불가능한 상황이 발생할 수 있다. 이러한 예로는 감사수행중 사업성격 또는 규모의 중대한 변화로 실증절차 범위를 확대해야 한다거나, 경영진이 감사목적 또는 범위를 오해하고 있다는 징후가 있거나, 법적 요구조건의 변화 등을 들 수 있다.

업무조건 변경에 합리적인 정당성이 있는지에 따라 감사인은 다음과 같이 대응한다.

핵심 감사계약변경의 정당성

사유가 합리적인 경우	합리적 정당성이 결여된 경우
(1) 사유 ① 감사 필요성에 영향을 미치는 환경 변화 ② 의뢰한 감사성격에 대한 오해 (2) 감사인의 대응절차 ① 새로운 업무조건에 따라 계약서 수정 ② 당초 감사업무와 수행절차는 감사보고서에 언급하지 않음	(1) 사유 감사업무조건이 부정확·불완전한 정보와 관련된 경우 (2) 감사인의 대응절차 ① 감사계약 해지 ② 지배기구, 소유주 또는 규제기관 등에 보고의무가 있는지 검토

(1) 계약변경의 요청이 합리적인 경우

감사계약을 체결할 때 존재했던 감사의 필요성에 영향을 미치는 환경이 변화(예를 들어, 연결대상 종속기업의 매각)하거나 감사성격을 의뢰인이 오해할 수 있다. 이러한 상황에서의 계약변경 요청은 합리적인 근거가 있다고 볼 수 있다.

감사를 종료하기 직전에 감사보다 낮은 수준의 확신을 제공하는 다른 인증업무로 계약조건을 변경하기를 요청할 수 있다. 이러한 상황에서는 계약변경이 적절한지와 법률상 또는 계약상 시사점을 신중하게 고려해야 한다.

감사인이 계약조건에 대한 변경요청이 합리적이라고 판단하면 새로운 업무조건에 합의하는 계약서를 재작성한다. 이때 감사보고서에는 이용자의 혼란을 방지하기 위해 ① 원래의 감사계약이나 ② 원래의 계약에서 수행했을 절차는 언급하지 않는다.

(2) 계약변경에 정당성이 없는 경우

임의감사 대상인 기업이 감사인으로부터 적정의견을 받지 못할 것으로 예상해 보다 낮은 수준의 확신을 제공하는 계약(예를 들어 검토업무)으로 변경해 줄 것을 감사인에게 요청할 수 있다. 이러한 감사계약의 변경요청은 합리적이지 않다.

감사인이 감사업무조건의 변경에 동의할 수 없고 경영진이 원래 계약상의 감사업무를 계속 수행하는 것을 허용하지 않을 수 있다. 이때 감사인은 계약을 해지하고 해지사실과 이유를 이사회, 감사(감사위원회) 또는 주주에게 보고해야 할 계약상 또는 법규상 의무가 있는지 검토한다.

제 2 절 기업과 기업환경의 이해

감사인은 감사업무조건을 합의한 후 기업의 중요왜곡표시위험을 예비평가한다. 이때 감사인은 기업의 내부통제 등 기업과 기업환경을 이해하는 데 필요한 정보를 수집한다.

Ⅰ. 기업환경에 대한 지식의 활용

〈감사계획의 수립단계〉

감사업무조건의 합의

기업과 기업환경의 이해

내부통제의 이해

왜곡표시위험의 식별과 평가

감사계획의 수립

감사인은 기업이 속한 산업의 특성을 이해해야 한다. 기업을 방문하여 업무수행과정을 관찰하고 관련 문서를 검사하며, 관계자와의 토의와 질문, 분석적절차를 수행해 사업 및 환경에 대한 전반적인 지식을 습득한다. 감사인은 이때 얻은 지식을 감사의 전 과정에 걸쳐 감사계획 및 전문가적 판단과정에서 활용한다.

기업이 속한 산업의 이해가 중요한 이유는 다음과 같다.

첫째, 산업유형에 따라 결정되는 체계적 위험이 있으며, 이는 기업실패위험, 허용가능한 감사위험 및 특정산업의 감사수임 적절성 여부를 평가하는 데 영향을 미친다. 예를 들어 고도의 정보기술을 사업대상으로 하는 벤처업종과 전통적인 굴뚝산업(smokestack industry) 간의 사업위험은 다르다.

둘째, 모든 기업에 공통적으로 적용되는 특정산업의 고유위험을 이해할 필요가 있다. 예를 들어 의류산업에서는 재고진부화 가능성이, 소액가계대출

위주의 소매금융업에서는 가계채권의 부실가능성이, 손해보험업에서는 재해 발생률 상승가능성이 각각 고유위험에 해당한다.

셋째, 리스업, 건설업, 보험업, 해운업 등과 같이 특정산업에 요구되는 특수한 재무보고체계나 법규가 존재한다. 특정산업에 내재하는 거래성격이나 산업특성을 제대로 인지하지 못해 감사실패가 발생한 사례가 다수 존재한다.

감사인은 감사계획 수립 이후에도 감사수행의 매 단계에서 기업의 환경 및 일반적 정보를 계속 수집하고 평가한다. 이렇게 누적된 지식을 재무제표의 공정성을 판단하기 위해 입수한 증거자료를 종합평가하는 데 활용한다. 감사의 진행과정에서 상호모순되는 정보와 비경상적인 사건의 인지, 회계추정자료의 평가, 경영진진술내용의 합리성 평가, 회계정책공시의 적절성 평가 등 고도의 전문적 판단을 필요로 하는 분야에서 기업의 환경에 대한 지식을 매우 유용하게 이용할 수 있다.

Ⅱ. 기업의 이해를 위한 정보유형

기업과 기업환경의 이해를 위해 수집하는 정보는 다음과 같이 구분할 수 있다.

(1) 산업적 · 규제적, 기타 외부적 요인

동종산업의 시장동향이나 거시적 환경요인이 기업에 미치는 영향에 관한 자료를 수집한다. 이때 감사인에게 요구되는 지식수준은 기업의 경영진이 보유한 지식수준보다는 낮다.

산업적 요인으로는 ① 수요, 생산능력 및 가격경쟁 등 시장과 경쟁상황, ② 순환적 또는 계절적 활동, ③ 기업의 제품과 관련된 기술 등이 있다.

규제적 요인으로는 해당 재무보고체계와 법적 · 정치적 환경이 포함된다. 예를 들어 산업별 회계 및 실무관행, 규제법규, 조세제도, 외환규제 등의 통화정책과 재무적 규제, 관세 또는 무역규제 등이 이에 해당한다.

기타 외부적 요인에는 일반적인 경제여건, 이자율과 자금조달 가능성, 인플레이션 등의 거시적 지표가 포함된다.

(2) 기업의 성격

기업의 성격을 파악해 재무제표에 예상되는 거래유형 및 관련 공시, 계정잔액 및 관련 공시를 이해한다. 예를 들어 기업이 여러 종속기업이나 특수목적기구를 보유하는 복잡한 구조인지, 영업권이나 기타 회계처리문제와 관련한 왜곡표시위험이 존재하는지 검토한다.

감사인은 기업의 성격을 이해하기 위해 영업활동, 투자와 투자주식 · 채권, 자본조달과 재무활동, 재무보고에 관한 사항을 고려해야 한다.

(3) 회계정책의 선택과 적용

감사인은 기업의 회계정책이 해당 기업의 사업에 적합한지, 재무보고체계 및 관련 산업에서 적용하는 회계정책과 일관성이 있는지를 평가해야 한다.

(4) 기업의 사업위험

• 사업위험 : 기업의 사업목적 달성이 불가능하게 되는 기업실패위험을 지칭한다.

기업환경 그리고 기업의 사업목적과 전략을 이해하는 과정에서 수집한 정보를 이용해 기업의 사업위험을 평가한다. 사업위험(business risk)은 기업의 사업목적 달성이 불가능하게 되는 기업실패위험을 지칭한다. 예를 들어 신기술 출현으로 기업이 경쟁우위를 상실하거나 막대한 배상책임과 평판위험을 초래하는 제품결함 발생 등 여러 요인이 사업위험을 결정한다.

감사인의 일차적인 관심은 사업위험 그 자체보다는 사업위험이 기업의 재무제표 왜곡표시에 미치는 영향을 파악하는 데 있다. 사업위험이 중요왜곡표시위험을 초래할 수 있는지는 기업환경을 고려해 판단한다. 예를 들어 급격한 경기 후퇴로 매출액이 부진한 회사에서는 진부화된 재고자산에 대해 거액의 평가손실을 인식해야 할 수 있다.

기업이 속한 업종과 기타 외부적 환경요인, 기업의 영업전략, 경영목표 및 기타 내부적 경영환경 등은 사업위험 평가에 중요한 영향을 미친다. 감사인은 효과적인 위험관리체계나 내부통제 등 사업위험을 식별 · 대응하는 경영진의 태도와 노력을 고려해야 한다.

감사인은 종합적인 사업위험을 분석해 기업의 재무제표에 미칠 중요왜곡표시위험을 평가한다. 감사인은 이러한 평가결과를 고유위험 평가나 허용가능감사위험 결정 등 감사위험평가모형에 체계적으로 연결시켜 감사계획을 수립한다.

(5) 재무성과지표의 측정과 검토

기업의 재무성과는 매출액이나 순이익과 같은 재무제표의 회계수치뿐만 아니라 시장점유율, 면적당 매출액 등과 같은 지표로도 측정된다. 감사인은 기업의 재무적 상태와 성과의 전반적인 이해뿐만 아니라 경영진과 종업원의 성과측정을 위해 사용하는 회계수치나 지표의 왜곡가능성을 평가하기 위해 기업의 성과측정체계를 이해해야 한다. 왜냐하면 경영진에게 목표성과를 달성해야 하는 압력이 존재하고 보상체계가 성과측정치와 연계되면 재무제표가 왜곡표시될 위험은 크게 증가하기 때문이다.

Ⅲ. 기업의 이해과정에서 정보의 수집

1. 증거수집의 방법

감사인은 기업 및 기업환경의 이해과정에서 질문, 분석적절차, 관찰과 검사의 절차를 수행해 정보를 수집하고 평가한다. 이러한 증거수집방법은 내부통제의 이해단계 그리고 중요왜곡표시위험의 식별단계에서도 동일하다.

(1) 질 문

• 위험평가절차단계에서 수행하는 질문은 재무제표 작성환경의 이해와 내부통제설계 효과성에 관한 정보수집에 도움을 줄 수 있다.

감사인은 주로 경영진과 재무보고 책임자에게 질문해 정보를 입수한다. 기업 내부의 관련자 및 기타 다양한 직급의 구성원에게 질문해 중요왜곡표시위험을 식별하기 위한 정보나 경영진과 다른 견해를 구할 수 있다.

(2) 분석적절차

감사인이 기업의 이해단계에서 분석적절차를 수행하면 자신이 알지 못한 기

• 기업이해단계에서 위험평가절차로 수행하는 분석적절차는 중요왜곡표시위험을 식별·평가하는 데 도움을 제공하지만, 이러한 결과는 중요왜곡표시위험의 존재여부에 대해 광범위한 초기적 징후만을 제공한다.

업의 내용을 인지할 수 있으며, 중요왜곡표시위험을 평가하는 데 도움을 받을 수 있다.

분석적절차를 수행하면 비경상적인 거래나 사건, 금액, 비율 그리고 추세의 존재를 식별할 수 있고, 부정에 의한 중요왜곡표시위험을 인식할 수 있다. 이러한 분석적절차에서 입수한 정보는 중요왜곡표시위험의 존재여부에 대한 광범위한 초기적 징후만을 제공한다.

(3) 관찰과 검사

관찰과 검사는 질문과 병행할 수 있으며, 기업 및 기업환경에 대한 많은 정보를 얻을 수 있다. 관찰과 검사의 감사절차의 예로는 문서, 기록과 내부통제 매뉴얼, 경영진과 지배기구가 작성한 보고서를 들 수 있다.

2. 문서화

감사인은 전문가적 판단에 따라 문서화할 사항을 결정하는데, 자신이 이해한 모든 내용을 문서화할 필요는 없다. 감사인이 이해한 사항 중 중요왜곡표시위험의 평가에 근거가 된 핵심사항을 문서화한다.

업무팀원의 경험과 역량에 따라 문서화 범위가 달라질 수 있다. 경험이 적은 팀원으로 구성된 업무팀이 감사를 수행한다면 이들이 기업을 적절하게 이해하는 데 도움을 줄 수 있도록 자세하게 문서화해야 한다.

제 3 절 왜곡표시위험의 식별과 평가

감사인은 기업과 기업환경의 이해단계에서 수집한 정보로 기업의 사업위험(business risk)을 평가하고, 감사위험의 목표수준을 결정한다. 이때 고유위험을 별도로 평가할 수 있고, 내부통제의 이해절차를 실시해 기업의 중요왜곡표시위험(고유위험×통제위험)을 한번에 식별하고 평가할 수 있다. 이 단계에서 평가한 왜곡표시위험수준은 추가감사절차인 기중 및 기말 감사계획을 수립하기 위한 근거를 제공한다.[2)]

Ⅰ. 왜곡표시위험의 의의

1. 구성요소

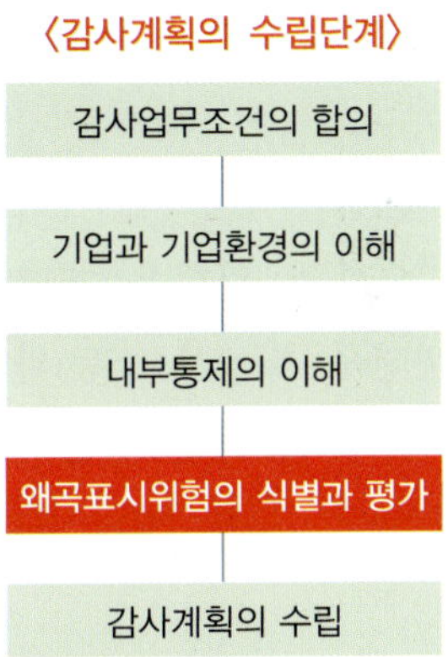

• 중요왜곡표시위험 =고유위험×통제위험

중요왜곡표시위험(risk of material misstatement)은 감사 착수 이전에 경영진이 제시한 재무제표가 부정이나 오류로 중요하게 왜곡표시될 위험으로, 고유위험(inherent risk)과 통제위험(control risk)의 결합확률로 정의한다.

감사인은 왜곡표시위험을 고유위험과 통제위험으로 분리해 개별적으로 식별할 수도 있고, 결합해 하나의 위험으로 평가할 수도 있다. 중요왜곡표시위험을 분리해 평가한다면 일반적으로 내부통제를 고려하기 전인 기업 및 기업환경의 이해단계에서 고유위험을 먼저 식별한다.

2. 위험평가의 수정

통제위험 평가는 내부통제의 이해단계(제1국면)와 통제테스트단계(제2국면) 후의 두 차례로 나누어 실시한다. 제1국면에서 수행한 왜곡표시위험의 평가결과는 제2국면에서 통제테스트를 수행한 후 평가한 왜곡표시위험 결과와 다를 수 있다. 본절에서 언급하는 왜곡표시위험은 내부통제를 포함한 기업 및 기업환경을 이해한 후 평가하지만 통제테스트를 수행하기 전에 이루어지는 평가이므로 예비적 평가의 성격을 띠고 있다.

중요왜곡표시위험에 대한 평가는 감사 수행중에 입수하는 감사증거에 따라 변경될 수 있다. 예를 들어 감사계획 수립을 위해 실시하는 위험평가

---

2) 본서에서는 독자의 이해를 돕기 위해 내부통제의 이해절차를 편의상 제7장에서 상세히 설명하고 있으나, 본절에서의 왜곡표시위험평가는 이러한 내부통제의 이해절차가 이미 완료된 후에 실시하는 것으로 간주하고 기술한다.

는 특정 내부통제가 설계된 대로 효과적으로 운용된다는 기대를 근거로 수행한다. 통제테스트(2국면)를 실시했는데, 감사인이 내부통제가 효과적으로 운용되고 있지 않다는 증거를 수집하면 이전(1국면)의 위험평가수준을 변경한다. 실증절차 수행과정에서 이전 단계에서 예상했던 위험평가보다 금액이나 빈도가 더 큰 왜곡표시를 발견할 수 있다. 감사인은 기존의 평가결과를 수정하고 이전에 계획한 추가감사절차를 상황에 맞게 변경해야 한다.

Ⅱ. 왜곡표시위험의 식별과 평가

감사인은 추가감사절차를 계획하기 위해 재무제표 수준과 경영진주장 수준에서 중요왜곡표시위험을 식별하고 평가해야 한다.

재무제표 수준의 왜곡표시위험은 재무제표 전체와 관련이 있으며, 여러 가지 경영진주장에 동시에 영향을 미친다. 경영진주장 수준의 위험은 개별 거래유형과 계정잔액 및 표시의 세부감사목표(예컨대 완전성, 실재성… 등)와 관련하여 발생하며, 감사인은 추가감사절차의 성격, 시기 및 범위를 결정하기 위해 경영진주장을 평가한다.

1. 재무제표 수준의 중요왜곡표시위험 평가

• 재무제표 수준의 왜곡표시위험 : 재무제표 전체와 관련된 위험으로, 경기침체 등의 외부환경요소와 기업 내부의 미비된 통제환경과 관련될 수 있다.

재무제표 수준의 중요왜곡표시위험은 재무제표 전체와 관련이 있다. 재무제표 수준의 위험은 경기침체와 같은 외부환경요소와 연관될 수 있지만, 기업 내부의 통제환경이 미비할 때 발생할 수 있다. 예를 들어 경영진의 성실성과 적격성이 부족해 발생하는 왜곡표시위험은 재무제표에 보다 전반적인 영향을 미친다. 경영진의 성실성에 대한 우려가 매우 심각한 수준이라면, 감사인은 감사 수행가능성 자체에 의문을 가질 수 있다. 이때 감사인은 재무제표 수준의 왜곡표시위험이 거래유형 및 관련 공시와 계정잔액 및 관련 표시에 대한 특정 경영진주장에 어떤 영향을 미치는지 고려해야 한다. 부정과 관련이 있는지, 감사실시가 불가능할 정도로 심각한 상황인지를 주의 깊게 검토해야 한다.

감사인은 재무제표 수준에서 평가한 중요왜곡표시위험에 대응하기 위해 다음과 같은 전반적인 대응방침을 설계하고 수행한다.

▶ 재무제표 수준에서 평가한 중요왜곡표시 위험에 대처하기 위한 전반적인 대응

- 업무팀 구성원에게 전문가적 의구심을 유지할 것을 강조
- 보다 경험이 풍부하거나 특수한 기술을 보유한 인력을 배정 또는 전문가를 활용
- 수행할 추가감사절차를 선택할 때 예측불가능한 요소를 포함
- 감사절차의 성격, 시기 또는 범위를 전반적으로 수정. 예를 들어 실증절차는 기중보다는 보고기간말에 수행하고, 보다 설득력 있는 감사증거를 입수하기 위해 감사절차의 성격을 변경
- 감독활동을 강화

2. 경영진주장 수준의 중요왜곡표시위험 평가

• **경영진주장 수준의 왜곡표시위험 평가 :** 추가감사절차의 성격, 시기 및 범위를 결정하는 데 직접적인 역할을 한다.

거래유형 및 관련 공시와 계정잔액 및 관련 표시에 대한 특정 경영진주장(혹은 이러한 경영진주장을 감사하기 위한 세부감사목표)[3] 수준의 중요왜곡표시위험을 평가하는 이유는 추가감사절차의 성격, 시기 및 범위를 결정하기 위해서이다. 예를 들어 매출채권계정잔액의 왜곡표시위험이 높다고 판단하면, 외부조회 범위를 확대하는 감사계획을 수립한다.

감사인은 위험평가를 수행할 때 특정 경영진주장의 중요한 왜곡표시를 예방(예방통제)하거나, 발견(적발통제) 또는 수정(수정통제)하기 위한 통제를 식별할 수 있다.[4]

감사인은 주요 거래유형별 · 계정잔액별로 중요왜곡표시위험을 평가한다. 이와 같이 평가한 경영진주장 수준의 왜곡표시위험을 기초로 이에 대응하는 추가감사절차의 성격, 시기 및 범위를 설계하고 수행한다.

---

3) 감사기준서에서는 경영진주장이라는 용어를 사용하고 있으나, 실무에서는 이러한 경영진주장을 검증하기 위한 세부감사목표([도표 4-2])로서, 실재성, 완전성, 정확성… 등의 용어를 사용한다.

4) 예방통제의 예로는 거래의 사전승인, 자산의 물리적 접근통제, 전산시스템에서의 논리적 접근통제, 업무분장 등이 있다. 적발통제의 예로는 중간관리자의 검토, 실물자산의 실사, 외부조회 등이 있다.

Ⅲ. 특수한 왜곡표시위험의 고려

1. 특별한 관리가 요구되는 유의적 위험

감사인은 식별된 중요왜곡표시위험에 부정위험과 같은 유의적 위험(significant risks)에 해당하는 사항이 있는지 별도로 파악한다. 유의적 위험은 발생빈도가 적은 비일상적인 거래나 판단사항과 관련이 있어 감사인이 특별히 관리해야 하는 위험이다. 유의적 위험은 유의적인 비일상적인 거래가 발생하거나 회계추정치를 도출할 때 유의적 판단요소가 개입될 때 발생한다.

감사인은 다음을 고려해 유의적 위험에 해당하는지 판단한다. 유의적 위험이 존재하면 중요왜곡표시위험이 더욱 커질 수 있으므로, 감사인은 유의적 위험에 대응하기 위한 감사절차를 수행해야 한다.

핵심 유의적 위험에 해당되는지 판단할 때 고려해야 할 사항

① 부정위험의 해당여부
② 최근의 중요한 경제·회계 등 변화와 관련되어 특별한 주의의 필요여부
③ 거래의 복잡성
④ 특수관계자와의 유의적 거래와의 관련성 여부
⑤ 재무정보를 측정할 때 주관성 정도와 광범위한 불확실성 여부
⑥ 기업의 정상적 사업과정을 벗어나거나 비경상적으로 보이는 거래와의 관련여부

감사인은 유의적 위험을 식별하면 경영진이 이용하는 대응수단과 재무제표에 미치는 영향을 적절히 공시했는지를 검토해야 한다. 경영진이 유의적 위험에 대응하는 방법으로는 내·외부 전문가의 검토, 회계추정의 문서화, 지배기구의 승인 등이 있다.

감사인은 유의적 위험에 대응하기 위한 실증절차를 수행해야 한다. 예를 들어 경영진이 이익기대치 달성에 심한 압력을 받고 있으면 재무보고체계를 위반해 수익인식을 했을 가능성이 있다. 감사인은 이를 검증하기 위해 외부조회를 확대한다. 이때 감사인은 매출채권잔액뿐만 아니라 판매일, 반품청구권, 인도조건 등 판매계약의 세부사항을 확인할 수 있도록 조회절차를 설계한다.

2. 실증절차만으로는 적합한 감사증거를 입수하지 못하는 상황

어떤 위험은 감사인이 실증절차만으로는 충분하고 적합한 감사증거를 입수할 수 없거나 실무상 어려울 수 있다. 예를 들어 고도로 자동화된 전산시스템으로 회계처리가 이루어지는 환경에서 시스템에 오류가 발생하면 일상적인 거래유형이 부정확하거나 불완전하게 처리될 위험이 있다. 이러한 위험이 있으면 실증절차만으로는 충분한 감사증거를 입수하지 못할 수 있다. 왜냐하면 상당량의 기업정보가 전자적 형태로만 개시, 기록, 처리 또는 보고되어 정보기술시스템 이외에서 생성되지 않을 수 있기 때문이다. 이러한 기업에서는 거래가 적절하게 개시되지 않거나 정보 변조가 발생하더라도 발견하지 못할 가능성은 매우 크다.

이러한 환경에서는 실증절차를 효과적으로 설계할 수 없기 때문에 감사인은 관련 내부통제의 운영효과성 평가결과에 주로 의존할 수밖에 없다. 정보기술시스템 환경에서는 컴퓨터를 이용한 감사기법을 사용하는 등, 높은 수준의 확신을 얻을 수 있는 확대된 그리고 고도화된 통제테스트를 설계하고 수행해야 한다.

3. 핵심감사사항의 식별 및 대응

핵심감사사항은 감사인의 전문가적 판단에 따라 결정한 당기 재무제표감사에서 가장 유의적인 사항을 말한다. 감사인은 지배기구와 커뮤니케이션한 사항 중에서 핵심감사사항(Key Audit Matters : KAM)을 결정한다.

감사인은 기업 및 기업환경의 이해를 수행해 재무제표의 중요왜곡표시위험을 평가한다. 이때 감사인은 지배기구와 논의한 모든 사항을 대상으로 유의적 감사인주의가 요구된 사항으로 결정하고, 이 사항 중에서 가장 유의적인 사항을 핵심감사사항으로 결정한다.

감사인은 유의적 위험평가절차를 수행해 식별한 핵심감사항목별로 충분하고 적합한 감사증거를 수집·평가하기 위한 감사절차를 설계하고 실행해야 한다.

- 중요왜곡표시위험을 더 높게 평가하거나 유의적 위험으로 식별한 분야

- 높은 추정불확실성과 같이 유의적 경영진판단이 수반된 재무제표분야
- 보고기간중 발생한 유의적인 사건이나 거래가 감사에 미치는 영향

핵심감사사항의 자세한 내용은 제15장 감사의 종료절차에서 설명한다.

제4절 전반감사계획의 수립과 감사전략

감사인은 효과적이고 효율적인 감사업무의 수행과 관리를 위해 감사계획을 수립한다. 감사인은 감사를 수행하면서 수집한 새로운 정보를 반영해 감사계획을 수정하면 감사업무를 효율적으로 진행할 수 있다.

Ⅰ. 감사계획의 수립목적과 시기

〈감사계획의 수립단계〉

감사업무조건의 합의
|
기업과 기업환경의 이해
|
내부통제의 이해
|
왜곡표시위험의 식별과 평가
|
감사계획의 수립

감사계획은 감사절차의 성격, 시기 및 범위를 결정하기 위한 전반적인 감사전략과 세부적인 감사접근방법을 설계하는 것을 의미한다. 전반감사계획에서는 감사전반을 통제할 수 있는 계획을 수립한다. 세부감사계획에서는 주요 거래유형, 계정잔액 및 관련 표시에 대하여 통제테스트 및 실증절차의 실시방법, 적용범위, 소요인원과 시간, 실시시기 등에 관한 구체적인 계획을 수립한다.

- **감사절차의 성격** : 감사인이 평가한 위험에 대응하는 방법을 결정할 때 가장 중요한 요소이다. 감사절차의 목적(통제테스트 또는 실증절차)과 유형(검사, 관찰, 질문, 조회, 재계산, 재수행 또는 분석적절차)을 결정한다.
- **감사절차의 시기** : 감사시기는 감사인이 입수하는 감사증거의 해당 기간이나 일자를 뜻한다.
- **감사절차의 범위** : 표본규모나 통제활동의 관찰빈도 등 수행할 업무의 양이나 감사증거의 크기를 말한다.

1. 수립목적

감사인은 감사자원을 효율적으로 활용하면서 감사목적을 효과적으로 달성할 수 있는 감사계획을 수립해 감사업무의 수행지침으로 활용한다. 감사계획을 수립하는 목적은 다음과 같다.

- 중요한 감사분야에 필요한 주의를 기울일 수 있음
- 잠재적 문제를 적시에 식별하고 해결
- 감사업무를 적절히 조직화하고 관리하여 효율적인 감사를 도모
- 예상하는 위험에 대응하기 위해 적합한 수준의 역량과 적격성을 갖춘 업무팀원을 선정하고, 적절한 업무배정이 가능
- 업무팀원을 지휘 · 감독하고 수행한 업무를 검토할 때 용이
- 부문감사인 및 전문가가 수행한 업무를 조정할 때 도움을 제공

2. 작성 및 수정 시기

감사계획 수립은 별도로 분리된 절차가 아니라 전기감사 종료 직후에 시작해 당기감사가 끝날 때까지 진행하는 연속적이고 반복적인 과정이다. 감사계획을 수립하면 감사절차를 논리적인 순서로 진행할 수 있으며, 감사절차의 중복이나 누락을 방지할 수 있다.

감사인은 감사업무를 수행하면서 감사계획 수립시점에서 예상하지 못했던 새로운 사실을 발견할 수 있다. 이때 감사인은 감사계획의 유효성을 검토하고, 감사업무를 진행하면서 감사계획을 계속적으로 수정 · 보완한다. 예를 들어 실증절차를 수행하여 얻은 감사증거가 통제테스트로부터 수집한 증거와 모순된다면, 기존에 평가한 위험을 수정해 추가감사절차의 성격, 시기 및 범위를 변경해야 한다.

Ⅱ. 전반감사계획의 수립절차

전반감사계획에는 감사의 목적과 범위, 주요 감사일정 및 실시장소, 감사자원의 배분, 전반감사전략 그리고 세부감사계획의 고려사항이 포함된다. 전반감사계획은 전체적인 계획이면서도 감사의 모든 중요 사항을 빠짐없이 포함해야 하며 환경변화에 대처할 수 있도록 수립해야 한다. 정상적인 감사일정을 수행하는 데 부정적인 영향을 미칠 수 있는 사건이나 합의사항이 있는지 검토한다.

1. 전반감사전략의 수립

감사전략(audit strategy)은 감사인이 감사계획을 수립할 때 효과적인 방법으로 감사를 수행하기 위해 수립한 전략을 말한다. 전반감사전략을 효과적으로 수립하면 다음 업무를 체계적으로 수행할 수 있다.

- 특정 감사분야에 배치할 자원 : 위험이 높은 분야에 경험이 많은 팀원이나 전문가를 참여시킴
- 특정 감사분야에 할당할 자원의 양 : 중요한 사업장별 인원 배분, 부문감사인이 수행한 업무검토의 범위 등
- 자원의 배치시기 : 중간감사단계 또는 기간귀속 주요 기준일 배치의 결정
- 자원을 관리, 지휘 및 감독하는 방법 : 사전 혹은 사후 보고, 팀원의 업무수행 및 품질관리 검토의 수행여부 등
- 외부전문가의 활용 : 경영진측 또는 감사인측 전문가(변호사, 감정평가사, 보험계리사)의 활용여부

2. 중점감사절차의 선택전략과 감사비용

감사인은 감사계획을 수립할 때 경제성 있는 감사를 수행하고 감사목적을 효과적으로 달성하기 위해 중점적으로 수행할 감사절차를 전략적으로 결정한

도표 6-4
중점감사절차의 선택전략

감사절차 / 전 략	통제테스트	거래유형의 세부테스트	분석적절차	계정잔액의 세부테스트
감사전략 1	중점	미약	중점	미약
감사전략 2	보통	보통	중점	보통
감사전략 3	생략	중점	보통	중점
감사전략 4	보통	중점	중점	중점

중점 : 높은 수준의 증거입수　　미약 : 낮은 수준의 증거입수
보통 : 보통수준의 증거입수　　생략 : 감사절차를 실시하지 않음

다. 감사대상거래의 유형이나 감사환경에 따라 다르므로 정형화된 전략은 존재하지 않는다. [도표 6-4]는 중점감사절차의 선택전략과 관련한 네 개의 가상적 상황을 예시한 것이다.

(1) 감사전략 1

기업규모가 크고 복잡한 내부통제를 운용할 때 고려할 수 있는 전략이다. 감사인은 기업의 이해절차 및 내부통제의 의존도를 높여 중점적으로 통제테스트함으로써 실증절차의 범위를 줄이는 전략을 선택한다. 계정잔액의 세부테스트 범위를 더욱 줄이기 위해 분석적절차의 비중을 높일 수 있다. 통제테스트와 분석적절차에 높은 비중을 두기 때문에 경제성 있는 감사를 실시할 수 있다.

(2) 감사전략 2

보통수준의 내부통제를 운용하고 있는 중견규모의 기업을 대상으로 채택할 수 있는 전략이다. 감사인은 모든 종류의 감사절차를 일반적인 수준으로 실시하되, 비용이 적게 드는 분석적절차를 집중적으로 실시한다.

(3) 감사전략 3

내부통제가 취약한 것으로 예비평가한 중견 혹은 소규모기업을 대상으로 채택할 수 있는 전략이다. 이때는 계정잔액 세부테스트에 중점을 두며 운용효과성을 확인하기 위한 통제테스트는 실시하지 않는다. 계정잔액 세부테스트

를 수행해 계정잔액의 왜곡표시를 검증할 계획이므로 분석적절차는 보통수준으로만 실시한다.

(4) 감사전략 4

원래는 감사전략 2와 동일한 전략을 선택하려 했으나 통제테스트에서 상당한 수준의 이탈사항을 발견해 왜곡표시를 확인하기 위한 거래유형의 세부테스트를 확대실시해야 하는 상황이다. 통제테스트 결과가 만족스럽지 않기 때문에 계정잔액 세부테스트를 확대한다. 확대된 거래유형 세부테스트를 실시했는데도 계정잔액의 세부테스트를 축소할 수 없어 감사비용은 가장 많이 발생한다.

제 5 절 감사의 분할과 세부감사계획의 수립

세부감사계획은 내부통제의 평가 및 실증절차에서 적용하는 감사계획이다. 전반감사계획의 내용을 실행하기 위해 주요 활동유형별 또는 거래유형별로 감사절차의 성격, 시기 및 범위에 관한 세부감사계획을 수립한다.

Ⅰ. 감사업무의 분할과 활동유형별 접근방식

1. 감사업무의 분할

기업규모에 따라 상이하지만 대부분의 감사는 몇 명의 감사인(보조자인 수습회계사 포함)을 한 팀으로 구성하며, 업무를 분할하여 감사업무를 수행한다. 예를 들어 동일한 형태의 구매거래라도 유형자산취득과 상품매입을 감사인별로 나누어 감사를 수행한다. [도표 6-5]에서와 같이 부문별로 세분하여 각

도표 6-5
재무제표의 분할

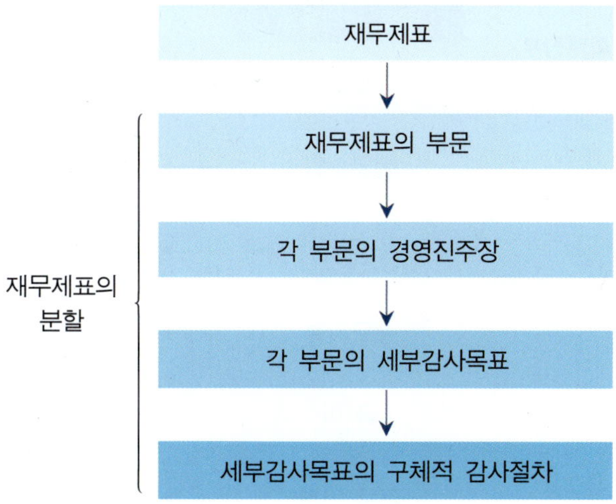

부문의 감사목표를 설정하고 이에 대응하는 감사절차를 수행 후 감사결과를 종합하여 재무제표 전체에 대해 최종결론을 내린다.

감사는 관점에 따라 여러 가지의 형태로 분할가능하다. 재무제표의 계정별, 부서와 같은 활동단위별, 혹은 외상매출금 청구나 급여계산과 같은 업무기능별로 감사를 분할할 수 있다. 활동유형별 접근방식을 가장 보편적으로 사용하며 본서에서도 이에 따라 감사절차를 기술한다.[5)]

활동유형별 접근방식(cycle approach)은 내부통제와 관련한 기업의 경영활동을 주요 업무영역별로 분할해 감사를 수행하는 방식이다. 다음 사항을 단계적으로 파악해 감사를 분할한다.

① 경영활동에서 주요 활동유형(기능별 업무영역)
② 각 활동유형에서의 주요 거래유형
③ 각 거래유형에서의 관련 계정

[도표 6-6]에서는 주요 거래유형의 흐름과 관련 회계장부를 연결해 표시하고 있다. 활동유형별 접근방식에서는 거래 발생에서부터 재무제표 작성에 이르기까지 관련 거래를 추적할 수 있다.

5) 본서에서 언급하고 있는 활동유형(cycle)은 기준서에서 언급하는 거래유형(class of transactions)보다는 상위개념으로 기업의 활동을 기능별로 구분한 광의의 업무영역을 지칭한다. 예를 들어 매출과 대금회수활동은 매출거래와 현금수입거래로 세분된다.

도표 6-6
거래의 유형과 회계장부

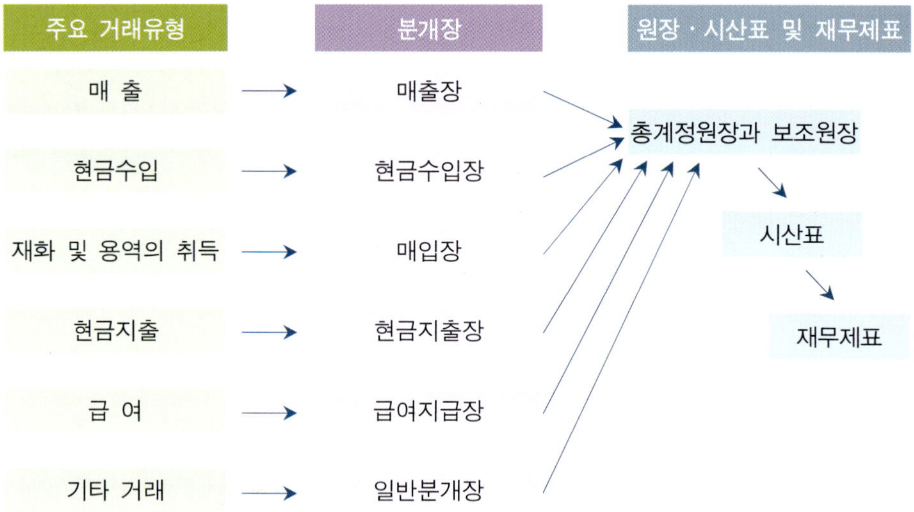

2. 활동유형별 접근방식의 특징

활동유형(cycle)은 기업조직이나 특성에 따라 차이가 있을 수 있으나 본서에서는 [도표 6-7]과 같이 다섯 개의 활동유형별로 분류한다. [도표 6-7]에 따른 활동유형별 접근방식의 특징은 다음과 같다.

- 기업의 활동유형을 매출과 대금회수활동, 구매와 대금지급활동, 급여와 인사활동, 재고자산과 생산활동, 자금조달과 상환활동으로 구분한다.
- 모든 총계정원장과 분개장은 다섯 개의 활동유형 중에 최소한 한 번은 포함된다. 기업에 따라 원장이나 분개장의 명칭은 다를 수 있으나, 활동유형별 감사를 완료하면 모든 회계장부는 최소한 한 번은 감사를 받는다.
- 일부 원장과 분개장은 여러 활동유형과 연관될 수 있다. 예를 들어 현금및현금성자산계정은 거의 모든 활동과 연계된다.

[도표 6-8]은 활동유형간의 상호관계를 설명한 것으로, 각 활동유형은 연속하는 순환과정을 거친다.

현금은 기업활동의 출발점이다. 현금은 상품 구입이나 제품 생산을 위한 원재료 취득에 현금이 사용되거나(구매와 대금지급활동), 임직원과 생산직 노무비의 지급수단으로도 사용된다(급여와 인사활동).

도표 6-7
활동유형, 회계장부 및 계정과목의 상호관계

활동유형(cycle)	관련 분개장 [도표 6-6]	관련 총계정원장	
		재무상태표계정	손익계산서계정
매출과 대금회수활동 (sales and collection cycle)	매출장 현금수입장 일반분개장	현금및현금성자산 매출채권 대손충당금	매출 대손상각비
구매와 대금지급활동 (acquisition and payment cycle)	매입장 현금지출장 일반분개장	현금및현금성자산 재고자산 선급금 토지 금융상품 차량운반구 건물 감가상각누계액 비품 미지급법인세 매입채무	광고비 여비교통비 접대비 판매촉진비 수도광열비 출장비 소모품비 통신비 세금과공과 감가상각비 임차료 수수료비용 수선비 자산처분손익 법인세비용
급여와 인사활동 (payroll & personnel cycle)	급여지급장 일반분개장	현금및현금성자산 미지급급여 소득세예수금 퇴직급여충당부채	급여 상여금 퇴직급여 복리후생비
재고자산과 생산활동 (inventory and production cycle)	매입장 매출장 재고수불장 일반분개장	재고자산	매출원가
자금조달과 상환활동 (capital acquisition and repayment cycle)	매입장 현금지출장 일반분개장	현금및현금성자산 이익잉여금 금융부채 사채 차입금 미지급이자 자본금 주식발행초과금	이자비용

도표 6-8
각 활동유형간의 상호관계

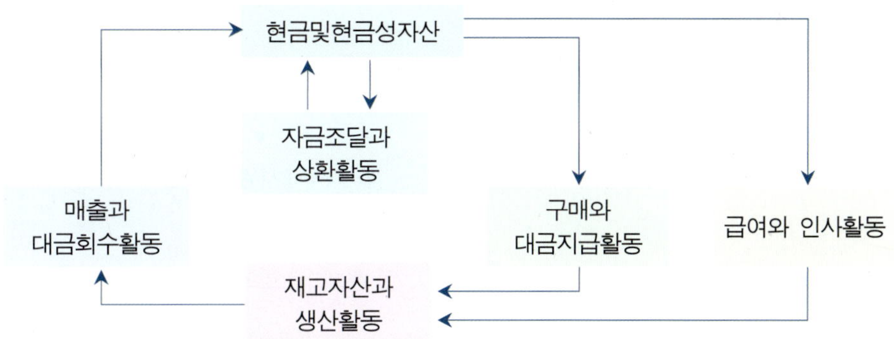

'구매와 대금지급활동'과 '급여와 인사활동'이 결합하여 제품이 생산되고 재고자산 보관활동을 발생시킨다(재고자산과 생산활동). 기업이 재고자산을 판매하면 대금청구와 회수활동이 시작된다(매출과 대금회수활동). 이러한 과정에서 창출된 현금은 이자지급이나 부채 상환, 배당금을 지급하며(자금조달과 상

환활동), 이러한 기업활동은 반복된다.

감사에 참여하는 팀원은 각 활동유형을 할당받아 개별적으로 감사를 수행한다. 감사완료단계에서 개별 활동유형의 감사결과를 서로 연결해 종합적으로 평가한다.

Ⅱ. 통제테스트의 세부감사계획

내부통제평가의 세부계획은 전기 세부감사계획을 참조해 당기 전반감사계획에 포함된 유의사항을 충분히 반영할 수 있도록 수립한다. 감사인은 통제테스트 세부감사계획을 [도표 6-9]와 같이 다음 4단계 절차를 거쳐 수립한다.

① 기업의 활동유형별 또는 주요 거래유형별로 기업 및 내부통제를 이해하기 위한 절차를 실시하고 관련증거를 입수한다.
② 왜곡표시위험을 평가한다.
③ 통제테스트를 실시하는 것이 경제적인지를 판단한다.
④ 내부통제를 테스트하기 위한 구체적 감사절차를 증거입수방법, 표본규모, 추출방법 및 감사시기의 관점에서 설계한다.

도표 6-9
통제테스트의
세부감사계획 수립절차

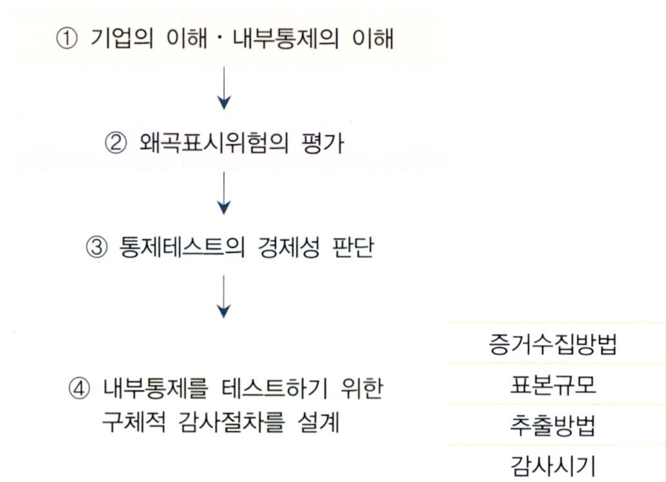

Ⅲ. 계정잔액 실증절차의 세부감사계획

1. 실증절차 세부계획의 수립

실증절차 세부계획은 주요 거래유형별로 수립하는데, [도표 6-10]에서 보듯이 다음 단계를 거친다.

도표 6-10
계정잔액 실증절차의 세부계획 수립

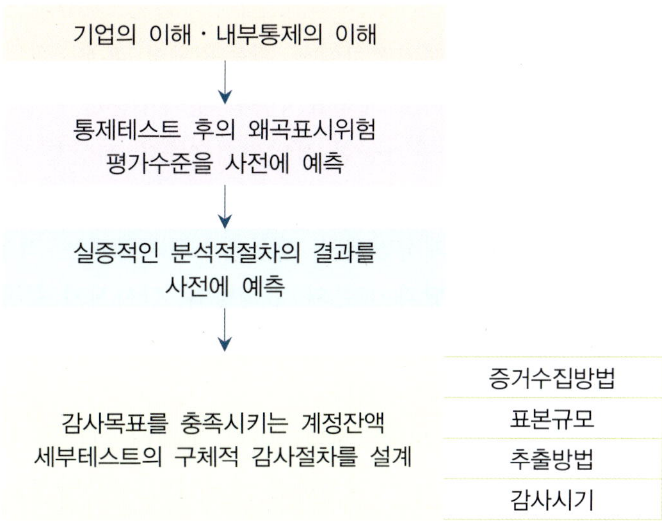

(1) 기업의 이해와 내부통제의 이해

감사인은 활동유형별 혹은 주요 거래유형별로 기업의 내부통제를 이해한다. 감사인이 목표감사위험을 엄격하게 통제하려 한다면 보다 많은 감사증거를 수집하는 감사계획을 수립한다.

(2) 통제테스트 후의 왜곡표시위험 평가수준을 사전에 예측

세부감사계획 수립단계에서는 내부통제 운용상태를 테스트하지 않는다. 감사인이 계정잔액 실증절차계획을 수립하기 위해서는 왜곡표시위험 평가치를 사전에 예측해야 한다. 왜냐하면 계정잔액실증절차에서 수용가능한 적발위험수준의 결정은 왜곡표시위험의 사전평가를 전제로 계산할 수 있기 때문이다.

(3) 실증적인 분석적절차의 결과를 사전에 예측

감사인은 실증적인 분석적절차를 실시해 평가결과를 기초로 계정잔액의 세부테스트에 대한 감사계획을 수립한다.

(4) 감사목표를 충족시키는 계정잔액 세부테스트의 구체적 감사절차를 설계

감사계획절차에서 활동유형별 혹은 주요 거래유형별로 목표감사위험수준을 설정하고 왜곡표시위험 평가수준을 사전에 예측하면 계정잔액의 실증절차에서 수용가능한 적발위험수준을 계산할 수 있다. 감사인은 계산한 적발위험의 수용가능수준에 적합한 세부감사계획을 수립한다.

계정잔액의 세부테스트계획에는 적용해야 할 증거입수방법, 표본규모, 모집단과 표본의 추출방법, 감사시기 등을 포함한다. 증거입수방법을 결정할 때 각 계정에서 세부감사목표별로 목표를 충족할 수 있는 구체적 감사절차를 설정해야 한다.

감사를 진행하면서 통제테스트 및 분석적절차의 결과가 사전에 예측했던 수준과 일치하면 계정잔액 세부테스트는 원래 계획대로 수행한다. 세부테스트 결과와 예측이 다르다면 후속 감사과정에서 계정잔액 세부테스트계획을 적절히 수정해야 한다.

2. 매출채권의 세부감사계획서

[도표 6-11]은 이해를 돕기 위해 매출채권 계정잔액의 세부테스트 감사계획을 예시한 것이다. 개별 감사목표에 서로 다른 세부테스트절차(감사절차)를 적용한다. 한 가지 감사목표에 두 개 이상의 테스트를 이용할 수 있고, 테스트를 수행할 때 한 가지 이상의 감사기술을 적용할 수 있다. 테스트는 감사인의 전문적 판단에 따라 추가하거나 제외하기도 한다. 감사절차를 진행하면서 표본규모, 추출방법 및 감사시기를 변경할 수 있다.

도표 6-11 매출채권의 실증절차 세부감사계획

담당감사인 성명 및 날짜 (계획 및 실제)	조서번호	시간(분)		표본규모	추출방법	감사시기	구체적 테스트절차	감사목표							
		계획	실제					실재성	소유권	완전성	정확성	평가·배분	기간귀속	분류	표시
AJ 7-21	L-1	15		20개 항목	무작위 추출	기중	1. 매출채권명세서를 요청하여 명세서와 보조원장기록을 대조한다. 명세서 총계를 계산검증하고 총계정원장과 대조한다.				×				
AJ 7-21	L-1	30		전항목	전항목 추출	기말	2. 대손상각비와 대손충당금 분석표를 구한다. 계산의 정확성을 검증하고, 매출채권 제각의 승인여부를 조사하고 총계정원장과 대조한다.	×		×		×			
AJ 7-21	L-1	80		100개 항목	가장 큰 금액 30개, 나머지 70개는 무작위 추출	기중	3. 매출채권을 외부조회하고 회신이 없는 거래처는 대체적인 감사절차를 수행한다.	×	×			×	×	×	
KY 7-23	L-2	120		해당 없음	해당 없음	기말	4. 당기매출채권의 통제계정을 검토한다. 비경상적인 거래, 큰 금액 등의 내용을 조사하고 증빙서류를 검사한다.	×	×	×		×	×	×	×
MK 7-25	L-3	70		전항목	전항목 추출	기말	5. 할인하거나 양도한 매출채권을 검토한다.		×						×
MK 7-24	L-3	90		해당 없음	해당 없음	기말	6. 계정잔액의 회수가능성을 평가한다.					×			
AJ 7-25	L-4	100		전항목	전항목 추출	기말	7. 관계기업 및 종업원과의 특수거래, 대변잔액, 이상항목, 매출채권명세서를 검토한다.	×						×	×
AJ 7-26	L-5	110		매출 및 대금회수는 30개 항목, 대기메모는 10개 항목	50%는 결산일 전, 50%는 결산일 후에 추출	기말	8. 매출 및 대금회수, 대기메모 등을 적절한 기간에 기록했는지 확인한다.						×		

연습문제

진위형

다음의 설명을 읽고, 틀린 기술이라면 그 이유를 제시하시오.

(1) 비상장법인은 연속하는 매 3개 연도의 감사인을 동일감사인으로 하여 최초 사업연도 개시일로부터 4개월 이내에 감사 또는 감사인선임위원회의 승인을 받아 감사인을 선임해야 한다.
(2) 모든 주권상장법인은 감사 또는 감사위원회의 승인을 받아 사업연도 45일 이내에 감사인을 선임해야 한다.
(3) 직전 사업연도말 자산총액이 1천억원인 비상장법인의 감사인 선임절차는 감사위원회 설치의무가 없는 상장법인과 동일하다.
(4) 주권상장법인과 대형비상장주식회사는 연속하는 6개 사업연도에 대한 감사인을 자유선임하면 다음 3개 사업연도는 증권선물위원회가 지정한 감사인으로부터 감사를 받아야 한다.
(5) 주권상장법인과 대형비상장주식회사를 감사하는 회계법인은 동일한 이사에게 연속하는 4개 사업연도의 감사업무를 수행할 수 없다.
(6) 상장법인과 비상장법인의 감사에 참여하는 감사인은 감사보조자를 3개 사업연도마다 교체해야 한다.
(7) 초도감사는 물론 계속감사의 경우에도 감사인은 당기에 감사하지 못할 새로운 사유가 발생했는지 확인해야 한다.
(8) 계속감사를 수행하는 감사인은 매 회계연도에 적격성과 독립성을 검토해야 한다.
(9) 법정감사대상이 아닌 감사대상회사가 불완전한 감사증거 때문에 낮은 수준의 확신으로 감사계약의 변경을 요청하면 사유가 합리적인 것으로 볼 수 있다.
(10) 기업과 기업환경을 이해하는 과정에서 감사인은 질문, 분석적절차, 관찰과 검사를 이용하여 정보를 수집하고 평가한다.
(11) 기업이해단계에서 위험평가절차 일환으로 수행하는 분석적절차의 평가결과를 기초로 중요왜곡표시위험의 존재여부를 결정할 수 있다.
(12) 중요왜곡표시위험은 감사 착수 전에 경영진이 제시한 재무제표가 부정이나 오류로 중요하게 왜곡표시될 위험을 말한다.
(13) 감사인은 감사계획 수립시점에서 중요왜곡표시위험을 평가하며, 감사 진행중에는 변경할 수 없다.
(14) 재무제표 수준의 왜곡표시위험은 추가감사절차의 성격, 시기 및 범위를 결정하는 데 직접적인 영향을 미친다.
(15) 고도로 자동화된 정보시스템으로 회계처리가 이루어져 효과적인 실증절차를 수행하기 불가능

한 상황이라면, 감사인은 관련 내부통제의 운영효과성 평가결과에 주로 의존해야 한다.

(16) 활동유형별 접근방식은 내부통제와 관련하여 기업 내 경영활동을 주요 기능에 따른 업무영역별로 분할하여 감사를 수행하는 방식이다.

서술형

1 감사인의 선임과 교체절차

한국거래소에 상장한 중견법인인 명륜주식회사는 당기감사를 위해 새로운 감사인으로 교체하고자 한다.

요구사항

1. 명륜주식회사가 새로운 감사인을 선임하는 데 고려해야 할 관련 법규 내용을 기술하시오. 단, 회사는 관련 법규에 따라 감사위원회를 설치해야 하는 대상은 아니다.
2. 감사인의 선임(혹은 교체)절차를 상장법인과 비상장법인으로 비교할 때 어떠한 차이가 있는가? 단, 관련 법규에 따라 감사위원회를 설치할 의무는 없으며, 대형비상장주식회사는 아니라고 가정한다.
3. 초도감사 감사계획은 계속감사 감사계획과 어떤 점에서 다른가?
4. 계속감사가 아닌 초도감사에서 감사인이 기초잔액감사와 관련하여 추가로 실시해야 할 절차는 무엇인가?
5. 감사인이 장기간 계속감사를 실시하는 데 따른 장점과 문제점은 무엇인가?
6. 감사인을 기업이 매년 자유로이 교체하도록 허용한다면 이에 따른 장점과 단점은 무엇인가?
7. 기업경영진이 감사인을 자유로이 선임하고 보수를 지급하는 감사인 자유선임방식은 문제가 있다. 이를 보완하기 위해 관련 법규에서 규정하고 있는 감사인 선임과 관련한 제도적 장치에 대해 기술하시오.

2 초도감사에서의 기초잔액 감사절차

공인회계사인 김경솔 씨는 과거 감사인으로부터 감사를 받은 적이 없는 대한주식회사의 재무제표감사를 수임하였다. 김 회계사는 자신이 발행할 감사보고서가 당기말 재무제표에 한정되므로 기초재무상태표의 계정에 관한 감사를 실시하지 않았다.

요구사항

1. 김경솔 씨의 감사수행과정에서 오류가 있다면 어떤 것인가?
2. 계속감사에서는 요구사항 1에서 제시한 기초잔액감사에 관한 문제가 발생하지 않는 이유는 무엇인가?

3 전자상거래기업의 사업위험과 재무제표 왜곡표시위험 평가

인터넷 발달로 전자상거래시장은 급속하게 성장하고 있다. 전통적인 굴뚝산업이나 중소형 IT기업 모두 사업목적을 달성하기 위해 인터넷을 이용한다. 예를 들면 eBay는 온라인 경매방식 판매뿐만 아니라 즉시구매(Buy It Now)형식으로도 상품을 판매한다.

온라인 경매방식 판매만 취급하던 eBay가 즉시구매형식으로 상품을 판매하기로 한 결정은 다음의 사업전략 목표와 관련이 있다.

① 즉시구매형식으로 판매하면 다른 기업의 인터넷 사이트에서 상품을 구입하는 소비자를 유인할 수 있다.

② 즉시구매형식으로 확장하면 온라인 경매방식 판매에 관심이 없어 다른 기업의 인터넷 사이트를 방문하던 새로운 고객을 유인할 수 있다.

요구사항

1. eBay의 새로운 사업인 즉시구매형식 판매와 관련하여 발생가능한 사업위험을 기술하시오.
2. eBay는 새로운 사업위험에 대응하기 위해 2002년 7월 온라인 결제서비스회사인 Paypal을 인수하였다. Paypal은 온라인 판매자, 경매 사이트 그리고 다른 사용자를 위한 지불시스템이다. 고객은 Paypal 계정을 이용하기 위해 직불카드, 신용카드 또는 은행계좌를 지불수단으로 등록해야 한다.

   eBay는 어떠한 사업위험에 대응하기 위해 Paypal을 인수했는지를 설명하시오.

4 감사절차의 적용시기와 감사계획

김한국 회계사는 12월 31일로 회계기간이 종료하는 대한주식회사의 감사계획을 수립중이며, 다음은 전형적인 감사절차를 열거한 것이다.

(1) 매입채무의 외부조회
(2) 구매와 대금지급활동의 거래유형 세부테스트
(3) 매입채무 계정잔액의 세부테스트
(4) 후속사건의 검토
(5) 감사계획의 수립
(6) 감사보고서의 발행
(7) 내부통제의 이해 및 통제위험의 예비적 평가
(8) 매입채무계정잔액의 분석적절차
(9) 감사위험의 목표수준 설정, 중요성기준의 설정 및 허용왜곡표시액의 결정
(10) 기업에 대한 이해

요구사항

1. 전형적인 감사절차를 적용할 때 김 회계사가 수행할 것으로 예상하는 감사절차의 순서를 (1)부터 (10)까지 배열하시오.
2. (1)부터 (10)까지 중 감사인이 12월 31일 이전에 수행하는 기중감사절차를 제시하시오.

5 감사의 분할과 감사계획 수립

귀하는 20×3년 12월 31일에 종료하는 회계연도의 대한기업 감사계획을 수립하기 위해 경영진과 감사일정 및 기업의 협조사항을 논의하고 있다. 경영진은 감사기간과 감사인의 중복업무를 단축하면 기업 부담이 감소하므로 감사업무를 계정별로 나눌 것을 제안하였다. 즉 자산계정, 부채계정, 수익과 비용 계정을 세 명이 각각 나누어 감사할 것을 제안하였다.

요구사항

1. 귀하는 독립적인 감사인으로서 협의과정에서 감사계획에 관한 기업 제안을 어느 수준까지 수용할 수 있는가?
2. 감사업무를 자산, 부채, 수익과 비용의 계정중심으로 분할하는 방안이 합리적이지 않은 이유를 설명하시오.
3. 재무상태표계정에 대한 감사와 병행하여 관련 손익계정의 감사를 동시에 진행하는 감사계획이 효과적이다. 재무상태표계정과 관련 손익계정을 동시에 감사하는 방식이 효과적인 이유를 설명하시오.

6 감사전략

감사인은 감사계획을 수립할 때 감사의 경제성과 감사목적을 달성하기 위해 중점적으로 실시할 감사절차를 고려한다. 다음 상황은 감사인이 기업 및 내부통제의 이해를 거친 후 수립한 감사계획이다.

〈상황〉

상 황	감사절차			
	통제테스트	거래유형의 세부테스트	실증적 분석적절차	계정잔액의 세부테스트
1	확대	축소	확대	축소
2	생략	확대	생략	확대

요구사항

감사인이 수립한 각 상황의 감사계획은 어떠한 내부통제의 이해와 왜곡표시위험의 평가결과를 기초로 수립한 것인지 서술하시오.

7 활동유형별 감사절차의 종류와 감사목표

다음은 감사인이 경영진주장을 확인하기 위해 수행하는 감사절차이다.

(1) 현금지출장 합계를 계산하고 총계정원장 잔액으로 추적하다.
(2) 구매원장 거래기록에서 표본을 추출하여 관련 판매자 송장과 비교하다.
(3) 주요 생산품의 재고자산회전율을 계산하고 이를 전기와 비교하다.
(4) 차입금계정의 잔액, 이자율, 담보물에 대한 증거를 수집하다.
(5) 미지급계정의 합계를 계산하고 총계정원장 잔액과 비교하다.
(6) 보고기간말 전후의 취득거래가 적절한 기간에 기록되었는지를 결정하기 위해 증빙서류를 검토하다.
(7) 현금이 수취일에 누락 없이 즉시 기록되는지 관찰하다.
(8) 수취채권의 회수가능성을 감사대상회사의 담당자에게 질문하다.

요구사항

(1)부터 (8)까지의 감사절차의 활동유형, 감사기술, 감사절차와 감사목표를 아래 양식에 따라 기재하시오.

- 활동유형 : 매출과 대금회수, 구매와 대금지급, 급여와 인사, 재고자산과 생산, 자금조달과 상환
- 감사기술 : 질문, 검사, 관찰, 조회, 분석적절차, 재계산, 재수행
- 감사절차 : 분석적절차, 통제테스트, 거래의 세부테스트, 계정잔액의 세부테스트
- 감사목표 : 실재성, 완전성, 권리와 의무, 평가 및 배분, 분류, 표시, 기간귀속, 전반적 합리성, 정확성

[답안양식]

구 분	활동유형	감사기술	감사절차	감사목표
(1)				
(2)				
(3)				
(4)				
(5)				
(6)				
(7)				
(8)				

8 감사계획의 수립－종합

한국회계법인은 서울회사의 재무제표감사를 수임하였다. 서울회사는 도매가로 귀금속을 구입해 소매상에게 판매한다. 한국회계법인 담당공인회계사가 수립한 감사계획은 다음과 같다.

〈감사계획 기술서〉

1. 업무의 이해
   (1) 감사참여자는 감사계획을 위해 ① 회사의 회계정책, ② 수정이 요구되는 재무제표 항목, ③ 관련법령, ④ 회사가 승인한 표본감사방법, ⑤ 타감사인 또는 내부감사인의 관련 범위를 고려하였다.
   (2) 감사계획단계에서 감사참여자들은 ① 감사업무의 범위와 실시시기, ② 적발위험의 예상수준을 회사의 경영진 및 감사위원회와 논의하였다.

2. 인원배분
   (1) 감사참여자의 자격요건 및 현장감사계획을 결정하기 위한 업무별 예상시간을 추정하고, ① 감사계획책임자(업무수행이사) 및 ② 회사의 재무담당임원과 감사위원회의 승인을 받았다.
   (2) 인원배분과 관련하여 ① 업무의 규모와 복잡성, ② 감사보조자의 확보가능성, ③ 업무수행시기, ④ 참여자의 계속성과 순환, ⑤ 감사보조자의 훈련기회를 고려하였다.

3. 사업의 지식
   (1) 회사 영업의 전반적인 이해를 위하여 ① 주주총회와 의사록, ② 규제기관에 제출한 문서, ③ 회계감사기준을 검토하였다.
   (2) 감사참여자에게 ① 회사 조직과 ② 영업특성을 파악하도록 지시하였다.
   (3) 회사의 ① 전산화 정도와 그 영향의 범위, 복잡성, 조직구조를 이해하고, ② 회사가 정보를 처리하기 위하여 사용하는 방법을 고려하였다.

4. 위험평가
   (1) 금융기관, 경영진측 변호사, 타감사인, 기타 동업자에게 경영진의 성실성을 질문하고, 회사의 주요 고객 신용승인정책을 회사에 질문하였다.
   (2) 감사위험을 평가하기 위하여 회사의 신용등급을 고려하고, 회계기록의 적합성을 고려하였다.
   (3) 수용가능한 적발위험의 수준을 결정하기 위하여 중요왜곡표시위험을 예비적으로 평가하였다.
   (4) 회사의 내부감사인에게 고유위험과 중요한 회계추정을 평가하도록 하였다.
   (5) 통제위험의 예비적 평가에서 경영진주장 수준 또는 재무제표 전체수준에서 통제위험을 최대로 평가하고 그 결론의 근거를 문서화하였다.

5. 기타사항
   (1) 재무제표에 직접적으로 영향을 미치는 법규불이행 위험을 평가하기 위하여 ① 법규불이행을 방지하기 위한 회사의 정책, ② 회사의 법규 이해 정도, ③ 법규이행을 위한 내부통제요소를 고려하였다.
   (2) 분석적절차를 수행하여 ① 회사의 사업과 거래 및 사건을 이해하고, ② 잠재적인 위험을 내포하고 있는 분야를 파악하며, ③ 전반적인 재무제표를 평가하였다.
   (3) 업무를 효율적으로 수행하기 위하여 감사프로그램을 개발하고, 이를 감사책임자에게 승인받았다.

요구사항

상기 절차 중 적절하지 않은 언급이나 잘못된 개념의 번호(예 : 1. (3) ①)를 제시하고 그 이유를 기술하시오.

♠사례연구

새로운 감사계약체결과 감사수임위험

대륙회계법인의 파트너로 승진한 송달호 씨는 중앙사회복지재단의 재무담당자문역으로 위촉되었다. 송 회계사는 재단 총재인 최대풍 씨와 업무상 밀접한 관계를 유지하고 있다. 최대풍 씨는 프랜차이즈 사업을 하는 건강식품회사와 부동산개발회사를 소유하고 있다. 최대풍 씨는 관련 기업의 상장을 계획하고 있어 송 회계사에게 감사를 의뢰하였다.

최대풍 씨는 수년전 대관령개발에 근무할 때 대륙회계법인으로부터 감사를 받아 송 회계사에게 대륙회계법인의 감사업무 스타일을 잘 안다고 말했다. 송 회계사는 몇 가지 사실에 대한 예비적 협의 및 검토를 수행했다. 송 회계사는 최대풍 씨의 기업은 급속히 성장하고 있어 수익성이 좋으며, 감사보수도 많이 받을 수 있을 것으로 판단했다. 송 회계사는 최대풍 씨가 제안한 감사의뢰를 수락하면서 대륙회계법인의 내부 규정상 새로운 고객과의 계약체결을 위해 최소한 다른 파트너 1인의 승인을 받아야 하는데 특별한 문제는 없을 것이라고 설명했다.

송 회계사는 승인에 필요한 예비조사를 하였고, 최대풍 씨가 사회적으로 저명한 인물이며 자선사업에도 매우 적극적이라는 정보를 입수했다. 최대풍 씨가 운영하는 기업도 거래은행과 주요 경제연구소의 보고서에서 좋은 평판을 얻고 있으며 부정적인 정보는 없었다.

송 회계사는 과거에 대륙회계법인에 파트너로 근무하면서 최대풍 씨의 기업을 감사했던 김철수 회계사에게 최대풍 씨와 그 기업에 대해 문의하였다. 김 회계사의 답변은 다음과 같다.

김 회계사는 12년 전에 대관령개발을 마지막으로 감사했다. 대관령개발은 부동산 개발 및 매매를 목적으로 하는 상장기업이었다. 대표이사인 최대풍 씨는 대관령개발 주식을 10~20% 소유하고 있었다. 최대풍 씨는 당시 38세였는데 별로 신뢰할 만한 인물은 아니었다. 대관령개발은 건물을 ₩600,000,000에 매각하여 ₩400,000,000의 이익을 보고하였다. 김 회계사는 대관령개발담당자에게 건물 구매자가 누구인지를 문의하였으나 거절당하였고, 등기부등본을 추적해 건물 구매자가 최대풍 씨라는 것을 확인하였다. 등기서류에 표시된 건물의 취득가액은 ₩500,000,000으로 회사의 기록과 차이가 있었다. 김 회계사는 특수이해관계자 거래로 이익을 과대계상한 사실을 이사회에 보고했다. 차기 이사회에서 최대풍 씨는 사임했고, 1년도 채 지나지 않아 대관령개발은 도산하였다. 최대풍 씨가 대표이사로 재직할 때 여러 차례의 불법적인 내부거래를 했다는 사실도 검찰조사에서 밝혀졌다.

김 회계사의 이야기를 들은 송 회계사는 며칠 동안 최대풍 씨와의 계약체결의 득실을 검토하였고, 12년이 지난 지금은 최대풍 씨가 더 이상 감사인을 속이거나 불법적인 내부거래를 하지 않을 정도로 성숙한 인품을 갖추었다고 판단하였다. 이러한 결론을 내린 이유는 과거에 엄격한 회계감사를 실시해 부정을 적발한 적이 있는데도 그가 예전과 같은 회계법인에 회계감사를 의뢰한 것은 과거의 잘

못한 행위를 되풀이하지 않을 의도라고 판단했기 때문이다. 송 회계사는 최대풍 씨에 대한 모든 자료를 대륙회계법인의 대표공인회계사에게 보내 계약체결의 승인을 요청했다.

요구사항

1. 감사인이 새로운 고객과 감사계약을 체결하려고 할 때 일반적으로 고려해야 할 사항은 무엇이며, 본 사례에서는 어떤 점에 유의해야 하는가?
2. 대륙회계법인은 최대풍 씨와 감사계약을 체결하는 것이 바람직한가?

PART
III

통제테스트와 실증절차

제 7 장 내부통제의 이해와 통제테스트

제 8 장 전산환경에서의 감사

제 9 장 매출과 대금회수활동의 통제테스트 및 실증절차

제10장 통제테스트와 계정잔액 세부테스트를 위한 표본감사

CHAPTER 7

내부통제의 이해와 통제테스트

제 1 절 내부통제의 본질
제 2 절 내부통제의 구성요소
제 3 절 내부통제 이해와 통제테스트
제 4 절 내부통제평가 결과의 보고
제 5 절 지배기구와의 커뮤니케이션

학습목표

이 장의 학습을 완료하면 다음 질문에 답변할 수 있어야 한다.

1. 경영진이 내부통제를 구축하여 달성하려는 목적은 무엇인가? 내부통제는 어떠한 요소로 구성되는가?
2. 감사절차의 제1국면은 감사계획의 수립단계이며, 제2국면은 거래유형의 테스트단계이다. 제1국면에서 수행한 절차는 어떻게 제2국면으로 연결되는가?
3. 통제테스트는 어떤 목적을 달성하기 위해 수행하는가? 어떠한 상황에서 통제테스트를 생략할 수 있는가?
4. 내부통제를 이해하는 방법으로 직무기술서, 업무흐름도 및 내부통제질문서를 이용한다. 각 방법의 특징은 무엇인가?
5. 급여거래를 예로 들어 통제목표별 통제테스트절차를 기술하시오.
6. 감사인은 내부통제의 평가결과와 관련하여 지배기구와 커뮤니케이션을 수행한다. 그 대상은 구체적으로 누구이며, 어떠한 사항을 세부적으로 커뮤니케이션해야 하는가?
7. 내부회계관리제도 감사보고서를 작성하기 위해 감사인은 어떠한 감사절차를 거쳐야 하는가?
8. 내부회계관리제도 검토보고서를 작성하기 위해 감사인은 어떠한 검토절차를 거쳐야 하는가?

한눈에 살펴보는 이 장의 내용

기업은 재무보고의 신뢰성을 높이고, 효과적이며 효율적인 경영활동을 수행하고, 관련 법규를 준수하기 위하여 내부통제를 설계·운영한다. 내부통제를 설계, 실행 및 유지하는 방식은 기업규모와 복잡성에 따라 다양하다. 감사인은 재무보고의 신뢰성 유지를 위한 내부통제에 더 관심을 두며, 내부통제 감사목표를 수립할 때 주요 거래유형별로 감사절차를 수립한다.

기업의 경영진은 내부통제 목표를 효과적으로 달성하기 위해 통제환경, 위험평가절차, 통제활동, 재무보고 관련 정보시스템 및 커뮤니케이션, 모니터링을 적절하게 설계·운용해야 한다. 통제환경은 내부통제에 대한 경영진의 전반적인 태도, 의식 및 행동을 의미한다. 기업의 목적달성과 경영성과에 부정적인 영향을 미칠 가능성이 있는 관련 위험을 식별, 평가, 분석하는 경영진 활동을 위험평가절차라고 표현한다. 기업은 조직구성원이 경영방침에 따라 업무를 수행할 수 있도록 마련된 정책 및 절차를 준수하기 위해 통제활동을 수행한다. 정보시스템 및 커뮤니케이션은 조직구성원이 직무를 적절하게 수행할 수 있도록 정보를 시의적절하게 확인·수집할 수 있도록 지원하는 절차와 체계를 의미한다. 기업은 통제가 지속적·효과적으로 운영되는지 확인하기 위해 모니터링을 수행한다.

감사인은 중요왜곡표시위험을 사전에 평가하여 계정잔액 감사절차의 성격과 범위를 결정하기 위해 내부통제를 평가한다. 중요왜곡표시위험이 낮으면 계정잔액 감사절차를 축소할 수 있으나, 반대 상황에서는 계정잔액 감사절차를 확대해야 한다. 감사인은 기업의 내부통제가 적절하게 설계되고 운영될 때 중요왜곡표시위험을 낮게 평가할 수 있다. 감사인은 내부통제를 이해하고 내부통제가 적절하게 설계되었다고 판단하면, 기업이 설계한 대로 적절하게 운용하는지 확인하기 위해 통제테스트를 수행한다. 만약 내부통제가 적절하게 설계되어 있지 않다면 효율적인 감사를 수행하기 위해 통제테스트를 축소하거나 생략하고 실증절차를 확대한다.

감사인이 내부통제 미비점을 발견하면 지배기구 및 경영진과 커뮤니케이션을 해야 한다. 일정규모 이상인 상장법인은 내부회계관리제도에 대해 정규의 감사를 받아야 하며, 비상장법인의 내부회계관리제도는 감사보다 확신수준이 낮은 검토를 받는다.

감사인은 기업의 지배구조에서 적합한 자를 커뮤니케이션 대상자로 정하고 지배기구와 커뮤니케이션을 수행한다. 감사인과 지배기구가 효과적인 커뮤니케이션을 수행하면 감사 관련 사항을 이해하고 건설적인 업무관계를 수립할 수 있다. 감사인은 지배기구와 감사인 책임, 계획한 감사범위와 시기, 감사에서 발견한 유의적 사항을 커뮤니케이션한다.

〈감사의 흐름〉

1국면 : 감사계획의 수립단계
↓
2국면 : 거래유형의 테스트단계
↓
3국면 : 계정잔액의 실증절차단계
↓
4국면 : 감사의 종료 및 보고단계

실무에서 감사인이 기업의 내부통제를 중요하게 다루는 이유는 다음과 같다.

- 감사인은 경제성 있는 감사를 위해 상대적으로 비용이 적게 드는 내부통제 효과성을 평가한다. 내부통제 평가결과에 따라 왜곡표시위험을 예측하고 이를 근거로 시간과 비용이 많이 소요되는 실증절차의 세부테스트 범위를 줄이고자 한다.
- 대부분 기업은 전산화된 정보처리시스템을 이용하는데, 회계시스템 신뢰성은 전산내부통제의 설계 및 운용의 효과성과 직결된다.
- 부정 및 법규위반거래에 대한 사회적 규제의 필요성이 증대하고 있다. 기업의 내부통제 설계와 운용이 효과적이면 이러한 부정 및 법규위반거래를 원천적으로 예방하거나 적시에 발견할 수 있다.

제 1 절 내부통제의 본질

1. 내부통제의 목적

- 내부통제의 목적
  ① 기업경영의 효과성과 효율성
  ② 재무보고의 신뢰성
  ③ 관련 법규의 준수

「감사기준서 315」에서는 내부통제를 재무보고의 신뢰성, 경영의 효과성 및 효율성, 관련 법규 준수와 관련한 기업의 목적달성에 관한 합리적 확신을 제공할 목적으로 지배기구, 경영진 및 기타 인원이 설계, 실행, 유지하는 모든 절차로 정의하고 있다. 내부통제를 설계, 실행 및 유지하는 방식은 기업 규모와 복잡성에 따라 다양하다.

(1) 기업경영의 효과성과 효율성

경영진은 기업 목적을 달성하기 위해 필요한 경영방침을 설정하고 일상적인 업무지침에 필요한 규정을 제정한다. 이러한 규정은 업무(operations)를 효율적으로 수행할 수 있게 해 업무중복, 자원 낭비와 비능률을 예방한다.

(2) 재무보고의 신뢰성

정확하고 완전한 회계기록 및 신뢰할 수 있는 재무정보가 적시에 작성된다는 것을 확신하기 위해 경영진은 회계시스템 설계와 운용, 회계기록과 문서의 통제를 실시한다.

(3) 관련 법규의 준수

경영진은 기업활동에 필요한 법률적 준수사항을 파악하고 업무절차나 영업활동이 해당 법규나 회사 내규에 따라 이루어지도록 통제절차를 설계·운용해야 한다.

2. 감사인의 내부통제 감사목표

경영진은 경영목적을 달성하고 법규를 준수하며 신뢰성 있는 재무보고를 위해 내부통제를 운용한다. 감사인은 재무제표 공정표시에 영향을 미치는 회계관리적 관점, 즉 재무보고의 신뢰성 유지를 위한 내부통제에 관심이 있다. 감사인은 기업이 설정한 여러 통제 중 재무제표감사와 관련한 통제를 판단할 필요가 있다.

• 재무보고 관련 내부통제
① 예방통제
② 적발통제
③ 수정통제

재무보고와 관련된 내부통제는 예방통제, 적발통제와 수정통제로 구분한다. 예방통제는 재무제표의 왜곡표시 발생가능성을 사전적으로 방지하기 위한 통제인데, 원장과 시산표 작성을 별도 담당자가 수행하도록 업무분장하는 것을 예로 들 수 있다. 적발통제는 시스템에서 발생한 왜곡표시를 발견하기 위한 절차로 주기적인 은행계정조정표 작성이 이에 해당한다. 적발통제에서 왜곡표시를 발견하면 수정통제에서 수정한다. 일반적으로 예방통제는 개별거래 수준에서 운영하며, 적발통제는 개별거래 수준이나 보다 더 높은 수준에서 운영한다.

경영진은 재무제표가 해당 재무보고체계를 준수하고 있다는 사실을 재무제표와 관련 공시 등을 통해 주장한다. 감사인은 이러한 경영진주장과 관련하여 발생가능한 잠재적인 왜곡표시 유형을 확인하기 위해 다음과 같이 여섯 개의 구체적인 세부감사목표를 설정한다.

도표 7-1 활동유형별 내부통제의 감사

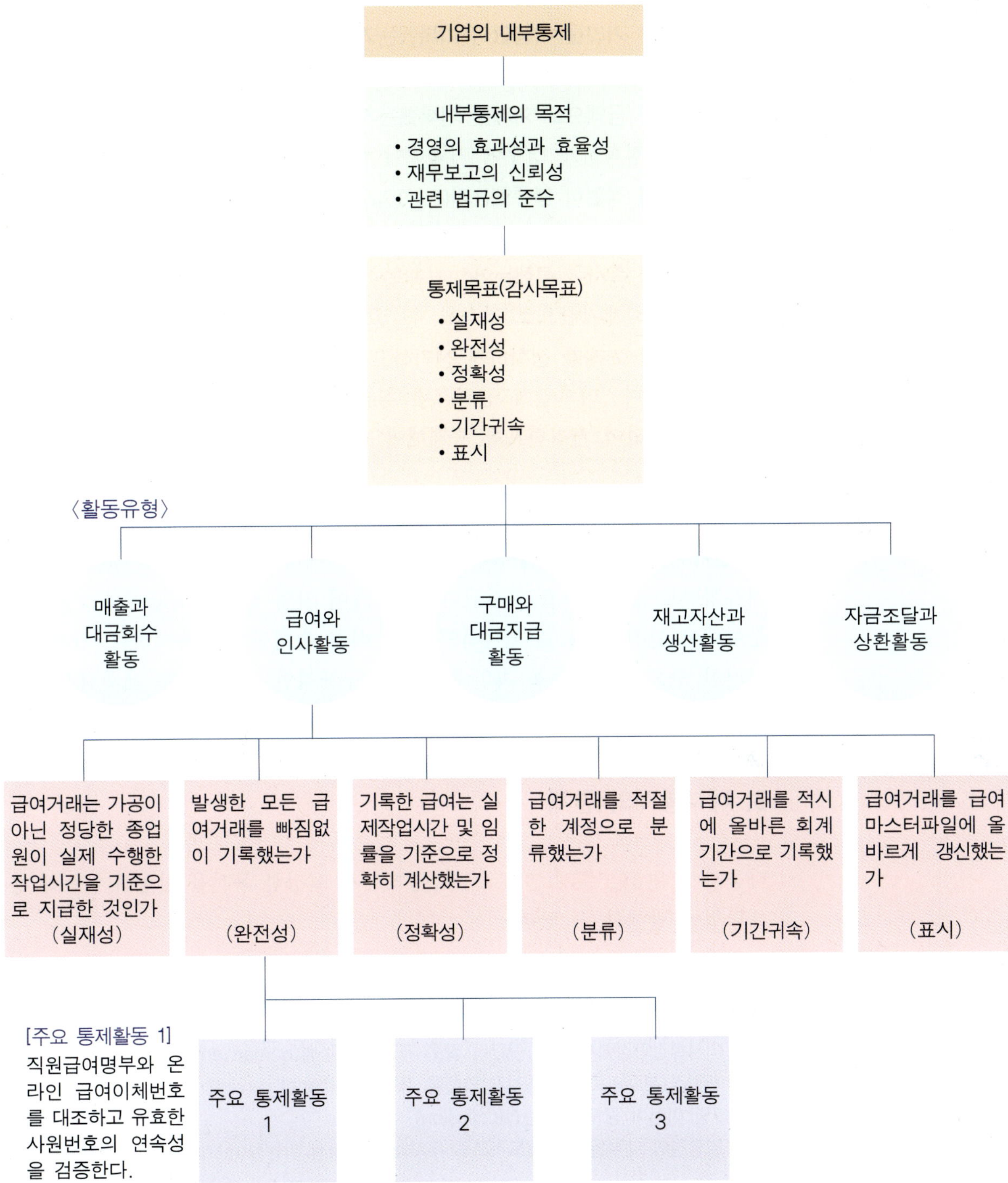

- 기록한 거래는 정당한 거래인가(실재성) : 실제 발생하지 않은 허위 또는 가공 거래를 회계기록에 포함하지 않아야 한다.
- 발생한 거래를 빠짐없이 기록했는가(완전성) : 실제 발생한 거래를 회계기록에서 누락하는 오류를 예방해야 한다.
- 정확한 금액으로 거래를 기록했는가(정확성) : 거래는 실제 집행한 금액으로 정확하게 장부에 기록해야 한다.
- 거래를 적절히 분류했는가(분류) : 계정조직표 및 재무보고체계에 따라 거래를 분류하여 재무제표를 적절하게 작성해야 한다.
- 거래를 즉시 기록했는가(기간귀속) : 거래는 발생시점에 즉시 그리고 적절한 회계기간으로 귀속될 수 있도록 기록해야 한다.
- 기록한 거래를 정확하게 전기하고 요약했는가(표시) : 개별거래를 원장 혹은 마스터파일에 전기(혹은 갱신)하고 시산표에 집계하는 과정에서 오류 없이 처리하도록 통제해야 한다.

감사인은 내부통제 감사목표(통제테스트 세부목표)를 수립할 때 [도표 7-1]과 같이 활동유형별로 감사대상을 분할하여 해당 활동유형에 속하는 주요 거래유형별로 감사절차를 수립한다. 예를 들어 기업 경영진은 급여와 인사활동 분야에서 완전성목표를 달성하기 위해 여러 통제절차를 유지한다. 감사인은 이러한 주요 통제활동을 확인하기 위해 구체적인 감사절차를 계획한다.

3. 내부통제의 한계

다음과 같은 내부통제 한계로 내부통제에서 설정한 목적을 달성하지 못해 통제위험이 발생할 수 있다.

핵심 내부통제의 한계(통제위험의 발생요인)

① 의사결정과정에서 인적 판단이 잘못 개입될 가능성(human error)
② 개인적 부주의로 내부통제가 와해될 가능성(personal carelessness)
③ 2명 이상이 공모할 가능성(collusion)
④ 경영진이 내부통제를 의도적으로 무시해 무력화될 가능성(management override)

대부분의 내부통제는 일상적인 거래를 대상으로 하므로 비경상적인 거래에 대해서는 효과적으로 작동하지 않을 수 있다. 거래여건이 변화하면 기존 통제절차가 부적절하게 되거나 통제 준수가 쉽지 않을 수 있다.

제 2 절 내부통제의 구성요소

내부통제는 [도표 7-2]와 같은 다섯 가지 구성요소를 갖추고 있어야 기업경영(운영)의 효과성과 효율성, 재무보고의 신뢰성, 관련 법규의 준수와 같은 내부통제 목표를 효과적으로 달성할 수 있다. 기업경영진은 내부통제를 구성하는 통제환경, 위험평가절차, 통제활동, 재무보고 관련 정보시스템 및 커뮤니케이션, 모니터링을 적절히 설계·운용해야 한다.

도표 7-2
내부통제 구성요소
(COSO 그림)

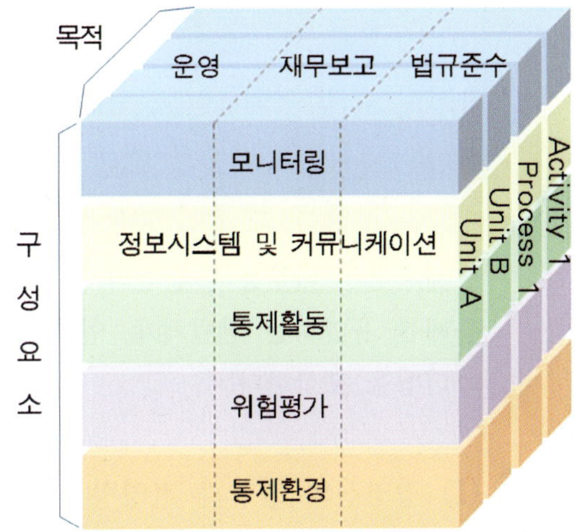

* COSO : Committee of Sponsoring Organizations of the Treadway Commission.

COSO에서 정의하고 있는 각 구성요소의 핵심적인 절차와 기능을 요약하면 [도표 7-3]과 같다.

도표 7-3
내부통제 구성요소

구성요소	관련 내용
통제환경	① 경영진의 철학과 경영방식 ② 성실성과 윤리적 가치의 커뮤니케이션과 실천 ③ 지배기구 기능의 유효성 ④ 조직구조 ⑤ 권한과 책임의 할당 ⑥ 적격성 구비 ⑦ 인적자원에 대한 정책과 실무
위험평가절차	① 사업(운영)목표의 설정 ② 위험유형의 식별 및 분석 ③ 당해 위험의 발생유형 및 유의성 평가 ④ 위험에 대처하기 위한 행동(대응전략)의 결정
통제활동	① 업무분장 ② 승인 ③ 정보처리 및 문서화 통제 ④ 물리적 통제 ⑤ 독립적인 성과검토
정보시스템 및 커뮤니케이션	① 회계시스템 등 관련 정보시스템의 신뢰성 및 적시성 ② 경영진과 지배기구 간의 커뮤니케이션
모니터링	경영진의 주기적인 감독 및 평가 활동

Ⅰ. 통제환경

• 통제환경: 내부통제에 대한 경영진의 전반적인 태도, 의식 및 행동을 의미한다.

통제환경은 내부통제 전반의 기초를 이루는 개념으로, 조직체계 · 구조, 내부통제를 유인하는 상벌체계, 인력운용정책, 교육정책, 경영진의 철학, 윤리와 리더십을 포함한다.

(1) 경영진의 철학과 경영방식

경영진의 철학과 경영방식은 중요한 통제환경을 조성하며, 직원에게 매우 큰 영향을 미친다. 경영진의 철학과 경영방식이 투명하고 정직하며, 경영진의 내부통제 관심이 높고 솔선수범하여 실천하면 내부통제 유효성은 증가한다.

(2) 성실성과 윤리적 가치의 경영진 커뮤니케이션과 실천

• 준법경영과 윤리경영을 위한 프로그램
사전예방
↓
모니터링
↓
사후관리 프로세스

경영진이 성실성과 윤리적 가치에 대한 조직 내 커뮤니케이션을 효과적으로 수행할수록 내부통제 유효성은 증가한다. 경영진은 준법경영과 윤리경영을 강화하기 위한 프로그램을 구축해야 한다. 이러한 프로그램은 사전예방, 모니터링, 사후관리 프로세스로 운영된다.

윤리헌장의 제정, 사전예방을 위한 임직원 교육, 업무에 참고할 수 있는 항목별 매뉴얼의 제공, 시스템을 통한 자기점검, 위법여부 사항이나 기타 문의를 처리하는 부서의 운영활동을 수행한다. 모니터링은 전담조직이 수행해야 하며, 이슈 대응 후에는 과정 및 결과 분석을 수행하여 문제의 근본 원인을 찾아내어 개선활동을 추진해야 한다. 사후관리로서 임직원 교육에서 사례를 소개하고 전파하여 재발방지에 노력해야 한다.

(3) 지배기구 기능의 유효성

이사회 또는 감사위원회(또는 감사)와 같은 지배기구는 경영진 행동을 감시하는 역할을 수행하므로 통제환경에 미치는 영향이 광범위하고 크다. 지배기구 기능의 유효성 여부는 경영진으로부터의 독립성, 참여자의 경험 및 성숙도, 지배기구의 참여 및 보고받는 정보범위, 문제 제기 및 경영진 처리범위 등에 영향을 받는다.

감사업무의 품질과 고유기능을 보호하기 위한 제도적 장치로 이사회 내에 소위원회 형식으로 감사위원회(audit committee)를 두는 기업이 증가하고 있다. 「상법」 제415조의2에서 도입근거가 마련되어 있으며, 「자본시장법」에서는 자산 2조원 이상의 상장기업은 감사위원회를 설치하도록 규정하고 있다. 금융기관은 규모에 관계없이 감사위원회제도를 설치·운용해야 한다.

감사위원회는 해당 기업의 이사회 구성원 중 과반수의 사외 비상임위원으로 조직하므로 경영진이나 업무집행기구와는 독립적인 위치에 있다. 감사위원회에는 회계 또는 재무 전문가를 포함시켜 전문성을 갖추어야 한다. 감사위원회는 외부감사인을 선임하며, 감사 범위와 방법을 논의하고, 감사인이 발행한 감사보고서를 검토하며, 외부감사인이 제안한 내부통제의 미비점을 경영진이 시정조치하는지 감시할 책임이 있다.

1) 지배기구의 책임

지배기구는 경영진이 적절한 내부통제를 구축하고 운영하는지, 재무제표를 작성・공시하는지와 외부감사 수행에 필요한 모든 정보를 제공했는지를 평가한다. 감사위원회는 외부감사인의 독립성 평가, 핵심감사사항 선정을 위한 사전협의 등을 수행해야 한다.

2) 외부감사인이 발견한 유의적 사항에 대한 경영진 모니터링

외부감사인이 감사를 수행해 지적하거나 보고한 내부통제 미비점, 재무보고 체계 불일치사항, 핵심감사사항의 감사절차 수행결과, 회계부정 및 배임사항, 법규위반사항, 재무보고 및 공시품질의 미비점을 시정하는지 지배기구는 모니터링할 책임이 있다.

(4) 조직구조, 권한과 책임의 할당

체계적인 조직구조는 기업목적 달성을 위한 계획, 실행, 통제 및 검토의 근간을 제공한다. 기업이 조직구조를 체계적으로 정비하고, 조직구성원별로 권한과 책임을 명확하게 위임하면 내부통제 유효성은 증대한다. 명확한 조직도표, 보고절차, 계층간의 의사소통절차는 내부통제기능을 강화시킨다.

(5) 직무수행을 위한 적격성 구비

종업원은 직무수행을 위한 기술과 지식을 구비해야 한다. 경영진은 적절한 수준의 교육과 경험을 갖춘 사람을 채용해야 하며, 지속적인 교육 훈련을 제공하여 과업수행과정에서 발생할 수 있는 업무의 비효율을 예방한다.

(6) 인적자원에 대한 정책과 실무

조직구성원의 특성도 내부통제 운용의 유효성에 영향을 미친다. 종업원이 적격성이 있고 신뢰할 수 있으면 다른 통제요소가 부족해도 오류와 부정의 발생가능성은 크지 않다. 채용, 교육 및 훈련, 평가, 승진 및 보상, 상벌관리 등의 인사정책과 절차는 통제환경의 효과성에 결정적인 영향을 미친다.

기업은 종업원의 신의성실성을 확보하기 위해 다음과 같은 인사정책과

관련한 제도를 구비한다.

- 신원보증제도 및 재정보증제도의 실시
- 윤리적 행동규범을 준수하고 있다는 서약서의 주기적 제출
- 일정기간 이상을 동일부서에서 근무하지 않도록 하는 직무순환제도. 전임자의 부정이 있다면 후임자가 적발·시정 가능함
- 현금 등 주요 자산의 관리담당자에게 일정기간 명령휴가를 실시하거나 불시에 감사를 실시
- 사내에 부정의 안전한 제보장치와 종업원 고충처리제도를 유지

Ⅱ. 기업의 위험평가절차

- **위험평가**: 기업의 목적달성과 영업성과에 부정적인 영향을 미칠 가능성이 있는 관련 위험을 식별, 평가, 분석하는 경영진 활동이며, 전사적 수준 및 업무 프로세스 수준에서 수행한다.

위험평가는 기업의 목적달성과 영업성과에 부정적인 영향을 미칠 가능성이 있는 내·외부 관련 위험을 식별하고 평가·분석하는 경영진의 활동을 의미한다. 이러한 활동으로는 전사적 수준 및 업무프로세스 수준의 위험식별, 위험 분석과 대응방안수립, 위험의 지속적 관리 등이 있다.

2008년 글로벌 금융위기 이후 금융기관과 세계적 기업은 기업위험의 체계적 관리를 목적으로 전사적 위험관리제도(enterprise risk management : ERM)를 구축·운영하고 있다.[1] 많은 기업은 재무보고뿐만 아니라 기업운영 및 법규준수 등 기업 전체의 전략목표와 관련하여 전사적 위험관리제도로 확대·발전시키고 있다.

전사적 위험관리제도(ERM)를 우리나라 환경에 적합하게 반영한 내부회계관리제도를 「외부감사법」에서 도입하였다. 「외부감사법」에 따라 회계정보의 신뢰성 확보가 요구되는 주권상장법인, 금융회사, 공시대상기업집단에 속한 국내 회사, 사업보고서 제출대상법인은 자산총액과 관계없이 내부회계관리제도를 갖추어야 한다. 직전 사업연도말 자산총액 5천억원 미만인 비상장법인은 내부회계관리제도를 갖추지 않아도 된다.

경영진이 재무보고목적과 관련하여 채택하는 위험평가절차에는 ① 재무

1) 전사적 위험관리제도(ERM)의 모형은 개발자에 따라 여러 가지의 형태로 구현되고 있다. 2004년 COSO(미국의회의 내부통제위원회)가 제시한 ERM이 가장 대표적이다.

보고와 관련된 사업위험의 식별, ② 관련 위험의 발생가능성 평가, ③ 위험크기의 유의성 측정, ④ 관련 위험에 대처하기 위한 대응전략(예 : 위험완화, 위험전가, 위험회피, 위험수용 등)을 포함해야 한다. 재무보고 관련 사업위험요소로서는 사업환경 변화, 신규인력, 새로운 정보시스템, 급속한 성장, 신기술, 신사업모델과 제품, 기업의 구조조정, 해외사업 진출, 새로운 회계기준 등이 있다. 예를 들어 유행 변화로 재고를 취득원가 이하로 자주 처분하는 의류판매회사는 진부화에 따른 재고자산평가손실의 발생위험을 정기적으로 검토하여 재무보고에 반영시키는 통제시스템을 운영한다.

경영진은 기술직 인력의 잦은 이직, 사업장의 지역분산, 생산기술의 복잡성, 신규 경쟁자의 출현 등으로 발생하는 사업위험이 재무보고체계 혹은 재무제표 왜곡표시위험에 미치는 영향을 조직적으로 식별·평가하고, 이러한 위험에 대응할 수 있는 통제절차를 설계·운영해야 한다.

Ⅲ. 통제활동

통제활동(control activities)은 조직구성원이 이사회와 경영진이 제시한 경영방침이나 지침에 따라 업무를 수행할 수 있도록 마련된 정책 및 절차, 이러한 정책 및 절차를 준수하기 위해 시행되는 구체적 활동을 의미한다.

일반적으로 기업에서는 다음과 같은 ① 업무분장, ② 승인절차, ③ 정보처리 및 문서화 통제, ④ 자산과 기록의 물리적 통제, ⑤ 독립적인 성과검토 등의 핵심절차를 유지한다.

1. 적절한 업무분장

• 적절한 업무분장
① 자산보관담당자 ≠ 기록담당자
② 거래승인담당자 ≠ 자산보관담당자
③ 기록담당자 ≠ 거래승인담당자

적절한 업무분장은 거래집행의 승인, 거래의 집행(자산 유지 및 보호), 거래의 기록 간의 직무를 이해관계가 상충되지 않도록 서로 다른 사람에게 배정하여 상호 견제와 균형을 유지하는 것을 말한다. 업무분장은 직무수행 중 오류나 부정을 저지르고 은폐시킬 수 있는 위치에 있을 기회를 감소시키지만, 공모가 있으면 이러한 견제기능도 무력화될 수 있다.

(1) 자산의 보관기능과 거래의 기록기능 분리

자산 횡령이나 유용을 방지하기 위해 자산보관담당자에게 자산의 기록업무를 겸직시키지 않아야 한다. 거래를 집행(자산의 보관)하면서 회계기록을 담당하면 자산을 처분하고 관련 기록을 변조할 위험이 있기 때문이다.

예를 들어 현금수납 담당사원이 매출채권장부의 기록업무를 겸직하면, 고객으로부터 수령한 현금을 유용하고 현금매출기록을 누락하거나 가공 매출채권으로 계상할 가능성이 있다.

(2) 거래집행의 승인기능과 관련 자산의 보관기능 분리

거래집행 승인권자에게 관련 자산의 통제기능을 부여하지 않아야 한다. 거래집행의 승인과 관련 자산의 관리·보관업무를 동일인이 수행하면 위장거래의 은폐가능성은 증가한다.

예를 들어 대금청구서 지급을 승인하고 대금을 지급하는 권한을 동일인에게 부여해서는 안 된다. 승인기능과 자산보관기능을 분리하면 불법거래 집행을 예방할 수 있다.

(3) 기록기능과 거래집행의 승인기능 분리

거래집행 승인권자는 회계기록기능을 겸직해서는 안 된다. 예를 들어 대손확정 승인권한이 있는 사람에게 매출채권장부를 기록하는 권한을 부여하면, 회수한 매출채권을 장부상으로는 대손처리하여 대금회수액을 횡령할 수 있다.

2. 적절한 승인절차

승인절차(authorization)는 정당한 권한이 있는 사람만 거래의 집행승인이 가능하도록 통제하는 절차이다. 정당한 승인을 얻지 못한 업무는 집행이 불가능하도록 하면 부정거래의 발생을 방지할 수 있다.

승인절차에는 다음과 같이 일반승인과 개별승인이 있다.

(1) 일반승인

• 일반승인: 사전에 기준을 설정해 요건을 충족한 거래는 별도 승인 없이 집행하는 것을 말한다.

일반승인이란 업무의 집행기준을 사전에 설정하여 기준을 충족한 거래는 별도 승인 없이 집행하는 것으로, 일상적인 업무집행을 대상으로 한다. 일반승인의 예로는, 사전에 승인된 정찰가격표나 매매조건표 등 규정을 충족하면 매매조건에 따라 별도 승인 없이 거래가 집행되도록 하는 것, 거래처별 신용조사표의 한도금액 내에서 외상거래를 허용하는 것을 들 수 있다.

(2) 개별승인

• 개별(특별)승인: 발생할 때마다 승인 후 집행하는 것을 말한다.

개별승인은 특별승인(건별승인)이라고도 표현하며, 개별거래가 발생할 때마다 승인을 받은 후 집행하는 것을 말한다. 주로 상위자의 승인 후 업무가 수행되며, 이러한 예로는 승인된 지출결의서에 의해서만 자금을 집행하는 거래를 들 수 있다.

3. 정보처리 및 문서화 통제

(1) 정보처리시스템 통제

• 정보처리시스템 통제활동: 응용통제의 효과적인 작동을 지원하는 '일반통제'와 개별 응용프로그램의 처리과정에 적용하는 '응용통제'로 구분된다.

전산화된 정보처리시스템의 통제활동은 일반통제와 응용통제로 구분한다. 일반통제는 여러 개별 응용프로그램에 공통적용되는 정책과 절차로서 기업정보시스템이 계속하여 적절히 운영되도록 지원한다. 응용통제는 거래유형별 개별 응용프로그램의 처리과정에 적용하는 통제활동이다.

관련 통제의 내용은 제8장 전산환경에서의 감사에서 자세히 다룬다.

(2) 문서화 통제

• 문서화: 거래이행단계별로 처리내용을 문서로 작성하는 것을 말한다.

문서화(documentation)는 거래의 이행단계별(승인, 집행, 기록)로 처리한 업무내용을 뒷받침하는 문서(증빙서류, 장부)를 작성하는 절차이다. 문서화 통제는 기록의 계산정확성 검토, 내부자료와 외부 원시정보의 비교, 문서의 승인과 통제, 통제계정과 시산표의 유지 및 검토를 포함한다. 문서화 통제로 책임 소재가 명확해지고, 자료가 정확하게 유지된다.

문서화의 일반원칙은 다음과 같다.

- 사전에 일련번호를 부여한다. 중요한 문서의 분실가능성 및 불법사용의 통제를 용이하게 하고, 필요할 때 문서위치를 쉽게 파악할 수 있다(완전성목표에 결정적인 영향을 미친다).
- 거래발생 즉시 문서를 작성하여 원본을 보관하고 부본(copy)은 관련 부서로 즉시 전달한다. 거래발생과 문서작성 시점 간에 차이가 존재하면 기록의 신뢰성은 감소하며 누락 및 오류 가능성은 증가한다.
- 작성방법과 내용을 분명하게 이해할 수 있도록 단순성을 유지한다.
- 양식의 종류를 최소화하여 다목적으로 이용할 수 있도록 한다. 예를 들어 매출송장 양식을 적절하게 개발하면 매출을 기록하는 전표로 이용하는 동시에 선적을 승인하는 적송지시서, 고객에게는 대금청구서로 사용할 수 있다.
- 양식을 표준화하여 신속성과 정확성을 유도한다. 예를 들어 사업자등록번호의 코드숫자만큼 세금계산서에 칸을 그려 놓는다.

4. 자산과 기록에 대한 물리적 통제

- 물리적 통제의 예
  ① 물리적 보안(잠금장치)
  ② 컴퓨터프로그램 및 파일에 대한 접근 승인
  ③ 주기적인 자산 실사

승인받은 사람만이 자산과 기록에 접근할 수 있어야 한다. 승인받은 사람도 승인 목적 외 용도로 사용할 수 없도록 하는 물리적 통제(physical controls)가 필요하다.

물리적 안전장치는 자산과 서류의 도난, 유용과 변조를 예방하기 위한 가장 기본적인 절차이다. 창고에 폐쇄회로 텔레비전(CCTV)이나 보안경비시스템을 갖추면 재고자산의 도난을 방지할 수 있다. 방화장치를 갖춘 금고를 사용하면 현금이나 유가증권과 같은 자산을 안전하게 보호할 수 있다.

중요한 자산을 보험에 가입하는 통제절차를 갖추면 화재나 도난, 천재지변이 발생해도 손해를 보상받을 수 있다. 주기적으로 자산을 실사하고 실사결과를 통제기록의 수량이나 금액과 비교한다.

전산시스템에서는 하드웨어 접근통제, 프로그램과 문서, 데이터파일과 같은 소프트웨어에 대한 물리적 접근통제가 필요하다. 분실이나 파손된 문서를 재생하기 위해서는 많은 비용과 시간이 소요된다. 전산업무담당자는 전산프로그램과 자료파일 접근통제를 강화해 프로그램이나 자료를 안전하게 보호하는 통제절차를 유지해야 한다.

5. 독립적인 성과검토

• **독립적인 성과검토**: 종업원이 수행한 성과를 조사·비교 검토하여 필요한 수정조치를 취하는 통제활동이다.

성과검토(performance reviews)는 종업원이 수행한 성과를 독립적인 자료나 방법으로 제삼자가 조사하거나 비교 검토하고, 필요하면 수정하는 통제활동을 말한다. 원시자료의 생성과 관계없는 제삼자가 성과검토업무를 수행해야 내부검토기능이 제대로 작동할 수 있다.

독립적인 성과검토방법으로 내부데이터를 외부의 원천정보와 비교하는 기법을 자주 사용한다. 예를 들면 독립적인 제삼자가 주기적으로 회사장부 예금잔액과 은행조회서 예금잔액이 일치하는지 확인하고 차이를 조정(reconcile)해야 한다.

Ⅳ. 정보시스템 및 커뮤니케이션

정보시스템 및 커뮤니케이션은 조직구성원이 직무를 적절하게 수행할 수 있도록 정보를 시의적절하고 신뢰성 있게 확인·수집할 수 있도록 지원하는 절차와 체계를 의미한다. 정보의 생성·집계·보고체계, 의사소통의 체계 및 방법 등을 포함한다.

1. 재무보고 관련 정보시스템

기업은 수작업이나 정보기술을 이용하여 회계처리를 한다. 전산정보시스템에는 반복적으로 발생하는 거래를 기록하기 위한 표준적인 분개프로그램이 내장되어 있다. 예를 들어 매출, 매입 및 현금지출을 총계정원장에 기록하는 분개, 또는 회수불능 채권에 대한 추정 변경과 같이 경영진이 주기적으로 수행

• **재무보고 관련 정보시스템** : 기업마다 회계정보시스템의 설계방식이 다를 수 있으나 여섯 개의 통제목표(실재성, 완전성, 정확성 · 평가 · 배분, 분류, 기간귀속, 표시)를 달성할 수 있도록 설계 · 운용해야 한다.

하는 회계추정을 기록하기 위한 프로그램이 내장되어 있다. 기업의 재무보고 절차에는 비반복적이고 비경상적인 거래 또는 조정사항(예 : 연결조정, 기업합병 또는 매각을 위한 분개, 자산손상)을 기록하기 위한 비표준적인 분개프로그램이 포함되기도 한다.

기업마다 회계정보시스템의 설계방식이 다를 수 있으나 기본적으로는 여섯 개의 통제목표(실재성, 완전성, 정확성 · 평가 · 배분, 분류, 기간귀속, 표시)를 달성할 수 있도록 설계 · 운용해야 한다.

2. 경영진 및 지배기구와의 커뮤니케이션

통제활동 및 재무보고와 관련한 사항을 커뮤니케이션할 때 개인의 역할과 책임을 명확하게 이해해야 하며, 그 절차와 방법에 대한 규정이 있어야 한다. 이러한 절차에는 통제활동 참여자뿐만 아니라 적절한 상급자에게 오류나 부정과 같은 예외사항을 보고하는 업무도 포함한다. 커뮤니케이션은 회사정책 매뉴얼, 회계 및 재무보고 매뉴얼, 비망기록 등의 수단으로 이루어질 수 있고, 커뮤니케이션 방법은 전자형태, 구두 또는 경영진의 행동 등 다양하다.

Ⅴ. 모니터링

• **모니터링** : 통제가 지속적 · 효과적으로 운영되는지 확인하기 위해 수행하며, 경영진, 내부감사인 또는 외부관계자(고객, 규제기관, 외부감사인)와의 커뮤니케이션을 통해 수행할 수 있다.

모니터링(monitoring)은 내부통제 효과성을 계속적으로 평가하는 과정으로 기업 전체 또는 사업단위의 자체평가, 자체감사활동 및 사후관리 등을 포함한다. 경영진은 통제활동이 의도한 대로 효과적으로 이루어지며 상황 변화에 따라 적합하게 수정되는지 모니터링해야 한다.

통제활동 모니터링은 경영진과 내부감사인, 또는 외부관계자(고객, 규제기관, 외부감사인)와의 커뮤니케이션을 통해 수행될 수 있다. 내부감사인은 내부통제 효과성을 평가해 내부통제 작동에 대한 정보를 참여자 및 경영진에게 정기적으로 제공하며, 강점과 미비점을 경영진과 커뮤니케이션하고 개선안을 권고한다.

외부관계자와 커뮤니케이션을 수행하면 내부통제 문제점(예를 들어 고객이 청구액에 이의를 제기하면 청구관련 데이터를 확인해 대금횡령을 적발하거나 잘못된 매출기록을 발견)이나 개선사항을 파악할 수 있다. 규제기관은 현장조사를 수행해 내부통제기능에 영향을 미치는 사항을 기업과 커뮤니케이션할 수 있다. 경영진이 외부감사인과 내부통제 검토결과에 관해 정기적인 커뮤니케이션을 수행하면 재무제표감사목적으로도 모니터링을 활용할 수 있다.

핵심 모니터링의 예

- 은행계정을 적시에 기록하고 있는지를 경영진이 검토
- 영업사원의 판매계약조건이 정책을 준수하고 있는지 내부감사인이 평가
- 기업의 윤리정책이나 기업실무 정책의 준수여부를 준법감시인(또는 내부감사인)이 감독

제3절 내부통제 이해와 통제테스트

감사인이 내부통제를 평가하는 목적은 중요왜곡표시위험을 사전에 평가해 계정잔액 감사절차의 성격과 범위를 결정하기 위해서이다. 감사인은 내부통제 유효성에 따라 중요왜곡표시위험은 다르게 평가한다. 회계감사기준에 따른 내부통제 이해 및 평가절차는 [도표 7-4]와 같다.

내부통제의 이해와 왜곡표시위험의 평가는 제1국면인 감사계획의 수립단계에서부터 시작한다. 왜곡표시위험은 고유위험과 통제위험의 결합으로 정의하는데, 제1국면에서 감사인이 평가한 왜곡표시는 내부통제의 이해수준에서 수행하므로 최종적인 평가결과가 아닌 잠정예상치에 해당한다. 즉 감사인이 질문과 문서검사를 수행하여 내부통제 설계를 이해한 후 제2국면의 통제테스트를 수행하기 전에 추정한 예비평가치이다.

제2국면의 통제테스트는 제1국면에서 내부통제 설계가 양호하다고 판단하는 상황에서만 실시한다. 왜냐하면 통제테스트 수행 목적은 왜곡표시위험이 낮다는 근거를 확보해 제3국면에서 실시할 계정잔액 실증절차를 축소하는 데 있기 때문이다. 내부통제의 설계가 양호하지 않다면 내부통제가 설계

된 대로 운용되는지 확인하기 위한 통제테스트를 수행해도 실증절차를 축소시킬 수는 없다.

감사인은 내부통제의 설계를 이해한다. 관련통제가 왜곡표시를 효과적으로 예방하거나 적시에 발견할 수 없다고 평가하면([도표 7-4]의 "아니오"에 해당), 통제테스트는 수행하지 않고 거래유형 세부테스트를 곧바로 수행한다. 이때 수행하는 거래유형 세부테스트는 기중거래에 포함된 회계적 왜곡표시를 확인하기 위한 실증절차이다. 중간감사에서 수행하는 거래유형 세부테스트는 전체 회계기간이 아닌, 기초시점부터 테스트시점까지 발생한 거래만을 대상으로 한다. 제3국면의 계정잔액 실증절차단계에서 중간감사에서 검증하지 못한 나머지 거래를 대상으로 추가로 테스트를 수행한다.

제1국면의 내부통제 이해과정에서 내부통제의 설계가 양호하다고 판단하면([도표 7-4]의 "예"에 해당), 설계한 대로 실제로 운용하는지 확인하기 위해

도표 7-4
내부통제의 평가절차

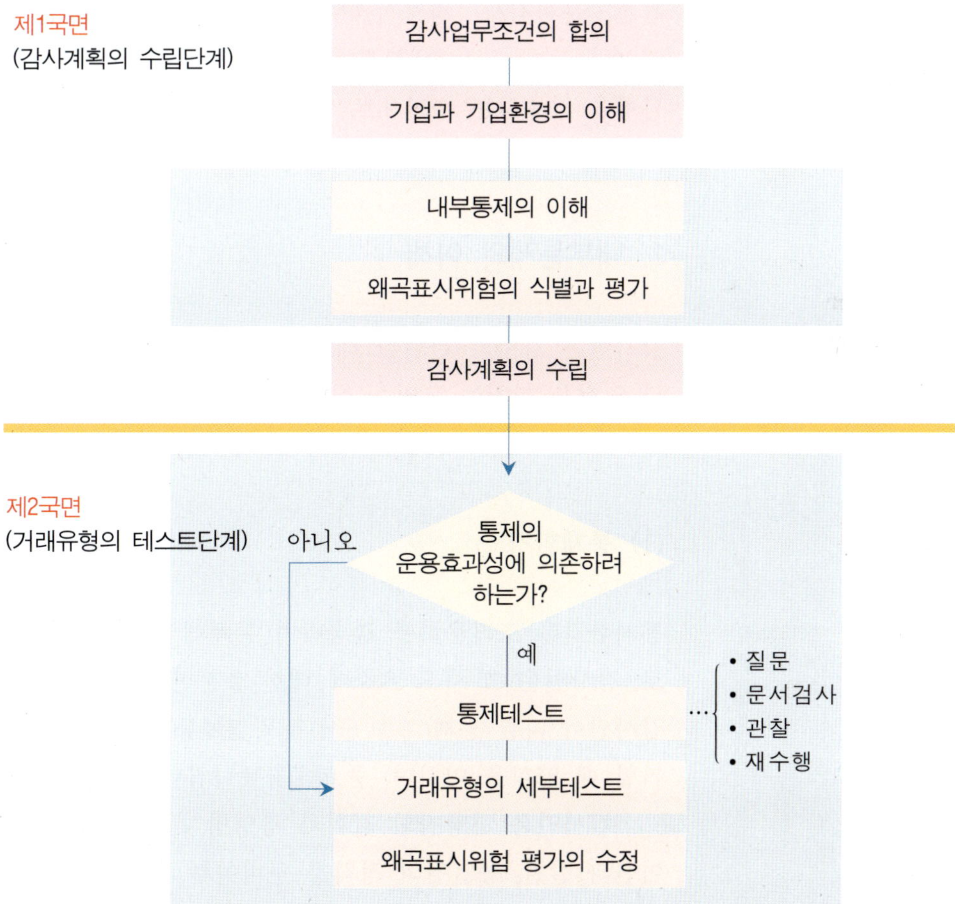

통제테스트를 수행한다. 통제테스트를 수행하여 최종적으로 중요왜곡표시위험을 평가한다. 최종평가치가 제6장에서 설명한 제1국면에서의 예비평가결과와 다르면 왜곡표시위험의 평가결과를 수정한다.

Ⅰ. 내부통제의 이해

• 내부통제의 이해 : 내부통제의 유효성을 파악하여 통제테스트의 실시여부를 결정하기 위해 수행한다.

감사인의 내부통제 평가는 내부통제 설계의 이해에서부터 시작한다. 내부통제 목적을 달성할 수 있도록 효과적으로 설계되어 있어야만 다음 단계인 통제테스트를 실시한다.

내부통제의 이해는 기업의 모든 통제를 대상으로 하지 않고 재무보고와 관련이 있는 통제만을 대상으로 수행한다. 이때 감사인은 질문, 통제활동의 관찰, 문서검사, 정보시스템에서의 거래처리과정을 추적한다. 추적테스트(walk-through test)는 내부통제를 통과하는 거래흐름에 대해 감사인이 이해한 사항을 검증하는 수단으로 이용된다.

1. 내부통제의 이해

감사인은 감사와 관련된 내부통제를 이해하여 잠재적인 왜곡표시의 유형이나 영향을 미치는 요인을 식별할 수 있다. 이러한 이해과정에서 입수한 정보는 추가감사절차의 성격, 시기 및 범위를 결정하는 데 도움을 준다.

(1) 통제환경

• 통제환경 : 조직문화를 결정하며 통제에 대한 구성원 인식에 영향을 미친다.

통제환경은 조직문화를 결정하며 통제에 대한 구성원 인식에 영향을 미치므로, 감사인은 그 주요 요소에 대한 충분한 지식을 획득해야 한다. 통제환경은 감사인이 다른 통제(예를 들어 특정 통제활동의 수행과 모니터링)의 효과성을 평가할 때 영향을 미치며, 중요왜곡표시위험의 평가에 전반적인 영향을 준다.

감사인은 경영진의 철학과 경영방식, 성실성과 윤리적 가치의 커뮤니케이션과 실천, 종업원의 적격성 구비여부, 지배기구 기능의 유효성, 조직구조,

인적자원의 정책 및 실무 등의 통제환경 요소를 이해해야 한다.

통제환경에 대한 감사증거는 질문이나 문서 검사를 수행해 입수할 수 있다. 예를 들어 감사인은 경영진과 종업원에게 질문해 경영진이 경영실무와 윤리적 행동에 대한 자신의 관점을 종업원과 어떻게 커뮤니케이션하는지 이해할 수 있다.

(2) 기업의 위험평가절차

• **기업의 위험평가절차** : 경영진이 관리대상 위험을 결정하고 관리하는 방식으로, 감사인이 중요왜곡표시위험을 식별하는 데 도움을 준다.

기업의 위험평가절차는 경영진이 관리대상 위험을 어떻게 식별하고 대응전략을 수립하는지에 대한 통제기반을 형성한다. 감사인은 기업이 적절한 위험평가절차를 갖추고 있는지 평가한다. 기업이 위험평가절차를 갖추고 있는지에 따라 감사인의 대응절차는 달라진다.

핵심 기업의 위험평가절차 구비여부에 따른 감사인의 대응절차

	기업의 위험평가절차	
	있음	없거나 임시적인 절차만 있음
감사인 대응절차	경영진이 위험평가절차에서 식별하지 못한 중요왜곡표시위험을 감사인이 식별하면, • 근원적 위험이 존재했는지 평가한다. • 근원적 위험이 존재한다면, ① 감사인은 경영진이 위험평가절차에서 식별하지 못한 이유를 이해하고, ② 해당 절차가 기업상황에 적합한지 평가한다. ③ 기업의 위험평가절차에 유의적 내부통제 미비점이 존재하는지 결정한다.	• 재무보고목적에 관련된 사업위험을 식별하기 위한 임시적 절차를 평가하고 이러한 위험의 대처방안을 경영진과 토의한다. • 문서화된 위험평가절차가 없다면, ① 해당 상황에 적합한지를 평가하고, ② 유의적 내부통제 미비점에 해당하는지 결정한다.

(3) 통제활동

• **감사관련 통제활동** : 감사인은 기업의 핵심통제활동인 업무분장, 승인절차, 정보처리 및 문서화 통제, 물리적 접근통제, 독립적인 성과검토 등을 이해해야 한다.

감사인은 기업의 핵심통제활동인 업무분장, 승인절차, 정보처리 및 문서화 통제, 물리적 접근통제, 독립적인 성과검토 등의 구체적 절차를 이해하고, 핵심통제활동에서 식별한 관련 위험이 중요왜곡표시위험을 초래할 수 있는지 결정한다. 감사인은 왜곡표시관련 통제위험인지를 판단할 때 중요성, 관련된 위험의 유의성, 기업규모와 사업성격 등을 고려한다.

(4) 재무보고 관련 정보시스템 및 커뮤니케이션

- **정보시스템**: 감사인은 유의적인 거래유형, 거래가 재무제표에 반영되는 과정(공시 포함) 등 재무보고와 관련된 정보시스템을 이해해야 한다. 이러한 이해에는 재무제표에 공시되는 정보시스템의 관련 측면(총계정원장과 보조원장 내에서 또는 외부에서 입수)을 포함한다. 자동화된 처리절차를 사용하는 전산시스템에서 분개는 하드웨어에 저장되어 전자적 형태로만 존재한다. 컴퓨터를 이용한 감사기법을 이용하면 보다 용이하게 왜곡표시를 식별할 수 있다.
- **커뮤니케이션**: 감사인은 기업이 재무보고의 역할, 재무보고와 관련한 책임과 유의적 사항을 경영진과 지배기구, 기준제정기구나 기타 규제기관과 어떻게 커뮤니케이션하는지 이해해야 한다.

(5) 모니터링

• 모니터링: 기업의 내부감사기능이 수행하며, 감사인은 모니터링을 위한 주요 활동과 통제 미비점의 개선조치를 이해해야 한다.

감사인은 기업이 재무보고에 대한 내부통제 모니터링을 위해 사용하는 주요 활동과 통제 미비점의 개선조치를 이해해야 한다. 감사인은 내부감사기능이 기업의 조직구조와 얼마나 부합하는지와 이 기능이 수행하는 구체적 활동을 이해해야 한다.

2. 내부통제 이해의 문서화

• 내부통제의 이해에 대한 문서화
① 직무기술서: 내부통제를 설명형식으로 기술
② 업무흐름도: 내부통제를 흐름도 기호로 표시
③ 내부통제질문서: 사전에 준비한 질문서에 따라 해당 여부를 기록

감사인이 내부통제 이해의 수행과정에서 입수한 정보를 문서화하는 방법으로는 직무기술서(written narratives), 업무흐름도(flowcharts), 내부통제질문서(questionnaires)가 있다. 질문서와 업무흐름도를 함께 이용하면 시스템을 비교적 완전하게 파악할 수 있어 더욱 효과적이다. 업무흐름도는 시스템을 개괄적으로 파악할 수 있으며, 감사인이 질문서를 이용하면 기업시스템에 필수적으로 존재해야 하는 다양한 통제유형을 확인할 수 있다.

(1) 직무기술서

내부통제를 설명형식으로 기술한 문서이다. 직무기술서에는 증빙서류와 회계기록의 시작점, 시행되는 처리절차의 모든 내용, 모든 서류의 처분내용 및 왜곡표시위험 평가를 위한 통제절차 내용이 빠짐없이 기술되어야 한다.

직무기술서는 내부통제를 설명형식으로 작성하므로 기업규모가 작을 때 효과적이다. 간단한 문장으로 시스템을 명료하게 기술하기 어렵고 통제취약점을 파악하기 힘들 수 있다.

(2) 업무흐름도

기업의 내부통제를 흐름도 기호로 표현하는 방법이다. 업무흐름도에는 시스템의 각 서류와 회계장부의 원천, 이들의 후속 처리과정이 표시되고, 업무분장, 승인, 시스템 내에 존재하는 내부검증기능 등의 모든 통제가 표시된다.

업무흐름도는 용이하게 시스템을 개관할 수 있으며, 시스템 특성과 통제 적합성을 알기 쉽게 파악할 수 있다. 직무기술서에 비해 시간과 비용이 많이 소요되고, 경험이 부족한 감사인은 작성하기 어렵다.

(3) 내부통제질문서

감사인이 사전에 주요 내부통제를 이해하는 데 필요한 사항을 정형화한 질문서를 작성하여 질문서에 따라 해당 여부를 기록하는 방법이다. "예", "아니오"의 대답을 할 수 있도록 설계하는데, 기업 담당자가 "아니오"라고 대답하면 내부통제에 결함이 있을 가능성을 시사한다.

[도표 7-5]는 매출과 대금회수활동의 내부통제질문서와 이에 대한 검증내용의 일부분을 예시한 것이다. 이 질문서는 여섯 개 내부통제목표와 연결하여 사용할 수 있도록 고안한 것이다.

질문서는 다른 방법과 비교할 때 각 감사영역의 주요 통제요소를 포괄적으로 다룰 수 있으며, 비교적 빠른 시간 내에 작성할 수 있다. 시스템의 부문별로 조사하므로 기업 전체의 관점에서 갖추어야 할 시스템을 포괄적으로 파악하기 어렵다. 질문서는 양식이 표준화되어 있어 업종이 다르거나 특수한 거래를 다루는 기업에서는 적용하기 어렵다는 한계가 있다.

도표 7-5
매출거래의 내부통제질문서 (일부분)

회　사 : 성전주식회사　　　　　　감사기준일 : 12/31/20×3
감사인 : 이찬희　　　　　　　　　완성일 : 9/30/20×3
검토자 : 이원철　　　　　　　　　검토종료일 : 10/1/20×3

내부통제질문서의 내용	수행여부			비 고
	예	아니오	해당없음	
1) 매출은 가공이 아닌 실제 고객에게 인도한 상품거래를 기준으로 기록된 것인가(실재성)				
1. 매출기록이 승인된 적송서류 및 고객주문서로 뒷받침되는가	✓			이진영이 관련문서를 비교함
2. 제품출고는 일련번호가 인쇄된 적송지시서로 이루어지는가	✓			김성준이 검증함
2) 발생한 모든 매출거래가 빠짐없이 기록되었는가(완전성)				
1. 적송서류를 적절히 유지하고 있는가	✓			
2. 모든 적송서류의 대금청구에 통제기능이 존재하는가	✓			
3. 적송서류는 일련번호가 부여되고 사후 추적되는가	✓			
4. 매출승인에 일련번호가 부여되고 사후 추적되는가		✓		일련번호가 부여되고 있으나 사후 추적할 수는 없음. 추가적인 실증절차가 필요함
3) 기록된 매출은 주문받은 상품에 대한 금액이며 정확히 청구되고 기록되는가(정확성 · 평가 · 배분)				
1. 적송서류와 매출송장의 수량에 독립적인 검증이 수행되는가	✓			김영준이 비교하고, 김성준이 감독함
2. 매출송장의 내부검증, 가격검증, 합계검증을 실시하는가	✓			이진영이 검증함
3. 월별계산서가 작성되어 고객에게 송부되는가	✓			
4) 매출거래가 적절히 분류되는가(분류)				
1. 기록된 매출이 계정조직표 분류와 일치하며, 이에 대한 독립적인 검증절차가 실시되는가			✓	모든 매출은 외상으로 이루어지고 하나의 매출계정만 유지됨
5) 매출이 적시에 기록되는가(기간귀속)				
1. 적송서류 일자와 기록일자에 독립적인 검증절차가 수행되는가		✓		시스템에 취약점이 있으므로 추가적인 실증절차가 필요함
6) 매출거래가 마스터파일에 적절히 갱신되고 바르게 요약되는가(표시)				
1. 거래파일은 적절하게 합계되고, 마스터파일과 보조원장에의 전기에 대한 추적이 실시되는가		✓		
2. 매월 매출채권보조원장과 마스터파일 간 조정절차가 수행되는가	✓			이선영이 조정함

(4) 이해의 검증 : 추적테스트

• **추적테스트** : 거래유형별로 1~2개 거래를 표본으로 추출해 감사증적을 따라 추적해 감사인이 이해한 사항을 검증할 목적으로 수행한다.

감사인은 내부통제를 이해한 후 주요 거래유형을 추적테스트한다. 추적테스트(walk-through test)는 거래유형별로 1~2개 거래를 표본으로 추출해 회계장부와 증빙서류를 중심으로 감사증적(audit trail)을 따라 추적하는 것을 말한다. 거래의 시작에서 완료단계까지를 완전히 추적한다는 의미로 "요람에서 무덤까지의 테스트"(cradle-to-grave test)라고 부르기도 한다. 하나의 특정거래를 선택하여 처음부터 끝까지 추적한다는 의미에서 "한 개의 표본테스트"(sample of one test)라고도 표현한다.

추적테스트의 주목적은 내부통제를 통과하는 거래흐름에 대해 감사인이 이해한 사항을 검증하는 데 있다. 추적테스트는 시스템에 대한 감사인의 이해를 높이며, 업무흐름도와 내부통제질문서의 작성과정에서 발생한 기술 오류나 불완전한 부분을 발견하는 데 도움을 준다.

감사인이 수행한 추적테스트는 "통제위험이 높지 않다"라는 결론을 뒷받침하는 데 충분하고 적합한 감사증거를 제공하지는 않는다. 왜냐하면 추적테스트는 거래유형별로 1~2개의 거래만을 표본으로 추출하므로 모집단 특성을 충분히 반영하지 못하기 때문이다.

Ⅱ. 통제테스트의 수행여부 결정

내부통제 이해단계를 거친 후 감사인은 재무제표 수준의 중요왜곡표시위험을 평가한다. 통제테스트 수행이 감사능률이나 효과성 측면에서 바람직한지를 미리 판단한다.

감사인은 중요왜곡표시위험에 대한 식별과 평가를 수행한 후, 추가감사절차(further audit procedures)를 설계한다. 추가감사절차로는 통제테스트(test of controls)와 실증절차(substantive procedures)가 있다.

감사인은 특정 경영진주장(세부감사목표)과 관련하여 추가감사절차로서 다음 중 하나의 방법을 선택한다.

(1) 통제테스트를 수행한다

• 경영진주장을 확인하기 위한 추가감사절차
① 통제테스트를 중점적으로 수행
② 실증절차만 수행
③ 통제테스트와 실증절차를 병행

모든 상황에서 통제테스트를 반드시 수행하지는 않는다. 감사인이 ① 실증절차의 성격, 시기 및 범위를 결정할 때 통제의 운영효과성에 의존하려 하거나, ② 실증절차만으로는 경영진주장 수준의 감사증거를 충분하고 적합하게 얻을 수 없다고 판단할 때 통제테스트를 수행한다.

핵심 통제테스트를 수행하기 위한 전제

① 감사인이 경영진주장 수준의 중요왜곡표시위험을 평가할 때 내부통제가 효과적으로 운영된다고 기대함 : 감사인은 내부통제의 운용효과성을 평가해 실증절차의 성격, 시기 및 범위를 결정
② 실증절차만으로는 경영진주장 수준에서의 충분하고 적합한 감사증거를 입수할 수 없다고 판단함 : 기업이 복잡한 고도의 정보기술을 이용해 사업을 수행하고, 거래에 관한 문서가 정보기술시스템 외에서는 생성되거나 유지되지 않으면 통제테스트를 중점적으로 수행해 정보시스템의 운용효과성을 검증

(2) 실증절차만 수행한다

특정 경영진주장에 대하여 ① 위험평가절차에서 해당 경영진주장과 관련된 효과적인 통제절차를 식별하지 못했거나(내부통제 설계 미비), ② 통제테스트 수행이 비효율적이라고 판단해 통제의 운영효과성에 의존하지 않기로 결정하면 실증절차만 수행한다.

(3) 통제테스트와 실증절차를 병행한다

감사인은 동일 거래를 대상으로 세부테스트와 통제테스트를 동시에 수행할 수 있다. 통제테스트 목적(내부통제 유효성 검증)은 세부테스트 목적(거래기록 왜곡표시 검증)과 다르지만, 동일 거래(동일 표본)를 대상으로 통제테스트와 세부테스트를 이중목적으로 동시에 수행할 수 있다. 이를 이중목적의 테스트(dual-purpose test)라고 한다. 예를 들어 감사인은 표본으로 추출한 청구서를 대상으로 적절한 승인절차 여부를 확인(통제테스트)하면서 청구금액의 실재성을 검증하기 위한 감사절차(세부테스트)를 수행할 수 있다.

• 이중목적의 테스트 : 동일 거래(표본)에 통제테스트와 세부테스트를 병행하는 것

Ⅲ. 통제테스트의 수행

내부통제 이해와 중요왜곡표시위험의 평가단계에서 유효하게 설계되었다고 판단한 내부통제를 대상으로 통제테스트를 수행해 운용의 효과성에 대한 감사증거를 얻는다. 즉 내부통제가 설계된 대로 실제 운용되는지 확인하기 위해 통제테스트를 수행한다. 통제테스트 결과는 이탈사항 건수 또는 이탈비율(%)로 표시한다.

1. 통제테스트의 성격, 범위 및 시기의 결정

• 통제테스트
① 성격: 감사증거 입수방법
② 범위: 표본규모
③ 시기: 감사증거 수집기간

통제테스트의 성격은 감사증거를 입수하는 방법을, 범위는 표본규모나 수행할 업무의 양을, 시기는 감사증거의 수집시점을 의미한다.

(1) 통제테스트의 성격

감사인은 내부통제가 설계된 대로 어떻게, 지속적으로, 누가 운용하고 있는지 확인하기 위해 통제테스트를 실시한다. 예를 들어 매출송장의 실제 매출가격과 승인받은 정찰가격표를 비교해 승인권자 서명이 없거나 금액이 일치하지 않은 거래를 발견하면 이탈사항으로 간주한다.

통제테스트에서는 주로 질문, 관찰, 문서검사, 재수행을 실시해 감사증거를 수집한다.

(2) 통제테스트의 범위

통제 효과성에 관해 설득력 있는 감사증거가 필요하다고 판단하면 통제테스트 범위를 확대해야 한다. 감사인은 통제 의존도와 통제테스트 범위를 결정할 때 다음 사항을 고려한다.

▶ 통제테스트 범위 결정시 고려할 사항

- 감사대상 기간중 기업이 통제를 수행하는 빈도
- 감사대상 기간중 감사인이 통제의 운영효과성에 의존하려는 기간
- 통제로부터 예상하는 기대이탈률
- 경영진주장 수준의 통제와 관련해 입수하고자 하는 감사증거의 관련성과 신뢰성
- 해당 경영진주장과 관련해 다른 통제테스트로부터 입수가능한 감사증거의 범위

(3) 통제테스트의 시기

• 통제테스트의 시기 : 일반적으로 회계기간중에 실시하며, 통제테스트 실시 이후 잔여기간에 대한 추가적인 감사증거를 수집해야 하는지 결정한다.

내부통제가 효과적으로 설계 · 운용되었는지는 전체 회계기간을 대상으로 판단한다. 일반적으로 감사인은 내부통제가 실제 운용되는 회계기간중에 실시하므로, 내부통제평가를 실시한 이후의 잔여기간에 내부통제에 유의적인 변화가 있었는지와 추가 감사증거를 입수할 것인지 결정해야 한다.[2]

감사인은 내부통제의 운영효과성과 관련하여 전기감사에서 얻은 감사증거를 활용할 수 있다. 이때 감사인은 관찰 또는 문서검사를 수반한 질문을 수행하여 전기감사로부터 얻은 감사증거가 당기에도 관련성이 있는지 반드시 확인해야 한다. 통제테스트의 반복주기는 일반적으로 중요왜곡표시위험이나 통제 의존도가 높을수록 더욱 짧아진다. 예를 들어 통제 적용에 유의적 영향을 미치는 담당자가 교체되었다면 당기에 테스트를 반드시 수행해야 한다.

2. 통제목표와 주요 통제절차의 식별

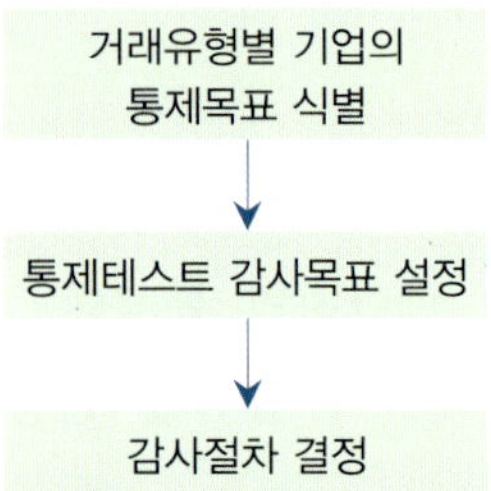

통제테스트는 활동유형별로 주요 거래유형을 대상으로 실시한다. 감사인은 주요 거래유형에서 기업의 통제목표를 식별하고, 이에 개별적으로 대응하는 통제테스트(감사)목표를 설정한다.

통제목표와 이를 검증하기 위한 테스트목표를 설정하면 목표별로 기업이 달성하기 위해 설정한 주요 통제절차를 식별하고 유효성을 검증하기 위한 감사절차를 결정한다. 예를 들어 실재성목표와 관련하여 적절한 업무분장이 이루어지며 적절한 승인절차를 실시하는지 확인하기 위한 검증절차를 설계한

2) 실무상 통제테스트는 기말 이전에 중간감사에서 실시해 잠정결론을 내린다. 기말감사에서는 중간감사에서 내린 결론이 타당한지를 잔여기간을 대상으로 확인하고, 타당하지 않다고 판단하면 잠정결론을 수정한다.

다. 특정 감사목표를 달성하기 위한 통제절차를 모두 확인하기보다는 통제테스트목표에 가장 큰 유의적 영향을 미치는 몇 개의 주요 통제절차만을 확인하는 것으로 충분하다.

[도표 7-6]과 같이 감사인은 통제목표와 통제활동을 매트릭스 형태로 결합하여 주요 통제절차를 식별할 수 있다.

[예시 ①] 실재성목표를 달성하기 위해 인사업무, 시간기록업무 그리고 급여이체업무 간 업무분장은 적절한가?
이 질문은 실재성목표와 감사관련 통제활동(업무분장)의 통제절차를 연결한 것이다.

[예시 ②] 실재성목표를 달성하기 위해 작성되는 작업시간기록에 대해 적절한 감독자가 승인하고 있는가?
이 질문은 실재성목표와 감사관련 통제활동(승인)의 통제절차를 서로 결합한 것이다.

도표 7-6 주요 통제절차의 확인을 위한 매트릭스

급여거래의 통제테스트목표	통제활동				
	적절한 업무분장	적절한 승인절차	정보처리 및 문서화 통제	자산과 기록의 물리적 통제	독립적인 성과검토
• 기록한 급여거래는 가공이 아닌 정당한 종업원이 실제 수행한 작업을 기준으로 한 것인가(실재성)	(예시 ①)	(예시 ②)			
• 발생한 모든 급여거래를 빠짐없이 기록했는가(완전성)					
• 기록한 급여는 실제작업시간 및 임률을 기준으로 정확히 계산했는가(정확성)				해당 없음	
• 급여거래를 적절한 계정으로 분류했는가(분류)				해당 없음	
• 급여거래를 적시에 올바른 회계기간으로 기록했는가(기간귀속)				해당 없음	
• 급여거래를 급여마스터파일에 올바르게 갱신했는가(표시)					

이러한 순서를 거치면서 감사인은 매트릭스와 각 교차항목의 모든 관련 통제를 대상으로 확인한다. 어떤 교차항목은 관련 통제절차와 관련이 없거나 관계가 약할 것이다. 예를 들어 자산의 물리적 통제는 평가, 분류 및 기간귀속 목표와는 해당 사항이 없다. 급여거래의 핵심통제절차에서 자산의 물리적 통제는 적합하지 않으므로 제외한다.

[도표 7-7]은 [도표 7-6]의 매트릭스로 파악한 급여거래의 주요 통제절차를 예시한 것으로 주요 통제절차는 기업 성격이나 규모에 따라 결정된다. 이러한 매트릭스방법은 후술하는 특정 통제목표의 유효성을 평가하는 단계에서도 결합점마다 강·약 등으로 표시하여 분명하게 강점과 취약점을 파악할 수 있게 한다.

도표 7-7 급여거래의 통제목표 및 주요 통제절차

급여거래의 통제테스트목표	주요 통제절차의 예시	통제활동 요소
• 기록한 급여거래는 가공이 아닌 정당한 종업원이 실제 수행한 작업을 기준으로 한 것인가(실재성)	• 인사업무, 시간기록, 급여지급 간의 업무분장이 적절한가(예시 ①) • 작업반장이 작업시간기록을 승인하는가(예시 ②) • 적절한 인사기록철을 유지하는가 • 작업시간은 근무시간 관리 프로그램으로 기록되는가	업무분장 승인 정보처리 및 문서화 정보처리 및 문서화
• 발생한 모든 급여거래를 빠짐없이 기록했는가(완전성)	• 급여이체기록에 일련번호를 부여하여 관리하는가 • 독립적인 제삼자가 은행계정조정표를 작성하는가	정보처리 및 문서화 독립적인 성과검토
• 기록한 급여는 실제작업시간 및 임률을 기준으로 정확히 계산했는가(정확성)	• 계산의 정확성에 대한 독립적인 내부검증이 이루어지는가	독립적인 성과검토
• 급여거래를 적절한 계정으로 분류했는가(분류)	• 적절한 계정조직표가 있는가 • 분류에 대한 독립적인 내부검증이 이루어지는가	정보처리 및 문서화 정보처리 및 문서화
• 급여거래를 적시에 올바른 회계기간으로 기록했는가(기간귀속)	• 급여를 이체한 후 즉시 지급거래를 기록하는 절차가 있는가 • 기록의 적시성에 대한 독립적인 내부검증이 이루어지는가	정보처리 및 문서화 독립적인 성과검토
• 급여거래를 급여마스터파일에 올바르게 갱신했는가(표시)	• 올바른 갱신에 대한 독립적인 내부검증이 이루어지는가	독립적인 성과검토

3. 통제테스트의 실시

• 통제테스트의 실시
① 관련 담당자에게 질문
② 증빙서류와 회계장부의 검사
③ 통제수행과정의 관찰
④ 통제업무의 재수행

거래유형별로 구체적인 통제테스트목표와 주요 감사절차를 식별하면, 감사인은 기업 거래를 대상으로 개별 테스트목표를 확인하기 위해 감사기술을 적용한다. 감사인은 주로 다음의 네 가지 방법으로 감사증거를 수집한다.

(1) 관련 담당자에게 질문

질문은 내부통제의 효과적 운용에 관한 결정적 증거를 제공하지는 않지만 감사의 출발점이 될 수 있다. 예를 들어 전산실의 자료보관담당자에게 권한 없는 사람이 컴퓨터파일에 접근할 때 통제하는 방법을 질문할 수 있다. 담당자로부터 얻은 답변을 기초로 통제절차가 설계된 대로 운용되는지 확인할 수 있다.

(2) 증빙서류와 회계장부의 검사

대부분의 통제활동은 문서적 형태로 감사증적을 남긴다. 예를 들어 고객으로부터 주문서를 접수하면 신용담당자는 주문서에 신용매출을 승인하고, 영업담당자는 주문서를 승인하고 수주등록한다. 감사인은 관련 서류가 누락되지 않고 적절한 비교절차가 수행되고 권한 있는 자가 승인을 하는지 검사한다.

(3) 통제수행과정의 관찰

감사증적이 존재하지 않을 때 적용한다. 업무분장은 문서적 증거로 확인하기는 어렵기 때문에 감사인은 업무수행 현장을 관찰해 업무분장을 확인한다.

(4) 통제업무의 재수행

증빙서류와 회계장부가 존재해도 기재된 내용만으로 내부통제 운용의 유효성을 판단하기는 어렵다. 예를 들어 제삼자가 매출송장에 기록된 가격이 승인받은 정찰가격표 가격과 일치하는지 검토한다고 하자. 이러한 검증표시가 없거나, 있어도 정당한 것인지 확인하기 어려울 수 있다. 이때 감사인은 업무를 재수행하여 거래일 현재 사용한 정찰가격표와 매출송장의 가격이 일치하는지 확인한다. 감사인이 재수행에서 이탈사항을 발견하지 못했다면 통제절차는 설계된 대로 효과적으로 운용된다고 판단한다.

위의 내부통제 이해단계에서 적용한 질문, 문서검사 및 관찰의 증거수집 방법은 통제테스트단계에서도 동일하게 사용하지만, 양 단계에서 사용하는 목적과 방법은 [도표 7-8]과 같이 차이가 있다. 전자(내부통제 이해단계)에서는 수집한 감사증거를 내부통제 이해를 위해 사용하나 후자(통제테스트단계)에서는 통제테스트를 실시해 내부통제의 유효성을 판단하기 위해 사용한다. 전자에서는 1~2개의 전형적인 거래를 대상으로 실시하며 관찰은 특정시점에 한두 번 수행한다. 후자에서는 이보다 훨씬 많은 표본을 대상으로 모집단 특성을 파악하기 위해 수회에 걸쳐 실시한다. 통제테스트단계에서 사용하는 감사기술은 내부통제 이해단계의 연장이므로 대부분의 감사인은 이 두 단계를 구분하지 않고 연계하여 감사기술을 적용한다.

도표 7-8
내부통제 이해단계와 통제테스트단계에서의 증거수집방법

증거수집방법	내부통제 이해단계	통제테스트단계
질 문	주로 사용	제한적 사용
문서검사	몇 개를 대상으로 추적조사	표본감사 실시
관 찰	몇 개를 대상으로 추적조사	여러 차례 실시
재수행	거의 실시하지 않음	표본감사 실시

Ⅳ. 왜곡표시위험 평가의 수정

감사인은 통제테스트를 수행한 후 감사계획수립단계에서 평가한 중요왜곡표시위험의 평가결과를 수정할 필요가 있는지 결정해야 한다. 감사계획수립단계에서 내부통제가 적절하게 설계되었다고 판단하였고 통제테스트 수행에서도 설계된 대로 운용된다고 평가하면, 감사계획수립단계에서 설정한 왜곡표시위험의 평가결과를 수정하지 않는다. 내부통제가 설계된 대로 운용되지 않는다면, 감사인은 감사계획수립단계에서 평가한 왜곡표시위험 결과를 수정하고 원래 계획했던 추가감사절차를 변경(확대)해야 한다.

1. 내부통제의 강점 및 취약점 확인

감사인은 내부통제의 설계 및 운용효과성을 파악하는 과정에서 보완통제의 존재여부, 이탈유형의 중요도, 이탈의 발생원인, 재무제표에 미치는 영향 등의 질적 평가에 유의해야 한다. 예를 들어 부정거래는 발생빈도수와 관계없이 한 번의 이탈사항을 발견해도 중요한 통제결함을 나타낸다.

(1) 현존통제의 확인

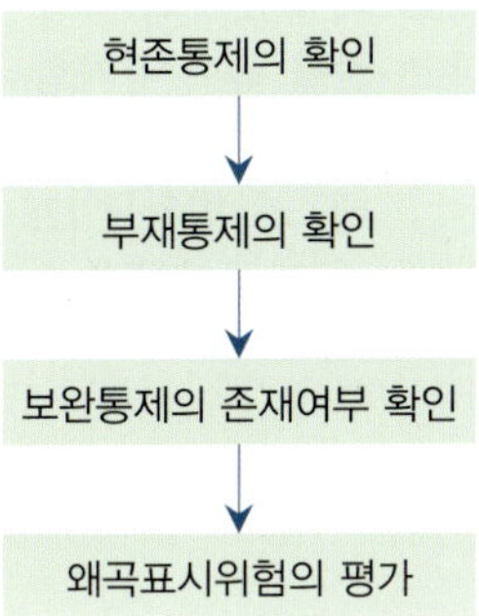

감사인은 내부통제의 이해와 통제테스트에서 파악한 통제를 내부통제의 강점으로 감사조서에 기록한다.

(2) 부재통제의 확인

감사인은 내부통제질문서나 업무흐름도를 작성할 때 중요왜곡표시위험이 높다고 평가한 통제절차를 통제테스트에서 취약점으로 평가한다. 일반적으로 감사실무에서는 현존통제와 부재통제 사항을 동시에 확인·평가한다.

(3) 보완통제의 존재여부 확인

보완통제(compensating control)는 통제절차 취약점을 상쇄시키는 통제를 말한다. 예를 들어 종업원 수가 극히 적은 소규모기업에서는 적절한 업무분장을 기대하기 어렵다. 소유경영자가 종업원과 함께 직접 일상적인 업무에 깊이 관여한다면 업무분장 취약으로 인한 종업원의 부정 및 오류 가능성은 상대적으로 감소한다. 이러한 유형의 통제환경은 보완통제 역할을 한다.

보완통제가 존재하면 [도표 7-9]의 첫 번째 예와 같이 통제상 취약점은 잠재적인 왜곡표시 가능성은 존재하지 않는다고 판단해 취약점으로 보지 않으며 왜곡표시위험 평가에도 영향을 미치지 않는다.

도표 7-9
내부통제의 취약점과 보완통제의 감사조서

내부통제의 취약점 : 매출과 대금회수활동 명세서 : P-3
감사기준일 : 9/30/20×3 작성자 : 이승철
기업 : 대한주식회사 작성일 : 10/25/20×3

취약점	보완통제	잠재적 왜곡표시의 발생가능성	중요성	감사증거수집 및 통제위험평가에 미치는 영향
1. 매출채권담당자가 채권회수를 승인하며 동시에 현금에 접근이 가능함	소유경영자가 승인된 채권회수를 직접 검토함. 그는 모든 고객을 알고 있음	해당 없음	해당 없음	해당 없음
2. 단위가격 검증, 합계 검증, 매출송장과 채권회수의 기록에 대한 독립적 내부검증이 이루어지지 않음	존재하지 않음	대금청구 및 총계정원장으로의 전기과정에서 계산 오류가 발생할 가능성이 있음	잠재적으로 중요하다고 판단함	왜곡표시위험 수준을 높이 평가함. 매출거래의 세부테스트 범위를 125개로 증가시킴

(4) 재무제표의 왜곡표시위험 평가

내부통제 취약점을 파악하는 이유는 취약점이 기업의 재무보고에 미칠 부정이나 오류의 발생가능성을 확인하고, 이에 따른 왜곡표시위험을 평가하는 데 있다. 왜곡표시 가능성을 평가한다는 것은 감사위험 관점에서의 왜곡표시위험 수준을 결정한다는 의미이다.

감사인은 기업의 내부통제에서 취약점을 발견해도 모든 취약점을 재무제표 왜곡표시로 연결하지는 않는다. 왜냐하면 모든 취약점이 재무제표에 영향을 미치는 것은 아니며 감사인이 발견한 취약점이 재무제표에 중요한 영향을 미치는 왜곡표시에 관심이 있기 때문이다. 이를 위해 감사인은 발견한 취약점이 재무제표 표시에 미칠 잠재적 영향을 평가해야 한다.

2. 통제의 운영효과성 평가와 실증절차 계획의 수립

감사인은 관련 통제의 운영효과성을 평가할 때 발견한 이탈사항이 통제가 효과적으로 운영되지 않는다는 사실을 의미하는지 평가해야 한다. 감사인이 통제테스트에서 이탈사항을 발견하지 못해도 관련 통제가 완벽하게 효과적이라는 감사증거를 제공하지는 않는다.

감사인이 의존하고자 하는 통제에서 이탈사항을 발견하면, 이러한 문제와 잠재적인 영향을 이해하기 위해 경영진에게 질문하고 다음 사항을 결정해야 한다.

▶ 내부통제 이탈사항 발견시 감사인이 고려해야 할 사항

(a) 수행한 통제테스트의 결과가 해당 통제의 의존여부에 대한 적절한 근거를 제공하는가?
(b) 관련 통제에 대해 추가적인 테스트가 필요한가?
(c) 왜곡표시로 인한 잠재적 위험에 대처하기 위해 실증절차를 실시할 필요가 있는가?

감사인이 통제환경에 대해 이해하는 정도는 재무제표 수준의 중요왜곡표시위험의 평가와 이에 따른 감사인의 전반적인 대응에 영향을 미친다. 예를 들어 통제환경이 효과적이면, 감사인은 기업의 내부통제 및 내부에서 생성된 감사증거를 보다 신뢰할 수 있다.

▶ 통제환경의 평가에 따른 감사인의 대응

내부통제가 효과적이라고 판단	내부통제가 비효과적이라고 판단
• 일부 감사절차는 보고기간말이 아닌 기중에 수행가능	• 기중보다는 보고기간말에 더 많은 감사절차를 수행 • 실증절차를 수행하여 보다 많은 감사증거 수집 • 감사범위에 포함하는 사업장 수를 확대

기중에 수행한 통제테스트에서 예상하지 않았던 왜곡표시를 발견한다면, 감사인은 실증절차 계획을 변경할 필요가 있는지 평가해야 한다. 감사인은 실증절차의 성격, 시기 및 범위를 변경할 때 통제의 운영효과성 평가결과를 고려하여 결정한다. 위의 표에서 보듯이 내부통제가 효과적이지 않아 위험평가 수준을 높다고 평가할수록 실증절차에서는 감사범위를 확대해 더욱 설득력 있는 감사증거를 입수해야 한다.

감사인은 평가한 왜곡표시위험 수준과 관계없이 중요한 각 거래유형과 계정잔액 및 공시에 대해 일정수준의 실증절차를 수행해야 한다. 왜냐하면 감사인의 위험평가에는 주관적인 판단을 수반하므로 모든 중요왜곡표시위험을 식별하지 못할 수 있으며, 경영진의 통제무력화와 같은 고유한계가 내부

통제에 존재하기 때문이다.

▶ 경영진주장 수준의 평가된 위험에 대한 감사인 대응

	중요왜곡표시위험이 높음	중요왜곡표시위험이 낮음
성 격	실증적인 분석적절차의 비중을 높이고, 외부조회 대상을 확대	실증적인 분석적절차의 비중을 높이고, 외부조회 대상을 축소
시 기	기중보다는 보고기간말 또는 보고기간말에 근접한 시기에 실증절차 수행	기중에 실증절차 수행가능
범 위	표본규모를 증가시키거나 보다 상세한 수준의 실증적인 분석적절차를 수행	표본규모의 축소가능

3. 문서화

감사인은 통제테스트를 수행한 후 평가된 중요왜곡표시위험에 대처하기 위해 수행한 감사절차를 문서화해야 한다.

▶ 통제테스트 수행 후 문서화할 내용

(a) 평가된 재무제표 수준의 중요왜곡표시위험에 대처하기 위한 전반적인 대응, 수행해야 할 추가감사절차의 성격, 시기 및 범위
(b) 이러한 감사절차와 경영진주장 수준에서 평가된 위험과의 관계
(c) 감사절차의 결과. 명확하지 않다면 그 결론

제 4 절 내부통제평가 결과의 보고

내부통제와 관련하여 작성하는 보고서는 개선건의서한과 내부회계관리제도 감사보고서(또는 검토보고서)로 구분할 수 있다. [도표 7-10]에서 보듯이 감사기준서에서 정하는 내부통제결과의 커뮤니케이션을 위한 개선건의서한은 감사대상회사의 내부통제 개선권고를 목적으로 한 재무제표감사의 일환으로

도표 7-10
내부통제 검토범위의 차이

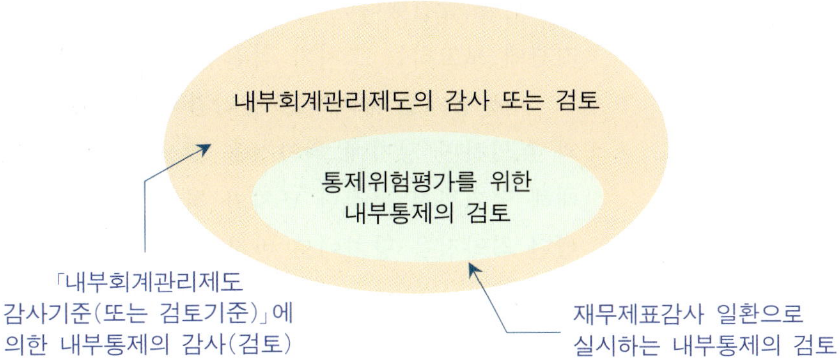

제공하며, 감사기준에서 규정한 양식은 없다.

내부회계관리제도 감사보고서(또는 검토보고서)는 「외부감사법」에서 정한 사항의 준수여부 및 내부회계관리제도의 운영실태에 관한 감사결과(또는 검토결과)에 대해 감사인이 표명한 종합의견을 담고 있다.

I. 경영진과의 내부통제 미비점 커뮤니케이션

감사기준서에서는 감사인이 재무제표감사과정에서 식별한 내부통제 미비점을 지배기구 및 경영진과 커뮤니케이션하도록 규정하고 있다. 내부통제 미비점이란 ① 기업의 통제가 재무제표의 왜곡표시를 적시에 예방 또는 발견하거나 수정할 수 없도록 설계·운영되거나, ② 재무제표 왜곡표시를 적시에 예방 또는 발견 및 수정하기 위해 필요한 통제가 존재하지 않는 경우를 의미한다. 이때 지배기구가 충분한 주의를 기울여 개선해야 할 내부통제 미비점을 '유의적 미비점'이라 한다.

• 유의적 미비점 : 지배기구가 충분한 주의를 기울여 개선해야 할 내부통제 미비점

커뮤니케이션에 적합한 수준의 경영진이란 유의적 미비점에서는 경영책임임원(CEO)이나 재무담당임원(CFO)일 수 있고, 기타 미비점에서는 시정조치 권한을 가진 운영관련 개별 경영진일 수 있다. 발견사항이 경영진의 성실성(예를 들어 경영진에 의한 부정 또는 고의적인 법규위반)이나 적격성(공정한 재무제표 작성에 대한 경영진의 감독능력이나 지식)에 의문이 제기되는 상황이라면 그러한 발견사항을 경영진과 토의하는 것은 적합하지 않다. 이때는 그 상위 지배구조(예를 들어 감사위원회나 이사회)와 커뮤니케이션해야 한다. 감사인이 법

규위반을 발견했다면 법규 또는 관련 윤리적 요구사항에 따라 외부의 적절한 기관에 보고하는 조치가 적절한지도 결정해야 한다.

내부통제를 평가하는 중간감사의 종료시점에서 유의한 미비점을 경영진과 토의하면 당기에 취약점을 개선시킬 수 있다. 전기에 토의한 시정요구에 대해 당기까지 적절한 조치가 취해지지 않으면, 전기감사에서 커뮤니케이션했던 취약점을 당기에도 반복하여 커뮤니케이션한다.

Ⅱ. 내부회계관리제도의 감사와 검토

1. 내부회계관리제도의 감사

주권상장법인(자산총액 1천억원 미만은 제외)의 감사인은 회사가 「외부감사법」에서 규정한 내부회계관리제도와 관련한 사항을 준수했는지와 내부회계관리제도의 운영실태에 대한 보고내용을 감사(audit)하고, 감사결과에 대한 종합의견을 감사보고서에 표명해야 한다.[3)]

(1) 감사인의 목적

내부회계관리제도 감사에서 감사인의 목적은 내부회계관리제도의 효과성에 관한 경영진 평가(내부회계관리제도 운영실태보고서)에 중요한 취약점이 존재하는지에 대한 합리적 확신을 얻고, 내부회계관리제도의 효과성에 대한 의견을 내부회계관리제도 감사보고서에 표명하고 경영진 또는 지배기구(감사 또는 감사위원회)와 커뮤니케이션하는 데 있다.

감사인은 의견표명의 기초를 형성하기 위하여, 평가기준일 현재 중요한 취약점이 존재하는지에 대한 충분하고 적합한 증거를 입수하기 위해 계획을 수립하고 감사를 수행해야 한다. 재무제표가 중요하게 왜곡표시되지 않더라

3) 감사인의 내부회계관리제도 감사는 감사보고서 작성일 기준 전년말 자산총액 2조원 이상의 주권상장법인에 대해서는 2019년 감사보고서부터, 자산총액 5천억원 이상의 주권상장법인에 대해서는 2020년 감사보고서부터, 자산총액 1천억원 이상의 주권상장법인에 대해서는 2022년 감사보고서부터 적용하고 있다. 2023년 감사보고서부터는 중소기업의 부담을 완화하기 위해 직전 사업연도말 자산총액이 1천억원 미만인 주권상장법인은 내부회계관리제도 외부감사를 면제하고 있다. 비상장법인은 감사보다는 확신수준이 낮은 검토절차를 적용한다.

도 내부회계관리제도에 중요한 취약점은 존재할 수 있다.[4)]

(2) 내부회계관리제도의 감사

감사인은 경영진에게 내부회계관리제도 운영실태보고서를 요청해야 하며, 경영진이 이를 거절하면 범위제한 요건에 해당한다.

내부회계관리제도 감사와 재무제표감사 목적은 동일하지 않지만, 실무적으로는 감사인은 각각의 감사목적을 동시에 달성할 수 있도록 통합감사를 계획하고 수행한다. 감사인은 다음의 목적을 모두 달성할 수 있도록 통제테스트를 설계해야 한다.

- 평가기준일(통상적으로 보고기간말) 현재 내부회계관리제도에 대한 감사의견을 뒷받침할 충분하고 적합한 감사증거를 입수
- 재무제표감사 목적상 감사인의 통제위험평가를 뒷받침할 충분하고 적합한 감사증거를 입수

감사인은 내부회계관리제도에 대해 전체적으로 의견을 표명해야 하므로 모든 관련 경영진주장에 대해 선정한 통제효과성에 대한 증거를 입수해야 한다. 이러한 이유로 재무제표감사에서는 일반적으로 테스트하지 않는 통제의 설계 및 효과성을 테스트해야 한다.

내부회계관리제도 감사의견 표명과 관련하여 재무제표감사에서의 통제테스트 결과를 반영해야 한다. 재무제표감사에서 통제위험을 평가할 때 내부회계관리제도 감사목적으로 수행한 통제테스트 결과를 평가한다.

내부회계관리제도 감사중에 미비점을 식별하면, 이러한 미비점이 재무제표감사의 실증절차의 성격, 시기 및 범위에 미치는 영향을 결정한다. 반면 재무제표감사의 실증절차에서 발견한 사항에 대해서도 내부회계관리제도의 효과성에 미치는 영향이 있는지를 평가해야 한다.

---

4) 내부회계관리제도 감사의 계획수립부터 종결단계인 보고까지의 절차는 재무제표감사와 거의 유사하다. 본서에서는 이러한 절차를 상세하게 기술하지 않고 내부회계관리제도 감사에서 특징적이거나 재무제표감사에 영향을 미치는 사항만 다루고 있다. 여기서 다루지 않은 내용은 전술했거나 후술할 것이다.

(3) 경영진 및 지배기구와의 커뮤니케이션

감사인은 통합감사에서 식별한 유의적 미비점과 중요한 취약점에 대해 경영진과 지배기구에게 내부회계관리제도 감사보고서를 발행하기 전에 서면으로 커뮤니케이션해야 한다.

감사인은 통합감사에서 식별한 내부회계관리제도의 모든 미비점을 경영진에게 서면으로 적시에, 감사보고서 발행 이전에 커뮤니케이션해야 한다. 지배기구에게 경영진과의 커뮤니케이션을 언제 수행했는지와 지배기구와 커뮤니케이션을 언제 수행할 예정인지를 미리 알려야 한다.

(4) 내부회계관리제도에 대한 보고

감사인은 다음을 포함하여 모든 원천에서 입수한 증거를 평가함으로써 내부회계관리제도의 효과성에 대한 의견을 형성해야 한다.

- 내부회계관리제도감사를 위한 감사인의 통제테스트
- 재무제표에 대한 의견표명과 관련된 목적을 달성하기 위해 수행한 추가적인 통제테스트
- 재무제표감사과정에서 발견된 왜곡표시
- 식별된 미비점들

• 내부회계관리제도의 감사의견
① 적정의견
② 부적정의견
③ 의견거절

내부회계관리제도 감사보고서는 재무제표 감사보고서와 별도로 작성한다. 즉 별도보고서의 작성만 허용하며 의견문단 바로 다음에 재무제표감사에 대한 의견을 기재한다. 수신인, 업무수행이사 이름, 감사보고서일은 재무제표감사와 같아야 한다.

감사인은 ① 하나 이상의 중요한 취약점이 존재하거나, ② 내부회계관리제도 운영실태보고서의 구성요소가 불완전하거나 부적절하게 표시되어 있거나, ③ 업무범위에 제한이 존재하면, 내부회계관리제도 감사보고서를 변형해야 한다. 재무제표감사와는 달리 내부회계관리제도 감사에서는 한정의견이 없다.

감사인은 평가기준일 현재 업무범위에 제한이 없고 하나 이상의 중요한 취약점이 존재하면 중요한 취약점의 정의 등을 기술하고 부적정의견을 표명하며, 재무제표감사의견에 미치는 영향을 결정해야 한다. 이때 감사인은 내

부회계관리제도에 대한 부적정의견이 재무제표에 대한 감사의견에 영향을 미칠지를 공시해야 한다. 경영진이 작성한 내부회계관리제도 운영실태보고서의 필수 구성요소가 불완전하거나 부적절하게 표시했다고 결정한 감사인이 결정한 내용을 경영진이 수정하지 않으면 이를 기타사항문단에 기술한다. 이러한 사항이 중요한 취약점에 해당하면 부적정의견을 표명한다.

감사업무범위에 제한이 있다면 감사계약을 해지하거나 의견을 거절하고, 재무제표감사에 미치는 영향을 고려해야 한다. 감사인은 내부회계관리제도 감사를 만족스럽게 완료할 수 없음을 경영진과 지배기구에 서면으로 커뮤니케이션해야 한다.

2. 내부회계관리제도의 검토

• 내부회계관리제도
① 경영진의 운영실태보고 : 합리적 확신수준
② 감사인의 운영실태보고에 대한 검토 : 소극적 확신수준

「외부감사법」에 따라 감사인은 자산총액 1천억원 미만인 주권상장법인과 비상장법인의 연차재무제표의 외부감사를 실시할 때 「내부회계관리제도 검토기준」에 따라 기업의 내부회계관리제도를 검토하고 검토결론에 대한 종합의견을 감사보고서에 첨부해야 한다. 회사 경영진은 「외부감사법」에 따라 재무제표의 신뢰성을 확보하기 위해 내부회계관리제도를 설계 · 운영해야 할 책임이 있다. 경영진은 내부회계관리제도가 원활하게 작동할 수 있도록 이사회가 승인한 내부회계관리규정의 시행, 적절한 내부회계관리제도의 설계 및 운영, 내부회계관리제도의 효과성에 대한 평가, 내부회계관리제도에 대한 책임 · 권한 · 보고관계의 명확화 등 필요한 조치를 강구해야 한다.

한국공인회계사회에서는 「내부회계관리제도 검토기준」과 「적용지침」을 공표하고 있다. 검토기준에 따르면 경영진이 작성하는 운영실태보고서는 합리적 확신(resonable assurance)수준에 근거하나, 감사인이 작성하는 운영실태보고서의 검토는 제한적 확신(limited assurance)수준만을 제공한다. 그러므로 감사인은 내부회계관리제도의 모든 중요한 취약점이 검토과정에서 발견된다는 보장을 하지 않는다.

검토기준에서는 「내부회계관리제도 평가 및 보고 모범규준(이하 '모범규준')」에 따라 내부회계관리제도를 운용하고 그 실태를 적절하게 보고하고 있다는 경영진주장에 대해, 감사인은 검토업무를 수행하고 검토결론을 종합의견으로 표명해야 한다. 이를 위해 감사인은 경영진의 운영실태에 관한 증거

를 입수하기 위해 다음의 절차를 수행한다. 감사인의 검토절차는 관련 사항의 중요성에 따라 실시하므로 내부회계관리제도의 모든 사항에 대해 아래 절차를 수행하지는 않는다.

① 검토계획의 수립
② 경영진의 운영실태에 대한 검토
③ 운영실태보고에 대한 감사(위원회)의 평가보고서 및 감독내용의 효과성 검토
④ 내부회계관리제도 운영실태에 대한 이해
⑤ 내부회계관리제도 설계의 효과성에 대한 평가
⑥ 내부회계관리제도 운용의 효과성에 대한 평가
⑦ 내부회계관리제도 검토의 종결절차

경영진의 운영실태에 대한 검토는 운영실태보고서의 작성을 위해 경영진이 실시한 절차와 평가결과가 문서화된 자료의 내용을 확인하는 절차로 수행된다. 감사인은 경영진의 운영실태보고에 대해 감사(위원회)의 감독이 적절하게 이루어지는지를 확인하고, 이러한 기능이 효과적이지 않다고 판단하면 '중요한 취약점'으로 평가한다.

내부회계관리제도 설계 및 운영의 효과성에 대한 검토는 "경영진의 운영실태보고에 대한 검토"를 통해 이루어진 경영진의 자체평가 및 문서화의 내용을 검토함으로써 수행된다. 이때 내부회계관리제도 설계 및 운영의 효과성을 평가하기 위해 감사인은 경영진이 수행한 절차에 의존하거나 경영진이 수행한 절차를 수행하거나 감사인 자신이 선택한 절차(질문, 문서검사 및 추적조사)를 수행해 검토한다. 내부회계관리제도의 검토는 회사 여건을 고려해 기중, 평가기준일 전후의 가까운 시기 또는 평가기준일 등 적절하다고 판단하는 시점에 수행한다. 내부회계관리제도의 중요한 취약점 존재여부의 판단기준일은 평가기준일 현재라는 사실에 유의해야 한다. 내부회계관리제도 검토의 종결절차에서는 경영진 서면진술을 입수하고, 평가기준일 발생한 중요사항 등을 고려한다.

내부회계관리제도 효과성에 대한 감사인의 검토결론은 경영진의 자체평가의 적절성을 대상으로 한다. 경영진의 결론과 근거가 충분하고 적절하게 문서화되어 있지 않다면 중요한 범위제한 사유 또는 중요한 취약점에 해당하

도표 7-11
내부회계관리제도 검토절차의 흐름도

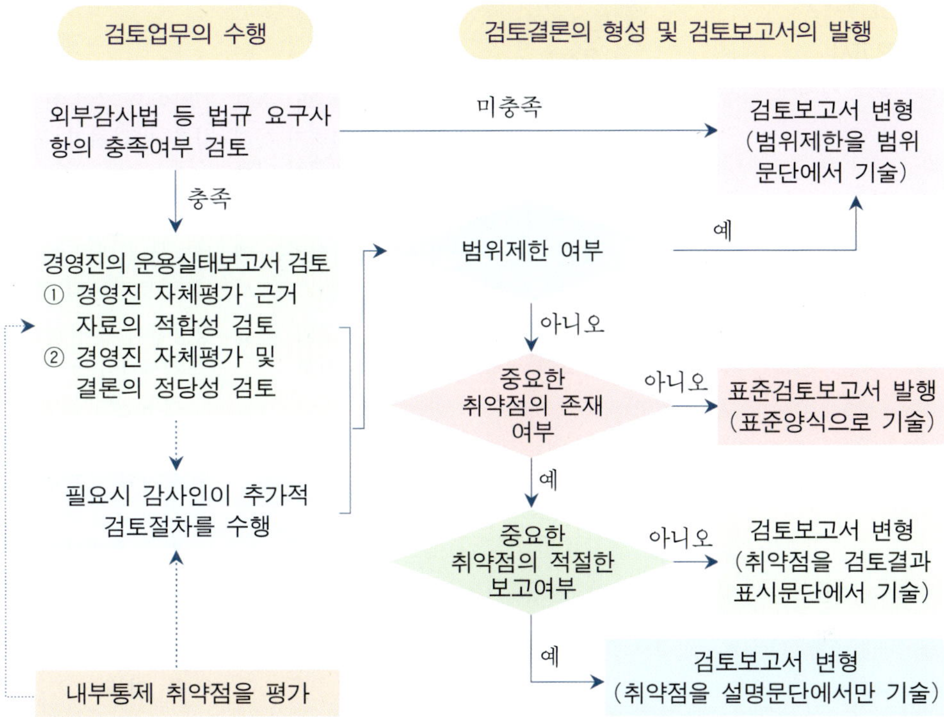

는지 판단해야 한다.

내부회계관리제도 검토기준에서 규정한 전체 검토절차를 흐름도로 정리하면 [도표 7-11]과 같다. 검토절차의 주요 내용은 제3절에서 설명한 감사기준서의 통제테스트절차와 큰 차이는 없으나, 경영진주장에 대해 감사인은 검토보고서에 독립적으로 종합적인 검토의견을 표명해야 하므로 대상과 범위가 다소 확장된다.

감사인은 경영진의 운영실태보고서 내용의 적정성 및 검토업무와 관련한 중요한 범위제한 여부에 따라 [도표 7-12]와 같이 검토결론을 표현한다.

도표 7-12
검토보고서 검토결론 기재내용

검토결론의 유형	상 황	검토보고서 기재내용
표준보고	내부회계관리제도의 중요한 취약점을 발견하지 못했고 중요한 범위제한이 없음	감사인은 경영진의 운영실태보고서에서 예외사항을 발견하지 못했다고 기재
검토범위의 제한	경영진의 운영실태보고서 및 근거문서를 검토하는 데 범위제한이 있었음	검토범위 제한이 중요하다면 경영진의 운영실태보고서에 대해 한정적으로 검토결론을 표명하거나 검토결론의 표명을 거절함
중요한 취약점의 발견	내부회계관리제도의 중요한 취약점을 발견함	경영진이 운영실태보고서에, ① 감사인이 발견한 내용을 모두 기재 : 감사인은 경영진의 운영실태보고서에 기재한 중요한 취약점을 기재 ② 감사인이 발견한 사항 중 일부만 기재 : 경영진이 운영실태보고서에 기재한 중요한 취약점과 기재하지 않은 중요한 취약점을 구분해 기재 ③ 감사인이 발견한 사항을 모두 기재하지 않음 : 경영진이 기재하지 않은 중요한 취약점을 모두 기재

제 5 절 지배기구와의 커뮤니케이션

지배기구는 기업의 전략수립 및 수탁책임과 관련된 의무를 감시할 책임자나 조직(예를 들어 이사회 및 감사위원회)을 의미한다. 감사인은 기업의 지배구조에서 적합한 사람을 커뮤니케이션 상대로 결정해야 한다. 감사인은 어떠한 상황에서도 지배기구와의 커뮤니케이션을 생략해서는 안 된다.

Ⅰ. 커뮤니케이션의 대상

• 커뮤니케이션 대상 : 감사업무의 당사자와 논의하여 결정한다.

대부분의 기업에서는 이사회가 기업을 지배하고 있으나, 일부 소규모기업에서는 단독의 소유경영자가 지배기구가 될 수 있다. 지배구조는 기업규모나 소유권 특성에 따라 기업마다 다양하기 때문에, 「감사기준서 260」에서는 감사인이 커뮤니케이션해야 할 대상을 구체적으로 특정하고 있지 않다. 감사인은 기업의 지배구조 내의 적합한 사람(조직)을 커뮤니케이션 상대로 결정해야 한다. 우리나라에서는 법률로 감사를 두거나 감사위원회를 설치하도록 규정하고 있으므로 감사인은 이들과 커뮤니케이션을 수행해야 할 것이다.

Ⅱ. 커뮤니케이션의 역할과 책임

감사기준서에서는 감사인과 경영진 모두에게 상호 커뮤니케이션할 책임을 규정하고 있다. 감사인과 지배기구가 효과적인 양방향 커뮤니케이션을 수행하면 감사관련 사항을 이해하고 건설적인 업무관계를 수립할 수 있다. 감사인은 지배기구로부터 감사와 관련된 정보를 입수할 수 있다. 지배기구는 재무보고절차의 감시책임을 수행하므로 중요왜곡표시위험을 감소시킬 수 있다.

Ⅲ. 커뮤니케이션의 내용

1. 재무제표감사와 관련된 감사인의 책임

• 지배기구와 커뮤니케이션할 내용
① 감사인 책임
② 계획된 감사범위와 시기
③ 감사에서 발견한 유의적 사항

감사인은 지배기구의 감시하에 경영진이 작성한 재무제표에 대하여 의견을 형성하고 표명할 책임이 있다. 감사인은 "재무제표감사가 경영진 또는 지배기구의 책임을 감소시키지 않는다"라는 내용을 지배기구와 커뮤니케이션해야 한다.

2. 계획된 감사범위와 시기

감사인은 계획된 감사범위와 시기를 지배기구와 커뮤니케이션해야 하며, 감사인이 식별한 유의적 위험을 커뮤니케이션에 포함해야 한다. 이러한 커뮤니케이션은 감사인이 식별한 유의적 위험과 그 위험을 감사에서 특별히 고려해야 하는 이유를 지배기구가 이해하는 데 도움을 줄 수 있다.

유의적 위험에 대한 커뮤니케이션은 지배기구가 재무보고절차를 감시하는 책임을 완수하고, 감사범위와 시기를 계획할 때 도움을 준다. 지배기구 구성원이 기업경영에 참여하고 있다면 세부적인 감사범위와 시기는 논의하지 않아야 한다. 예를 들어 재고자산이 여러 곳에 분산되어 있어 기업에 사전예고 없는 선택적 실사계획을 수립하였는데 지배기구에 실사일정을 알려 준다면 경영진이 이를 악용할 수 있다.

3. 감사에서 발견한 유의적 사항

감사인은 감사과정에서 유의적 사항을 발견하면 다음 사항을 지배기구와 커뮤니케이션한다.

▶ 감사에서 발견한 유의적 사항과 관련하여 커뮤니케이션해야 할 사항

① 회계정책과 재무제표 공시 등 회계실무의 유의적 질적 측면에 대한 감사인의 견해. 기업의 유의적 회계실무가 특정상황에 최적의 실무가 아니라고 판단하면 그 이유를 설명
② 감사 중 직면한 유의적인 어려움이 있다면 그 내용(예를 들어 요청한 정보를 경영진이 감사인에게 제공을 지연, 불필요하게 촉박한 감사종료 시한, 기대한 정보의 입수 불가능, 경영진이 감사인에게 가한 제한, 계속기업으로서의 존속능력 평가나 평가확대 요청을 경영진이 회피)
③ 감사 중 발생하여 경영진과 논의한 유의적인 사항과 감사인이 요청한 서면진술
④ 감사보고서 형태와 내용에 미치는 상황(감사의견 변형을 예상하는 경우, 계속기업과 관련한 중요한 불확실성을 보고하는 경우, 핵심감사사항을 커뮤니케이션하는 경우, 강조사항문단이나 기타사항문단의 포함이 필요한 경우, 감사보고서에 업무수행이사 이름을 포함하지 않으려 하는 경우)
⑤ 감사인의 전문가적 판단에 비추어 볼 때 경영진의 재무보고절차 감시와 관련이 있는 유의적인 사항(계획된 감사범위와 시기에 관한 초기 논의의 갱신, 중요한 왜곡표시, 중요한 불일치)

4. 감사인의 독립성

상장기업의 감사인은 업무팀과 회계법인의 독립성에 관한 윤리적 요구사항의 준수를 지배기구와 커뮤니케이션해야 한다.

Ⅳ. 커뮤니케이션 절차

커뮤니케이션 절차가 명확할수록 효과적인 양방향 커뮤니케이션의 기반을 수립할 수 있다.

1. 커뮤니케이션에 포함해야 할 요소

감사인과 지배기구 간의 커뮤니케이션이 효과적이기 위해서는 커뮤니케이션의 목적과 형태, 특정사항에 대해 커뮤니케이션해야 할 대상, 커뮤니케이션에서의 감사인 기대, 회신절차 등을 포함해야 한다. 예를 들어 커뮤니케이션 목적이 분명할수록 커뮤니케이션 절차에서 제기되는 쟁점과 예상되는 조치를 서로간에 더 잘 이해할 수 있다.

2. 커뮤니케이션의 형태

커뮤니케이션 형태(예를 들어 구두 혹은 서면, 세부성이나 요약의 정도, 체계적인 방법 또는 형식에 치우치지 않는 방법으로 할 것인지)는 특정사항의 유의성과 기업규모에 영향을 받을 수 있다. 예를 들어 감사보고서에서 핵심감사사항을 커뮤니케이션한다면 서면으로 커뮤니케이션해야 할 것이다.

구두로 커뮤니케이션을 수행하면 내용, 시기와 대상을 문서화하고, 서면으로 커뮤니케이션했다면 그 사본을 감사문서의 일부로 보관해야 한다. 감사인은 자신의 전문가적 판단에 따라 감사에서 발견한 유의적 사항을 구두로 커뮤니케이션하는 것이 적절하지 않다고 결정하면 서면으로 지배기구와 커뮤니케이션해야 한다. 감사에서 발생한 모든 사항을 서면으로 커뮤니케이션할 필요는 없으나 감사인의 독립성 문제는 지배기구와 서면으로 커뮤니케이션해야 한다.

3. 커뮤니케이션의 시기

감사인이 적시에 지배기구와 커뮤니케이션을 수행하면 지배기구와 감사인 사이에 충실한 양방향 대화를 달성하는 데 도움이 된다.

적합한 시기는 해당 사항의 유의성과 성격, 지배기구가 취할 것으로 예상하는 조치에 따라 달라진다. 예를 들어 감사의견의 변형가능성이 존재한다면 가능한 한 조기에 커뮤니케이션해야 한다.

4. 커뮤니케이션 절차의 적절성 평가

감사인은 감사인과 지배기구 간의 양방향 커뮤니케이션이 감사목적에 적절했는지를 평가한다. 예를 들어 감사인이 제기한 사항에 지배기구가 취한 조치의 적합성과 적시성, 경영진의 참석 없이 감사인과 만나려는 지배기구의 의도와 능력 등을 평가한다.

만약 커뮤니케이션 절차가 적절하지 않다면 감사인은 중요왜곡표시위험에 대한 평가와 감사증거 입수가능성에 미치는 영향을 평가해 적절한 조치를 취해야 한다.

CHAPTER 7

연습문제

진위형

다음의 설명을 읽고, 틀린 기술이라면 그 이유를 제시하시오.

(1) 내부통제를 설계, 실행 및 유지하는 방식은 기업규모와 복잡성에 따라 다양하다.
(2) 대부분의 내부통제는 일상적인 거래를 대상으로 하므로 비경상적인 거래가 발생하면 효과적으로 작동하지 않을 수 있다.
(3) 「외부감사법」에서는 내부회계관리제도를 갖추지 않아도 되는 회사 범위를 직전 사업연도말 자산총액이 5천억원 미만인 모든 비상장법인으로 규정하고 있다.
(4) 자산보관담당자에게 자산의 기록업무를 겸직시키지 않아야 한다.
(5) 거래집행 승인권자에게 관련 자산의 통제기능을 부여해야 자산을 안전하게 보존할 수 있다.
(6) 일반승인이란 거래가 발생할 때마다 승인 후 집행하는 것을 말한다.
(7) 정보처리시스템 통제활동은 정보시스템의 효과적인 작동을 지원하는 일반통제, 개별 응용프로그램의 처리과정에 적용하는 응용통제로 구분된다.
(8) 모니터링은 내부통제 효과성을 지속적으로 평가하는 과정으로, 경영진 및 내부감사인뿐만 아니라 외부이해관계자와의 커뮤니케이션을 포함하는 포괄적인 개념이다.
(9) 감사인은 계정잔액의 정확성을 확인하기 위해 내부통제를 평가한다.
(10) 내부통제 이해는 내부통제 유효성을 파악하여 통제테스트 실시여부를 결정하기 위해 수행하는 절차이다.
(11) 동일 거래(표본)를 대상으로 통제테스트와 세부테스트를 병행하는 것을 실증절차라고 한다.
(12) 추적테스트는 거래유형별로 1~2개의 거래를 표본으로 추출하여 감사증적을 따라 추적하는 방법으로, 그 결과여부에 따라 통제위험이 높지 않다는 결론을 내릴 수 있다.
(13) 추가감사절차는 통제테스트와 실증절차로 구성되며, 통제테스트를 수행해 내부통제가 매우 양호하다고 판단하면 실증절차를 생략할 수 있다.
(14) 위험평가절차를 수행할 때 해당 경영진주장과 관련된 어떠한 효과적인 통제절차도 식별하지 못했다면 통제테스트를 생략할 수 있다.
(15) 기중에 통제테스트를 수행하면, 기말에 잔여기간에 내부통제의 유의적인 변화가 있었는지와 잔여기간에 기중 평가치에 대한 결론이 달라지는지에 대한 감사증거를 수집한다.
(16) 내부통제가 비효과적이면 일부 감사절차를 보고기간말이 아닌 기중에 수행할 수 있다.
(17) 비상장법인의 내부회계관리제도에서 경영진의 운영실태보고와 감사인의 운영실태보고에 대한 검토는 모두 합리적 확신수준을 기초로 한다.

(18) 재무제표가 중요하게 왜곡표시되지 않더라도 내부회계관리제도의 중요한 취약점은 존재할 수 있다.
(19) 「외부감사법」에 따라 모든 주권상장법인은 내부회계관리제도 운영실태에 대한 외부감사를 받아야 한다.
(20) 감사인은 내부회계관리제도의 감사를 위한 전제조건이 존재하는지 확인하기 위해 내부회계관리제도 평가기준일과 해당 재무제표 대상기간의 재무상태표일이 일치한다는 결정을 해야 한다.
(21) 경영진이 감사인에게 내부회계관리제도 운영실태보고서의 제공을 거절하는 것은 범위제한을 의미한다.
(22) 내부회계관리제도감사와 재무제표감사의 목적이 동일하지 않으므로 감사인은 각각의 감사계획을 수립하여 감사절차를 수행해야 한다.
(23) 감사인이 표명할 수 있는 내부회계관리제도에 대한 감사의견의 종류로는 적정의견, 한정의견, 부적정의견, 의견거절이 있다.
(24) 감사인은 평가기준일 현재 취약점이 다수 존재하고 업무범위에 대한 제한이 없다면 내부회계관리제도에 대해 부적정의견을 표명해야 한다.
(25) 감사인은 기업의 지배구조상 조직환경을 고려하여 적합한 대상을 커뮤니케이션 상대로 결정해야 한다.

서술형

1 내부통제평가의 의의 (KICPA)

다음은 회계감사 스터디 모임에서 구성원들이 서로 토의하고 있는 내용이다.

(1) 고유위험과 통제위험이 높을수록, 감사인의 감사비용은 높아진다.
(2) 재무제표가 중요하게 왜곡표시되지 않더라도 내부회계관리제도에 중요한 취약점이 존재할 수 있다.
(3) 감사인이 목표로 한 위험(목표감사위험), 고유위험, 통제위험이 각각 10%, 20%, 30%일 때, 감사인은 고유위험과 내부통제의 평가과정에서 실수가 없었는지를 확인하는 것만으로 감사절차를 종료할 수 있다.
(4) 감사인은 감사계약 체결시점에서 내부통제가 취약하다고 판단하여 내부통제를 전수조사하는 감사계획을 수립하였다.

요구사항

상기의 토의내용 중 틀린 내용을 제시하고 그 이유를 기술하시오.

2 통제환경이 통제위험에 미치는 영향 (AICPA)

다음은 통제환경과 관련한 요소이다.

(1) 해당 기업이 속한 업종에 대한 정부규제가 매우 엄격하다.
(2) 기업이 속한 산업의 제품수요가 전반적으로 증가하는 추세이다.
(3) 기업은 대부분 자금을 타인자본으로 조달했는데 최근 시장이자율이 상승하는 추세이다.
(4) 경영진은 최대주주이고, 감사는 경영진의 측근이다.
(5) 감사가 작성한 내부감사보고서가 경영진에게 직접 보고된다.
(6) 회계담당자 인사이동이 빈번하다.
(7) 경영진은 외부감사인이 제시한 내부통제 개선제안을 모두 수용한다.
(8) 경영진은 기본급여 없이 주식선택권으로만 보상받는다.

요구사항

위의 사례가 왜곡표시의 발생가능성에 미치는 영향을 증가 또는 감소로 기재하시오.

3 내부통제의 취약점 및 개선책(I)

다음은 서로 다른 세 개 회사의 내부통제를 기술한 것이다.

(1) 남궁민 씨는 공장에서 사용할 재료를 주문하고, 구매주문서 부본을 검수부로 보낸다. 검수직원인 서혜정 씨는 재료가 창고에 입고되기 전에 구매주문서에 물품수령사실 여부만을 기록하여 서명한 후 구매주문서를 회계부로 보낸다. 회계부에서는 재료 구입을 매입장에 주문량만큼 기록하고 동액을 매입채무계정에 계상한다. 재료가 창고에 입고될 때 주문량을 초과한 입고량이 있으면 이러한 내용을 제품수불대장에만 기록한다.

(2) 씽씽자동차회사의 수백명 종업원은 매일 작업시간카드에 출퇴근 시간을 기록한다. 시간집계담당자는 이 카드들을 일주일에 한 번씩 집계하여 생산관리부서로 보낸다. 생산관리부서에서 작업시간카드 자료는 전산용 입력카드로 변경된다. 입력된 자료들은 급여지급분개장, 노무비배분기록, 급여이체명세서의 작성 등으로 사용한다. 자금담당책임자 신경애 씨는 급여지급분개장과 급여이체명세서를 비교한 후 은행이체지시서에 서명한다. 급여이체명세서를 생산관리부서 감독관인 문정규 씨에게 보내면, 문정규 씨가 종업원에게 직접 배부한다.

(3) 진성화장품회사 종로지점에는 지점장인 박연경 씨와 판매보조원 김형우 씨가 근무한다. 종로지점은 진성화장품회사의 명의로 개설된 은행계좌를 이용하여 대금을 지급한다. 진성화장품 본점의 자금담당자는 이병남 씨이지만 지점장인 박연경 씨의 서명이 있어야만 예금 인출이 가능하다. 지점장인 박연경 씨는 매월 은행으로부터 은행조회서를 받고, 직접 종로지점의 회계기록과 은행조회서를 조정검토하고 보관하며 정기적으로 지출보고서를 작성하여 본사에 보고한다.

요구사항

1. 위의 각 상황에서 존재하는 내부통제의 취약점을 밝히시오.

2. 내부통제의 각 취약점에서 발생가능한 왜곡표시유형을 구체적으로 기술하시오.

3. 내부통제의 각 취약점에서 필요한 개선방안을 제시하시오.

상기의 요구사항을 아래의 [답안양식]에 따라 작성하시오.

[답안양식]

	1. 내부통제 취약점	2. 발생가능한 왜곡표시	3. 개선방안
(1)			
(2)			
(3)			

4 내부통제의 취약점 및 개선책(Ⅱ)

김대한 공인회계사는 한국주식회사의 원재료 구매・검수・보관・출고의 내부통제를 평가하였다. 김 회계사는 한국주식회사의 내부통제를 파악한 후 다음과 같이 업무기술서를 작성하였다.

〈업무기술서〉

원재료는 주로 고가의 전자부품으로서 자물쇠장치가 있는 창고에 보관되어 있다. 창고에는 반장 한 명과 네 명의 직원이 근무하고 있다. 이들은 모두 잘 훈련되어 있고 유능하며 신용보증보험에도 가입되어 있다. 원재료는 생산담당책임자의 구두 또는 서면승인이 있어야만 출고된다. 계속기록법에 따라 기록되는 재고자산 장부가 없어 창고직원은 물품을 수령하거나 반출할 때 아무런 기록을 하지 않으나, 철저한 감독하에 매월 창고직원이 재고자산을 실사한다.

한국주식회사의 매월 생산수준이 동일하지는 않다. 실사 후 창고감독자가 실지재고량과 재주문점을 비교하여 재주문점수량에 미달하면 감독자는 원재료요청서를 작성하여 이를 매입채무담당자에게 보낸다. 매입채무담당자는 각 부서에서 요청받은 예정주문량에 따라 주문서를 작성하여 최근에 구입한 구매처에 구매주문서를 발송한다.

주문한 원재료가 도착하면 창고직원이 수령한다. 창고직원은 수령한 원재료 수량이 공급자세금계산서의 수량과 일치하는지 조사한다. 판매자가 송부한 모든 공급자세금계산서에 날짜를 기입하고 서명한 후, 이를 원재료반입영수증에 대신하여 보관한다.

요구사항

한국주식회사의 원재료 구매・검수・보관・출고절차의 내부통제에 존재하는 주요 취약점을 지적하시오. 이러한 취약점과 관련하여 김대한 회계사가 권고해야 하는 개선안을 제시하시오.

내부통제 취약점	개선 권고사항

5 매표수입의 부정방지를 위한 내부통제 개선방안 (AICPA)

그린미술감정가협회는 미술홍보와 재원확보를 위해 미술관을 운영하고 있다. 입구에서 2명의 검표원이 비회원은 ₩5,000의 입장료를 받으며, 회원은 회원증을 제시하면 무료로 입장할 수 있다. 매일 마감시간에 검표원은 입장료 수입을 회계책임자에게 전달하고, 회계책임자는 검표원의 입회하에 현금을 확인한 후 금고에 보관한다. 매주 금요일 오후 회계책임자와 검표원은 금고에 보관하고 있는 모든 현금을 은행에 예금한다. 회계책임자는 입금액을 현금수입장에 기록하고 이를 증빙하기 위해 은행에서 수령한 입금확인서를 첨부한다.

협회의 운영위원회는 현금입장료와 관련한 내부통제 개선이 필요하다고 판단하고 있다. 위원회에서는 입장인원 자동계산을 위해 회전식 문을 설치해야 한다고 판단했으나, 이러한 구조변경을 위한 지출이 입장료 수입을 초과할 것으로 분석되었다. 위원회는 입장인원 자동계산을 위한 회전식 문을 설치하는 대신 입장권 발매제도 도입을 고려하고 있다. 입장권 발매제도는 입장료를 수납하면 입장권을 발행하며 관람객은 입장할 때 입장권 일부를 절취해 검표원에게 제출하는 방식이다. 정통한 회계사는 위원회로부터 현금입장료의 내부통제와 관련한 개선방안을 수립해 달라는 요청을 받았다.

요구사항

입장료 수입의 내부통제 취약점과 개선 권고안을 다음 양식을 이용하여 답하시오. 단, 개선 권고안에는 위원회에서 고려중인 입장권 발매제도를 효과적으로 설계·운영할 수 있는 방안을 포함해야 한다.

취약점	개선 권고안
입장인원을 확인하기 위한 문서화 통제절차가 없다.	입장료 수령과 동시에 일련번호가 인쇄된 입장권을 발행해야 한다.

6 내부통제-종합문제 (KICPA)

A(주)는 코스닥시장상장법인으로 20×4년(1.1～12.31)에 X회계법인으로부터 감사를 받고 있다. X회계법인은 20×3년부터 A(주)를 감사하고 있다.

요구사항

※ 다음의 각 물음은 문제에서 특별한 언급이 없는 한 독립적인 상황이다.

1. 감사인은 A(주)의 내부통제를 이해하는 과정에서 다음과 같은 통제활동의 미비점을 발견하였다. 아래 (1)～(3)의 상황에서 발생가능한 왜곡표시를 [답안양식]에 따라 서술하시오.

(1)	현금수납 담당사원이 현금출납장부와 매출채권장부를 동시에 기록하고 있다.
(2)	대금청구서 지급을 승인하고 대금을 지급하는 권한이 동일 인물에게 부여되어 있다.
(3)	대손확정 승인권한을 갖고 있는 사람에게 매출채권장부를 기록하는 권한이 부여되어 있다.

[답안양식]

사례번호	발생가능한 왜곡표시
(1)	
(2)	
(3)	

2. 회계감사기준에서는 경영진주장 수준에서 평가된 중요왜곡표시위험을 기초로 하여 감사인이 이러한 위험에 대응하는 추가감사절차의 성격, 시기 및 범위를 설계하고 수행하도록 요구하고 있다. X회계법인의 김 회계사는 내부통제가 효과적이라고 판단하여 1월 1일부터 8월 31일까지를 대상으로 10월 1일부터 10월 10일까지 통제테스트를 수행하였다. 감사인이 통제의 운영효과성과 관련하여 입수한 감사증거(1.1 ~ 8.31)를 이용하기 위해 수행해야 할 절차를 서술하시오.

3. 감사인은 전기(20×3년)에 수익인식과 관련한 통제활동에서 유의적 미비점을 발견하여 경영진 및 지배기구와 커뮤니케이션하였다. 이러한 유의적 미비점은 시정되지 않고 당기(20×4년)까지 남아 있다. 감사인은 경영진이 비용상 이유로 유의적 미비점을 시정하지 않은 것은 아니라고 판단하였다. 경영진은 내부감사인 및 규제기관과 그 미비점을 커뮤니케이션하지 않았다.

이러한 상황에서 감사인이 수행해야 할 절차를 서술하시오.

7 내부회계관리제도 검토보고서

감사인은 경영진의 운영실태보고서 내용의 적정성 및 검토업무와 관련한 중요한 범위제한 여부에 따라 다음과 같은 상황에 대해 검토결론을 표명하고 검토보고서에 기재해야 한다.

검토결론의 유형	상 황	검토보고서 기재내용
①	감사는 내부회계관리제도의 중요한 취약점을 발견하지 못했고 중요한 범위제한은 없음	④
②	경영진의 운영실태보고서 및 근거문서를 검토하는 데 범위제한이 있었음	⑤
③	내부회계관리제도의 중요한 취약점을 발견함	경영진이 운영실태보고서에, • 감사인이 발견한 내용을 모두 기재 : 감사인은 경영진의 운영실태보고서에 기재한 중요한 취약점을 기재 • 감사인이 발견한 사항 중 일부만 기재 : ⑥ • 감사인이 발견한 사항을 모두 기재하지 않음 : ⑦

요구사항

1. 각 상황에서 감사인이 표명할 검토결론의 유형(①~③)을 각각 제시하시오.

2. 각 상황에서 감사인이 검토보고서에 기재해야 할 내용(④~⑦)을 각각 기술하시오.

♠사례연구

영화관 운영의 내부통제 취약점 및 개선책

돌돌시네마의 직원은 사장, 관리직원 1명, 사무직원 1명과 기계실기사 1명, 청소업체(경비절감을 위해 외주) 직원 2명이다. 영화관에 입장할 때 입구에 서 있는 관리직원인 김구경 씨에게 ₩7,000을 지급하면 입장할 수 있다. 김구경 씨는 현금을 수령해 확인한 후 앞에 놓여 있는 현금수거함에 넣는다. 현금수거함은 커다란 자물쇠로 잠겨 있으며 열쇠는 사무직원인 김국진 씨가 보관한다. 영화관의 실내구조는 다음과 같다.

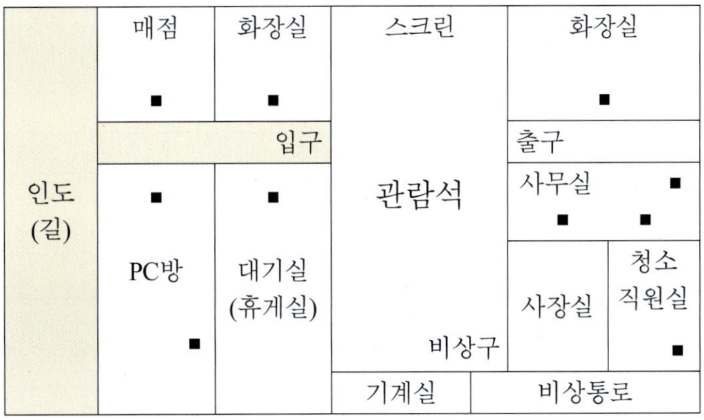

■ – 출입문을 의미함.

매점과 오락실은 외부사업자에게 임대하여 임대료를 받고 있다. 영화관 좌석은 총 150석이며, 하루 10차례 영화를 상영한다. 비상구는 화재 등 긴급한 상황에서만 이용가능하며 평소에는 자물쇠로 잠겨 있다(이 열쇠는 사무직원, 기계실직원, 청소직원이 하나씩 갖고 있다). 기계실과 청소직원실 직원은 비상통로를 이용하고 있다.

이 극장은 멀티플렉스 영화관(여러 상영관에서 다양한 영화를 상영하는 곳)과 경쟁하기 위해 홀수회와 짝수회마다 각각 다른 영화를 상영한다. 각 회를 상영하는 동안 기계실에서 이전 회에서 상영한 영화 필름을 되감기 때문에 이 영화관은 홀수회와 짝수회의 상영간격이 매우 짧아 하루 10회 상영이 가능하다. 영화상영시 기계실기사는 기계실을 떠날 수 없다. 관람석 청소는 짝수회가 끝날 때마다 이루어진다.

1회당 평균좌석 점유율은 70%이다. 영화상영이 시작되면 입구는 김구경 씨, 출구는 김국진 씨가 폐쇄한다. 사장은 직원이 다른 사람을 입장시키는 것을 방지하기 위해 입구와 출구를 매시 정각에 방문한다. 입장료는 매일 상영이 끝나면 김구경 씨가 사무실로 현금수거함을 가져오고, 김국진 씨가 열쇠로 개봉하여 계수한 현금을 입금으로 기록하고 사장에게 전화로 보고하고(사장은 이미 퇴근했으므로) 다음날 아침까지 금고에 보관한 후(금고열쇠는 사장과 김국진 씨가 보관) 은행에 입금한다.

돌돌시네마 사장은 김구경 씨와 김국진 씨가 급여에 비해 상당히 고급스러운 수입차를 몰고 다니는 것을 알게 되었다. 사장은 내부통제에 문제가 있는 것은 아닌지 귀하에게 자문을 요청했다.

요구사항

1. 김구경 씨의 업무와 관련된 내부통제의 취약점과 개선 권고사항을 기술하시오.
2. 김국진 씨의 업무와 관련된 내부통제의 취약점과 개선 권고사항을 기술하시오.
3. 사장이 현재 직접 수행하고 있는 내부통제는 어떤 문제가 있는가? 취약점을 기술하시오.
4. 사장은 김구경 씨를 의심하여 1, 2회차 입장객을 몰래 세어본 결과 총 215명(1회 103명, 2회 112명)이 입장하였다. 사장이 불시감사를 실시하여 입장료 징수액을 확인해 보니 총 ₩1,505,000이었다. 사장은 김구경 씨를 의심해서 미안하다며 사과했다. 사장이 2회 상영중에 영화관에 들어가 관객 수를 세어보니 무려 157명이었다. 사장의 절차에 어떠한 문제점이 있는지 지적하고, 이를 개선하기 위한 방안을 제시하시오. 이러한 인원수에 차이가 발생한 이유를 밝히시오.

[답안양식]

내부통제 취약점	개선 권고사항

CHAPTER 8

전산환경에서의 감사

제 1 절 정보기술의 발달이 감사절차에 미치는 영향

제 2 절 전산내부통제

제 3 절 전산내부통제의 평가절차

제 4 절 전산환경에서의 감사기법

제 5 절 서비스조직을 이용한 처리방식

제 6 절 데이터 분석

학습목표

이 장의 학습을 완료하면 다음 질문에 답변할 수 있어야 한다.

1. 전산시스템과 수작업시스템의 회계처리과정은 어떠한 부분에서 서로 다른가?
2. IT 발전은 내부통제를 어떻게 향상시키며, 어떻게 왜곡표시위험을 증가시키는가?
3. 전산시스템환경에서 감사계획을 수립할 때 고려해야 할 사항은 무엇인가?
4. 일반통제는 어떻게 개별 응용통제에 영향을 미치는가?
5. 전산통제의 평가결과는 감사인의 실증절차 감사계획의 수립에 어떠한 영향을 미치는가?
6. 컴퓨터주변감사는 어떠한 상황에서 적용하는가?
7. 컴퓨터자체감사의 종류에는 어떠한 것들이 있는가? 각 방법은 어떠한 특징을 갖고 있는가?
8. 전산서비스를 아웃소싱하는 기업의 내부통제 이해와 통제위험 평가는 어떠한 방식으로 수행하는가?
9. 관계형 데이터베이스에서는 데이터를 어떻게 표현하여 관리하는가?

한눈에 살펴보는 이 장의 내용

기업 대부분은 정보기술(IT)을 활용하는 회계시스템을 운영하고 있다. 기업의 회계처리는 전산으로 이루어지든 수작업으로 이루어지든 감사인의 감사목표와 감사절차를 적용하는 순서나 흐름은 달라지지 않는다. 수작업시스템과 비교할 때 전산에 의한 정보처리는 재무정보의 처리, 저장과 전달 방법이 달라지고 거래증적, 오류유형과 통제절차를 변화시킨다. 회계시스템에 정보기술을 적용하면 거래의 개시, 기록, 처리 및 보고 방식에 영향을 미친다. 정보기술을 활용하면 업무효율성이 증대되어 내부통제는 향상되지만, 정보기술 특성 때문에 불법 접근, 체계적 오류 등 특유의 위험이 발생한다. 감사인은 감사계획을 수립할 때 정보기술이 기업환경에 영향을 미치는 분야를 고려해야 한다.

수작업시스템과 마찬가지로 전산시스템의 내부통제 목표는 부정과 오류를 예방하고 적발하여 통제목적을 달성하는 데 있다. 전산시스템의 통제활동은 일반통제와 응용통제로 구성된다. 일반통제는 전산시스템 환경에서 재무정보처리와 관련한 전반적인 통제목적을 달성하기 위한 정책과 절차를 말한다. 일반통제로는 IT조직의 관리, 전산부서의 업무분장, 시스템개발과 유지, 물리적 및 온라인 보안, 백업 및 비상계획, 하드웨어통제가 있다. 응용통제는 개별 응용프로그램의 처리과정인 입력통제, 처리과정통제 및 출력통제에 적용하는 통제활동이다.

감사인이 수행하는 전산내부통제의 평가절차는 전산내부통제의 이해, 일반통제의 평가, 응용통제의 평가 및 전산통제테스트 수행의 순서로 이루어진다. 감사인은 전산내부통제 이해과정에서는 회계처리절차의 전산화 정도를 확인하고, 회계시스템에서 처리하는 거래흐름을 이해하며, 전산통제절차의 존재여부를 파악한다. 일반통제가 효과적이라고 판단하면 응용통제 효과성에 대한 통제테스트 비중을 높이고, 일반통제가 취약하다고 평가하면 응용프로그램에 대한 실증테스트를 확대하는 감사전략을 수립한다.

전산환경에서의 감사는 컴퓨터를 사용하지 않는 컴퓨터주변감사와 컴퓨터를 이용하는 컴퓨터자체감사로 구분할 수 있다. 컴퓨터주변감사는 컴퓨터로 처리하는 과정은 검증하지 않고 입력자료와 컴퓨터에서 처리한 출력물을 비교하여 검증하는 방법으로 수작업시스템의 감사절차를 적용한다. 컴퓨터자체감사는 전산시스템 처리과정을 직접 검증하는 방법으로 모의거래자료를 기업의 프로그램으로 처리하거나 기업이 입력할 때 사용한 자료를 감사인의 프로그램으로 처리해 기업이 회계기간에 사용한 프로그램의 정당성을 검증한다.

일부 기업은 내부에 전산센터를 유지하기보다는 정보기술 일부분이나 전체를 기업 외부의 서비스조직에 아웃소싱하기도 한다. 감사인은 감사대상회사가 서비스조직으로부터 제공받는 서비스를 어떻게 활용하고 있는지 이해해야 하고, 평가된 중요왜곡표시위험에 대응하기 위한 감사절차를 수행해야 한다. 서비스조직이 제공하는 서비스를 이해하기 위해 서비스조직의 통제에 대한 보고서를 입수하거나 서비스조직과의 접촉이나 방문, 타감사인을 활용할 수 있다. 일반적으로 감사인은 서비스조직을 직접 감사하기보다는 서비스조직의 통제에 관한 기술과 설계 및 운영효과성에 대한 보고서를 입수하여 통제의 운용효과성에 대한 감사증거로 활용한다.

빅데이터 분석기술에 대한 기업의 투자가 증대함에 따라 방대한 데이터를 다룰 수 있는 감사인 역량이 중요해지고 있다. 감사인은 회사가 사용하는 기술과 데이터 분석을 효과적으로 이해해야 위험평가를 수행하고 관련한 위험에 대응할 수 있다.

제 1 절 정보기술의 발달이 감사절차에 미치는 영향

기업은 회계시스템이 회계처리가 전산이든 수작업이든 재무제표를 공정하게 작성할 수 있도록 유지해야 한다. 기업의 자료처리방법에 따라 감사인의 감사목표는 달라지지 않으며, 감사절차를 적용하는 순서나 흐름에도 영향을 미치지 않는다. 감사인은 회계감사기준에서 정한 모든 감사절차를 기업의 자료처리방법과 관계없이 동일하게 적용해야 한다. 수작업시스템과 비교할 때 전산에 의한 정보처리는 재무정보의 처리, 저장과 전달 방법에 영향을 미치므로 거래증적, 오류유형과 통제절차를 변화시킨다.

정보기술(information technology : IT)은 하드웨어와 소프트웨어 제품, 정보시스템의 운영과 관리절차 그리고 정보시스템의 개발, 관리, 통제에 적용되는 제품과 그 관련 절차를 운용하기 위해 필요한 기술을 말한다.

• ERP : 기업의 주요 업무와 관련된 데이터를 통합하고 선진화된 업무프로세스 수행을 지원하는 정보시스템을 지칭한다.

대부분의 기업은 전사적 자원관리(ERP)를 활용하는 회계시스템을 운영한다. ERP시스템에는 경영활동에 필요한 내부통제가 정보시스템에 내장되어 있어 내부통제 감사증적이 시스템 내에만 존재하며, 회계자료도 시스템 내부에 저장된다. 업무흐름과 통제활동도 시스템 내에서 작동된다. 감사인이 정보시스템에 대한 전문적인 지식이 없으면 감사위험을 적절하게 통제할 수 없다. 실무에서는 별도의 전산감사인을 외부감사에서 활용하고 있다.

정보시스템 환경에서의 감사에서 내부통제 이해와 감사위험평가는 아주 중요한 절차이다. 전산감사인은 기업이 운영하고 있는 정보시스템에 대해 통제테스트(실무에서는 '전산감사'라고 지칭함)를 수행하고, 평가결과를 감사인에게 전달한다. 감사인은 전산감사인의 평가결과를 고려해 재무제표에 유의적인 영향력을 미칠 수 있는 통제 미비점이 존재하는지를 판단하며, 해당한다면 감사계획을 적절하게 수정해야 한다. IT감사는 이러한 절차를 거쳐 수행되므로 감사인과 전문감사인의 협업이 중요하다. IT감사는 전산환경에서의 IT시스템과 내부통제에 대한 감사로, 시스템의 설계·운영의 효과성을 검토하고 IT시스템에 대한 통제테스트를 중점적으로 수행한다. IT감사는 공인정보시스템감사자(Certified Information System Auditor : CISA) 등 내부통제와 관련된 자격증을 소지한 사람이 수행한다.

Ⅰ. 전산시스템과 수작업시스템의 회계처리

[도표 8-1]에서 보듯이 어떠한 자료처리시스템을 이용하더라도 업무흐름과 처리내용은 동일하다. 회계처리과정의 특정업무를 컴퓨터(전산시스템)가 수행하는지 또는 회계담당자가 수작업(수작업시스템)으로 처리하는지의 차이가 있을 뿐이다.

수작업시스템에서는 거래가 발생하면 원시증빙서류를 기초로 전표를 작성하며, 계정과목별로 원장에 전기하여 시산표 형태로 집계한다. 시산표는 회계처리의 모든 과정에 대한 정확성을 검토하기 위해 보고기간말에 작성한다. 수정분개가 필요하면 이를 원장에 반영하여 수정후시산표를 작성하고, 최종적으로 시산표를 근거로 재무제표를 작성한다.

도표 8-1
수작업시스템과 전산시스템의 회계처리과정 비교

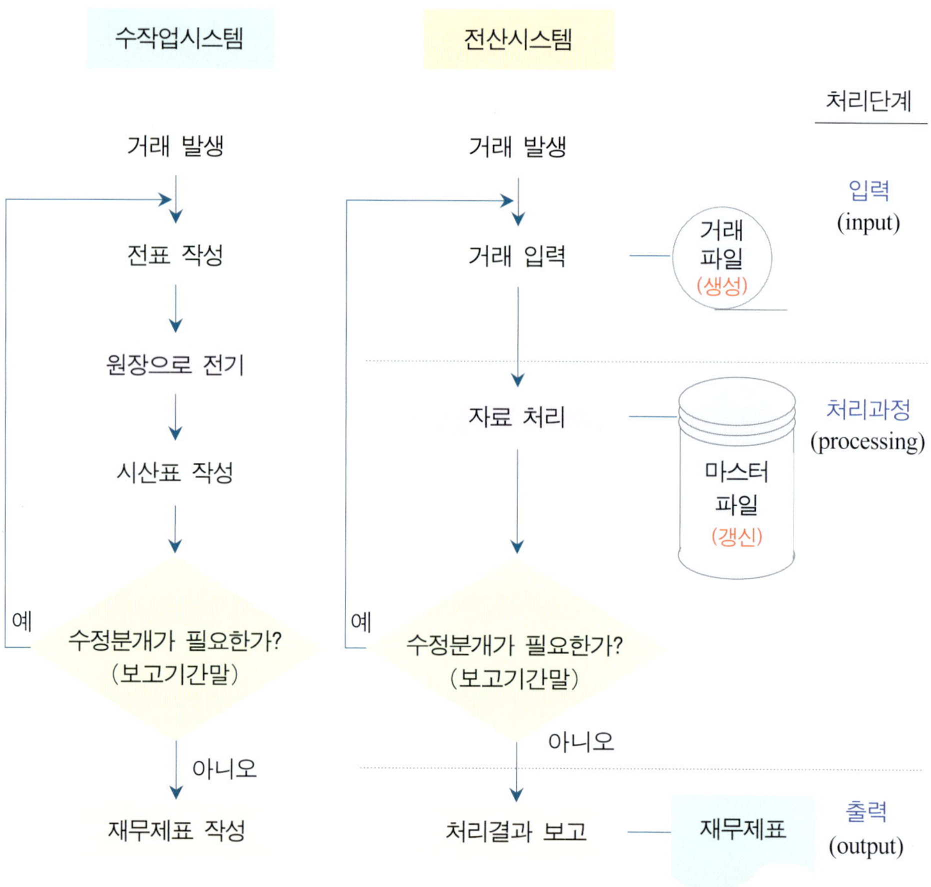

회계처리가 전산으로 이루어지면 원장이나 시산표 등을 별도로 작성하지 않는다. 거래파일을 생성시키고 이를 이용해 마스터파일을 갱신하는 작업이 컴퓨터에서 자동적으로 수행된다.[1] 기업은 자료의 처리내용을 사후적으로 검토하고 육안으로 확인가능한 형태로 보관하기 위해 원장이나 시산표 형식으로 출력해 보관한다.

사례 ERP 도입과 경영투명성의 제고

많은 기업은 경영효율성 향상과 투명성 확보를 위해 업무를 자동화하는 소프트웨어인 전사적 자원관리(Enterprise Resource Planning : ERP)시스템을 운용하고 있다. ERP는 기업의 생산・물류・재무・회계・영업・판매・구매・인사관리와 같은 주요 업무에 관한 각종 데이터의 통합과 선진화된 업무프로세스 수행을 지원하는 정보시스템이다.

ERP를 구축하면 기업의 생산, 영업, 구매, 재고관리, 회계부서 모두가 기업에 필요한 정보를 동시에 공유하므로 기업의 모든 부문의 정보를 통합적으로 관리할 수 있다. 대표적인 ERP패키지로 SAP, 오라클 Application, BPCS 등이 있으며, 국내 패키지로는 비젠트로(주)의 UniERP, 영림원소프트랩의 K시스템, 더존비즈온의 더존ERP 등이 있다. 이러한 ERP패키지는 제품에 따라 다소 차이가 있으나 기본적으로 기본모듈(재무모듈, 물류모듈, 구매모듈, 판매모듈, 고객관리모듈, 생산모듈)에 필요할 때마다 확장모듈을 추가한다.

레저산업에서 도입한 ERP의 사례를 살펴보자. ERP업체가 레저전문 전사적 자원관리 솔루션인 레저ERP를 개발해 대형 리조트업체에 공급한다고 하자. 레저ERP는 휴양단지와 레저시설을 대단위로 운영하는 기업을 관리하는 시스템이다. 고객은 회원카드만으로 리조트 내의 객실, 부대업종이나 골프장, 스키장과 테마파크 등을 예약하고 이용이 가능하다. ERP시스템에서는 리조트에 있는 시설들의 이용과 관련한 모든 고객정보가 저장되므로 통합적인 고객관리가 가능하다.

ERP는 모든 경영자원을 통합관리함으로써 생산성을 높이며 기업 투명성 제고라는 부수효과를 가져다주나, ERP 도입만으로 경영 투명성이 담보되지는 않는다. ERP 도입은 모든 데이터가 전사적으로 처리됨으로써 투명경영을 할 수 있는 필요조건을 제공할 뿐이며, 시스템 구축과 운영과정에서 분식회계를 시도할 수 있는 기회를 원천봉쇄해 주는 것은 아니다. 이러한 정보기술환경에서는 감사증적이 감소하므로 회계부정의 위험은 높아질 수 있다.

---

1) 마스터파일(master file)은 데이터 처리를 위해 필요한 모든 항목을 보유한 파일로, 기간이 경과해도 거의 변화하지 않는 기본데이터를 기록한 파일이다. 급여 계산을 예로 들면, 마스터파일에는 사원코드, 기본급, 부양가족, 부양공제, 직무수당, 월별 급여 등 사원마다 장부에 상당하는 항목들이 기록된다. 여기에 근무일수, 잔업실적 등 월 단위로 발생하는 데이터를 수록한 거래파일(transaction file)이 생성되는데, 이 두 개의 파일을 이용하여 당기 급여가 계산된다. 이 과정에서 당월말 마스터파일이 새로 갱신된다.

2001년 상장폐지된 (주)D는 무역관리부문에서 정상적으로 회계처리되었던 부분을 취소분개전표(마이너스 전표)에 입력하였다. 이로 인해 매출원가, 외환차손, 이자비용 등의 계정을 과소계상하여 1997년 한 해에만 4조원의 당기순이익을 과대계상하였다. K자동차에서는 매출채권을 이중으로 입력처리하여 매출과 당기순이익을 과대계상하는 방법의 회계부정이 발생하였다.

감사인이 이러한 전산부정을 적발하기 위해서는 ERP와 관련된 전문지식이 필요하다. 대규모기업의 회계감사를 수행할 때 감사팀과는 별도의 전산감사전문가로 구성한 IT감사팀의 지원이 필수적이다.

Ⅱ. 정보기술의 발달이 회계시스템에 미치는 영향과 감사전략

기업의 내부통제는 수작업 요소뿐 아니라 자동화된 요소도 포함한다. 정보기술(IT)을 회계시스템에 적용한 자동화 요소의 선택에 따라 거래의 개시, 기록, 처리 및 보고 방식에 영향을 미친다. 이러한 정보기술을 이용하면 내부통제가 향상되지만, 정보기술과 관련하여 발생한 특유의 위험이 내부통제 전반에 영향을 미친다.

1. 정보기술을 이용한 내부통제의 향상

회계시스템에 정보기술을 적용하면 전산통제로 업무효율성은 증대하고, 정보시스템에서 생성된 정보를 이용하므로 경영진의 통제수단도 개선된다.

(1) 전산통제로 인한 업무효율성 증대

• IT를 도입하면 거래의 자동점검, 전산시스템에서 생성된 자료를 사용하므로 업무효율성이 증대된다.

IT를 도입하면 복잡한 대규모 거래를 효율적으로 처리할 수 있다. 전산시스템에서는 정보를 지속적으로 전산에서 처리하고, 처리한 거래를 자동으로 점검한다. 이에 따라 인적 오류(human errors)로 인한 왜곡표시가 감소하고, 전산시스템에서 생성된 보고서나 자료를 사용하므로 업무효율성이 향상된다.

(2) 경영진 통제수단의 개선

• 전산시스템은 영업 검토 및 감독과정에 다양한 분석도구를 적시에 제공하므로 경영진의 통제수단이 개선된다.

전산시스템은 경영진이 영업의 검토와 감독에 이용할 수 있는 다양한 분석도구를 제공한다. 예를 들어 실제수치와 예산수치를 비교·검토한다고 하자. 전산시스템에 정보가 데이터화되어 있어 경영진은 보다 적시에 정보를 이용할 수 있다. 또한 정보시스템은 사전에 정의된 사업규칙을 일관성 있게 적용하고, 방대한 양의 거래나 데이터를 처리할 때 복잡한 계산을 수행할 수 있다.

전산시스템은 정보의 적시성, 이용가능성과 정확성을 향상시키며, 기업활동과 정책 및 절차 수행에 대한 모니터링 능력을 향상시킬 수 있다. 경영진이 이러한 분석도구를 내부통제 관리수단으로 사용하면 내부통제는 전반적으로 개선된다.

2. 정보기술에 따른 통제위험의 변화

정보기술은 기업의 내부통제를 향상시킬 수 있으나, 기업의 전반적인 통제위험에도 영향을 미친다. 수작업시스템에서 발생하는 많은 위험은 감소되거나 제거되지만, 전산시스템에서 발생하는 특유의 위험을 관리하지 못하면 재무제표에 중요왜곡표시의 발생가능성이 증가할 수 있다.[2)]

(1) 하드웨어 및 자료 관련 위험 증가

1) 체계적 오류의 발생가능성

• **체계적 오류**: 프로그래밍이 잘못되어 반복적으로 잘못된 값이 계산되는 것을 말한다.

전산시스템에서는 동일한 형태의 거래를 동일하게 처리하므로 수작업시스템에서 발생하는 인적 오류(예를 들어 계산 오류)는 모두 제거된다.

프로그래밍 오류(혹은 하드웨어나 소프트웨어의 시스템적 오류)가 존재하면 모든 거래가 체계적으로 잘못 처리된다. 예를 들어 전산시스템에서는 감가상각비를 계산할 때 내용연수, 취득원가, 잔존가액, 상각방법, 취득연월일을 입

---

2) 회계감사기준에서는 정보기술시스템에 의해 자동화된 통제(예를 들어 컴퓨터프로그램에 내재된 통제)와 수작업 통제가 결합되어 구성되는 것으로 기술하고 있다. 본서에서는 정보기술이 적용되는 자동화 요소를 포함한 시스템을 '전산시스템'으로 지칭하며, 수작업 요소로 운영되는 내부통제는 '수작업시스템'으로 구분하여 기술한다.

력하면 자동으로 감가상각비가 계산되도록 프로그램화되어 있다. 프로그래밍이 잘못되면 반복적으로 잘못된 값이 계산되는 체계적인 오류가 발생한다.

2) 불법접근으로 인한 왜곡표시의 발생가능성

대부분의 전산시스템에서는 사용자가 온라인으로 마스터파일, 소프트웨어, 자료 등에 접근할 수 있다. 전산시스템에서는 개인이 시각적 증거를 남기지 않고 승인받지 않은 데이터에 접근할 수 있다. 사용자가 승인되지 않은 데이터에 접근하거나 가공거래를 기록하여 부당한 변경을 초래할 수 있다.

3) 자료의 손실

전산시스템에서는 자료가 집중화되거나 클라우딩 컴퓨팅(clouding computing)[3]에 저장·관리된다. 자료가 손실되거나 파괴되면 기업활동에 심각한 지장을 초래할 수 있으며, 재무제표에 왜곡표시가 발생할 수 있다.

(2) 감사증적의 감소

1) 거래증적(문서화)의 감소

• 전산시스템에서는 거래 승인 및 검토가 전자형태로 기록되므로 거래증적이 감소한다.

수작업시스템에서는 원시서류를 근거로 전표가 기록되고 이에 따라 원장 등의 문서가 작성되므로 거래승인과 검토가 종이문서의 형태로 존재한다.

전산시스템에서는 집행된 거래를 뒷받침하는 증빙서류인 거래증적(감사인 입장에서는 '감사증적')이 한정된 기간에만 존재하거나 회계업무가 전표 없이 처리되어 감사인이 거래를 따라 추적할 수 있는 문서가 존재하지 않는다. 자동화 정보기술을 이용하여 정보를 전송하면 부당한 개입을 확인할 수 있는 시각적인 증거가 존재하지 않는다.

2) 자동화된 절차와 통제

• 자동화된 절차와 통제는 우연한 실수의 발생을 감소시키지만, 부당한 변경으로 무력화될 위험이 있다.

전산시스템에서는 거래가 자동으로 시작하거나 실행되도록 설계되어 거래나 절차의 승인이 자동으로 이루어진다. 자동화된 절차와 통제는 우연한 실수 등 인적 오류가 발생할 위험을 감소시키지만, 자동화된 절차를 부당하게 변

3) 클라우딩 컴퓨팅은 물리적 거리에 위치하고 있는 컴퓨터의 리소스를 통합해 제공하는 기술이다. 기업의 서버에 개인이 개별적으로 저장해 둔 프로그램이나 문서를 인터넷으로 접속가능한 대형컴퓨터에 저장한다. 이용자는 개인 컴퓨터나 단말기로 웹 브라우저 등 필요한 어플리케이션을 구동해 원하는 작업을 수행할 수 있다.

경시켜 무력화할 수 있다. 예를 들어 개인이 금액을 부당하게 변경시켜 총계정원장이나 재무보고시스템에 반영하면 자동화된 절차는 제 기능을 잃게 된다.

(3) 업무분장기능의 감소

• 전산시스템에서는 업무집중화로 업무분장기능이 감소할 수 있다.

수작업시스템에서는 다른 사람이 수행하는 통제절차(승인기능, 보관기능, 기록기능)가 정보시스템에서는 분리되지 않고 집중될 수 있다. 예를 들어 수작업시스템에서는 매출부서에서 송부된 매출관련 서류를 토대로 회계부서에서 회계처리를 수행한다. 전산시스템에서는 매출부서에서 매출관련 회계처리를 직접 수행하기도 하므로 승인기능과 기록기능을 동시에 담당해 업무분장기능이 감소한다.

(4) 전산시스템 운용을 위한 전문지식과 경험의 필요

• 전산시스템 운용을 위한 전문지식·경험이 부족하면 내부통제에 부정적인 영향을 미칠 수 있다.

전산시스템의 도입, 유지 및 이용을 위해서는 전문지식과 경험이 필요하다. 이를 위해 기업은 전산부서를 운용하거나 IT기능을 외부의 서비스조직에게 아웃소싱하기도 한다.

전산시스템 신뢰성은 운용인력의 전문지식과 경험에 따라 달라질 수 있으며, 이러한 전문지식 및 경험의 구비여부는 통제위험에 영향을 미친다. 경영진이 정보기술 보안위험을 다룰 수 있는 자원을 충분히 확보하지 못하면 컴퓨터프로그램이나 데이터의 부당한 변경과 불법거래 처리를 방지할 수 없어 내부통제에 부정적인 영향을 미칠 수 있다.

3. 전산시스템환경에서 감사계획 수립시 고려할 사항

감사인은 감사계획을 수립할 때 기업의 정보기술환경으로 영향을 받는 분야를 고려해야 한다. 전산시스템활동의 중요성과 복잡성, 전산시스템의 조직구조와 전산처리의 집중화 혹은 분산화 정도, 감사에 활용할 자료의 이용가능성을 이해해야 한다.

(1) 전산시스템활동의 중요성과 복잡성

감사인은 기업이 전산시스템에 의존하는 정도를 파악하여 전산시스템의 중요성과 복잡성을 판단한다. 이를 위해 전산시스템의 사용 정도, 전산시스템의 복잡성 및 기업경영에 미치는 영향의 중요성을 고려한다.

구 분	구체적 예
전산시스템의 사용 정도	· 전산시스템이 처리하는 거래 비중 · 경영 및 관리 활동에서 컴퓨터를 사용하는 인원 비율 · 핵심적 의사결정을 지원하는 전산시스템 정보의 비중
전산시스템의 복잡성	· 전산시스템이 처리하는 거래유형 수 · 온라인 실시간 처리 등 정보통신망의 활용수준
기업경영에 미치는 영향의 중요성	· 전산시스템 장애가 경영업무에 미치는 혼란 및 영향의 정도 · 전산시스템 처리과정의 중요한 오류가 기업경영에 미치는 영향

(2) 정보시스템의 조직구조와 전산처리의 집중화 또는 분산화 정도

기업의 정보시스템 조직구조와 컴퓨터처리의 집중화 또는 분산화 정도는 업무분장에 영향을 미친다. 왜냐하면 전산시스템환경에서는 소수 인원에게 업무가 집중되어 업무분장이 부족할 수 있기 때문이다.

(3) 감사에 활용할 자료의 이용가능성

기업의 전산시스템은 감사인이 실증절차, 특히 실증적인 분석적절차를 수행할 때 유용한 자료를 제공할 수 있다. 예를 들어 기업이 사용하는 전산시스템은 감사인이 필요한 자료를 엑셀자료로 변환하여 제공할 수 있다. 이러한 자료 제공은 감사절차의 효율성을 증가시키며, 특정 감사절차를 수행할 때 해당 계정이나 거래유형의 모집단 전체를 대상으로 하는 경제적 감사를 가능하게 한다.

제 2 절 전산내부통제

전산시스템의 내부통제 목표는 수작업시스템과 마찬가지로 부정과 오류를 예방하고 적발하여 통제목적을 달성하는 데 있다. 정보처리, 전산시스템의 통제활동은 [도표 8-2]와 같이 일반통제와 응용통제로 구분한다. 일반통제는 여러 응용프로그램과 관련하여 전반적으로 적용하는 정책과 절차로서 전산시스템이 적절히 운영되도록 하여 응용통제의 효과적인 작동을 지원한다. 응용통제는 개별 응용프로그램의 처리과정에 적용하는 통제활동이다.

• 일반통제 : 전산시스템 환경에서 기업의 전산 관련 전반적인 통제목적을 달성하기 위한 정책과 절차를 말하며, 모든 응용통제에 공통적으로 적용된다.

일반통제(general controls)는 전산시스템환경에서 재무정보처리와 관련한 통제목적을 달성하기 위한 전반적인 통제활동으로, 업무순환과정의 상위에 있는 우산과 같은 개념이다.

도표 8-2
정보시스템 내부통제의 유형

통제의 구분	주요 통제유형	통제의 예
일반통제	1. IT조직의 관리	정보담당임원(Chief Information Officer : CIO) 또는 IT부서장은 이사회에 정기적으로 보고함.
	2. 전산부서의 업무분장	프로그래밍, 작동업무 및 자료통제는 업무분장이 이루어져야 함.
	3. 시스템개발과 유지	시스템을 개발·변경할 때 사용자부서, 시스템분석가 및 프로그래머 등이 참가해야 함.
	4. 물리적 및 온라인 보안	하드웨어 접근은 사용자 ID와 비밀번호를 입력해야만 가능하며, 자료와 프로그램은 방화벽 등으로 보호되어야 함.
	5. 백업 및 비상계획	문서화된 백업계획을 준비해야 하며, 정기적으로 점검을 수행해야 함.
	6. 하드웨어통제	저장하지 않거나 전산장치가 정상적으로 작동하지 않으면 모니터에 오류메시지가 나타나야 함.
응용통제	1. 입력통제	입력오류방지를 위해 입력 전 사전승인 및 입력 후 합계통제가 이루어져야 함.
	2. 처리과정통제	모든 거래를 승인받은 대로 처리하고, 처리과정에서 승인된 거래가 누락되지 않도록 설계해야 함.
	3. 출력통제	입력단계와 처리과정단계에서 산정된 정보총계와 출력된 자료의 정보총계를 비교해야 함.

회계감사기준에서는 일반통제로 ① 데이터센터와 네트워크 운용, ② 시스템 소프트웨어의 취득, 변경 및 유지, ③ 프로그램 변경, ④ 접근보안, ⑤ 응용시스템의 취득, 개발 및 유지를 제시하고 있다. 본서에서는 [도표 8-2]와 같이 일반통제를 여섯 가지로 분류한다.

일반통제는 모든 거래활동과 각 활동 내의 모든 응용통제에 공통적으로 적용된다. 예를 들어 전산장비에 저장된 데이터나 프로그램에 권한 없는 사람이 접근할 수 없도록 암호를 부여하면 모든 응용통제에 영향을 미친다.

• 응용통제 : 거래처리통제라고도 표현하며 특정 거래처리를 위해 작성된 개별 응용프로그램과 관련된 통제이다. 입력, 처리과정, 출력 통제로 구성된다.

응용통제(application controls)는 특정 거래유형의 전산자료 입력, 처리과정, 출력절차를 적절히 수행하기 위한 여러 가지 통제를 포함한다. 컴퓨터가 수행하는 구체적 작업과 관련하여 적용하는 통제로 '거래처리통제'라고도 표현한다.

일반통제와 응용통제의 관계는 [도표 8-3]과 같이 나타낼 수 있다. 도표에서 보듯이 일반통제는 모든 응용프로그램 전반에 공통으로 적용하며, 응용통제는 각 응용프로그램의 시스템 성격에 따라 개별적으로 설계한다. 감사인은 전산내부통제를 감사할 때 전체적인 관점에서 일반통제를 검증하지만, 개별 응용프로그램으로 처리되는 거래 및 계정잔액 자료에 보다 관심을 갖는다. 왜냐하면 전산내부통제를 감사하는 감사인의 최종목표는 개별 응용통제의 취약으로 해당 거래처리의 결과가 관련 계정잔액에 나타날 수 있는 재무제표 왜곡표시의 가능성을 평가하는 데 있기 때문이다.

도표 8-3
일반통제와 응용통제의 관계

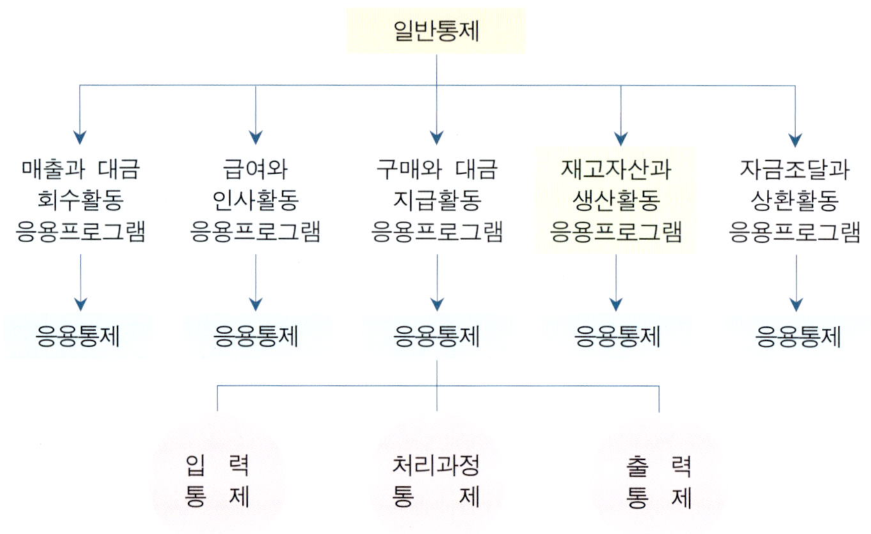

Ⅰ. 일반통제

감사인은 응용통제에 전반적인 영향을 미치는 기업 내의 전산관리 일반통제 절차를 먼저 검토하고 이들이 개별 응용통제에 미치는 영향을 평가한다.

1. 정보기술(IT)조직의 관리

이사회와 경영진의 정보기술에 대한 태도는 정보기술의 중요성에 대한 조직 전체의 인식에 영향을 미친다. 감사인은 이사회와 경영진의 정보기술에 대한 태도를 이해해야 한다.

기업이 별도로 IT와 관련된 위원회를 유지하거나, 정보담당임원 또는 전산부서장으로부터 정기적인 보고를 받는다면 경영진은 정보기술 기능을 중요하게 인식한다고 판단할 수 있다. 더 낮은 직급의 종업원이나 외부용역업체가 정보기술 기능을 수행한다면 경영진이 정보기술 기능을 중요하게 인식하지 않는다고 볼 수 있다.

2. 전산부서의 업무분장

수작업시스템에서는 각각 다른 부서나 회계부서 내의 각각 다른 자가 거래승인, 거래집행 및 거래기록을 수행한다. 전산시스템에서는 양립하기 어려운 기능이 전산부서로 집중될 수 있다. 이러한 취약점에 따른 부정과 오류를 예방하기 위해서는 업무분장이 중요하다. 업무분장은 전사적인 위험관리와 내부통제, 효율적인 업무프로세스를 위한 가장 기본적인 예방 및 적발통제 요건이다.

전산시스템에서의 업무분장은 ① 필요한 경우에만 ② 적절한 정보를 적절한 사람에게 ③ 최소한 부여한다는 원칙으로 구축·운영해야 한다.

[도표 8-4]는 양립해서는 안 되는 기능을 적절히 분리한 전산조직 내 직능별 책임과 권한을 예시한 것이다. 시스템분석가나 프로그래머는 자료입력과 컴퓨터작동 업무를 수행해서는 안 되며, 시스템분석가와 프로그래머 기능도 상호 분리해야 한다. 자료통제는 기능면에 있어서 내부감사인과 유사하므

도표 8-4
전산부서의 업무분장

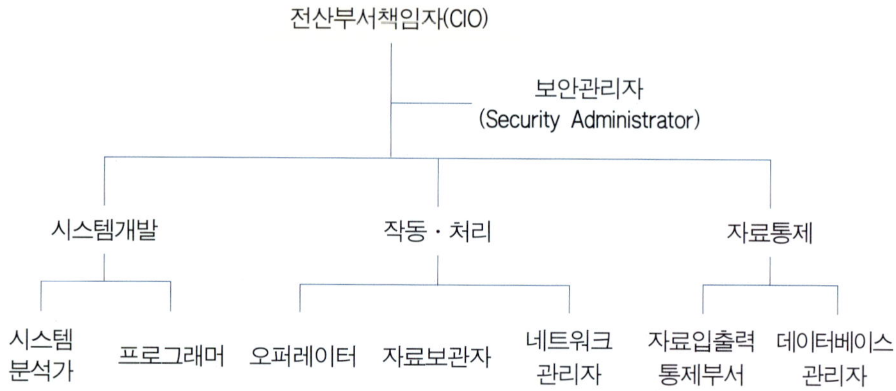

로 기능의 독립성 유지는 매우 중요한 통제요소이다.

정보담당임원 또는 전산부서장은 전산부서의 전반적인 운영을 담당하며, 전산부서에서 수행하는 기능은 시스템개발, 작동 및 처리, 자료통제로 구분할 수 있다.

- **IT경영진**: 정보담당임원(CIO)이나 전산부서장은 IT전략계획을 달성하기 위한 활동을 감독하는 책임을 진다. 보안관리자(security administrator)는 하드웨어, 소프트웨어 및 자료 등의 물리적 · 온라인 접근을 감시하고 보안위반사항을 조사하여 적절한 조치를 수행한다.
- **시스템개발(system development)**: 시스템분석가는 현재 시스템을 평가하고, 신규시스템을 설계하며 프로그래머를 위한 시스템기술서를 개발하는 직무를 수행한다. 프로그래머는 컴퓨터프로그램의 논리플로우차트를 작성하며, 프로그램 개발 및 이에 대한 문서화, 프로그램 작동 중 발생한 오류를 제거한다. 프로그래머가 사적 이익을 위해 시스템을 이용할 수 있으므로 자료입력과 컴퓨터 작동 업무는 수행하지 못하도록 해야 한다.
- **작동 · 처리(operations)**: 오퍼레이터는 정보담당임원이 수립한 일정에 따라 컴퓨터를 작동할 책임을 진다. 오퍼레이터는 컴퓨터의 효율성 및 오작동과 관련된 컴퓨터 콘솔(computer console, 컴퓨터를 작동시키는 물리장치)을 모니터링한다. 자료보관자는 프로그램, 거래파일, 기록 및 문서 이용과 관련된 통제를 책임지며, 승인이 있을 때에만 오퍼레이터에게 필요한 자료를 제공한다. 네트워크관리자는 다양한 어플리케이션과 자

료파일을 사용자에게 연결하는 서버의 네트워크 운영을 계획, 시행 및 유지하는 책임을 진다.

- **자료통제**(data control) : 자료입출력통제부서는 독립적으로 입력자료 품질과 출력 타당성을 검증한다. 데이터베이스 관리자는 공유된 데이터베이스의 안전한 유지와 접근관리를 책임진다.

기업의 업무분장이 취약하다면 감사인은 회계자료 신뢰성을 기본적으로 매우 낮게 평가해야 할 것이다. 업무분장과 관련된 일반통제가 존재하지 않거나 취약하더라도 응용통제가 효과적으로 운용된다면 일반통제 취약점은 보완될 수 있다. 감사인은 응용통제를 검토할 때 업무분장 취약점을 보강할 수 있는 적절한 보완통제가 존재하는지 고려해야 한다.

3. 시스템개발과 유지

시스템개발(systems development)은 신규시스템개발의 검토 및 승인절차, 프로그램변경의 통제절차, 시스템 및 업무기술의 문서화절차의 통제절차를 포함한다.

구체적으로 시스템개발과 유지에는 다음과 같은 통제를 포함한다.

① 시스템개발(소프트웨어 구입 포함)에는 전산부서뿐만 아니라 사용자부서와 내부감사부서도 참여해야 한다. 이들이 참여하면 시스템의 실행가능성을 높일 수 있고, 사용자부서의 수용성이 증가한다.

② 새로운 소프트웨어를 도입할 때 기존 하드웨어 및 소프트웨어와 호환이 가능한지, 필요한 거래량을 처리할 수 있는지 검증해야 한다. 기업은 일반적으로 다음의 접근법 중 하나를 사용하거나 결합하여 새로운 시스템을 검증한다. 이러한 검증은 사용부서와 전산부서가 공동으로 수행하며, 검증대상은 수작업부문과 전산화된 부문을 모두 포함한다.

- **파일럿 테스트**(pilot testing) : 종전 시스템은 다른 곳에서 구동하고, 새로 도입한 시스템은 조직 일부분에만 구동하여 테스트하는 방법
- **병행 테스트**(parallel testing) : 종전 시스템과 새로 도입한 시스템을 동시에 구동하여 테스트하는 방법

③ 신규시스템을 정식으로 가동하기 전에 최종승인절차를 거친다.

④ 신규시스템의 유지, 보수(프로그램의 추가, 변경 및 삭제)의 승인과 문서화절차를 엄격하게 통제한다.

신규시스템을 도입하거나 기존시스템을 갱신하면 적절한 문서화가 필요하다. 문서화가 적절히 이루어지면 경영진과 감사인 모두 전산활동을 쉽게 이해할 수 있다. 문서 표준화가 이루어지고 서식을 적절히 개발하면 통제기능이 효과적으로 발휘될 수 있는데, 효율적인 문서화기능이 존재하지 않으면 전산내부통제에 취약점이 존재한다는 것을 의미한다.

4. 물리적 및 온라인 보안

물리적 보안과 온라인 보안은 전산자원의 불법 사용을 방지하는 안전장치를 제공한다. 컴퓨터의 물리적 통제와 소프트웨어 및 관련된 자료의 온라인 접근 제한은 프로그램이 승인 없이 변경되거나 자료가 부적절하게 사용될 위험을 감소시킨다. 보안계획은 문서화되고 모니터링되어야 하는데, 물리적 통제와 온라인 접근통제를 포함한다.

(1) 물리적 통제

• 물리적 통제의 예
① 번호입력・카드인식 출입기
② 보안카메라
③ 지문인식・홍채인식 출입기
④ 환경통제(습기, 온도 변화)

하드웨어, 자료파일 및 프로그램은 각 시스템을 운용하거나 유지하도록 승인받은 사람에 한해 접근을 허용한다. 승인받지 않은 불법사용을 제한하기 위한 물리적 통제의 예로는 번호입력 출입기, 카드인식 출입기, 보안카메라 등이 있다. 이보다 좀더 정교한 물리적 통제로는 지문인식 출입기, 홍채인식 출입기 등이 있다.

습기, 온도변화에 대처하기 위한 환경통제와 화재 및 기타재해로부터 하드웨어, 프로그램 및 파일을 보호하기 위한 물리적 통제장치도 필요하다.

(2) 온라인 접근통제

• 온라인 접근통제의 예
① 로그인(log-in)관리
② 방화벽

네트워크방식에서는 멀리 떨어져 있는 입력장치를 통해 중앙서버에 접근한다. 비밀번호와 신분확인카드를 가진 사람만이 이용하도록 한다든지, 단말기

시스템에서 확인된 사람만이 중앙서버에 접근할 수 있도록 해야 한다. 로그인(log-in)관리로 승인된 사람만이 접근이 허용가능하도록 해야 하며, 1인 1계정관리를 통해 누가, 언제 자료파일과 프로그램에 접근했는지 확인할 수 있어야 한다.

온라인 자료나 프로그램에 대한 외부의 불법접근 및 자료변조를 방지하는 통제장치 유지는 매우 중요하다. 보안시스템인 방화벽(firewall)은 네트워크와 인터넷 간에 전송되는 정보를 선별하여 수용, 거부 및 수정하는 중요한 통제수단으로 활용된다.

5. 백업 및 비상계획

- 백업 및 비상계획의 예
  ① 무정전전원공급장치(UPS)
  ② 주기적인 백업
  ③ 중요한 파일 등은 전산부서 외의 장소에 보관

정전, 화재, 과도한 습기 및 온도변화, 수재는 정보기술과 관련된 경영활동에 심각한 결과를 초래할 수 있다. 많은 기업은 정전 발생으로 자료손실을 방지하기 위해 전력 공급을 조절하는 장치인 무정전전원공급장치(Uninterruptible Power Supply : UPS)를 설치하고 있다.

더욱 심각한 재해에 대비하기 위해 상세한 백업(back-up) 및 비상계획을 수립해야 한다. 예를 들어 중요한 파일, 프로그램 및 문서는 전산부서 외의 장소에서 보관하고, 주기적으로 백업파일을 생성·유지해야 한다.

6. 하드웨어통제

하드웨어통제(hardware controls)는 제조업자가 컴퓨터에 내장한 것으로, 컴퓨터의 기능오류를 탐지·보고하여 컴퓨터기기 및 처리기능의 신뢰성을 확보하기 위한 통제절차이다. 예를 들면 컴퓨터 사용중 기능오류가 발생하면 오류메시지가 나타나 관련 오류를 사용자에게 알려준다. 하드웨어통제가 적절하지 못하면 처리과정에서 중대한 오류를 발생하며, 작은 오류라도 탐지되지 않고 누적되면 시스템에 심각한 문제를 초래할 수 있다.

감사인은 하드웨어 적합성보다는 기업이 하드웨어통제에서 인식한 오류를 어떻게 조치했는지에 더 많은 관심을 갖는다. 예를 들어 감사인은 모든 하드웨어에 주기적인 예방정비를 시행하고 있는지, 하드웨어 오류를 복구하기 위한 공식절차를 수립하여 준수하는지 관심을 갖는다.

Ⅱ. 응용통제

응용통제는 특정 거래유형을 처리하는 개별 응용프로그램이 수행하는 작업에 적용하는 통제절차이다. 감사인은 일반통제의 평가자료를 토대로 주요 거래유형별로 응용프로그램의 전산통제를 검토한다. 개별 응용프로그램은 입력통제, 처리과정통제, 출력통제의 세 분야로 세분된다. 예를 들어, 감사인은 매출채권회계처리 응용프로그램의 입력·처리·출력과정을 검토하여 시스템에서 처리한 거래 및 계정잔액에서 오류가 발생할 위험을 평가한다.

응용통제 취약점을 평가하는 방법은 일반통제와 차이가 있다. 응용통제에서는 일반통제와 달리 입력통제, 처리과정통제, 출력통제가 개별적으로 큰 의미는 없다. 왜냐하면 응용통제에서는 개별 응용프로그램 체계 내에서 하나의 과정(입력→처리→출력)으로 상호 연결되기 때문이다. 감사인은 이들 과정이 종합적으로 최종적인 장부기록이나 재무제표에 미치는 영향을 고려해야 한다.

1. 입력통제

승인된 정보가 정확하고 완전하게 입력될 수 있도록 입력통제(input controls)를 설계해야 한다. 전산시스템에서는 오류가 대부분 입력시점에서 발생하며, 입력오류가 발생하면 처리과정통제와 출력통제가 완벽해도 자료가 잘못 처리되고 보고된다. 따라서 입력통제는 응용통제에서 가장 중요한 부분이다. 신뢰성 있는 입력자료가 반드시 유효하고 신뢰성 있는 출력을 보장하지는 않지만, 입력자료가 정확할수록 결과(출력)물의 유효성과 신뢰성은 증가한다.

처리될 자료가 정당한 승인을 받으며, 기계언어형태로 올바르게 변환되고, 오류발생 여부가 확인되며, 상실, 삭제, 첨가, 이중입력으로 잘못 입력되지 않도록 입력통제를 설계해야 한다. 이러한 입력통제의 예는 다음과 같다.

- 거래자료는 입력 전에 승인권자의 승인을 받아야 한다.

- 자료 입력은 승인된 사람만 접근할 수 있도록 사용자 계정(ID)을 관리해야 한다.
- 전산시스템에서는 데이터를 표현할 때 식별코드를 이용한다. 이러한 식별코드로 입력데이터 정확성을 검증한다. 예를 들어 거래처에 8자리의 고객식별번호를 부여할 때, 7자리만 입력하면 입력이 거부된다.
- 사용자부서에서 입력한 자료는 중앙처리장치에서 판독가능한 형태로 변환되는데, 데이터 변환과정에서 입력오류가 발생할 수 있다. 대표적인 검증방법으로 가상합계(hash total)가 있는데, 이는 특정 필드나 파일영역 값의 합이다. 이러한 합계는 숫자적 의미가 없으나 제어목적으로 사용된다. 예를 들어 1월에 발행된 세금계산서 거래처코드 합계가 135250인데, 입력완료 후의 거래처코드 합계가 135250이 아니라고 하자. 이는 입력과정에서 어떤 거래처가 누락되었거나 이중입력 또는 코드번호 입력오류가 발생했다는 의미이다.
- 사용자부서에서 발생한 오류는 전산부서가 임의로 수정해서는 안 되며, 해당 사용자부서에서 직접 해결해야 한다.

• 가상합계 : 합해도 의미를 갖지 않는 합계로 그 합은 별 뜻은 없으며 제어목적으로 쓰인다.

2. 처리과정통제

처리과정통제(processing controls)는 정보시스템의 특정업무가 원래 목적대로 수행되도록 설계된 통제절차를 말한다. 모든 거래가 승인받은 대로 처리되고, 처리과정에서 승인된 어떤 거래도 누락되지 않으며, 승인되지 않은 거래는 추가되지 않도록 설계된 통제절차를 말한다.

대부분 시스템에는 처리과정통제를 위해 프로그램화된 통제 검증기법이 내재되어 있다.

- **자료갱신의 통제** : 자료갱신과정에서 모든 입력자료가 마스터파일에 정확하고 완전하게 수록될 수 있도록 통제해야 한다. 일반적으로 입력이 정확하고 프로그램 논리에 이상이 없으면 자료갱신과정에서는 오류가 발생하지 않는다.
- **파일유지의 통제** : 자료가 파일에 저장된 이후에는 별도 승인이 없는 한 자료의 수정, 삭제, 추가가 이루어져서는 안 된다.

3. 출력통제

출력통제(output controls)는 처리결과가 원하는 대로 정확하게 작성·보고·저장되며, 승인받은 자만이 출력물에 접근할 수 있도록 통제하는 절차이다. 출력통제에서는 ① 입력단계와 처리과정단계에서 산정한 정보총계와 출력자료의 정보총계를 비교하는 절차를 수행하며, ② 이렇게 산출한 정보결과는 적시에 승인받은 이용자에게만 전달해야 한다.

출력통제의 예는 다음과 같다.

- 입력단계와 처리과정단계에서 산정된 건수와 처리된 건수를 비교한다.
- 입력의 기초가 된 원시증빙서류와 출력자료의 내용을 비교한다. 입력자료가 다른 매체의 형태로 출력되면 내용을 육안으로 확인할 수 없으므로 패러티 검사(parity check) 등을 이용하여 출력내용을 확인한다.[4)]
- 승인된 배부처 명단을 사전에 입력시켜 승인되지 않은 사람이 접근할 가능성을 사전에 통제한다.
- 배부프로그램 등을 사용하여 출력시간, 출력자 및 출력부수가 기록되도록 한다.

제 3 절 전산내부통제의 평가절차

감사인은 재무제표 감사의견뿐만 아니라 내부회계관리제도의 감사의견이나 검토의견을 별도로 표명해야 하므로, 일반통제와 응용통제의 이해와 평가는 필수적으로 수행해야 하는 절차이다.

감사인은 전산감사인이 수행한 통제테스트를 평가해 전산통제의 효과성과 중요왜곡표시위험을 평가한다. 특히 거래가 고도로 전산화된 방식으로 정보처리가 이루어지면 종이문서는 존재하지 않는다. 계정잔액 실증테스트를

4) 데이터를 전송할 때 데이터가 손상되었는지 점검하는 기술로 가장 보편적으로 사용하는 방식이다.

적용하기 어려우므로 컴퓨터프로그램을 이용한 통제테스트를 수행한다.

1. 전산내부통제의 이해

감사인은 전산시스템과 관련하여 ① 주요 회계처리절차의 전산화 정도를 확인하고, ② 회계시스템에서 처리하는 거래흐름을 이해하며, ③ 전산통제절차의 존재여부를 종합적으로 파악해야 한다.

감사인은 다음 방법으로 일반통제와 응용통제의 감사증거를 획득한다.

- 전산부서 및 주 사용부서(key user)와의 인터뷰
- 시스템 관련 문서의 검사(예를 들어 업무흐름도, 사용자 매뉴얼, 프로그램 변경요청서, 시스템 테스트 결과보고서)
- 전산부서가 회신한 질문서의 검토

전산부서 및 주요 사용부서와의 인터뷰는 전산시스템의 전반적인 기능에 대한 유용한 정보를 제공한다. 프로그램 변경요청서와 시스템 테스트 결과보고서에 대한 검토는 변경된 프로그램 및 소프트웨어를 인식하는 데 유용하다. 전산부서가 회신한 질문서를 검토하면 특정 통제절차의 존재여부를 인식할 수 있다.

2. 일반통제의 평가

일반통제는 모든 거래처리활동과 각 활동 내의 응용통제 전반에 영향을 미친다. 감사인은 개별 응용통제가 효과적인지 결론을 도출하기 전에 일반통제의 효과성을 평가해야 한다. 왜냐하면 일반통제가 효과적이지 않으면 모든 응용통제에 부정적 영향을 미치므로 응용통제 품질과는 무관하게 잠재적으로 중요왜곡표시를 발생시킬 수 있기 때문이다.

예를 들어 오퍼레이터와 프로그래머의 업무분장이 이루어지지 않아 프로그램과 자료파일에 접근이 가능하다면, 자료파일에 불법거래나 가공거래가 존재할 위험이 높다. 즉 IT 업무분장이라는 일반통제가 효과적이지 않다면 특

정 응용프로그램의 처리과정통제를 신뢰할 수 없다. 자료파일의 적절한 보호장치(물리적 및 온라인 보호장치)와 관련한 일반통제가 존재하지 않으면, 감사인은 응용통제에서 산출한 자료가 손상될 위험이 높다고 예비평가할 수 있다.

감사인이 일반통제가 취약하다고 평가하면 응용프로그램에서 거래 완전성을 확인하기 위해 실증테스트를 확대하는 감사전략을 수립한다. 일반통제가 효과적이면 감사인은 응용통제의 운영효과성에 대한 통제테스트 비중을 높이고 실증테스트를 축소하는 감사전략을 수립한다.

기업이 기중에 소프트웨어를 변경했다면 감사인은 변경된 소프트웨어의 신뢰성과 관련하여 추가적인 테스트가 필요한지를 평가한다. 일반통제가 효과적이지 않다면 소프트웨어의 변경과 관련된 응용통제에 대한 테스트를 확대해야 한다.

3. 전산통제테스트의 수행

(1) 응용통제의 평가

감사인은 일반적으로 일반통제 미비점을 특정 거래나 계정잔액의 감사목표와 직접 연결시키지는 않는다. 일반통제가 효과적이지 않더라도 모든 계정잔액에 영향을 미치지는 않기 때문이다. 일반통제가 효과적이면, 감사인은 모든 계정과목의 관련 응용통제를 비교적 높게 신뢰할 수 있다.

(2) 전산통제테스트의 수행

기업 및 기업환경의 이해단계에서 전산내부통제의 중요왜곡표시위험이 낮다고 평가했고, 감사인이 이러한 평가에 기초하여 실증절차를 수행할 계획이면 통제테스트를 확대하여 실시해야 한다.

감사인은 전산시스템의 이해 및 왜곡표시위험의 예비평가를 거친 후 기업이 유지하고 있는 전산통제가 설계된 대로 부정이나 오류를 방지하는지 검증하기 위해 통제테스트를 실시한다.

제 4 절 전산환경에서의 감사기법

전산환경에서의 감사접근법은 컴퓨터를 사용하지 않는 감사(컴퓨터주변감사)와 컴퓨터를 이용하는 감사(컴퓨터자체감사)로 구분할 수 있다. 정보기술환경이 덜 복잡한 상황에서는 컴퓨터주변감사기법을 이용하고, 정보기술환경이 좀더 복잡한 기업에서는 컴퓨터자체감사기법을 적용한다.

1. 컴퓨터주변감사

많은 기업은 원시증빙서류를 판독가능한 형태로 검색이 가능하도록 소프트웨어를 설계하고, 전산시스템에서 출력할 수 있는 시스템을 구축한다. 이러한 시스템을 운영하는 기업은 고객주문서, 판매지시서, 선적서류 등의 원시증빙서류를 보유하고 있다. 전산시스템에서 원장 출력이 가능하므로 감사인은 회계기록을 확인해 거래를 추적할 수 있어, 정보기술 사용이 감사증적에 미치는 영향이 크지 않다. 이러한 환경에서는 감사인은 감사증적을 따라 추적하는 수작업시스템의 감사기법을 사용할 수 있다.

• **컴퓨터주변감사** : 컴퓨터에 의한 처리과정(프로그램)은 검증하지 않고, 입력자료와 출력자료를 비교하여 검증하는 방법으로 수작업시스템의 감사절차를 적용한다.

컴퓨터주변감사(auditing around the computer)는 컴퓨터의 처리과정은 검증하지 않고 입력자료(원시증빙서류)와 컴퓨터에서 출력한 결과물을 비교하여 검증하는 방법이다. 감사인은 수작업시스템 감사절차와 유사한 감사절차를 적용하므로, 원시증빙서류에서 출발하여 총계정원장 기록과 일치하는지(또는 반대방향으로) 추적한다. 감사인이 계산한 결과와 컴퓨터에서 출력한 인쇄물 내용을 비교하여 차이를 발견하면 통제에 취약점이 존재한다고 평가한다.

다음 조건을 모두 충족하면 컴퓨터주변감사를 적용할 수 있다.

- 원시증빙서류를 육안으로 판독가능한 상태로 유지하고 있다.
- 문서 소재를 쉽게 파악할 수 있도록 보관하고 있다.
- 원시증빙서류로부터 출력물로 혹은 역으로 거래 추적이 가능하다.

컴퓨터주변감사는 감사인이 익숙한 수작업시스템 감사절차를 그대로 적용하므로 전산감사 소프트웨어를 사용하지 않는다. 입력자료인 원시증빙서류와 출력물 중심으로 검토하므로 기업이 사용중인 프로그램의 정당성이나 전산통제절차를 검토하지 않는다는 한계점이 있다.

2. 컴퓨터자체감사

• 컴퓨터자체감사
- 시험자료법
- 병행처리법
- 통합자료처리법
- 감사모듈법

컴퓨터자체감사(auditing through the computer)는 전산시스템의 처리과정통제를 이해하고 전산시스템 내부에서 정확하게 자료가 처리되는지 검증하는 기법이다. 감사인이 전산통제절차를 직접 검증해 회계자료를 처리하는 컴퓨터프로그램의 기본논리를 확인하므로 컴퓨터주변감사와 비교할 때 효과적이다.

(1) 시험자료법

• 시험자료법 : 모의거래자료를 기업이 사용하고 있는 프로그램으로 처리한 후 감사인의 예상결과와 비교하는 방법이다.

시험자료법(test data approach)은 감사인이 작성한 모의거래자료를 기업의 응용프로그램으로 처리한 결과를 감사인의 예상결과와 비교하여 기업이 사용하는 응용프로그램의 신뢰성을 확인하는 방법이다. 예를 들어 기계장치의 모의거래자료(취득원가, 내용연수, 잔존가치, 취득연월일, 상각방법)를 기업의 프로그램에 입력하여 계산한 금액과 감사인의 예측결과를 비교한다. 모의거래자료의 처리결과와 감사인의 예측결과가 일치하지 않는다면 기업의 프로그램은 적절하게 개발, 설계되지 않았다는 것을 의미한다.

도표 8-5
시험자료법
(또는 모의거래자료법)

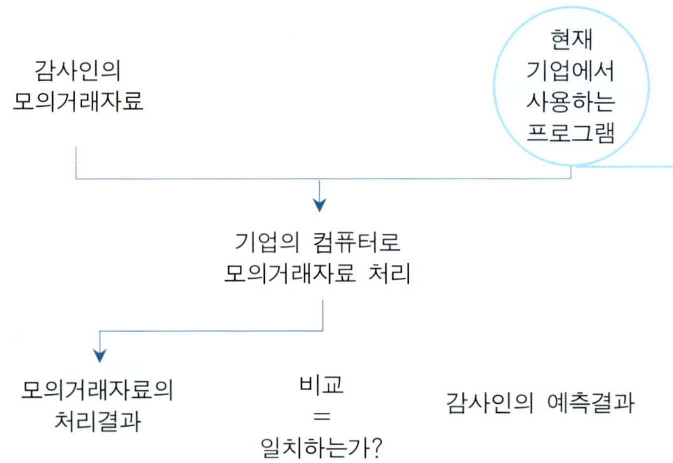

모의거래자료의 처리과정을 그림으로 나타내면 [도표 8-5]와 같다.
시험자료법을 이용할 때, 감사인은 다음 사항을 고려해야 한다.

① 감사인은 모의거래자료를 준비할 때 정상적인 거래뿐만 아니라 오류를 발생시킬 수 있는 모든 유형의 비정상적 거래나 변칙거래를 다양하게 포함시켜야 한다. 예를 들어 급여관련 응용통제에 주당 80시간을 초과하면 입력되지 않는 통제(한계검증, limit check)가 내장되어 있다고 하자. 감사인이 모의거래자료인 79, 80, 81시간을 기업이 사용하고 있는 프로그램에 입력할 때 한계검증이 효과적으로 작동한다면, 프로그램에서 81시간의 입력은 거부되어야 한다.

② 감사인은 기업이 보고기간중에 실제로 사용한 프로그램으로 모의거래자료를 이용해 검증해야 한다. 감사인은 기중에 프로그램 변경이 있었다면 변경 전과 후의 프로그램을 모두 검증해야 한다. 기중에 기업에 통보하지 않고 불시에 방문하여 사용중인 프로그램을 확인하면 기중에 프로그램을 변경했는지 확인할 수 있다. 시험자료법은 시간과 비용이 많이 소요되므로 시스템개발과 관련된 일반통제를 중점적으로 파악할 때 사용한다.

③ 감사인은 기업이 실제 사용하고 있는 프로그램에 자신이 작성한 모의거래자료를 입력하여 검증한다. 감사인은 감사종료 후 입력한 모의거래자료를 제거하여 마스터파일과 거래파일에 저장되지 않도록 해야 한다.

(2) 병행처리법

• 병행처리법 : 기업의 실제자료를 감사인의 프로그램으로 처리한 후 회계기록과 비교하는 방법이다.

병행처리법(parallel simulation)에서는 기업이 실제 입력할 때 사용한 자료를 감사인의 프로그램으로 처리하여 산출한 결과와 기업이 작성한 회계기록을 비교한다. 기업의 회계기록과 감사인 프로그램으로 처리한 금액이 다르다면, 기업 장부에 포함된 거래나 계정잔액에 왜곡표시가 있다는 것을 의미한다. 일반적으로 감사인이 준비한 범용감사소프트웨어(generalized audit software)나 직접 개발한 감사프로그램을 사용하므로 감사인프로그램이용법(auditor's program approach)이라고도 부른다. 병행처리법을 도식화하면 [도표 8-6]과 같다.

시험자료법에서는 기업의 프로그램에 감사인이 작성한 모의거래자료를

도표 8-6
병행처리법
(또는 감사인
프로그램이용법)

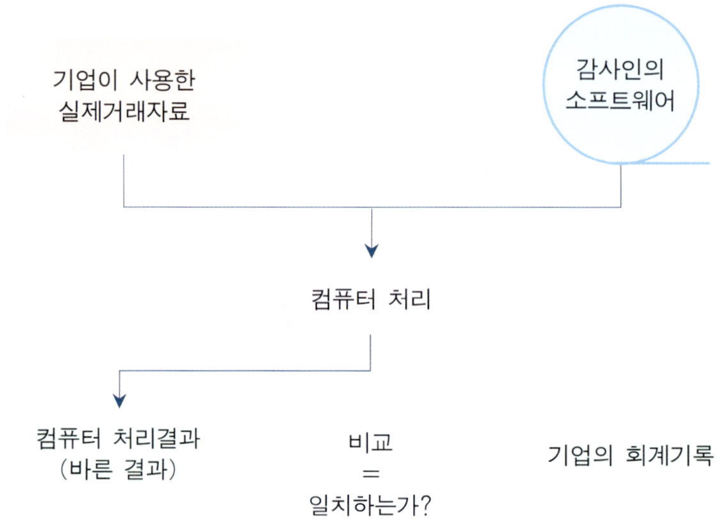

입력하지만, 병행처리법은 감사인의 프로그램에 기업의 실제자료를 입력한다. 시험자료법은 기업이 사용중인 프로그램 논리의 타당성을 파악하는 방법이지만, 병행처리법은 기업의 실제 회계기록의 정당성을 파악한다. 병행처리법은 실증적인 세부테스트에서 기업의 왜곡표시를 확인하기 위해 사용할 수 있다.

병행처리법은 기업이 프로그램을 자주 변경하거나 승인받지 않은 프로그램을 부정한 목적으로 사용하는 것을 적발하고자 할 때 매우 효과적이다. 감사인이 자신의 프로그램을 사용하므로 기업 전산부서의 도움 없이 독립적으로 감사를 수행할 수 있다. 병행처리법은 감사용 프로그램의 개발과 수정에 추가적인 시간과 비용이 소요되며, 기업의 응용프로그램을 직접 검증하지는 않는다. 이를 극복하기 위해 등장한 것이 통합자료처리법이다.

(3) 통합자료처리법

• 통합자료처리법 : 기업의 전산시스템에 별도 하위시스템을 설치한 후 모의자료와 실제자료를 처리하는 방법이다.

통합자료처리법(Integrated Test Facility : ITF)은 기업이 사용하고 있는 전산시스템 내부에 별도의 하위시스템을 설치하여 모의거래자료와 실제자료를 통합하여 처리하는 방법이다. 시험자료법과 기본적으로 동일하나 기업이 실제 사용중인 시스템을 대상으로 내부통제의 운용상태를 검증한다는 점에서 차이가 있다. 통합자료처리법을 그림으로 나타내면 [도표 8-7]과 같다.

○ 도표 8-7
통합자료처리법

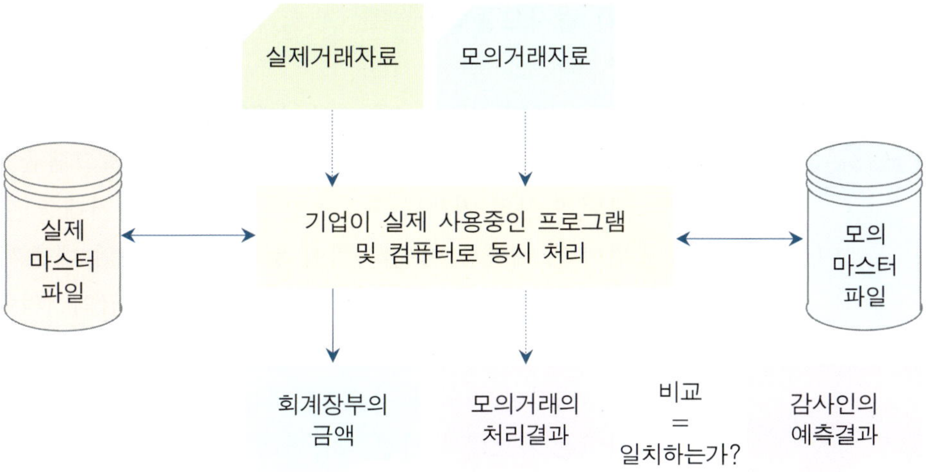

통합자료처리법에서는 기업이 실제 사용중인 파일에 모의마스터파일을 설치하고, 마스터파일에 맞도록 별도 코드를 부여한 모의거래자료를 실제자료와 함께 시스템에 투입한다. 이때 모의거래자료는 실제자료와 동일한 프로그램통제를 받으며, 시스템에서 산출된 결과와 감사인이 예상한 결과를 비교하여 프로그램 타당성을 검토한다.

통합자료처리법은 시험자료법의 장점을 그대로 유지하면서 기업의 실제 처리과정을 검증하므로 통제테스트에 적합하다. 가상거래를 자료처리과정중에 입력하므로 기업의 실제자료와 혼합되어 오류를 발생시킬 위험이 있으므로 감사종료 후 모의거래를 제거해야 한다.

○ 도표 8-8
컴퓨터자체감사의 비교

구 분	검증자료	이용하는 프로그램	목 적
시험자료법	모의자료(dummy)	회사 소프트웨어	사용중인 프로그램 논리 타당성 확인
병행처리법	실제자료	감사인 소프트웨어	기업 왜곡표시 확인
통합자료처리법	모의거래자료, 실제자료	회사 소프트웨어	• 사용중인 프로그램 논리 타당성 확인 • 기업 실제자료 검증

(4) 감사모듈법

• 감사모듈법 : 감사인이 필요한 자료를 추출하기 위해 기업의 전산시스템에 감사모듈을 설치하는 방법이다.

감사모듈법(audit module method, SCARF method)은 감사인이 필요하다고 판단한 데이터를 지정한 조건에 따라 추출하는 프로그램을 이용하는 방법이다. 일정 금액 이상의 거래나 특정속성을 갖고 있는 거래를 추출할 때 매우 유효한 기법이다. 예를 들어 감사인이 일정금액 이상의 매출거래 실재성과 발생사실을 확인한다고 가정하자. 이때 감사인이 판매금액 1억원 이상인 모든 매출거래를 선택하라는 조건을 부과하면, 1억원 이상의 모든 거래는 감사모듈에서 자동선택되어 기업의 자료파일과는 다른 별도의 자료파일에 복사(copy)된다. 감사인은 자료에 복사된 매출거래를 조사한 후 기업의 결과를 비교해 의심스러운 거래를 식별한다.

시험자료법이나 병행처리법은 보고기간중 발생한 일부 거래만 테스트할 수 있다. 감사모듈법은 기업이 처리하고 있는 실제 거래나 그 처리논리를 인식하여 감사인이 원하는 속성의 거래를 추출함으로써 관련 감사증적을 지속적으로 획득할 수 있다.

3. 전산환경에서의 실증절차

일반적으로 전산환경에서의 실증절차는 다음과 같이 회계관리 입출력을 중심으로 거래기록 및 계정잔액을 대상으로 수행한다.

- 일반거래기록의 정보처리의 안정성을 검증한다. 월말을 포함한 수일간의 입력자료 목록을 출력해 일계표를 검증한다. 입력자료 목록과 보조부의 기록을 비교하고, 일계표와 총계정원장을 비교한다.
- 총계정원장과 재무제표의 결론에 대한 정확성을 검증한다. 총계정원장의 출력자료와 시산표를 비교하고, 시산표와 각종 명세서 및 재무제표를 비교한다.
- 중간감사 시산표와 결산감사시점의 시산표를 비교해 중간감사일 이후의 정정 및 수정분개의 타당성을 검증한다. 결산분개 목록을 입수하여 해당 기초자료와 비교해 타당성을 확인하고 계산검증을 수행한다.
- 입력기초자료의 거래인식에 대한 감사절차는 해당 과목별로 검증한다.

• 프로그램의 변경 및 접근통제에 대한 검토를 수행한다. 프로그램의 모든 변경이 적절히 승인 및 테스트되고, 승인받은 사용자만이 데이터에 접근할 수 있는지 확인한다.
• 분개와 기타 조정사항의 개시, 기록 및 기록에 대한 회사의 정책과 절차를 검토한다. 가공의 분개가 승인되지 않도록 예방·적발하기 위해 기업이 설계한 통제를 검토한다.

제 5 절 서비스조직을 이용한 처리방식

기업 내부에 전산센터를 유지하지 않고 정보기술의 일부분 또는 전체를 응용프로그램 서비스제공자(application service providers : ASPs)[5]나 클라우딩 컴퓨팅(clouding computing)과 같은 형태로 기업 외부의 서비스조직에게 아웃소싱하기도 한다. 전산기능의 아웃소싱은 기업 내부통제를 외부 서비스조직에서 수행함을 의미하므로 감사인이 기업의 내부통제를 평가할 때 어려운 상황에 직면할 수 있다.

「감사기준서 402」에서는 이용자기업(서비스조직을 이용하는 기업으로서 자신의 재무제표를 감사받고 있는 기업)이 서비스조직(이용자기업에게 재무보고와 관련이 있는 정보시스템의 일부를 구성하는 서비스를 제공하는 제삼의 조직)의 서비스를 이용할 때, 중요왜곡표시위험을 식별·평가하고 이러한 위험에 대응하는 추가감사절차 수행과정에서 감사인이 고려해야 할 사항을 다음과 같이 제시하고 있다.

5) 네트워크를 통해 기업의 핵심 business application을 제공하고, 전문 기술인력이 고객을 대신하여 이를 구축, 관리해 주는 IT서비스이다. 기업이나 개인이 소프트웨어를 자체적으로 구입하지 않고 네트워크를 통해 호스팅 서비스업체의 서버를 이용해 원하는 프로그램을 사용료를 지불하고 사용하는 소프트웨어 임대사업이다.

Ⅰ. 내부통제 등 서비스조직이 제공하는 서비스의 이해

이용자기업 감사인은 서비스조직으로부터 제공받는 서비스를 이용자기업이 어떻게 활용하고 있는지 이해해야 한다. 이때 감사인은 ① 서비스조직이 제공하는 서비스 성격 및 이용자기업에 미치는 유의성, ② 서비스조직이 처리한 거래로 영향을 받는 계정이나 재무보고절차의 성격과 중요성, ③ 서비스조직이 수행하는 활동, ④ 이용자기업과 서비스조직 간 관계의 성격 등을 이해해야 한다.

이용자기업 감사인은 제공 서비스와 관련된 이용자기업의 내부통제 설계와 실행절차를 평가해야 한다. 감사인이 서비스조직에 대해 테스트를 수행할 때, 이용자기업의 내부통제 평가기준과 동일한 기준을 사용해야 한다.

이용자기업의 내부통제를 이해하기 위한 정보를 구할 수 없다면 다음 중 하나 이상의 절차를 수행해야 한다.

• 서비스조직의 통제에 대한 보고서
① 유형 1 : 전산내부통제의 설계유효성을 포함
② 유형 2 : 전산내부통제의 설계유효성 및 운용효과성을 포함

- 서비스조직의 통제에 대한 유형 1 보고서(통제에 대한 기술과 설계) 또는 유형 2 보고서(통제에 대한 기술과 설계 및 운용효과성)를 입수
- 특정정보를 얻기 위해 이용자기업에게 요청해 서비스조직과 접촉
- 서비스조직을 방문하여 서비스조직의 관련통제에 대하여 필요한 정보를 제공할 절차를 수행
- 서비스조직 감사인에게 서비스조직의 관련통제에 대하여 필요한 정보를 제공할 절차를 수행하고 보고해 줄 것을 요청

'유형 1 보고서'는 내부통제의 설계유효성만을 포함하며, '유형 2 보고서'는 내부통제의 설계유효성 및 운용효과성을 포함한다.

보고서 유형	보고서 내용	이용자기업 감사인의 활용범위
유형 1	내부통제의 설계유효성	내부통제의 이해
유형 2	내부통제의 설계유효성 및 운용효과성	내부통제의 이해 및 통제위험평가

이용자기업의 감사인은 유형 1 또는 유형 2 보고서를 검토해 입수하는 감사증거의 충분성과 적합성을 결정할 때, 다음을 만족할 수 있어야 한다.

- 서비스감사인의 전문가적 적격성 및 서비스조직으로부터의 독립성
- 발행된 유형 1 또는 유형 2 보고서에 적용된 기준의 적절성

Ⅱ. 평가된 중요한 왜곡표시에 대한 대응

이용자기업 감사인은 중요왜곡표시위험을 평가하기 위해 이용자기업이 보유한 서비스조직의 기록을 확인해 감사증거를 입수한다. 충분하고 적합한 감사증거의 입수가 불가능하면 추가감사절차를 수행하거나, 서비스조직을 감사하고 있는 타감사인을 활용하여 감사절차를 수행한다.

서비스조직의 통제가 설계측면에서 효과적이라고 기대하면, 이용자기업 감사인은 다음 절차 중 하나 이상을 수행하여 서비스조직 통제의 효과성에 관한 감사증거를 입수해야 한다.

① 입수가 가능한 경우, '유형 2 보고서'를 입수
② 서비스조직의 통제에 적합한 통제테스트를 감사인이 직접 수행
③ 서비스조직의 통제에 대하여 서비스조직 감사인이 통제테스트를 수행하고 보고해 줄 것을 요청

일반적으로 이용자기업 감사인은 서비스조직을 직접 감사하기보다는 '유형 2 보고서'를 입수하여 통제의 운용효과성에 대한 감사증거로 활용한다.[6] 유형 2 보고서를 이용할 때에는 다음의 절차를 수행한다.

- 보고서가 감사목적에 적합한 일자 또는 적합한 기간에 대한 것인지 평가
- 서비스조직 감사인이 서비스조직에서 식별한 통제가 이용자기업과 관련 있는지 결정하고, 관련이 있다면 통제의 운영효과성을 이용자기업 감사인이 테스트
- 서비스조직 감사인이 수행한 통제테스트의 대상기간 및 통제테스트의

6) 설계의 적합성만 기술하는 유형 1 보고서는 통제설계의 이해목적으로만 사용하며, 통제의 운용효과성에 대한 증거는 제공하지 않는다.

수행 후 경과된 기간의 적절성을 평가
- 서비스조직 감사인이 보고서에 기술한 통제테스트와 결과가 이용자기업 감사인의 위험평가에 충분하고 적합한 감사증거를 제공하는지 평가

상기 절차를 수행해도 서비스조직이 제공하는 서비스에 관한 충분하고 적합한 감사증거를 입수할 수 없고, 상기에서 기술한 ②와 ③의 절차로 수행할 수 없다면, 감사범위 제한에 해당하므로 감사의견을 변형해야 한다. 이용자기업 감사인은 적정의견을 표명할 때 감사보고서에 서비스조직과 관련하여 서비스조직 감사인이 수행한 업무는 원칙적으로 언급할 수 없다. 법규상 또는 변형의견을 이해할 수 있도록 하기 위해 언급이 필요하다면, 그러한 언급이 이용자기업 감사인의 감사의견에 대한 책임을 경감시키지 않는다는 사실을 명시해야 한다.

제 6 절 데이터 분석

Ⅰ. 의의 및 중요성

빅데이터(big data)는 2010년을 전후로 정보통신업계에서 크게 주목받고 있다. 전통적인 데이터 분석은 주로 경영의사결정을 지원하는 정도에 초점을 두었으나, 빅데이터는 빠르게 데이터를 분석하고 그 결과를 고객이 사용하는 제품과 서비스에 신속하게 반영하는 것에 초점을 맞추고 있다.

빅데이터를 활용하는 대표적인 기업으로 구글, 도미노피자, 넷플릭스를 들 수 있다. 구글의 검색엔진 및 광고 서비스의 각종 알고리즘은 빅데이터 자체이며, 서비스를 최적화해 수익을 극대화하고 있다. 피자 배달업체 도미노피자는 고객정보, 주문빈도, 주문방법 등을 보유한 데이터를 분석하여 소비자 행동 및 선호도를 반영한 데이터를 분석해 광고 및 운영 비용을 상당히 절감하였다. 넷플릭스는 빅데이터를 기반으로 하는 고도의 콘텐츠 추천 모델

인 시네매치(CineMatch)를 개발해 영화의 각종 속성과 사용자의 영화 감상 패턴을 분석 · 예측해 고객의 취향에 적합한 콘텐츠를 추천하고 있다.

빅데이터 분석기술에 대한 기업의 투자가 증대함에 따라 방대한 데이터를 다룰 수 있는 감사인 역량이 중요해지고 있다. 감사인은 복잡성이 증대하고 대용량 데이터를 다루는 환경에서 감사대상회사가 사용하는 기술과 데이터 분석을 효과적으로 이해해야 위험평가를 수행하고 관련한 위험에 대응할 수 있다.

감사인은 데이터베이스에 대한 지식과 이해가 필요하다. 이를 위해 데이터 형성에 대한 이해를 기반으로 한 데이터 준비 및 구조를 이해해야 하며, 데이터와 정보의 신뢰도를 분석할 수 있는 능력을 갖추어야 한다. 본절에서는 데이터베이스와 관련한 기본적인 내용을 다룬다.[7)]

데이터(data)는 의미 있는 정보를 가진 모든 값으로 사람이나 자동기계가 생성 또는 처리하는 형태로 표시한 것을 의미한다. 예를 들어 쇼핑몰에서는 회원명, 아이디, 주문상품명, 상품가격 등이 데이터에 해당한다.

데이터베이스(database)는 전자적으로 저장되고 체계적인 데이터 모음이다. 즉, 단어, 숫자, 이미지, 비디오 및 파일을 포함한 모든 형태의 데이터를 체계화한 데이터의 묶음 파일을 의미한다. 데이터베이스는 회사의 내부 운영을 지원하고 고객 및 공급업체와의 상호작용을 저장하므로 모든 조직에서 매우 중요하다. 데이터베이스 관리시스템(DBMS)이라는 소프트웨어를 사용하여 데이터를 저장, 검색 및 편집할 수 있다.

기업에서는 관리 정보와 엔지니어링 또는 경제모형과 같이 전문화된 데이터를 보유하기도 한다. 데이터베이스가 필요한 이유는 다음과 같다.

첫째, 데이터베이스 애플리케이션은 수백만, 수십억 개 등으로 확장해 대량의 데이터를 관리할 수 있다. 즉, 데이터베이스를 이용해 많은 양의 디지털 데이터를 효율적으로 저장하고 확장할 수 있다(효율적인 확장).

둘째, 데이터베이스에는 데이터의 정확성과 일관성을 보장하는 규칙이나 제약조건이 있는데, 이를 무결성(integrity)이라고 부른다.

셋째, 데이터베이스는 모든 데이터와 관련된 개인정보 보호 및 규정 준수 요구사항을 지원한다(데이터 보안). 데이터베이스에 액세스하려면 사용자가

7) 금융감독원은 "회계감사 정보기술 출제범위 확대 관련 안내"를 통해 공인회계사 시험과 관련한 데이터베이스 기본 용어(14개)를 안내하였고, 데이터분석 모의문제(4문항)를 제시하였다. 본서에서는 금융감독원이 제시한 안내를 중심으로 필요한 사항을 정리하였다.

로그인해야 하며, 사용자마다 액세스 수준(예 : 읽기 전용, 읽기 및 쓰기 전용)은 다를 수 있다.

넷째, 최신 소프트웨어 시스템은 데이터베이스를 사용하여 데이터를 분석한다. 이러한 시스템은 추세와 패턴을 식별하거나 예측을 수행할 수 있다(데이터 분석). 데이터 분석은 조직이 확신할 수 있는 경영의사결정을 내리는데 도움을 줄 수 있다.

Ⅱ. 데이터베이스의 종류

가장 초기의 데이터베이스는 자기 테이프에 데이터 레코드를 순차적으로 저장하는 방식이었다. 데이터베이스는 기술 발전에 따라 데이터 모델도 발전했는데, 다양한 종류의 데이터베이스가 존재하며 기업이나 조직에서는 각각의 특징과 장단점을 고려해 적합한 데이터베이스를 선택하고 있다.

데이터베이스는 1960년대 초에 등장한 이후 극적인 발전을 이루고 있다. 계층적 데이터베이스(일대다 관계만 허용하는 트리 형태 모형)와 네트워크 데이터베이스(다중 관계를 반영하는 보다 유연한 모형) 같은 탐색 데이터베이스는 원래 데이터 저장 및 조작에 사용하였다. 1980년대에는 관계형 데이터베이스가 인기를 얻었고, 1990년대에는 객체지향 데이터베이스가 등장하였다. 최근에는 인터넷의 성장으로 비정형 데이터의 속도 및 처리에 대한 요구가 높아지면서 이에 대한 대응책으로 NoSQL 데이터베이스가 등장했다. 오늘날에는 데이터 수집, 저장 및 관리 활용에 클라우드 데이터베이스와 자율 운영 데이터베이스가 널리 이용되고 있다.

1. 계층적 데이터베이스

계층적 데이터베이스(hierarchical database)는 데이터베이스 내의 한 파일을 n개의 파일로 1 : n 대응을 시키는 구성방식을 따르며, 트리 구조에 데이터 레코드를 보관하여 두 파일간에 상위-하위 관계를 설정한다. 각 레코드는 계층적으로 연결되며 이들 계층구조는 고정적이다.

예를 들어, 가구 소매점에 대한 계층적 데이터베이스 시스템을 만들려면 침실을 상위 레코드로 정의하고 침대와 옷장을 하위 레코드로 사용한다. [도표 8-9]에서 침대 레코드는 싱글 침대, 더블 침대, 퀸 침대와 같이 더 많은 하위 레코드를 가질 수 있다.

도표 8-9
가구 소매점의
계층적 데이터베이스

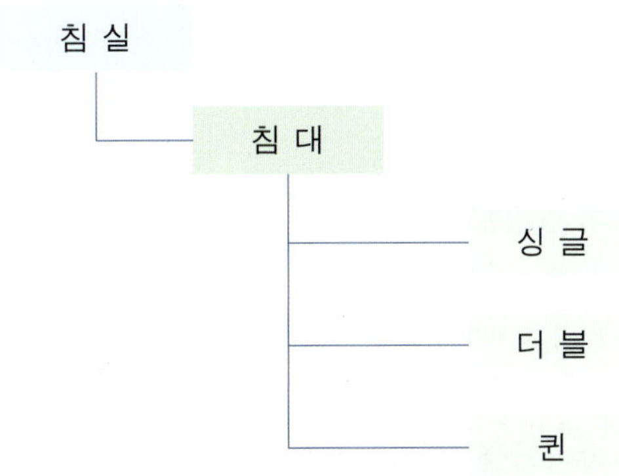

계층적 데이터베이스는 데이터간의 계층적인 관계를 나타내기에 적합하지만, 복잡하고 중요한 데이터의 중복 없이 여러 상위-하위 관계를 표현하기 어렵고 유연성이 부족하다는 단점이 있다.

2. 네트워크 데이터베이스

네트워크형 데이터베이스(network database)는 그래프 구조로 데이터를 표현하므로 데이터간의 복잡한 관계를 나타낼 수 있다.

네트워크 데이터베이스에서는 하나의 하위 레코드가 여러 상위 레코드

도표 8-10
가구 소매점의
네트워크 데이터베이스

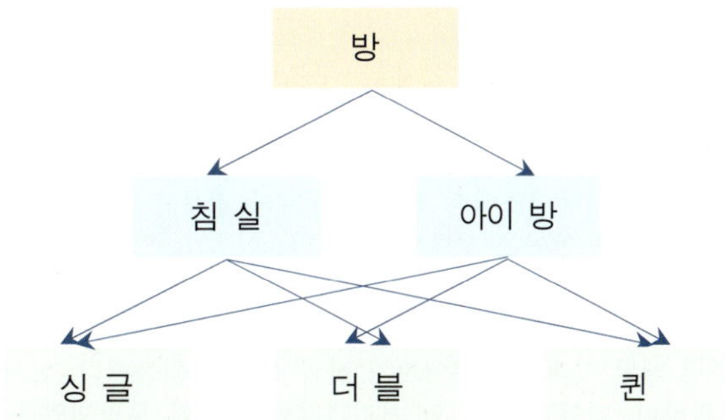

를 가질 수 있고 그 반대도 가능하다. 예를 들어, 가구 소매점에 대한 데이터베이스 시스템을 만들 때 [도표 8-10]처럼 두 개의 상위 레코드인 침실과 아이 방은 모두 하위 레코드인 침대와 옷장에 연결할 수 있다.

네트워크 데이터베이스는 일대다 관계만 허용하는 계층형 데이터베이스의 단점을 극복하였으나, 복잡한 구조 때문에 구현과 유지보수가 어렵다는 단점이 있다.

3. 관계형 데이터베이스

관계형 데이터베이스(relational database)는 데이터를 키(key)와 값(value)의 관계로 표현해 행렬로 테이블화한 것으로 SQL(Structured Query Language)[8]을 사용하여 데이터를 관리한다. 데이터간의 관계를 유연하게 표현할 수 있고, 데이터의 일관성을 보장하는 트랜잭션 처리(transaction processing)[9] 기능을 제공하며 키를 통해 값을 곧바로 찾을 수 있어 가장 널리 사용되고 있다.

관계형 데이터베이스에서는 레코드를 연결한 목록을 사용하지 않고 여러 테이블(table)로 구성한다.

(1) 테이블

테이블(table)은 데이터를 저장하는 기본 단위로 데이터를 하나 이상의 열과 행의 테이블(이를 '관계'라고 표현)에 저장해, 서로 다른 데이터 구조가 어떻게 관련되는지 쉽게 파악하고 이해할 수 있도록 사전 정의한 관계로 데이터를 구성하는 정보 모음을 말한다. 테이블을 릴레이션(relation)이라고도 표현하는데, 관계형 데이터베이스에서 정보를 구분하여 저장하는 기본 단위에 해당한다.

---

8) SQL은 "Structured Query Language"의 약자로 "구조화된 질의 언어"라는 의미를 담고 있다. SQL은 데이터베이스의 테이블에 저장된 수많은 데이터 중 원하는 조건에 맞는 데이터를 찾아내고, 그 데이터를 추가·수정 · 삭제하는 작업을 할 수 있게 해 준다. 예를 들어, 가구 소매점에서는 회원정보, 게시글, 주문내역 같은 데이터를 관리한다. 사용자가 웹사이트에 로그인하면 SQL 명령어가 데이터베이스에서 해당 사용자의 정보를 찾아 인증과정을 거치고, 사용자는 SQL을 통해 회원정보와 주문내역을 분석해 마케팅 전략을 수립할 수 있다.

9) 트랜잭션은 작업의 완전성을 보장해 주는 기능을 수행한다. 예를 들어, A은행 계좌에서 출금해 B은행 계좌로 입금한다고 가정하자. A은행 계좌의 출금과 B은행 계좌의 입금 거래가 모두 성공적으로 이루어져야 '완전한 거래'로 인정하고 거래 중 오류가 발생하면 해당 거래가 이루어지기 전의 상태로 되돌린다. 이처럼 거래(작업)의 완전성을 보장해 주는 방법을 트랜잭션이라고 표현하며, 데이터베이스의 처리과정이 완전히 보장되었을 때만 최종적으로 데이터베이스에 반영한다.

테이블은 데이터를 저장하는 기본 단위로 각 테이블은 행과 열로 구성되며, 각 행은 고유한 키(key, 식별자)에 따라 구별된다. 열(column, field, attribute)은 테이블을 구성하는 각 열을 나타내고 속성(attribute)이라고도 표현하며, 고객번호, 고객이름 등이 이러한 예에 해당한다. 열(속성)은 고유한 이름을 가지며 동일 테이블 내에서 중복할 수는 없다. 행(row, record, tuple)은 테이블을 구성하는 각 행, 레코드를 나타내며, 고객과 관련한 정보(나이, 성별)가 이러한 예에 해당한다.

쇼핑몰의 데이터를 엑셀로 관리한다고 가정하자. [도표 8-11]에서 보듯이 고객 데이터를 관리하는 Sheet 1에서 고객정보인 '이름, 아이디, 생일, 주소'와 같은 구조를 정한다. 제품 데이터를 기록한 Sheet 2에서는 제품명과 제품가격의 구조를 정한다. '누가', '무언가'를 샀다고 하자. 그러면 주문 데이터를 담은 Sheet 3에는 "Sheet 1의 1번이 Sheet 2의 제품 1번을 샀다"라는 식으로 데이터를 쌓을 수 있다. 이렇게 주문 데이터는 번호로 연결되는데, 이러한 관리기법을 관계형 데이터베이스라고 한다. 엑셀의 Sheet를 관계형 데이터베이스에서는 테이블이라고 표현한다.

관계형 데이터베이스에서는 엑셀에 데이터를 저장하지 않고 데이터를 파일로 만들어 저장·관리하는 소프트웨어를 사용한다.

도표 8-11
쇼핑몰 정보를 관리하는 엑셀 예

번호	이름	아이디	생일	주소
1	김○○	abc	7월 1일	서울시 마포구
2	이○○	efg	6월 25일	경기도 수원시
3	박○○	hik	3월 1일	서울시 송파구

Sheet 1 : 고객 데이터

번호	제품명	제품가격
1	신라면 10개	4,580원
2	진라면 10개	6,260원
3	생생우동 8개	13,240원

Sheet 2 : 제품 데이터

주문번호	주문고객	주문제품	수량	단가	주문일자
001	1	1	2	4,580원	2024-1-3
002	1	3	1	13,240원	2024-1-6
003	2	1	3	4,580원	2024-1-9

Sheet 3 : 주문 데이터

(2) 데이터 타입

데이터 타입(data type)은 프로그래밍, 데이터베이스, 데이터 분석에서 변수나

열(칼럼)이 가질 수 있는 값의 유형과 그 형식을 정의한다. 데이터 타입은 숫자, 문자열, 날짜 등 다양한 형태를 포함할 수 있다.

(3) 도메인

도메인(domain)은 각 열(속성)에 입력할 수 있는 값의 범위를 말하며, 데이터 타입과 길이를 미리 지정해 맞는 값만 입력될 수 있도록 데이터베이스를 설계한다. 예를 들어 학년 속성의 데이터 타입이 정수형이고 해당 속성에서 취할 수 있는 값의 범위가 1~4(1학년부터 4학년)까지라고 하자. 1부터 4까지라는 범위는 해당 속성에 지정된 정수형의 모든 범위가 아닌 일부분이므로 사용자는 1부터 4까지의 범위를 해당 속성의 도메인으로 정의해 사용할 수 있다.

테이블 도메인의 예로는 사번, 이름, 전화번호를 들 수 있다. 사번은 회사에 입사할 때 부여받은 고유 숫자이며, 이름은 종업원 이름으로 구성된 문자열 집합이고, 전화번호는 DDD-DDDD-DDDD 형식으로 구성된 문자열 집합(D는 0부터 9까지의 숫자)이다.

(4) 키

키(key)는 데이터베이스에서 조건을 만족하는 행(레코드)을 찾거나 순서대로 정렬할 때 기준이 되는 열(칼럼)을 의미한다. 키는 열(칼럼) 중 일부로 각 행(레코드)을 유일하게 식별해 낼 수 있는 식별자이며, 일반적으로 하나의 열(칼럼)을 지정하여 키로 지정하며 여러 개의 열(칼럼)로 키를 구성할 수도 있다.

예를 들어, 쇼핑몰에서 고객 데이터 및 제품 데이터와 같은 테이블(table)로 모형화할 수 있다. 테이블은 [도표 8-11]과 같이 고객 데이터와 제품 데이터를 열(column)로 연결해 주는데, 이 두 열 모두 기본 키(primary key) 또는 고윳값이라고 표현한다.[10)]

1) 기본 키

관계형 데이터베이스의 핵심은 기본 키인데, 모든 데이터에는 각 레코드를

---

10) 실무에서는 고윳값이라는 용어도 빈번하게 사용한다. 금융감독원에서 제시한 "회계감사 정보기술 출제범위 확대 관련 안내"에서는 Primary Key를 기본 키로 제시하고 있어 본서에서도 이 용어를 사용한다.

대표할 수 있는 기본 키를 갖고 있어야 한다. 예를 들어, 제품관리에 사용하는 바코드번호, 직원관리에 사용하는 사번, 우리나라 인구관리에 사용하는 주민등록번호 모두 기본 키에 해당한다.

기본 키는 행(레코드)을 유일하게 구분할 수 있는 속성으로 널(null)[11)]은 아니며, 기본 키로 정의한 속성에서는 같은 값을 중복해서는 안 된다. 예를 들어, 영업팀에 근무하는 '김대한'이라는 사원의 직급을 조회한다고 하자. 인사팀의 '김대한'이라는 동명이인의 대리가 있으면 옳지 않은 값이 조회된다. 이러한 문제를 해결하기 위해서는 사번을 기본 키로 부여하고 사번으로 직급을 조회하면 원하는 값을 올바르게 조회할 수 있다.

2) 외래 키

외래 키(foreign key)는 어떤 데이터에 속한 속성 또는 속성 집합이 다른 데이터의 기본 키가 되는 키를 의미한다.

외래 키의 개념을 이해하기 위해 앞에서 제시한 [도표 8-11]을 살펴보자. 고객 데이터는 이름, 아이디, 생일, 주소로 구성되며, 제품 데이터는 제품명과 제품가격으로 구성되어 있다. 고객 데이터의 속성은 4개이며, 아이디가 기본 키에 해당한다. 주문 데이터의 주문고객 속성이 고객 데이터의 기본 키인 아이디를 참조하면 주문고객 속성을 외래 키라고 표현한다.

[도표 8-11]에서 고객 데이터(테이블)와 제품 데이터(테이블)는 서로 관계가 있는데, 고객 테이블에서 기본 키인 아이디가 있는 열(column)은 주문 데이터(테이블)에서는 외래 키에 해당한다. 이에 따라 고객 데이터의 아이디가 있는 열에 존재하지 않는 아이디는 주문 데이터(테이블)에 입력될 수 없다.

(5) 조 인

조인(join)은 특정 열(칼럼)을 기준으로 두 개 이상의 테이블을 결합하는 방법으로, 내부조인과 외부조인이 있다. 조인을 사용하면 두 개의 테이블을 엮어 원하는 데이터를 추출할 수 있다. 두 테이블의 조인을 위해서는 앞서 살펴본 기본 키와 외래 키 관계를 맺어야 하고, 이를 일대다 관계라고 한다. 조인의

11) 널(null)은 아무것도 없다는 의미로, 프로그래밍 언어에서 널은 언어 종류에 따라 아무 값도 갖지 않음을 나타낼 때 사용한다. 0과 널을 혼동하는데, 0은 숫자로 정의할 때 내용이 없다는 의미이며, 널은 숫자인지 문자인지 정의된 형식조차 없을 때 사용한다.

세부 개념을 살펴보기 전에 데이터의 연결을 먼저 살펴보자.

1) 데이터의 연결

각 테이블에 기본 키를 추가하면 기본 키를 참조해 서로 다른 두 테이블을 연결(relation)한다. 서로 다른 두 개의 데이터를 연결하는 방식으로는 일대일 관계(1 : 1), 일대다 관계(1 : M), 다대다 관계(N : M)가 있으나, 실무에서는 대부분 일대다 관계(1 : M)로 데이터 관계가 형성된다. 예를 들어 제품정보는 기본 키인데, 입출고 현황 데이터에는 각 제품의 입출고 현황이 여러 번 기록된다.

2) 내부조인

내부조인(inner join, 교집합)은 두 테이블에서 공통으로 존재하는 키값이 되는 모든 행만 나타난다. 예를 들어, 테이블 1에 고객 이름, 아이디, 주소, 생년월일이 있고, 테이블 2에는 아이디, 주문번호, 제품명, 단가가 있다고 하자. 이때 테이블 1과 테이블 2에 공통으로 존재하는 '아이디'가 내부조인에 해당한다. 즉, 내부조인은 두 테이블을 조인할 때, 두 테이블에 모두 지정한 열의 데이터가 존재해야 한다.

3) 외부조인

외부조인(outer join)은 왼쪽, 오른쪽, 전체 세 가지 유형이 있고, 기준이 되는 테이블의 모든 값을 나타낸다. 외부조인은 두 테이블을 조인할 때 1개의 테이블에만 데이터가 존재해도 결과가 나온다.

앞서 살펴본 예에서 테이블 1과 테이블 2를 각각 왼쪽과 오른쪽이라고 하자. Left outer Join은 왼쪽인 테이블 1을 기준으로 오른쪽 테이블 2를 붙이는 것으로 왼쪽 테이블의 모든 값이 출력되는 조인이다. Right outer Join은 오른쪽 테이블 2를 기준으로 왼쪽 테이블 1을 붙이는 것으로 오른쪽 테이블의 모든 값이 출력되는 조인이다. Full outer Join은 테이블 1과 테이블 2의 모든 데이터를 붙이는 것으로 두 테이블의 합집합을 말하므로 왼쪽과 오른쪽 테이블의 모든 값이 출력되는 조인이다.

Left outer Join(Right outer Join)에서는 왼쪽(오른쪽) 테이블의 모든 행과 오른쪽(왼쪽) 테이블이 일치하는 행이 나오는데, 일치하는 값이 없으면 널(null) 값이 나온다. 즉, 두 개의 테이블을 조인할 때 조인의 기준으로 지정한 키에 따라 어느 한쪽의 테이블에는 그에 맞는 칼럼값이 없으면 원래 없던 값이므로 널값이 될 수밖에 없다.

Full outer Join은 두 테이블의 모든 행이 나오며, 일치하는 값이 없으면 널값이 나온다. 즉, 기준이 되는 키에 따른 칼럼값이 조인의 대상이 되는 두 개의 테이블에 모두 존재하지 않으면 널값이 나온다.

(6) 무결성

데이터를 효과적으로 활용하기 위해서는 데이터 품질을 확보해야 한다. 즉, 데이터베이스에 저장된 데이터의 정확성과 일관성을 보장하기 위해 도메인 무결성, 개체 무결성, 참조 무결성을 확보해야 한다. 이러한 데이터 품질 관리를 수행해 오류와 불일치를 방지하면 데이터를 활용한 경영의사결정의 신뢰성이 높아진다.

1) 도메인 무결성

열(칼럼)값의 기본 값 또는 가능한 값의 범위를 지정하면 도메인 무결성(domain integrity)을 확보할 수 있는데, 데이터 형식(type)을 통해 값의 유형을 제한할 수 있다. 예를 들어, 전화번호는 "DDD-DDDD-DDDD" 형식으로 구성된 문자열의 집합인데, D는 0부터 9까지의 숫자로 데이터 형식을 제한할 수 있다.

2) 개체 무결성

개체 무결성(entity integrity)을 확보하기 위해서는 기본 키(칼럼)에 중복된 값이 있거나 널값이 존재해서는 안 된다. 테이블의 기본 키를 구성하는 어떤 열(칼럼)도 널값을 가질 수 없다. 기본 키는 식별자 기능을 하므로 기본 키로 정의한 열(칼럼)이 널(null)을 가지면 이러한 식별자 기능은 상실한다.

3) 참조 무결성

참조 무결성(referential integrity)은 관련한 테이블의 행(레코드)간 관계를 유효하게 하는 규칙으로, 사용자 실수로 관련 데이터가 삭제되거나 수정되는 것을 방지하기 위한 조건이다. 즉, 참조되는 테이블 행은 이를 참조하는 참조 키가 존재하면 삭제될 수 없다.

사례 기본 키와 외래 키의 개념

김한국 회계사는 비상장회사인 (주)대한을 감사중이다. 김 회계사는 회사의 공급업체, 구매거래에 대한 데이터를 입수하였다. 다음은 김 회계사가 입수한 '공급업체'와 '구매거래' 테이블이다. 공급업체 테이블의 기본 키는 공급업체코드이며, 구매거래 테이블의 기본 키는 구매거래번호이다.

[공급업체 테이블]

공급업체코드	회사명	사업자번호	주 소
S1001	(주)가	123-45-○○○○○	서울시 구로구 ○○○로 ○○○
S1002	(주)나	456-78-○○○○○	서울시 영등포구 동빛로 123번길 45-6
S1003	(주)다	789-45-○○○○○	경기도 남양주시 ○○○로 ○○○
S1004	(주)라	486-56-○○○○○	경기도 안산시 상록구 ○○○로 ○○○
S1005	(주)마	357-12-○○○○○	서울시 마포구 ○○○로 ○○○
S1005	(주)바	424-68-○○○○○	경상남도 창원시 ○○○로 ○○○

[구매거래 테이블]

구매거래번호	품 목	주문일	금 액	공급업체코드	종업원코드
P1001	A	2024-01-03	654,686	S1001	E1002
P1002	B	2024-01-04	5,681,872	S1003	E1003
P1003	B	2024-01-08	3,150,552	S1003	E1004
P1004	C	2024-01-09	3,814,345	S1004	E1002
P1005	C	2024-01-11	6,038,711	S1002	E1001
P1006	B	2024-01-18	6,665,291	S1002	E1004
P1007	A	2024-01-19	3,912,395	S1007	E1003
P1008	B	2024-01-23	5,371,941	S1002	E1003

분석

■ 데이터베이스의 문제점

김 회계사는 상기 데이터를 검토한 후 관계형 데이터베이스 관점에서 두 가지 문제점이 있다고 판단하였다.

첫째, 공급업체 테이블을 살펴보면, 기본 키인 '공급업체코드'에 S1005는 회사명, 사업자번호와 주소가 다른데도 두 번 기록되어 있다.

둘째, 구매거래 테이블의 구매거래번호 P1007 행(레코드)의 공급업체코드(S1007)가 공급업체 테이블에 존재하지 않는다.

김 회계사는 관계형 데이터베이스 관점에서 파악한 문제점을 분석하기 위해 종업원 테이블을 추가로 입수하였는데, 기본 키는 '종업원코드'이다.

[종업원 테이블]

종업원코드	성 명	사업자번호	주 소
E1001	이○○	2011-12-02	서울시 영등포구 동빛로 123번길 45-6
E1002	윤○○	2013-04-04	서울시 강동구 ○○○로 ○○○
E1003	권○○	2013-08-20	경기도 용인시 기흥구 ○○○로 ○○○
E1004	장○○	2022-09-23	서울시 동대문구 ○○○로 ○○○

■ 감사 시사점

종업원 테이블의 종업원코드 E1001의 주소와 공급업체 테이블의 S1002의 주소가 동일하다. 종업원은 매입대금을 횡령하기 위해 가상 거래처를 자기 자신으로 설정하고 자기 집 주소 또는 지인 주소를 사용하는 사례가 빈번하다. 김 회계사는 가상의 공급업체일 가능성이 있다고 판단해 부정(횡령)위험이 존재한다고 판단하였다.

연습문제

진위형

다음의 설명을 읽고, 틀린 기술이라면 그 이유를 제시하시오.

(1) 기업의 회계처리가 전산으로 이루어지면 수작업처리방법과 비교할 때 감사인은 전산환경에서 설정해야 할 감사목표를 변경해야 하며, 감사절차를 적용하는 순서나 흐름도 변경해야 한다.

(2) 전산시스템은 기업운영의 검토 및 감독 과정에 다양한 분석도구를 적시에 제공하므로 경영진의 통제방법이 개선된다.

(3) 전산시스템에서는 수작업시스템에서 발생하는 계산상 오류 등 인적 오류는 실질적으로 모두 제거된다.

(4) 전산시스템에서는 거래 승인 및 검토가 전자형태로 기록되므로 수작업시스템과 비교할 때 거래증적이 증가한다.

(5) 자동화된 절차와 통제는 우연한 실수의 발생을 감소시키지만, 부당한 변경으로 무력화될 위험은 증가한다.

(6) 전산시스템에서는 전문적인 업무가 강조되므로 업무분장기능이 증가할 수 있다.

(7) 컴퓨터주변감사는 컴퓨터에 의한 처리과정은 검증하지 않고 입력자료와 출력자료에 초점을 맞춘다.

(8) 시험자료법에서 감사인은 기업이 실제 사용하는 프로그램에 감사인이 작성한 모의거래자료를 입력하여 검증한다.

(9) 병행처리법은 기업의 실제자료를 기업의 프로그램으로 처리한 후 실제 회계기록과 비교하는 방법을 활용한다.

(10) 병행처리법은 기업이 프로그램을 자주 변경하거나 승인받지 않은 프로그램을 부정한 목적으로 사용하는 것을 적발하고자 할 때 매우 효과적이다.

(11) 통합자료처리법은 기업의 전산시스템에 별도의 하위시스템을 설치한 후 모의자료를 이용하여 프로그램을 검증하는 방법이다.

(12) 감사모듈법은 감사인이 필요한 자료를 추출하기 위해 기업의 전산시스템에 감사모듈을 설치하는 방법이다.

(13) 이용자기업의 감사인은 서비스조직의 감사인으로부터 서비스조직의 통제에 대한 보고서를 입수해 내부통제의 설계 및 운영의 효과성을 평가할 수 있다.

서술형

1 전산일반통제의 취약점

(KICPA)

첨단전자(주)의 감사인이 내부통제를 검토하여 파악한 내용은 다음과 같다.

(1) 전산실장은 관리총괄 수석부사장에게 직접 보고한다.

(2) 자료의 입력과 출력은 이용부서에서 직접 수행한다. 이용자부서에서 계정과목코드 및 부서코드 등의 입력오류를 발견하면 신속한 업무수행을 위해 전산실에서 자료의 입력오류를 수정한다.

(3) 마스터파일 변경은 관련부서 책임자의 승인을 받아 전산실에서 수행하며(예 : 신규거래처등록), 변경 후에는 변경명세를 동 부서에 송부하여 관련 부서에서 검토한다.

(4) 컴퓨터 프로그래머인 엄청남 대리는 새로운 프로그램을 개발하는 업무를 주로 수행하나, 부수업무로 컴퓨터 오퍼레이터인 이예쁜 씨의 업무를 지원하고 있다. 이예쁜 씨는 시스템로그파일, 시스템개발 관련문서 및 입출력파일 등을 안전하게 보관하는 업무도 수행한다.

(5) 자료파일 및 프로그램에 대한 부당한 접근을 통제하기 위해 비밀번호를 사용하며, 이용자는 주기적으로 비밀번호를 변경해야 한다. 특정직원의 출장 등으로 부재시 발생할 수 있는 업무 중단을 방지하기 위해 전산실장은 부서 전직원의 비밀번호를 보고받아 관리한다.

(6) 자료입력 및 처리의 완전성과 정확성을 확보하기 위해 컴퓨터 통제프로그램을 이용하여 광범위한 프로그램화된 통제(편집)기능을 수행한다.

(7) 전산실이 소재한 건물은 습기 및 온도변화에 대한 시스템보호가 가능하며, 컴퓨터하드웨어 등 주요 전산설비는 화재보험에 가입되어 있다. 첨단전자(주)는 분실에 대비하기 위해 백업파일을 포함한 모든 파일과 프로그램 및 문서를 전산실 내에 보관하고 있다.

(8) 효율적인 업무수행을 위해 부장급 이상 관리자는 자신의 컴퓨터를 이용하여 기업의 모든 자료에 제한 없이 접근하여 열람할 수 있다.

요구사항

감사인은 상기 (1)에서 (8)까지 항목 중 다섯 개의 취약점을 발견하였다. 취약점이 포함된 항목의 번호를 기재하고 개선방안을 다음 [답안양식]에 따라 제시하시오.

[답안양식]

문항번호	개선방안

2 급여거래의 전산내부통제 취약점 확인

다음은 대한주식회사의 급여거래에 대한 전산내부통제를 기술한 것이다.

종업원은 매주 월요일 새로운 주별 근무카드를 작업장 입구에서 배부받고 이름, 종업원 사번, 매일 출퇴근시간을 기록한다. 다음주초에 공장장은 근무카드를 일괄적으로 전산부서에 송부한다. 전산부서 담당자는 근무카드를 근거로 주별 근무시간파일을 만들고 이 파일을 기초로 갱신처리된 급여마스터파일을 종업원의 고유번호와 함께 디스크파일에 저장한다. 전산부서에서는 이 자료를 근거로 재무담당임원의 승인을 받은 후 전산시스템의 급여파일을 갱신한다. 자금부서 담당자는 종업원 명의의 통장으로 계좌이체한다. 공장장은 신규종업원의 채용, 기존사원의 퇴직, 시간당 임률, 급여에 영향을 미치는 변동사항을 자료처리실에 통보한다.

대한주식회사의 급여시스템과 관련한 추가적인 정보는 다음과 같다.

- 모든 종업원의 1인당 총급여는 주당 ₩300,000을 넘지 못한다.
- 급여인상액은 시간당 ₩10,000을 넘지 못한다.
- 매주 초과근무시간은 12시간 이상 허용되지 않는다(주당 근무시간 52시간).
- 공장에는 10개 부문에 총 180명의 종업원이 근무하고 있다.

대한주식회사의 전산시스템에서 다음과 같은 문제점이 발생하였다.

(1) 종업원이 자신의 사번을 잘못 기록하여 급여가 잘못 이체되었다.
(2) 한 종업원은 ₩1,538,000의 급여를 이체받았는데, 자금부서 담당자가 ₩153,800을 잘못 이체한 것이다.
(3) 하드웨어의 조작부주의로 마스터파일 일부가 손상되었는데, 자료처리실에서 손상된 부분을 원시증빙서류들을 확인해 다시 입력해 파일을 복원시켰다.
(4) 한 종업원은 48근무시간이 84로 잘못 입력해 부당하게 높은 급여를 지급받았다.
(5) 급여마스터파일의 일부 기록이 삭제되어 최종갱신된 마스터파일에 반영되지 않았는데, 이러한 사실을 급여기간이 지난 후 발견하였다.
(6) 오퍼레이터가 자기 친구인 종업원 급여를 실제 금액보다 많이 입력하였는데 다른 종업원이 이를 발견하였다.

요구사항

전산시스템에서 발생한 문제점((1)~(6))과 관련한 내부통제의 취약점과 개선방안을 다음 [답안양식]에 따라 제시하시오.

[답안양식]

문제점 번호	내부통제 취약점	개선방안

3 전산환경에서의 감사 - 종합(Ⅰ)

대부분의 기업은 전사적 자원관리(ERP)를 활용하는 회계시스템을 운영하므로 감사인은 전산내부통제 및 전산감사기법을 이해하고 관련 지식을 보유해야 한다.

요구사항

다음은 전산통제의 주요 유형과 통제절차의 예를 기술한 것이다. 주요 통제유형의 번호(①~⑧)와 통제절차의 예(㉠~㉧)를 연결하시오.

주요 통제유형	통제절차의 예
① 전산부서의 업무분장 ( )	㉠ 컴퓨터가 정상작동을 하지 않으면 모니터에 경고 자막
② 시스템개발과 유지 ( )	㉡ 프로그래머와 오퍼레이터의 업무 분리
③ 하드웨어통제 ( )	㉢ 백업파일의 유지 및 컴퓨터 작동의 통제절차 유지
④ 물리적 및 온라인 보안 ( )	㉣ 적절한 컴퓨터 작동을 위한 작동 매뉴얼의 구비
⑤ 백업 및 비상계획 ( )	㉤ 주문처리부서에서 매출거래 보고서를 사후검토
⑥ 입력통제 ( )	㉥ 판매단가의 합리성 검증과 입력자료의 이중처리방지
⑦ 처리과정통제 ( )	㉦ 매출거래자료의 입력오류 방지를 위한 입력 전 사전승인 및 합계통제
⑧ 출력통제 ( )	㉧ 컴퓨터 및 파일자료에 접근하기 위해 비밀번호 사용

4 전산환경에서의 감사

대한기업의 회계처리는 전산으로 이루어져 원장이나 시산표 등을 별도로 작성하지 않으며, 거래파일을 생성시키고 이를 이용해 마스터파일(master file)을 갱신하는 작업이 컴퓨터에서 자동적으로 수행된다. 대한기업은 자료의 처리내용을 사후적으로 검토하기 위해 또는 육안으로 확인가능한 형태로 보관하기 위해 원장을 출력하여 보관하고 있다.

감사인은 컴퓨터자체감사(auditing through the computer)를 수행해 처리시스템 및 처리과정의 신뢰성을 확인하고자 한다. 감사인이 고려중인 컴퓨터자체감사기법에는 다음과 같이 세 가지가 있다.

> A : 모의거래자료를 기업이 사용하고 있는 프로그램으로 처리한 후 감사인의 예상결과와 비교하는 방법
> B : 기업의 실제자료를 감사인의 프로그램으로 처리한 후 회계기록과 비교하는 방법
> C : 기업의 전산시스템에 별도의 하위시스템을 설치한 후 모의자료와 실제자료를 처리하는 방법

〈상황 1〉
감사인은 대한기업이 승인받지 않은 프로그램을 부정한 목적으로 사용하는 것을 적발하고자 한다.

〈상황 2〉
감사인은 대한기업 전산부서의 도움 없이 독립적으로 감사를 수행하고자 한다.

〈상황 3〉
감사인은 대한기업이 실제 사용하고 있는 프로그램을 검증하고자 한다.

요구사항

각 상황에 적절한 컴퓨터자체감사기법을 선택하시오. 단, 각 상황은 서로 독립적이며 아래의 [답안양식]에 따라 작성하시오.

[답안양식]

상 황	컴퓨터자체감사기법
상황 1	A, B, C 중 선택하여 기재. 단, 어떤 상황에서는 하나 이상의 기법을 선택가능

5 전산환경에서의 감사 - 종합(Ⅱ)

(KICPA)

기업의 내부통제는 수작업 요소뿐만 아니라 자동화된 요소를 포함한다. 회계시스템에 정보기술(IT)을 적용하는 기업의 전산통제와 관련한 다음의 물음에 답하시오.

요구사항

1. A(주)는 대부분의 소프트웨어를 자체적으로 개발해서 사용하고 있다. 다음은 X회계법인의 김 회계사가 전산부서의 내부통제에 대해 파악한 사항이다. 감사인이 파악한 전산부서 내의 기능과 관련한 취약점과 개선안을 [답안양식]에 따라 서술하시오.

> 전산부서장은 IT전략계획을 달성할 수 있는 활동을 감독하는 책임을 지고 있다. 보안관리자는 물리적·온라인 접근을 감시하며, 보안위반사항을 조사하여 적절한 조치를 취하는 기능을 수행한다. 전산부서 내 기능은 다음과 같이 시스템개발, 작동 및 처리, 자료통제 등으로 구분된다.
>
> (1) 시스템개발 : 시스템분석가와 프로그래머로 구성되어 있으며, 원칙적으로 이들은 자료입력 및 컴퓨터 작동업무(operating)를 수행하지 못한다. 오퍼레이터가 다루기 힘들거나 긴급하게 처리해야 할 사항이 발생하면 업무효율을 위하여 전산부서장과 보안관리자의 승인하에 프로그래머가 자료입력 및 컴퓨터 작동업무를 수행할 수 있다.
>
> (2) 작동 및 처리 : 오퍼레이터와 네트워크관리자로 구성되어 있다. 오퍼레이터는 전산부서장이 수립한 일정에 따라 컴퓨터를 작동할 책임을 지며 프로그램, 거래파일, 기록 및 문서 이용과 관련된 통제도 담당한다.
>
> (3) 자료통제 : 자료입출력통제부서와 데이터베이스관리자로 구성되어 있다. 자료입출력통제부서는 독립적으로 입력 및 출력 자료의 타당성을 검증하며, 데이터베이스관리자는 공유된 데이터베이스의 안전한 유지와 접근관리에 대한 책임을 진다.

[답안양식]

사례번호	취약점 여부(○ 또는 ×)	취약점과 개선안(취약점이 없으면 "없음"으로 기재)
(1)		
(2)		
(3)		

2. A(주)는 감사대상 회계기간중 전산시스템의 프로그램을 변경하였다. 감사인은 변경된 프로그램을 검증하기 위해 두 가지 방법을 고려할 수 있다. "방법 1"은 모의거래자료를 이용하여 전산시스템의 처리과정통제를 검증하는 것이며, "방법 2"는 기업의 실제자료를 감사인의 프로그램으로 처리하여 비교하는 것이다. 통제테스트와 세부테스트 관점에서 적용할 수 있는 방법을 선택하고, 이유를 [답안양식]에 따라 서술하시오.

[답안양식]

감사절차	방 법	이 유
통제테스트	"방법 1" 또는 "방법 2" 중 선택	
세부테스트	"방법 1" 또는 "방법 2" 중 선택	

※ 다음은 요구사항 **3**에 관련된 자료이다.

A(주)는 재무보고와 관련된 정보시스템의 일부를 B(주)로부터 아웃소싱받고 있다.
A(주)는 당기부터 X회계법인과 감사계약을 체결하여 감사를 진행중이다.

3. 감사인은 A(주)가 아웃소싱받고 있는 정보시스템의 내부통제에 대하여 충분하게 이해할 수 없었다. 이에 따라 감사인은 B(주)의 서비스감사인으로부터 통제에 대한 보고서(통제에 대한 기술과 설계 및 운영 효과성을 포함)를 확보하여 이용하기로 하였다. 감사인(X회계법인)이 동 보고서에서 제공되는 감사증거의 충분성과 적합성을 판단하기 전에, 어떤 사항을 고려해야 하는지 서술하시오.

6 전산통제와 감사계획 (KICPA)

X회계법인은 A(주)와 20×1년부터 20×3년까지 3년간 감사계약을 체결하였고 20×1년 감사의견은 적정의견이었다. 감사팀은 A(주)의 20×2년도 영업환경, 재무성과 및 통제환경이 20×1년도와 크게 다르지 않을 것이라고 예상하고 있다. 감사팀은 20×2회계연도(1.1～12.31) 감사를 위하여 다음과 같은 일정을 수립하였다.

〈감사일정〉

날 짜	업 무
20×2년 5월	감사계획 수립을 위한 감사팀 토의 : 20×1년 수행한 감사절차를 기초로 20×2년 통제테스트 및 실증절차 계획을 수립
20×2년 9월	중간감사 : 통제테스트를 수행하고 그 결과를 기초로 사전적으로 수립한 실증절차 계획을 수정
20×3년 2월	기말감사 : 실증절차 수행

〈자료 1〉 20×1년 감사조서 검토 결과

감사팀의 김 회계사는 A(주)의 20×2년 감사계획을 수립하기 위하여 20×1년 감사조서를 검토하고 아래 사항을 발견하였다.

(1) 매출채권계정과 관련된 통제의 설계 및 운영은 효과적이었으며 세부테스트에서 중요한 왜곡표시는 발견되지 않았다.
(2) 정보시스템에 대한 정보기술 일반통제(general IT controls)는 효과적이었다.

〈자료 2〉 20×2년 감사를 위한 사전 실증절차(preliminary substantive procedures) 계획

20×1년 감사조서를 검토한 결과, 김 회계사는 20×2년 매출채권계정 감사에서도 통제의 설계 및 운영은 효과적일 것이라고 판단하였다. 20×1년 실증절차(20×1년도에는 충분하고 적합하다고 가정)와 동일하게 20×2년 실증절차를 다음과 같이 계획하였다.

(1) (총계정원장 대조) 정보시스템에서 산출되는 매출채권명세서 합계금액과 총계정원장의 잔액을 비교한다.
(2) (분석적절차) 매출채권에 대한 분석적절차를 수행한다. 분석적절차에는 당기와 전기 잔액의 비교, 회전율 및 회수기간 분석, 대손충당금 비율 분석을 포함한다.
(3) (기간귀속) 총계정원장에 기록된 20×2년 12월 31일 최종 인도분과 20×3년 최초 인도분에 대하여 거래명세서의 날짜와 비교한다.
(4) (조회) 매출채권명세서에서 1억원(매출채권계정에 적용되는 중요성기준 2억원×50%)을 초과하는 거래처는 모두 조회서를 발송한다. 1억원 이하에 대하여는 무작위 추출된 25개 거래처에 조회서를 발송한다. 조회기준일은 20×2년 9월 30일이다.
(5) (회수가능성) 정보시스템에서 산출되는 연령분석표(aging schedule)의 합계와 매출채권명세서의 합계금액을 비교한다. 회사의 대손추계액 산정기준적용의 일관성, 그리고 회수불능인 개별매출채권 여부에 대한 회사 제시 자료의 적절성을 검토한다.

20×2년 5월에 열린 감사계획 토의에서 상기의 실증절차를 업무수행이사가 승인하였다.

〈자료 3〉 20×2년 중간감사결과

20×2년 9월에 진행한 중간감사에서 아래 사항을 발견하였다.

(1) 정보기술 일반통제의 테스트 결과, 프로그램 변경이 승인 없이 이루어지고 승인을 받지 않고 정보시스템에 접근하는 사례도 다수 발견되었다. 이에 따라 정보기술 일반통제는 효과적이지 않다고 결론내렸다.
(2) 매출채권과 관련된 수작업통제에서 업무분장 미비 및 부적절한 승인의 사례가 발견되어 효과적이지 않다고 결론내렸다.
(3) 상기 (1), (2)의 결과를 고려하여 매출채권과 관련된 정보기술 응용통제에 대한 확대 테스트를 수행하지 않고, 응용통제는 효과적이지 않다고 결론내렸다.

요구사항

〈자료 3〉의 응용통제 취약에 따른 20×2년 중간감사결과를 고려하여 〈자료 2〉의 20×2년 사전 실증절차 계획에서 변경 또는 추가해야 할 사항을 다음 [답안양식]으로 기술하시오.

[답안양식]

20×2년 실증절차 계획	변경 또는 추가해야 할 실증절차
(예시) (1) 총계정원장 대조	(예시) 정보시스템에서 산출된 계정명세서의 합계를 재계산한다.
(2) 분석적절차	
(3) 기간귀속	
(4) 조회	
(5) 회수가능성	

7 전표분석

(금융감독원 데이터분석 모의문제)

김민국 회계사는 진행기준으로 수익을 인식하는 대한건설회사의 20×3년 감사업무를 담당하고 있다. 김민국 회계사는 공사원가와 관련한 감사절차로 전표분석(Journal Entry Test, 이하 'JE Test')을 수행하기로 하였다.

(1) 김민국 회계사가 회사로부터 수령한 진행률 명세표는 다음과 같다.

(단위 : 억원)

현장명	공사개시 연도	도급액	당기 총예정원가	전기누적 발생원가	당기 발생원가	총누적 공사원가	누적 진행률
A	20×2	1,000	1,200	300	300	600	50%
B	20×1	500	400	200	200	400	100%
C	20×3	900	800	0	200	200	25%

(2) 김민국 회계사는 기말에 발생한 공사원가를 검토하면서 위험이 크다고 판단한 전표로 네 개를 추출하였다.

(단위 : 억원)

전표번호	전기일	계정명	차변금액	대변금액	현장명	전표유형
1	20×3.12.28	공사원가		50	A	수동
	20×3.12.28	공사원가	50		C	수동
2	20×3.12.29	미지급금		60	B	자동
	20×3.12.29	공사원가	60		B	자동
3	20×3.12.30	공사원가		10	C	수동
	20×3.12.30	공사원가	10		B	수동
4	20×3.12.31	공사원가	80		C	자동
	20×3.12.31	선급공사원가		80	C	자동

요구사항

1. 김민국 회계사가 대한건설회사가 조작한 전표 데이터를 누락하지 않기 위해 수행해야 할 적절한 감사절차를 서술하시오.

2. (2)에 제시된 1~4의 전표 중 공사손익을 과대계상할 위험이 가장 큰 번호를 제시하고 그 이유를 서술하시오.

8 매출채권 실증절차

(금융감독원 데이터분석 모의문제)

대한회계법인은 중견 제조기업인 한빛테크(주)에 대한 회계감사를 수행하고 있으며, 김민국 회계사는 매출 및 매출채권과 관련한 경영진주장에 대한 감사를 수행하고 있다. 김민국 회계사가 파악한 내용은 다음과 같다.

(1) 한빛테크(주)는 매출채권을 현금(계좌이체)으로만 회수하고 있다.

(2) 김민국 회계사는 매출채권 회수의 적정성을 확인하기 위해, 당기 매출주문내역 및 현금회수 관련 데이터를 입수하였다. 김민국 회계사는 데이터 분석기법을 활용하여 다음과 같은 결과를 도출하였다.

(단위 : 원)

구 분	상 황	고객코드	주문금액	현금수취액	차 이
①	현금수취액이 주문금액과 동일	1001	50,000	50,000	–
		1002	100,000	100,000	–
		…	…	…	…
②	현금수취액이 주문금액보다 작음	1103	200,000	180,000	20,000
		1104	100,000	80,000	20,000
		1105	50,000	45,000	5,000
③	현금수취액이 주문금액보다 큼	1106	30,000	50,000	(20,000)
		1107	20,000	21,000	(1,000)
④	현금수취 없음	1108	300,000	–	300,000
		1109	150,000	–	150,000
		1110	50,000	–	50,000
합 계			10,000,000	9,476,000	524,000

(3) 전기 이전(전기 포함) 발생한 매출채권은 전기말까지 모두 회수한 것으로 가정한다.

요구사항

위의 ①부터 ④까지 중 매출채권 과대표시(또는 대손충당금 과소표시) 위험이 높은 상황을 모두 선택하고, 이들 항목에 대해 고려할 수 있는 추가감사절차를 서술하시오.

9 매출 기간귀속

(금융감독원 데이터분석 모의문제)

대한회계법인은 민국전자에 대한 감사를 수행하고 있으며, 감사팀원인 김한국 회계사는 수출매출의 기간귀속에 대해 감사절차를 설계하고 있다. 김한국 회계사가 파악한 사항은 다음과 같으며, 제시된 데이터는 적정하다고 가정한다.

(1) 회사의 매출은 내수와 수출로 구분되며, 김한국 회계사는 회사에 수출매출원장 등 관련 데이터를 요청하였다. 다음은 김한국 회계사가 입수한 수출매출원장의 일부이다. 아래 테이블은 '송장번호'가 기본 키이며, '청구일자'가 현재 회사의 재무제표상 매출이 인식되는 일자이다.

송장번호 (Invoice No.)	청구일자	계정코드	계정과목	차변금액	대변금액	거래처 ID
…	…	…	…	…	…	…
INV0483	20×3.12.31	10011	매출-수출	–	4,510,000	C001
INV0987	20×3.12.31	10011	매출-수출	–	1,280,000	C002
INV0821	20×3.12.31	10011	매출-수출	–	8,220,000	C003

(2) 다음은 김한국 회계사가 입수한 선적거래 테이블의 일부이다. 회사는 하나의 송장번호에 여러 선적거래가 발생할 수 있으나, 하나의 선적거래는 두 개 이상의 송장을 발생시킬 수는 없다고 주장한다. 아래의 테이블은 '선적번호'가 기본 키이며, '송장번호'가 외래 키이다.

선적번호 (Shipping No.)	송장번호 (Invoice No.)	선적일자	고객번호	제품번호	수량	도착일자	추적번호	거래조건
…	…	…	…	…	…	…	…	…
SHP0016	INV0483	20×3.12.02	C001	P001	10	20×3.12.09	TRACK101	DDP
SHP0033	INV0483	20×3.12.02	C001	P031	12	20×4.01.02	TRACK011	FOB
SHP0081	INV0821	20×3.12.02	C003	P075	9	20×3.12.18	TRACK028	CIF
SHP0032	INV0821	20×3.12.02	C003	P031	12	20×4.01.01	TRACK093	DDP
SHP0046	INV0987	20×3.12.02	C002	P028	18	20×3.12.29	TRACK064	CIF
SHP0064	INV0987	20×3.12.02	C002	P010	22	20×3.12.31	TRACK036	FOB

(3) FOB(본선 인도조건, Free On Board)와 CIF(운임 및 보험료 인도조건, Cost, Insurance and Freight) 거래조건에서는 선적일에 매출을 인식하며, DDP(관세 지급 인도조건, Delivered Duty Paid) 조건에서는 도착일에 매출을 인식한다.

요구사항

1. 김한국 회계사는 '선적거래 테이블'에 적정한 매출일자를 나타내는 열(Colum A)을 추가하고자 한다. 이때 필요한 데이터 처리방법(논리)이 무엇인지 무역거래조건, 선적일, 도착일 열(Column)을 이용하여 설명하시오.

2. '선적거래 테이블'에 '수출매출원장'의 청구일자(회사의 매출인식 시기)를 가지고 오기 위하여 어떠한 데이터 처리방법(논리)을 실행해야 하는지 설명하시오.

3. 김한국 회계사는 선적번호 SHP0032의 거래를 예로 들며, 회사의 재무제표에는 매출 기간귀속에 대한 왜곡표시위험이 있다고 판단하고 있다. 김한국 회계사가 이러한 문제를 제기한 이유를 설명하시오.

♠사례연구

시험자료법

(KICPA)

강직한 회계사는 전산시스템을 이용하여 매출거래를 처리하는 월출백화점을 감사하고 있다. 백화점의 매출채권, 매출, 재고자산의 수량기록, 판매수수료 등은 전산시스템과 연결되어 있는 POS단말기의 입력자료를 근거로 자동계산된다. 판매원은 판매할 때 스캐너(scanner) 및 키보드를 이용해 POS 단말기에 다음의 자료를 입력한다.

- 제품번호
- 판매량
- 판매단가
- 점포의 고유번호
- 판매원번호
- 판매일자
- 현금매출 혹은 카드매출
- 카드매출에 대한 고객의 카드번호

부가가치세를 포함한 매출액은 POS단말기에 연결된 전산시스템에서 자동으로 계산되며, POS단말기의 모니터에 나타난다. 현금매출의 유일한 출력자료는 영수증뿐이며, 고객에게 발행된다. 카드매출에서는 카드매출전표가 작성되며, 판매원은 부본 한 장씩을 철한 후 이를 모아 매일 회계부서에 송부한다.

회계부서에서는 매일 매출결과 집계표를 작성한다. 집계표에는 점포에서 취급하는 93개 품목의 개별 합계뿐만 아니라, 각 점포에서의 판매원별 매일 및 월누계액이 표시된다. 재고자산의 수량 기록과 매출채권 기록은 매일 디스크에 수록 · 갱신되며 이 기록의 근거자료는 컴퓨터에서만 육안으로 확인할 수 있다.

요구사항

1. 강 회계사는 상기의 매출 및 매출채권거래를 감사하는 과정에서 어떠한 내용들을 평가 · 결정하려고 하는 것인가?

2. 강 회계사는 감사과정에서 구체적으로 어떠한 문제에 직면할 수 있는가?

CHAPTER 9

매출과 대금회수활동의 통제테스트 및 실증절차

제 1 절 매출과 대금회수활동의 내부통제

제 2 절 매출거래와 대금회수거래의 테스트절차

제 3 절 매출채권 계정잔액의 실증절차

제 4 절 매출채권의 외부조회절차

제 5 절 공정가치 등 회계추정에 대한 감사

학습목표

이 장의 학습을 완료하면 다음 질문에 답변할 수 있어야 한다.

1. 매출 및 대금회수활동에서 생성된 문서와 회계장부로는 어떤 것들이 있는가?
2. 매출거래와 대금회수거래는 어떠한 흐름으로 완결되는가?
3. 매출거래에는 어떠한 통제목표와 통제절차들이 있는가?
4. 경영진주장을 확인하기 위한 매출거래의 통제테스트와 세부테스트는 어떻게 진행되는가?
5. 대금회수거래에는 어떠한 통제목표와 통제절차들이 있으며, 경영진주장을 확인하기 위한 대금회수거래의 통제테스트와 세부테스트는 어떻게 진행하는가?
6. 감사인은 계정잔액 실증절차 일환으로서의 분석적절차를 어떻게 수행하는가?
7. 감사인은 매출채권 계정잔액에 대한 경영진주장을 확인하기 위해 어떠한 방법으로 세부테스트를 수행하는가?
8. 감사인이 외부조회를 설계할 때 중요하게 고려해야 할 요소로는 어떠한 것들이 있는가?
9. 외부조회를 실시(조회대상자의 선정, 조회서의 작성 · 발송 · 회수 · 평가)하는 과정에서 감사인이 유의해야 할 사항으로는 어떠한 것들이 있는가?
10. 회계추정에 대해서는 어떤 특별한 감사절차를 거치는가?

한눈에 살펴보는 이 장의 내용

매출과 대금회수활동은 고객 주문에서 시작해 상품(또는 용역)을 판매하여 현금을 회수하기까지의 활동을 포함한다. 감사인은 매출거래 내부통제를 이해하고 중요왜곡표시위험 수준을 예비평가하여 통제테스트 수행이 효율적인지 평가한다. 통제테스트에서 결정된 평가결과는 실증절차의 성격, 시기 및 범위에 영향을 미친다.

매출의 주요 활동으로는 거래처마스터파일관리, 주문처리 및 수주등록, 출고 및 운송, 매출기록 및 대금청구, 대금회수 및 채권관리가 있다. 거래처마스터파일관리의 통제목표는 거래처의 기본정보와 신용정보를 정확하고 완전하게 생성 · 관리하는 데 있다. 주문처리는 반드시 문서화해야 하며, 승인받은 주문서를 오류 없이 수주등록해야 한다. 출고지시서에 따라 출고가 이루어져야 하고, 거래처가 요청한 납기를 준수할 수 있도록 해야 한다. 대금청구가 누락되거나 중복해 이루어지지 않도록 해야 하고, 대금회수는 무통장입금거래를 원칙으로 하며 대손확정은 승인절차에 따라 이루어져야 한다.

감사인은 효율적인 감사를 수행하기 위해 동일한 표본을 대상으로 통제테스트와 세부테스트를 동시에 실시해 왜곡표시를 확인한다. 통제테스트에서는 이탈사항을 확인하고, 거래유형 세부테스트에서는 왜곡표시액을 검증한다. 기업은 매출 누락보다는 과대계상하는 경향이 있으므로 실재성 감사에 비중을 둔다. 현금은 부정에 매우 민감한 자산이므로 통제절차의 효과적인 운용여부가 현금 자산의 보호에 영향을 미친다. 대금회수거래에서는 세부테스트보다는 통제테스트에 더 중점을 둔다.

매출채권 계정잔액의 실증절차로서 실증적인 분석적절차를 실시하여 전반적인 합리성이나 비경상성을 평가한 후, 매출채권 계정잔액의 세부테스트를 실시한다. 감사인은 세부테스트를 수행해 계정잔액에 포함된 왜곡표시금액을 확인하는데, 매출채권 실재성과 기간귀속을 검증하기 위해 거래처에 잔액을 조회한다. 외부조회는 계정잔액과 구성내역을 확인하기 위해 실시하는데, 기업 외부의 독립된 원천으로부터 감사인이 직접 입수하는 감사증거이므로 신뢰성이 더욱 높다.

회계추정은 경영진의 편의가 개입되므로 추정의 불확실성 정도는 회계추정치의 중요왜곡표시위험에 영향을 미친다. 감사인은 회계추정치와 관련하여 발생할 수 있는 중요왜곡표시위험을 식별 · 평가하며, 이러한 평가에 대응하는 감사절차를 수행해야 한다.

〈감사의 흐름〉

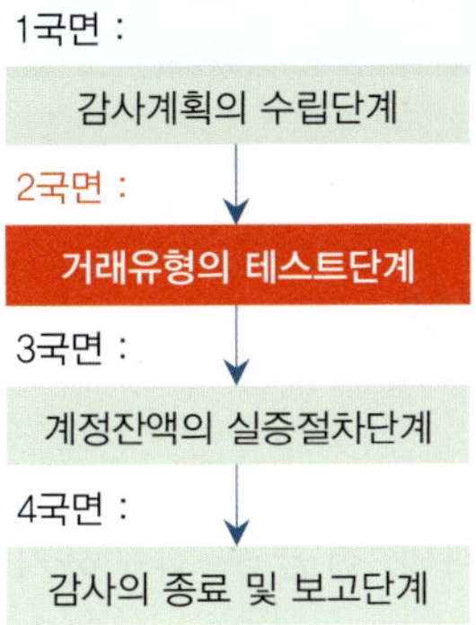

본장에서는 제7장에서 이미 설명한 내부통제의 이해와 테스트절차에 관련하여 매출거래와 대금회수거래를 대상으로 구체적인 통제테스트 실무사례와 그 적용방법, 매출채권과 대손충당금 계정잔액의 실증절차를 설명한다.

제7장에서 언급한 내부통제평가의 세부계획 수립절차와 본장에서 사례로 제시하는 매출거래를 상호 연결하면 [도표 9-1]과 같은 통제테스트 세부절차로 구체화된다.

도표 9-1
매출거래 내부통제평가의 세부계획 수립절차

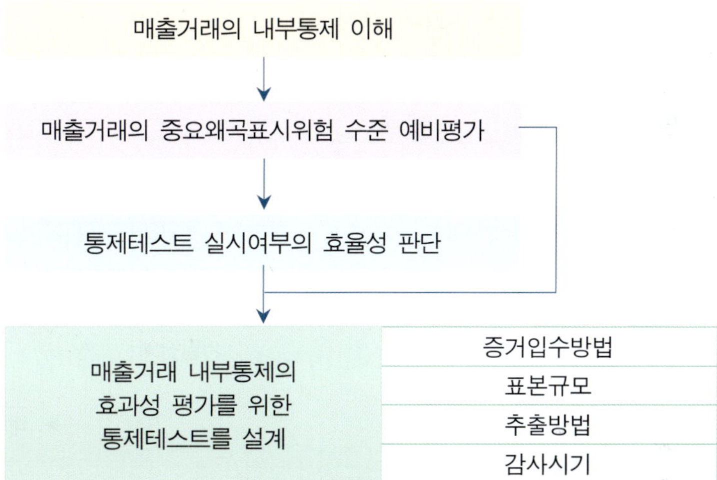

통제테스트를 수행한 후 회계기록의 왜곡표시를 확인하기 위해 실증절차를 수행한다. 통제테스트에서 결정된 중요왜곡표시위험의 평가결과는 본장 제3절에서 설명하는 매출채권 계정잔액 실증절차의 성격, 시기 및 범위의 결정에 직접적인 영향을 미친다.

제 1 절 매출과 대금회수활동의 내부통제

Ⅰ. 관련계정과 거래흐름의 이해

매출과 대금회수활동은 고객 주문에서 시작해 상품판매와 현금을 회수하기까지의 모든 활동을 포함한다. 내부통제 평가를 위해서는 관련계정의 연결관계를 이해해야 한다. 매출과 대금회수활동에 포함되는 계정과목 흐름은 [도표 9-2]와 같다.

○ 도표 9-2
매출과 대금회수활동의 관련계정 및 거래흐름

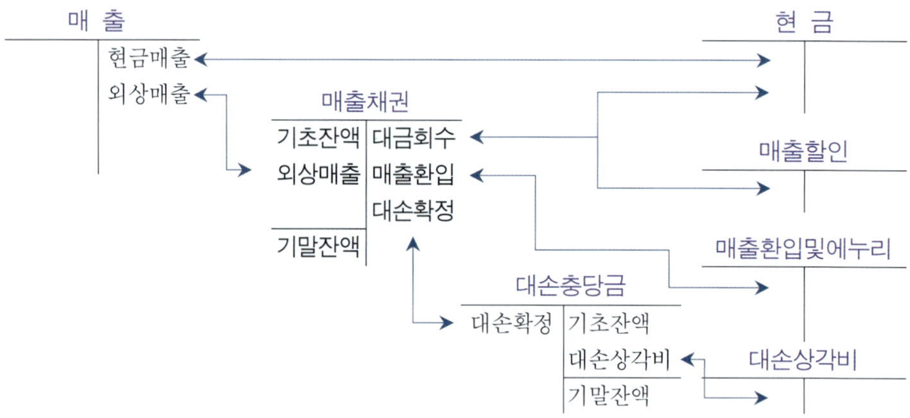

Ⅱ. 관련문서와 회계장부

매출과 대금회수활동에서 사용하는 문서와 회계장부는 다음과 같다.

1) 고객주문서

고객주문서(customer order)는 고객으로부터 물품 제공을 요청받는 서류이다. 사전에 미리 인쇄된 주문서 양식에 필요한 제품의 수량과 종류, 주문조건과 가격을 기록한다.

2) 판매지시서

판매지시서(sales order)는 고객이 주문한 상품의 내용, 수량 및 관계자료 등을 기록한 문서이다. 많은 기업은 고객주문서에 적송승인과 신용승인 여부를 표시하여 판매지시서로 사용한다.

3) 적송서류(또는 고객인수증)

적송서류(shipping document)는 적송시점에 발송부서가 작성하는 문서로서 품명, 선적수량과 기타 관련 자료가 표시된다. 적송서류는 매출(수익)을 인식하기 위한 제품의 고객인도를 증빙하고 고객에게 대금청구용으로 사용된다. 적송서류 일종인 선하증권(bill of lading)은 상품 선적과 인수사실을 문서로 작성한 증권으로, 국내거래에서는 출고지시서(전표)나 고객인수증이 선하증권 역할을 한다.

4) 매출송장(또는 매출전표)

매출송장(sales invoice)은 매출상품의 종류와 수량, 가격 등 기타 관계자료를 기록한 서류로 회계(장부)기록을 공식적으로 지시하는 최초 서류이다. 매출수량과 대금지급시기 등을 고객에게 알리는 수단으로서 원본은 고객에게 송부하고, 부본은 회계장부의 매출기록에 대한 증빙서류나 매출전표로 사용한다. 국내거래 대부분은 세금계산서나 거래명세표가 고객용 대금청구서와 기업의 장부기록용 매출송장 역할을 한다.

5) 매출분개장(또는 매출거래파일)

분개장에는 일별 매출총계를 기록하며, 일별로 보관된 매출송장 총계는 매출분개장에 기록된 매출총계와 같아야 한다. 전산시스템에서는 기간별(예 : 일별) 거래기록이 매출거래파일 형태로 유지되며 수작업시스템의 매출분개장을 대신한다.

6) 송금통지서(또는 거래명세표나 세금계산서)

송금통지서는 매출송장과 함께 기업이 고객에게 송부하며 대금을 수령할 때 고객의 이름, 매출송장 번호, 매출송장의 금액을 확인하기 위해 작성되는 서류이다. 송금통지서를 사용하면 입금누락을 이용한 부정을 통제할 수 있기 때문에 자산보호의 통제기능을 갖는다. 모든 법인은 수입금액과 관계없이 전자세금계산서를 발행하고 있다. 전자세금계산서는 종이로 주고받게 돼 있는 세금계산서를 인터넷에서 온라인으로 주고받을 수 있도록 구현한 거래방식이다.

7) 현금수입분개장(또는 현금수입거래파일)

대금회수, 현금매출과 기타 수입원으로부터 수취한 모든 현금을 기록하는 분개장으로, 현금수입장이라고도 한다. 현금수입분개장에는 수취한 현금총액을, 상대계정으로는 매출채권 감소와 매출할인 등을 기록한다. 송금통지서나 현금집계표에 근거하여 현금수입분개장을 기록한다. 전산화된 회계시스템에서는 현금수입거래파일이 현금수입분개장을 대신한다.

8) 매출채권보조원장(또는 매출채권마스터파일)

고객별로 외상매출, 어음매출, 현금수취, 매출환입및에누리를 기록하기 위한 보조원장으로 매출처원장이라고도 한다. 보조원장의 개별계정잔액 합계는 총계정원장의 매출채권잔액 합계와 일치해야 한다. 전산시스템에서는 매출채권마스터파일에 고객별 계정잔액이 기록·저장된다.

9) 월별거래명세서

월별거래명세서(monthly statement)는 고객별로 매출채권기초잔액, 당기 매출거래·대금회수 내역, 매출할인, 매출환입및에누리의 내역, 기말잔액 등을 기록한 문서이다. 고객에게 매월 정기적으로 전자메일이나 우편으로 송부하여 거래내역 차이여부를 확인할 목적으로 작성한다.

10) 기　표

입력한 자료를 회계시스템으로 확정(장부로 전기)하는 기능으로, 기표는 입력자료를 근거로 회계전표를 만들어 내는 기능이다. 전산시스템에서 모든 자료는 회계전표로 관리되며, 매입·매출·결제·수금·경비발생·대체전표·타계정대체 자료 등이 기표에 의해 회계전표로 전환된다.

Ⅲ. 매출활동의 업무흐름

내부회계관리제도를 구축한 기업은 일반적으로 업무흐름도와 이를 기술한 업무기술서, 관련 활동(activity)에서 발생할 수 있는 위험(risk)을 기술한 리스크기술서와 이러한 위험을 방지하기 위해 설정한 통제활동을 기재한 통제활동기술서를 구비한다. 본서에서는 내수시장을 대상으로 상품을 생산 · 판매하는 중견기업의 실무와 가장 유사한 상황으로 구성하여 소개한다. 해당 기업은 전사적자원관리(ERP)시스템을 도입하고 있다고 가정한다.

업무내용을 담고 있는 업무기술서를 하위과정(sub process)별로 [도표 9-3]에서 요약제시한 후, [도표 9-4]부터 [도표 9-8]까지는 개별 하위과정별로 업무흐름도를 상세하게 제시한다. 마지막으로 [도표 9-10]에서는 하위과정별로 리스크기술서와 통제활동기술서를 연결시켜 보여준다.

1. 업무기술서

[도표 9-3]과 같이 매출활동은 일반적으로 거래처마스터파일관리, 주문처리 및 수주등록, 출고 및 운송, 매출기록 및 대금청구, 대금회수 및 채권관리 등 다섯 개의 하위과정(sub process)으로 세분화할 수 있다.

업무기술서에는 후술하는 업무흐름도(예 : [도표 9-4])에 표시한 번호에 따라 주요 매출활동 업무내용을 기술한다. [도표 9-3]의 업무기술서에 기재한 번호는 업무흐름도의 업무번호와 일치한다. 매출활동에서 업무목표는 거래처를 신용평가해 부실채권 발생을 사전에 예방하고, 주문접수 후 수주, 출고 및 인도가 정확하고 완전하게 이루어지며, 매출채권 회수가 적시에 정확하고 완전하게 이루어질 수 있도록 하는 데 있다.

도표 9-3 매출활동 업무기술서

하위과정	No.	활동명	업무내용
거래처 마스터 파일 관리	1	신규(변경) 거래요청접수	영업부서의 신용평가담당자는 신규거래처가 발생하거나 기존거래처에 변경사항이 발생하면 거래요청 및 변경내용을 접수하고 고객상담일지를 작성하여 관리한다.
	2	신용평가	영업부서의 신용평가담당자는 신규거래처 및 신용한도변경을 요청한 거래처의 재무상태 및 신용상태를 조사한 후 신용평가서를 작성하여 대표이사의 승인을 받는다.
	3	신규(변경) 거래승인	신규(변경)거래처와 거래조건을 합의하면 신용평가담당자는 신규(변경)거래를 품의하고 대표이사 승인을 받는다.
	4	신규(변경) 거래처등록	영업부 및 채권관리부 담당자는 신규(변경)거래승인이 이루어지면 신규(변경)거래처 정보를 입력한다.
	5	신용한도등록	영업부 및 채권관리부 담당자는 신용거래한도를 신규(변경)등록한다.
주문처리 및 수주등록	1	주문서접수관리	영업담당자는 거래처로부터 유선 또는 팩스, 이메일로 주문서를 접수하여 관리한다.
	2	주문서승인	영업담당자는 접수한 주문서를 매일 집계하여 부서장 승인을 받는다.
	3	수주등록	생산기획담당자는 승인받은 주문서를 토대로 거래처, 수량, 납기 등 수주정보를 등록한다.
	4	기준가격승인	영업부는 판매제품의 기준가격을 사전에 품의하여 대표이사 승인을 받는다.
	5	가격할인조건 승인	영업부와 관리부는 판매수량에 따른 가격할인조건과 운송조건에 따른 가격할인조건을 사전에 품의하고 대표이사 및 부서장 승인을 받는다.
	6	가격등록	관리부담당자는 판매기준가격, 가격조건에 따라 변경된 가격 등을 사전에 승인된 품의서(견적서)를 토대로 등록한다.
출고 및 운송	1	납기관리	영업담당자는 생산계획서를 토대로 납기준수가능성을 검토하고 재고물량을 확보하고 납기가 도래하면 출고담당자에게 출고를 요청한다.
	2	출고물량확인	출고담당자는 출고요청을 접수하여 일일출고현황을 작성한다.
	3	출고차량확보	출고담당자는 출고물량이 확보되면 출고를 위해 외부 운송업체를 요청해 출고차량을 확보한다.
	4	출고 및 매출등록	출고담당자는 출고시점에 출고 및 매출을 등록하여 매출정보를 생성한 후 거래명세표, 인수증, 출고지시서를 출력하여 운송업체에 거래명세표 및 인수증을 전달한다.
	5	출고	출고담당자는 제품의 차량적재시점에 출고지시서와 적재물량을 비교하여 출고제품 수량을 확인한다.
	6	운송	외부 운송업체는 출고된 제품을 거래처에 운송한 후 거래명세표를 전달하고 거래처로부터 인수증을 수령한다.
	7	운송비정산	출고담당자는 외부 운송업체로부터 거래처의 인수증을 수령하여 제품 인도를 확인하고 출고지시서와 비교하여 운송비용을 정산한다.
	8	반품접수	반품접수가 이루어지면 매출등록·출고등록을 삭제한다.
	9	반품원인파악	품질보증부는 반품접수내역을 접수하고 고객접수대장을 작성하여 반품원인을 파악한 후 반품발생원인보고서를 작성하여 대표이사에게 보고하고 거래처에 송부한다.
매출기록 및 대금청구	1	거래처인도확인	영업담당자는 거래처별원장을 기초로 거래처에 제품인도 여부를 유선으로 확인하여 거래처에 제품이 인도되었음을 확인한다.
	2	가격조정	영업담당자는 사전에 승인받은 가격할인조건(매출수량 및 운송조건)에 따라 매출로 인식할 제품가격을 조정한다.
	3	매출승인기표	채권관리부서장은 매출등록에 따라 생성된 매출미결전표를 최종 승인기표하여 거래처별 매출액을 확정한다.
	4	가격조정사항검토	회계부담당자는 영업부에서 수행한 가격조정이 사전에 승인된 가격조정기준에 따라 조정되었는지 검토한다.
	5	매출인식액 대조	회계부담당자는 회계시스템의 매출액과 영업시스템의 매출액 및 세금계산서 데이터베이스(DB)의 합계금액을 대조하여 매출인식 오류가 존재하는지 검토한다.
	6	매출조정승인	가격 및 수량의 입력오류 등의 원인으로 매출액을 조정해야 하는 경우 담당자는 매출조정품의를 하고 회계부와 협의하여 매출액을 조정한다.
	7	대금청구	매출등록이 이루어진 거래는 세금계산서를 발행하여 거래처에 송부하고 동시에 대금을 청구한다.
대금회수 및 채권관리	1	매출채권관리	채권관리부에서는 거래처별 결제현황을 작성하여 주기적으로 매출채권의 미수현황 및 여신한도 잔액을 관리한다.
	2	어음 및 전자결제카드 수령	실물어음으로 매출채권을 회수하면 채권담당자는 실물어음을 수령하여 ERP에서 어음을 등록하고 자금부에 송부한다.
	3	어음수탁	자금부담당자는 영업부로부터 수령한 어음과 ERP상 어음등록의 일치여부를 확인하고 즉시 거래은행에 수탁한다.
	4	수금등록	채권담당자는 회수한 매출채권을 대금회수등록한다.
	5	대손충당금설정	연령분석 등을 수행해 대손충당금을 설정한다.
	6	대손처리	채권관리담당자는 장기미회수채권으로서 회수방안을 검토하여 회수불능으로 판단되거나 소멸시효가 경과한 채권은 대손품의하고 대표이사 승인을 얻어 대손처리한다.

2. 업무흐름도

업무흐름도는 하위과정별로 작성하며, 업무흐름도에 제시된 활동명 앞의 마름모(◇) 안에 기재된 번호는 각 활동과 관련하여 발생할 수 있는 위험 및 이에 대한 통제활동이다. 예를 들어 [도표 9-4]의 "거래처마스터파일관리"에 표기된 신용평가 옆의 ①은 [도표 9-10]의 "거래처마스터파일관리"의 ① 로 연결된다. 즉 리스크기술서에 기술된 위험의 내용은 "거래처의 재무정보 등이 왜곡되어 부실채권이 발생할 위험이 있다"이다. 이러한 위험을 방지하기 위한 통제활동은 "거래처의 신용한도 설정 및 변경은 영업담당자가 품의하여 대표이사의 승인을 받는다"로 설정한다. 기업은 해당 통제활동이 설계된 대로 수행되는지 주기적으로 검증한다. 감사인은 내부회계관리제도를 검토할 때 이들 통제활동의 수행여부를 테스트한다.

매출활동의 하위과정(sub process)을 다섯 개로 세분하고 이들 각각의 업무흐름도를 [도표 9-4]부터 [도표 9-8]까지 제시한다. 매출활동 관련 거래는 [도표 9-4]의 주문접수에서 시작하여 [도표 9-8]에서 대금회수로 종결된다.

거래처마스터파일관리와 관련된 [도표 9-4]를 살펴보면, 새로운 거래처가 거래를 요청하면 영업부에서는 신용평가를 실시한다. 채권관리부에서는 마스터파일에 신규거래처의 정보를 입력하고, 외상거래를 위한 신용한도를 등록한다.

거래처를 등록하면 [도표 9-5]의 주문처리 및 수주등록활동으로 넘어간다. 영업부가 판매주문서를 접수하면 해당 부서장이 승인하고 수주정보(거래처, 수량, 납기)를 등록한다. 대표이사가 판매제품 기준가격을 승인하면 이들

도표 9-4 업무흐름도 : 거래처마스터파일관리

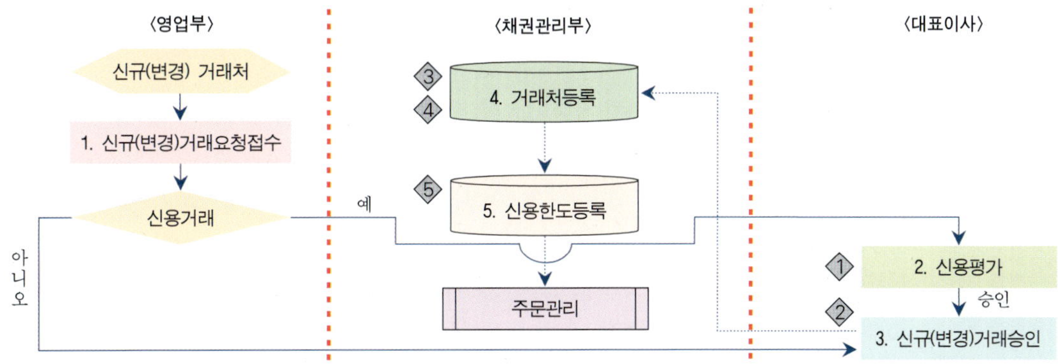

도표 9-5 업무흐름도 : 주문처리 및 수주등록

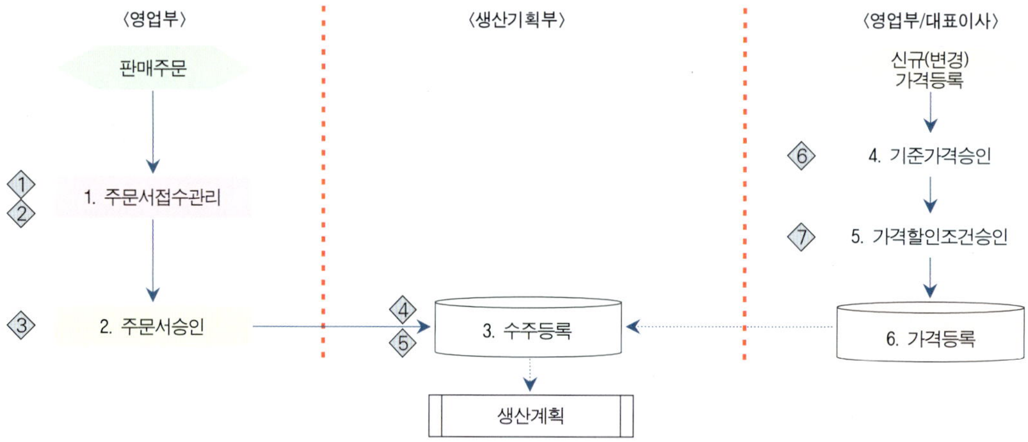

도표 9-6 업무흐름도 : 출고 및 운송

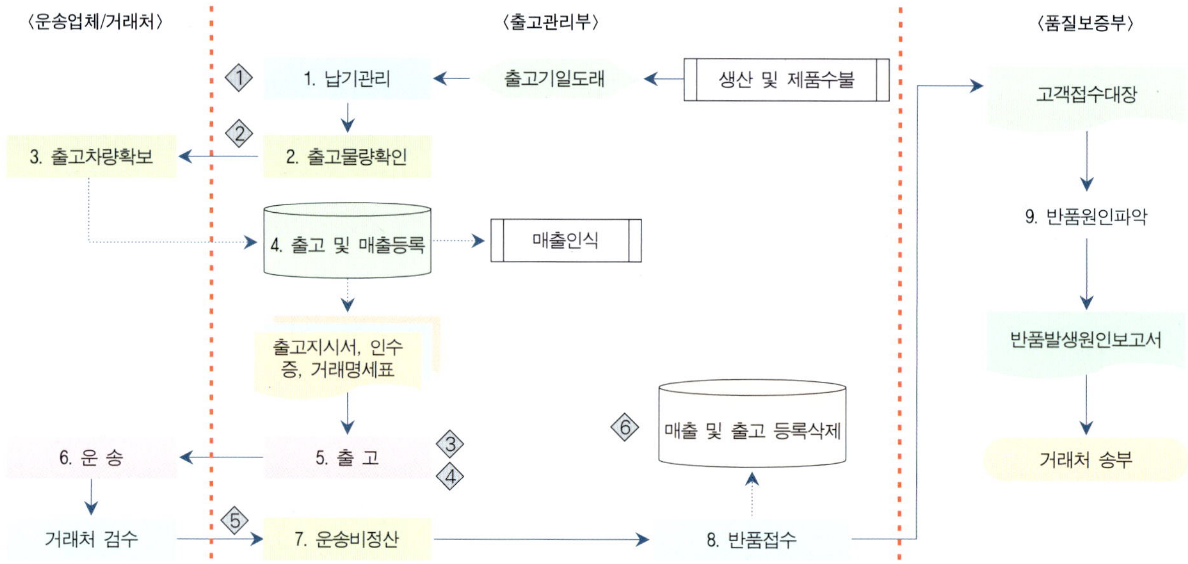

도표 9-7 업무흐름도 : 매출기록 및 대금청구

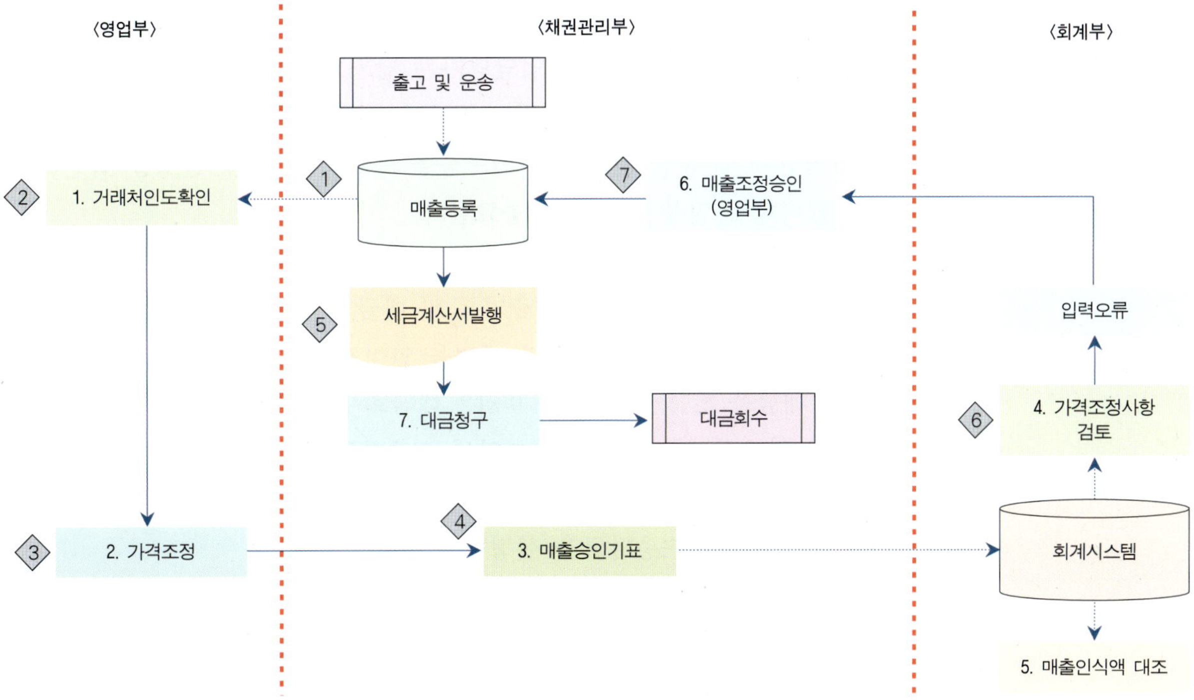

도표 9-8 업무흐름도 : 대금회수 및 채권관리

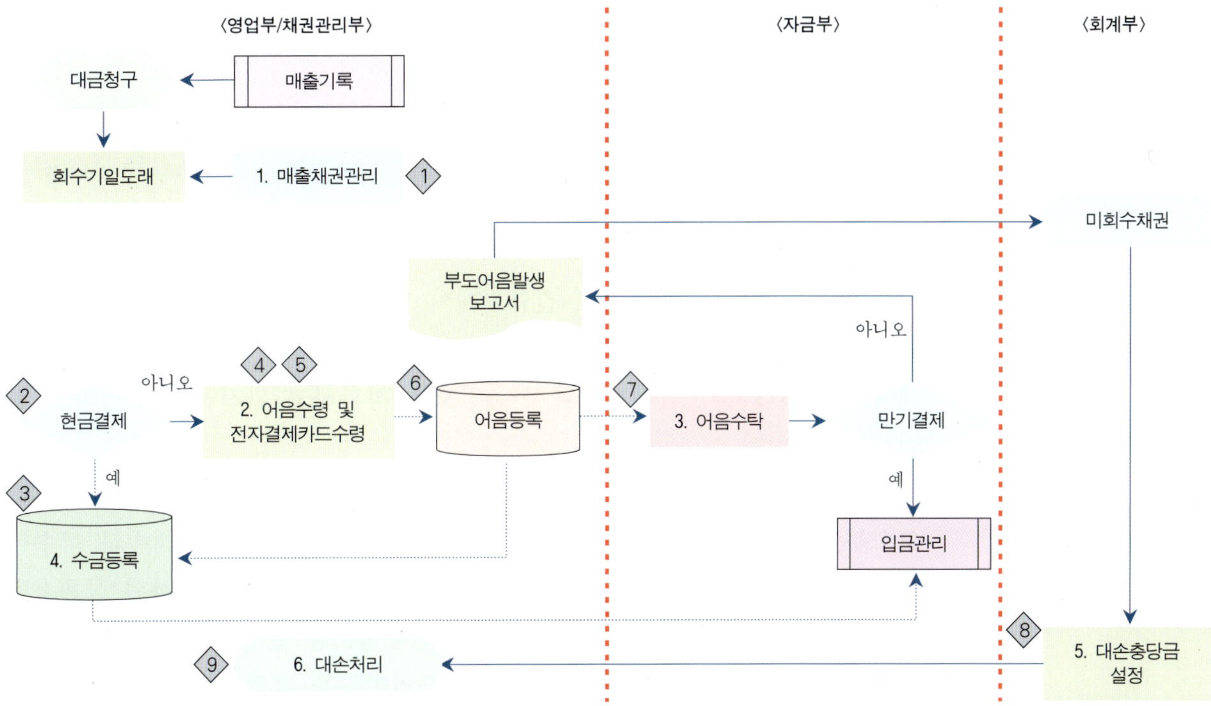

내용을 마스터파일에 등록한다.

주문한 제품을 생산하면 출고 및 운송활동이 시작되며, 이러한 흐름을 나타낸 것이 [도표 9-6]이다. 영업담당자는 납기가 도래하면 출고담당자에게 출고를 요청하고, 출고담당자는 출고지시서와 물량을 비교하여 출고제품 수량을 확인한다. 운송을 완료하면 인수증을 수령하여 제품 인도를 확인하고, 반품이 없다면 운임을 정산하여 종료한다.

[도표 9-7]과 [도표 9-8]은 매출기록 및 대금청구, 대금회수 및 채권관리와 관련된 활동이다. [도표 9-7]은 매출기록 및 대금청구에 대한 업무흐름으로, 거래처에서 요청한 물품을 인도하면 매출을 인식하고 기록한 후, 세금계산서를 발행하여 대금을 청구한다. [도표 9-8]은 대금회수 및 채권관리를 나타낸 것으로, 대금을 회수한 거래는 마스터파일에 수금활동을 등록하며, 어음을 수령하면 이를 금융기관에 예탁하고 만기에 지급제시하여 대금을 수령한다. 미회수채권에 대해서는 대손충당금을 설정한다.

Ⅳ. 매출활동의 기능 및 내부통제

[도표 9-9]는 매출활동의 하위과정별 주요 기능과 통제목표를 요약한 것이다.

1. 거래처마스터파일관리

- 거래처마스터파일관리에서의 주요 통제절차
  ① 신용평가 및 승인
  ② 거래처코드 부여

거래처 기본정보를 관리하고, 신규거래처 및 변경거래처를 신용평가하여 신용도에 따라 거래규모를 결정하는 업무활동이다. 거래처마스터파일관리의 통제목표는 거래처의 기본정보와 신용정보를 정확하고 완전하게 생성하고 관리하는 데 있다.

거래처마스터파일관리활동에서의 주요 통제절차로는 신용평가와 거래처코드부여가 있다. 신용승인과정에서 오류가 발생하면 과다한 대손과 회수불능채권이 발생할 수 있다. 거래처 신용평가는 공식적이고 문서화된 신용정책 및 절차로 이루어져야 하며, 거래처마다 신용한도를 설정하고 주기적으로 검토해야 한다. 신용담당자는 외상판매의 승인여부를 결정하기 위해 고객신용

도표 9-9 매출활동의 하위과정별 기능과 통제목표

하위과정	주요 기능	통제목표
거래처 마스터파일 관리	거래처 기본정보를 관리하고, 신규거래처 및 변경거래처를 신용평가하여 신용도에 따른 거래규모 등을 결정하는 업무와 관련된 프로세스이다.	• 거래처 기본정보의 생성 및 관리는 정확하고 완전하게 처리되어야 한다. • 거래처 신용정보의 생성 및 관리는 정확하고 완전하게 처리되어야 한다.
주문처리 및 수주등록	거래처 주문을 접수 관리하고 승인된 주문서에 따라 올바른 수주등록이 이루어지도록 관리하는 업무와 관련된 프로세스이다.	• 거래처 주문은 기업의 판매정책에 부합하도록 처리되어야 한다. • 거래처 주문은 적절한 시기 내에 완전하게 처리되어야 한다. • 신용한도를 초과하는 주문이 처리되지 않도록 사전에 제한되어야 한다.
출고 및 운송	수주받은 물량을 출고하여 거래처에 인도하고 운송비 정산 및 반품처리 업무와 관련된 프로세스이다.	• 거래처 주문내역과 일치하는 제품이 출고되어야 한다. • 거래처 주문에 대해 적시에 제품이 출고되어야 한다. • 운송비 정산은 정확하고 완전하게 처리되어야 한다. • 거래처 주문내역과 일치하는 제품이 거래처에 인도되어야 한다.
매출기록 및 대금청구	거래처에 출고 및 인도를 완료하여 매출인식요건을 충족한 거래는 정확하고 완전하게 매출로 인식하고 기록하는 업무와 관련된 프로세스이다.	• 매출거래는 완전하고 정확하게 기록되어야 한다. • 매출거래는 완전하고 정확하게 회계처리되어야 한다. • 매출관련 회계기록은 독립된 부서가 검토해야 한다. • 매출거래의 조정은 정확하고 완전하게 처리되어야 한다.
대금회수 및 채권관리	매출채권 관리, 매출채권 회수, 회수한 매출채권에 대한 완전하고 정확한 회계처리 등의 업무와 관련된 프로세스이다.	• 매출채권 입금내역이 완전하고 정확하게 회계기록에 반영되어야 한다. • 대금회수 및 채권관리는 사전에 정해진 기업정책에 따라 이루어져야 한다. • 매출채권 잔액은 완전하고 정확하게 기록되어야 한다.

한도와 과거 거래실적을 포함한 신용조사파일을 작성한다.

신규거래처를 전산시스템으로 등록할 때 거래처코드가 중복되지 않도록 개별 코드를 부여해야 한다. 거래처코드가 이중 등록되면 주문, 출고, 대금청구의 오류가 발생한다. 거래처 정보를 입력할 때 필수입력필드를 지정하여 입력오류의 발생가능성을 최소화해야 한다.

2. 주문처리 및 수주등록

• 주문처리는 반드시 문서화하며, 승인받은 주문서에 따라 수주등록이 이루어지도록 한다.

거래처 주문을 접수, 관리하고 승인받은 주문서를 올바르게 수주등록하도록 관리하는 업무활동이다.

주문은 법적으로 특정한 조건으로 상품을 구매하겠다는 의사표시이며, 기업 입장에서 고객주문서 수락은 판매지시서 발행을 의미한다. 전산시스템에서는 판매지시서가 발행되지 않으며 전산시스템 수주등록이 그 기능을 대신한다.

문서나 이메일 대신 유선통화로 주문이 이루어지기도 하나, 주문을 문서화하지 않으면 거래처와 분쟁이 발생할 수 있다. 주문수령은 반드시 문서화해야 하고, 생산 또는 출고되기 전에 검토, 대조해야 한다.

3. 출고 및 운송

• 출고지시서에 따라 출고가 이루어져야 하며, 주문서와 거래명세표를 대조하여 납기준수를 확인한다.

수주받은 물량을 출고하여 거래처에 인도하고 운송비 정산, 반품처리 업무와 관련한 활동으로, 납기관리와 출고관리에 중점을 둔다.

상품 출고, 즉 적송은 매출을 기록하기 위한 필수조건이며, 자산이 기업으로부터 분리되는 첫 단계이다. 대부분의 기업에서는 상품을 출고할 때 적송서류를 작성하여 매출을 인식한다. 거래처 주문대로 제품을 적시에 인도하지 않아 납기에 차질이 발생하면, 계약불이행으로 재무적·비재무적 손실이 발생할 수 있다. 이를 방지하기 위해 영업담당자는 주문서와 거래명세표를 비교하여 거래처가 요청한 납기를 준수했는지 확인한다. 출고지시서를 발행했으나 출고가 이루어지지 않은 거래가 있는지 주기적으로 검토한다.

4. 매출기록 및 대금청구

매출인식요건을 충족한 거래를 정확하고 완전하게 매출로 인식하고 기록하는 업무활동이다. 주요 내부통제는 매출기록과 청구서 발송이다.

• 대금청구서는 누락되거나 중복하여 작성되지 않아야 한다.

대금청구는 고객에게 적송수량과 가격을 고지하는 기능을 하므로 대금청구서를 적시에 정확하게 작성해야 한다. 청구서를 작성할 때 누락한 출고분은 없는지, 중복 청구된 출고분은 없는지, 정확한 수량 및 가격으로 청구하는지 확인한다. 운송료, 보험료, 대금지급조건을 포함한 전반적인 가격조건을 고려하여 가격의 적절성을 판단한다.

상호간 거래내역을 비교해 차이가 있는지를 확인할 목적으로 거래처에 정기적으로(보통 매월) 월별거래명세서를 작성하여 송부한다. 월별거래명세서에는 거래처별로 매출채권기초잔액, 당기거래내역, 대금결제액, 현재잔액이 기록된다.

5. 대금회수 및 채권관리

• 대금회수는 무통장입금 거래를 원칙으로 하며, 현금수취 즉시 은행에 예금한다. 대손확정은 엄격한 승인절차로 이루어져야 한다.

매출채권 관리 및 회수, 회수한 매출채권에 대한 완전하고 정확한 회계처리 업무활동이다. 주요 내부통제는 현금수취 및 기록, 대손상각비 추정이다.

현금수취 및 기록기능과 관련한 가장 중요한 관심사는 횡령가능성이다. 현금수취사실을 장부에 기록하기 전에 현금횡령이 발생할 수 있다. 거래처와 온라인으로 무통장입금거래를 하면 영업부 직원이 수금한 대금을 횡령하는 행위는 방지할 수 있다. 영업사원이 부득이하게 현금을 수취하면 회사에 즉시 입금하고 매출채권보조원장에 기입한 후 은행에 즉시 예금하도록 해야 한다.

대금의 회수가능성이 없다고 판단하면 적절한 승인절차를 거쳐 대손을 확정하고 매출채권과 대손충당금 계정을 제거(write-off)한다. 엄격한 승인절차가 없으면 매출채권을 현금으로 회수한 후 대손으로 기록하는 방식으로 횡령할 수 있다. 장래 회수가 불가능하다고 판단하는 채권은 대손상각비를 인식한다. 대부분의 기업에서는 기말에 담당자가 회수불능채권을 검토하여 대손충당금을 설정한 후 경영진의 승인을 받는다.

Ⅴ. 리스크기술서와 통제활동기술서

[도표 9-10]은 리스크기술서와 통제활동기술서로, 실무에서는 별도로 작성하나, 본서에서는 독자 이해를 위해 하나의 표로 제시한다. [도표 9-10]의 각 하위과정에 표시된 번호는 해당 하위과정과 관련된 업무흐름도와 연결된다. 업무흐름도에 표시된 번호는 해당 통제점을 나타내고, 각 통제점에서 통제활동이 수행되지 않을 때 발생할 수 있는 위험을 리스크기술서에 기술하며, 이러한 위험을 통제하기 위한 활동을 통제활동기술서에 포함한다.

실무에서 내부회계관리제도를 구축할 때 해당 담당자와 인터뷰하여 업무기술서와 업무흐름도를 작성하며, 주요 통제점을 중심으로 리스크기술서와 통제활동기술서를 작성한다. 이러한 서류들을 바탕으로 최종적으로 통제 매트릭스(control matrix)를 작성하여 통제 매트릭스에 관련 활동에서 발생할 수 있는 위험, 통제명, 통제목적, 통제내용 등을 열거한다. 통제활동이 설계된 대로 운용되는지 기업이 자체적으로 평가하는 방법과 평가주기를 기술한다. 통

도표 9-10 리스크기술서와 통제활동기술서

하위과정	No.	활동명	리스크기술서	통제활동기술서
			위험내용	통제내용
거래처 마스터파일 관리	①	신용평가	거래처 재무정보 등이 왜곡되어 부실채권이 발생할 위험이 있다.	거래처의 신용한도 설정 및 변경은 영업담당자가 품의하여 대표이사 승인을 받는다.
	②	신규(변경) 거래승인	부적합한 거래처와 거래가 이루어져 부실채권이 발생할 위험이 있다.	영업담당자는 신규거래처와의 기본거래조건 및 신용정보 등을 품의하고 대표이사 승인을 받는다.
	③	신규(변경) 거래처등록	부정확한 거래처 정보관리로 수주·출고·대금청구 등 오류가 발생할 위험이 있다.	거래처등록 담당자가 거래처 정보를 입력할 때 필수입력 필드가 지정되어 있다.
	④	거래처 코드부여	거래처를 중복으로 등록해 수주·출고·대금청구 등의 오류가 발생할 위험이 있다.	거래처등록 담당자가 거래처정보를 입력할 때 거래처코드가 중복되지 않도록 코드가 부여된다.
	⑤	신용한도 등록승인	신용한도 이상을 외상거래하면 부실채권이 발생할 위험이 있다.	거래처의 여신한도 설정·변경 등록 내용을 담당임원에게 확인받는다.
주문처리 및 수주등록	①	주문서 접수	문서화되지 않은 주문서로 거래처와의 의사소통에 불일치가 발생하여 출고·대금청구가 정상적으로 이루어지지 않을 위험이 있다.	거래처 주문은 문서화되며, 유선 주문접수시에는 주문서 양식에 따라 주문내용, 주문일시 및 주문자를 기재하여 관리한다.
	②	주문서 관리	거래처 주문이 누락되어 매출이 완전하게 처리되지 않을 위험이 있다.	거래처 주문이 적절한 시간 내에 처리될 수 있도록 주문서는 수주등록번호를 부여하여 검토·관리한다.
	③	주문서 승인	승인받지 않은 주문서는 부당한 매출을 발생하게 할 위험이 있다.	영업부서장은 거래처 주문서가 기업의 판매조건에 부합하는지 파악하고 주문을 승인한다.
	④	수주등록 (신용한도 초과제한)	신용한도를 초과하는 주문처리로 부실채권이 발생할 위험이 있다.	최근에 설정한 신용한도에 따라 외상판매를 허용하고 신용한도를 초과하는 매출은 수주등록을 제한한다.
	⑤	수주등록 관리	거래처 주문사항이 적절한 시기에 처리되지 않아 매출이 누락될 위험이 있다.	수주등록이 완료되면 일련번호가 부여되어 승인된 주문의 관리가 이루어진다.
	⑥	기준가격 승인	사전에 승인되지 않은 가격정보 입력으로 대금청구·매출이 잘못 인식될 위험이 있다.	영업부서장이 가격정보의 생성 및 변경을 품의하면 관리부서의 협의를 거쳐 대표이사가 승인한다.
	⑦	가격할인 조건승인	사전에 승인되지 않은 가격할인이 적용되어 품목별 가격이 거래처별로 큰 차이가 발생하여 부당매출이 발생할 위험이 있다.	기준가격의 변경을 가져올 수 있는 거래조건별 가격할인 조건은 영업부 및 관리부 부서장이 품의하고 대표이사가 승인한다.
출고 및 운송	①	납기관리	거래처 주문대로 제품이 적시에 인도되지 않아 주문이 취소될 위험이 있다.	영업담당자는 주문 및 출고가 이루어진 제품에 대한 주문서와 거래명세표를 대조하여 거래처가 요청한 납기준수 여부를 확인한다.
	②	출고물량 확인	거래처 주문대로 출고물량이 확보되지 않아 매출누락이 발생할 위험이 있다.	출고담당자는 일일출고현황을 작성하여 거래처, 출고(예정)물량 및 배송지를 확인하고 관리부장의 승인을 받는다.
	③	출고지시서·출고물량을 대조	거래처 주문서와 제품이 다르거나 물량 차이가 발생하여 거래처와 분쟁이 발생할 위험이 있다.	출고담당자는 출고물량과 출고지시서를 대조하고 출고지시서에 따라 출고가 이루어지는지 확인한다.
	④	출고 (미결출고 검토)	거래처 주문대로 출고가 이루어지지 않아 분쟁으로 재무적·비재무적 손실이 발생할 위험이 있다.	출고담당자는 출고지시서가 발행되었으나 출고가 이루어지지 않은 미결 건을 수시로 검토하여 처리한다.
	⑤	운송비 정산	운송비용 정산이 부당하게 처리되어 재무적 손실이 발생할 위험이 있다.	출고담당자는 운송업체로부터 인수증을 전달받아 운송비정산이 정확하게 이루어지도록 하고 거래처 인도를 확인한다.
	⑥	매출등록 삭제	반품이 발생한 물량의 매출등록이 정확히 삭제되지 않아 매출이 과대계상될 위험이 있다.	반품이 발생한 건은 매출등록이 삭제되도록 반품기록과 매출등록삭제기록을 대조한다.

매출기록 및 대금청구	①	매출등록	매출이 완전하고 정확하게 반영되지 않아 매출·매출채권이 과소·과대계상될 위험이 있다.	채권관리담당자는 제품이 출고되었으나 매출등록이 되지 않은 건이 존재하는지 매월말 조사하여 담당임원의 승인을 받는다.
	②	거래처인도 확인	매출내역이 부적절한 회계기간에 귀속되어 매출과 재고자산이 왜곡될 위험이 있다.	영업담당자는 거래처가 주문한 제품이 정확히 인도되었는지 거래처로부터 문서화된 확인(인수증)을 받는다.
	③	가격조정	사전에 승인된 가격조정기준과 상이한 가격조정이 이루어져 재무적 손실이 발생할 위험이 있다.	영업담당자는 기준가격과 다른 가격을 적용할 때 사전승인된 가격할인조정기준을 위배하지 않도록 주기적으로 확인한다.
	④	매출승인 기표	매출이 완전하고 정확하게 반영되지 않아 매출·매출채권이 과소·과대계상될 위험이 있다.	채권관리담당자는 매출자동기표처리가 누락된 건이 존재하는지 미매출 자동기표현황을 매월 출력하여 담당임원의 승인을 받는다.
	⑤	세금계산서 발행	세금계산서가 발행되지 않아 매출·매출채권이 과소계상될 위험이 있다.	채권관리담당자는 세금계산서가 발행되지 않는 건이 존재하는지 세금계산서 미발행현황을 매월 출력하여 담당임원의 승인을 받는다.
	⑥	가격조정 사항검토	독립된 담당자가 매출관련 거래를 검토하지 않아 매출거래기록에 오류가 발생할 위험이 있다.	회계부담당자는 기준가격과 상이한 가격이 적용된 거래가 사전에 승인된 가격할인조정기준에 위배되는지를 분기별로 가격할인조정기준과 거래명세표로 확인한다.
	⑦	매출조정 승인	정당한 승인절차 없이 매출액 조정이 이루어져 매출이 부당하게 계상되거나 부당한 대금청구가 이루어질 위험이 있다.	영업담당자는 입력오류로 매출액 조정이 필요하면 매출조정을 회계부와 협의하고 매출조정품의를 승인을 받는다.
대금회수 및 채권관리	①	매출채권 관리	장기미회수채권의 증가로 대금회수가 지연될 위험이 있다.	채권관리담당자는 매일의 결제현황과 대금회수내역을 파악하기 위해 일일결제현황을 작성하여 관리한다.
	②	현금결제	매출채권을 영업사원이 직접 수령하여 회수대금을 횡령할 위험이 있다.	매출채권은 반드시 기업 통장으로 온라인 송금으로 회수한다.
	③	수금등록 (매출채권 변제)	회수한 금액을 매출채권과 완전하게 상계하지 않아 매출채권이 과대계상될 위험이 있다.	채권관리담당자는 회수한 매출채권 중 거래처별 매출채권보조부에 반영하지 않은 건이 존재하는지 매월 대금결제현황을 출력하여 담당임원의 승인을 받는다.
	④	연체채권 관리	부실채권 증가로 재무적 손실이 발생할 위험이 있다.	채권관리담당자는 회수기일이 경과한 연체채권의 대금결제현황을 작성하여 매월 담당임원의 승인을 받는다.
	⑤	연체채권 관리(회수 기일변경)	부적절한 회수기일 변경으로 채권회수가 지연되거나 부실이 발생할 위험이 있다.	거래처 요청으로 매출채권 회수기일을 변경하면 영업담당자는 이를 품의하여 대표이사 승인을 받아 자금부서장에게 통보한다.
	⑥	전자결제 확인	거래처 전자결제를 주기적으로 확인하지 않아 회계처리가 적시에 이루어지지 않을 위험이 있다.	채권관리담당자는 외상매출금의 전자결제 여부를 수시로 검토하고 결제내역을 승인받는다.
	⑦	어음수탁	수령한 어음을 은행에 보관하지 않고 실물로 보관하면 회수대금을 부당하게 남용할 위험이 있다.	매출채권을 어음으로 수령하면 즉시 은행에 수탁보관하며 자금부담당자는 어음관리대장과 은행보관 수탁통장을 정기적으로 대조한다.
	⑧	대손충당금 설정	매출채권 회수가능성을 고려하지 않아 매출채권이 과대계상될 위험이 있다.	회계부담당자는 개별채권의 회수가능성을 분석하여 대손충당금을 설정한다.
	⑨	대손처리	승인되지 않은 대손처리로 매출채권이 장부에 계상되지 않을 위험이 있다.	채권관리담당자는 매기 장기미회수채권으로서 소멸시효완성 및 회수불능판명채권 존재여부를 검토하고 해당 채권을 대손 품의하여 대표이사 승인을 받은 후 대손처리한다.

제 매트릭스는 실무내용을 담고 있어 본서에서는 상세한 기술을 생략한다.

제 2 절 매출거래와 대금회수거래의 테스트절차

Ⅰ. 매출거래 테스트절차

감사인은 경영진주장 수준의 중요왜곡표시위험을 평가하여 내부통제의 효율성과 효과성을 기대할 수 있을 때 통제테스트를 수행한다.

감사인은 실무적인 편의와 경제성 때문에 동일한 표본을 대상으로 통제테스트와 세부테스트를 이중목적(dual-purpose)으로 동시에 실시하여 검증한다. 통제테스트는 내부통제 유효성을 평가할 목적으로 이탈사항을 확인하고, 동일한 표본을 대상으로 거래유형 세부테스트를 수행하여 왜곡표시액을 검증한다.

본서에서 거래유형의 테스트라는 용어를 사용할 때에는 특정거래에 통제테스트와 세부테스트를 동시에 시행하는 것을 전제한다. 분리해서 사용할 필요가 있을 때에만 통제테스트와 세부테스트를 구분하여 기술한다.

1. 매출거래의 감사관련 통제절차

감사 관점에서 매출거래와 관련된 통제를 살펴본다. 이러한 통제가 적절히 설계되고 운용되지 않으면 경영진주장 수준의 통제목표를 달성하기 어려우며, 이와 관련된 왜곡표시위험은 증가할 것이다.

(1) 업무분장

조직 내에서 업무분장이 적절히 이루어지면 고의나 부주의로 발생할 수 있는

• 적절한 업무분장은 의도적 또는 비의도적 왜곡표시를 예방할 수 있다. 감사인은 관찰, 질문을 통해 확인한다.

왜곡표시를 효과적으로 예방할 수 있다. 예를 들면 매출거래기록담당자의 현금회수에 대한 접근을 통제하고 신용승인담당자를 매출기록관련업무로부터 분리시키면 부정을 효과적으로 예방할 수 있다.

업무분장에 대한 통제테스트는 여러 가지 환경적 제약이 있어, 일반적으로 관련 담당자의 업무활동을 현장에서 관찰하거나 질문을 통해 업무분장을 확인한다.

(2) 승 인

• 감사인은 신용 · 출고 · 가격승인절차에 따른 감사증적을 확인한다.

감사인은 다음의 세 가지 승인절차에 유의하여 통제테스트를 실시한다.

① 신용매출 승인은 매출을 집행하기 전에 이루어져야 한다(신용승인).
② 상품은 적절한 출고지시 승인을 거친 후 출고되어야 한다(출고승인).
③ 기본적인 계약조건과 운임 및 할인을 포함한 가격조건 승인이 이루어져야 한다(가격승인).

①과 ②의 통제활동은 가공 고객에게 상품을 판매하거나 상품대금 변제능력이 없는 고객에게 상품을 판매하여 기업 자산에 손실을 끼치는 것을 방지한다. ③은 기업이 승인한 가격으로 주문을 받고 대금청구가 이루어지는지를 확인하는 통제활동이다.

감사인은 위에서 설명한 세 가지 승인이 이루어지는 시점에서 각 승인절차에서 기업이 수행한 감사증적을 확인하는 방식으로 승인절차에 대한 통제테스트를 수행한다.

(3) 증빙서류와 회계기록의 유지

• 적절한 증빙서류와 회계기록을 유지하고 있는지를 확인하기 위한 통제테스트는 기업의 통제성격에 따라 달라진다.

기업마다 회계시스템이 다르므로 내부통제 유효성의 평가기준을 일반화하기는 어렵지만, 적절한 서류와 회계기록이 존재하지 않는 회계시스템은 내부통제가 적절하지 않다고 평가한다. 예를 들어 자동화된 처리시스템에서는 고객주문서를 접수하면 일련번호가 사전에 인쇄된 매출송장을 필요한 매수만큼 작성한다. 이 문서의 부본(copy)을 고객에게 대금청구할 때 사용하면 대금청구를 누락할 가능성은 낮아진다. 적송이 이루어진 후에 매출송장이 작성된다면 대금청구의 누락가능성은 높아진다.

문서의 정확성과 기록의 기간귀속에 대한 통제테스트 수행방법은 통제 성격에 따라 달라진다. 예를 들어 기업은 대금청구 누락을 방지하기 위해 매출송장부본(매출전표)을 개별 적송서류(고객인수증)에 합철하는 방식으로 통제활동을 수행할 수 있다. 감사인은 적송서류의 연속성을 확인하여 관련 매출송장부본이 부착되어 있는지를 확인하는 방식으로 통제테스트를 수행한다.

(4) 일련번호가 부여된 문서의 사용

• 사전에 일련번호가 부여된 문서를 사용하면 중복 · 누락을 방지할 수 있다. 감사인은 문서번호의 연속성을 검증한다.

일련번호가 미리 인쇄된 문서를 사용하면 대금청구나 매출기록 누락을 방지할 수 있고 대금청구의 중복도 예방할 수 있다. 예를 들어 대금청구담당자는 모든 적송서류의 부본을 일련번호대로 보관한다. 독립적인 제삼자가 정기적으로 회계처리 여부를 일련번호순으로 확인하며, 누락된 문서가 있으면 이유를 조사한다.

감사인은 통제테스트 일환으로 문서번호의 연속성을 검증한다. 예를 들어 매출분개장에서 매출송장번호를 추출하여 대금청구과정에서 누락되거나 이중처리된 숫자 또는 일련번호 순서를 이탈한 송장이 있는지 확인한다. 이러한 통제테스트는 실재성과 완전성에 관한 증거를 동시에 제공한다.

(5) 독립적인 성과검토

• 독립적인 제삼자가 검토하면 기업의 통제목표를 효과적으로 달성할 수 있다. 감사인은 제삼자가 검토를 수행하고 있는지 검토한다.

내부감사인이나 제삼자가 매출거래의 집행 및 기록을 독립적으로 검토하면 모든 통제목표를 효과적으로 달성할 수 있다. 현업부서가 아닌 부서(예 : 감사부서)에서 월별거래명세서를 고객에게 통지하는 것은 매출 및 대금회수기록의 정확성을 확인하는 좋은 검토절차의 예이다.

현금 취급이나 매출채권장부의 유지책임이 없는 부서에서 월별명세서를 작성하여 고객에게 통지하고 회신받는 방법은 매우 유효한 통제수단이다. 왜냐하면 잔액이 정확하면 고객은 회신하지 않지만 잔액이 정확하지 않으면 고객은 이의제기하는 차원에서 회신하기 때문이다. 감사인은 독립적인 사람이 월별명세서 통지를 관리하는지 관찰하고 고객 회신철을 검토하여 월별명세서가 고객에게 적절히 통지되는지 통제테스트를 실시한다.

2. 매출거래 테스트절차

내부통제의 유효성을 검증하기 위해 매출거래 통제테스트를 실시한다. 대부분의 감사에서는 이미 설명한 감사관련 통제절차를 이해하면 통제테스트 방법을 쉽게 결정할 수 있다. 예를 들어 거래처 신용한도를 변경하기 위해서는 대표이사 승인을 받아야 한다고 하자. 이때의 통제테스트는 신용한도가 변경

도표 9-11 매출거래의 통제테스트

감사목표	주요 통제절차	통제절차의 존재	
		YES	NO
1. 기록된 매출거래는 실제 발생한 것이다. (실재성)	• 주문서에 근거하여 거래명세서를 작성한다. • 거래명세서는 일련번호가 부여되어 출력된다. • 거래명세서를 주문서와 대조한다. • 세금계산서를 작성할 때 거래명세서와 대조한다. • 세금계산서와 거래내역(거래명세서)을 함께 고객에게 보낸다. • 신규거래처와 전산입력된 단가가 상이한 매출거래는 사전에 부서장 승인을 받는다.		
2. 실제 발생한 매출거래는 빠짐없이 기록된다. (완전성)	• 출고서류(주문서, 거래명세서)에 의해서만 출고된다. • 거래명세서는 일련번호가 부여되어 출력된다. • 모든 주문서에 거래명세서가 작성되는지 확인한다. • 거래명세서를 수령한 인수증과 대조한다. • 월간거래명세서 합계를 월간세금계산서 합계와 대조한다.		
3. 매출거래는 적절한 승인을 받는다. (승인)	신규거래처 또는 전산입력된 단가와 상이하게 매출하는 거래처에 대해서는 책임자의 승인을 얻어야 한다.		
4. 매출은 적시에 기록된다. (기간귀속)	• 출고서류, 거래명세서 및 자료파일은 실제거래일(출고일)을 반영한다. • 기간귀속자료가 작성되어 사용된다.		
5. 기록된 매출거래는 정확하게 계산된다. (평가)	• 거래명세서에 적용된 단가는 정확하다. • 거래명세서의 계산(단가×수량)은 정확하다. • 거래명세서의 합산 오류는 없다. • 매출환입및에누리, 매출할인, 부가가치세 및 선수금 등의 인식에 오류가 없다.		
6. 매출거래는 적절하게 분류된다. (분류)	• 거래명세서에 기재된 거래처명, 고객번호 및 출고제품 또는 제공용역의 내역에 오류는 없다. • 매출거래와 관련된 계정에 코드를 부여할 때 오류는 없다. • 제품유형, 거래처에 따른 분류에 오류가 없다.		
7. 매출거래는 바르게 요약, 집계되며 전기된다. (표시)	• 매출전표 소계 및 합계가 매출장 금액과 일치한다. • 매출거래가 보조부 및 총계정원장으로 전기되는 과정에 오류는 없다. • 매출거래가 보조부 및 총계정원장에 이중으로 전기되지 않는다.		

된 거래처에 대표이사 승인이 있었는지 조사하는 것이다. 기업의 통제절차와 감사인이 수행할 통제테스트를 직접 연관시키면 통제목표 달성여부를 확인하기 위한 통제테스트를 유추할 수 있다.

거래 테스트를 실시할 때 주로 질문, 문서검사, 관찰 및 재수행의 감사기술을 적용한다. 문서검사나 재수행을 실시할 때 모집단에서 표본을 추출하는 속성표본감사방법(본서 제10장)을 이용하여 내부통제 준수여부를 판단하여 통제위험을 평가한다.

감사인은 매출거래를 대상으로 [도표 9-11]과 같이 일곱 개 감사목표에 대한 통제테스트와 세부테스트를 동시에 수행한다. 여기에서는 주로 통제 취약점과 왜곡표시위험을 평가하기 위한 통제테스트 중심으로 기술하나, 대부분의 테스트절차는 매출거래 세부테스트를 통제테스트와 동시에 수행한다.

(1) 기록된 매출거래는 실제 발생하였는가(실재성)

• 내부통제가 실재성목표를 달성하는지 검증하기 위해 ① 출고가 안 된 거래와 ② 가공거래가 매출로 기록되는지 확인한다.

감사목표는 내부통제가 실재성목표를 달성하고 있는지 검증하는 것이므로 감사인은 두 가지 형태의 이탈사항에 관심을 갖는다.

① 출고가 이루어지지 않은 거래가 매출분개장(또는 매출거래파일)에 기록되어 있는가?
② 가공 고객을 등록하여 매출로 기록하였는가?

①을 검증하기 위해서는 매출분개장(또는 매출거래파일)의 기록에서 표본을 추출하여 관련 원시증빙서류(적송서류, 고객주문서)가 존재하는지를 추적하여 확인한다. 만약 매출분개장에는 매출로 기록되었으나 관련 증빙서류가 없다면 이탈사항에 해당한다. 가공매출(②)을 의심하면 매출분개장에서 표본을 추출하여 적송서류와 같은 증빙서류가 존재하는지 확인한다.

보조원장의 매출채권 대변잔액을 구성하는 항목(현금회수, 매출환입및에누리, 대손확정)에서 표본을 추출하여 원시증빙서류로 추적하는 방법도 가공매출거래를 검증하는 효과적인 감사절차이다. 매출채권을 현금으로 회수했거나 반품되었다면 매출거래의 실재성은 입증된다. 매출채권 현금회수는 통장 입금내역을 확인하고, 매출환입은 창고에 입고된 반품목록 내역을 조사하여 확인한다. 매출할인과 매출에누리는 거래처와의 교신내역을 조사하고, 대손확정은 관련 서류(credit memo, 대기메모)와 승인절차를 검토하여 확인한다.

(2) 실제 발생한 매출거래는 빠짐없이 기록되었는가(완전성)

• 매출거래의 과소계상가능성을 확인하기 위한 통제테스트는 제한적으로 수행하며, 적송서류에서 표본을 추출하여 매출분개장에 반영되는지 조사한다.

매출거래는 누락 또는 과소계상가능성이 과대계상가능성보다 높지 않기 때문에 완전성 감사절차는 실재성 감사보다 제한적으로 실시한다. 감사인은 통제테스트를 최소한으로 수행하여 내부통제가 매출거래 누락방지를 위해 설계된 대로 효과적으로 운용되는지 확인한다.

감사인은 먼저 문서번호 연속성을 검증하여 적송서류 누락을 확인한다. 적송서류에서 표본을 추출하여 관련 매출송장부본과 매출분개장을 대조하면 대금청구가 누락된 거래가 있는지 효과적으로 감사할 수 있다.

• 매출거래 검증의 방향
① 전진법 : 완전성 확인
② 역진법 : 실재성 확인

[도표 9-12]에서 보듯이 감사절차를 설계할 때 어떤 문서를 추적의 출발점으로 하는지는 중요하다. 원시증빙서류에서 총계정원장(마스터파일)으로 추적(전진법)하면 거래기록의 누락(완전성)을, 반대 방향으로 추적(역진법)하면 가공거래기록(실재성)을 확인하는 감사절차이다. 즉 적송서류(고객인수증)에서 추출한 표본이 매출분개장에 반영되어 있다면 완전성목표에 부합한다. 매출분개장에서 추출한 표본에 대해 적송서류가 작성되어 있다면 실재성이나 발생사실 목표에 부합한다. 감사인이 실재성목표에 관심이 있는데 적송서류에서 표본을 추출하여 매출분개장의 반영여부를 확인한다면 적절하지 않은 감사절차에 해당한다.

실재성과 완전성을 제외한 나머지 네 가지 감사목표에서는 검증방향이 문제되지 않는다. 예를 들면 매출거래 정확성목표에서는 매출분개장에서 적송서류를 추적하거나 반대로 추적할 수도 있다.

○ 도표 9-12
매출거래 검증의 방향

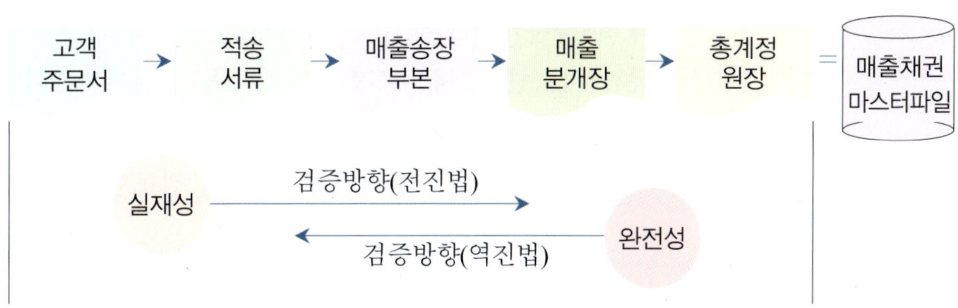

(3) 매출거래는 적절한 승인을 받았는가(승인)

감사목표는 내부통제가 승인목표를 달성하고 있는지 검증하는 것으로, 신용승인, 출고승인과 가격승인에 대해 통제테스트를 실시한다.

매출가격 승인정책과 관련해 세부테스트는 중요한 의미를 갖는다. 개별상품에 실제 적용한 가격을 관리자가 승인했는지 확인하거나 회사방침으로 정해진 가격목록표와 비교한다. 대리점 판매나 대형거래는 매매계약서를 검토하고, 필요하다면 거래처에 조회한다. 가격결정 검증은 내부통제 유효성과 관계없이 실시해야 하나, 내부통제가 양호하다고 판단하면 표본규모를 줄일 수 있다.

(4) 매출이 적절한 기간으로 즉시 기록되었는가(기간귀속)

• 기간귀속목표를 검증하기 위해 적송서류, 매출분개장, 보조원장의 날짜를 비교한다.

상품을 적송(출고)하고 적시에 매출로 기록하는 통제절차는 기록누락을 방지하고 기간귀속 오류를 예방한다. 정확성, 평가 및 배분목표의 세부테스트를 병행하여 적송서류 날짜와 매출송장부본, 매출분개장과 보조원장 날짜를 비교하여 기간귀속 오류를 확인한다.

(5) 매출은 정확하게 기록되었는가(정확성, 평가 및 배분)

• 정확성, 평가 및 배분을 검증하기 위해 매출분개장에서 추출한 거래를 정찰가격표, 매출송장 및 매출채권보조원장과 비교한다.

매출거래 정확성, 평가 및 배분 통제목표는 주문된 수량대로 적송되며, 적송된 수량의 대금청구가 정확한 금액으로 이루어지고, 청구대금은 오류 없이 매출채권계정에 기록되는지 확인하는 절차이다.

계산의 정확성, 평가 및 배분을 확인하기 위해 계산검증을 먼저 실시한다. 매출분개장에서 추출한 거래를 매출채권보조원장 및 매출송장부본의 기록과 비교한다. 매출송장부본 가격을 정찰가격표와 비교하고, 종횡의 합계를 검산하며, 매출송장 가격을 상품내역, 수량, 거래처가 기술된 적송서류와 비교한다. 고객주문서도 같은 방법으로 검토한다.

(6) 기록된 매출은 적절하게 분류되었는가(분류)

매출거래 계정분류는 크게 중요하지는 않으나 감사인은 관심을 가져야 한다.

• 현금매출을 외상매출로 기록하거나 유형자산 매각을 매출로 기록했는지에 관한 계정분류의 적절성 여부를 증빙서류를 검사해 확인한다.

왜냐하면 현금매출을 매출채권으로 기록하거나 회수한 매출채권을 매출로 기록하는 방식으로 현금을 횡령할 수 있기 때문이다. 유형자산을 매각하고 매출로 분류하는 방식으로 매출을 과대계상하기도 한다.

감사인은 정확성, 평가 및 배분을 검증할 때 매출분류도 동시에 검토하는데, 이때 특정거래의 증빙서류를 검사하여 계정이 적절하게 분류되었는지 판단한다.

(7) 매출거래가 매출채권보조원장에 적절히 기록되고 바르게 요약되었는가(표시)

• 표시의 목표를 검증하기 위해 매출분개장에 기록된 금액으로부터 매출원장의 금액으로 추적한다.

모든 외상매출거래는 매출채권보조원장(또는 매출채권마스터파일)에 오류 없이 갱신되어야 한다. 거래처별 마스터파일의 정확성 여부는 매출채권의 회수금액에 직접 영향을 미친다. 재무제표를 오류 없이 작성하려면 매출분개장 기록을 올바르게 합산하여 총계정원장에 전기해야 한다. 감사인은 분개장 합계를 검산하고, 합계 또는 명세를 총계정원장과 마스터파일로 동시에 추적한다.

표시목표는 정확성, 평가 및 배분 목표와는 구분된다. 정확성, 평가 및 배분은 관련 증빙서류의 금액이 정확하고 증빙서류 금액이 분개장이나 원장 등의 회계장부와 일치하는지 비교하는 절차이다. 매출분개장 기입액을 매출원장의 금액으로 추적한다면 이는 표시목표를 검증하는 것이다.

3. 매출환입및에누리 테스트절차

매출환입및에누리 테스트절차는 기본적으로 매출거래 실재성에서 설명한 감사절차와 동일하다. 일반적으로 매출환입및에누리금액은 크지 않기 때문에 전년도 비율과 큰 차이를 보이거나 부정가능성이 높지 않는 한 실무에서 매출환입및에누리 테스트절차의 비중은 상당히 낮다.

감사인은 매출환입및에누리 테스트에서 기록된 거래의 실재성을 검증하는 데 관심을 갖는다. 왜냐하면 가공의 매출환입및에누리를 발견하면 매출채권 회수 감사절차에서 적발하지 못한 현금횡령을 적발할 수 있기 때문이다. 매출환입및에누리의 감사목적과 방법은 매출거래 감사와 동일하므로 상세한 설명은 생략한다.

Ⅱ. 대금회수거래 테스트절차

1. 대금회수거래 테스트절차

대금회수거래 테스트절차는 앞서 살펴본 매출거래와 기본적으로 동일하다. 감사인은 일반적으로 통제테스트와 세부테스트를 동시에 실시하나, 대금회수거래에서는 통제테스트에 더 중점을 둔다. 왜냐하면 현금은 부정에 매우 민감한 자산이며, 거래 집행 및 기록과정 통제절차의 효과적 운용 여부가 현금자산 보호 및 현금계정잔액 정확성에 영향을 미치기 때문이다. [도표 9-13]은 대금회수거래에 대한 감사목표, 주요 통제절차, 통제테스트 및 거래유형 세부테스트 내용이다.

대금회수거래 감사에서 감사인은 부정발생 가능성이 있는 통제 취약점을 확인하는 데 큰 비중을 둔다. 현금은 소유권 검증이 거의 불가능하고 도난이나 횡령에 매우 민감한 자산이기 때문이다.

(1) 대금회수기록의 누락

• 대금회수의 누락을 확인하기 위한 테스트 : 송금통지서·현금집계표에서 출발하여 현금수입분개장·매출채권보조원장으로 추적하여 대조한다.

감사인이 가장 발견하기 어려운 현금횡령 유형은 현금이 포스단말기나 현금집계표에 기록되기 전에 발생하는 횡령이다. 예를 들어 백화점 점원이 판매대금으로 수령한 현금을 고의적으로 포스단말기(POS)에 입력하지 않는다면, 부정을 발견하기는 매우 어렵다. 감시카메라를 활용하거나 고객에게 영수증을 반드시 받도록 유도하고 주기적인 재고실사 절차에 의존할 수밖에 없다. 많은 회사에서는 이러한 부정을 방지하기 위해 [도표 9-13]의 두 번째 목표, 즉 완전성을 충족시키기 위한 통제절차에 비중을 둔다.

일련번호가 부여된 송금통지서(혹은 세금계산서 부본)나 현금집계표(입금표 혹은 은행이체명세서)에서 출발하여 현금수입분개장과 매출채권보조원장으로 추적하여 대조한다. 이러한 테스트절차를 수행하면 수령한 현금이 누락 없이 기록되었는지 확인할 수 있다.

의도적인 현금수입 기록누락을 방지할 수 있는 내부통제에 관심을 갖는다면 대금회수 증빙을 추적하는 테스트를 실시한다. 이 방법은 효과적이나 시간이 많이 소요된다. 감사인은 매출거래를 인명별(거래처별) 보조원장과 대조

도표 9-13 대금회수거래의 테스트

감사목표	주요 통제절차	통제테스트	거래유형의 세부테스트
• 기록된 현금수입과 기업이 실제로 수령한 금액이 일치하는가? (실재성)	• 현금수취기능과 기록기능 간 업무분장 • 은행계정의 독립적 조정 • 매출할인 승인정책	• 관찰 • 관찰 • 경영진에게 질문 • 송금통지서에 적절한 승인이 있는지 검토	• 현금수입분개장, 총계정원장, 매출채권마스터파일에 거액이나 비경상적인 항목이 있는지 검토 • 현금수입분개장과 은행조회서를 대조 • 현금검증표 작성 • 승인된 할인액이 기업방침과 일치하는지 결정하기 위해 송금통지서와 매출송장을 검토
• 현금수입이 현금수입거래파일에 빠짐없이 기록되었는가? (완전성)	• 현금출납과 기록기능 간 업무분장 • 송금통지서 또는 현금집계표(또는 입금표) 사용 • 수령한 수표를 입금하기 위해 즉시 인적사항을 기재 • 현금수입기록의 내부검증 • 고객에게 월별거래명세서를 정기적으로 송부	• 관찰, 담당자에게 질문 • 번호의 연속성 확인 또는 현금집계표나 은행이체명세서를 검토 • 관찰 • 내부검증한 증적을 검토 • 관찰	• 송금통지서나 현금집계표(입금표)를 검증 • 은행이체명세서에서 현금수입분개장(또는 현금수입거래파일)으로 추적
• 현금수입과 동일한 금액이 예치되고 기록되었는가? (정확성, 평가 및 배분)	• 완전성목표와 동일함 • 은행계정의 정기적인 조정 • 합계를 전산보고서와 대조	• 완전성목표와 동일함 • 월별 은행계정조정표 검토 • 입력담당자의 합계 서명을 검토	• 현금검증표 작성
• 현금수입이 적절히 분류되었는가? (분류)	• 적합한 계정조직표의 사용 • 내부검증	• 회계규정집 검토 • 내부검증 증적을 검토	• 현금수입이 적절히 분류되었는지 입증하는 문서를 검토
• 현금수입이 적시에 기록되었는가? (기간귀속)	• 대금회수 일별집계표를 규정한 통제절차의 구비 • 내부검토와 검증	• 미기록된 현금이 일시적으로 보관되고 있는지 관찰 • 내부검증 증적을 검토	• 예입일과 현금수입분개장, 현금집계표 혹은 은행이체명세서에 기록된 날짜와 비교
• 현금수입이 매출채권마스터파일에 적절하게 기록되고 올바르게 요약되었는가? (표시)	• 프로그램이 대금회수거래를 매출채권마스터파일에 자동갱신하고 총계정원장에 기록 • 고객에게 월별거래명세서를 정기적으로 송부 • 매출채권마스터파일을 총계정원장잔액과 매월 비교조정	• 관찰 • 관찰 • 비교조정의 증적을 검토	• 계산업무의 정확성 검증. 예를 들면 전기의 정확성을 확인하기 위해 분개장 기록을 총계정원장이나 매출채권마스터파일로 추적

하고 이들 증감내역을 원시증빙서류로 추적한다. 인명별 보조원장에서 대변 기록을 발견하면 대금회수, 매출환입및에누리 혹은 대손확정(제각) 중 하나와 관련이 있다. 매출거래의 대변에 기록한 현금수입을 현금수입분개장에 기록 했는지 추적하고, 매출환입및에누리는 적절한 승인을 얻었는지 확인하며, 회수불능채권의 승인여부를 검토한다. 이러한 절차의 목적은 정당한 승인을 받지 않고 매출채권을 감소처리한 거래가 있는지 발견하는 데 있다.

(2) 현금검증표의 작성

현금검증표(proof of cash)의 작성목적은 장부에 기록된 현금거래가 은행에 모두 입·출금되었는지 검증하는 데 있다. 현금수입분개장에 기록된 수입총액을 동일기간의 실제 은행예입액과 비교하는데, 미기록입금액 등과 같은 기록 지연으로 차이가 발생할 수 있다.

감사인은 차이가 발생한 사유를 반드시 건별로 검토해야 한다. 현금검증표를 작성해도 현금수입장에 기록하지 않은 현금수입이나 시차를 이용한 은행입금 부정은 발견하기 어렵다. 이러한 이유로 현금검증표는 은행에 실제로는 예입하지 않고 장부에만 기록한 예금이나 미기록 은행입금 등을 발견하는 데 유용한 감사절차이다.

(3) 랩핑의 검증

• 랩핑 : 대금회수를 고의로 지연시켜 현금유용을 은폐하는 부정행위이다.

랩핑(lapping)은 기록지연의 시차를 이용하여 현금유용을 은폐하는 부정행위이다. 특정시점의 현금부족을 은닉하기 위해 특정시점 이전에 회수한 대금의 기록을 고의로 지연시키는 방법이다.

랩핑은 현금수입분개장과 매출채권보조원장의 기록을 한 사람이 담당할 때 발생한다. 예를 들어 제1고객으로부터 현금을 회수하여 횡령하고 그 기록을 지연시킨 후 다음의 제2고객으로부터 수취한 현금을 제1고객에게서 회수한 것으로 기록한다. 이와 같이 연속적으로 다음 제3고객으로부터 수취한 현금을 또다시 부족한 직전의 제2고객 현금에 보충한다.

랩핑은 회수기록업무와 현금보관업무를 분리시키면 예방할 수 있다. 감사인은 랩핑을 적발하기 위해 송금통지서에 기재된 거래처 이름, 날짜 및 금액을 현금수입분개장이나 은행입금표와 비교 검증한다. 시간이 많이 소요되므로 부정의 발생가능성이 높을 때 실시한다.

핵심 랩핑방지를 위한 통제절차

랩핑방지를 위한 통제절차		감사인의 실증절차
예방할 수 있는 제도	적발할 수 있는 제도	
① 업무분장 ② 자동이체제도(접근통제)	월별 채권잔액명세서 발송	① 매출채권 외부조회 ② 입금표 및 장부대조

2. 회수불능채권거래 감사절차

• **회수불능채권거래 감사절차**: 권한 있는 담당자의 승인여부, 거래처와의 교신내용을 검토한다.

회수불능채권 대손확정(write-off)의 검증과정에서 가장 중요한 감사목표는 실재성이다. 실제로 회수했으나 장부에는 대손으로 기록하는 방식으로 대금회수액을 횡령할 수 있다. 이러한 유형의 부정을 방지하기 위해 거래처의 지급불능 사유를 조사한 뒤 권한을 부여받은 채권관리담당자만이 대손을 승인하는 통제절차를 수립한다.

감사인은 권한 있는 담당자가 대손을 승인했는지를 확인하고, 대손확정된 몇 개의 계정을 표본으로 추출하여 거래처와의 교신내용을 검토한다. 일반분개장의 대손처리된 내용이 적절하다고 판단하면 몇 개 항목을 추출하여

도표 9-14
매출과 대금회수활동의 주요 감사절차 유형

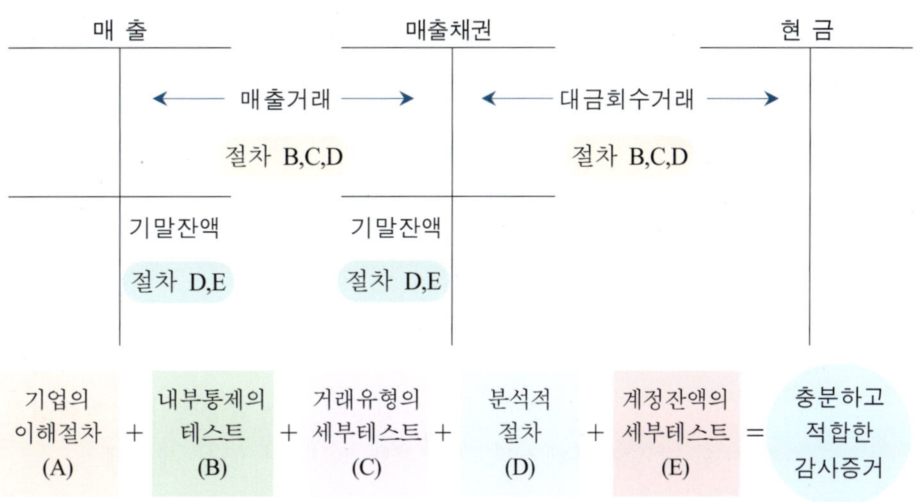

매출채권보조원장으로 추적하여 회계기록 적합성을 확인한다.

[도표 9-14]는 매출과 대금회수활동의 주요 계정에 적용하는 감사절차를 요약한 것이다. 매출거래 및 대금회수거래의 테스트절차(절차 B, C, D)를 살펴보았다. 거래유형 테스트에서 이탈사항을 발견하면 발생원인을 파악하고 왜곡표시위험에 미치는 영향을 고려한다. 이러한 이탈사항은 기말감사에서 관련 계정인 매출채권, 현금, 대손상각비 및 대손충당금의 실증절차(절차 D, E)에 영향을 미친다.

제 3 절 매출채권 계정잔액의 실증절차

Ⅰ. 실증절차의 유형과 실시 시기

〈감사의 흐름〉

1국면 : 감사계획의 수립단계
↓
2국면 : 거래유형의 테스트단계
↓
3국면 : **계정잔액의 실증절차단계**
↓
4국면 : 감사의 종료 및 보고단계

실증절차는 경영진주장 수준의 중요한 왜곡표시금액을 발견하기 위한 감사절차로, 실증적인 분석적절차, 거래유형 및 관련 공시와 계정잔액 및 관련 공시의 세부테스트로 구성된다. 매출채권 계정잔액의 실증절차는 매출거래 내부통제 운영효과성에 대한 통제테스트를 수행한 후 실시한다. 감사인은 이때 평가된 중요왜곡표시위험수준과 관계없이 계정잔액 및 관련 공시의 실증절차를 최소수준 이상으로 수행한다. 왜냐하면 내부통제 위험평가절차만으로는 모든 중요왜곡표시위험을 식별하지 못할 수 있으며, 경영진의 통제무력화와 같은 내부통제의 고유한계가 존재하기 때문이다.

1. 실증절차의 유형

감사기준서에서는 실증절차를 실증적인 분석적절차, 거래유형 및 관련 공시 세부테스트, 계정잔액 및 관련 공시 세부테스트로 구분한다.

도표 9-15
매출채권 계정잔액의 실증절차

유 형	실증절차 내용
실증적인 분석적절차	재무데이터와 비재무데이터 간의 개연적인 관계를 분석하여 재무정보를 평가함으로써, 다른 관련 정보와 불일치하거나 기대치와 유의적인 금액만큼 차이가 있는 변동이나 관계를 조사하는 절차
거래유형 및 관련 공시 세부테스트	계정잔액을 발생시키는 기중거래의 증빙서류를 조회, 검사하여 기말잔액에 대한 간접적 확신과 관련된 손익항목 및 관련 공시의 감사절차를 동시에 수행하는 절차
계정잔액 및 관련 공시 세부테스트	재무상태표의 기말잔액에 대해 외부조회, 검사를 수행해 계정잔액을 직접 확인하는 절차

2. 실증절차의 성격, 시기 및 범위

중간감사에서 수행하는 통제테스트는 내부통제 운영효과성을 평가하는 데 중점을 둔다. 계정잔액 실증절차는 재무제표가 재무보고체계에 따라 작성되었으며 올바른 금액으로 공정하게 표시되었는지에 대한 감사증거를 입수하고 이에 대한 의견을 표명하는 데 중점을 둔다.

감사인은 중요왜곡표시위험에 대응하는 계정잔액 실증절차의 성격, 시기 및 범위를 설계·수행한다. 중요왜곡표시위험의 평가결과를 실증절차의 성격, 시기 및 범위에 연결해 정리하면 다음과 같다.

	위험이 높은 경우	위험이 낮은 경우
실증절차의 성격	실증적인 분석적절차보다는 계정잔액 및 거래유형 세부테스트에 더 의존	실증적인 분석적절차에 많이 의존
실증절차의 시기	보고기간말 또는 근접한 시기에 실증절차를 수행하거나 불시에 또는 예측불가능한 시기에 수행	보고기간말 이전에 수행가능
실증절차의 범위	표본규모를 늘리거나 보다 상세한 수준의 실증절차를 수행	적은 표본규모로 목표감사위험 달성가능

Ⅱ. 매출채권 계정잔액의 실증절차

1. 실증적인 분석적절차

감사인은 실증절차로서 분석적절차를 단독 또는 세부테스트와 결합하여 수행할 수 있다. 단독 또는 결합할지 여부는 세부감사목표의 감사위험을 수용가능한 낮은 수준으로 감소시키기 위해 수행할 해당 감사절차로부터 예상하는 효과성과 효율성에 근거한다. 예를 들어 감사인의 위험평가를 통제테스트에서 입수한 감사증거로 뒷받침할 수 있다면 실증적인 분석적절차만으로 감사위험을 수용가능한 수준으로 감소시킬 수 있다.

매출채권계정에 대한 실증적인 분석적절차의 구체적인 예는 [도표 9-16]과 같다.

도표 9-16
매출과 대금회수활동의 실증적인 분석적절차

실증적인 분석적절차	발견가능한 왜곡표시 유형
• 매출액 내용별 구성비를 전기와 비교한다.	매출의 과대·과소계상
• 산업별, 매출내용별 특성에 따른 분석지표(예 : 평당 임대수익, 운송거리당 여객수, 화물량 또는 운임, 판매객실 점유율, 수출과 내수비율, 제품별 또는 판매방법별 구성비율이나 원가율 등)를 구하여 매출액 타당성을 전기와 비교한다.	매출의 과대·과소계상
• 매출액과 판매직접비(운반비, 판매수수료 등)의 비율을 전기와 비교한다.	매출의 과대·과소계상
• 직전연도와 당해연도의 판매수량 및 가격분석과 비교한다.	매출의 과대·과소계상
• 매출액과 매출환입·에누리, 매출할인 등을 전기와 비교한다.	매출환입·에누리의 과대·과소계상
• 매출내용과 관련된 매출채권의 구성비율을 전기와 비교한다.	매출채권·매출액의 과대·과소계상
• 매출채권회전율 및 매출채권회수기간을 전기와 비교한다.	매출채권·대손충당금의 과대·과소계상
• 매출채권의 연령분석 및 대응하는 대손충당금을 분석하고 전기와 비교한다.	대손충당금의 과대·과소계상
• 전기의 대손실적을 검토하여 매출채권의 대손충당금 설정액이 적절한지 검토한다.	대손충당금의 과대·과소계상

실증적인 분석적절차를 실시할 때 고려해야 할 사항은 다음과 같다.

• 실증적인 분석적절차 수행시 고려사항
① 분석적절차의 적합성
② 데이터의 신뢰성
③ 기대치의 정확성
④ 기대치와의 차이금액

1) 경영진주장에 대한 특정 분석적절차의 적합성

감사인은 중요왜곡표시를 발견하기 위해 효과적인 분석적절차를 선택해야 한다. 예를 들어 매출주문 처리에 통제미비점이 존재한다면, 중요왜곡표시위험이 높으므로 감사인은 실증적인 분석적절차보다는 세부테스트에 보다 비중을 둔다.

2) 데이터의 신뢰성

데이터 신뢰성은 이용가능한 정보원천(내부 또는 외부)과 성격에 영향을 받으며, 데이터가 수집된 상황에 좌우된다. 내부통제가 효과적인 환경에서 얻은 정보라면, 감사인은 해당 정보의 신뢰성과 이에 따른 분석적절차의 결론에 더욱 확신을 갖는다.

3) 기대치의 정확성에 대한 평가

감사인은 재무제표에 기록된 금액과 자신의 기대치를 비교하여 일치하지 않거나 유의적 변동사항이 있다면 그 차이를 조사해야 한다. 기대치의 정확성은 이용하는 정보를 세분화할수록, 재무정보와 비재무정보를 동시에 이용할수록 높아진다.

4) 기대치와의 차이금액 분석

감사인은 수용할 수 있는 차이금액(장부금액과 감사인의 수용가능기대치 차이)을 미리 결정해야 하는데, 중요성 및 요구되는 확신수준과의 일치 정도에 영향을 받는다.

감사인은 분석적절차를 수행하여 다른 정보와 일치하지 않거나 기대치 금액과 유의적 차이가 있다면 경영진에게 질문하고 답변에 관한 감사증거를 입수한다.

2. 매출채권 계정잔액의 세부테스트

계정잔액 실증절차로서 실증적인 분석적절차를 실시하여 전반적인 합리성이나 비경상적 항목을 평가한 후, 매출채권 계정잔액의 세부테스트를 실시한다. 감사인은 세부테스트를 수행해 계정잔액에 포함된 왜곡표시금액을 확인하기 위해 [도표 9-17]과 같이 감사목표를 검증한다.

감사목표는 감사절차 진행순서와 중요도를 고려하여 배열한 것이다. 매출채권 계정잔액의 세부테스트는 매출채권총괄표(lead schedule)의 작성으로 시작한다. 감사인은 총괄표를 작성해 전기와 당기 잔액을 비교하여 그 변동액을 파악한다. 매출채권명세서를 입수하여 계정명세서 잔액과 총괄표 잔액이 일치하는지도 확인한다. 당기 잔액은 당기 총계정원장과 대조한 후 외부조회로 확인하고, 전기 잔액은 전기감사보고서로 확인한다.

도표 9-17 매출채권 계정잔액의 세부테스트

감사목표	계정잔액의 세부테스트
• 연령잔액시산표의 매출채권잔액은 관련 마스터파일 기록과 일치하며, 합산이 정확하고 총계정원장 금액과 일치하는가(정확성)	• 시산표에서 일부계정을 추출해 매출채권마스터파일의 기록으로 추적한다. • 시산표 합계를 검증하고, 총액을 계산한 후 총계정원장 금액과 비교한다. • 분개장 거래기록(매출거래파일)과 총계정원장 금액을 비교한다.
• 연령잔액시산표의 매출채권은 타당하며, 가공 금액을 포함하고 있지 않은가(실재성)	• 일정한 금액을 초과한 모든 거래처를 대상으로 외부조회를 실시한다. 나머지 거래처는 무작위추출하여 조회서를 발송한다. • 미회신 거래처에 대해서는 대체적 절차(특정항목의 후속적 회수, 적송서류, 보고기간말에 근접하여 발생한 매출거래에 대한 조사)를 수행한다. • 거액이며 비경상적인 잔액이 있는 거래처를 개별적으로 검토한다.
• 실재하는 매출채권은 연령잔액시산표에 모두 기록되었는가(완전성)	• 매출채권마스터파일에서 일부 거래처를 추출하여 시산표 금액으로 추적한다.
• 연령잔액시산표의 매출채권은 적절히 분류되었는가(분류)	• 매출채권의 주석내용과 특수관계자거래를 검토한다. • 특수관계자거래와 장기미수채권 존재를 경영진에게 질문한다. • 매출채권 중 할인했거나, 배서양도, 팩토링 및 담보제공한 금액은 회계기준에서 규정한 제거조건을 충족하는지 검토한다.
• 매출 및 대금회수활동의 모든 거래가 적절한 기간에 기록되었는가(기간귀속)	• 매출장에서 당해연도 12월과 차기연도 1월의 거래에서 일부를 추출하여 적송서류의 실제 적송일자를 검증한다. • 기말 전후에 거액의 매출환입이나 에누리가 있는지 검증한다.
• 매출채권이 순실현가치로 기록되었는가(평가 및 배분)	• 연령잔액시산표의 일부계정을 추출하여 연령경과기간이 올바른지 마스터파일기록으로 추적한다. • 경과기간별 총액이 맞는지 합산검증한다. • 주요 거래처 및 장기미회수채권의 회수가능성을 담당자와 토의하고, 대손충당금이 적절히 설정되었는지 평가한다.
• 시산표의 매출채권은 소유권이 있는가(권리와 의무)	• 경영진 및 기타관계자에게 매출채권의 양도·할인·담보제공을 질문한다.
• 매출채권의 관련 정보가 적절히 공시되었는가(표시)	• 주석에 공시되어야 할 특수관계자거래, 채권양도나 담보제공 등의 공시내용이 적절한지 검토한다.

(1) 매출채권잔액은 마스터파일(총계정원장)금액과 일치하는가(정확성)

• 정확성 감사절차
① 연령잔액시산표 계산 검증
② 거래처별 잔액을 보조원장으로 검증

연령잔액시산표(aged trial balance)는 거래처별 잔액과 합계, 계정별 매출발생일부터 재무제표일까지의 기간경과일수를 포함한다.

감사인은 연령별 합계와 총합계를 계산검증하고 이를 총계정원장이나 매출채권마스터파일기록(혹은 매출채권보조원장)과 비교한다. 감사인은 표본으로 추출한 거래처별 잔액을 보조원장으로 추적하여 거래처 이름, 잔액, 기간경과일수 등을 검증한다.

(2) 가공의 매출채권계정이 포함되지 않았는가(실재성)

• 실재성 감사절차
① 거래처에 잔액 조회
② 받을어음 실사 또는 조회

매출채권 실재성을 검증하기 위해 거래처인명계정에서 표본을 추출하여 거래처에 잔액을 조회한다. 미회신 거래처는 관련 증빙서류를 검토하여 출고와 대금회수가 있었는지 검증한다. 보관중인 받을어음은 실사하고 배서양도한 받을어음은 보관자에게 직접 조회하거나 결산일 이후 회수상황을 확인한다.

(3) 실제 발생한 매출채권은 빠짐없이 기록되었는가(완전성)

• 완전성 감사절차
① 거래유형의 세부테스트
② 분석적절차

연령잔액시산표에서 누락된 매출액을 적발하기 위해 복식부기의 자동검증기능에 의존한다. 예를 들어 대금회수액을 횡령한 후 고의로 시산표에 누락시킨 매출채권을 적발하려면, 감사인은 매출채권 잔액시산표 합계를 총계정원장의 통제계정과 상호비교한다.

출고되었으나 장부에 기록하지 않은 거래는 매출채권과 매출을 동시에 과소계상하는데, 거래유형 세부테스트나 분석적절차를 수행하면 적발할 수 있다.

(4) 매출채권은 적절히 분류되었는가(분류)

• 분류 감사절차
① 특수관계자거래의 주석공시 확인
② 유동 · 비유동 구분의 적절성 확인

매출채권명세서를 검토하여 일반적 상거래 외에서 발생한 채권(예 : 미수금으로 분류해야 할 채권)이 포함되었는지 조사하고, 유동 · 비유동의 구분이 적절한지 검토한다.

매출채권을 할인했거나, 배서양도, 팩토링 및 담보제공한 경우에는 제거요건을 충족하는지 검토하고, 필요하다면 외부조회로 거래사실을 확인한다.

(5) 거래가 적절한 회계기간으로 기록되었는가(기간귀속)

기간귀속(cut-off) 오류는 매출, 매출환입및에누리, 현금수입 등에서 발생하는 인식시기의 문제이다. 일반적으로 당기거래를 차기로 기록하거나 차기거래를 당기에 기록하는 오류이다.

보고기간말 전후 거래를 적절한 회계기간에 기록했는지 확인하는 기간귀속검증은 매출과 대금회수활동의 감사에서 중요하다. 왜냐하면 매출의 기간귀속 오류는 당기순이익에 직접적인 영향을 미치기 때문이다.

1) 매출의 기간귀속

- 매출의 기간귀속 감사 절차
  ① 수익인식기준의 타당성 · 계속성 검토
  ② 기간귀속테스트 (cut-off test)

매출의 기간귀속검증을 위해 거래유형별 수익인식기준의 타당성과 계속성을 검토하고 기간귀속과 관련한 내부통제를 검토한다. 사전에 일련번호가 부여된 매출송장을 사용하고 발송부서와 대금청구부서의 업무가 적절하게 분장되어 있다면, 매출거래는 적절한 기간으로 기록되었을 가능성이 매우 높다.

감사인은 매출의 기간귀속검증을 위해 회계기말 최종 인도분의 적송서류 번호와 당기말 매출거래기록을 검토한다. 예를 들어 회계연도의 최종 적송서류번호가 2132라고 가정하자. 회계기말 이전의 모든 매출기록은 2132부터 역순의 번호가 연속적으로 기록되어 있어야 한다. 2132보다 작은 번호의 적송서류는 다음 기 매출로 기록되지 않아야 한다. 감사인은 당기말 이전의 며칠간과 차기초 이후의 며칠간에 기록된 매출거래와 관련 적송서류를 비교하여 기업이 기간귀속방침에 따라 적절한 기간에 매출을 인식했는지 검증한다. 이러한 절차를 기간귀속테스트(cut-off test)라고 한다.

2) 매출환입및에누리의 기간귀속

매출환입및에누리, 매출할인 등의 기간귀속 적절성을 검토하고, 매출액에서 적절하게 차감하여 회계처리했는지 검토한다. 감사인은 기말 이후의 몇 주 동안 기록된 매출환입및에누리에서 표본을 추출하여 증빙서류를 검토하여 적절하게 회계처리되었는지 확인한다.

(6) 매출채권은 적절히 평가되었는가(평가 및 배분)

• 평가 및 배분 감사절차
① 매출채권잔액 연령분석표 검토
② 경영진에게 질문
③ 장기미회수채권의 지연이유 확인
④ 대손추계액 산정기준 확인

매출채권 회수가능성과 대손충당금 적절성을 평가한다. 일반적으로 다음 절차를 수행하여 매출채권 회수가능성과 대손충당금의 적절성을 평가한다.

- 거래처별로 매출채권잔액 연령분석표를 입수하여 계산검증하고, 적절한 수의 거래처를 추출하여 보조원장과 비교한다. 당기 매출액에 대한 매출채권 비율을 전기와 비교하고, 당기의 경제상황, 신용정책, 회수가능성과 관련하여 당기 비율의 합리성을 검토한다.
- 매출채권 회수가능성을 경영진에게 질문하고 매출거래처와의 교신문서를 검토한다.
- 회수가능성에 의문이 있는 거래처는 회수가 지연되는 이유와 재무상황을 확인한다.
- 합리적이고 객관적인 대손추계액 산정기준(개별적 방법 또는 연령분석법)을 사용하여 대손충당금을 설정했는지 확인한다. 동일한 기준을 당기에도 계속적으로 적용하는지 확인하고, 매출채권과 매출액에 대한 당기의 대손상각 및 대손충당금 비율을 전기 비율과 비교한다. 현재의 경제상황을 고려하여 대손상각 및 대손충당금 비율의 추세를 분석한다.

(7) 매출채권에 대한 소유권이 있는가(권리와 의무)

• 권리와 의무 감사절차
① 이사회의사록 검토
② 담당자에게 질문
③ 교신서류철 검토

양도나 팩토링(factoring)으로 소유권을 이전한 매출채권을 기업의 자산으로 보고할 가능성에 유의한다. 일반적으로 이사회의사록의 검토, 기업담당자에게 질문, 금융기관에 대한 외부조회 및 기타 교신서류철의 검토를 수행해 확인한다.

(8) 매출채권의 공시가 적절한가(표시)

• 표시 감사절차
① 특수관계자와의 거래
② 할인 · 양도된 매출채권

할인하거나 양도한 매출채권의 주석표시, 담보제공한 매출채권이나 특수관계자거래를 주석으로 적절하게 공시했는지 확인한다.

제 4 절 매출채권의 외부조회절차

매출과 대금회수활동에서 가장 중요한 감사절차 중 하나가 매출채권의 외부조회(external confirmation)이다. 감사인이 외부조회를 실시하면 실재성과 기간귀속의 감사목표를 달성하는 직접적이고 외부적인 감사증거를 확보할 수 있다.

Ⅰ. 외부조회의 성격

1. 외부조회의 목적

• 외부조회가 가능한 상황
① 은행잔액과 관련 정보
② 매출채권 · 매입채무의 잔액 · 조건
③ 타처보관 재고자산
④ 차입금 상환조건 및 제한약정
⑤ 변호사 조회

외부조회는 계정잔액과 구성내역을 확인하기 위해 실시한다. 해당 기업과 다른 대상자 간의 약정, 계약이나 거래조건을 확인하거나 이면계약과 같은 특정조건의 존재여부를 확인하기 위해 외부조회를 이용하기도 한다. 이때 계약조건이나 거래조건, 세부내역을 검증할 수 있도록 조회서를 설계해야 한다.

2. 외부조회의 필요성 검토

감사인은 위험평가 수준이 높을수록 감사증거의 양을 증가시키거나 보다 관련성이 있고 신뢰성이 있는 감사증거를 수집해야 한다. 외부조회는 기업 외부의 독립된 원천으로부터 감사인이 직접 입수하는 감사증거이므로 신뢰성이 매우 높다. 왜곡표시위험이 높을수록 외부조회의 필요성은 높아진다.

핵심 외부조회의 실시여부

왜곡표시위험이 높은 경우	왜곡표시위험이 낮은 경우
증거능력이 높은 감사증거가 요구되므로 외부조회를 실시한다.	비용이 적게 드는 대체적 절차(보고기간말 이후 매출채권 회수여부 확인)의 수행도 가능하다.

3. 외부조회로 확인가능한 감사목표

외부조회는 매출채권뿐만 아니라 금융자산, 타처보관 재고자산 그리고 부외부채 등 어느 자산이나 부채에도 적용가능한 감사증거 수집방법이다.

핵심 외부조회로 확인가능한 경영진주장(감사목표)

구 분	확인가능한 경영진주장	확인불가능한 경영진주장
매출채권	실재성 및 기간귀속	평가(회수가능성)
타처보관 재고자산	실재성 및 소유권	평가(진부화 정도)
부외부채	완전성	–

(1) 매출채권

매출채권 외부조회는 특정일 현재 계정잔액의 실재성에 대한 강력한 증거를 제공한다. 매출의 기간귀속에 대한 감사증거도 제공하나, 평가(회수가능성)와 관련된 감사증거는 제공하지 않는다.

(2) 타처보관 재고자산

기업 창고가 아닌 다른 장소에 보관하는 자산은 기업이 직접 통제를 하지 않기 때문에 실재성 확인을 위해 외부조회를 실시한다. 타처보관 재고자산에 대한 외부조회는 실재성 및 소유권에 관한 경영진주장에 대한 증거는 제공하지만, 재고자산의 평가(진부화 정도)에 관한 주장에 대한 증거는 제공하지 못할 수 있다.

타처보관 재고자산 금액이 중요하다면 외부조회보다는 기업과 협의하여 직접 실사입회해야 한다. 감사인이 실사에 입회하면 관찰을 수행해 자산의 수량뿐만 아니라 보관상태나 진부화(평가)에 대한 정보도 얻을 수 있다.

(3) 부외부채

감사인은 매입채무의 완전성 주장을 확인하기 위해 중요한 부외부채가 누락되지 않았다는 증거를 얻어야 한다. 이를 위해 감사인은 매입채무보조부에서 잔액이 큰 매입처를 중심으로 조회처를 선정하기보다는, 잔액이 없더라도 중요한 매입처(기중에 거래가 빈번했던 주요 거래처)를 대상으로 조회서를 발송하는 것이 바람직하다. 기중거래가 빈번했다면 실제로 기말에도 큰 잔액이 있을 것이기 때문이다.

조회대상자가 금융기관이면 기말잔액이 없더라도 기중거래 내역이 한 번이라도 있었던 곳에도 발송해야 한다. 이때는 표본추출이 아닌 모집단 전체가 조회대상이 된다.

(4) 특수관계자와의 거래

특수관계자와의 거래는 매우 빈번하고 거액인 사례가 많으므로 실재성과 거래성격을 함께 파악한다. 특수관계자에 대한 조회는 신뢰성이 낮지만 외부조회를 수행하여 잔액을 확인해야 한다. 추가적으로 객관적인 증빙문서(예를 들어 신용장이나 선하증권)를 검사해야 한다.

Ⅱ. 외부조회의 설계

1. 외부조회 요청과 관련하여 감사인이 통제해야 할 사항

감사인은 외부조회 요청을 통제하기 위해 다음의 절차를 수립해야 한다.

(1) 확인하거나 요청할 정보의 결정

• 확인할 정보의 결정 : 계정잔액과 구성요소, 계약조건

외부조회는 계정잔액과 그 구성요소에 관한 정보를 확인하기 위해 수행한다. 해당 기업과 다른 대상자 간의 약정, 계약 또는 거래조건을 확인하거나 이면계약과 같은 특정조건이 존재하지 않는다는 사실을 확인하기 위해 이용하기도 한다.

(2) 적합한 조회대상자의 선택

• 적합한 조회대상자 : 조회할 거래나 약정을 잘 알고 있는 관리자

외부조회는 확인할 정보에 대해 전문지식이 있는 상대로부터 회신을 얻으면 보다 관련성이 높고 신뢰할 수 있는 증거가 된다. 예를 들어 금융기관에 조회를 요청한다면, 조회할 거래나 약정을 잘 알고 있는 담당자가 조회요청 대상으로 가장 적임자일 것이다.

(3) 조회서의 설계

• 조회서의 설계 : 회신율, 회신으로 입수할 감사증거의 성격 및 신뢰성을 고려

조회서를 설계할 때 회신율, 회신으로 입수할 감사증거의 성격 및 신뢰성을 고려한다. 국내 조회대상자는 종이문서 조회서를 발송하나, 조회대상자가 국외에 있다면 전자문서(E-mail)를 주로 이용한다. 경영진이 확인했다는 표시를 위해 기업 대표이사의 직인을 조회서에 포함한다. 조회대상자가 운용하는 ERP 사양으로는 총잔액을 확인할 수 없고, 개별송장별 금액만 확인가능할 수 있다. 이러한 상황에서는 조회서에 총잔액이 아닌 개별송장별 금액을 기재하도록 요구한다.

감사인은 외부조회를 수행하여 입수하고자 하는 감사증거의 적합성과 신뢰성을 고려해 적극적 조회와 소극적 조회 중 선택한다.

적극적 조회는 조회처가 조회서의 정보에 동의하는지를 표시하거나 요청된 정보를 제공하여 감사인에게 직접 회신해 달라고 요청하는 조회이다. 소극적 조회는 조회처가 조회서 정보내용에 동의하지 않는 때(예를 들어, 잔액이 다른 경우)에만 감사인에게 직접 회신해 달라고 요청하는 조회이다. 소극적 조회는 적극적 조회보다 설득력이 낮은 감사증거를 제공한다.

(4) 조회서의 발송

• 조회서의 발송 : 감사인의 통제하에 직접 발송

감사인이 조회서를 직접 발송해야 하며, 합리적인 기간 내에 회신받지 못하면 추가적인 조회서를 보낼 수 있다. 예를 들어 감사인은 최초 주소가 정확한지 다시 확인한 후 후속적인 조회서를 보낸다.

2. 조회기준일의 결정

• 조회기준일
① 원칙 : 보고기간말
② 예외 : 보고기간말 이전의 기중일자

감사인은 보고기간말 채권, 채무 상황을 확인해야 하므로, 조회서는 원칙적으로 보고기간말을 기준일로 발송한다. 감사업무를 보고기간말 후 단기간에 종료해야 할 때가 있다. 예를 들어 연결재무제표 감사를 위해서는 종속기업 재무제표가 먼저 확정되어야 한다. 이때 보고기간말을 기준일로 조회서를 발송하면 감사일정에 차질이 생길 수 있다. 이러한 상황에서는 보고기간말 이전에 특정일자(예를 들어 10월말)를 조회기준일로 선택한다.

3. 경영진이 조회서 발송을 거부하는 경우

경영진이 감사인의 조회서 발송을 거부하면, 감사인은 다음의 절차를 수행해야 한다.

① 거부사유를 질문, 타당성과 합리성에 관한 감사증거 입수 경영진이 감사인의 조회서 발송을 거부하면 감사범위 제한에 해당한다. 감사인은 경영진에게 그러한 제한을 하는 이유를 질문한다. 경영진은 부정 또는 오류를 밝혀낼 수 있는 감사증거에 대해 감사인의 접근을 거절할 수 있다. 감사인은 그 이유의 타당성과 합리성에 대한 감사증거를 입수해야 한다.

② 중요왜곡표시위험의 평가에 대한 시사점 고려 외부조회를 제한하는 경영진 요청이 비합리적이라면 심각한 부정위험요소의 징후일 수 있다. 이러한 상황에서는 해당 감사목표의 중요왜곡표시위험에 대한 평가를 수정하고 계획한 감사절차를 변경한다.

③ 대체적 감사절차의 수행 경영진의 거부가 합리적이며 타당성이 있다고 판단하면 대체적 감사절차를 수행하여 계정잔액을 검증한다. 경영진의 외부조회 거부가 비합리적이라면 대체적 절차를 수행하지 않고 감사범위 제한에 따른 의견변형을 고려한다.

Ⅲ. 매출채권 외부조회의 실시

일반적으로 외부조회는 다음과 같은 단계를 거쳐 수행한다.

조회단계	주의사항
1단계 : 조회대상자의 선정	조회대상자는 감사인이 직접 선정한다. 기업이 조회대상자를 선정하면 왜곡표시된 거래처가 조회대상에서 누락될 위험이 있다.
2단계 : 조회서의 작성	① 감사인이 직접 작성하는 것이 원칙이다. 기업의 도움을 받을 수 있으며, 감사인은 조회대상의 누락여부와 조회서와 장부잔액이 일치하는지 확인한다. ② 조회서 발송주체는 기업이며, 수신인은 감사인이다.
3단계 : 조회서의 발송	조회서는 감사인이 직접 발송한다. 기업이 조회서를 발송하면 왜곡표시된 조회대상을 발송과정에서 누락시킬 가능성이 있다.
4단계 : 조회서의 회수	① 감사인이 직접 회수한다. 기업이 수령하여 감사인에게 전달하면 장부잔액과 일치하지 않는다고 회신한 조회서는 변조 또는 전달되지 않을 위험이 있다. ② 적극적 조회에서 미회신 거래처는 대체적인 절차를 수행한다.
5단계 : 조회결과의 요약 및 평가	① 조회결과는 감사인이 직접 요약·평가한다. 기업에 맡기면 조회결과를 왜곡평가할 위험이 있다. ② 표본감사를 수행하면 표본감사에서 발견한 왜곡표시를 토대로 모집단의 투영왜곡표시금액을 추정하는 절차가 필요하다.

1. 외부조회의 통제

매출채권잔액을 외부조회할 때 감사인은 조회요청 방법 및 조회대상자 선정, 조회서 발송부터 회신까지의 모든 과정을 직접 통제해야 한다.

조회서 작성(예를 들어 조회대상자의 주소, 채권·채무 내역 및 금액 기재, 발송용 봉투의 주소 기입)은 감사대상회사에 맡길 수도 있으나, 선택한 조회대상자의 누락과 금액의 정확성 여부를 감사인이 반드시 확인해야 한다.

2. 미회신 조회서의 관리

적극적 조회에서 회신을 받지 못하면 감사인은 다음의 대체적 감사절차를 수행해야 한다.

(1) 조회일 이후 현금회수 검토

조회일 이후에 대금이 회수되었다면 채권이 보고기간말 현재 실제로 존재한다고 판단할 수 있다. 조회일 이후의 현금회수 사실을 확인하기 위해 입금내역과 매출채권 보조원장의 회수기록을 함께 검토한다.

(2) 매출송장과 적송서류의 검토

매출송장(매출전표)은 장부기록의 근거가 되는 서류이며, 적송서류(고객인수증)는 고객에게 상품을 인도한 사실을 뒷받침하는 근거서류이다. 매출송장이 실제 발행되었는지와 대금을 청구한 사실이 있는지 그 일자를 확인하여 가공매출 여부를 판단한다. 매출채권의 실재성을 확인하기 위한 목적이므로 매출채권명세서에서 표본을 추출해 적송서류가 존재하는지를 검토(역진법)해야 한다.

3. 회신의 신뢰성 검토

조회요청에 대한 회신의 신뢰성을 의심한다면, 감사인은 그러한 의문을 해결하기 위해 다음 절차를 수행해 추가적인 감사증거를 입수해야 한다.

① 전자적 조회절차(팩스, 전자우편)에서는 전자형태 정보의 발신자 신원을 확인해야 한다. 팩스로 회신받으면 팩스번호가 맞는지 확인해야 한다. 전자우편으로 회신하면 전자서명과 웹사이트의 신뢰성을 검증해야 한다.

② 감사인이 조회처와 접촉하여 회신의 원천과 내용을 검증할 수 있다. 예를 들어 조회처가 전자메일로 회신하면 조회처에 전화해 실제 그

회신을 보냈는지 확인할 수 있다.

③ 구두로 회신을 받으면, 즉시 감사인에게 직접 서면으로 회신해 달라고 조회처에 요청할 수 있다.

④ 경영진이 발송하는 조회서 내용에 회신의 이용에 관한 제한적 문구가 포함되어 있을 수 있다. 그러한 제한은 반드시 회신의 신뢰성을 무효화하지는 않지만, 제한내용이 증거의 신뢰성에 미치는 영향은 검토해야 한다.

4. 입수한 증거의 평가

감사인은 외부조회절차로 얻은 결과가 관련성이 있고 신뢰할 수 있는 감사증거를 제공하고 있는지 또는 추가적인 감사증거가 필요한지 평가해야 한다.

감사인은 조회에 대한 회신을 신뢰할 수 없다고 결정할 수 있다. 이때 감사인은 부정위험 등 관련 중요왜곡표시위험에 대한 평가와 감사절차의 성격, 시기 및 범위에 대한 시사점을 평가해야 한다.

제 5 절 공정가치 등 회계추정에 대한 감사

회계추정치는 대손충당금 등과 같이 객관적인 측정수단이 없을 때 또는 공정가치 추정과 같이 추정에 불확실성이 존재할 때 측정한 화폐금액의 근사치를 의미한다. 회계추정치는 경영진의 주관적 판단이 회사에 유리하게 개입될 수 있으므로 감사인의 주의가 필요한 영역이다. 「감사기준서 540」에서는 공정가치의 추정치 등 회계추정치와 관련한 공시에 대한 감사인책임을 다루고 있다.

Ⅰ. 회계추정치의 성격

1. 회계추정치의 의의

회계추정치에 관련된 감사증거는 수집하기 힘들고 증거력도 낮다. 회계추정치는 주식기준보상과 같이 공정가치 회계추정치가 필요한 상황과 대손충당금과 같이 공정가치 회계추정치가 필요하지 않은 상황으로 구분할 수 있다. 공정가치의 측정문제(공정가치 회계추정치)는 최초로 거래를 기록할 때 발생할 수도 있고, 추후 공정가치의 변동에 따라 기말평가에서 발생할 수도 있다.

회계추정치를 합리적으로 추정해 재무제표에 보고할 책임은 경영진에게 있다. 감사인은 충분하고 적합한 감사증거를 입수하여 경영진이 재무제표에 보고한 회계추정치를 합리적으로 추정하고 공시했는지를 확인할 책임이 있다. 감사인은 감사 당시에 알려졌더라면 경영진의 행동 및 가정에 영향을 미칠 수 있는 미래의 상황이나 거래 또는 사건을 예측할 책임은 없다.

2. 회계추정치의 성격

재무제표의 어떤 항목은 사업활동에 내재된 불확실성 때문에 오직 추정에만 의존할 수밖에 없다. 이러한 회계추정을 위해 경영진이 이용하는 정보의 성격과 신뢰성은 회계추정치와 관련한 추정의 불확실성 정도에 영향을 미친다. 추정에는 경영진의 의도적 또는 비의도적인 편의가 개입되기 때문에 추정의 불확실성 정도는 회계추정치의 중요왜곡표시위험에 영향을 미친다.

회계추정치는 불확실성의 진행상황에 따라 신뢰성이 달라진다. 회계추정치의 불확실성이 상대적으로 낮다면 중요왜곡표시위험도 낮아진다. 예를 들어 상장주식의 공정가치는 거래소 가격을 이용하므로 추정의 불확실성이 없다. 비상장주식은 특정 미래현금흐름의 할인모형 등을 이용하므로 추정의 불확실성이 높다.

(1) 추정의 불확실성 정도

추정의 불확실성 정도는 ① 회계추정치의 성격, ② 회계추정치 도출에 사용되는 일반적으로 인정되는 방법 · 모형이 존재하는 정도, ③ 회계추정치의 도출에 사용되는 가정의 주관성 등에 따라 달라진다.

(2) 경영진의 편의

회계추정치는 경영진의 의도적(예를 들어 유리한 결과를 달성하고자 하는 동기) 또는 비의도적인 편의(bias)에 영향을 받을 수 있다. 이러한 경영진의 편의는 추정에 수반되는 주관성에 따라 증가하는데, 개별 계정의 수준에서는 발견하기 어렵다.

경영진의 편의는 일련의 회계추정치나 모든 회계추정치를 집합적으로 고려할 때 또는 많은 보고기간에 관찰해 왔을 때에만 인지할 수 있다. 오도의 의도가 있는 경영진의 편의는 본질적으로 부정에 해당한다.

Ⅱ. 회계추정의 감사절차

감사인은 다음과 같이 3단계에 걸쳐 회계추정의 감사절차를 수행한다.

[1단계] 위험평가절차 및 관련 활동의 수행	• 회계추정치와 관련하여 발생할 수 있는 중요왜곡표시위험을 식별 · 평가
[2단계] 회계추정치의 합리성 평가	• 평가한 중요왜곡표시위험에 대응하는 감사절차 • 유의적 위험에 대응하기 위한 추가적 실증절차
[3단계] 감사수행 결과의 평가 및 문서화	• 수행한 감사결과를 평가 • 서면진술의 확보 및 문서화

1. [1단계] 위험평가절차 및 관련 활동의 수행

감사인이 위험평가절차 및 관련 활동을 수행하면 해당 기업에 있을 수 있는 회계추정치의 성격과 유형을 예상할 수 있다. 이 단계에서 감사인은 회계추정치와 관련한 중요왜곡표시위험을 식별, 평가하고 추가감사절차의 성격과 시기 및 범위의 계획에 미치는 영향을 고려한다.

(1) 중요왜곡표시위험을 식별하기 위해 이해해야 할 사항

1) 해당 재무보고체계의 요구사항에 대한 이해

감사인은 재무보고체계의 지침과 요구사항을 이해하고, 기업과 관련한 회계추정치의 인식을 위한 특정기준이나 측정방법을 해당 재무보고체계에서 명시하고 있는지 확인한다.

2) 경영진이 회계추정의 필요성을 식별하는 절차를 이해

경영진은 재무제표를 작성할 때 어떤 거래나 사건이 회계추정을 필요로 하는지, 해당 재무보고체계에 따라 그러한 거래나 사건이 인식, 측정, 공시되는지 파악하는 절차를 구비해야 한다.

감사인은 경영진에게 질문(예를 들어 회계추정치를 필요로 하는 거래조건이 새로 변경되었는지 여부)하여 경영진이 회계추정치의 필요성을 어떻게 식별하는지 이해한다. 공식적인 위험평가절차를 수행해 회계추정치를 필요로 하는 상황이나 상황 변화를 식별하기 위해 경영진이 수립한 절차가 있는지 이해한다.

3) 경영진이 회계추정치를 도출한 방법을 이해

경영진은 재무제표를 작성할 때 적절한 내부통제 등 회계추정치 도출을 위한 재무보고절차(적절한 회계정책의 선택, 회계추정치 관련 데이터와 가정의 개발 및 식별, 회계추정치가 유발되는 상황의 주기적 검토)를 수립한다.

감사인은 경영진이 회계추정치를 도출하기 위해 사용한 측정기법과 회계추정치가 이용된 데이터 근거를 이해한다.

① 모델의 이용 등 측정방법　재무보고체계에서 회계추정치 측정에 경영진이 사용한 특정모델, 경영진이 회계추정치에 사용한 방법 또는

모델을 이해한다. 경영진이 개발하고 사용하는 모델이 기업이 속한 산업의 일반적 방법에서 벗어나는지 유의한다.

② **관련 통제** 감사인은 회계추정치를 도출하기 위해 경영진이 설정한 통제절차에서 다음 사항을 이해한다. 다음의 통제가 효과적으로 운용된다면 중요왜곡표시위험은 낮을 것이다.

▶ 기업의 회계추정치 통제와 관련하여 감사인이 이해해야 할 사항

- 회계추정치를 도출하기 위해 사용한 데이터의 완전성, 관련성 및 정확성을 결정하는 방법
- 적합한 수준에 있는 경영진이 추정치 도출을 위해 사용한 가정과 투입자료에 대한 검토 및 승인절차
- 기업의 기본적인 거래를 실행하는 자(거래책임자)와 회계추정치를 도출하는 책임자(평가책임자) 간의 업무분장

③ **경영진측 전문가의 활용** 예를 들어 광물이나 탄소의 매장량을 측정해야 하는 시추산업에서 추정치 도출에 필요한 경험과 적격성이 있는 사람을 채용할 수 있다. 감사인은 회계추정치를 결정하는 인력의 전문성과 경험, 전문가 업무에 의존하는 정도를 고려한다.

④ **가정의 이해** 회계추정치와 관련된 가정은 회계추정치와 분리할 수 없는 구성요소에 해당하므로, 감사인은 회계추정치의 근간이 되는 가정을 이해한다.

⑤ **회계추정치 도출방법의 변경** 회계추정치 도출방법을 변경하였다면, 경영진은 새로운 방법이 더 적합한 대응이라는 것을 입증해야 한다. 감사인은 경영진이 변경한 회계추정치 도출방법이 합리적인지 전문가적 의구심을 유지하며 논의한다.

⑥ **추정의 불확실성** 경영진이 추정의 불확실성이 미치는 영향에 대해 민감도 분석을 수행했는지 확인하고, 평가방법을 이해한다.

4) 전기 회계추정치의 검토

회계추정치의 실제 결과는 전기재무제표에 인식된 회계추정치와는 다를 수 있다. 감사인은 이와 같은 차이가 발생하는 이유를 식별하고 이해하기 위한 위험평가절차를 수행한다.

예를 들어 전기 보고기간말 대손충당금 잔액과 당기에 대손으로 장부에

서 제거된 매출채권 간의 비교를 실시한다. 둘간의 금액에 차이가 크면 클수록 당기에 대손충당금 추정치도 왜곡표시될 위험이 크다. 감사인이 전기 회계추정치를 검토하면, 당기 회계추정에 있어 경영진의 편의가능성을 나타내는 상황이나 환경을 식별할 수 있다.

(2) 중요왜곡표시위험의 식별과 평가

회계추정치에 수반되는 불확실성이 높으면 중요왜곡표시위험은 증가한다. 감사인은 회계추정치와 관련한 추정의 불확실성 정도를 평가하고, 추정의 불확실성이 높다고 파악한 회계추정치에 유의적 위험이 존재하는지 결정한다.

회계추정치와 관련된 추정의 불확실성 정도는 ① 회계추정치를 추정할 때 판단에 의존하는 정도, ② 회계추정치의 가정 변경에 따른 민감도, ③ 널리 인정된 측정기법인지, ④ 예측기간의 폭, ⑤ 외부원천에서 신뢰성 높은 데이터를 입수해 이용가능한지에 영향을 받는다.

계류중인 소송사건이나 고도로 전문적인 자체개발모델을 이용한 추정치는 불확실성이 매우 높을 수 있다. 감사인은 이러한 회계추정치가 계속기업으로서의 존속능력에 대한 중요한 의문으로 연계될 수 있는지 유의한다.

2. [2단계] 회계추정치의 합리성 평가

감사인은 위험평가절차를 수행하여 식별한 중요왜곡표시위험을 바탕으로 경영진이 수행한 회계추정치가 합리적인지 평가한다.

(1) 중요왜곡표시위험에 대응하기 위한 감사절차

1) 감사보고서일까지 발생한 사건

감사보고서일 이전에 발생한 사건은 회계추정치를 확인시켜 주거나 반박하는 감사증거를 제공한다. 예를 들어 경영진은 보고기간말 예상판매가격을 근거로 순실현가능가치를 산정하여 재고자산 저가평가를 수행한다. 보고기간말부터 감사보고서일 사이에 판매된 실제 판매가격은 이러한 추정치를 확인시켜 준다.

2) 경영진의 회계추정치 도출방법에 대한 테스트

감사인은 경영진의 회계추정치 도출방법을 테스트한다. 이를 위해 ① 경영진이 이용한 측정방법 및 모델과 ② 경영진이 사용한 가정을 평가한다.

3) 통제의 운영효과성 테스트

경영진은 회계추정치 도출방법에 대한 통제시스템을 운영한다. 이러한 통제의 예로는 회계추정치의 검토와 승인 등이 있다. 감사인은 경영진이 통제시스템을 적합하게 설계, 실행, 유지하고 있는지 테스트한다.

4) 독자적 추정치 개발 및 합리성 평가

경영진이 수립한 회계추정치의 결정절차가 비효과적이거나 이에 대한 통제가 적절하게 설계되어 있지 않을 수 있다. 이러한 상황에서 감사인은 독립적인 범위추정치를 개발하여 경영진이 수립한 회계추정치가 추정한 범위 내에 존재하는지 평가할 필요가 있다. 기업 통제가 적절하게 실행되고 있어도 감사인의 독자적인 추정치 개발은 합리적인 대응절차가 될 수 있다.

(2) 위험에 대응하는 추가실증절차

유의적 위험이 존재하는 회계추정치를 감사할 때, 추가실증절차에서는 다음 사항을 중점적으로 평가한다.

- 경영진이 회계추정치의 추정불확실성과 관련한 영향을 어떻게 평가했는지에 관한 사항
- 관련 공시의 적합성 여부

상기의 추가실증절차를 수행하여 다음 사항이 해당 재무보고체계의 요구사항을 준수하고 있는지에 대한 충분하고 적합한 감사증거를 수집해야 한다.

- 재무제표에 회계추정치를 인식하거나 인식하지 않기로 한 경영진의 결정
- 회계추정치를 위해 선택한 측정기준

3. [3단계] 감사수행 결과의 평가 및 문서화

(1) 감사수행 결과의 평가

1) 회계추정치 합리성 평가 및 왜곡표시 결정

감사증거에 기초하여 재무제표의 회계추정치가 해당 재무보고체계 관점에서 합리적인지 또는 왜곡표시되었는지 평가한다. 감사인이 도출한 추정치와 경영진 추정치가 유의적으로 다르다면 왜곡표시에 해당한다.

2) 회계추정치와 관련된 공시

회계추정치와 관련된 재무제표 공시가 해당 재무보고체계의 요구사항을 준수하고 있는지에 대해 충분하고 적합한 감사증거를 입수한다. 유의적 위험이 발생하는 회계추정치가 해당 재무보고체계에 따라 적절하게 공시되었는지 평가한다.

(2) 서면진술의 확보 및 문서화

경영진이 회계추정치를 도출할 때 적용한 유의적 가정들의 합리성에 대한 서면진술을 확보한다. 감사인이 경영진의 편의가능성 징후를 문서화하면, 기업의 위험평가와 대응방법이 적합한지와 중요왜곡표시의 존재를 평가하는 데 도움이 된다.

회계추정치와 관련하여 감사조서에 포함해야 할 사항은 다음과 같다.

- 유의적 위험이 발생하는 회계추정치 및 공시의 합리성에 대한 결론의 근거
- 경영진의 편의가능성 징후

CHAPTER 9

연습문제

진위형

다음의 설명을 읽고, 틀린 기술이라면 그 이유를 제시하시오.

(1) 감사인이 중요왜곡표시위험을 높다고 평가하면, 실증적인 분석적절차에 보다 많이 의존할 수 있다.
(2) 감사인이 중요왜곡표시위험을 낮다고 평가하면, 보고기간말 이전에 실증절차를 수행할 수 있다.
(3) 감사인이 중요왜곡표시위험을 높다고 평가하면, 표본규모를 늘리거나 보다 상세한 수준의 실증절차를 수행한다.
(4) 매출채권잔액의 실재성을 확인하기 위해서는 거래처에 잔액을 조회하고, 받을어음을 실사하거나 외부조회하여 확인한다.
(5) 감사인이 왜곡표시위험을 높다고 평가하면 대체적 절차보다는 외부조회를 선택한다.
(6) 매출채권 외부조회를 수행하면 경영진주장 중 실재성, 기간귀속 및 평가(회수가능성)를 확인할 수 있다.
(7) 외부조회의 조회기준일은 보고기간말이 원칙이나, 감사업무를 보고기간말 후 단기간에 종료해야 한다면 기중일자에 수행할 수 있다.
(8) 경영진이 일부 조회서 발송대상자 선정을 거부하는 것이 타당하고 합리적이라고 판단하면 조회대신 대체적 감사절차를 수행할 수 있다.
(9) 조회대상자가 전자문서(E-mail)로 회신하면, 감사인은 조회대상자에게 전화 등으로 실제 회신을 보냈는지 확인해 감사증거의 신뢰성을 높일 수 있다.
(10) 조회요청의 회신 이용에 관한 제한적 문구가 포함되어 있다면, 회신의 신뢰성이 무효화되므로 감사인은 이러한 제한적 문구를 허용해서는 안 된다.
(11) 회계추정치에 대한 감사증거는 수집하기 힘들고 증거력이 낮다는 특징이 있다.
(12) 회계추정치의 불확실성이 상대적으로 낮으면 중요왜곡표시위험도 낮아질 것이다.
(13) 회계추정치는 경영진의 편의에 영향을 받을 수 있는데, 의도가 있는 경영진의 편의는 오류에 해당한다.

서술형

1 매출과 대금회수거래의 오류유형 및 통제절차

다음은 대한주식회사에서 발생한 왜곡표시의 유형이다.

(1) 매출송장을 합산하는 과정에서 ₩100,000이 과대계상되었다.
(2) 회계연도 마지막날 담당자의 실수로 매출액이 이중기록되었다. 매출액은 이틀 전에 발생한 것으로 이미 기록되었다.
(3) 영업사원이 거래처를 방문하여 외상매출금을 회수한 후 잠적하였다.
(4) 현금회수담당자가 현금집계표에 기록한 매출채권 회수액을 현금수입장 및 매출채권원장 기록담당자가 회수거래기록을 누락시켜 횡령하였다.
(5) 선하증권을 분실해 고객에게 적송한 상품의 대금을 청구하지 못했다.
(6) 고객에게 상품을 적송했으나 적송서류(선하증권)를 작성하지 않았고, 대금을 적송서류를 기준으로 청구하기 때문에 대금청구가 누락되었다.
(7) 용역매출을 제품매출로 잘못 분류하였다.

요구사항

상기 왜곡표시의 유형을 예방할 수 있는 통제절차를 각각 기술하시오.

2 매출거래의 감사목표와 관련 통제테스트

다음은 매출거래의 감사목표와 통제테스트를 예시한 것이다.

감사목표	테스트절차
(1) 기록된 매출거래는 실제 발생한 것인가? (2) 실제 발생한 매출은 모두 기록되었는가? (3) 매출거래는 보조원장에 적절히 기록되었고 올바르게 요약되었는가?	(1) 매출송장을 검토하여 각 송장에 적송서류가 부착되어 있는지 검토한다. (2) 매출거래에서 표본을 추출하여 매출채권보조원장에 전기되었음을 확인하는 검증표시가 매출분개장에 존재하는지 확인한다. (3) 적송서류에서 표본을 추출하여 각 서류의 좌측하단에 매출송장번호가 기입되었는지 검토한다.

요구사항

1. 각 감사목표((1)~(3))에서 발생가능한 왜곡표시를 하나 이상 제시하시오.
2. 첫 번째 감사목표와 두 번째 감사목표의 차이점을 기술하시오.

3 매출채권회수액의 횡령예방을 위한 내부통제절차

대한주식회사는 용역을 제공하고 고객에게 청구서를 발송한 후 대금을 회수한다. 현금을 포함한 모든 대금회수는 재무책임자인 김부실 씨가 담당한다. 공인회계사 자격증을 보유한 김부실 씨는 회사에서 대금회수업무를 담당하기에 가장 적합한 사람이다. 그는 적시에 문제를 해결하고 고객 요구에 신속하게 대처할 수 있다. 현금을 수령하면 즉시 현금집계표와 두 장의 입금표를 작성하며, 매일 은행에 입금한다. 김부실 씨는 현금수입분개장과 매출채권원장을 갱신할 때 현금집계표를 이용하며, 미회수된 매출채권을 회수하기 위해 고객들과 접촉한다.

김부실 씨는 회사의 업무내용과 고객을 매우 잘 알고 있기 때문에 신용거래와 매출할인을 승인하며, 회수불가능한 대손계정의 대손확정 업무를 맡고 있다. 대한주식회사의 사장은 김부실 씨의 탁월한 업무수행능력으로 회사운영에 소요되는 시간을 단축해 업무를 효율적으로 진행하고 있어 만족하고 있다.

사장은 김부실 씨가 회사의 매출채권 회수액 중 상당액을 횡령해 왔음을 금년 초 외부감사과정에서 알게 되었고 이에 경악하였다. 김부실 씨는 그동안 ① 매출기록을 누락하고, ② 매출채권의 부당한 대기메모(예 : 부당한 대손확정)를 했으며, ③ 매출채권을 과대계상하는 방법으로 대금회수액을 횡령하였다.

요구사항

1. 재무책임자인 김부실 씨가 저지른 부정은 어떤 통제절차가 취약해 발생한 것인가?
2. 대금수령 즉시 현장에서 현금집계표와 입금표를 먼저 작성하는 시스템을 도입한다고 하자. 이러한 시스템의 이점은 무엇인가? 이러한 시스템에서 누가 현금집계표를 작성해야 하며, 작성자는 어떤 업무를 맡지 않아야 하는가?
3. **2**에서 논의한 적절한 사람이 현금집계표를 작성한다고 하자. 현금집계표 작성 후부터 은행에 입금하기까지의 과정에서 발생가능한 현금횡령을 방지할 수 있는 효과적인 통제절차는 무엇인가?
4. 영업사원이 거래처로부터 회수한 대금을 현금집계표에 기록하기 전에 횡령했다고 하자. 이러한 부정은 어떻게 적발할 수 있는가?

4 매출과 대금회수활동의 감사절차 유형과 감사목표

다음은 대구주식회사의 매출과 대금회수활동에 관한 감사절차이다.

(1) 적송서류에서 표본을 추출해 적송서류에 해당 매출송장번호가 기재되어 있는지 검토한다.
(2) 영업부장과 면담해 매출에누리 중 보고기간말 이후에 승인된 항목 중 당기에 귀속되어야 할 항목이 있는지 확인한다.
(3) 연령잔액시산표의 각 난을 합계검증하고 총계정원장의 총계와 비교한다.
(4) 총계정원장의 총액과 매출채권 연령잔액시산표를 독립적으로 비교하는지 검토한다.
(5) 5월중 적송부서에 보관된 적송서류의 수를 개략적으로 파악하여 매출분개장에 있는 매출송장

의 수와 비교한다.

(6) 적송서류에서 표본을 추출해 그 날짜와 관련한 매출송장부본과 보조원장으로 추적하여 비교한다.

(7) 회수불능채권으로 대손처리된 거래처에 조회서를 발송해 대금을 지급했는지 확인한다.

(8) 매출채권보조원장을 검토해 장기미회수거래처, 이자부매출채권, 관계회사거래 등의 구분표시가 적절한지 확인한다.

(9) 적송서류에서 표본을 추출해 보고기간말 전후 며칠간 매출분개장에 기록된 날짜와 비교한다.

(10) 당해연도의 회수불능채권과 매출채권의 비율을 과거 연도와 비교한다.

(11) 매출채권보조원장에서 현금회수 이외의 사유로 매출채권이 감소한 거래를 표본으로 추출해 적절한 승인(대손, 반품)이 있었는지 확인한다.

요구사항

1. 상기 절차별로 감사증거의 입수방법(검사, 질문, 계산검증, 관찰, 분석적절차, 외부조회)을 기재하시오.

2. 상기 각 절차는 다음 중 어느 것에 해당하는지 밝히시오.
① 통제테스트, ② 거래유형의 세부테스트, ③ 분석적절차, ④ 계정잔액의 세부테스트

3. 상기 각 감사절차에서의 해당 감사목표(전반적 합리성, 실재성, 완전성, 권리와 의무, 정확성, 평가 및 배분, 기간귀속, 분류, 표시)를 기술하시오.

5 매출채권의 외부조회 (KICPA)

20×3년 6월 30일로 종료하는 대한주식회사를 감사하는 김한국 회계사는 매출채권에 대해 외부조회를 실시하였다. 10개의 조회대상으로부터 다음의 내용을 회신받았다.

(1) 20×3년 5월 5일의 매출채권 ₩256,000은 이미 지급된 것입니다.

(2) 귀사의 외부조회서를 왜 우리에게 발송했는지 이유를 모르겠습니다.

(3) 금액은 맞으나 위탁판매이므로 팔리는 대로 대금을 송금하겠습니다.

(4) 귀사가 조회한 매출채권잔액 ₩368,000은 20×3년 7월 6일에 지급하였습니다.

(5) 귀사가 조회한 매출채권잔액 ₩956,000은 우리가 지급해야 할 금액보다 많습니다.

(6) 우리 회사 정책에서는 계정확인을 요구하는 어떠한 조회에도 회신하지 않도록 규정하고 있습니다(전화로 통지를 받음).

(7) 귀사가 조회한 매출채권잔액 ₩350,000은 20×3년 5월 7일자에 발생한 귀사에 대한 당사의 채권과 상계했습니다.

(8) 귀사가 조회한 잔액은 당사의 수입임대료로서 이는 20×3년 7월 1일부터 20×4년 6월 30일까지의 임대료에 해당하는 금액을 당사가 선수한 것입니다.

(9) 귀사가 조회한 잔액은 우리가 20×3년 4월 20일에 상품을 수령하기 전에 먼저 지급한 ₩426,000 중에서 차감되어야 할 금액입니다.

(10) 귀사가 조회한 잔액은 이미 지급했습니다.

요구사항

각 항목을 확인하기 위하여 감사인이 추가로 입수해야 할 감사증거와 감사인이 수행해야 할 감사절차를 설명하시오.

6 매출채권의 실증절차 (KICPA)

이가을 회계사는 (주)신라컴퓨터의 20×7년 재무제표감사에 참여하고 있다. (주)신라컴퓨터는 컴퓨터를 제조하여 국내 및 중국 등에 판매하며 20×5년초 코스닥시장에 상장되었다. 이가을 회계사는 이번 감사에서 매출채권과 매출계정을 담당하며, 20×7년 10월 5일부터 9일까지 (주)신라컴퓨터를 방문해 매출 및 대금회수활동의 내부통제를 평가하였다. 이가을 회계사는 통제테스트에서 신용승인 없이 외상매출이 이루어진 다수의 거래를 발견하였으며, 이에 따라 왜곡표시위험 수준을 높게 평가하였다. 이가을 회계사는 매출채권 및 매출의 실증절차를 수행하면서 다음과 같은 총괄표를 작성하였다.

(단위 : 원)

구 분	기초금액	당기증가	당기감소	기말금액
매출채권	17,600,000	68,500,000	62,100,000	24,000,000*
대손충당금	170,000	200,000	170,000	200,000

구 분	전 기	당 기
매 출	84,000,000	87,000,000

* 기말 매출채권 ₩24,000,000 중 ₩5,800,000은 받을어음이며, 이 중 ₩1,000,000은 기업이 보관중이며 나머지 잔액은 대한은행이 위탁 보관하고 있다.

요구사항

1. 이가을 회계사는 매출채권회전율을 분석하기 위해 다음과 같은 자료를 수집하였다. 20×6년과 20×7년의 매출채권회전율을 계산하고, 이가을 회계사가 매출채권의 실증절차 수행과정에서 특히 관심을 기울여야 할 사항을 기술하시오.

(단위 : 원)

구 분	20×5년	20×6년	20×7년
기말 매출채권	10,500,000	17,600,000	24,000,000
매 출	57,000,000	84,000,000	87,000,000

2. 이가을 회계사는 매출의 기간귀속을 검증하기 위해 다음과 같은 자료를 기업으로부터 수집하였으며, 모두 외상매출이다. 수정사항이 존재한다면 송장번호별로 구분하여 수정분개를 제시하시오. 단, (주)신라컴퓨터의 회계연도는 1월 1일부터 12월 31일까지이다.

송장 번호	선적일	선적조건	매출액	매출원가	매출 기록일	기말재고 포함여부
324*	×7.12.30	FOB 도착지 인도조건	120,000	62,000	×7.12.30	불포함
325	×7.12.31	FOB 선적지 인도조건	350,000	240,000	×7.12.31	불포함
326	×7.12.31	FOB 선적지 인도조건	78,000	45,000	×7.12.31	불포함
327	×7.12.31	FOB 선적지 인도조건	48,000	31,000	×7.12.31	불포함
328	×8. 1. 2	FOB 선적지 인도조건	268,000	213,000	×7.12.31	포 함
329**	×8. 1. 3	FOB 도착지 인도조건	32,000	22,000	×8. 1. 4	포 함
400	×8. 1. 3	FOB 선적지 인도조건	55,000	36,000	×8. 1. 4	포 함

* 중국으로 수출한 것으로 중국세관 통관날짜는 20×8년 1월 20일이다.
** 홍콩으로 수출한 것으로 홍콩세관 통관날짜는 20×8년 1월 25일이다.

7 매출채권의 통제테스트 및 실증절차

매출과 대금회수활동은 고객주문에서 시작해 상품(또는 용역)을 판매하여 현금을 회수하기까지의 모든 활동을 포함한다.

요구사항

1. 다음은 내수시장을 대상으로 상품을 생산 · 판매하는 기업이 매출활동에서 발생할 수 있는 위험과 이에 대한 통제활동이다. (예시)를 참조하여 해당 번호에 기재해야 할 내용을 서술하시오.

(예시) 위험내용과 통제활동

활동명	위험내용	통제활동
신용평가	거래처 재무정보가 왜곡되어 부실채권이 발생할 위험이 있다.	①
주문서 승인	②	영업부서장은 거래처 주문서가 기업의 판매조건에 부합하는지 파악하고 주문을 승인한다.
출고지시서 · 출고물량을 대조	거래처 주문서와 제품이 다르거나 물량차이가 발생해 거래처와 분쟁이 발생할 위험이 있다.	③
(예시) 현금결제	*(예시) 매출채권을 영업사원이 직접 수령해 회수한 대금을 횡령할 위험이 있다.*	*(예시) 매출채권은 반드시 기업 통장으로 온라인 송금으로 회수한다.*

2. 다음은 기업의 매출 및 대금회수활동과 관련한 통제활동이다. 아래의 각각의 통제활동에 대해 감사인이 수행해야 할 통제테스트를 서술하시오.

〈통제활동〉

> ① 대금청구 누락을 방지하기 위해 매출송장부본을 개별 적송서류에 합철한다.
> ② 대금청구담당자는 모든 적송서류의 부본을 일련번호대로 보관한다. 독립적인 제삼자는 정기적으로 매출분개장의 회계처리가 적절한지 일련번호순으로 확인하며, 누락된 문서가 있다면 이유를 조사한다.
> ③ 현금 취급이나 매출채권장부 유지책임이 없는 부서에서 월별명세서를 작성해 고객에게 통지하고 회신을 받아 고객 회신철을 작성한다.

3. 다음은 감사인이 수행한 외부조회절차이다.

〈감사인이 수행한 외부조회절차〉

> ① 기업 창고가 아닌 제삼의 장소에 보관된 재고자산에 대해 외부조회를 실시하였다. 타처보관 재고자산의 비중은 전체 재고자산에서 90%를 차지하고 있다.
> ② 매입채무의 완전성 주장을 확인하기 위해 감사인은 매입채무보조부에서 잔액이 큰 매입처를 중심으로 조회서를 발송하였다.
> ③ 특수관계자와의 거래가 매우 빈번하고 거액이므로 외부조회를 수행하여 잔액을 확인하였다.

(1) ①에서 수행한 외부조회절차를 통해서도 확인할 수 없는 경영진주장은 무엇인가? 확인하지 못한 경영진주장에 대해 감사인이 추가로 수행해야 할 절차를 기술하시오.

(2) ②에서 감사인이 수행한 외부조회절차는 적절한지를 판단하시오. 만약 적절하지 않다면 매입채무 완전성 주장을 확인하기 위해 감사인이 수행해야 할 외부조회절차를 서술하시오.

(3) ③에서 수행한 외부조회절차에 추가하여 신뢰성 있는 감사증거를 수집하기 위해 감사인이 수행해야 할 절차를 서술하시오.

4. 감사인은 보고기간말 채권, 채무 상황을 확인하기 위해 조회서를 발송하기로 하였다. 매출채권명세서에 기재된 거래처에서 조회처 100곳을 선정하였다. 경영진은 선정된 조회처 중 2곳에 대해 조회서의 발송을 거부하였다. 감사인은 외부조회 발송을 거부한 이유를 질문하였는데, 외부조회를 제한하는 경영진 요청이 비합리적이라고 판단하였다. 이러한 상황에서 감사인이 수행해야 할 감사절차를 서술하시오.

8 회계추정치 감사절차 (KICPA)

A(주)는 20×5년중 바이오산업을 영위하는 비상장회사인 B(주)의 지분 100%를 800억원에 취득하였다. A(주)의 경영진은 동 지분 취득과 관련하여 Y회계법인에 공정가치 평가를 의뢰한 평가결과에 따라 회계처리하였다. Y회계법인의 공정가치 평가보고서에 따르면 취득대가 800억원의 구성내역은 다음과 같다.

구 분	금 액
순자산 공정가치	400억원
추가 식별한 기술가치	300억원
영업권	100억원
합 계	800억원

X회계법인은 A(주)의 회계감사를 수행하고 있으며, X회계법인의 매니저 김 회계사는 계정담당자인 이 회계사의 감사조서를 검토하고 있다. 다음은 김 회계사와 이 회계사의 대화내용이다.

김 회계사 : 이 회계사는 바이오산업에 대한 공정가치 평가보고서 검토경험이 충분한가요?

이 회계사 : ① 바이오산업에 대한 전문지식이나 공정가치 평가보고서에 대한 검토경험은 없지만 회계사 경력이 4년이나 되고, 사용된 가정이나 계산과정이 외부전문가의 공정가치 평가보고서에 상세히 기술되어 있습니다. 일부 이해하기 어려운 부분이 있었지만 제가 아는 범위 내에서 최선을 다했습니다.

김 회계사 : 해당 시장이 아직 활성화되지 않았고, 회사의 기술력이 아직 검증되지 않았는데, 회사의 향후 5년간 연평균 매출성장률을 50%로 추정한 것은 과도하지 않나요?

이 회계사 : ② 공정가치 평가보고서에 기술된 산업의 전망치들은 공개된 산업통계자료를 이용하였고, 해당 산업의 시장규모 및 B(주)의 예상 시장점유율을 근거로 판단했을 때 적정하다고 생각합니다.

김 회계사 : 공정가치 평가보고서는 Y회계법인이 작성했는데, Y회계법인 담당자는 해당 산업을 충분히 이해하고 있나요?

이 회계사 : ③ Y회계법인 담당자인 최 회계사와 직접 유선통화로 확인하였습니다. ④ 최 회계사는 바이오산업의 업무는 처음이지만 회계사 경력이 10년 이상이며, 공정가치 평가업무를 수차례 수행한 경험이 있어 적격성이 있다고 생각합니다.

요구사항

상기 대화내용[①~④] 중 감사와 관련하여 가장 적절하지 않은 문장 두 가지를 지적하고, 추가로 수행할 감사절차를 서술하시오.

♠사례연구

매출거래의 통제테스트

바로회계법인은 세로주식회사의 감사인으로서 과거의 감사경험을 근거로 내부통제의 신뢰수준이 높다고 평가하였다. 바로회계법인은 내부통제의 통제테스트와 분석적절차의 비중을 높이고 계정잔액 세부테스트를 축소하는 감사계획을 수립하였다.

다음은 바로회계법인이 세로주식회사의 내부통제검증과정에서 입수한 업무기술서의 일부이다.

> 업무기술서
>
> - 신규거래처를 확보하면 영업팀은 신규거래처의 신용도를 조사하고 거래처를 등록한다.
> - 영업팀에서는 팀장 승인을 받은 후 출고지시서 3부를 작성하여 1부는 보관하고, 1부는 창고로, 나머지 1부는 회계팀으로 송부한다.
> - 영업팀이 창고를 직접 관리하며, 매일 정오에 출고가 종료된다.
> - 창고에서는 영업팀으로부터 수령한 출고지시서에 기재된 품목을 출고한 후, 운송업자에게 인수증 2부를 발행한다.
> - 운송업자는 당일 운송완료를 원칙으로 하며, 운송완료 후 고객으로부터 확인받은 인수증 1부는 회계팀에 제출하고 해당 운송비를 직접 수령한다.
> - 창고에서는 매일 출고된 품목과 수량을 집계하여 일일출고내역서를 작성한 후 영업팀장의 승인을 받는다.
> - 영업팀에서는 출고지시서에 기재된 품목과 수량이 일일출고내역서와 일치하는지 확인하고 매출원장에 기록한다.
> - 회계팀에서는 운송업자로부터 회수한 인수증과 출고지시서를 대조한 후, 매출채권원장에 기록한다.

요구사항

1. 상기의 업무기술서에 근거하여 세로주식회사의 매출거래와 관련된 통제활동의 취약점을 업무분장(segregation of duty) 관점에서 기술하시오.
2. 상기의 업무기술서에 근거하여 매출거래의 발생사실(occurrence)을 확인하기 위해 바로회계법인이 어떤 통제활동을 테스트하는 것이 가장 효과적인지 설명하시오.

CHAPTER 10

통제테스트와 계정잔액 세부테스트를 위한 표본감사

제 1 절 표본감사의 기초
제 2 절 표본감사의 적용절차
제 3 절 통제테스트를 위한 속성표본감사
제 4 절 계정잔액 세부테스트를 위한 금액단위표본감사
[보 론] 실물단위변수표본감사

학습목표

이 장의 학습을 완료하면 다음 질문에 답변할 수 있어야 한다.

1. 통제테스트와 계정잔액 세부테스트를 표본에 근거하여 결론을 내리는 과정에서 표본위험과 비표본위험이 발생한다. 어떠한 방법으로 각 위험을 통제할 수 있는가?
2. 통계적 표본감사는 크게 속성표본감사, 금액단위표본감사, 전통적인 실물단위변수표본감사로 구분할 수 있다. 어떠한 상황에서 각 방법을 적용하는 것이 바람직한가?
3. 표본위험의 허용수준, 모집단의 허용이탈률, 모집단의 예상이탈률 및 모집단의 규모는 각각 표본규모의 결정에 어떻게 영향을 미치는가?
4. 통계적 표본추출로는 무작위추출, 체계적추출, 금액단위추출 및 계층화 방법이 있다. 각각 어떠한 방식으로 표본을 설계하고 추출하는가?
5. 표본결과를 기초로 모집단은 어떻게 추정하며, 추정된 모집단의 수용여부는 어떤 기준으로 결정하는가?
6. 금액단위표본감사에서 왜곡표시가 전혀 발견되지 않았을 때와 한 개라도 발견되었을 경우에 투영왜곡표시액구간의 계산은 어떻게 달라지는가?

한눈에 살펴보는 이 장의 내용

감사인은 시간과 비용의 제약으로 회사의 모든 거래를 감사하지 않고, 일부 거래를 표본으로 추출해 감사절차를 수행한 결과를 기초로 감사대상 모집단이 허용가능범위 내에 있는지를 결정하는 표본감사를 수행한다. 감사인이 표본감사를 실시하면 감사의 효율성을 높일 수 있으나, 추출한 표본이 모집단을 대표하지 못하는 표본위험이 발생하며, 추출한 표본에 대해 적절하지 못한 감사절차를 수행할 때는 비표본위험도 발생한다.

표본감사는 비통계적 표본감사와 통계적 표본감사로 구분할 수 있다. 비통계적 표본감사는 통계적 확률이론보다는 감사인의 경험과 판단에 따라 표본규모를 결정하고 표본을 추출하는 방법이다. 감사인은 자신이 수행한 감사결과의 신뢰성을 높이기 위해 확률과 분포를 활용한 통계적 표본이론을 적용해 표본을 추출하고 표본결과를 평가하는 통계적 표본감사를 선호한다.

통계적 표본감사는 통제테스트를 위한 속성표본감사와 거래 및 계정잔액의 세부테스트에 적용하는 변수표본감사로 구분된다. 속성표본감사에서는 모집단에서 오류나 예외사항과 같은 특정속성이 있는 항목의 비율이나 발생빈도를 추정하므로 내부통제를 평가할 때 사용한다. 변수표본감사는 감사인이 실증절차를 수행할 때 사용하며, 거래유형 및 계정잔액에 존재하는 중요왜곡표시금액을 확인하기 위해 표본을 추출해 모집단을 추정하는 방법이다. 변수표본감사에는 금액단위표본감사와 실물단위변수표본감사가 있다.

실물단위변수표본감사는 정규분포이론을 기초로 모집단을 추정하는 방법으로, 표준편차 계산 등 복잡한 추론과정을 거쳐야 하므로 실무에서는 적용이 간편한 금액단위표본감사를 주로 이용한다. 특히 금액단위표본감사는 화폐단위를 표본단위로 선택하므로 금액이 큰 개별항목을 반드시 표본으로 추출하고자 하거나 과대계상 왜곡표시에 민감한 항목을 감사할 때 매우 유용하다.

표본에서 발견한 왜곡표시를 기초로 모집단에 존재할 것으로 예상하는 왜곡표시를 추정하는 절차를 투영(projection)이라고 표현한다. 추정된 모집단의 투영왜곡표시구간이 사전에 설정된 허용왜곡표시구간(중요성기준)을 초과하지 않을 때 모집단은 적절한 금액으로 표시되어 있다고 결론을 내린다.

제 1 절 표본감사의 기초

Ⅰ. 표본감사의 의의

현대의 감사는 기본적으로 표본감사를 전제로 한다. 표본감사(audit sampling)에서는 감사대상 모집단에서 표본을 추출하여 감사절차를 적용한 결과를 추론하여 모집단이 적절한지를 결정한다. 통계적 표본감사는 감사과정에서 발생하는 불확실성과 위험을 통계적으로 측정·통제하고, 결론의 신뢰도를 과학적으로 체계화하는 실용적인 감사기법이다.

Ⅱ. 표본의 대표성과 표본위험

1. 표본의 대표성

• 표본의 대표성 : 표본이 모집단 속성을 반영하는 정도를 말한다.

표본의 대표성(representation of samples)은 표본이 모집단 속성을 반영하는 정도를 말한다. 감사인은 표본감사를 실시할 때 모집단의 대표성을 확보하기 위해 노력한다. 예를 들어 통제절차에 따라 매출송장에는 반드시 적송서류(고객인수증) 사본을 부착한다고 하자. 모집단에서 통제절차를 준수하지 않은 거래의 비율은 3%이다. 감사인이 테스트목적으로 추출한 100개의 표본에서 3개의 이탈건수(3%)만 존재한다면, 감사인이 추출한 표본은 모집단의 이탈특성을 완전하게 대표한다.

감사인이 추출한 표본이 모집단 속성을 어느 정도 대표하는지는 전체 항목을 감사(전수감사)하지 않는 한 확인할 수 없다. 감사인은 표본의 설계, 추출 및 평가 과정에서 표본의 대표성을 증가시키기 위한 적절한 통제조치를 취할 수 있을 뿐이다.

표본감사에서 추출된 표본이 대표성을 얼마나 확보하느냐의 문제는 표본위험수준(표본오차)의 결정과 관련이 있다. 다른 조건이 동일하다면 표본규모가 증가할수록 표본위험은 감소하므로 표본 대표성은 증가한다.[1] 표본규모인 감사범위는 감사비용에 직접적인 영향을 미치므로, 감사인은 감사의 효과성과 효율성을 고려하여 합리적 수준에서 표본규모를 결정해야 한다.

2. 표본위험과 비표본위험

적발위험은 감사인이 거래나 계정잔액에 존재하는 중요한 왜곡표시를 발견하지 못할 위험으로, 표본감사에서 발생하는 적발위험은 표본위험과 비표본위험으로 구성된다.

(1) 표본위험

• **표본위험**: 표본이 모집단을 대표하지 못할 위험으로 표본규모를 증가시킬수록 감소한다.

표본위험(sampling risk)은 표본에 근거한 감사인의 결론이 모집단 전체에 동일한 감사절차를 적용했다면 도달했을 결론과 달라질 수 있는 위험이다. 모집단에 실제 존재하는 이탈률이 표본감사에서 계산한 표본이탈률과 차이가 있을 때 표본위험이 발생한다.

통제테스트 및 세부테스트에서 발생하는 표본위험의 유형은 다음과 같다.

1) 내부통제의 평가(통제테스트)와 관련한 표본위험

① **과대신뢰위험(β위험)** 통제테스트에서 내부통제가 실제보다 효과적이라고 결론을 잘못 내릴 위험이다.

② **과소신뢰위험(α위험)** 통제테스트에서 내부통제가 실제보다 덜 효과적이라고 결론을 잘못 내릴 위험이다.

'$1-\beta$위험'과 '$1-\alpha$위험'은 감사인이 내부통제에 대해 정확한 결론을 내릴 확률을 의미한다.

1) 감사대상표본의 수가 모집단 전체와 동일하면, 즉 모집단을 전수조사하면 표본의 대표성은 100%이다. 이때의 표본위험은 "0"이다.

핵심 통제테스트 관련 표본위험

구 분		내부통제의 실제 상황	
		효과적	비효과적
감사인의 내부통제 결론	효과적	정확한 결론 (1−β)	과대신뢰위험 (β위험)
	비효과적	과소신뢰위험 (α위험)	정확한 결론 (1−α)

2) 세부테스트와 관련한 표본위험

① **부당수용위험**(β위험) 거래유형이나 계정잔액에 실제로 중요한 왜곡표시가 존재하는데도 세부테스트에서 중요한 왜곡표시가 존재하지 않는다고 결론을 내릴 위험이다.

② **부당기각위험**(α위험) 거래유형이나 계정잔액에 실제로 중요한 왜곡표시가 존재하지 않는데도 세부테스트에서 중요한 왜곡표시가 존재한다고 결론을 내릴 위험이다.

핵심 세부테스트 관련 표본위험

구 분		계정잔액에 중요한 왜곡표시의 실제 존재여부	
		없 음	있 음
감사인의 왜곡표시 결론	중요한 왜곡표시가 없음	정확한 결론 (1−β)	부당수용위험 (β위험)
	중요한 왜곡표시가 있음	부당기각위험 (α위험)	정확한 결론 (1−α)

• **α위험**: 기업은 감사인에게 추가적인 감사를 요구하며, 이러한 업무수행으로 감사의 비효율이 발생한다.

• **β위험**: 기업이 감사인에게 추가감사를 요구하지 않으므로 감사의 효과성에 영향을 미친다.

과소신뢰위험과 부당기각위험은 표본위험 중 α오류에 해당하는 개념으로 감사의 효율성(efficiency of the audit)과 관계가 있다. 예를 들어 감사인이 내부통제가 효과적이지 않다는 결론을 내리면 계정잔액의 추가감사절차를 확대 실시한다. 감사인이 확대된 추가감사절차를 수행하면 내부통제 유효성을 확인할 수 있다. α위험은 감사의 비효율성을 초래하지만 감사위험에는 영향을 미치지 않는다.

과대신뢰위험과 부당수용위험은 표본위험 중 β오류에 해당하는 개념으로 감사의 효과성(effectiveness of the audit)과 관계가 있다. 예를 들어 통제테스트에서 내부통제가 실제보다 더 효과적으로 운용된다고 결론을 잘못 내리면 감사인은 실증절차 범위를 축소한다. 실증절차 범위를 축소하면 중요한 왜곡표시를 사실대로 발견하지 못할 가능성은 증가하며, 오류가 중요하지 않다는 잘못된 감사결론을 내릴 위험이 증가한다. β오류가 발생하면 감사인은 계정잔액에 실제로 존재하는 중요한 왜곡표시를 간과하므로 감사실패(audit failure)로 연결될 수 있다. 즉 감사인이 추가감사절차를 축소하므로 β오류는 제거되지 않아 감사인이 궁극적으로 경계해야 할 위험이다.[2)]

핵심 표본위험의 종류

구 분	α위험	β위험
통제테스트	과소신뢰위험	과대신뢰위험
세부테스트	부당기각위험	부당수용위험
감사에 미치는 영향	감사의 효율성	감사의 효과성

표본위험을 통제하는 유일한 방법은 표본규모를 증가시켜 모집단에 대한 표본의 대표성을 높이는 것이다. 표본규모를 증가시키면 표본위험은 감소하지만 감사비용이 증가한다. 무작위표본추출은 모집단의 표본단위가 균등하게 추출될 수 있도록 하므로 표본 대표성을 증가시킨다.

(2) 비표본위험

• 비표본위험: 부적절한 감사절차나 감사인의 부주의로 발생하며, 적절한 품질관리제도를 수행하면 감소할 수 있다.

비표본위험(non-sampling risk)은 표본위험과 관련이 없는 원인으로 잘못된 결론을 내릴 위험이다. 감사인의 적합하지 않은 감사절차 적용, 감사증거에 대한 잘못된 해석, 표본에 존재하는 왜곡표시 또는 이탈을 올바로 인식하지 못할 때 발생한다. 이처럼 비표본위험은 대부분 감사인의 인적속성 요인으로 발생한다.

비표본위험은 표본위험과는 무관하게 발생한다. 감사인이 표본감사 수행과정에서 추출한 100개 표본에 실제 왜곡표시 3개가 존재하는데, 감사과정에

2) β오류는 통계학에서 "제2종 오류"라고도 하며, 검증대상 가설이 틀렸는데 이를 맞는 것으로 부당하게 수용하는 오류를 말한다. 감사에서는 중요한 왜곡표시가 있는 재무제표를 공정표시되었다고 판단하므로 감사결과에 영향을 미치는 오류이다. 감사기준에서는 이러한 오류만이 감사위험에 해당한다고 기술하고 있다.

서 2개 혹은 4개의 왜곡표시가 있다고 결론을 내릴 때 발생한다.

비표본위험은 부적절한 감사절차 적용이나 부주의로 발생하므로 적절한 감사절차의 선택, 감사보조자의 철저한 감독, 감사품질관리 정책의 수립과 실시 등으로 통제할 수 있다.

제 2 절 표본감사의 적용절차

표본감사의 적용절차는 [도표 10-1]과 같다. 특별한 언급이 없으면 통제테스트나 실증(세부)테스트 모두에, 통계적 및 비통계적 표본감사에 동일하게 적용한다.

도표 10-1
표본감사의 적용절차

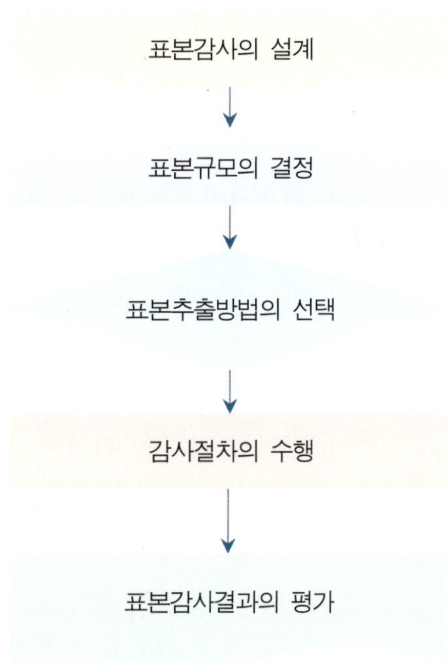

Ⅰ. 표본감사의 설계

1. 감사목표의 결정

표본감사는 수행하려는 감사절차와 감사목표를 확인하는 데서 출발한다. 통제테스트 또는 실증(세부)테스트 감사절차 유형을 확인하고 해당 테스트의 목표를 결정한다. 예를 들어 내부통제 운용효과성의 감사증거를 수집하기 위해 통제테스트를 실시한다면, 내부통제의 감사목표(실재성, 완전성, 정확성, 기간귀속, 표시) 중 검증하려는 감사목표를 결정한다.

감사목표를 정의할 때 이탈 및 관심대상의 속성을 구체적으로 정의해야 한다. 예를 들어 매출거래의 적절한 승인여부를 검증한다면 매출송장에 서명이 표시되어 있는지가 관심대상의 속성이다. 매출수량의 실재성을 검증할 때에는 매출원장과 매출송장의 수량 일치여부를 관심대상의 속성으로 정의하여 이탈을 확인한다.

예를 들어 감사인이 매출거래 감사계획을 다음과 같이 수립했다고 하자.

1. 금액면에서 중요하고 비경상적이라고 판단하는 매출거래를 검토(분석적 실증절차)
2. 매출채권기록업무와 현금취급업무의 분리여부를 관찰(통제테스트)
3. 매출송장부본을 검증(통제테스트)
   가. 신용담당자의 서명 존재여부
   나. 적송서류 등 증빙의 존재여부
   다. 계정번호의 기입여부
4. 완전성 검증을 위하여 적송서류에서 표본을 추출하여 관련 매출송장부본으로 추적(통제테스트)
5. 매출송장부본의 수량을 관련 적송서류의 수량과 비교(세부테스트)

1과 2에서는 표본감사 적용이 적합하지 않으므로, 1에서는 분석적 실증절차를 적용하고 2에서는 관찰로 검증한다. 나머지 3, 4, 5에 대한 감사절차로 속성표본감사를 실시하는데, 감사인의 검증대상인 관심속성과 이탈사항을 정의하면 [도표 10-2]와 같다.

도표 10-2
검증대상의 속성 및 이탈사항의 정의

검증대상의 속성	이탈사항
3. 가. 매출송장부본은 신용승인을 받은 후 작성되어야 한다.	신용승인을 나타내는 서명이 없다.
나. 적송서류 사본이 매출송장부본에 부착되어야 한다.	적송서류가 부착되지 않은 매출송장부본이 존재한다.
다. 매출송장부본에 계정번호가 기록되어 있어야 한다.	계정번호가 기록되어 있지 않다.
4. 각 적송서류에 매출송장부본이 부착되어 있어야 한다.	적송서류에 매출송장부본이 부착되어 있지 않다.
5. 매출송장에 기록된 수량과 적송서류에 기록된 수량이 일치해야 한다.	매출송장 수량과 적송서류 수량이 일치하지 않는다.

2. 모집단과 표본단위의 결정

모집단은 감사인이 표본을 추출하고 결론을 도출하려는 데이터의 전체 집합을 말한다. 표본단위는 모집단을 구성하는 개별단위로서 표본추출의 대상이다.

• 모집단과 표본단위 : 감사목표, 관심대상의 속성, 감사대상기간에 따라 달라진다.

감사목표와 관심대상 속성에 따라 모집단과 표본단위는 달라진다. 예를 들어 감사목표가 매입채무의 실재성(과대계상)을 테스트하는 것이라고 하자. 매입채무명세서를 모집단으로 설정하여 추출한 표본을 검수보고서철로 추적(역진법)해야 한다. 감사목표를 완전성(과소계상)으로 설정하면 검수보고서철을 모집단으로 설정해 매입채무명세서로 추적(전진법)해야 한다.

고객주문서를 접수한 후 누락 없이 출고하고 매출장에 기록했는지를 검증하고자 할 때 표본단위는 고객주문서이다. 매출채권계정잔액의 실재성을 확인하기 위해 외부조회를 실시한다면 표본단위는 매출송장이나 매출채권보조원장의 인명계정[3]이다.

3. 표본감사방법의 선택

감사환경을 고려하여 통계적(statistical) 또는 비통계적(non-statistical) 표본감사를 선택한다. 통계적 표본감사는 검증목적에 따라 속성표본감사 또는 변수표본

3) 인명계정(personal account)은 외상으로 거래할 때 각 거래처와의 대차관계를 명확히 하기 위해서 상대편의 상호나 성명을 계정과목으로 하여 채권, 채무의 발생과 소멸을 고객별로 유지하는 계정이다.

감사를 선택한다.

• 통계적 표본감사가 되기 위한 조건
① 표본항목을 무작위 추출
② 표본결과 평가에 통계적 확률이론 적용

통계적 표본감사는 ① 표본항목을 무작위로 추출하고, ② 확률이론을 적용해 표본결과를 평가하는 방법이다. ①과 ②의 조건을 충족하지 못하면 비통계적 표본감사로 간주한다.

표본감사방법의 종류를 요약하면 [도표 10-3]과 같다.

도표 10-3
표본감사방법의 종류

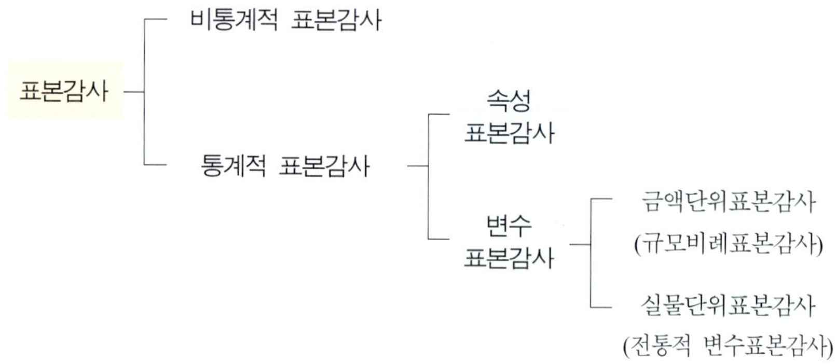

(1) 비통계적 표본감사

• 비통계적 표본감사 : 감사인의 경험과 판단에 따라 표본규모 및 추출방법을 결정하고, 표본감사 결과도 주관적으로 평가하는 방법이다.

비통계적 표본감사(non-statistical sampling)는 통계적 확률이론보다는 감사인의 경험과 판단에 따라 표본규모와 추출방법을 결정하고, 표본감사 결과도 주관적으로 평가하는 방법이다. 감사인의 경험이나 숙련 등으로 추출한 표본이 모집단의 대표성을 어느 정도 보장할 수 있다면 비통계적 표본감사도 적절할 수 있다.

비통계적 표본감사는 이탈이나 왜곡표시의 범위보다는 이탈 또는 왜곡표시의 성격과 원인을 규명할 때 효과적이다. 감사인이 추출한 표본이 모집단을 대표하지 못할 가능성이 높아 추출된 표본에 편의(bias)가 존재할 수 있으며, 감사항목의 위험발생 정도를 계량적으로 추정할 수 없다.

비통계적 표본감사에서도 [도표 10-1]에 표시한 다섯 개의 절차를 그대로 적용한다. 통계적 표본감사와 비교하면 비통계적 표본감사는 표본추출방법 선택(무작위추출) 및 표본감사결과 평가(확률이론 적용)에서 통계적 특성을 갖추지 못했다는 차이가 있다.

(2) 통계적 표본감사

통계적 표본감사(statistical sampling)는 확률과 분포를 활용한 통계적 표본이론을 적용해 표본을 추출하고 표본결과를 평가한다.

통계적 표본감사에는 통제테스트를 위한 속성표본감사와 거래 및 계정잔액의 세부테스트에 적용하는 변수표본감사가 있다.

핵심 통계적 표본감사방법의 비교

구 분		표본단위	적용분야	확률분포
속성표본감사		실물단위	통제테스트	포아송분포
변수표본감사	금액단위표본감사	화폐단위	실증절차	포아송분포
	실물단위표본감사	실물단위	실증절차	정규분포

1) 속성표본감사

• 속성표본감사 : 모집단의 오류나 예외사항을 비율이나 발생빈도로 추정하기 위해 사용하는 방법으로 통제테스트에서 이용한다.

속성표본감사(attributes sampling)는 모집단에서 오류나 예외사항과 같은 특정속성(attributes)이 있는 항목의 비율이나 발생빈도를 추정하기 위해 사용한다. 속성이란 다른 항목과 구별할 수 있는 어떤 항목의 질적 특성을 말한다. 예를 들어 구매주문이 적절한 승인 후 이루어졌다는 근거인 구매주문서에 "서명이 있다 vs. 없다"는 사실은 속성에 해당한다.

이 방법은 통제테스트를 수행할 때 규정된 내부통제로부터의 이탈률이나 이탈빈도를 추정할 때 이용한다. 속성표본감사에서는 금액 크기와 관계없이 어떤 항목이 특정한 속성을 갖고 있는지 관심이 있다. 속성표본감사에서는 주로 모집단에서의 발생비율을 추정하는 추정표본감사법을 적용하나, 예외적으로 부정에 민감한 항목이 상습적 부정인지를 적발하기 위해 색출표본감사(discovery sampling)를 사용하기도 한다.[4)]

• 색출표본감사 : 발생확률이 상대적으로 낮으나 대단히 중요한 이탈사항을 적발하기 위해 사용한다.

4) 색출표본감사는 발생가능성이 극히 낮은 모집단에 제한적으로 이용하는 방법이다. 즉 이탈사항 성격이 대단히 중요하지만, 발생확률이 상대적으로 낮은 상황에 적용한다. 표본에서 이탈사항이 하나도 발견되지 않으면 감사인은 모집단에서 이탈사항이 존재하지 않는다고 평가한다. 가공매출, 가공인건비 같은 부정을 적발하기 위한 감사절차에서 이용한다.

핵심 표본감사에서 포아송분포 가정을 자주 사용하는 이유

① 포아송분포의 특성 대부분이 회계감사대상 모집단분포의 특성과 유사하다.
② 모수가 하나이므로 공식이 단순해 적용하기 쉽다.
③ 금액단위표본감사(계정잔액 세부테스트)에서도 통제테스트(속성표본감사)와 동일한 가정과 방법을 사용한다.

2) 변수표본감사

• 변수표본감사 : 모집단의 중요왜곡표시를 화폐액으로 추정하는 방법으로 실증절차에서 사용한다.

변수표본감사(variables sampling)는 감사인이 실증절차를 수행할 때 거래유형 및 계정잔액에 존재하는 중요왜곡표시를 확인하기 위해 표본을 추출해 모집단을 추정하는 방법이다. 변수표본감사에서는 왜곡표시액이나 진실한 계정금액을 화폐액으로 표시한다. 변수표본감사에는 금액단위표본감사와 실물단위변수표본감사가 있다.

금액단위표본감사는 표본감사 결과를 화폐금액으로 표시하고 간편한 속성표본이론을 적용하는 실무적 편의성 때문에 많이 이용한다. 실물단위를 사용하는 전통적 변수표본감사는 정규분포이론을 기초로 하므로 통계적 이론에 가장 충실한 방법이나 계산과정이 다소 복잡하다.

통계적 표본감사방법은 통계이론에 따라 추출방법을 선택하고 결과를 해석하므로, 감사인이 감사증거수집량(표본규모)과 표본위험을 체계적으로 사전에 통제할 수 있다.

Ⅱ. 표본규모의 결정

속성표본감사와 변수표본감사에서 표본규모를 결정하는 통계적 개념은 기본적으로 동일하나 결정방법과 명칭은 다소 차이가 있다. 표본감사에서는 [도표 10-4]에 표시한 첫째 열의 네 가지 결정요인이 표본규모 결정에 영향을 미친다.

도표 10-4
표본규모의 통계적 결정요인과 사용변수

통계적 용어		속성표본 (통제테스트)	금액단위변수표본 (실증테스트)	실물단위변수표본 (실증테스트)*
1. 표본위험의 허용수준	α위험	무시함	무시함	부당기각위험 ($ARIR$)
	β위험	과대신뢰위험 (ARO)	부당수용위험 ($ARIA$)	부당수용위험 ($ARIA$)
2. 모집단의 허용이탈 (혹은 중요성기준치)		허용이탈률 (TDR)	허용왜곡표시액 (TE)	허용왜곡표시액 (TE)
3. 모집단의 예상이탈		모집단의 예상이탈률 ($EPDR$)	모집단의 예상왜곡표시액 (E)	모집단의 예상왜곡표시액 (E)
4. 모집단의 규모		모집단 수(N)	모집단 금액	모집단 수(N)

* 표본규모를 구하는 통계적 공식 :

$$표본규모(n) = \left(\frac{N \cdot (Z_A + Z_R) \cdot ESD}{TE - E}\right)^2 \fallingdotseq \left(\frac{1 - 표본위험의\ 허용수준}{허용이탈 - 예상이탈}\right)^2 \fallingdotseq \left(\frac{신뢰도}{정도}\right)^2$$

단, Z_A : $ARIA$의 신뢰계수
Z_R : $ARIR$의 신뢰계수
ESD : 모집단의 추정표준편차

〈참고〉 결정요인이 표본규모(n)에 미치는 영향 :
표본위험의 허용수준이 증가하면 n 감소
모집단의 허용이탈이 증가하면 n 감소
모집단의 예상이탈이 증가하면 n 증가
모집단의 규모가 증가하면 n 증가(미미함)

1. 표본위험의 허용수준

• 표본위험을 높게 허용할수록 표본규모는 작아진다.

표본위험의 허용수준은 표본감사 결론의 신뢰도를 의미하며, 신뢰수준(confidence level)의 개념(1－표본위험의 허용수준)으로 표현하기도 한다. 표본위험을 높게 허용할수록 감사인이 수집해야 할 표본규모는 작아진다.

속성표본감사에서는 과소신뢰위험(α위험)을 무시하고 과대신뢰위험(β위험)만 고려한다. α위험은 감사인의 추가적인 감사절차 수행으로 제거되므로 감사의 효율성과 관련이 있고 감사의 효과성에는 영향을 미치지 않기 때문이다.

2. 모집단의 허용이탈

• 수용하고자 하는 이탈률이나 왜곡표시가 작아질수록 표본규모는 커진다.

허용이탈수준은 감사인이 중요성(materiality)을 판단하는 기준치이다. 내부통제의 신뢰성에 영향을 미치지 않는 허용가능한 이탈률 또는 계정잔액의 공정표시 판단에 영향을 미치지 않는 왜곡표시액을 의미한다. 중요성 허용치를 엄격하게 설정할수록 이탈률(왜곡표시액)의 허용범위는 적어지므로 표본규모를 증가시켜야 한다.

3. 모집단의 예상이탈

• 모집단의 예상이탈이 커질수록 표본규모는 증가한다.

모집단의 예상이탈은 모집단에 존재할 것으로 기대하는 예상왜곡표시액(실증테스트) 또는 예상이탈률(통제테스트)이다. 일반적으로 모집단의 예상이탈이 클수록 모집단의 대표성을 확보하기 위해 표본규모를 증가시켜야 한다. 예를 들어 모집단이 매출채권의 거래유형이 비슷하고 체계적으로 관리될 것으로 예측하는 대형대리점 거래처만으로 구성되어 있다고 하자. 이때는 적은 표본만으로도 모집단을 대표할 가능성이 높다. 모집단이 이탈률이 높을 것으로 예상하는 소매상 거래처들로 구성되어 있다면 더 많은 표본을 추출해야 모집단을 대표할 가능성이 높아진다.

4. 모집단의 규모

• 모집단규모와 표본규모

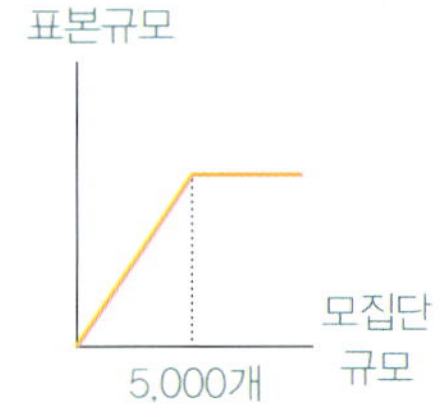

모집단규모가 증가할수록 표본규모는 증가하나 모집단규모가 5,000개 이상이면 그 영향은 미미하다. 통계학적으로 모집단규모가 5,000개 이하이면 모집단규모가 증가할수록 표본규모가 비례적으로 증가한다. 모집단규모가 5,000개 이상이면 모집단규모 증가에 따른 표본규모의 증가는 미미하다.

Ⅲ. 표본추출방법의 선택

감사인은 모집단의 표본단위가 균등하게 추출될 수 있도록 표본추출방법을 설계해야 한다. 「감사기준서 530」에서는 표본추출방법으로 무작위추출, 체계적추출, 금액단위추출, 계층화, 구획추출, 임의추출을 예시하고 있다.

무작위추출, 체계적추출, 계층화 및 금액단위추출은 통계적 표본추출에 해당한다. 구획추출과 임의추출은 감사인의 주관적 판단에 의존하는 비통계적 표본추출에 해당한다.

1. 무작위추출

• **무작위추출** : 표본추출 시 주관적인 판단을 배제하기 위해 난수표나 컴퓨터프로그램을 이용하여 무작위로 추출하는 방법이다.

무작위추출(random selection)은 확률개념에 따라 표본이 추출될 확률이 동일하도록 설계하므로 표본 대표성을 가장 잘 확보하는 방법이다. 난수표나 컴퓨터프로그램을 이용해 표본을 추출한다.

난수표이용법이나 컴퓨터프로그램이용법은 난수표에서 선택한 숫자를 표본으로 선택하므로, 모집단을 구성하는 항목에 일련번호가 부여되어 있거나 사후적으로 부여할 수 있어야 한다. 또한 일련번호가 끊어지지 않고 연속되어 있어야 한다. 이러한 조건을 충족하지 못하면 무작위추출로 표본을 추출할 수 없다.

2. 체계적추출

• **체계적추출** : 표본추출 간격을 설정한 후 그 간격마다 표본을 추출하는 방법이다.

체계적추출(systematic selection)은 표본추출 간격을 이용하여 모집단에서 표본을 추출하는 방법이다. 표본추출 간격은 모집단의 표본단위 수를 추출하고자 하는 표본규모로 나누어 구한다. 예를 들어 계산한 표본추출 간격이 50이라면 최초 50개의 항목 안에서 출발점을 결정하고, 이로부터 50번째마다 표본단위를 체계적으로 선택한다.

체계적추출은 이용하기 쉽고, 모집단에 고유번호가 없어도 이용할 수 있으므로, 신속하게 표본을 추출할 수 있다. 하나의 표본이 추출되면 자동적으로 다음 표본이 구해지기 때문에 표본이 무작위하게 분포되어 있지 않으면 (예 : 매일 하나씩 작성되는 보고서를 표본추출 간격을 7로 하여 추출하면 같은 요일의 보고서만 계속 추출) 체계적 편의가 개입될 수 있다.

3. 금액단위추출

• **금액단위추출** : 표본단위를 금액단위로 정의한다. 금액이 큰 항목일수록 표본으로 추출될 기회가 높아진다.

금액단위추출(monetary unit sampling)은 금액가중추출법의 한 종류이다. 모집단을 구성하는 개별 금액단위를 표본단위로 정의한다. 예를 들어 모집단인 매출채권잔액에서 특정 금액단위가 선택되면, 감사인은 그 금액단위를 포함하고 있는 개별 인명계정의 잔액을 표본으로 추출한다.

표본단위를 금액단위로 정의하면, 잔액이 큰 항목일수록 표본으로 추출될 가능성이 높아져 표본규모를 줄일 수 있다.

4. 계층화

• **계층화** : 상대적으로 적은 표본규모로 감사위험을 달성하기 위해 모집단을 동일한 특성을 가진 하위 모집단(계층)으로 세분한 후 계층별로 표본을 추출하는 방법이다.

계층화(stratification)는 모집단을 동일한 특성(예를 들어 성격이나 화폐금액크기)을 가진 몇 개의 하위 모집단(계층)끼리 세분하여 계층별로 서로 다른 규모의 표본을 무작위로 추출하는 방법이다. 계층화 목적은 각 계층 내 항목들의 변이성(variability)을 감소시키는 것으로, 표본위험을 증가시키지 않으면서 표본규모를 감소시킬 수 있다. 또한 각 계층의 성격에 따라 계층마다 서로 다른 감사절차를 적용할 수 있다.

세부테스트를 수행할 때 모집단을 금액크기에 따라 몇 개의 구간으로 계층화시킨다. 금액규모 이외의 특정속성에 따라 왜곡표시위험이 서로 다른 항목을 계층화하여 테스트할 수도 있다. 예를 들어 회수가 불확실한 채권에 대한 대손추정액을 테스트할 때 경과기간집단별로 구분하여 채권잔액을 계층화할 수 있다.

5. 구획추출

• **구획추출** : 모집단 내의 연속된 항목에서 하나 또는 복수의 구획을 선택하여, 선택한 구획에서는 모든 거래를 표본으로 추출하는 방법이다.

구획추출(block sampling)은 모집단 내의 연속된 항목에서 하나 또는 복수의 구획을 선택하여, 선택된 구획에서는 모든 거래를 표본으로 추출하는 방법이다. 예를 들어 매출거래의 통제테스트를 수행하기 위해 매출원장 중 2월과 11월의 모든 거래를 추출한다.

특정구획의 항목만을 조사하는 감사절차에는 적합할 수 있으나, 감사인이 무작위표본에 근거하여 모집단 전체의 속성 또는 금액을 추론하고자 한다면 적절한 표본추출기법은 아니다.

6. 임의추출

• **임의추출** : 감사인의 전문적인 판단에 따라 표본을 임의로 추출하는 방법이다.

많은 감사인은 표본을 추출할 때 구조적인 기법을 따르지 않고 전문적인 판단에 따라 임의추출(haphazard selection)을 사용하기도 한다. 통계적 표본감사로는 적합하지 않으나, 임의추출을 이용하려 한다면 표본의 대표성을 높이기 위해 다음 사항에 유의해야 한다.

- 의도적인 편의나 예측가능성(예를 들어 추출하기 어려운 항목을 회피하거나, 각 페이지의 최초 또는 최종 항목만을 선택하거나 배제)을 피하고 모집단 내 모든 항목을 추출할 수 있도록 설계한다.
- 회계기간중 동일한 회계처리에 여러 사람이 관여했다면 각 종업원이 처리한 거래에서 골고루 표본을 추출한다.
- 금액이나 중요성이 큰 항목에 비중을 두어 추출한다.

Ⅳ. 감사절차의 수행

감사인은 추출된 표본을 대상으로 특정 감사목표에 부합하는 통제테스트 또는 세부테스트를 실시한다. 예를 들어 속성표본감사에서는 표본항목이 속성의 정의와 일치하는지 검증하고, 발견한 예외사항을 적절히 문서화한다.

감사절차 수행중 표본을 설계할 때 예상하지 못했던 이탈유형이 발견되는지 주의를 기울인다. 만약 기대하지 않았던 이탈속성을 발견하면, 감사인은 표본감사를 설계할 때 정의했던 감사대상의 속성이나 표본규모를 수정해야 한다. 감사인이 추출항목을 대상으로 감사절차나 대체적인 절차를 적용해도 확인할 수 없는 사례가 있다. 감사인은 이러한 항목을 통제테스트에서는 규정된 통제로부터의 이탈로, 세부테스트에서는 왜곡표시로 취급한다.

감사절차 수행과정에서 감사인의 부주의, 이해부족이나 해석상 오류로 비표본위험(non-sampling risk)이 발생할 수 있다. 감사인이 적절한 감사절차를 수행하고, 감사보조자의 지도, 감독 및 업무검토를 적절하게 수행하여 비표본위험을 최소한으로 통제해야 한다.

Ⅴ. 표본감사결과의 평가

감사인은 추출한 표본의 감사결과를 바탕으로 모집단의 속성이나 금액을 투영한다. 이때 추정한 투영왜곡표시액구간(통제테스트에서는 투영이탈률상한)과 사전에 설정한 중요성기준치인 허용왜곡표시액구간(통제테스트에서는 허용이탈률)을 비교하여 표본감사결과를 최종 평가한다.

1. 표본결과를 모집단에 투영

• 투영절차(모집단에 대한 일반화 절차): 표본의 감사결과를 기초로 모집단 속성이나 금액을 추정하는 절차이다.

• 표본왜곡표시: 감사인이 표본을 대상으로 감사절차를 수행하여 발견한 왜곡표시이다.

표본감사에서는 모집단 전체를 조사하지 않고 표본을 감사하여 모집단 전체에 투영하여 결론을 내린다. 표본의 감사결과를 기초로 모집단 속성이나 금액을 추정하는데, 이를 모집단으로의 일반화절차 또는 투영절차라고 표현한다.

예를 들어 매출채권 기말잔액 ₩10,000인 모집단에서 ₩1,000에 해당하는 금액을 표본으로 추출했다고 하자. 감사인은 감사절차를 수행해 ₩1,000의 표본에서 ₩100의 왜곡표시액을 발견하였다. 매출채권의 적절성 여부를 평가하기 위해서는 표본왜곡표시 ₩100과 모집단에서 설정한 중요성금액(허용왜곡표시)을 직접 비교해서는 안 된다. 왜냐하면 감사절차를 수행하지 않은 모집단의 나머지 부분(₩9,000)에도 동일한 비율의 왜곡표시가 존재할 수 있기 때문이다. 투영절차를 수행해 모집단 ₩10,000에 존재할 가능성이 있는 왜곡표시를 추정해야 한다. 표본(₩1,000)에서 10%에 해당하는 금액인 ₩100의 왜곡표시가 발견되었으므로, 모집단 전체(₩10,000)에서도 10%에 해당하는 왜곡표시(₩1,000)가 비례적으로 존재할 것으로 점추정(point estimate)할 수 있다.

• 표본위험허용치 : 표본이 모집단을 대표하지 못할 위험의 허용값

• 투영된 왜곡표시구간 =점추정왜곡표시 ±표본위험허용치

감사인은 표본이 모집단을 대표하지 못할 위험의 허용값을 나타내는 표본위험허용치(allowances for sampling risk)를 고려하여 모집단을 투영해야 한다. 위의 예에서 모집단의 점추정왜곡표시 ₩1,000에 일정부분의 표본위험허용치를 계산하여 가산한 금액을 투영왜곡표시구간으로 설정하고, 이 금액과 허용왜곡표시액(중요성)을 비교해 감사결과를 평가한다.

도표 10-5
왜곡표시의 투영

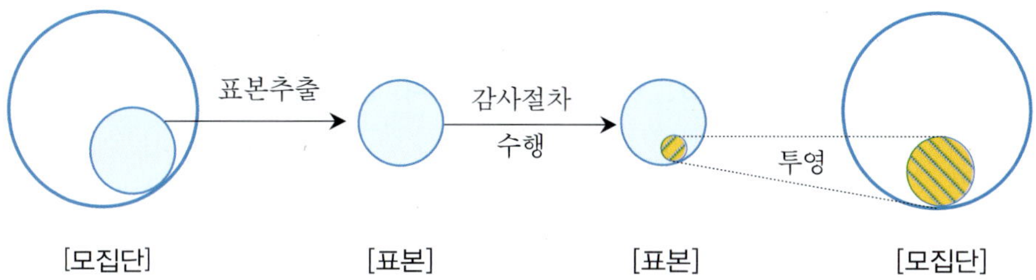

(주) 부분은 감사절차를 수행해 표본에서 발견된 왜곡표시(점추정치)를 의미하며, 부분은 모집단으로 투영된 왜곡표시를 의미한다.

2. 모집단의 수용여부 결정

감사인은 모집단에 대한 추정결과를 토대로 모집단에 중요한 왜곡표시 또는 이탈이 없다는 가설의 수용여부를 결정한다. 감사인은 표본결과에서 추론한 모집단의 투영왜곡표시액구간(속성표본감사에서는 투영이탈률상한)과 중요성기준의 척도로 사전에 설정한 허용왜곡표시액구간(속성표본감사에서는 허용이탈률)을 비교한다. 이때 투영왜곡표시액의 구간이 허용왜곡표시액의 구간을 초과하지 않으면 "왜곡표시가 중요하지 않다"라는 가설을 수용한다.

핵심 모집단의 수용여부 결정

판단기준	수용여부의 결론
투영왜곡표시액구간(투영이탈률상한) > 허용왜곡표시액구간(허용이탈률)	중요성기준치인 허용왜곡표시액보다 실제 왜곡표시액(중요왜곡표시위험)을 나타내는 투영왜곡표시액구간이 더 크므로 모집단이 공정표시된 값으로 수용할 수 없다.
투영왜곡표시액구간(투영이탈률상한) ≤ 허용왜곡표시액구간(허용이탈률)	중요성기준치인 허용왜곡표시액보다 실제 왜곡표시액(중요왜곡표시위험)을 나타내는 투영왜곡표시액구간이 더 작으므로 모집단이 공정표시된 값으로 수용할 수 있다.

3. 이탈(왜곡표시)의 성격과 원인에 대한 분석

표본감사에서는 이탈사항 또는 왜곡표시의 양적 분석에 추가해 질적 분석을 수행해야 한다. 통계적 결론의 합리성을 검증하기 위해 이탈사항 또는 왜곡표시의 원인을 분석하고, 그러한 이탈사항 또는 왜곡표시의 성격이 타감사절차에 미치는 영향을 파악한다.

감사인은 발견한 이탈 또는 왜곡표시의 성격과 원인을 충분히 조사하고 분석해야 한다. 예를 들어 거래의 형태, 장소, 제품라인이나 시기에 있어 공통된 특징이 있을 수 있다. 이러한 상황에서는 모집단에서 해당 특징을 나타내는 모든 항목을 식별해 이에 대한 감사절차를 확대할 수 있다. 이와 같은 종류의 이탈이나 왜곡표시는 의도적일 수 있으므로 임직원의 유의적 부정가능성을 의심할 수 있다.

• 변이(anomaly) : 모집단의 대표성과는 관계없이 특정항목이나 상황에서만 발생하는 오류를 의미한다.

극히 드문 상황에서 감사인은 표본에서 발견한 어떤 왜곡표시나 이탈을 변이라고 판단할 수 있다. 변이(anomaly)란 표본에서 발견된 왜곡표시와 이탈속성이 모집단 전체의 대표성과는 관계없이 특정부분이나 조건에서만 특이하게 발생한 오류를 말한다. 예를 들어 특정 종업원의 휴가기간에 대체인력이 처리한 거래에서만 발견되는 오류는 변이에 해당한다. 감사인은 어떤 변이가 표본감사를 수행하지 않은 모집단의 잔여부분에는 전혀 영향을 미치지 않는 특수한 변이임이 확실하다는 결론을 내리기 위해서는 추가적인 감사절차를 수행하여 높은 수준의 확신을 가질 수 있어야 한다.

• **변이의 고려** : 모집단의 대표성과 무관하게 발생한 변이는 표본결과를 모집단에 투영할 때 반영하지 않지만, 경영진이 미수정시에는 총변이금액을 투영왜곡표시액에 추가하여 모집단 수용여부를 판단한다.

해당 변이가 발생한 특정기간 또는 특정속성과 관련이 있는 오류에 해당하면 전수조사하여 경영진에게 수정하도록 요구한다. 경영진이 모든 수정을 완료했다면, 감사인은 표본결과를 모집단에 투영할 때 그 오류영향을 제외할 수 있다. 만약 감사인이 변이로 판명한 오류를 기업이 수정하지 않으면, 감사인은 변이를 제외한 정상적인 표본결과에 따라 계산한 투영왜곡표싯값에 수정하지 않은 변잇값을 추가해 모집단의 수용여부를 결정해야 한다.

4. 표본감사의 한계점 고려

감사인은 다음 사항을 고려하여 표본감사 결과를 종합적으로 해석해야 한다.

- 표본감사에서는 표본위험이 항상 존재한다는 사실에 유의한다. 전수감사를 수행하지 않는 한 통계적 표본감사에서 표본은 모집단을 100% 대표할 수 없으므로 잘못된 결론을 내릴 위험을 완전히 배제할 수는 없다.
- 효과적인 감사절차를 적용하지 못했거나, 감사인의 경험미숙 등으로 비표본위험이 발생할 가능성은 언제나 존재한다.
- 비통계적 표본감사뿐만 아니라 통계적 표본감사에서도 감사인의 주관적 판단이 전적으로 배제되지는 않는다. 중요성의 허용기준 결정, 허용가능한 표본위험수준의 설정, 표준편차의 추정, 왜곡표시나 속성 및 표본단위의 정의 등 표본감사의 모든 과정에서 감사인 판단이 개입된다.

제 3 절 통제테스트를 위한 속성표본감사

〈감사의 흐름〉

1국면 : 감사계획의 수립단계
2국면 : 거래유형의 테스트단계
3국면 : 계정잔액의 실증절차단계
4국면 : 감사의 종료 및 보고단계

속성표본감사(attributes sampling)는 특정속성을 포함한 항목이 모집단 전체에서 차지하는 비율을 추정하는 방법이다. 예를 들어 감사인은 감사대상인 모집단에 적송서류가 부착되지 않은 매출송장의 실제비율을 확인하기 위해 표본을 조사하여 모집단의 이탈률을 추정한다.

속성표본감사는 주로 내부통제의 효과성을 검증하는 통제테스트에서 이용하지만, 거래유형의 세부테스트를 동시에 수행하는 이중목적감사에서 세부테스트를 위해 드물게 이용하기도 한다.

본절에서는 통제테스트의 일부로서 속성추정표본감사의 사례를 중심으로 살펴본다. 속성표본감사의 적용절차는 앞서 설명한 [도표 10-1]과 동일하다.

Ⅰ. 표본감사의 설계

〈표본감사의 적용절차〉

표본감사의 설계 → 표본규모의 결정 → 표본추출방법의 선택 → 감사절차의 수행 → 표본감사결과의 평가

1. 감사목표의 설정

감사인은 내부통제의 효과성을 확인하기 위해 감사목표(실재성, 완전성, 기간귀속 등)를 설정한다. 감사인은 감사목표와 관련하여 검증하고자 하는 이탈사항을 구체적으로 정의한다. 속성표본감사에서의 이탈사항은 내부통제절차를 준수하지 않은 속성을 지칭한다.

속성표본감사의 이해를 돕기 위해 다음의 사례로 적용절차를 설명한다.

사례

대한테크놀로지주식회사는 메모리반도체를 생산하는 기업으로 10년 전 설립되었다. 이원철 회계사는 20×5년 12월 31일에 종료하는 재무제표감사 일환으로 회사의 내부통제를 평가하고 대금청구와 매출거래 기록절차를 대상으로 통제테스트를 실시하고 있다. 속성표본감사 일환으로 이 회계사는 [도표 10-6]의 감사조서에 표시한 대금청구와 매출거래 내부통제의 효과성을 검증한다. 이를 위해 매출송장 및 관련 증빙서류에 대하여 9개의 관심속성을 정의하였다. 예를 들어 ①은 완전성목표의 검증을 위해 매출분개장에 매출송장의 번호가 연속적으로 기록되어 있어야 한다는 사실을 속성으로 설정하였다. ②는 분류의 검증을 위하여 매출채권보조원장에 기록된 금액이 매출분개장의 기록과 일치해야 한다는 사실을 속성으로 정의하였다.

2. 모집단과 표본단위의 결정

• **모집단의 결정**: 검증하고자 하는 모든 자료가 모집단에 포함되도록 한다.

모집단은 표본을 조사하여 추정하고자 하는 대상집단, 즉 거래나 계정잔액 혹은 관련 증빙서류 등으로 구성되어 있다. 감사인은 모집단을 정의할 때 검증하기 위한 모든 자료가 모집단에 포함되도록 표본설계에 유의해야 한다.

사례에서는 [도표 10-6]의 감사조서에서 보듯이 모집단은 20×5 회계연도에 발행된 모든 매출송장 5,764개(3689~9452)이며, 표본단위는 매출송장으로 정의한다.

3. 표본감사방법의 선택

• **표본감사방법의 선택**: 감사인의 전문적인 판단에 따라 좌우된다.

감사인의 전문적인 판단에 따라 표본감사방법을 선택한다. 감사인이 비통계적 표본감사방법을 선택해도 표본의 추출방법 및 표본결과의 평가방법을 제외하고는 원칙적으로 그 절차는 통계적 표본감사방법과 동일하다.

도표 10-6
대한테크놀로지주식회사 : 속성표본감사의 감사조서

대상회사 : 대한테크놀로지주식회사
감사영역 : 매출거래와 대금청구의 기록
감사목표 : 내부통제가 중요왜곡표시위험의 예비평가에서 평가한 대로 실제 운용되는지를 결정하기 위해 매출송장과 관련 서류를 검토한다.
모 집 단 : 20×5.1.1에서 20×5.12.31까지의 매출송장, 송장번호=3689~9452
표본단위 : 매출송장
모집단항목의 구성 : 매출분개장에 매출송장 번호순으로 기록
표본추출방법 : 난수발생 프로그램을 이용한 무작위추출

검증대상의 속성	감사계획				실제결과			
	EPDR	*TDR*	*ARO*	원초 표본 규모	표본 규모	이탈 사항의 수	*SDR*	*CUDR*
① 매출분개장에 매출송장의 번호가 연속적으로 기록되어 있어야 한다.	0	3	10	76	75			
② 매출채권보조원장의 금액이 매출분개장의 기록과 일치해야 한다.	1	4	10	96	100			
③ 매출송장의 수량 등의 자료가 매출분개장의 기록과 일치해야 한다.	1	4	10	96	100			
④ 가격검증과 합계검증에 관한 증거가 존재한다(서명과 수량검증의 증적).	1	4	10	96	100			
⑤ 적송서류의 수량 등의 자료가 매출송장부본과 일치해야 한다.	1	4	10	96	100			
⑥ 매출주문서의 수량 등의 자료가 매출송장부본과 일치해야 한다.	1	6	10	64	65			
⑦ 고객주문서의 수량 등의 자료가 매출송장부본과 일치해야 한다.	2	8	10	48	50			
⑧ 신용평가담당자가 신용승인을 해야 한다.	2	8	10	48	50			
⑨ 증빙서류의 파일에 매출송장부본, 적송서류, 매출주문서, 고객주문서가 철해 있어야 한다.	1	6	10	64	65			

표본감사결과의 활용 : 1. 실증절차 계획에 미치는 영향을 파악
2. 경영진에게 내부통제 개선안을 권고

Ⅱ. 표본규모의 결정

추출하고자 하는 표본규모의 결정은 감사비용과 감사범위, 감사위험과 직결되므로 매우 중요하다. 감사인은 표본위험을 충분히 수용가능한 낮은 수준으로 감소시킬 수 있도록 표본규모를 결정해야 한다.

속성표본감사에서 표본규모는 과대신뢰위험(표본위험의 허용수준), 허용이탈률(중요성기준치), 모집단의 예상이탈률, 모집단의 크기에 따라 결정된다. 속성표본감사에서 주로 사용하는 용어를 정리하면 [도표 10-7]과 같다.

도표 10-7
속성표본감사의 용어 정의

용 어	정 의
• 속성	• 검증하고자 하는 대상의 특성
• 이탈사항	• 표본항목 중 속성을 이탈한 사항(오류)
• 과대신뢰위험 (*ARO*)	• 실제로 내부통제가 취약한데, 감사인이 내부통제가 효과적이라고 판단할 위험의 허용치
• 허용이탈률 (*TDR*)	• 감사인이 모집단의 이탈을 허용할 수 있는 한계치
• 모집단의 예상이탈률 (*EPDR*)	• 감사인이 표본감사를 수행하기 전에 모집단에서 존재할 것으로 예상한 이탈률
• 표본이탈률 (*SDR*)	• 표본에서 실제 발견된 이탈사항의 수를 표본규모로 나눈 비율
• 투영이탈률상한 (*CUDR*)	• 일정한 과대신뢰위험 수준에서 추정 · 계산한 모집단의 최대이탈률

1. 과대신뢰위험의 결정

• 과대신뢰위험 : β오류(실제 내부통제는 취약하나 감사인은 양호하다고 판단)가 발생할 위험에 대한 허용치

과대신뢰위험(acceptable risk of overreliance : *ARO*)은 실제로 내부통제가 취약한데 표본감사 결과에서 양호하다고 잘못 판단할 β위험의 허용수준을 말한다. 감사인이 과대신뢰위험(*ARO*)을 10%로 설정한다면, 내부통제가 실제로는 취약한데도 효과적이라고 결론을 잘못 내릴 위험을 감사인이 10%로 통제한다는 의미이다.

과대신뢰위험(*ARO*)은 감사인이 수용하고자 하는 감사위험 기준치이므로 설정할 때 주의해야 한다. 과대신뢰위험은 유의적인 왜곡표시위험의 예비

• 실증절차 범위를 축소하는 감사계획을 수립한다면 과대신뢰위험을 엄격하게 설정한다.

평가결과에 좌우된다. 감사인이 유의적 왜곡표시위험이 낮다고 예비평가하면 계정잔액의 실증절차 범위를 축소하는 계획을 수립한다. 이때는 통제테스트의 신뢰성을 높여야 하므로 과대신뢰위험(*ARO*)을 엄격하게(낮게) 설정해야 한다. 속성표본감사에서 통제테스트를 위한 과대신뢰위험(*ARO*)과 허용이탈률(*TDR*)의 설정사례를 [도표 10-8]에서 예시하고 있다.

도표 10-8
통제테스트를 위한 *ARO*와 *TDR*의 설정사례

고려요소	평가수준	지 침
• 유의적 왜곡표시위험의 예비적 평가수준(*ARO* 설정) : 유의적 왜곡표시위험의 예비적 평가수준이 낮은 것으로 추정할수록(내부통제에 의존하기보다는 실증절차범위를 축소할수록) *ARO*를 엄격하게 통제해야 함.	(유의적 왜곡표시위험수준) 낮음 보통 높음	 *ARO* 5% 10 20
• 내부통제에 영향을 받는 거래와 계정의 상대적 중요성(*TDR* 설정) : 관련 거래와 계정이 중요할수록 *TDR*을 엄격하게(낮게) 통제해야 함.	(중요성 정도) 높음 보통 낮음	 *TDR* 4% 5 6

기중거래의 세부테스트를 수행하기 위한 속성표본감사에서 과대신뢰위험(*ARO*)과 허용이탈률(*TDR*)의 설정사례는 [도표 10-9]에서 예시하고 있다.

도표 10-9
거래유형의 세부테스트를 위한 *ARO*와 *TDR*의 설정사례

계정잔액의 실증절차 계획	통제테스트 결과	거래유형 세부테스트를 위한 *ARO*	거래유형 세부테스트를 위한 *TDR*
축 소	매우 양호 양 호 불 량	40% 20 5	*TDR*은 관련 거래 혹은 계정항목의 중요성에 따라 적절히 설정한다.
보 통	매우 양호 양 호 불 량	40% 25 10	
확 대	매우 양호 양 호 불 량	40% 30 20	

2. 허용이탈률의 결정

• **허용이탈률**: 감사인이 모집단의 이탈을 허용할 수 있는 한계치

허용이탈률(tolerable deviation rate : *TDR*)은 감사인이 모집단에서 발생하는 이탈을 허용할 수 있는 한계치, 즉 모집단의 허용이탈률상한을 말한다. 예를 들어 감사인이 어떤 속성에 대한 허용이탈률(*TDR*)을 6%로 설정했다고 하자. 이는 매출송장 중 신용승인이 누락된 건수가 6%를 초과하지 않는다면 내부통제가 효과적이라고 판단한다는 의미이다. 허용이탈률(*TDR*)은 [도표 10-8]과 [도표 10- 9]에서 보듯이 감사대상항목 및 관련 감사목표의 상대적 중요성을 기준으로 결정한다.

3. 모집단의 예상이탈률 추정

• **모집단의 예상이탈률**: 감사인이 모집단에서 발생할 것으로 예상하는 이탈률로 표본규모를 결정할 때만 이용한다.

모집단의 예상이탈률(expected population deviation rate : *EPDR*)은 감사인이 모집단에서 발생할 것으로 예상하는 이탈률로서 표본감사를 실시하기 전에 미리 추정한 기댓값이다. 만약 예상이탈률이 낮다면 비교적 적은 규모의 표본으로도 감사인의 허용이탈률을 만족시킬 수 있다.

모집단의 예상이탈률(*EPDR*)은 감사인이 기업과 기업환경의 이해단계에서 얻은 지식, 내부통제의 변화, 전기에 적용한 감사절차의 결과 및 기타의 감사절차의 결과 등을 고려하여 추정한다. 모집단 예상이탈률(*EPDR*)은 표본규모 결정에만 영향을 미치며 감사결과를 모집단으로 추론할 때에는 실제 표본에서 발생한 표본이탈률(sample deviation rate : *SDR*)을 사용한다. 모집단 예상이탈률은 감사결과를 평가할 때 영향을 미치지 않으므로 정밀하게 추정하지는 않는다.

4. 표본규모의 결정

속성표본감사에서는 표를 이용해 표본규모를 결정한다. [도표 10-10]은 *ARO*가 5%일 때 *EPDR*과 *TDR*의 퍼센트에 해당하는 표본규모를 찾을 수 있도록 작성된 표이다.

도표 10-10
속성표본감사에서의 통계적 표본규모

[과대신뢰위험(*ARO*) 5%]

모집단의 예상 이탈률(*EPDR*)	허용이탈률(*TDR*)										
	2%	3%	4%	5%	6%	7%	8%	9%	10%	15%	20%
0.00%	149	99	74	59	49	42	36	32	29	19	14
0.25	236	157	117	93	78	66	58	51	46	30	22
0.50	*	157	117	93	78	66	58	51	46	30	22
0.75	*	208	117	93	78	66	58	51	46	30	22
1.00	*	*	156	93	78	66	58	51	46	30	22
1.25	*	*	156	124	78	66	58	51	46	30	22
1.50	*	*	192	124	103	66	58	51	46	30	22
1.75	*	*	227	153	103	88	77	51	46	30	22
2.00	*	*	*	181	127	88	77	68	46	30	22
2.25	*	*	*	208	127	88	77	68	61	30	22
2.50	*	*	*	*	150	109	77	68	61	30	22

* 표본규모가 너무 커서 대부분의 감사에서 비용이 효익보다 크므로 제시하지 않았다.

속성표본감사표를 이용하여 표본규모를 결정하는 순서는 다음과 같다.

① 과대신뢰위험(*ARO*)에 해당하는 표를 선택한다.
② 표 상단에 있는 허용이탈률(*TDR*)을 찾는다.
③ 표의 맨 좌측에 있는 모집단 예상이탈률(*EPDR*)을 찾는다.
④ 허용이탈률(*TDR*)과 모집단 예상이탈률(*EPDR*)이 교차하는 점에 있는 숫자를 표본규모로 선택한다.

예를 들어 신용승인을 받은 후 매출거래를 집행하는지 감사할 때 과대신뢰위험(*ARO*)을 5%로 설정하고 허용이탈률(*TDR*)을 6%로 결정했다고 하자. 전기 감사결과를 고려하여 모집단 예상이탈률(*EPDR*)을 2%로 추정한다면, [도표 10-10]에서 표본규모는 127개이다.

매출송장이 10,000개라면 유한수정계수를 사용하여 수정한 표본규모는 125개인데, 원래의 표본규모인 127개와 2개가 차이가 난다. 통상 5,000개 이상의 모집단은 무한모집단으로 간주하여 유한수정계수로 조정하지 않는다.[5]

5) [도표 10-10]은 복원추출을 가정한 무한모집단을 기초로 하여 작성한 것이다. 비복원추출을 전제하는 표본감사에서는 유한수정계수(finite correction factor)를 사용하여 표본규모를 조정할 수 있다. 이러한 조정으로 줄일 수 있는 표본규모는 대개 10% 이내이므로 실무에서는 모집단이 5,000개 이하이면 수정하지 않는다.

핵심 표본규모에 영향을 미치는 요소의 변화

표본규모 결정에 영향을 미치는 요소가 표본규모에 어떠한 영향을 미치는지 정리하면 다음과 같다.

결정요소의 변화	표본규모에 미치는 영향
• 감사인이 내부통제의 운영효과성에 보다 많은 확신을 얻고자 할 경우	증가
• 허용이탈률(*TDR*)의 감소	증가
• 모집단 예상이탈률(*EPDR*)의 증가	증가
• 감사인이 원하는 확신수준(1－과대신뢰위험[*ARO*])의 증가	증가
• 모집단의 표본단위 수 증가	증가(미미함)*

* 모집단의 규모가 5,000단위 이상이면 무한모집단에 가까우므로 영향이 거의 없다.

사례

감사인은 매출송장의 기록누락 이탈사항이 매우 중요하다고 판단하여 [도표 10-6]에서 보듯이 속성 ①에서는 허용이탈률(*TDR*)을 3%로 낮게 설정하였다. 부정확한 대금청구는 잠재적으로 중요한 이탈사항이 될 수 있지만, 감사인은 송장의 금액 전부가 왜곡표시로 연결되지는 않을 것으로 판단하였다. 따라서 대금청구와 그 기록에 관련된 속성 ②~⑤에서는 허용이탈률(*TDR*)을 4%로 설정한다. 나머지 4개의 속성은 중요하지 않으므로 6~8%의 허용이탈률(*TDR*)을 설정한다.

과대신뢰위험(*ARO*)은 10%로 결정하였다. 몇몇 통제에서는 취약점이 존재할 위험이 있다고 평가해 회사의 내부통제에 전적으로 의존하지 않는 계획을 수립했기 때문이다. 모집단 예상이탈률(*EPDR*)은 전년도 감사결과를 고려하여 결정했으나 인사이동과 같은 변동상황이 발생하여 약간 상향조정했다.

과대신뢰위험(*ARO*), 모집단의 예상이탈률(*EPDR*), 허용이탈률(*TDR*)을 기초로 [도표 10-10]을 이용하여 표본규모를 결정했다. 이들 관련 정보와 표본규모는 [도표 10-6]에 요약하였다. 감사인은 감사 편의상 실제 표본규모를 계산한 표본규모와 크게 차이나지 않는 범위에서 속성 ①에서는 75개, 속성 ②~⑤에서는 100개, 속성 ⑥, ⑨에서는 65개, 속성 ⑦, ⑧에서는 50개의 표본을 추출하기로 했다.

Ⅲ. 표본추출방법의 선택

표본규모를 결정하면 모집단에서 표본을 추출한다. 통계적 표본감사를 실시할 때에는 반드시 무작위추출법을 적용하며, 난수표이용법, 컴퓨터프로그램이용법, 체계적 추출법을 사용해 표본을 추출한다.

사례

컴퓨터프로그램을 이용하여 무작위로 표본을 추출한다. 추출해야 할 표본규모가 속성마다 다르기 때문에 아홉 가지의 모든 속성에 대해 공통적으로 적용할 수 있는 50개의 표본을 먼저 추출한다. 그리고 차례로 ⑦, ⑧을 제외한 나머지 모든 속성에서 추가적으로 15개를, 속성 ⑥, ⑨를 제외한 나머지에서는 10개를, 속성 ②~⑤에서는 다시 25개를 표본으로 추가 추출한다.

Ⅳ. 감사절차의 수행

감사인은 추출한 표본을 대상으로 해당 목적에 적합한 감사절차를 수행한다. 이탈사항을 검증하기 위하여 문서검사나 재수행과 같은 감사기술을 적용한다. 추출한 표본을 대상으로 정의한 속성과의 일치여부를 확인하고, 발견한 이탈의 빈도수를 파악한다. 이때 감사인은 감사절차 수행과정에서 부주의 혹은 부적절한 감사절차를 적용해 발생할 수 있는 비표본위험(non-sampling risk)에 유의해야 한다.

감사인이 추출한 표본항목에 대해 계획한 감사절차를 적용할 수 없다면, 대체항목을 추출하여 감사절차를 수행해야 한다. 예를 들어 지출승인 통제테스트에서 무효화된 수표를 추출했다고 하자. 수표가 절차에 따라 무효화되었고 이탈속성에 해당하지 않으면, 다른 항목으로 대체하여 추출해 조사한다. 만약 감사인이 대체추출한 항목에 대해서도 적절한 감사절차를 적용할 수 없다면, 이탈항목으로 취급한다.

사례

감사계획에서 수립한 감사절차에 따라 표본으로 추출한 모든 항목을 검증한다. 감사내용을 문서화하고 표본감사결과를 이탈사항집계표에 요약한다. 표본으로 추출한 모든 항목을 열거하여 이탈사항집계표를 작성하거나 이탈사항만 기술하는 방법으로 작성할 수 있다.

표본감사 종료단계에서 표본이탈률(*SDR*)과 모집단 투영이탈률상한(*CUDR*)을 계산하기 위해 각 속성별로 표본에서 발견한 이탈사항을 [도표 10-11]과 같이 이탈사항집계표에 기록한다.

도표 10-11
대한테크놀로지주식회사 : 표본항목의 이탈사항집계표

작성자 : 이원철

감사기준일 : 20×5.12.31 작성일 : 20×6.2.3

표본항목	이탈사항								
송장번호	①	②	③	④	⑤	⑥	⑦	⑧	⑨
3734					×				
3859				×				×	
3990				×					
4071		×		×					
4270								×	
4222					×				
4331								×	
4513				×	×				
4681						×		×	
4859				×					
5367								×	
5578								×	
5802								×	
5823								×	
5963								×	
6157		×		×					
6229				×					
6311								×	
7188					×				
7536				×					
8351								×	
8517				×					
8713								×	
9361				×					
이탈사항의 수	0	2	0	10	4	1	0	12	0
표본규모	75	100	100	100	100	65	50	50	65

Ⅴ. 표본감사결과의 평가

1. 표본결과를 모집단에 투영

표본이탈률(sample deviation rate : *SDR*)은 속성을 이탈한 항목수를 표본규모로 나누어 구한다. 예를 들어 [도표 10-11]의 속성 ②에서 표본은 100개, 이탈사항은 2개이므로 표본이탈률은 2%(=2÷100)이다. 속성 ⑧의 표본은 50개, 이탈사항은 12개이므로 표본이탈률은 24%(=12÷50)이다.

표본이탈률은 모집단의 투영이탈률과 다른 개념이다.[6] 통계적 이론에 따라 계산한 표본위험허용치(allowance for sampling risk)에 표본이탈률을 가산해 모집단의 투영이탈률상한(computed upper deviation rate : *CUDR*)을 구한다. 투영이탈률상한(*CUDR*)은 표본결과를 근거로 모집단에서 발생할 것으로 추정한 이탈률의 최대치이다. 속성표본감사 결과표인 [도표 10-12]를 이용하면 통계적 계산과정을 거치지 않고 투영이탈률상한(*CUDR*)을 구할 수 있다. 표를 이용해 모

도표 10-12
속성표본감사에서의 투영이탈률상한 (*CUDR*)

[과대신뢰위험(*ARO*) 10%]

표본규모	실제 이탈사항의 수										
	0	1	2	3	4	5	6	7	8	9	10
20	10.9	18.1	*	*	*	*	*	*	*	*	*
25	8.8	14.7	19.9	*	*	*	*	*	*	*	*
30	7.4	12.4	16.8	*	*	*	*	*	*	*	*
35	6.4	10.7	14.5	18.1	*	*	*	*	*	*	*
40	5.6	9.4	12.8	15.9	19.0	*	*	*	*	*	*
45	5.0	8.4	11.4	14.2	17.0	19.6	*	*	*	*	*
50	4.5	7.6	10.3	12.9	15.4	17.8	*	*	*	*	*
55	4.1	6.9	9.4	11.7	14.0	16.2	18.4	*	*	*	*
60	3.8	6.3	8.6	10.8	12.9	14.9	16.9	18.8	*	*	*
70	3.2	5.4	7.4	9.3	11.1	12.8	14.6	16.2	17.9	19.5	*
80	2.8	4.8	6.5	8.3	9.8	11.3	12.8	14.3	15.7	17.2	18.6
90	2.5	4.3	5.8	7.3	8.7	10.1	11.4	12.7	14.0	15.3	16.6
100	2.3	3.8	5.2	6.6	7.8	9.1	10.3	11.5	12.7	13.8	15.0
120	1.9	3.2	4.4	5.5	6.6	7.6	8.6	9.6	10.6	11.6	12.5

* 20% 이상이면 투영이탈률상한(*CUDR*)은 너무 커서 결과를 분석할 필요가 없으므로 표시하지 않았다. 이때는 모집단을 기각한다.

6) 감사기준서 530에서는 투영이탈률이라는 용어 대신 실제이탈률이라고 표현하고 있다.

집단에 대한 투영이탈률상한(*CUDR*)을 다음과 같이 구한다.

① 표본규모를 구할 때 사용한 과대신뢰위험(*ARO*)에 해당하는 표([도표 10-12])를 선택한다.
② 표의 상단으로부터 감사에서 발견된 실제 이탈사항의 수를 찾는다.
③ 표의 맨 좌측열로부터 해당하는 표본규모를 찾는다.
④ ②와 ③이 만나는 점의 숫자가 투영이탈률상한(*CUDR*)이다.

과대신뢰위험 10% 수준에서 표본 100개를 조사했는데 이탈사항 2개를 발견했다면, [도표 10-12]에서 확인한 투영이탈률상한(*CUDR*)은 5.2%이다. 즉 표본에서 2개의 이탈사항을 발견한다면 진실한 모집단이탈률이 5.2%를 초과할 위험은 10%라는 의미이다.

여기에서 모집단을 전수조사했을 때 모집단의 실제 이탈률은 평균적으로 5.2%라는 뜻은 아니다. 투영이탈률상한(*CUDR*)은 모집단에 대한 신뢰구간(confidence interval : *CI*)의 의미, 즉 예상이탈률의 최댓값을 의미한다. 이 예에서 평균값을 나타내는 표본이탈률 점추정값은 2.0%(=2÷100)이며, 왜곡표시최대구간을 나타내는 표본위험허용치는 3.2%(=5.2%−2.0%)이다.

• **신뢰구간** : 모수가 어느 범위 안에 있는지를 확률적으로 보여주는 방법이다.

• **점추정** : 모집단의 특성을 단일한 값으로 추정하는 방법이다.

2. 이탈사항의 원인 분석

내부통제의 어떤 취약점 때문에 이탈사항이 발생했는지 분석한다. 종업원의 부주의, 작업지시의 오해, 고의적인 업무태만 등으로 이탈이 발생할 수 있다. 이탈의 성격 및 발생원인, 타항목에 미치는 영향 등의 질적 분석은 내부통제를 평가할 때 이용한다. 예를 들어 감사인이 매출송장의 승인여부를 검증할 때 발견한 모든 이탈사항이 담당자의 여름휴가기간에 활용한 대체인력이 수행한 일에서 발생하였다고 하자. 감사인은 이러한 특수한 비정상적 이탈이 변이(anomaly)에 해당하는지 평가하고, 변이라고 판단하면 휴가기간에 이루어진 모든 거래를 재검토하는 등 필요한 후속조치를 취해야 할 것이다.

이탈사항의 원인과 성격에 대한 질적 분석은 모집단의 수락여부와 관계없이 실시해야 하는 절차이다. 예를 들어 이탈사항이 의도적이라고 판단하면 모집단이 적절하다고 판단해도 부정의 존재가능성을 확인하기 위해 감사절차를 확대한다.

3. 모집단의 수용여부 결정 및 평가

감사인이 모집단의 내부통제 운용상태가 양호하다고 판단하기 위해서는 투영이탈률상한(*CUDR*)이 허용이탈률(*TDR*)보다 작거나 최소한 같아야 한다.

투영이탈률상한(*CUDR*)이 허용이탈률(*TDR*)을 초과하면, 감사인은 내부통제 운용상태가 양호하지 않다는 결론을 내리기 전에 다음과 같이 (1)과 (2)의 조치를 추가로 수행해야 한다.

(1) 허용이탈률(*TDR*)과 과대신뢰위험(*ARO*)의 재검토

허용이탈률(*TDR*)이나 과대신뢰위험(*ARO*)을 불필요하게 보수적으로 설정했는지 검토한다. 만약 그렇다고 판단하면 허용이탈률(*TDR*)이나 과대신뢰위험(*ARO*)을 적정수준으로 완화시켜도 기각되는지 검토한다.

감사인은 허용이탈률(*TDR*)을 높게 변경할 수도 있으나 이를 위해서는 충분하고 정당한 사유가 있어야 한다.

(2) 표본규모의 증가

• 표본규모 증가 → 표본위험 감소 → 통계적 신뢰성 증가

표본규모를 추가해 검증해도 동일한 결과가 나오는지 확인한다. 표본을 증가시켜도 동일한 결론이 나오면 과대신뢰위험(*ARO*)은 더욱 낮아지므로 표본감사 결론의 신뢰성은 증가한다.

(3) 실증절차의 성격, 범위 및 시기의 결정

(1)과 (2)의 추가절차를 수행한 후에도 투영이탈률상한(*CUDR*)이 허용이탈률(*TDR*)보다 크면 모집단을 기각한다. 왜냐하면 감사인이 사전에 기대한 수준 이상으로 중요왜곡표시위험이 발생했기 때문이다. 감사인은 관련 내부통제 미비점이 회계시스템에 미치는 영향을 고려하여 이에 상응하는 거래유형 및 계정잔액 세부테스트의 방법, 범위 및 시기를 결정해야 할 것이다.

(4) 경영진과의 커뮤니케이션

감사인은 발견한 이탈사항을 경영진에게 수정하도록 요구하고 필요한 개선조치를 취하도록 커뮤니케이션해야 한다.

사례

이원철 회계사는 표본감사에서 발견한 이탈사항을 기초로 [도표 10-12]를 이용해 투영이탈률상한(*CUDR*)을 결정하고, [도표 10-14]에 예시한 감사조서를 완성한다.

이탈사항을 분석해 원인을 파악하고 검증한 각 속성에 대한 결론을 도출한다. 모집단을 기각해 특정 내부통제를 신뢰할 수 없다고 평가한 속성에 대해서는 [도표 10-13]과 같은 후속조치를 강구하고 이를 문서화해야 한다.

이탈사항이 감사계획에 미치는 영향을 평가하고 경영진에 대한 권고사항을 파악하여 [도표 10-14]와 같이 표본감사조서 하단에 기록한다. [도표 10-14]에서 속성 ②, ④, ⑤, ⑥, ⑧은 투영이탈률상한(*CUDR*)이 허용이탈률(*TDR*)을 초과하는 상황에 해당한다. [도표 10-13]은 이탈사항의 성격, 발생원인 및 타감사절차에 미치는 영향의 분석내용을 정리한 것이다.

도표 10-13 대한테크놀로지주식회사 : 이탈사항의 분석과 실증절차 감사계획

대상회사 : 대한테크놀로지주식회사 　　　　조서번호 : K-1
　　　　작성자 : 이원철
감사영역 : 매출거래와 대금청구의 기록 　　감사기준일 : 20×5.12.31 　　작성일 : 20×6.2.5

속성	이탈사항의 수	이탈사항의 성격	실증절차에 미치는 영향
②	2	잘못된 계정으로 전기되었으며 몇 달 후에도 수정되지 않음. 확인한 왜곡표시액은 각각 ₩125과 ₩393임.	투영이탈률상한(*CUDR*)이 허용이탈률(*TDR*)보다 크므로 추가적인 실증절차가 필요함. 외부조회를 확대실시하고 미회수잔액을 검토해야 함.
④	10	예외사항 4건의 내역은 다음과 같고 이 중 1건은 내부검증의 서명이 없음. • 2건은 가격을 잘못 적용했고 각 항목의 왜곡표시액은 ₩10 이하임. • 1건은 운송료를 부과하지 않음. • 1건은 ₩1,000의 왜곡표시가 있음.	500개 매출송장부본 중 무작위로 추출한 표본을 재검토할 필요가 있음. 매출채권의 조회를 확대실시해야 함.
⑤	4	모두 매출송장과 부본의 날짜가 적송날짜보다 수일 정도 늦음.	매출기록과 적송서류를 비교해 매출기간귀속의 검증을 확대실시해야 함.
⑥	1	매출주문서 112개 중 106개만 출고되고 대금청구가 이루어짐. 이는 장부의 기록오류로 발생함. 실제 매출은 106개인데 112개로 기록함.	거래유형 세부테스트나 계정잔액 세부테스트를 확대할 필요 없음. 내부통제가 어느 정도는 효과적으로 운용되고 있다고 판단함.
⑧	12	이탈사항 중 4건은 새로운 고객으로 신용승인절차가 누락됨. 김 부장에게 문의한 결과, 그의 업무일지에도 이들 매출을 신용승인하지 않은 것으로 나타남.	대손충당금 설정의 적합성을 검증하기 위한 보고기간말에 실증절차를 실시. 후속기간의 현금수입기록과 매출채권 대금회수기록을 비교해야 함.

도표 10-14 대한테크놀로지주식회사 : 표본결과를 기록한 감사조서

대상회사 : 대한테크놀로지주식회사
감사영역 : 매출거래와 대금청구의 기록
감사목표 : 중요왜곡표시위험의 예비적 평가에서 검토한 내용처럼 내부통제가 설계된 대로 운용되는지 결정하기 위해 매출송장과 관련 서류를 검토한다.
모 집 단 : 20×5.1.1에서 20×5.12.31까지의 매출송장, 송장번호 = 3689 ~ 9452
표본단위 : 매출송장
모집단항목의 구성 : 매출분개장에 매출송장번호순으로 기록
표본추출방법 : 난수발생 프로그램을 이용한 무작위추출

검증대상의 속성	감사계획				실제 결과			
	EPDR	*TDR*	*ARO*	원초 표본 규모	표본 규모	이탈 사항의 수	*SDR*	*CUDR*
① 매출분개장에 매출송장의 번호가 연속적으로 기록되어 있어야 한다.	0	3	10	76	75	0	0	3.0
② 매출채권보조원장의 금액이 매출분개장의 기록과 일치해야 한다.	1	4	10	96	100	2	2	5.2
③ 매출송장의 수량 등 자료가 매출분개장의 기록과 일치해야 한다.	1	4	10	96	100	0	0	2.3
④ 가격검증과 합계검증에 관한 증거가 존재한다(서명과 수량검증의 증적).	1	4	10	96	100	10	10	15.0
⑤ 적송서류의 수량 등 자료가 매출송장부본과 일치해야 한다.	1	4	10	96	100	4	4	7.8
⑥ 매출주문서의 수량 등 자료가 매출송장부본과 일치해야 한다.	1	6	10	64	65	1	1.5	6.1
⑦ 고객주문서의 수량 등 자료가 매출송장부본과 일치해야 한다.	2	8	10	48	50	0	0	4.5
⑧ 김 부장이 신용승인을 해야 한다.	2	8	10	48	50	12	24	20 이상
⑨ 증빙서류의 파일에 매출송장부본, 적송서류, 매출주문서, 고객주문서가 철해(filing) 있어야 한다.	1	6	10	64	65	0	0	3.5

표본감사결과의 평가와 실증절차 계획 :

1. 실증절차 감사계획에 미치는 영향 : 감사조서 K-1([도표 10-13])에 표시한 것처럼 속성 ①, ③, ⑦, ⑨에서 검증한 통제는 신뢰할 수 있다. 속성 ②, ④, ⑤, ⑥, ⑧의 검증결과에 따라 모집단을 기각해야 한다. 추후 실증절차단계에서 조회, 회수불능계정에 대한 대손충당금, 기간귀속 및 가격검증에 보다 중점을 두어 증거를 수집한다.
2. 경영진에 대한 권고사항 : 각 이탈사항에 대해 경영진과 토의한다. 매출송장의 내부검증(속성 ②, ④, ⑤, ⑥)과 신용승인의 통제(속성 ⑧)를 개선해야 한다.

제 4 절 계정잔액 세부테스트를 위한 금액단위표본감사

〈감사의 흐름〉

1국면 : 감사계획의 수립단계

2국면 : 거래유형의 테스트단계

3국면 : 계정잔액의 실증절차단계

4국면 : 감사의 종료 및 보고단계

제3절에서 통제테스트를 중심으로 설명한 속성표본감사의 기본개념은 대부분 계정잔액의 세부테스트를 위한 표본감사에서도 그대로 적용한다. 두 테스트 모두 표본을 대상으로 모집단을 추론하는 방법이다. 제2절에서 설명한 표본감사의 적용절차를 계정잔액의 세부테스트에서도 그대로 적용한다.

통제테스트와 세부테스트 표본감사방법의 차이는 아래의 [도표 10-15]에서 보듯이 모집단을 속성(이탈률) 또는 금액(왜곡표시액)으로 추정하느냐에 있다. 통제테스트에서 감사인 관심은 모집단의 속성(attributes), 즉 이탈사항의 발생빈도나 이탈률을 파악하는 데 있으므로 속성표본감사를 사용한다. 계정잔액 세부테스트는 모집단인 계정잔액에 중요한 왜곡표시가 있는지 결론을 내릴 목적으로 한다. 이때 감사인은 모집단의 평균값이나 분산값과 같은 변수(variable)에 관심이 있으므로, 즉 모집단의 진실한 장부금액이나 왜곡표시금액을 검증하는 데 있으므로 변수표본감사를 실시한다.

속성표본감사(통제테스트)에서는 이탈률(비율)로 표현했으나, 변수표본감사(계정잔액 세부테스트)에서는 왜곡표시액(금액)이라는 용어를 사용한다. 예를 들면 허용이탈률(*TDR*) 대신에 허용왜곡표시액(*TE*)을, 투영이탈률대신에 투영왜곡표시액(*PE*)이라고 표현한다.

도표 10-15
표본감사의 적용목적과 추정내용

	통제테스트를 위한 표본감사	세부테스트를 위한 표본감사
적용목적	내부통제의 운영효과성 평가	계정잔액의 왜곡표시액 평가
추정내용	이탈률(속성 추정)	왜곡표시액(변수 추정)

계정잔액 세부테스트를 위한 표본감사에는 금액단위표본감사와 실물단위변수표본감사가 있다. 금액단위표본감사는 간편하므로 실무에서 가장 널리 사용하고 있으며, 실물단위변수표본감사는 정규분포이론을 기초로 모집단을 추정하는 전통적인 방법이다. 제4절 본문에서는 금액단위표본감사를 설명하고, [보론]에서 전통적인 실물단위변수표본감사를 소개한다.

금액단위표본감사(monetary unit sampling : MUS)는 규모비례확률표본감사

• **금액단위표본감사** : 속성표본감사의 통계적인 단순성을 바탕으로 하나, 통계적 결과는 비율이 아닌 금액으로 표시하는 방법이다.

(sampling with probability proportional to size : PPS)라고도 표현한다. 속성표본감사와 동일하게 단순한 통계적 방식을 이용하나 감사결과는 비율이 아닌 금액으로 표시한다.

본절에서는 가전제품을 전국에 소매 유통하는 천지주식회사의 예를 들어 금액단위표본감사의 적용절차를 설명한다.

사례

천지주식회사의 매출채권 기말잔액은 ₩5,000,000이다. 감사인은 매출채권마스터파일에 기록된 총 400개 거래처에서 표본을 추출해 중요한 왜곡표시가 존재하는지 검증하기 위해 외부조회를 실시한다. 천지주식회사의 기말자산총계는 ₩50,000,000이며 당기순이익은 ₩3,000,000이다. 매출채권계정의 투영왜곡표시액인 ₩150,000(매출채권의 3.0%)을 초과하면 재무상태에 미치는 영향이 중요하다고 평가한다.

금액단위표본감사는 과대계상 오류를 효과적으로 검증할 수 있다. 본 사례에서도 감사인은 매출채권의 과대계상(실재성) 여부에 관심을 두며 과소계상오류는 고려하지 않는다고 가정한다.

〈표본감사의 적용절차〉

표본감사의 설계
↓
표본규모의 결정
↓
표본추출방법의 선택
↓
감사절차의 수행
↓
표본감사결과의 평가

Ⅰ. 표본감사의 설계

1. 감사목표의 결정

금액단위표본감사의 목적은 모집단에 포함된 왜곡표시액을 추정하는 데 있다. 사례에서는 매출채권 계정잔액의 실재성 검증을 감사목표로 설정한다.

매출채권계정의 장부금액과 거래처가 회신한 금액 간에 차이가 발생하면, 문서검사와 같은 추가적인 감사절차를 수행해 확인한다. 이때 감사금액(audited value)과 기업의 장부금액(book value) 간 차이를 왜곡표시액으로 분류한다.

2. 모집단과 표본단위의 결정

금액단위표본감사에서 모집단은 기업의 매출채권 계정잔액인 ₩5,000,000이며, 표본단위는 화폐단위(₩1)이다. 화폐단위를 표본단위로 선택하면 화폐단위가 속해 있는 계정(거래처)의 원단위(즉 ₩1) 하나하나가 추출대상이므로 표본단위는 5,000,000개이다.

표본단위 특성으로 계정잔액이 ₩0이거나 장부에 없는 거래처는 표본으로 추출될 가능성이 전혀 없다. 이러한 이유로 일반적인 금액단위표본감사절차로는 거래처 계정잔액의 누락여부를 확인하기 위한 완전성목표를 달성하기 어렵다. 부채항목감사와 같이 완전성 검증이 중요하면 이들 항목을 분리하여 다른 통계적 방법으로 검증해야 한다.

금액단위표본감사는 금액단위가 큰 개별항목을 반드시 표본으로 추출하고자 하거나 과소계상보다는 과대계상 왜곡표시에 민감한 항목을 감사할 때 매우 유용하다.

3. 표본감사방법의 선택

사례에서 매출채권 계정잔액 ₩5,000,000은 400개의 거래처로 구성되어 있다고 하자. 금액단위표본감사에서는 계정잔액 크기에 비례해 표본의 추출가능성을 결정한다. 잔액이 ₩5,000인 계정은 잔액이 ₩500인 계정과 비교할 때 표본으로 추출될 확률은 10배이다. 금액단위표본감사에서는 자동으로 계층화가 이루어지므로 금액가중추출법(value-weighted selection)이라고도 표현한다.

금액단위표본감사는 속성표본이론을 바탕으로 작성한 표를 이용해 표본규모를 결정하고 표본결과를 평가하므로 표준편차 등 복잡한 통계치를 직접 계산할 필요가 없다.

금액단위표본감사는 실물단위변수표본감사와 비교할 때 추출해야 할 표본규모가 작아 경제적인 방법이다. 표본을 100개 추출해야 하는 상황에서 1개 표본이 전체금액의 10%를 차지한다면 동 표본은 10번 추출된다. 이때 실물표본 1개는 10개의 금액표본이 추출된 것으로 간주하므로 추출해야 할 표본규모가 작아진다. 모집단에 일련번호가 없어 모집단이 체계적으로 구성되어 있지 않아도 표본추출이 가능하고 표본설계가 쉽다.

금액단위표본감사에서는 왜곡표시가 발견되면 매우 보수적인 추론과정을 거치도록 설계되어 있다. 이 때문에 예상왜곡표시액이 클 것으로 추정되는 모집단에서는 효율성이 떨어지며, 모집단이 기각될 확률도 상대적으로 높아진다. 금액단위표본감사는 모집단에 왜곡표시가 없거나 적을 것으로 예측할 때 효과적이다.

Ⅱ. 표본규모의 결정

1. 표본규모의 결정요소

속성표본감사에 통계이론을 적용해 표본규모를 결정하기 위해 감사인은 [도표 10-16]과 같은 요소를 사전에 결정해야 한다.

도표 10-16
표본규모의 결정요소

표본규모의 결정요소	고려내용
부당수용위험(*ARIA*)	• 중요왜곡표시위험의 평가결과를 반영한 적발위험의 목표수준과 감사대상의 중요성
허용왜곡표시액(*TE*)	• 중요성의 판단기준
예상왜곡표시액(*E*)	• 모집단에 대한 이해 또는 전년도 감사결과를 이용
모집단금액	• 모집단의 표본단위 개수와 동일한 개념

(1) 부당수용위험의 설정

• 부당수용위험(β위험)
적발위험 허용수준 ↓
⬇
부당수용위험 ↓
⬇
표본규모 ↑

부당수용위험(acceptable risk of incorrect acceptance : ARIA)은 계정잔액에 존재하는 왜곡표시가 허용왜곡표시액(*TE*) ₩150,000을 초과했는데 계정잔액에 중요한 왜곡표시가 존재하지 않는 것으로 결론을 잘못 내릴 β위험의 허용수준을 말한다. 본 사례에서는 10%로 설정한다.

부당수용위험(*ARIA*)의 수준은 제5장에서 설명한 감사위험모형의 공식을 이용하면 쉽게 이해할 수 있다.

$$적발위험수준(DR) = \frac{감사위험목표수준(AR)}{왜곡표시위험(IR \times CR)}$$

적발위험수준은 궁극적으로 감사인의 β위험인 부당수용위험(*ARIA*)을 의미한다.[7] 다른 조건이 동일하다면 감사위험의 목표수준(*AR*)을 엄격하게 설정할수록 부당수용위험(*ARIA*)수준을 낮추어야 하므로 표본규모는 증가한다. 중요왜곡표시위험($IR \times CR$)을 높다고 평가할수록 부당수용위험(*ARIA*)을 낮게 설정해야 한다. 이는 내부통제가 효과적이지 않으므로 실증절차를 확대하기 위해 표본규모를 증가시켜야 한다는 의미이다.

(2) 허용왜곡표시액의 설정

사례에서 감사인은 매출채권의 중요성 판단기준인 허용왜곡표시액(*TE*)을 과대계상 ₩150,000으로 설정했다.

속성표본감사 도표를 이용하기 위해 금액을 비율로 변환해야 하므로 다음과 같이 허용왜곡표시액(*TE*)을 허용왜곡표시율(*TDR*)로 변경한다.

• 허용왜곡표시율 $= \frac{허용왜곡표시액}{모집단금액}$

허용왜곡표시액(*TE*)	₩150,000
모집단금액	÷5,000,000
허용왜곡표시율(*TDR*)	0.03

(3) 모집단의 예상왜곡표시액 추정

모집단의 예상왜곡표시액(*E*)은 표본감사를 수행하기 전에 계정잔액에 존재할 것으로 예상하는 왜곡표시액을 의미한다. 금액단위표본감사는 왜곡표시가 거의 없을 것으로 기대할 때 사용하므로 예상왜곡표시율을 아주 낮게 추정한다. 왜곡표시율이 높을 것으로 예상하면 다른 표본감사방법을 사용하는 것이 바람직하다. 왜냐하면 왜곡표시율이 큰 상황에서는 모집단이 기각될 확률이 필요이상으로 높아져 금액단위표본감사는 비효율적이기 때문이다. 모집단의 예상왜곡표시액은 전년도 감사결과나 당해연도의 예비평가, 또는 수행중요성의 허

7) 부당기각위험(acceptable risk of incorrect reject : ARIR)은 α위험의 허용치로서 금액단위표본감사에서는 중요하지 않으므로 속성표본감사에서와 마찬가지로 고려하지 않는다.

용치를 고려하여 결정한다.

속성표본감사표를 이용하기 위해서는 모집단의 예상왜곡표시액(E)도 비율로 전환시켜야 한다. 다음과 같이 예상왜곡표시액을 허용왜곡표시액(TE)으로 나누어 예상왜곡표시율을 계산한다.

예상왜곡표시액(E)	₩15,000
허용왜곡표시액(TE)	÷150,000
예상왜곡표시율(E/TE)	0.10

핵심 표본규모 결정에 영향을 미치는 요소

다음은 감사인이 세부테스트에서 표본규모를 결정할 때 고려하는 요소를 요약한 것이다. 통계적 모형에서 ①과 ②는 부당수용위험($ARIA$) 수준인 ③을 결정하기 위한 하위 요소에 불과하다는 점에 유의한다.

요 소	표본규모에 대한 영향
① 감사인이 평가한 중요왜곡표시위험의 증가	증가
② 동일한 경영진주장에 대한 다른 실증절차의 적용을 증가	감소
③ 감사인이 요구하는 확신수준의 증가(혹은 반대로 부당수용위험인 $ARIA$의 감소)	증가
④ 감사인의 허용왜곡표시(허용왜곡표시액 TE) 증가	감소
⑤ 모집단에서 감사인이 발견할 것으로 예상하는 왜곡표시액(E) 증가	증가
⑥ 모집단 계층화의 증가	감소
⑦ 모집단의 표본단위수(N)	영향이 거의 없음

2. 도표를 이용한 표본규모의 결정

표본규모는 속성표본감사에서 살펴보았던 [도표 10-10]을 이용해 구한다. 감사실무에서는 속성표본감사의 표를 이용하는 대신 [도표 10-17]의 표본규모 신뢰요소표(Confidence Factors for MUS size Design)를 사용하기도 한다. 이 표는 통계적 이론을 기초로 하여 실무적 편의를 반영해 작성한 것이다.[8)]

8) 신뢰요소표를 이용하는 방법은 AICPA의 Audit Sampling Audit Guide(2019. 1)에 기술되어 있다. 이 표는 기본적으로 속성표본감사에서 사용한 [도표 10-10]과 동일한 통계적 논리를 바탕으로 만들어졌다.

도표 10-17
표본규모 신뢰요소(*CF*)표

예상왜곡표시율 (*E*/*TE*)	부당수용위험(*ARIA*, %)							
	5%	10%	15%	20%	25%	30%	35%	50%
0.00	3.00	2.31	1.90	1.61	1.39	1.21	1.05	0.70
0.05	3.31	2.52	2.06	1.74	1.49	1.29	1.12	0.73
0.10	3.68	2.77	2.25	1.89	1.61	1.39	1.20	0.77
0.15	4.11	3.07	2.47	2.06	1.74	1.49	1.28	0.82
0.20	4.63	3.41	2.73	2.26	1.90	1.62	1.38	0.87

[도표 10-17]을 이용해 표본규모를 구하는 공식은 다음과 같다.

$$\text{표본규모} = \frac{\text{신뢰요소}(CF)}{\text{허용왜곡표시율}(TDR)}$$

[도표 10-17]에서 부당수용위험(*ARIA*) 10%와 모집단예상왜곡표시율(*E*/*TE*) 0.10이 교차하는 신뢰요소(*CF*)를 찾으면 2.77이다.

$$\therefore \text{표본규모} = \frac{2.77}{0.03} = 92.3$$

위 식에서 표본규모는 92.3개이나, 사례에서는 감사실무의 편의를 고려해 100개로 결정한다.

Ⅲ. 표본추출방법의 선택

모집단을 구성하는 개별항목이 금액 크기에 비례하여 표본으로 추출될 수 있도록 설계해야 한다. 이를 위해 거래처별 매출채권 기말잔액을 [도표 10-18]처럼 임의적 순서(예를 들어 고객번호)로 정리해 누적금액으로 만든 모집단에서 표본을 추출한다. 이때 체계적 추출법이나 컴퓨터프로그램이용법을 사용할 수 있다.

• 표본추출 간격 $= \frac{\text{모집단 장부금액}}{\text{표본규모}}$

체계적 추출법에서는 표본추출 간격을 결정하고, 임의의 출발점을 선택하고 표본추출 간격대로 누적금액에서 표본을 추출한다. 표본추출 간격은 모

도표 10-18
체계적 추출법을 이용한 표본추출

고객번호	장부금액	누적금액	출발점+표본추출 간격	추출된 계정잔액
0001	₩3,000	₩3,000	1,935	₩3,000
0002	20,134	23,134		
0003	5,206	28,340		
0004	31,337	59,677	51,935	31,337
0005	20,997	80,674		
0006	56,858	137,532	101,935	56,858
0007	2,996	140,528		
0008	1,113	141,641		
0009	44,071	185,712	151,935	44,071
0010	20,556	206,268		
⋮	⋮	⋮	⋮	⋮
합 계	₩5,000,000	₩5,000,000		

집단 총액을 추출해야 할 표본규모로 나누어 구한다.

사례에서 표본추출 간격은 ₩50,000(=₩5,000,000÷100개)이다. 임의출발점은 난수표에서는 임의로 선택하는데, [도표 10-18]에서는 1,935라고 가정하면 첫 번째 추출항목은 0001이다. 두 번째 항목은 ₩51,935(=50,000+1,935)으로, 누적금액 ₩59,677과 관련한 항목인 0004를 선택한다. 세 번째 추출항목은 ₩101,935(=50,000+51,935)으로, 누적금액 ₩137,532과 관련한 항목 0006을 선택한다. 이러한 과정을 반복해 표본을 100개 선택하면 표본추출이 완료된다.

체계적 추출법에서는 표본으로 추출될 기회가 금액 크기에 비례하며, 표본간격보다 크거나 최소한 같은 항목은 반드시 표본으로 추출될 수 있다. 체계적 추출법은 편의가 개입될 수 있으나, 금액단위추출법과 체계적 추출법이 결합되어 표본단위가 화폐단위로 변하면 편의의 개입가능성은 극히 제한된다. 왜냐하면 기업이 모집단에서 특정유형이 의도적으로 추출되도록 누계기준으로 배열하는 것은 불가능하기 때문이다.

Ⅳ. 감사절차의 수행

사례에서는 매출채권계정에서 추출한 표본을 대상으로 적극적 조회를 실시한다. 회신이 없다면 증빙문서의 검사와 같은 대체적인 감사절차를 수행해 왜곡표시금액을 확인한다.

사례에서 외부조회 감사절차를 실시해 표본 100개에서 왜곡표시 3개를 발견했다고 하자. [도표 10-19]에서는 발견한 3개의 왜곡표시를 왜곡표시율의 크기 순서대로 배열표시하였다. 장부금액과 감사금액의 차이가 왜곡표시액에 해당하고, 왜곡표시율은 왜곡표시액을 장부금액으로 나눠 계산한다. 고객번호 0040처럼 장부금액(₩59,677)이 표본간격(₩50,000)보다 크면, 별도의 투영절차를 거치지 않고 표본의 왜곡표시액 자체를 모집단의 투영왜곡표시액으로 본다. 왜냐하면 표본간격보다 장부금액이 크면 전수조사를 한 것과 같은 효과가 있기 때문이다.

도표 10-19
왜곡표시율의 배열순서

고객번호	장부금액	감사금액	왜곡표시액	왜곡표시율
3816	8,947	2,947	6,000	67.1%
1073	6,200	6,100	100	1.6%
0040	59,677	27,577	32,100	N/A

V. 표본감사결과의 평가

감사인은 표본에서 발견한 왜곡표시를 근거로 모집단의 투영왜곡표시액상한(Upper Error Bound : UEB)을 추정한다. 투영왜곡표시액상한(UEB)을 허용왜곡표시액(TE)과 비교해 계정잔액에 중요한 왜곡표시가 존재하는지 결정한다.

1. 왜곡표시를 발견하지 못했을 때

감사인이 표본에서 왜곡표시를 발견하지 못해도 모집단에는 왜곡표시가 존재할 수 있다. 즉, 표본감사를 수행하면 표본위험이 발생하므로 왜곡표시가 발견되지 않았어도 모집단에 존재할 수 있는 왜곡표시를 추정해야 한다. 왜곡표시가 발견되지 않았다면 모집단의 투영왜곡표시액은 신뢰요소표를 이용해 쉽게 계산할 수 있다.

표본결과를 모집단에 투영하기 위해 사용하는 신뢰요소표(Confidence Factors for MUS Evaluation)는 [도표 10-20]과 같다.[9]

도표 10-20 모집단투영 신뢰요소(*CF*)표

왜곡표시 수	부당수용위험(*ARIA*, %)							
	5%	10%	15%	20%	25%	30%	35%	50%
0	3.00	2.31	1.90	1.61	1.39	1.21	1.05	0.70
1	4.75	3.89	3.38	3.00	2.70	2.44	2.22	1.68
2	6.30	5.33	4.73	4.28	3.93	3.62	3.35	2.68
3	7.76	6.69	6.02	5.52	5.11	4.77	4.46	3.68

사례에서 부당수용위험(*ARIA*)은 10%이며, 왜곡표시 수는 0이라고 가정하면 [도표 10-20]에서 교차점에 있는 신뢰요소(*CF*)는 2.31이다. 이때 투영왜곡표시액상한(*UEB*)은 다음과 같이 계산한다.

$$\text{투영왜곡표시액상한}(UEB) = \text{표본간격} \times \text{신뢰요소}(CF)$$
$$= 50{,}000 \times 2.31 = ₩115{,}500$$

왜곡표시가 하나도 발견되지 않았을 때 계산하는 통계적 구간값을 기본정도(Basic Precision : BP)라고 표현하는데, 이때의 기본정도는 표본위험허용치와 동일하다.[10]

2. 왜곡표시를 1개 이상 발견했을 때

(1) 투영왜곡표시액구간의 계산

왜곡표시를 발견하면 다음 절차에 따라 투영왜곡표시액구간을 계산한다.

9) 이 표는 기본적으로 원래 속성표본감사에서 사용한 [도표 10-12]와 동일한 통계적 논리를 바탕으로 더욱 사용하기 간편하게 만든 것이다[AICPA, Audit Sampling Audit Guide(2019.1)].

10) 표본을 이용하여 모집단을 추정하는 방법으로 구간추정을 한다. 구간추정치(interval estimation)는 통계량에 의해 모수(parameter)의 존재범위를 표본위험 허용치를 감안하여 통계적 여유 폭을 갖고 추정하는 방법이다. 모수가 미리 정해진 유의수준에 포함되는 구간(신뢰구간)을 추정한다. 위 사례에서 오류가 하나도 발견되지 않았다면 모집단의 점추정(point estimate) 투영오류액은 ₩0이다. 표본위험허용치는 신뢰요소를 고려한 기본정도(*BP*) 값인 "₩115,500"과 일치한다.

핵심 금액단위표본감사에서 투영왜곡표시액구간의 계산절차

1) 항목당 표본왜곡표시율 계산([도표 10-22]의 B)
2) 표본간격을 고려해 모집단투영왜곡표시액 계산([도표 10-22]의 D)
3) 신뢰요소를 고려해 투영왜곡표시액상한 계산([도표 10-22]의 F)

1) 항목당 표본왜곡표시율을 계산한다

왜곡표시를 발견한 표본에서 왜곡표시율을 [도표 10-19]와 같이 계산한다. 왜곡표시율은 장부금액과 감사금액의 차이인 왜곡표시액을 장부금액으로 나눠 계산한다. 투영왜곡표시액상한을 계산하기 위해 [도표 10-22]의 B처럼 왜곡표시율이 높은 순서대로 배열한다.

2) 표본간격을 고려한 모집단의 투영왜곡표시액을 계산한다

① 표본의 장부금액 < 표본간격

장부금액이 표본간격보다 작으면 표본간격을 고려해 모집단의 투영왜곡표시액을 계산한다. 표본에서 발견한 '1)'의 항목당 표본왜곡표시율을 모집단에 투영하기 위해 모집단투영왜곡표시액을 [도표 10-22]의 D처럼 계산한다.

모집단투영왜곡표시액(D) = 표본왜곡표시율(B) × 표본간격(C)

사례에서 고객번호 3816과 1073은 표본간격보다 장부금액이 작다. 고객번호 3816의 장부금액과 감사금액은 각각 ₩8,947과 ₩2,947이고, 왜곡표시액은 ₩6,000이다. 장부금액 ₩8,947에서 왜곡표시는 67.1% 발생했는데, 이를 표본간격(₩50,000)으로 투영해 왜곡표시 ₩33,550(= 50,000 × 67.1%)이 존재할 가능성이 있다고 추정한다.

② 표본의 장부금액 > 표본간격

장부금액이 표본간격보다 크면 해당 구간에 대해 사실상 전수조사가 이루어졌으므로 표본오류액을 모집단에서의 투영왜곡표시액으로 본다. 사례에서 고객번호 0040의 장부금액(₩59,677)이 표본간격(₩50,000)보다 크므로 표본왜곡표시액 ₩32,100을 모집단에서의 투영왜곡표시액으로 본다.

3) 신뢰요소를 고려한 투영왜곡표시액상한을 계산한다

모집단에서의 투영왜곡표시액상한(*UEB*)은 [도표 10-22]의 F에서처럼 모집단 투영신뢰요소(Confidence Factor)를 고려하여 다음과 같이 계산한다.

투영왜곡표시액상한(*UEB*)
　=기본정도(*BP*)+모집단투영왜곡표시액(D)×신뢰요소 증분치(E)

위 식에서 신뢰요소(*CF*) 증분치(E)는 [도표 10-21]에서 보듯이 표본에서 왜곡표시를 추가로 발견할 때마다 증가하는 모집단의 투영왜곡표시를 누적한 수치이다. 이때 개별왜곡표시항목의 실제 왜곡표시율이 서로 다르므로 어떤 증분치를 어떤 특정 왜곡표시에 대응시키느냐에 따라 모집단 전체의 투영왜곡표시액은 다르게 계산된다. 감사위험(표본위험)을 낮추기 위해 왜곡표시율이 큰 항목일수록 높은 증분치에 대응시키는 보수적인 방법을 적용한다. 이를 위해 [도표 10-19]와 같이 표본에서 발견된 왜곡표시를 왜곡표시율이 큰 항목부터 배열하고, [도표 10-22]에서 보듯이 증분이 큰 순서부터 차례로 대응시킨다.

[도표 10-21]과 [도표 10-22]에서 보듯이 왜곡표시 수가 0이면 투영왜곡표

도표 10-21
신뢰요소 증분치 계산

왜곡표시의 수	신뢰요소(*CF*)	신뢰요소(*CF*) 증분치
0(기본정도)	2.31	2.31
1	3.89	1.58(=3.89−2.31)
2	5.33	1.44(=5.33−3.89)
3	6.69	1.36(=6.69−5.33)
4	8.00	1.31(=8.00−6.69)

도표 10-22
투영왜곡표시액상한(*UEB*)의 계산

고객번호	A 항목당 표본왜곡 표시액	B 항목당 표본왜곡 표시율	C 표본간격	D 모집단투영 왜곡표시액 (B×C)	E 신뢰요소 증분치	F 투영왜곡 표시액상한 [*BP*+(D×E)]
기본정도(*BP*)			50,000		2.31	₩115,500
첫째(3816)	₩6,000	0.671	50,000	₩33,550	1.58	53,009
둘째(1073)	100	0.016	50,000	800	1.44	1,152
− (0040)	32,100	N/A	N/A	32,100	N/A	32,100
합 계	₩38,200			₩66,450		₩201,761

시액상한을 구할 때 기본정도를 계산해 포함해야 한다. 왜냐하면 표본에서 왜곡표시가 발견되지 않아도 모집단에는 왜곡표시가 존재할 수 있기 때문이다.

[도표 10-22]의 기본정도는 [도표 10-21]에서 왜곡표시 수가 0일 때의 신뢰요소 증분치인 2.31에 표본간격 ₩50,000을 곱해 계산한다. 기본정도는 표본감사에서 왜곡표시를 발견하지 못해도 모집단에는 왜곡표시 ₩115,500이 존재한다는 의미이다.

사례에서는 [도표 10-22]의 F에서 보듯이, 기본정도 ₩115,500에 표본에서 발견된 왜곡표시에 대한 투영왜곡표시액([도표 10-22]의 'D×E')을 가산해 모집단에서의 투영왜곡표시액상한(*UEB*)을 ₩201,761으로 결정한다.

(2) 모집단의 수용여부 결정

투영왜곡표시액상한(*UEB*)이 허용왜곡표시액 범위 내에 있으면 장부금액에 중요한 왜곡표시가 존재하지 않는다고 결론을 내린다. 사례에서 왜곡표시가 발견되지 않았다면 투영왜곡표시액상한(₩115,500)이 허용왜곡표시(₩150,000)를 초과하지 않으므로 장부금액에 중요한 왜곡표시가 존재하지 않는다고 결론을 내린다.

3개의 오류가 발견되어 투영왜곡표시액상한(₩201,761)이 허용왜곡표시를 초과하면, 감사인은 모집단이 중요하게 왜곡표시되지 않았다는 가설을 기각한다. 즉, 모집단에 중요한 왜곡표시가 존재한다고 판단하므로 감사인은 다음의 조치를 취해야 한다.

1) 왜곡표시가 발생한 영역에 대해 감사절차를 확대

왜곡표시 원인과 유형을 분석하고, 대부분의 왜곡표시가 특정영역에서 발생한다면 변이에 해당하는지 판단하며, 추가적인 감사절차를 확대한다. 예를 들어 매출채권 조회에서 발생한 대부분의 왜곡표시가 매출의 기간귀속과 관련이 있으면 매출의 기간귀속이 올바른지를 검증하기 위해 확대된 감사절차를 수행한다.

2) 표본규모의 증가

표본규모를 증가시킨다. 증가한 표본규모에서도 투영왜곡표시액, 과소 혹은 과대 계상의 방향이 당초의 표본감사 결과와 동일하다고 하자. 이는 표본위험(β위험) 수준을 감소시켜도 동일한 결론에 도달한다는 의미이므로 모집단을 기각한 감사인의 결정에 대한 확신은 증가한다.

3) 계정잔액의 수정권고

모집단 투영왜곡표시액이 허용왜곡표시액을 초과하면 경영진에게 수정을 요구한다. 예를 들어 매출채권잔액에 중요한 왜곡표시가 존재한다고 결론을 내리면, 경영진에게 수정하도록 요구한다. 기업이 모집단에 존재하는 왜곡표시 중 일부만 수정하면, 감사인은 수정한 결과를 고려해 모집단의 수용여부를 결정한다.

4) 적절한 감사의견의 표명

모집단에 중요한 왜곡표시가 존재한다고 평가했는데, 기업이 왜곡표시를 수정하지 않는다면 감사인은 왜곡표시가 재무제표 전반에 미치는 영향을 고려해 표명할 감사의견(한정의견 또는 부적정의견)을 결정한다.

보 론 실물단위변수표본감사

• 실물단위변수표본감사 : 정규분포이론을 기초로 모집단을 화폐금액으로 추정하는 방법이다.

실물단위변수표본감사(physical unit variables sampling)는 정규분포이론을 기초로 모집단을 화폐금액으로 추정하는 전통적인 변수표본감사방법이다. 모집단에 포함된 왜곡표시 또는 감사금액의 평균 및 분산을 금액으로 추정해 계정잔액에 중요한 왜곡표시가 존재하는지 판단한다.

Ⅰ. 변수표본감사의 통계적 기초

변수표본감사는 계정잔액이나 거래유형의 화폐금액을 추정해 특정계정의 장부금액이 중요하게 왜곡표시되었는지 판단한다.

1. 표본분포

실물단위표본감사를 이용할 때 감사인은 왜곡표시액의 평균이나 편차와 같은 모집단의 변수를 표본으로부터 추정한다. 실물단위변수표본감사를 실시할 때 필요한 표본분포와 통계적 추론은 다음과 같다.

예를 들어 평균값 μ인 모집단에서 동일한 규모의 표본을 100회 반복하여 추출한다고 하자. 각 추출표본의 표본평균(sample mean)은 다음과 같이 계산한다.

$$\bar{x}=\frac{\Sigma x_j}{n} \quad \text{단, } \bar{x} : \text{개별표본평균, } x_j : \text{각각의 표본값, } n : \text{표본규모}$$

위와 같이 계산한 각 표본평균의 빈도분포를 그리면 [도표 10-23]과 같이 표본평균은 정규분포를 이룬다. 정규분포는 다음과 같은 특성이 있다. (1) 곡선은 대칭을 이루며, (2) 표본평균($\bar{x}$)의 평균(mean of sample means)과 개별표본

도표 10-23
표본평균의 빈도분포

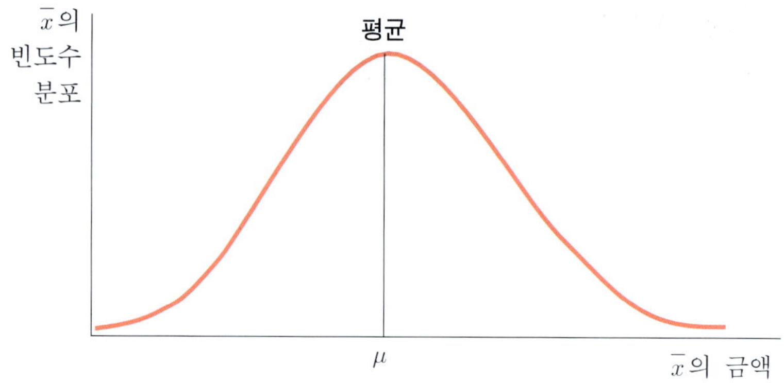

평균의 거리는 표준편차로 측정하고, (3) 표본평균의 평균은 모집단 평균(population mean : μ)과 일치하며, (4) 표본평균분포의 표준편차는 $\frac{SD}{\sqrt{n}}$(단, SD : 모집단의 표준편차, n : 표본규모)이다.

표본감사와 관련하여 다음과 같이 정리할 수 있다.[11)]

중심극한정리는 모집단이 어떠한 분포를 이루든지 상관없이 모집단으로부터 표본을 추출해 표본평균을 구하는 시행을 반복해 평균의 분포를 그려보면 모두 정규분포가 된다는 내용이다. 표본평균의 분포를 이용하면 모집단의 평균이나 표준편차를 추정할 수 있다.

- 표본규모가 일정규모(30개) 이상이면 모집단의 분포 모양과는 관계없이 표본평균의 분포는 정규분포에 가까워진다(중심극한정리).
- 표본평균($\bar{x}$)의 평균은 모집단의 평균(μ)과 같다(표본평균의 분포).

2. 통계적 추론

감사인은 파악한 표본의 성질을 이용해 모집단을 통계적으로 추론(statistical inference)한다. 예를 들어 감사인이 모집단인 회계기록에서 표본을 추출해 감사한 결과에서 표본의 평균($\bar{x}$)과 표본평균분포의 표준편차(standard error of the mean : SE)는 각각 ₩40과 ₩1.5이라고 하자. 앞에서 설명한 표본분포를 이용해

11) 정규분포를 가정하면 평균과 표준편차만 알고 있어도 다른 개별항목의 발생빈도를 추정할 수 있다. 감사항목의 대부분은 정규분포는 아니지만, 표본평균의 분포와 중심극한정리를 이용하면 정규분포를 가정할 수 있다.

모집단평균의 신뢰구간(confidence interval : CI)을 다음과 같이 계산한다.

$$CI_{\bar{x}} = \bar{x} \pm z \cdot SE$$

단, CI : 모집단평균의 신뢰구간
$\bar{x}$: 모집단평균값의 점추정치(point estimate)
z : 신뢰계수
SE : 표본평균분포의 표준편차

회계기록의 모집단평균 신뢰구간은 다음과 같이 계산한다.

68.2%의 신뢰수준 : $CI_{\bar{x}}$ = ₩40 ± 1(₩1.5) = ₩40 ± ₩1.5
95.4%의 신뢰수준 : $CI_{\bar{x}}$ = ₩40 ± 2(₩1.5) = ₩40 ± ₩3.0
99.7%의 신뢰수준 : $CI_{\bar{x}}$ = ₩40 ± 3(₩1.5) = ₩40 ± ₩4.5

이때 감사인은 95% 신뢰수준에서 진실한 모집단의 평균(μ)값이 40±3에 있다고 추론한다. 즉 진실한 모집단의 평균(μ)이 ₩37과 ₩43 사이에 있을 확률은 95%이다. 표본을 근거로 신뢰구간을 추정하면 표본이 모집단을 완전히 대표하지 못할 위험(표본위험)이 존재하는데, 신뢰수준 95%는 표본위험이 5%라는 의미이다.

도표 10-24
모집단평균의 신뢰구간계산

(1) 신뢰계수	(2) 표본위험의 허용치 [(1)×1.5]	(3) 범 위 [40±(2)]	(4) 범위에 포함되는 확률
1	1.5	38.5～41.5	68.2
2	3.0	37.0～43.0	95.4
3	4.5	35.5～44.5	99.7

Ⅱ. 실물단위변수표본감사의 적용절차

실물단위변수표본감사에서도 다른 표본감사절차와 동일하게 다섯 개 절차를 차례로 적용하는데, 한국바이오주식회사의 사례를 이용하여 설명한다.

〈표본감사의 적용절차〉

표본감사의 설계
↓
표본규모의 결정
↓
표본추출방법의 선택
↓
감사절차의 수행
↓
표본감사결과의 평가

사례

한국바이오주식회사는 비상장기업으로 감사보고서이용자는 제한되어 있으며 재무구조도 건전한 것으로 평가하여, 감사인은 감사위험 목표수준을 비교적 높게 허용해도 무난하다고 판단하고 있다.

회사의 매출채권 기말잔액은 ₩600,000이다. 감사인은 매출채권마스터파일에 기록된 4,000개 거래처를 대상으로 표본을 추출해 기말잔액을 조회하여 중요한 왜곡표시가 존재하는지 검증한다.

회사의 기말자산은 ₩2,500,000이며 당기순이익은 ₩400,000이다. 매출채권계정의 투영왜곡표시액(매출채권의 3.5%) ₩21,000을 초과하면 당기순이익에 미치는 영향이 중요하다고 판단한다. 감사인은 감사를 수행해 확인한 매출채권 기말잔액이 ₩579,000에서 ₩621,000(주) 사이에 있으면 중요한 왜곡표시가 존재하지 않는다고 판단한다.

(주) • ₩600,000(매출채권 장부금액) − ₩21,000(투영왜곡표시액) = ₩579,000
• ₩600,000(매출채권 장부금액) + ₩21,000(투영왜곡표시액) = ₩621,000

1. 표본감사의 설계

(1) 감사목표의 결정

감사인은 매출채권의 외부조회를 실시해 실재성, 완전성 그리고 기간귀속 관점에서 공정하게 표시하고 있는지를 검증한다.

(2) 모집단과 표본단위의 결정

• 실물단위변수표본감사
- 모집단 : 잔액을 구성하는 전체 거래처
- 표본단위 : 개별거래처

• 금액단위표본감사
- 모집단 : 장부금액
- 표본단위 : ₩1

사례에서 모집단은 매출채권마스터파일에 수록된 4,000개 거래처의 기말잔액이며, 표본단위는 실물단위인 개별거래처이다. 금액단위표본감사와는 달리 계정잔액이 ₩0인 거래처도 모집단에 포함되며, 표본으로 추출될 확률은 계정잔액 크기와 관계없이 모두 같다.

(3) 표본감사방법의 선택

실물단위변수표본감사는 중요한 왜곡표시가 많을 것으로 예상해도 일정한

• **단위당평균추정법** :
모집단 감사금액
=표본의 단위당 평균값
×모집단 항목수

• **차이추정법** :
모집단 총왜곡표시액
=(표본장부금액－표본감사금액)×모집단 항목수

• **비율추정법** :
모집단 감사금액=[표본감사금액/표본장부금액]×모집단 장부금액

표본규모로 감사목표를 달성할 수 있으나 모집단의 표준편차를 추정해야 하는 등 복잡한 통계공식을 사용해야 한다.

표본감사결과의 평가방법으로 단위당평균추정법, 차이추정법, 비율추정법이 있다. 이 방법들은 표본규모 결정 등 모든 절차는 동일하며 결과를 평가하는 방식만 다르다. 차이추정법과 비율추정법은 모집단의 개별구성항목별 장부금액을 알고 있을 때 사용하며, 단위당평균추정법은 모집단을 구성하는 개별항목의 장부금액을 알 수 없을 때 사용한다. 차이추정법은 상대적으로 이용하기 간편하며 적은 표본으로도 동일한 목적을 달성할 수 있다.

2. 표본규모의 결정

(1) 관련 요소의 정의

감사인은 표본규모를 계산하기 전 다음과 같은 관련 요소를 먼저 결정한다.

1) 모집단의 규모

실물단위변수표본감사에서는 모집단규모(N)가 표본규모와 신뢰구간을 계산할 때 영향을 미친다. 사례에서 모집단인 매출채권은 4,000개 거래처로 구성된다.

2) 허용왜곡표시액

허용왜곡표시액(TE)은 감사인이 허용할 수 있는 왜곡표시 한도액으로, 사례에서는 ±₩21,000이다.

3) 부당수용위험

부당수용위험($ARIA$)은 계정잔액에 중요한 왜곡표시가 존재하는데도 그렇지 않다고 결론을 잘못 내릴 위험의 허용치로서, 통계적 개념으로는 β위험 허용치에 해당한다.

장부의 개별 장부금액은 과대계상되거나 과소계상되므로 왜곡표시는 동시에 발생하지 않는다. 이러한 이유로, 부당수용위험($ARIA$)은 단측검증[12]에

12) 양쪽 방향(크거나 작거나)에서 모두 검증하면 양측검증이라고 하며, 한쪽 방향만 검증하면 단측검증이라고 표현한다.

해당한다.

단측검증에서 부당수용위험(*ARIA*)의 신뢰계수(confidence coefficients)는 신뢰수준(confidence level)을 결정하기 위한 신뢰계수와는 다른 개념이다. 예를 들어 부당수용위험(*ARIA*)이 10%이면 신뢰수준은 80%(=1−2×*ARIA*)이다. [도표 10-25]는 이러한 신뢰계수와 신뢰수준의 상호관계를 요약한 것이다.

도표 10-25
신뢰수준, *ARIA*, *ARIR*의 신뢰계수

신뢰수준 (%)	부당수용위험 (*ARIA* : %)	부당기각위험 (*ARIR* : %)	신뢰계수 (z)
99	0.5	1	2.58
95	2.5	5	1.96
90	5	10	1.64
80	10	20	1.28
75	12.5	25	1.15
70	15	30	1.04
60	20	40	0.84
50	25	50	0.67
40	30	60	0.52
30	35	70	0.39
20	40	80	0.25
10	45	90	0.13
0	50	100	0.0

사례에서 감사인은 부당수용위험(*ARIA*)을 10%로 결정했다. 이에 따라 감사인은 "신뢰수준 80%에서 매출채권은 ₩21,000 이상 과소 혹은 과대 표시되어 있지 않다"라는 가설을 설정한다.

4) 부당기각위험

매출채권에 실제로 중요한 왜곡표시가 존재하지 않는데도 중요한 왜곡표시가 존재한다고 결론을 잘못 내릴 위험을 말한다. 이는 감사의 효율성과 관련이 있으며 통계적 개념에서는 α위험의 허용치라고 한다. 회사의 요구로 추가 감사절차를 수행해야 하므로, 부당기각위험(*ARIR*)은 추가로 표본추출을 실시할 때 소요되는 비용을 고려해 설정한다. 조회서를 추가로 발송하는 비용이 크다면 처음부터 부당기각위험(*ARIR*)을 낮게 통제하는 것이 바람직하다. 사례에서는 부당기각위험(*ARIR*)을 25%로 설정한다.

5) 모집단의 예상왜곡표시액

모집단의 예상왜곡표시액은 감사를 실시하기 전 모집단 왜곡표시에 대한 감사인의 기대치인 점추정치를 의미하는데, 허용왜곡표시액(*TE*)에서 모집단의 예상왜곡표시액(expected point estimate of misstatement : E)을 차감하기 위해 추정한다. 왜냐하면 모집단 왜곡표시의 영향을 받기 전의 중요성 허용기준치로 수정해야 하기 때문이다.[13)]

사례에서 전기 감사결과를 고려하여 결정한 모집단의 왜곡표시액은 ₩1,500이다.

6) 모집단의 추정표준편차

모집단의 추정표준편차(estimated population standard deviation : ESD)는 일반적으로 전기 감사결과를 이용하여 추정한다. 매출채권을 감사할 때 모집단의 표준편차가 작다는 것은 비슷한 유형의 거래처와 비슷한 계정잔액(혹은 왜곡표시액)을 가진 거래처가 많다는 의미이다. 이러한 상황에서는 적은 표본규모로도 모집단을 대표할 수 있다.

사례에서는 전기 감사결과를 이용하여 표준편차를 ₩20으로 추정했다고 가정한다.

(2) 표본규모의 결정

앞서 정의한 변수들을 이용해 표본규모를 계산하는데, 아래 공식은 분자에서 부당기각위험을 반영하고 있다. 금액단위표본감사와는 달리, 실물단위변수표본감사에서는 표본규모를 결정할 때 부당기각위험과 부당수용위험을 모두

---

13) 정도(precision interval)란 측정치의 오차를 가리키는 것으로 확률오차에만 관련되며, 반복측정에서 얻어진 각 측정값간의 산포정도를 나타낸다. 통계학에서 정도를 구하는 공식은 다음과 같다.

허용정도 = 허용왜곡표시액 − 예상왜곡표시액

예상왜곡표시액을 차감하여 허용정도를 계산하는데, 이는 모집단에서 왜곡표시가 클 것이라고 예상하면 비례적으로 표본규모를 늘려주어야 한다는 의미이다.

예를 들어 감사인이 장부금액 ₩100,000의 모집단에서 왜곡표시액 ₩2,000이 존재한다고 예상하면 모집단의 진실한 장부금액은 ₩98,000이다. 감사인이 허용왜곡표시액으로 ₩10,000을 설정하면 진실한 모집단의 장부금액기준으로 보면 ₩8,000만큼까지만 왜곡표시를 용인해야만 허용가능한 장부금액하한은 ₩90,000으로 유지할 수 있다. 이러한 상황에서는 허용가능한 정도를 ₩8,000(=허용왜곡표시액 ₩10,000−예상왜곡표시액 ₩2,000)으로 하향조정해야 한다.

고려한다. 부당기각위험을 고려하므로 금액단위표본감사의 표본규모보다 조금 더 증가한다.

▶ 표본규모의 계산공식

$$n=\left(\frac{N\cdot(Z_A+Z_R)\cdot ESD}{API}\right)^2$$

n : 표본규모
N : 모집단의 규모
Z_A : $ARIA$의 신뢰계수
Z_R : $ARIR$의 신뢰계수
ESD : 모집단의 추정표준편차
API : 허용정도($TE-E$)
TE : 허용왜곡표시액
E : 예상왜곡표시액

사례에서 표본규모는 다음과 같이 계산한다.

$$n=\left(\frac{4{,}000(1.28+1.15)20}{21{,}000-1{,}500}\right)^2=100$$

3. 표본의 추출

무작위표본추출 중 적절한 방법을 선택해 100개의 표본을 추출한다. 여기서 표본단위는 금액단위표본감사와는 달리 화폐단위가 아닌 실물단위가 된다. 사례에서 실물단위는 매출채권마스터파일에 수록된 개별거래처이다.

4. 감사절차의 수행

표본으로 선택된 거래처에 외부조회를 수행해 왜곡표시액을 파악한다. 이때 왜곡표시액은 감사금액(거래처가 회신한 금액)과 장부금액의 차이를 말한다. 예를 들어 거래처에서 ₩2,132으로 회신했는데, 장부금액이 ₩2,200이면 과대계상된 왜곡표시는 ₩68이다.

[보론]의 마지막 부분에 요약한 [도표 10-26]에서는 수행단계 3에서 사례와 관련한 왜곡표시내용을 자세히 예시하고 있다. 100개의 표본 중 12개 조회서에서 왜곡표시가 발견되었으며, 과대계상액과 과소계상액을 상계한 순왜

곡표시액은 ₩226.48이다.

5. 표본감사결과의 평가

(1) 모집단의 투영왜곡표시액 계산

[도표 10-26]의 수행단계 4에서는 사례와 관련한 모집단의 투영왜곡표시액(*PE*)은 ₩9,040이다. 표본 100개에서 ₩226.48의 왜곡표시가 발견되었으므로 비례적으로 계산하면 모집단(4,000개)에서의 왜곡표시는 ₩9,040이다. 이는 표본위험의 허용치를 반영하지 않은 점추정치(point estimate)이므로 표본위험을 고려한 투영왜곡표시액구간을 기준으로 모집단의 기각여부를 결정해야 한다.

(2) 투영왜곡표시액구간의 계산

투영왜곡표시액의 신뢰구간(*CI*)은 투영왜곡표시액의 점추정치에 표본감사를 수행해 실제 달성된 표본위험의 통계적 허용치를 가산(차감)하여 계산한 상한(하한)을 의미한다.

투영왜곡표시액 신뢰구간(*CI*)=투영왜곡표시액(*PE*)±달성정도(*CPI*)

• **달성정도**: 표본위험을 반영하여 금액으로 계산한 것이다.

여기서 **달성정도**(computed precision interval : CPI)는 통계적 추론과정에서 발생할 수 있는 허용오차이다. 즉 전수조사를 하지 않아 표본결과가 모집단을 대표하지 못해 발생하는 **표본위험허용치**(allowance for sampling risk)를 금액으로 계산한 것이다. 달성정도(*CPI*)는 다음과 같은 공식으로 계산한다.

▶ 달성정도의 계산공식

$$CPI = N \cdot Z_A \cdot \frac{SD}{\sqrt{n}} \cdot \sqrt{\frac{N-n}{N}}$$

단, CPI : 달성정도 　　SD : 실제표본의 표준편차
N : 모집단의 규모 　　n : 표본규모
Z_A : $ARIA$의 신뢰계수 　　$\sqrt{\frac{N-n}{n}}$: 유한수정계수

사례에서의 달성정도는 [도표 10-26]의 수행단계 6에서와 같이 ₩10,720이다. 여기에 수행단계 4에서 계산한 투영왜곡표시액 ₩9,040에 표본위험의 허용치인 달성정도(*CPI*) ₩10,720을 가감하여 투영왜곡표시액의 신뢰구간을 결정한다. 한국바이오주식회사의 투영왜곡표시액구간(*CI*)은 [도표 10-26]의 수행단계 7에서 계산한 ₩9,040±₩10,720이다.

(3) 모집단의 수용여부 결정

실물단위변수표본감사에서는 모집단의 가설수락 여부를 투영왜곡표시액구간(*CI*)과 허용왜곡표시액(*TE*)구간을 비교하여 결정한다.

한국바이오주식회사의 사례에서는 투영왜곡표시액구간(*CI*)이 모두 허용왜곡표시액(*TE*)의 범위 안에 있으므로 "매출채권이 부당수용위험(*ARIA*) 10%에서 ₩21,000 이상 과소 혹은 과대 표시되어 있지 않다"라는 가설을 채택한다.

(4) 가설이 기각되었을 때 취해야 할 조치

투영왜곡표시액구간(*CI*)이 허용왜곡표시액(*TE*)구간의 범위 밖에 존재한다면, 감사인은 금액단위표본감사와 같이 동일한 조치를 취한다. 표본규모를 증가시켜 추가된 표본에 대해 감사를 수행하고, 왜곡표시의 원인을 파악하며, 기업에 왜곡표시의 수정을 권고한다.

[도표 10-26]은 실물단위변수표본감사의 감사절차를 지금까지 설명한 한국바이오주식회사의 사례로 정리한 것이다.

도표 10-26 실물단위변수표본감사 - 한국바이오주식회사 사례의 요약

수행단계	통계적 공식	한국바이오주식회사의 사례
1. 표본규모를 계산한다.	$n=\left(\dfrac{N\cdot(Z_A+Z_R)\cdot ESD}{API^*}\right)^2$ 단, n : 표본규모 N : 모집단의 규모 Z_A : $ARIA$의 신뢰계수 Z_R : $ARIR$의 신뢰계수 ESD : 모집단의 추정표준편차 API : $TE-E$ TE : 허용왜곡표시액 E : 모집단의 투영왜곡표시액	$n=\left(\dfrac{4,000\cdot(1.28+1.15)\cdot 20}{21,000-1,500}\right)^2$ $=100$: 4,000개 : 1.28($ARIA$ 10%) : 1.15($ARIR$ 25%) : ₩20 : ±₩21,000 : ±₩1,500
2. 표본을 추출한다.		4,000개의 인명계정 잔액시산표에서 100개의 계정을 난수표를 이용하여 추출하였다. 각 표본에 대해 조회와 증빙서류 감사절차를 적용하여 다음과 같이 12개의 왜곡표시를 발견하였다.
3. 감사절차를 수행하여 표본의 왜곡표시액을 확인한다.		1. 12.75 2. (69.46) 3. 85.28 4. 100.00 5. (27.30) 6. 41.06 7. (0.87) 8. 24.32 9. 36.59 10. (102.16) 11. 54.71 12. 71.56 합계 226.48
4. 모집단의 투영왜곡표시액(PE)의 점추정치를 계산한다.	$\bar{e}=\dfrac{\sum e_j}{n}$ $PE=N\cdot\bar{e}$ 또는 $N\cdot\dfrac{\sum e_j}{n}$ 단, $\bar{e}$: 표본의 평균왜곡표시액 $\sum$: 합계 e_j : 표본의 개별왜곡표시액 n : 표본규모 PE : 모집단의 투영왜곡표시액 N : 모집단의 규모	$\bar{e}=\dfrac{226.48}{100}=2.26$ $PE=4,000(2.26)=9,040$ 혹은 $4,000\left(\dfrac{226.48}{100}\right)=9,040$

<table>
<tr><th>수행단계</th><th>통계적 공식</th><th>한국바이오주식회사의 사례</th></tr>
<tr>
<td>5. 실제표본의 표준편차(SD)를 계산한다.
(다음 6단계에서 달성정도를 구하는 데 사용함)</td>
<td>$$SD=\sqrt{\frac{\sum(e_j)^2-n(\bar{e})^2}{n-1}}$$
단, SD : 실제표본의 표준편차
e_j : 표본의 왜곡표시액
n : 표본규모
$\bar{e}$: 표본의 평균왜곡표시액</td>
<td><table>
<tr><th>e_j</th><th>$(e_j)^2$</th></tr>
<tr><td>1. 13</td><td>169</td></tr>
<tr><td>2. (69)</td><td>4,761</td></tr>
<tr><td>3. 85</td><td>7,225</td></tr>
<tr><td>4. 100</td><td>10,000</td></tr>
<tr><td>5. (27)</td><td>729</td></tr>
<tr><td>6. 41</td><td>1,681</td></tr>
<tr><td>7. (1)</td><td>1</td></tr>
<tr><td>8. 24</td><td>576</td></tr>
<tr><td>9. 36</td><td>1,296</td></tr>
<tr><td>10. (102)</td><td>10,404</td></tr>
<tr><td>11. 55</td><td>3,025</td></tr>
<tr><td>12. 72</td><td>5,184</td></tr>
<tr><td>226</td><td>45,051</td></tr>
</table>
$$SD=\sqrt{\frac{45{,}051-100(2.26)^2}{99}}=21.2$$</td>
</tr>
<tr>
<td>6. 달성정도(CPI)를 구한다. 즉 일정한 신뢰수준($ARIA$ 10%)에서 모집단의 투영왜곡표시액(PE)에 대한 표본위험허용치를 계산한다.</td>
<td>$$CPI=N\cdot Z_A\cdot\frac{SD}{\sqrt{n}}\cdot\sqrt{\frac{N-n}{N}}$$
단, CPI : 달성정도
N : 모집단의 규모
Z_A : $ARIA$의 신뢰계수
SD : 실제표본의 표준편차
n : 표본규모
$\sqrt{\frac{N-n}{N}}$: 유한수정계수</td>
<td>CPI($ARIA$ 10% 수준)=
$$4{,}000\times1.28\times\frac{21.2}{\sqrt{100}}\times\sqrt{\frac{4{,}000-100}{4{,}000}}$$
≒10,720</td>
</tr>
<tr>
<td>7. 일정한 신뢰수준($ARIA$ 10%)에서 투영왜곡표시액구간(CI)을 계산한다.</td>
<td>CI_U : $PE+CPI$
CI_L : $PE-CPI$
단, CI_U : 투영왜곡표시액의 상한
CI_L : 투영왜곡표시액의 하한
PE : 전체 모집단의 투영왜곡표시액
CPI : 일정수준 $ARIA$에서의 달성정도</td>
<td>CI_U =9,040+10,720=19,760
CI_L =9,040−10,720=(1,680)</td>
</tr>
<tr>
<td>8. 투영왜곡표시액구간(CI)이 허용왜곡표시액(TE)의 상·하한 범위에 들어오는지 확인하여 가설의 수용여부를 결정한다.</td>
<td>CI_U 및 $CI_L \in TE$일 경우에는 수용하고 어느 한쪽이라도 TE의 범위를 벗어나면 기각한다.</td>
<td>CI_U 및 CI_L=9,040±10,720
TE의 상·하한=±21,000
∴ $CI_L \in TE$가 성립하고 $CI_L \in TE$도 성립하므로 모집단의 장부금액에 중요한 왜곡표시는 존재하지 않는다는 가설을 수용한다.</td>
</tr>
</table>

연습문제

CHAPTER 10

진위형

다음의 설명을 읽고, 틀린 기술이라면 그 이유를 제시하시오.

(1) 표본위험은 표본이 모집단을 대표하지 못할 위험으로 표본규모를 증가시킬수록 감소한다.
(2) 내부통제 평가와 관련한 표본위험은 과대신뢰위험과 과소신뢰위험으로 구분하는데, 과소신뢰위험은 일반적으로 무시한다.
(3) α위험은 기업의 추가적인 감사요구에 따른 업무수행으로 제거되나 감사의 비효율을 초래한다.
(4) 계정잔액에 중요한 왜곡표시가 실제 존재하는데, 감사인이 중요한 왜곡표시가 없다고 결론을 내릴 위험을 부당수용위험(β위험)이라고 한다.
(5) 감사인이 모집단 전체에 대해 전수조사를 실시하면 비표본위험은 제거된다.
(6) 거래의 승인여부를 검증할 때는 매출원장과 매출송장의 수량 일치여부를 관심대상 속성으로 정의한다.
(7) 통계적 표본감사에서는 표본항목을 무작위로 추출하고, 표본결과를 평가할 때 통계적 확률이론을 적용한다.
(8) 속성표본감사는 발생확률이 상대적으로 낮지만 이탈성격이 대단히 중요한 예외사항을 적발하기 위해 사용한다.
(9) 표본위험을 높게 허용할수록 표본규모는 커진다.
(10) 수용하고자 하는 이탈률이나 왜곡표시가 작아질수록 표본규모는 작아진다.
(11) 모집단의 예상이탈이 커질수록 표본규모는 증가한다.
(12) 동일한 경영진주장에 대해 다른 실증절차를 보완할 계획이면 표본규모를 감소시킬 수 있다.
(13) 체계적 추출법은 모집단에 고유번호가 부여되어 있을 때 이용할 수 있다.
(14) 표본단위를 금액단위로 정의하면 금액이 큰 항목일수록 표본으로 추출될 기회가 높아진다.
(15) 표본을 계층화하면 표본위험을 증가시키지 않고 표본규모를 감소시킬 수 있다.
(16) 감사인의 전문적 판단에 따라 표본을 임의추출하는 방법은 통계적 표본감사로는 적합하지 않다.
(17) 감사인은 발견한 표본왜곡표시와 허용왜곡표시를 비교하여 계정잔액의 중요한 왜곡표시 여부를 판단한다.
(18) 통제테스트에서 모집단에서 투영이탈률이 허용이탈률보다 높다면, 계정잔액 실증절차의 범위를 축소하는 감사절차를 수립한다.
(19) 특정 종업원의 휴가기간중 임시 대체인력이 처리한 거래에서만 오류가 발견된다면, 이를 '변이'라고 정의할 수 있다.

(20) 변이로 판명된 오류를 기업이 수정해도 투영왜곡표시를 계산할 때 변잇값을 추가하여 모집단의 수용여부를 결정해야 한다.
(21) 실증절차 범위를 축소하는 감사계획을 수립한다면 과대신뢰위험을 엄격하게 설정한다.
(22) 금액단위표본감사는 속성표본감사를 바탕으로 하므로 통계적 결과는 비율로 표시된다.
(23) 금액단위표본감사에서 모집단은 기업 장부의 계정잔액이며, 표본단위는 실물단위가 아닌 화폐단위가 된다.
(24) 금액단위표본감사는 부외부채나 금액이 ₩0인 잔액을 감사할 때 효과적이다.
(25) 금액단위표본감사는 모집단에 일련번호가 부여되어 있지 않아도 사용할 수 있다.

〈보 론〉
(1) 실물단위변수표본감사는 정규분포이론을 기초로 화폐금액을 정밀하게 추정하는 방법이다.
(2) 실물단위변수표본감사에서는 금액단위표본감사와는 달리 계정잔액이 ₩0인 거래처에 대해서도 표본추출이 가능하다.
(3) 실물단위변수표본감사는 많은 왜곡표시가 예상되더라도 왜곡표시 금액크기에 관계없이 일정한 표본규모로 감사목표를 달성할 수 있다.
(4) 실물단위변수표본감사방법 중 단위당평균추정법은 모집단의 개별구성항목별 장부금액을 알고 있을 때 사용한다.

서술형

1 표본위험의 이해

정방형 회계사는 샛강주식회사의 내부통제에 대해 표본감사를 실시하고 있다. 20×2년 1월 1일부터 12월 31일까지 발행된 매출송장 5,000건에서 신용승인 없이 발행된 비율을 추정하고자 한다. 표본 100개를 추출해 감사를 실시했는데 매출송장 5개에서 신용관리부서 책임자의 승인이 누락된 것을 확인하였다. 이에 따라 정 회계사는 매출송장(모집단)에 이탈건수 250건이 존재할 것으로 추정했다. 다음의 각 물음은 서로 독립적이다.

요구사항

1. 실제로는 100개의 표본 중 6개의 매출송장이 신용승인을 받지 않았는데 감사인은 5건의 신용승인이 누락된 거래만 발견했다. 이때 감사인은 어떠한 위험에 직면하는가? 이러한 위험을 통제할 수 있는 방법을 구체적으로 기술하시오.
① 위험유형 ② 통제방법

2. 표본위험의 발생가능성과 관련하여 다음 물음에 답하시오.
(1) 모집단(매출송장) 5,000개에는 이탈사항 200건이 존재한다고 가정하자. 정 회계사는 구체적으로 어떠한 위험에 직면하는가? 그러한 위험이 발생한 원인은 무엇인가?

① 위험유형 ② 발생원인

(2) 모집단(매출송장) 5,000개에는 이탈사항 300건이 존재한다고 가정하자. 정 회계사는 구체적으로 어떠한 위험에 직면하는가? 그러한 위험이 발생한 원인은 무엇인가?

① 위험유형 ② 발생원인

3. 표본위험의 발생여부와 관련해 다음 물음에 답하시오.

(1) **2**와 같은 표본위험의 발생가능성을 고려하여 감사인은 표본 결과를 이용해 모집단을 추론할 때 표본위험의 허용치(allowance for sampling risk)를 고려해야 한다. 사례에서 5개 매출송장에서 이탈사항을 발견했으며 이때 계산한 표본위험의 허용치는 ±1.5%이다. 투영이탈률상한($CUDR$)을 계산하면 얼마인가?

(2) 위 (1)과 관련하여 정방형 회계사는 표본감사를 수립할 때 과대신뢰위험(ARO)을 10%, 허용이탈률(TDR)을 6%로 설정하였다. 실제로 표본위험은 발생하였는가? 그 이유는 무엇인가? 만약 위험이 발생한다면 α위험과 β위험 중 어느 위험에 해당하는가? 단, 모집단 5,000개에는 이탈사항 310건이 존재한다고 가정한다.

① 위험유형 ② 발생여부와 그 이유

2 감사목표 및 모집단 · 표본단위의 정의와 표본추출

대한주식회사는 컴퓨터부품을 생산하는 중소기업이다. 김한국 회계사는 수년간 이 기업을 감사하고 있으며, 김 회계사의 개선권고를 수용해 매출업무 내부통제는 매우 효과적으로 운영되고 있다.

기업은 출고의 통제목적으로 일련번호가 인쇄된 분철가능한 출고전표를 사용한다. 승인권자의 출고전표 승인 없이는 제품을 출고할 수 없다. 출고 후 두 장의 출고전표부본을 매출송장의 작성 및 대금청구를 위해 대금청구부서로 발송한다. 한 장은 일련번호가 붙은 매출송장의 부본에 합철하고, 다른 한 장은 일련번호별로 철해 보관한다. 동일 거래처는 몇 개의 출고전표부본을 모아 대금청구용으로 한 장의 매출송장으로 작성한다.

당해연도 출고전표의 시작번호는 14682이고 끝번호는 37512이며, 매출송장의 시작번호는 47821이고 끝번호는 68507이다. 김 회계사는 모든 출고분에 대해 누락 없이 대금이 청구되었는지를 확인하여 내부통제 효과성을 판단하고자 한다. 김 회계사는 이를 검증하기 위해 속성표본감사방법을 사용한다.

요구사항

1. 출고된 모든 제품의 대금이 누락 없이 청구되었는지를 검증하기 위한 효과적인 감사절차를 상세히 기술하시오. 이때의 표본단위는 무엇으로 정의해야 하는가?

2. 김 회계사는 모집단의 예상이탈률($EPDR$)을 0으로 기대하지만, 3%의 허용이탈률(TDR)과 10%의 과대신뢰위험(ARO)을 수용하고자 한다. 이때 추출해야 할 표본규모를 구하시오. 단, 본문의 [도표 10-10]을 이용한다.

3. 감사인은 감사표본을 설계할 때 테스트의 목적과 표본을 추출할 모집단 속성을 고려해야 한다. 다음 상황에서 감사인이 모집단으로 결정해야 할 대상(문서)을 각각 제시하시오. 매입채

무 관련 문서로는 매입채무목록, 공급자세금계산서, 검수보고서, 매입채무지급내역 등이 있다.

(상황 1) 감사인은 매입채무의 과대계상을 테스트하고자 한다.

(상황 2) 감사인은 매입채무의 과소계상을 테스트하고자 한다.

3 속성표본감사-표본규모의 결정

다음 표는 속성표본감사에서 표본규모 결정을 위한 서로 다른 상황을 예시한 것이다.

상 황	1	2	3	4	5	6	7
과대신뢰위험(*ARO*)	10	5	5	5	10	10	5
허용이탈률(*TDR*)	6	6	5	6	20	20	2
모집단 예상이탈률(*EPDR*)	2	2	2	2	8	2	0
모집단규모(*N*)	1,000	100,000	6,000	1,000	500	500	1,000,000

요구사항

1. 각 상황에서 본문의 [도표 10-10]을 이용하여 표본규모를 결정하시오.

2. 다른 세 가지 요소가 일정할 때 아래 요소의 변화가 표본규모에 미치는 영향을 각각 기술하시오.

① 과대신뢰위험(*ARO*)의 증가

② 허용이탈률(*TDR*)의 증가

③ 모집단 예상이탈률(*EPDR*)의 증가

④ 모집단규모(*N*)의 증가

3. 상황 3과 6의 표본규모가 크게 차이나는 이유를 설명하시오.

4 속성표본감사-투영이탈률상한(*CUDR*)의 결정

다음은 속성표본감사시 여러 상황에서 투영이탈률상한(*CUDR*)을 정하는 문제이다.

상 황	1	2	3	4	5	6	7	8
과대신뢰위험(*ARO*)	10	5	5	5	5	5	5	5
모집단의 규모(*N*)	5,000	5,000	5,000	5,000	500	900	5,000	500
표본의 규모(*n*)	200	200	50	200	100	100	100	25
표본의 이탈사항 개수	4	4	1	4	2	10	0	0

요구사항

1. 각 상황에 대해 본문의 [도표 10-12]를 사용하여 투영이탈률상한(*CUDR*)을 계산하시오.

2. 다른 세 가지 요소가 일정할 때 다음 요소의 변화가 투영이탈률상한(*CUDR*)에 미치는 영

향을 설명하시오.

① 과대신뢰위험(ARO)의 감소

② 모집단규모의 감소

③ 표본규모의 감소

④ 표본에서 발생하는 이탈사항 개수의 감소

3. 상기 **2**에서 어떤 요소가 투영이탈률상한($CUDR$)의 계산에 (1) 가장 큰 영향을 미치는가? (2) 가장 미미한 영향을 미치는 요소는 무엇인가?

4. 투영이탈률상한($CUDR$)과 허용이탈률(TDR)을 비교하는 절차는 왜 필요한가?

5 속성표본감사절차의 적용오류

감사인은 매출거래 내부통제의 효과성을 검증하기 위해 통계적 표본감사 중 속성표본감사(attributes sampling)를 적용하였다. 다음은 감사인이 수행한 감사업무의 내용이다.

① 감사목표를 고객주문서에 기재된 수량대로 올바르게 출고되고 대금청구되는지로 설정하고, 이를 확인하기 위하여 고객주문서를 표본단위로 결정하였다.

② 감사인은 관련 통제에 대한 감사인의 이해를 근거로 예상이탈률을 평가하여 감사표본을 설계하고 표본규모를 결정하였다.

③ 표본규모를 결정할 때 과소신뢰위험(α위험)은 무시하고 과대신뢰위험(β위험)만 고려하였다.

④ 매출거래는 연속되고 서로 유사한 특성이 있어 2월과 11월의 모든 거래를 추출하는 구획추출(block sampling)로 표본을 추출하였다.

⑤ 감사인이 추출항목을 대상으로 감사절차나 대체적인 절차를 적용해도 확인할 수 없어 해당 항목을 이탈로 분류하였다.

⑥ 대금청구와 관련하여 5건의 오류를 발견하였는데 이는 대금청구 담당직원의 휴가기간중 대체인력이 처리한 것으로, 감사인은 이를 변이(anomaly)로 판단하였다.

⑦ 표본이탈률을 이탈사항의 투영값을 가산하여 모집단 전체의 투영이탈률을 계산하여 해당 통제의 운용효과성에 대한 판단을 내렸다.

⑧ 최초 평가와는 달리 예상보다 표본이탈률이 높은 것으로 판단하여 감사인은 중요왜곡표시위험을 증가시켰다.

요구사항

감사인이 수행한 감사업무 중에 적절하지 않은 세 가지의 절차가 있다. 다음의 [답안양식]에 따라 해당 번호와 그 이유를 기재하시오.

[답안양식]

번 호	틀린 이유

6 속성표본감사절차의 적용오류 – 종합사례

(AICPA 수정)

장방형 회계사는 20×1년 12월 31일로 종료하는 대한주식회사의 재무제표를 감사하고 있다. 기업의 내부통제를 파악한 후, 적송 및 대금청구기능과 관련한 내부통제가 설계한 대로 효과적으로 운영되는지 확인하기 위한 통제테스트를 실시하고자 한다. 고객에게 인도하지 않은 제품이 매출로 과대계상되는 것을 예방하는 통제절차가 효과적으로 운용되는지 검증하고자 한다. 작년에는 비통계적 표본감사방법을 사용했으나, 올해는 감사인의 주관적 판단을 완전히 배제하기 위해 통계적 표본감사절차를 적용한다.

장 회계사는 왜곡표시위험을 낮은 수준으로 예비평가하였기 때문에 허용이탈률(TDR)도 낮은 수준이라고 판단해 10%로 설정하였다. 감사대상항목 및 관련 왜곡표시의 중요성을 고려하여 과대신뢰위험(ARO)은 높은 수준인 20%를 설정하였다. 색출표본감사를 적용하기 위해 모집단 예상이탈률($EPDR$)은 전체 모집단 적송서류 8,000개 중에서 5%로 추정하였다.

표본규모는 상기 네 가지 요소를 고려해 80개로 결정했으나, 감사실시과정에서 모집단 수가 10,000개로 확인되어 표본규모도 100개로 증가시켰다. 장 회계사는 적송서류에서 매분기의 마지막 달에서 25개씩 총 100개를 표본으로 무작위로 추출한 후, 각 표본을 일련번호가 사전에 인쇄된 매출송장으로 추적하여 상호 일치하는지를 검증하였다. 장 회계사는 수행한 테스트에서 8개의 왜곡표시를 확인하였다. 한 개는 적송서류 금액이 ₩350,230인데 대금청구를 위한 매출송장에는 ₩350,320으로 기록되어 있으나, 금액 차이가 ₩100 미만이므로 중요성 원칙에 따라 무시하였다.

표본결과 평가를 위해 신뢰수준 90%에서의 관련표를 확인해 투영이탈률상한($CUDR$)을 확인했는데 표본규모 100개에서 발견된 오류 8개의 추정값은 12.7%이다. 표본이탈률(SDR)은 8%(즉 100개 중 8개 오류)이며 표본위험의 허용치(혹은 달성 정도)는 투영이탈률상한과의 차이인 4.7%로 계산되었다. 장 회계사는 표본위험의 허용치(달성 정도)인 4.7%가 원래 설정했던 허용이탈률 10%보다 낮으므로 적송 및 대금청구와 관련한 통제위험이 매우 낮다고 결론을 내렸다.

요구사항

장방형 회계사가 속성표본감사를 실시하는 과정에서 잘못된 가정을 하거나, 표본감사절차를 잘못 적용한 사항을 다음 양식에 따라 기술하시오.

① 가정 혹은 절차상 오류	② 오류라고 지적한 이유

7 금액단위표본감사 – 표본평가절차

9월 30일로 종료하는 회계연도의 천지주식회사에 대한 매출채권 감사에서, 한겨레 회계사는 부당수용위험($ARIA$)과 허용왜곡표시액(TE)을 각각 10%와 ₩50,000으로 설정하였다. 계정잔액이 ₩1,975,000인 매출채권 모집단으로부터 표본을 100개 추출하였다. 표에 제시된 차이내용(장부금액과 조회금액)은 한 회계사가 외부조회를 수행해 발견한 것이다.

번 호	장부금액	조회금액	감사인이 발견한 내용
1	₩2,728	₩2,498	• 두 장의 매출송장에서 가격결정의 왜곡표시를 발견하였다.
2	5,125	0	• 거래처는 9월 30일 대금결제를 위해 수표를 송부했으나, 회사는 10월 2일 등기우편으로 수령하였다.
3	3,890	1,190	• 9월 30일 매출환입으로 반품된 상품을 재고자산 실사에 포함했으나, 회사장부에는 10월 6일 기록했다.
4	27,005	22,005	• 감사인은 매출송장에서 합산과 관련한 왜곡표시를 발견했다.
5	1,540	0	• 9월 29일 선적지인도조건으로 상품을 선적했고 거래처는 10월 3일 상품을 수령했다. 회사는 9월 30일 장부에 매출로 기록하였다.

요구사항

1. 표본에서 발견한 왜곡표시에 근거하여 투영왜곡표시액상한(*UEB*)을 계산하시오. 단, 항목당 가정이탈률은 100%라고 가정하며, [도표 10-20]에 제시된 신뢰요솟값을 이용한다.

2. 한겨레 회계사는 천지주식회사의 매출채권에 대해 어떻게 판단할 것인지 서술하시오.

8 금액단위표본감사절차의 적용오류

다음은 회계감사 수업을 듣고 있는 부정확 학생이 표본감사를 공부하면서 본인이 이해한 내용을 정리한 것이다.

① 금액단위표본감사에서는 부당기각위험(α위험)과 부당수용위험(β위험)을 모두 고려한다.
② 모집단항목에 사전에 일련번호가 없어도 난수표이용법을 사용하여 표본을 추출할 수 있다.
③ 표본추출 간격을 이용하여 표본을 추출하는 체계적 추출을 사용하면 체계적 편의를 제거할 수 있다.
④ 표본을 대상으로 감사절차를 수행하여 발견한 왜곡표시(표본왜곡표시)와 중요성 금액을 비교하여 모집단 수용여부를 결정한다.
⑤ 변이는 모집단 전체의 대표성과는 관계없이 특정부분이나 조건에서만 발생한 오류를 말한다. 변이로 판명된 오류를 기업이 수정하지 않아도 모집단 수용여부를 결정할 때 고려할 필요가 없다.
⑥ 금액단위표본감사는 비교적 큰 개별항목을 반드시 표본으로 추출하고자 할 때나 과소계상의 왜곡표시에 더욱 민감한 항목을 감사할 때 매우 유용한 방법이다.
⑦ 금액단위표본감사는 예상왜곡표시액이 클 것으로 추정하는 모집단에 대해서도 효율적이다.

요구사항

부정확 학생이 정리한 내용은 모두 잘못된 이해를 바탕으로 작성되었다. 당신이 회계감사를 강의하는 교수라고 가정하고 부정확 학생이 이해한 내용에서 틀린 사항을 알려 주기 위해 이메일을 발송하였다. 이메일에 포함할 내용(틀린 내용을 지적하고 그 이유)을 번호별로 서술하시오.

9 금액단위표본감사절차의 적용오류 – 종합사례

(AICPA 수정)

김맹한 회계사는 대한기업의 20×3년 12월 31일로 종료하는 회계연도의 재무제표 감사과정에서 다음과 같이 표본감사를 실시하였다.

20×2 회계연도에는 외상매출거래의 통제테스트로 실물단위변수표본감사방법을 이용하였다. 20×3 회계연도에는 매출채권 계정잔액을 외부조회할 때 거래처를 표본단위로 사용하기 위해 금액단위표본감사(이하 MUS)를 실시하기로 결정했다.

김 회계사는 MUS의 표본수가 실물단위변수표본감사의 표본수보다 항상 작을 것으로 생각해, 경제적인 감사를 실시할 수 있을 것으로 기대한다. 김 회계사는 MUS표본은 각 거래처가 추출될 확률이 동일해 자동으로 계층별 추출효과가 발생하며, 거래처 잔액이 ₩0이어도 특별한 문제가 없을 것으로 기대한다.

김 회계사는 부당수용위험($ARIA$), 매출채권장부금액 및 허용왜곡표시의 개수를 고려하여 표본규모를 결정하였다. 표본간격은 감사금액을 표본규모로 나누어 결정했다. 표본결과를 평가하기 위해 표본의 실제 표준편차를 계산했다.

표본규모는 60개이며, 표본추출간격은 ₩10,000이었다. 실제표본은 58개를 추출했는데, 2개 표본이 표본간격의 2배를 초과하는 계정잔액에 해당하기 때문이다.

김 회계사는 58개 중 55개에 대해 외부조회서를 발송하였으며, 3개 표본은 ₩50 미만으로 너무 작다고 판단해 보다 큰 금액인 ₩7,000 이상의 잔액을 보유한 거래처로 대체하여 조회서를 발송했다. 외부조회에서 왜곡표시 3개를 확인했다. 하나는 감사금액이 ₩3,000이며 장부금액은 ₩4,000이므로 모집단에서의 과대계상왜곡표시액을 ₩1,000으로 추정하였다. 다른 하나의 표본에서는 ₩100의 과소계상이 밝혀졌으나 김 회계사는 과대계상에만 관심이 있으므로 왜곡표시액을 추정할 때 고려하지 않았다. 또 다른 하나의 표본에서는 과대계상액이 ₩5으로 검증되었으나 금액이 중요하지 않으므로 무시하였다.

이상의 표본결과를 근거로 김 회계사는 투영왜곡표시액상한(달성정도)이 표본위험 허용치를 초과하지 않으므로 매출채권 계정잔액은 적절하다고 결론을 내렸다.

요구사항

금액단위표본감사 실시과정에서 김 회계사의 오류를 지적하고, 오류라고 생각하는 이유를 다음 양식에 따라 기술하시오.

① 가정 혹은 절차상 오류	② 오류라고 지적한 이유

10 변이와 모집단 투영

(KICPA)

박상추 회계사는 B(주)의 20×1년 감사업무에 참여하고 있다. 박 회계사는 20×1년말 현재 매출채권 장부금액의 실재성을 확인하기 위해 통계적인 표본감사를 실시하였다. 박 회계사는 무작위추출법으로 25개 표본을 추출하고, 이들 거래처에 적극적 조회서를 발송하였다. 발송한 25개 조회서는 모두 회신을 받았으나, 이 중 4개의 표본에서 장부금액(조회금액)과 회신금액이 일치하지 않았다. 다음은 박 회계사가 금액차이를 검토한 내역이다.

〈차이내역〉

거래처	장부금액	회신금액	차이금액
① 갑(주)	₩5,000	₩0	₩5,000
② 을(주)	10,000	16,000	(6,000)
③ 병(주)	15,000	0	15,000
④ 정(주)	20,000	18,000	2,000
합 계	₩50,000	₩34,000	₩16,000

〈차이금액의 검토결과〉

① 갑(주) : 갑(주)는 조회기준일 전에 수표를 우편으로 발송하였고, B(주)의 조회서는 조회기준일 후 이를 수령하였다.

② 을(주) : 차이금액을 변이(anomaly)로 판단했으며, B(주) 경영진은 장부금액을 수정하였다.

③ 병(주) : 변이로 판단한 차이금액이며, B(주) 경영진은 장부금액 수정을 거부하였다.

④ 정(주) : 원인불명의 소액차이이며, B(주) 경영진은 해당 장부금액을 수정하였다.

요구사항

1. 박 회계사가 표본에서 발견한 왜곡표시액을 계산하시오.

2. 감사인은 발견한 왜곡표시를 모집단으로 투영해야 한다. 위 차이금액에 대하여 모집단 투영 여부를 판단하고, 이유를 [답안양식]에 따라 서술하시오.

[답안양식]

거래처	차이금액	투영여부 (○ 또는 ×)	이 유
① 갑(주)	₩5,000		
② 을(주)	(6,000)		
③ 병(주)	15,000		
④ 정(주)	2,000		

보론-1 실물단위변수표본감사-표본규모의 결정

혜란강주식회사의 장부금액 ₩6,250,000인 매출채권의 조회과정에서 공인회계사인 윤동주 씨는 총왜곡표시액(₩60,000)을 초과하면 중요하다고 판단한다. 윤 회계사는 모집단의 예상왜곡표시액(E)을 ₩20,000으로 기대하고 있다. 차이추정법을 이용한 표본감사를 실시하기로 결정하고, 부당수용위험($ARIA$)은 5%가 적절하다고 판단하였다. 모집단의 표준편차는 알 수 없지만 윤 회계사는 표본규모가 작게 계산되는 위험을 방지하기 위해 추정표준편차(ESD)를 약간 높게 설정해 ₩22으로 추정하였다. 시산표에는 14,300개의 외상매출 거래처가 기록되어 있다.

요구사항

1. 윤 회계사가 조회해야 할 표본규모를 계산하시오. 부당기각위험($ARIR$)은 무시하며, 부당수용위험($ARIA$) 5%의 신뢰계수는 1.64이다.
2. 추정표준편차(ESD)가 ₩22이 아닌 ₩32이면, 표본규모는 어떻게 변하는가?
3. 허용왜곡표시액(TE)은 ₩80,000이고 예상왜곡표시액(E)이 ₩20,000이면, 표본규모는 어떻게 변하는가?
4. 허용왜곡표시액(TE)은 ₩90,000이고 예상왜곡표시액(E)이 ₩50,000이면, 표본규모는 어떻게 변하는가? **1**과 **4**의 결과를 이용하여 관련 변수의 변화에 따라 표본규모가 어떻게 변하는지 설명하시오.

보론-2 실물단위변수표본감사-표본결과의 평가

김한국 회계사는 재고자산계정의 감사를 위해 차이추정법을 이용하여 실물단위표본감사를 실시한다. 장부금액 ₩17,582,000인 모집단(1,840개)으로부터 표본을 80개 추출하였다. 김 회계사는 과대 및 과소 계상의 허용왜곡표시액(TE)을 ₩600,000으로, 부당수용위험($ARIA$)은 5%로 결정했다.

추출한 표본에서 다음과 같이 8개의 왜곡표시를 발견하였다.

감사금액	장부금액	표본에서 발견한 왜곡표시
₩81,250	₩74,050	(₩7,200)
1,250	7,820	6,570
1,000	5,110	4,110
2,540	6,150	3,610
60,010	65,190	5,180
12	0	(12)
5,106	8,106	3,000
8,311	10,422	2,111
합 계 ₩159,479	₩176,848	₩17,369

요구사항

1. 모집단의 투영왜곡표시액(*PE*), 달성정도(*CPI*), 투영왜곡표시액구간(*CI*) 및 상한과 하한을 계산하시오.
2. 김 회계사가 모집단의 장부금액 적절성을 수용할 것인지 결정하시오.
3. 수용여부와 관련하여 김 회계사가 선택할 수 있는 대안은 무엇인가?

♠ 사례연구

표본감사의 개념, 목적 및 절차

귀하는 대한회계법인 공인회계사로 일하고 있으며, 지난 2년간 표본감사를 포함한 여러 가지 주제로 회계법인 소속회계사의 교육프로그램 개발을 책임지고 있다. 귀하의 경력을 감안하여 인근 도시의 중견규모인 서울회계법인에서 귀하에게 현재보다 훨씬 높은 보수를 제의하며 영입요청을 해 왔다. 귀하는 그러한 제의를 수락하고 업무를 파악하였다.

서울회계법인의 인사담당 파트너인 김공정 씨는 올해 공인회계사시험을 합격해 입사한 회계사를 대상으로 하는 교육프로그램 개발을 귀하에게 요청했다.

표본감사 교육프로그램 개발과 관련하여 귀하는 다음 주 파트너회의에서 토의할 개념적인 문제를 정리하고 있다.

요구사항

1. ① 표본감사 목적을 설명하시오.
   ② 표본감사에 대한 통계적 및 비통계적 접근방법의 의의와 차이점을 설명하시오.
2. 감사의견 형성을 위해 충분하고 적합한 감사증거를 수집할 목적으로 표본감사를 사용한다. 표본감사와 관련하여 증거의 충분성(양)과 적합성(질)의 의미를 설명하고, 구체적으로 표본감사의 어떤 적용절차와 관련이 있는지 밝히시오.
3. 감사인이 표본위험을 평가하기 위해서는 통계적 지식이 필요하다. 통제테스트나 계정잔액 세부테스트를 실시할 때 감사인은 달성하고자 하는 표본위험을 표본감사설계에 적절히 반영해야 한다. 표본위험과 표본감사결과에 대한 불확실성을 설명하시오.
4. 금액단위표본감사와 속성표본감사는 감사절차 관점에서 볼 때 어떠한 차이가 있는가? 또한 통계적 이론의 관점에서 볼 때 어떠한 차이가 있는가?
5. 다음의 표본감사절차와 관련하여 감사인이 구체적으로 실시하는 내용과 이 과정에서 유의해야 하는 사항은 어떤 것인가?
   ① 감사절차의 수행　　② 표본결과의 평가
6. 통제테스트를 위한 표본감사와 관련한 과대신뢰위험(*ARO*)을 설명하시오.
7. 이중목적의 표본(dual-purpose samples)이란 무엇을 의미하는가?

8. 금액단위표본감사(MUS)를 적용하였을 때 결과적으로 실물단위변수표본감사보다 표본규모가 확대되어 오히려 비능률을 초래한다. 어떤 상황에서 발생하며, 이러한 비능률이 발생하는 원인은 무엇인가?

9. 금액단위표본감사는 실물단위변수표본감사와 비교해 적은 표본으로 동일한 목적을 달성할 수 있다고 한다. 그 이유를 설명하시오.

10. 중요성 허용수준을 감안하여 표본규모를 계산할 때(즉 허용정도를 계산할 때) 허용왜곡표시액(TE)에서 예상왜곡표시액(E)을 차감하는 이유를 설명하시오.

PART

IV

활동유형별 감사절차

제11장 급여와 인사활동의 감사

제12장 구매와 대금지급활동의 감사

제13장 재고자산과 생산활동의 감사

제14장 자금조달과 상환활동의 감사

CHAPTER 11

급여와 인사활동의 감사

제 1 절 활동유형별 감사절차의 개관
제 2 절 급여와 인사활동의 내부통제
제 3 절 급여와 인사활동의 거래유형 테스트절차
제 4 절 급여와 인사활동의 계정잔액 실증절차

학습목표

이 장의 학습을 완료하면 다음 질문에 답변할 수 있어야 한다.

1. 부문별(활동유형별) 감사절차는 어떤 단계를 거쳐 진행하며 단계별 목표는 무엇인가?
2. 급여 및 인사활동과 관련하여 어떠한 문서들이 있으며, 각 문서는 어떠한 기능을 수행하는가?
3. 급여 및 인사활동의 주요 업무활동은 어떻게 구성되는가?
4. 인사부서에서 담당하는 채용과 인사업무에서는 어떠한 주요 통제절차가 있는가?
5. 근무기록과 급여계산은 당기손익에 직접적인 영향을 미친다. 주요 통제활동으로는 어떠한 것들이 있는가?
6. 급여와 인사활동에서 계정잔액보다는 거래유형 감사가 중요한 이유는 무엇 때문인가?
7. 가공급여거래를 발견하기 위해서는 어떠한 감사절차를 수행해야 하는가?
8. 확정급여형 연금제도를 도입한 기업에서 퇴직급여채무 감사절차는 어떠한 방식으로 수행하는가?

한눈에 살펴보는 이 장의 내용

활동유형별 감사절차에서는 주요 활동유형(매출과 대금회수활동, 급여와 인사활동, 구매와 대금지급활동, 재고자산과 생산활동, 자금조달과 상환활동)별로 거래유형 테스트를 수행하며 관련 계정잔액 실증절차를 실시한다.

활동유형별 감사절차는 기업의 내부통제를 주요 활동유형별로 파악하는 데서 시작하는데, 기업의 내부통제를 주요 활동유형별로 구분해 내부통제기능 및 통제절차를 이해한다. 거래유형 및 관련 공시 테스트는 회계기간에 발생한 거래와 관련 공시를 대상으로 수행하는 테스트절차로, 통제테스트와 거래유형 세부테스트로 구분한다. 통제테스트는 내부통제의 효과성과 효율성을 평가하기 위해 회계기간중에 실시하고, 통제테스트와 병행하는 거래유형 세부테스트는 거래에서 발생하는 왜곡표시금액을 확인하기 위해 실시한다. 계정잔액 실증절차는 실증적인 분석적절차와 계정잔액 및 관련 공시 세부테스트로 구분한다. 실증적인 분석적절차는 세부테스트를 수행하기 전에 계정잔액의 전반적 합리성을 검증하기 위해 실시하고, 계정잔액 세부테스트는 계정잔액 및 관련 공시에 중요왜곡표시가 존재하는지 검증하기 위해 수행한다.

급여와 인사활동은 종업원의 신규채용에서부터 인사관리, 급여나 임금을 지급하고 근로소득세를 납부하기까지에 이르는 활동을 말한다. 급여가 총원가에서 차지하는 비중이 높고, 제조업이나 건설업의 노무원가는 재고자산평가와 당기순이익을 계산할 때 중요한 영향을 미친다.

급여와 인사활동의 감사절차도 통제테스트, 거래유형 및 관련 공시 세부테스트, 분석적절차, 계정잔액 및 관련 공시의 세부테스트 순으로 진행한다. 급여와 인사활동에서는 기중 거래금액이 계정잔액보다 훨씬 크고, 급여거래에 대한 기록이 완전하면 잔액을 검증하기가 용이하므로 거래유형 및 관련 공시 세부테스트에 높은 비중을 둔다.

제Ⅳ부에서는 기업의 주요 활동유형별로 통제테스트, 거래유형 및 계정잔액의 실증절차를 설명한다. 제6장에서 소개한 다섯 개의 주요 활동유형 중 매출과 대금회수활동의 감사절차는 제9장에서 설명했으며, 제Ⅳ부에서는 나머지 네 개 활동유형과 함께 현금 및 금융상품의 감사절차를 설명한다. 급여와 인사활동에 대한 감사절차를 다루기 전에 제1절에서는 활동유형별 감사절차의 전반적인 흐름을 살펴본다.

제 1 절 활동유형별 감사절차의 개관

[도표 11-1]에서는 제4장에서 설명한 감사흐름인 [도표 4-9]와는 달리 제2국면과 제3국면을 통합하여 감사대상인 주요 활동유형별로 감사흐름을 표시하고 있다. 활동유형별 감사절차는 주요 활동유형별로 거래유형에 대해 테스트하고 관련 계정잔액 실증절차를 실시하는 제2 및 제3국면의 총체적 테스트절차를 의미한다.

활동유형별 테스트절차는 감사실무와 직접 연결되며, 감사업무에서 많은 시간과 비용이 소요된다. 활동유형별 감사절차에서 내부통제의 이해, 통제테스트, 거래유형 및 관련 공시의 세부테스트, 그리고 계정잔액 및 관련 공시의 실증절차를 유기적으로 연결하는 이론적 체계를 파악해야 한다. 제Ⅳ부의 각 장에서는 주요 활동유형별로 내부통제의 이해, 거래유형 및 관련 공시의 테스트, 계정잔액 및 관련 공시의 실증절차를 분리하여 설명하고 이를 상호 연결해 정리한다.

1. 내부통제의 이해

활동유형별 감사절차는 기업의 내부통제를 주요 활동유형별로 파악하는 데서 시작한다. 기업의 내부통제를 명확하게 이해하기 위해서는 ① 주요 활동유형별 내부통제기능 및 통제절차를 기업의 현업조직에 상호대응시켜 이해하

도표 11-1
감사의 흐름과
활동유형별 감사절차

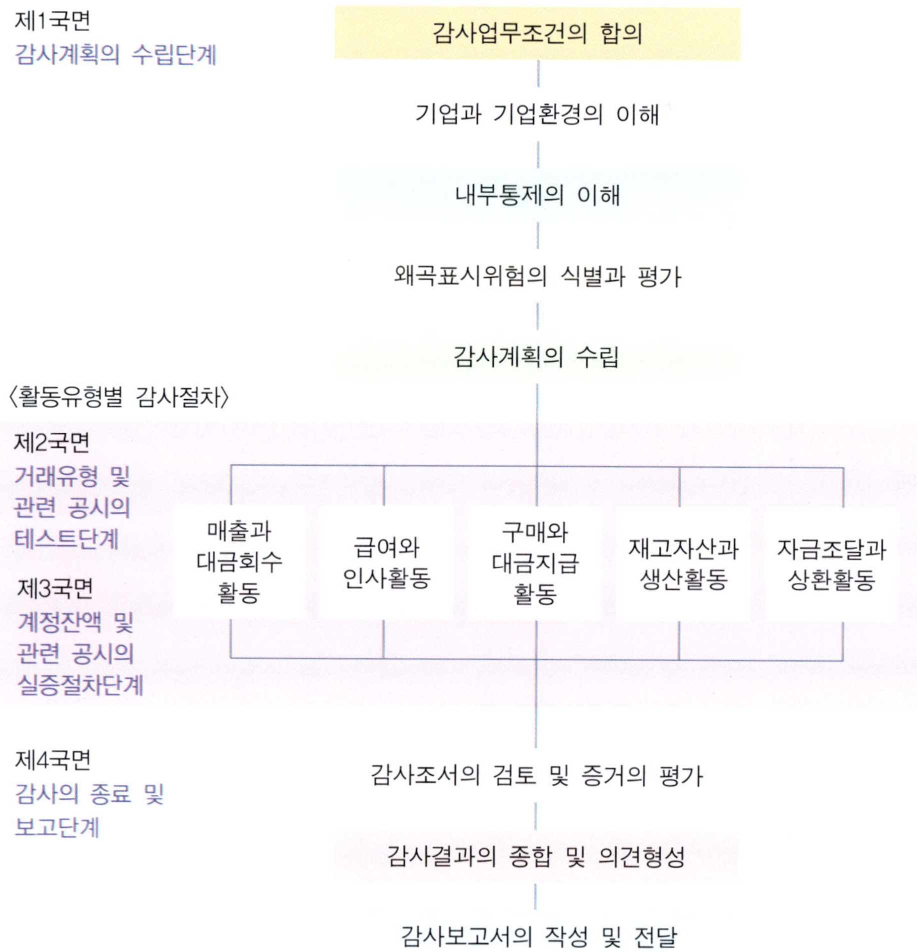

고, ② 관련 기능을 수행하기 위한 기업조직 내에 존재하는 활동요소를 검토하며, ③ 각 부서에서 작성되는 문서 및 회계기록의 내용과 기능을 파악한다.

내부통제와 관련하여 각 장에서 예시하고 있는 회계문서와 업무흐름도는 관련 내부통제를 이해하기 위해 필수적이다. 기업의 성격이나 규모에 따라 내용은 차이가 있으나 기본적인 업무흐름이나 통제절차는 변하지 않는다.

2. 거래유형의 테스트절차

거래유형 및 관련 공시 테스트는 회계기간에 발생한 거래와 관련 공시를 대상으로 수행하는 테스트절차로, 통제테스트와 세부테스트로 나눈다.

(1) 통제테스트

• **이중목적의 테스트**: 동일한 표본을 대상으로 거래유형의 세부테스트와 통제테스트를 동시에 수행하는 것을 말한다.

통제테스트는 내부통제의 효과성과 효율성을 평가하기 위해 회계기간중에 실시한다. 실무에서는 동일한 표본을 대상으로 거래유형의 세부테스트와 통제테스트를 동시에 수행하는 이중목적의 테스트(dual-purpose test)를 실시한다. 통제테스트에서는 통제절차가 설계된 대로 운용되는지와 발견한 이탈사항의 왜곡표시위험을 평가한다.

통제테스트는 각 경영진주장 수준에서 수행하므로 감사인은 이를 검증하기 위해 구체적인 세부감사목표를 설계해야 한다.

(2) 거래유형 및 관련 공시의 세부테스트

통제테스트와 병행하는 거래유형 및 관련 공시의 세부테스트절차(이하 '거래유형의 세부테스트')에서는 주요 거래유형별로 다음의 다섯 개 세부감사목표를 설정해 경영진주장을 검증한다.

- 발생사실, 완전성, 정확성, 기간귀속, 표시

거래유형 세부테스트는 거래 및 관련 공시에서 발생하는 오류나 부정으로 인한 왜곡표시금액을 확인하기 위해 실시한다. 기중거래 및 관련 공시와 관련한 기업 내부의 문서나 자료를 대상으로 테스트를 수행하므로 주로 관찰(입회), 재수행, 재계산 그리고 문서검사를 수행해 증거를 수집한다.

3. 계정잔액의 실증절차

재무제표감사의 궁극적 목적은 중요성 관점에서 재무제표가 공정하게 표시하고 있는지에 대한 감사의견을 표명하는 데 있으므로 계정잔액 실증절차는 가장 중요한 감사절차이다. 계정잔액 실증절차의 성격, 범위 및 시기는 제2국면에서 이루어진 왜곡표시평가 결과 등을 고려해 결정한다.

(1) 실증적인 분석적절차

분석적절차는 계정잔액 실증절차의 일환으로 세부테스트를 수행하기 전에 계정잔액의 전반적 합리성을 검증하기 위해 실시한다. 분석적절차에서는 주요 계정항목과 구성요소에 대한 비율분석이나 추세분석 등을 수행해 비경상적 항목이 있는지 확인한다.

(2) 계정잔액 및 관련 공시의 세부테스트

실증적인 분석적절차를 수행한 후 계정잔액 및 관련 공시의 세부테스트(이하 '계정잔액의 세부테스트')를 실시해 주요 활동유형별로 다음의 세부감사목표를 검증한다.

- 실재성, 완전성, 권리와 의무, 정확성, 평가 및 배분, 분류, 표시

이 단계에서는 직접테스트절차(direct test : 매출채권이나 예금과 관련해서는 외부조회, 재고자산과 관련해서는 실사 등)를 수행해 계정과목별로 증거를 수집한다. 실무에서 손익계산서항목은 재무상태표항목과 연계해 검증하므로 본서에서도 이를 구분하지 않고 함께 설명한다. 예를 들어 이자수익은 예금 등의 감사절차에서, 유형자산처분손익은 유형자산 및 감가상각누계액 감사절차에서 검증한다.

4. 공시의 실증절차

감사인은 감사의 전과정에서 관련 계정항목이 재무제표에 적절히 표시되고 주석으로 적절하게 공시가 이루어졌는지를 테스트한다.

거래유형 및 계정잔액 세부테스트단계에서 공시테스트를 함께 실시한다. 본서에서도 거래유형 및 계정잔액 세부테스트절차의 일부로 공시목표를 추가해 기술한다.

제 2 절 급여와 인사활동의 내부통제

급여와 인사활동(payroll and personnel cycle)은 종업원의 신규채용에서부터 인사관리(평가, 승진, 해고, 인사발령), 사내복지, 도급업체관리, 교육(HRD), 안전관리, 노무, 급여나 임금 등을 지급하고 근로소득세를 원천징수하여 납부하기까지에 이르는 활동을 말한다. 본 활동의 감사를 중요하게 다루는 이유는 다음과 같다.

- 일반적으로 총원가에서 급여가 차지하는 비중이 높다.
- 제조업이나 건설업의 노무원가는 재고자산평가와 당기순이익계산에 중요한 영향을 미친다.

Ⅰ. 급여와 인사활동의 핵심적인 기능

본 활동의 가장 핵심적인 기능은 다음과 같다.

(1) 채용과 인사업무

내부통제 관점에서 다음의 네 가지 사항은 당기의 급여지급과 관련해 독립적인 검증자료를 제공하는 정보원으로서 매우 중요한 의미를 갖는다.

- 임직원 급여 · 상여 · 성과급 지급
- 연도별 급상여 지급계획 수립 및 예산편성, 실적관리
- 연차수당 및 퇴직금(퇴직연금) 지급
- 4대보험 취득, 상실 및 정산

부정방지를 위한 인사부서의 통제절차로서 신규종업원의 급여자료 통보절차 및 인사부서 내 적절한 업무분장 유지는 특히 중요하다. 예를 들면 작

업시간기록관리자 및 급여기록담당자는 인사기록서류에 접근하지 못하도록 권한을 상호 분리시켜야 한다. 신규채용종업원의 신원 및 재정보증 등에 대한 조회(신원보증 및 재정보증보험의 가입)업무도 고용정책과 관련한 중요한 통제절차 중 하나이다.

(2) 근무기록과 급여계산

근무기록과 급여계산은 당기손익에 직접적인 영향을 미치는 주된 영역으로, 주요 활동내용은 다음과 같다.

- 작업시간표 작성
- 급여 총지급액, 공제액, 순지급액의 계산과 요약
- 급여이체지시서 준비업무
- 노무원가배부표 작성

작업시간 기록오류를 방지하기 위한 내부통제, 즉 실제작업시간을 기준으로 급여를 지급할 수 있도록 작업시간표를 유지해야 한다. 일반적으로 작업시간표는 작업시간에 비례해 급여를 지급하는 시급제사원을 대상으로 하나, 월급제사원의 잔업시간 계산에도 이용한다.

종업원에게 지급하는 순지급액은 총급여액에서 각종 공제액(예를 들어 근로소득세 원천징수, 국민건강보험법·고용보험법·산재보험법·국민연금법·근로자퇴직보장법에 따른 원천징수)을 차감해 계산한다. 급여계산활동에서 승인권자 승인이나 본인 확인절차를 거치지 않으면 급여계산 오류, 부정 및 분쟁이 발생할 수 있다. 이러한 지급액 계산의 통제절차로는 차감액계산절차의 수립, 업무분장, 생산기록에 근거한 독립적인 급여시간과의 비교절차 등이 있다.

기업 대부분은 급여를 지급할 때 기업 계좌에서 임직원 계좌로 자금을 이체하는 서비스인 대량지급을 이용한다. 급여이체할 때 엑셀파일을 등록하거나 입금계좌를 건별로 수기입력한다.[1] 급여지급 명목으로 자금을 유용하거나 횡령하는 것을 방지하기 위해 대량자금이체목록 작성, 전산시스템 업로딩, 자금이체 실행을 각각 다른 사람이 맡도록 해야 한다.

---

1) 본서에서는 이러한 업무를 급여이체지시서의 작성이라고 표현한다.

생산직 직원을 대상으로 작성하는 노무원가배부표는 제품별 원가계산의 기초가 되어 재고자산 평가에 직접적인 영향을 미치므로 적절한 계정분류시스템을 갖추어야 한다.

(3) 급여의 이체

급여의 이체(혹은 지급)와 관련한 내부통제는 다음과 같다.

- 급여이체지시서의 변조방지
- 급여이체지시서 작성, 전산시스템 업로딩 및 자금이체 실행업무의 분리
- 가공 종업원에 대한 급여지급 방지

(4) 원천징수보고서의 작성과 납부

납부지연이나 원천징수보고서 작성오류로 가산세 혹은 연체료 등을 납부할 위험을 예방할 수 있는 통제절차를 수립해야 한다.

Ⅱ. 급여와 인사활동의 업무흐름

급여와 인사활동은 종업원채용, 인원배치, 노무원가 회계처리, 급여지급 및 원천징수와 관련한 보고서 작성과 납부까지의 모든 활동을 포괄한다.

감사인은 부문별로 감사를 실시할 때 [도표 11-2]에서 표시한 해당 활동 관련 계정과목 및 거래의 흐름을 먼저 파악하고 기업의 내부통제를 이해한 후 통제테스트를 실시한다.

[도표 11-3]에서 보듯이 급여와 인사활동은 일반적으로 세 개의 하위과정(sub process)인 정규급여, 성과급여, 퇴직급여로 세분화할 수 있다. 급여와 인사활동에서 업무목표는 급여계산의 기초정보를 수집해 급여를 계산하고, 공정한 성과평가를 수행해 성과급을 계산하며, 퇴직금 지급대상자에게 규정에 따라 퇴직금을 계산하고 적립하는 데 있다.

도표 11-2
급여와 인사활동의 관련 계정 및 거래흐름

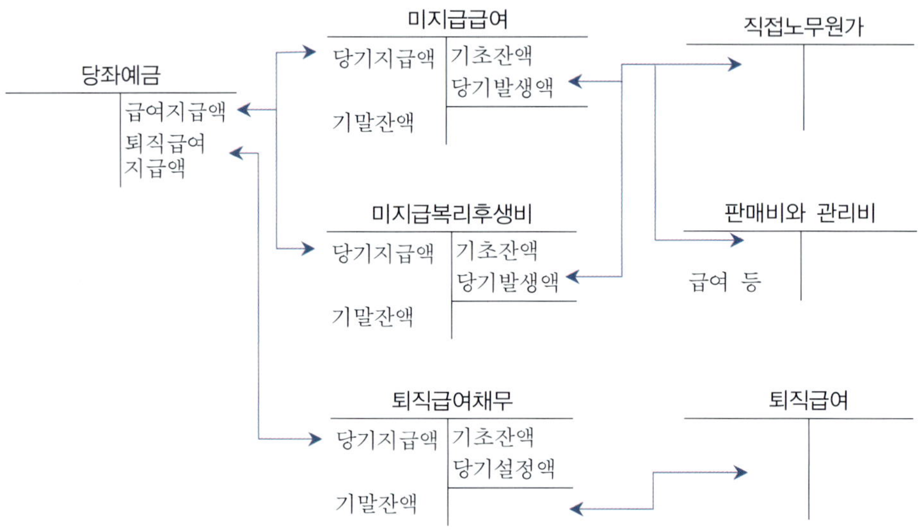

업무흐름도는 하위과정별로 작성한다. 업무흐름도에 제시한 활동명 옆에 표시한 마름모(◆) 안에 기재한 번호는 각 활동에서 발생할 수 있는 위험 및 이에 대한 통제활동과 관련된다.

[도표 11-4]부터 [도표 11-6]까지는 하위과정별 업무흐름도를 제시한 것이며, [도표 11-4]는 정규급여 지급과 관련한 업무흐름과 관련이 있다. 직원의 근태현황을 기록하고 부서장 승인을 받아 집계한 후 본인에게 확인받아 ERP에 등록하고 급여지급 외주업체(금융기관)로 송부한다. 외주업체는 개인별 급여지급 등을 계산한 급여총액자료를 인사부와 생산부로 보내고, 인사부 및 생산부 담당자는 외주업체로부터 받은 급여자료를 검토한 후 대표이사 승인을 받아 전표를 입력한다. 자금부는 급여자료를 기초로 외주업체에 급여총액을 송금하고 전표를 입력하며, 외주업체는 개인별 급여를 급여통장에 입금한다.

[도표 11-5]는 성과급여와 관련한 업무흐름을 나타낸 것이다. 기획부는 성과평가규정을 수립해 모든 임직원에게 공지하고, 경리부로부터 성과평가를 위한 자료를 입수해 사업계획 대비 목표달성률을 산출한다. 평가규정에 따라 사업단위별 성과급 지급총액을 산출해 대표이사 승인을 받고, 인사부에서는 사업단위별로 결정된 성과급을 개인별 지급액으로 산출해 자금부에 통보한다. 자금부는 개인별 성과급을 지급하고 전표를 입력하며, 지급자료를 외주업체로 송부해 원천징수액 등 공제자료에 반영한다.

도표 11-3 급여와 인사활동의 업무기술서

하위과정	No.	활동명	업무내용
정규급여	1	근태관리현황 집계	R/F카드시스템을 이용해 시간외근무 등 직원들의 근태현황을 기록하고, 결근과 휴가원은 부서장 승인을 받아 인사부서와 생산부에서 집계한다.
	2	근태관리 마감	인사부와 생산부(공장) 담당자는 매월 말일을 기준으로 근태관리현황을 집계해 본인에게 확인받은 후 ERP에 등록하고 급여지급 외주업체로 송부한다.
	3	급여계산	외주업체는 회사로부터 송부받은 근태 및 공제자료를 기초로 개인별 급여지급 및 공제액을 계산해 급여총액자료를 인사부서 및 생산부에 송부한다.
	4	급여지급 승인	인사부 및 생산부 담당자는 외주업체로부터 송부받은 급여총액자료를 검토하고 대표이사와 공장장 승인을 받은 후 전표를 입력한다.
	5	급여 송금	자금부는 인사부와 생산지원팀으로부터 승인받은 급여총액자료를 토대로 외주업체로 급여총액을 송금하고 전표를 입력한다.
	6	급여지급	외주업체는 자금부로부터 급여총액을 지급받아 개인별 급여를 급여통장에 입금한다.
성과급여	1	성과평가규정 수립	기획부담당자는 성과평가를 위해 평가기준규정을 작성해 대표이사 승인을 받은 후 모든 임직원에게 공지한다.
	2	성과평가자료 수집	기획부담당자는 성과평가를 위해 성과평가기간의 결산자료를 경리부로부터 입수하고 사업계획 대비 목표달성률을 산출한다.
	3	사업단위별 성과급 계산	기획부담당자는 사전에 정한 평가규정에 따라 사업단위별로 성과급 지급률을 결정하고 지급률에 따른 성과급 지급총액을 산출해 대표이사 승인을 받는다.
	4	개인별 성과급 계산	인사부담당자는 사업단위별로 결정된 성과급을 개인별로 지급하기 위해 개인별 지급액을 산출해 자금부에 통보한다.
	5	성과급 지급	자금부담당자는 인사부로부터 송부받은 개인별 성과급 지급자료를 토대로 성과급을 지급하고 전표입력을 한다.
	6	성과급 지급 사후처리	성과급을 지급하면 개인별 성과급 지급자료를 급여 관련 외주업체로 송부해 다음 급여를 지급할 때 원천징수액 등 공제자료에 적절히 반영해 급여계산에 오류가 발생하지 않도록 한다.
퇴직급여	1	퇴직(중간정산) 승인	인사부 및 관리부 담당자는 퇴직자가 발생하거나 중간정산희망자가 발생하면 사직서 또는 중간정산희망신청서를 접수해 부서장 승인을 받은 후 대표이사 승인을 받는다.
	2	퇴직금 검토·승인	인사부 및 관리부 담당자는 외주업체에서 송부한 퇴직금의 정확성 여부를 검토한 후 대표이사 승인을 받는다.
	3	회사·금융기관 지급액 구분	경리부담당자는 승인받은 퇴직금자료를 송부받아 사외적립한 예치금을 반영해 회사 지급액과 금융기관 수령액을 구분해 회사 지급액을 자금부로 보내고 퇴직신탁청구서를 작성해 퇴직금 수령대상자에게 교부한다.
	4	퇴직금 지급	자금부담당자는 경리부로부터 송부받은 퇴직금자료에 따라 회사가 지급해야 할 퇴직금을 퇴직금 수령대상자에게 지급한다.
	5	퇴직급여부채 설정	경리부담당자는 외주업체(금융기관)로부터 수령한 자료를 기초로 퇴직급여와 관련된 회계처리를 수행한다.
	6	퇴직신탁예치	자금부담당자는 회사의 자금상황 및 세무사항을 고려해 퇴직신탁예치금을 산정하고 대표이사 승인을 받아 거래은행에 예치한다.

도표 11-4 업무흐름도 : 정규급여

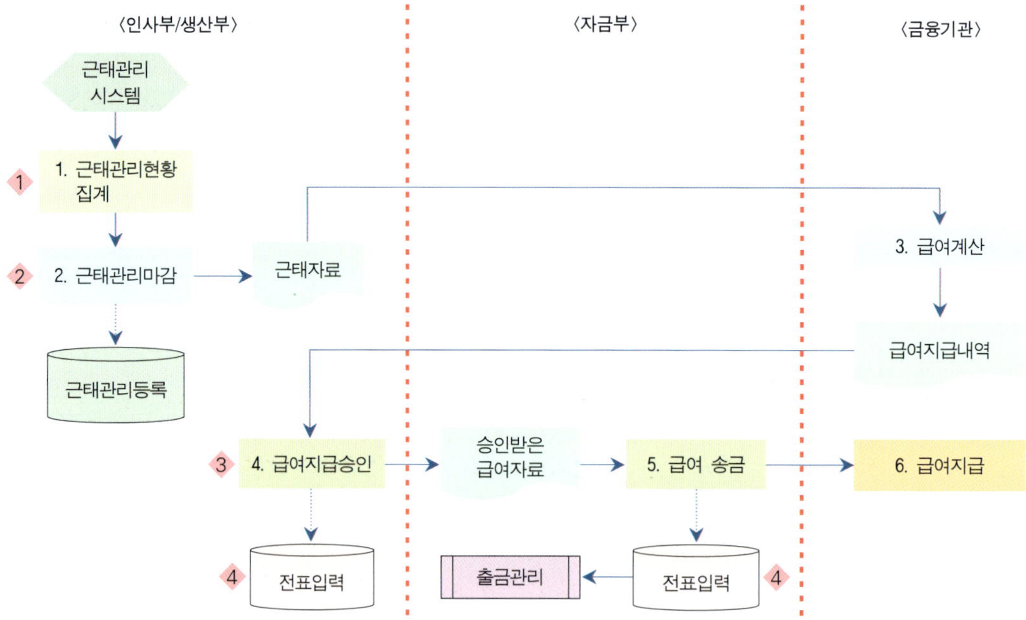

도표 11-5 업무흐름도 : 성과급여

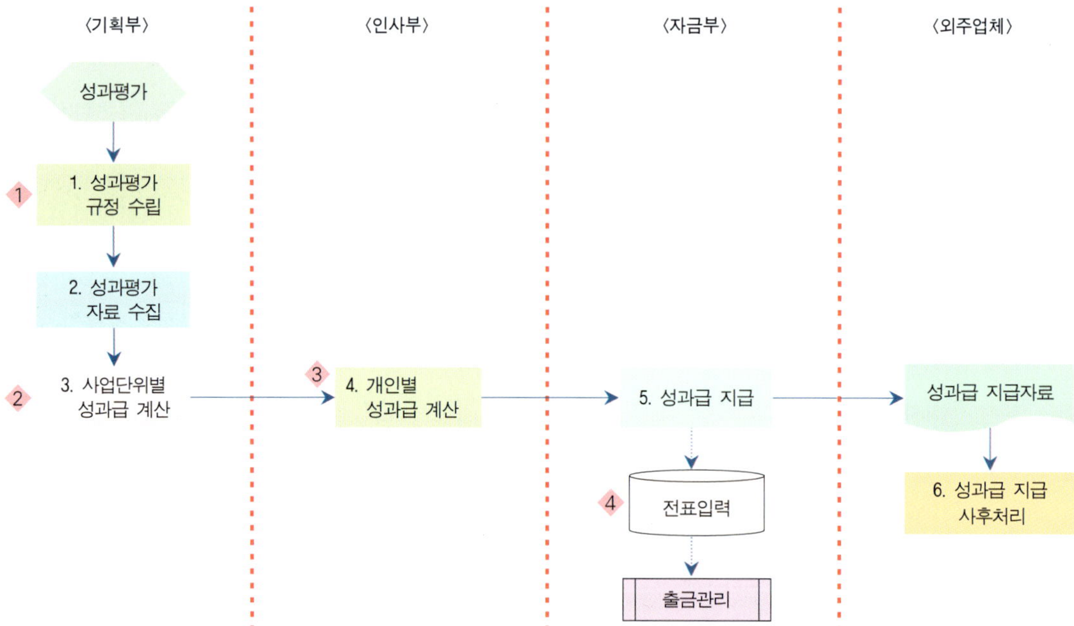

도표 11-6 업무흐름도 : 퇴직급여

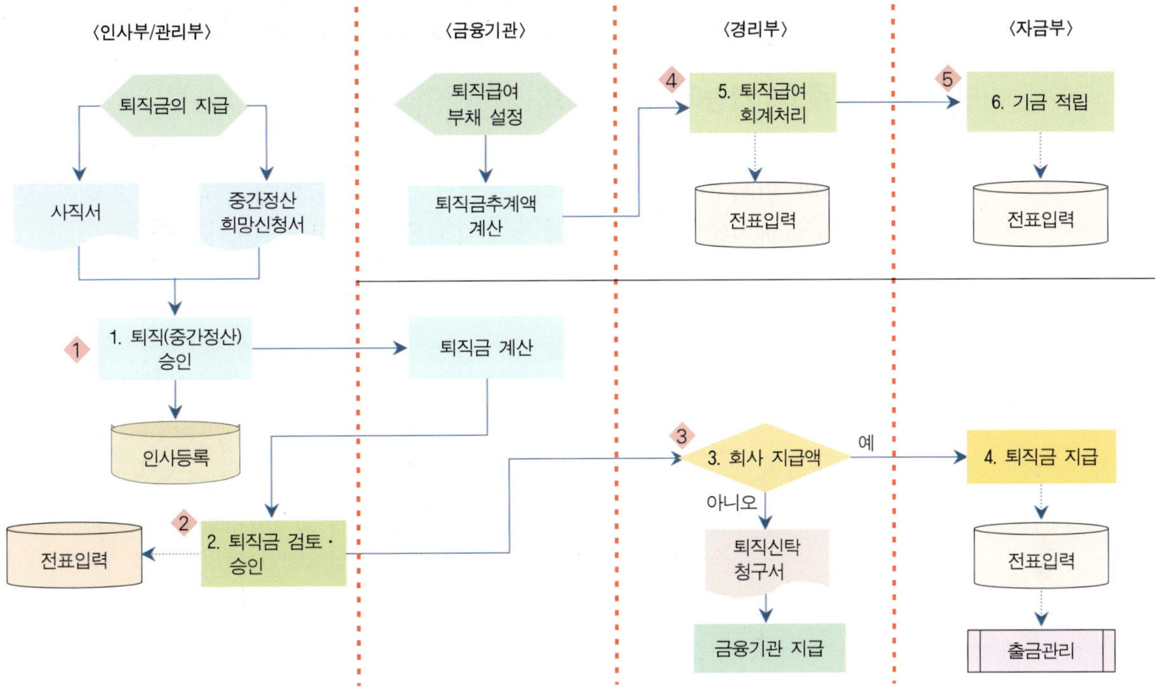

[도표 11-6]은 퇴직급여와 관련한 업무흐름을 나타낸 것이다. 인사부는 퇴직자나 중간정산희망자가 발생하면 부서장 승인을 받고 외주업체에서 계산해 송부한 퇴직금의 정확성 여부를 검토해 대표이사 승인을 받는다. 경리부는 사외적립한 예치금을 반영해 회사 지급액과 금융기관 수령액을 구분해 회사 지급액을 자금부로 보내고, 자금부는 퇴직금을 지급한다. 경리부는 외주업체(금융기관)가 보낸 자료를 기초로 퇴직급여 회계처리를 수행하고, 자금부는 회사의 자금상황과 세무문제를 고려해 퇴직신탁예치금을 산정해 대표이사 승인을 받은 후 거래은행에 예치한다.

Ⅲ. 급여와 인사활동의 기능과 내부통제

1. 주요 기능과 통제목표

급여와 인사활동은 정규급여, 성과급여, 퇴직급여의 하위과정으로 구분하며, 각 하위과정의 주요 기능과 통제목표는 [도표 11-7]과 같다.

도표 11-7
급여와 인사활동의 주요 기능 및 통제목표

하위과정	주요 기능	통제목표
정규급여	임직원 근태관리현황을 집계하고 이를 토대로 급여와 공제액을 계산해 임직원에게 급여를 지급하는 업무와 관련된 프로세스이다.	1. 급여 기초정보는 현업 부서에서 정확하게 작성되어야 한다. 2. 급여는 완전하고 정확하게 계산되어야 한다. 3. 급여 관련 사항은 각 회계기간에 완전하고 정확하게 회계처리되어야 한다. 4. 급여지급요청은 타당하게 이루어져야 한다.
성과급여	사전에 수립된 성과평가 규정에 따라 성과평가를 수행해 성과급을 계산하고 지급하는 업무와 관련된 프로세스이다.	1. 성과는 성과측정에 근거하여 완전하고 정확하게 산출되어야 한다. 2. 성과급여는 완전하고 정확하게 계산되어야 한다. 3. 성과급여는 각 회계기간 내에 완전하고 정확하게 회계처리되어야 한다.
퇴직급여	퇴직금 지급사유 발생으로 퇴직금 산정 및 지급, 기말 퇴직급여충당부채 설정과 퇴직신탁예치 업무와 관련된 프로세스이다.	1. 퇴직금 계산대상자는 완전하고 정확하게 선정되어야 한다. 2. 퇴직금 계산은 조정 및 공제액이 반영되어 정확히 계산되어야 한다. 3. 퇴직신탁은 금융기관으로부터 정확한 금액이 퇴직자에게 직접 지급되어야 한다. 4. 퇴직급여 등은 관련 회계처리기준에 맞게 설정되어야 한다.

2. 급여와 인사활동의 내부통제

[도표 11-7]의 하위과정별 통제목표를 달성하기 위해서는 주요 활동에서 발생할 수 있는 위험을 파악해야 하며, 이러한 위험을 관리하기 위한 통제활동을 설정해야 한다.

[도표 11-8]은 [도표 11-4]부터 [도표 11-6]까지의 업무흐름도의 하위과정

도표 11-8 급여와 인사활동의 리스크기술서와 통제활동기술서

하위과정	No.	활동명	리스크기술서	통제활동기술서
			위험내용	통제내용
정규급여	1	근태관리현황 집계	시간집계가 부정확하면 급여계산에 오류 또는 부정이 발생할 수 있다.	임직원의 근무일수, 근무시수, 시간외근무 등이 정확히 집계된 근태관리현황집계표가 근태관리시스템에서 작성되어야 한다.
	2	근태관리 마감	승인권자 승인과 본인 확인을 받지 않아 급여계산에서 오류, 부정 및 분쟁이 발생할 수 있다.	월급제사원의 경우 시간외근무 등 집계된 근태관리현황을 인사부서장과 생산부서장의 승인을 받고, 본인에게 확인을 받아야 한다.
	3	급여지급 승인	급여지급액 자금이 유용되어 부정이 발생할 수 있다.	외부로부터 송부받은 급여계산결과에 대해 급여담당자는 분석적검토를 수행해 이상항목을 검토하고 대표이사와 공장장 승인을 받아야 한다.
	4	전표입력	부정확한 회계처리로 회계정보가 왜곡될 수 있다.	급여 계산 및 지급 전표는 인사부, 생산부 및 자금부 부서장 승인을 받아야 한다.
성과급여	1	성과평가규정 수립	사전에 승인된 성과평가규정이 미비하면 성과평가의 공정성이 손상될 수 있다.	성과평가를 위한 기준은 사전에 대표이사의 승인을 받아 명확하고 구체적으로 수립되어야 한다.
	2	사업단위별 성과급 계산	자의적인 성과급 계산으로 회사에 재무적 손실이 발생할 수 있다.	성과급 지급률은 사전에 수립된 기준에 따라 정확히 계산되어야 하고 기획부담당자는 계산결과를 대표이사에게 승인받아야 한다.
	3	개인별 성과급 계산	명확하고 구체적인 개인별 배부기준이 존재하지 않아 조직구성원간 불만이 조성되어 회사에 재무적·비재무적 손실이 발생할 수 있다.	사업단위별로 계산된 성과급을 개인별로 배부할 때 구성원이 합리적으로 납득할 수 있는 배부기준을 수립하고 대표이사 승인을 받는다.
	4	전표입력	부정확한 회계처리로 회계정보가 왜곡될 수 있다.	성과급 지급과 관련된 전표는 자금부 및 회계부서장 승인을 받아야 한다.
퇴직급여	1	퇴직(중간정산) 승인	퇴직대상자 선정이 정확하지 않아 회계정보에 오류가 발생할 수 있다.	인사부 및 관리부 담당자는 현업 부서장의 승인을 받은 사직서와 중간정산희망신청서를 근거로 퇴직금계산대상자를 선정해야 한다.
	2	퇴직금 검토·승인	퇴직금 산출 기초정보의 오류 및 산출 논리의 오류로 정확하고 완전하지 못한 퇴직금이 산출될 수 있다.	인사부 및 관리부 담당자는 외주업체로부터 송부받은 퇴직금계산자료를 재계산하고 대표이사 승인을 받는다.
	3	회사·금융기관 지급액 구분	금융기관에 적립된 기여금에 대한 신청금액 및 지급금액이 정확하지 않아 회사에 추가 비용이 발생할 수 있다.	경리부담당자는 금융기관으로부터 지급내역서를 수취해 지급금액 정확성을 확인해야 한다.
	4	퇴직급여부채 설정	퇴직금추계액 산출 기초정보의 오류 및 산출 논리의 오류로 재무정보가 왜곡표시될 수 있다.	경리부담당자는 외주업체로부터 송부받은 퇴직금추계액 자료에 대해 분석적검토를 실시하고 관리부서장 승인을 받아야 한다.
	5	퇴직신탁예치	회사의 자금상황을 고려하지 않고 기여금을 예치하면 회사의 유동성확보에 문제가 발생할 수 있다.	자금부담당자는 회사의 자금상황과 세무문제를 종합적으로 고려해 금융기관에 납부할 기여금을 결정해 대표이사 승인을 받아야 한다.

별 활동에서 발생할 수 있는 위험내용과 이러한 위험을 감소시키기 위한 통제내용을 기술한 것이다. 예를 들어, [도표 11-4]의 '1. 근태관리현황집계'는 [도표 11-8]의 하위과정인 급여지급의 'No.1'의 근태관리현황집계의 위험내용 및 통제내용과 연결된다. "시간집계가 부정확하면 급여계산에 오류 또는 부정이 발생할 가능성이 있다"의 위험을 감소시키기 위한 통제활동은 "임직원의 근무일수, 근무시수, 시간외근무 등이 정확히 집계된 근태관리현황집계표가 근태관리시스템에서 작성되어야 한다"이다.

제 3 절 급여와 인사활동의 거래유형 테스트절차

급여와 인사활동의 감사절차도 통제테스트, 거래유형 세부테스트, 분석적절차 및 계정잔액 세부테스트 순으로 진행한다. 다른 활동과는 달리 급여는 기중거래금액이 계정잔액보다 훨씬 크므로 감사인은 거래유형 감사에 높은 비중을 둔다.

Ⅰ. 거래유형 테스트의 중요성

감사인은 급여, 원천징수액과 관련한 별도의 독립적인 외부증거를 수집할 수 없으며, 본 활동의 결과로 나타나는 재무상태표의 기말계정잔액 금액도 적다. 급여분개장 등 거래기록이 완전하면 잔액을 검증하기 용이하므로 거래유형 세부테스트가 중요하다.

감사인은 거래유형 세부테스트에 높은 비중을 두지는 않는다. 왜냐하면 급여는 종업원의 이해와 직접 관계되므로 오류가 즉시 적발될 가능성이 높고, 원천징수로 과세당국에서도 주시하는 항목이기 때문이다.

급여거래는 재고자산 평가에 중대한 영향을 미치며, 내부통제가 취약해 가공인건비 계상과 같은 부정발생 가능성이 있다고 판단하면 급여부문 감사절차를 확대해야 한다.

노무원가는 재고자산평가에 직접적인 영향을 미치므로, 급여 분류가 잘못되면 재고자산이 왜곡표시된다. 예를 들어 판매비와 관리비로 분류해야 하는 관리부서 급여를 의도적으로 제조원가로 분류하면 판매되지 않은 부분만큼 재고자산이 과대계상되어 당기순이익이 과대계상된다. 특히 건설업 등에서는 비자금 조성을 위해 가공급여를 활용하기도 하므로, 부정발견 감사절차에서 중요하게 다룬다.

Ⅱ. 급여거래의 감사절차

1. 급여거래의 정규감사절차

급여와 인사활동의 감사는 계정잔액 세부테스트보다는 거래유형 세부테스트에 중점을 둔다. 세부테스트를 수행하기 전에 급여에 대해 분석적절차를 수행한다. 월별급여명세서를 입수해 전기와 비교해 특별한 변동사항이 있다면 변동원인을 확인한다.

[도표 11-9]는 본 활동과 관련한 각 통제목표 및 감사목표별 급여거래의 주요 통제절차, 통제테스트 및 실증절차를 요약한 것이다.

다음의 몇 가지 사항에 유의하여 감사절차를 수행해야 한다.

- 내부통제의 수준 및 전산화 정도는 기업마다 다르다. 감사인은 이러한 상황을 고려해 개별조직의 통제 정도와 취약점을 평가한다.
- 통제위험을 최대수준 이하로 평가하면 내부통제 운용에 관한 증거를 수집해 이를 뒷받침해야 한다.
- 거래유형 세부테스트의 방법과 범위는 내부통제에 대한 통제위험수준의 평가결과, 부정발생 가능성 및 급여거래가 재고자산평가에 미치는 영향의 중요성 등을 고려해 결정한다.
- 급여거래 감사절차는 [도표 11-9]의 순서대로 진행하지는 않는다. 통제테스트와 거래유형 세부테스트를 동시에 실시하면 효율적인 감사를 수행할 수 있다.

도표 11-9 급여거래의 테스트절차

감사목표	주요 통제절차	통제테스트	세부테스트
• 급여액은 실제 재직중인 종업원에게, 실제로 수행한 작업시간을 기준으로 계산되고 지급되었는가(발생사실)	• 작업시간표의 작업시간(초과근무시간 포함) 등을 부서장이 승인 • 자동감응기로 작업시간을 기록 • 적절한 인사기록카드의 유지 • 인사, 시간기록, 급여지급담당자간의 업무분장	• 승인여부를 확인하기 위해 작업시간표를 조사 • 작업시간표에 기재된 작업시간조사 • 인사정책을 검토 • 조직도를 검토 • 종업원에게 질문하고 수행중인 업무를 관찰 • 인사기록카드 조사	• 급여거래파일(지급원장), 총계정원장, 종업원별 급여마스터파일(급여대장)의 거액이나 비경상적 거래금액을 검토 • 급여이체지시서와 급여지급원장을 비교(이름, 금액, 날짜) • 급여이체지시서와 인사기록카드를 비교 • 작업시간표와 작업시간을 독립적인 기록증빙과 상호비교
• 급여거래는 빠짐없이 기록되었는가(완전성)	• 급여이체지시서에 일련번호를 부여하고 순서에 따라 회계처리	• 급여이체지시서의 일련번호 연속성을 확인	• 급여거래파일(지급원장)의 지급액과 은행 이체지시서의 이체액을 조정
• 급여거래는 실제 작업시간을 기준으로, 또한 실제임률을 적용하여 기록되었는가. 또한 원천징수액은 적절히 계산되었는가(정확성)	• 계산과 금액의 독립적인 내부검토	• 내부검토 여부를 조사	• 작업시간표로 작업시간을 재계산 • 실제임률과 근로계약이나 이사회의 승인임률을 비교 • 총지급액 재계산 • 원천징수보고서와 인사기록카드 승인서에 따른 원천징수금액을 확인 • 순지급액 재계산 • 이체지시서 금액을 급여거래파일(지급원장)과 비교
• 급여거래는 적절히 분류되어 급여마스터파일에 기록되고 올바르게 요약되었는가(표시)	• 독립적인 내부검토	• 회계규정 검토 • 내부검토 여부를 조사	• 분류에 대해 회계처리 규정집과 비교 • 인사부서에서는 작업시간표, 작업부문에서는 작업표를 검토하고 노무원가 배분과정을 추적
• 급여거래는 올바른 회계기간에 즉시 기록되었는가(기간귀속)	• 급여지급 즉시 가능한 한 신속하게 거래를 기록하는 절차 • 독립적인 내부검토	• 절차규정집 검토 • 거래가 발생할 때 관찰 • 내부검토 여부를 조사	• 급여거래파일(지급원장)에 기록된 날짜와 이체지시서, 작업시간표에 기록된 날짜를 비교 • 이체지시서의 날짜와 은행에서 지급된 날짜를 비교 • 급여담당자 업무의 정확성을 검토. 급여거래파일(지급원장)의 합계를 산출하고 총계정원장과 종업원별 급여마스터파일로 기록된 과정을 추적

2. 가공급여거래에 대한 부정발견 감사절차

이익을 축소시켜 법인세를 탈루하고 부정한 자금을 조성할 목적으로 가공인건비를 계상하는 사례가 종종 발생한다. 가공인건비는 퇴직한 종업원이나 존재하지 않는 종업원 급여를 장부에 기록하거나 노무시간을 조작하는 방식으로 이루어질 수 있다.

(1) 가공 종업원

기업은 인사부서에서 종업원이 퇴직할 때 그 사실을 급여계산부서에 통보하는 통제절차를 설계한다. 감사인은 이러한 통제절차를 검증하기 위해 퇴직종업원에게 기업이 퇴직금을 지급한 시점을 인사기록마스터파일에 저장된 일자를 확인해 파악한다. 인사기록거래파일에서 당기 퇴직자 중 일부를 표본으로 추출해 급여지급대장으로 추적조사하여 퇴직 후 지급한 급여가 있는지 검증한다.

존재하지 않는 가공직원을 이용하여 가공급여를 계상할 수 있다. 감사인은 급여거래파일에 저장된 거래에서 표본을 추출해 인사부서에서 작성한 인사기록마스터파일에 해당 종업원이 있는지 추적한다.

(2) 가공 노무시간

가공 노무시간을 이용하여 급여를 과대계상할 수 있다. 감사인은 급여지급원장의 총노무시간과 작업시간표의 실제 총작업시간을 상호비교하여 가공 노무시간이 있는지 확인한다.

제 4 절 급여와 인사활동의 계정잔액 실증절차

Ⅰ. 분석적절차

급여계정잔액에 대한 실증절차의 첫 번째 단계로 분석적절차를 실시한다. 이는 세부테스트에서 중점 감사해야 할 비경상적 항목을 사전에 파악하는 데 목적이 있다. [도표 11-10]은 급여와 인사활동의 관련 계정에 대한 분석적절차와 발견할 수 있는 오류유형을 예시한 것이다.

도표 11-10
급여와 인사활동의 분석적절차

분석적절차	발생가능한 오류유형
• 급여계정의 잔액을 전기와 비교 (급여인상률과 인원 증가를 조정한 후 비교)	급여의 과대계상오류
• 직접노무원가의 매출액 구성비를 전기와 비교	직접노무원가의 계산오류
• 판매수수료의 매출액 구성비를 전기와 비교	판매수수료의 계산오류
• 당기퇴직급여와 임금 구성비를 전기와 비교	퇴직급여의 계산오류
• 퇴직급여부채를 전기와 비교	퇴직급여부채의 계산오류

Ⅱ. 관련 계정잔액의 세부테스트

급여와 인사활동에 관련한 계정잔액은 주로 미지급급여계정이다. 급여활동과 관련된 부채계정 세부테스트에서는 급여관련 미지급계정을 과소계상했거나 누락했는지 확인한다.

- 시산표의 미지급급여계정은 적절하게 계산되었는가(정확성).
- 급여와 인사활동의 관련계정은 적절한 회계기간에 기록되었는가(기간귀속).

급여와 인사활동의 계정잔액감사는 금액이 크지 않으므로 거래유형 감사과정에서 내부통제 및 관련 기록의 감사를 완료하면 비교적 짧은 시간에 수행할 수 있다.

Ⅲ. 관련 부채계정잔액의 실증절차

1. 예수금

납부하지 않은 근로소득세원천징수나 건강보험료 등과 같은 예수금항목 잔액을 급여거래파일, 다음 기의 근로소득세원천징수납부명세서 및 현금지출기록과 비교한다.

2. 미지급급여와 미지급상여금

기간귀속 및 평가에 대한 기업의 회계방침을 이해하고 그러한 방침이 일관성 있게 적용되는지 확인하며, 미지급계정 잔액은 재계산을 수행한다. 일반적으로 재무제표일과 급여지급일이 다르므로 미지급한 급여를 미지급급여로 적절하게 인식했는지 확인한다.

보고기간말 현재 지급되지 않은 상여금은 이사회의사록 등에 명시된 상여금 결정방법에 따라 올바르게 계산되었는지 검증한다.

3. 미지급수수료

기업이 판매원에게 지급하는 판매수수료는 미지급급여와 동일한 방법으로 검증한다. 기업마다 판매원 급여정책이나 수수료 계약내용이 다르므로 추가적인 감사절차를 수행한다.

판매원과 기업 간 수수료지급계약의 내용과 성격을 파악하고 계약에 따라 계산한 금액이 정확한지 검증한다. 미지급수수료의 회계처리방법을 전기와 비교하여 일관성 있게 적용하는지 검토한다.

4. 미지급복리후생비

유급휴가 및 병가 등의 당기 미지급금잔액은 전기 계정잔액과 비교하여 금액의 적절성을 검토한다. 복리후생비 지급에 대한 기업의 정책과 회계방침을 파악하고 장부에 기록된 미지급복리후생비를 검증한다.

5. 퇴직급여채무

퇴직연금제도는 확정급여형(DB형)과 확정기여형(DC형)으로 나눈다. 확정기여형은 보험회사에 납입하는 보험료를 전액 비용으로 처리하기 때문에 부채를 인식하지 않으므로 확정급여형을 중심으로 감사절차를 기술한다.

확정급여형에서는 종업원에게 미래에 지급할 퇴직연금을 퇴직급여채무로 인식하고, 보험회사에 납입한 보험료는 사외적립자산으로 인식한다. 퇴직급여채무에 대해 다음의 감사절차를 수행한다.

- 보험계리인의 보험수리보고서를 검토하여 퇴직급여제도의 정확한 조건 및 조건의 변경이 적절하게 반영되었는지 확인한다. 퇴직급여채무 계산에 사용된 관련 요소(할인율, 인구조사데이터 및 기타 재무적 가정)의 적절성을 검토한다. 보험수리보고서와 총계정원장 계정 간의 차이조정 과정에서 발생한 조정내역의 근거를 확인한다.
- 사외적립자산의 수탁자보고서를 입수하여 정확성을 검토하고 합계금액을 총계정원장과 비교하여 확인한다. 사외적립자산이 공정가치로 측정되었는지 확인하며, 시장이 존재하지 않아 평가기법(예를 들어 현금흐름할인방법)을 사용해 공정가치를 추정한 경우에는 평가의 적절성을 검토한다.
- 퇴직급여제도에 대한 통제의 운용효과성에 기초하여, 퇴직급여 지급 및 청구의 정확성과 완전성을 검토한다. 이를 위해 기업으로부터 세부지급명세서를 입수해 기업이 보고한 금액을 확인한다. 서비스조직(예

를 들어 보험회사)에서 퇴직급여를 지급하고 있다면 기업의 서비스조직 활용에 대한 확신을 얻기 위한 감사절차를 수행한다.

- 경영진에게 질문하거나 회의록을 검토해 당기중에 발생한 확정급여제도의 축소 및 청산내용을 확인한다. 축소나 청산 직전과 직후, 퇴직급여채무의 현재가치 및 관련 사외적립자산의 공정가치를 보험수리적 평가와 비교해 일치하는지 확인한다.

Ⅳ. 관련 손익계정의 감사

손익계산서 관련 계정 중 내부통제가 취약하거나 분석적절차에서 비정상항목을 발견한 경우를 제외하고는 일반적으로 손익계정에 대해서는 광범위한 감사절차를 수행하지 않는다. 감사인이 필요하다고 판단하면 다음 계정을 대상으로 추가적인 실증절차를 실시한다.

1. 급여와 상여금

임원 급여 및 상여금은 주주총회 혹은 이사회에서 승인한 한도 내에서 지급되었는지 검증한다. 임원은 자신을 포함한 모든 임원 및 일반종업원의 급여와 상여금을 결정할 수 있는 위치에 있으므로 임원의 보수지급액에 대한 감사는 중요하다. 주주총회의사록 등에서 승인된 임원 보수규정을 검토하고, 이를 급여지급대장과 비교한다.

2. 판매수수료

판매원에 대한 판매수수료의 지급비율이 개별 거래마다 동일한지 검토하며, 판매원별 매출액 자료의 적절성을 검증한다. 계약에 명시된 비율을 기준으로 관련 판매금액이나 수량에 따른 수수료 총액을 독립적으로 계산하여 장부금액과 비교한다.

3. 퇴직급여

확정급여형의 퇴직급여비용은 퇴직급여채무 감사에서 동시에 검증한다. 확정기여형과 관련한 당해 기간의 비용확정과 기여금 결정을 확인하기 위해 관련 문서(예를 들어 근로계약서, 노사협약서, 채용기록 등)를 입수하여 계약조건대로 계산되었는지 검토한다. 이미 지급된 금액을 검토하여 미지급비용 또는 선급비용을 적절하게 인식했는지 검증한다.

4. 총급여

총계정원장의 총급여액과 원천징수계산서의 소득액명세를 비교한다. 이러한 절차를 수행하면 보고기간중 발생한 급여거래가 비급여계정으로 잘못 분류되거나 누락된 항목을 적발할 수 있다. 원천징수계산서는 총계정원장의 금액을 전기한 것이므로 총계정원장의 기록과 분류과정에서 오류가 발생했다면, 양자를 비교하는 감사절차로는 왜곡표시를 발견할 수 없다. 이러한 유형의 왜곡표시를 발견하기 위해서는 거래유형 세부테스트를 수행해야 한다.

CHAPTER 11

연습문제

진위형

다음의 설명을 읽고, 틀린 기술이라면 그 이유를 제시하시오.

(1) 동일한 표본을 대상으로 통제테스트와 거래유형 세부테스트를 수행하는 것을 이중목적의 테스트라고 한다.

(2) 재무상태표항목과 손익계산서항목에 대해 별도로 세부테스트를 수행하여 감사증거를 입수해야 한다.

(3) 부정방지를 위해 인사부서에서는 작업시간기록관리자와 급여기록담당자가 인사기록서류에 접근하지 못하도록 권한을 상호 분리시켜야 한다.

(4) 급여계산과 관련하여 적절한 계정분류시스템을 갖추지 못한 제조기업에서는 재고자산을 과대평가할 수 있다.

(5) 감사인이 급여거래파일(지급원장)의 지급액과 은행 이체지시서의 이체액을 조정하는 세부테스트를 수행하면 실재성 감사목표를 달성할 수 있다.

(6) 판매수수료의 매출액 구성비를 전기와 비교하는 분석적절차를 수행하면 판매수수료 계산오류를 발견할 수 있다.

(7) 재무제표일과 급여지급이 다를 때, 감사인은 미지급된 급여부분을 부채계정으로 적절하게 계상하고 있는지 검증해야 한다.

(8) 감사인은 임원 급여 및 상여금을 한도 내에서 지급하는지 확인하기 위해 급여지급대장을 확인하는 절차를 수행하였다.

(9) 감사인은 보고기간중 발생한 급여거래가 비급여계정으로 잘못 분류되거나 누락되었는지 적발하기 위하여 총계정원장의 총급여액과 원천징수계산서의 소득액명세를 비교하였다.

서술형

1 급여와 인사활동의 테스트절차

다음은 급여와 인사활동의 감사에서 볼 수 있는 전형적인 감사절차이다.

(1) 독립적인 제삼자가 임률 및 계산절차의 내부검증을 실시하는지에 관한 증거를 입수한다.

(2) 모든 미지급계정과 기타부채 명세서를 입수해 총계정원장으로 추적한다.
(3) 종업원계좌별 급여이체지시서에서 표본 20개를 추출해 번호의 연속성을 조사한다.
(4) 두 기간의 급여분개장 합계를 검증하고 총계를 총계정원장으로 추적한다.
(5) 미지급계정에서 표본을 추출해 후속기간의 지출여부와 소득세원천납부서 등의 부속명세서를 조사한다.
(6) 종업원계좌별 급여이체지시서에서 표본 20개를 추출하여 급여지급원장의 성명, 일자, 금액 등이 일치하는지 추적한다.
(7) 매출액에 대한 직접노무비, 간접노무비 및 수수료 등의 비율을 계산해 전기 비율과 비교한다.
(8) 책임 있는 담당자가 임률을 규정에 따라 승인했는지 검토한다.
(9) 근로소득세에 대한 총급여 혹은 판매수수료 등의 비율을 계산한다.
(10) 책임자와 면담해 미지급급여 중에서 아직 당기에 기록되지 않은 금액이 있는지 질문한다.
(11) 분개장에 비경상적인 거래기록이 있는지를 개관하고 이들이 적절히 기록되었는지 검토한다.
(12) 급여지급원장에서의 표본 40개를 추출하여 급여이체통지서 부본으로 추적한다.
(13) 급여지급원장에서의 표본 40개를 추출하여 작업시간카드로 추적한다.

요구사항

1. 위의 각 항목에 대하여 다음 중 가장 적합한 감사절차를 하나씩 선택하시오.
① 통제테스트, ② 거래유형의 세부테스트, ③ 분석적절차, ④ 계정잔액의 세부테스트

2. 위의 각 항목은 어떤 감사목표(전반적 합리성, 완전성, 정확성, 기간귀속, 실재성, 분류)를 달성하기 위한 감사절차인가?

2 급여내부통제에서 발생가능한 왜곡표시유형과 감사절차

온누리 회계사는 성전제조회사의 회계기록으로부터 다음과 같은 왜곡표시를 발견했다.

(1) 급여담당자가 노무원가배부표에 직접노무원가를 전기하는 과정에서 착오로 602번 작업공정에 배분해야 할 원가를 620번 작업에 배분하였다. 602번 작업은 완료해 원가를 당기에 제품으로 분류했다. 620번 작업은 아직 재공품으로 남아 있다.
(2) 김형규와 박성호는 수일에 한 번씩 돌아가며 상대편의 시간기록카드를 찍어주고 있다. 늦게 온 사람은 12시경에 나타나 작업반장에게 교통혼잡 때문에 늦었다고 말하곤 한다. 작업반장은 일하지 않은 시간에 대해 임금이 지급되었다는 사실을 모르고 있다.
(3) 작업반장은 퇴직한 사람의 작업시간카드를 작성해 매주 제출하고 있다. 그에게 지급하는 급여이체통지서를 귀갓길에 그 사람의 집에 찾아가 건네준다. 그들은 이체금액을 절반씩 나누어 갖는다.
(4) 종업원들이 작업시간을 작업별 원가기록표에 기록하는 것을 잊어버리는 사례가 빈번하다.
(5) 급여담당자는 종업원의 근로소득을 원천징수할 때 매주 수십명 종업원의 소득세 ₩10,000을 부당하게 추가공제해 자신의 급여에 가산하고 있다.
(6) 급여담당자가 급여지급원장에 급여이체 기록을 한두 개씩 빠뜨리는 일이 빈번하다.

요구사항

1. 상기 각 오류((1)~(6))를 방지할 수 있는 내부통제활동을 기술하시오.
2. 상기 각 왜곡표시를 발견할 수 있는 감사절차를 기술하시오.

3 급여계정의 분석적절차 (KICPA)

감사인은 (주)검토의 급여 관련 자료를 활용해 실증절차로서의 분석적절차를 수행해 다음과 같이 정리하였다.

(단위 : 원)

① 장부금액	② 감사인의 예측치	③ 차이금액 (=②-①)	④ 허용가능 차이금액	⑤ 허용가능 차이금액초과액 (=③-④)
1,500,000	2,000,000	500,000	100,000	400,000

상기 허용가능차이금액을 초과한 ₩400,000에 대해 경영진에게 질문했는데, 다음과 같은 답변을 들었다.

〈답변내용〉
당기에 새로운 영업담당 임원을 영입했는데, 영입보너스(signing bonus) ₩250,000을 지급하고 급여로 계상하였다.

요구사항

감사인이 이러한 비경상적 항목을 조사하기 위해 추가적으로 수행해야 할 두 가지 절차를 기술하시오.

4 인건비의 분석적절차 (KICPA)

대한용역(주)는 경기 남부지역에서 도로공사를 하고 있는 튼튼건설(주)에 일용직을 파견하고 3개월마다 일용직근로자 인건비를 정산받고 있다. 인건비는 아래와 같이 계산한다.

작업에 투입한 일용직 인원수×실제 작업일수×사전에 결정한 일당

튼튼건설(주)는 공사현장에 감독관을 수시로 파견하여 실제 작업에 투입한 인원수를 파악하고 있다. 다음은 대한용역(주)에서 5월 1일부터 7월 31일까지 3개월간 파견한 일용직 인건비 청구내역이다. 튼튼건설(주)는 청구내역대로 대한용역(주)에 인건비를 지급하였다.

인건비 청구내역

일반일용직	기능일용직(굴삭기 등 중장비작업)
① 작업에 투입한 일용직 인원수 : 50명 ② 실제 작업일수 : 92일 ③ 임금 : ₩70,000/일 ④ 정산금액 : ₩322,000,000	① 작업에 투입한 일용직 인원수 : 5명 ② 실제 작업일수 : 92일 ③ 임금 : ₩300,000/일 ④ 정산금액 : ₩138,000,000

튼튼건설(주)를 감사하는 정지영 회계사는 최근 공사 현장관계자로부터 "지난 5월부터 7월까지 공사가 순조롭게 진행이 안 되고, 굴삭기 등 중장비 작업에 투입된 기능일용직들도 장비 조작에 미숙해 공사가 자주 중단되어 공사 일정에 차질이 생길 것 같아 걱정이다"라는 말을 들었다.

요구사항

정지영 회계사는 도로공사원가의 분석적절차를 실시했는데 인건비가 과대계상되었을 가능성이 있다고 판단했다. 대한용역(주)의 청구내역을 세부적으로 검토했는데 실제로 인건비가 과대지급되었을 가능성이 매우 높다고 판단했다. 정지영 회계사가 그러한 판단을 한 근거는 무엇인지 답하시오.

♠ 사례연구

급여와 인사활동의 감사절차 - 종합사례

정실회계법인은 국제적인 목재도매중개상인 대양목재주식회사를 회계감사하고 있다. 대양목재의 업무특성상 급여와 전화통신료가 비중이 가장 큰 비용이다.

귀하는 급여와 인사활동의 세부감사계획을 수립해야 할 책임이 있는 담당 공인회계사이다. 대양목재는 온라인으로 월별 급여이체, 순이익 계산, 그리고 직원 90명에 대한 월별 급여원장을 작성하는 데 외부전산용역회사를 이용하고 있다. 사장은 모든 직원의 인사기록카드(마스터파일 기록)를 보관하고 있어 직원을 잘 알고 있고 모든 직원은 정규직이다.

사장을 제외한 모든 직원은 작업시간자동감응기를 사용하여 매일 출퇴근시간을 기록하고 있다. 공장장은 매일 직원들이 작업시간자동감응기에 사원증으로 인식하는 것을 감독하며, 저장된 작업시간 기록을 출력해 즉시 보관한다.

매월 말 직원들은 자신의 근무시간을 계산해 공장장에게 보고한다. 공장장은 직원들이 보고한 시간을 검토하며, 사장은 모든 직원의 작업시간기록철을 결재한다. 매월 25일 공장장은 전산용역회사에 전달할 급여입력표를 작성한다. 이때 공장장은 입력표 사본을 회사보관용으로 철해 놓는다. 급여입력표에는 각 직원의 다음 정보가 기록된다.

급여입력명세표

대양목재주식회사

정 보	정보원천
직원 이름	작업시간카드
주민등록번호	직원명단
시간당 임률	임률표(사장이 결재)
정규근무시간	작업시간카드
연장근무시간	작업시간카드
개별공제	개별공제명세서(직원이 작성)
근로소득세 계산자료	원천징수명세서
해고 혹은 퇴직 여부	사 장

전산용역회사에서는 급여입력표에 수록된 정보를 컴퓨터에 입력해 용역회사가 보관하는 급여마스터파일을 갱신하고, 급여명세서를 출력한다. 급여명세서에는 다음의 항목들이 포함된다.

〈직원의 이름, 주민등록번호, 정규근무시간, 연장근무시간, 정규급여액, 연장근무급여액, 총급여액, 원천징수액, 근로소득세, 주민세, 기타 공제액, 순급여액, 은행이체번호〉

급여명세서는 직원별로 작성되고, 직원별 급여가 합산되어 급여원장이 작성된다. 급여원장은 공장장에게 전달되며, 공장장은 급여원장 내용에 따라 계좌별로 급여이체지시서를 작성한다. 공장장이 급여이체지시서와 급여명세서를 사장에게 전달하면 사장은 두 서류를 비교검토하고 서명한 후 은행에는 급여이체지시서를, 급여명세서는 각 직원에게 직접 배부한다.

공장장은 급여원장 합계를 검산한 후 급여지급원장에 총액을 기입한다. 사장은 매달 급여이체지시서의 지급액을 은행계정조정표를 작성해 비교검증한다.

요구사항

1. 전산용역회사를 이용하기 때문에 자료의 손상이 발생할 수 있는가? 대양목재 급여처리시스템의 강점과 취약점을 제시하시오.
2. 급여에 대한 각 내부통제목표를 검증하기 위한 감사절차를 다음 양식에 따라 세 개 이상씩 기술하시오. 귀하의 세부감사계획에는 대양목재의 급여거래 내부통제의 강점 및 취약점을 고려하여 감사절차를 기술해야 한다. 각 감사절차가 통제테스트인지 거래유형의 세부테스트인지 밝히시오.

감사목표	감사절차	감사절차 유형
1. 기록된 급여액이 실제 재직중인 직원에게, 실제 수행한 작업시간을 기준으로 계산되고 지급되었는가(실재성)		
2. 모든 급여거래가 기록되었는가(완전성)		
3. 실제 작업시간과 올바른 임률을 적용하여 급여거래가 정확히 계산·기록되		

었는가(정확성)		
4. 급여거래가 적절히 분류되었는가(표시)		
5. 급여거래는 올바른 회계기간에 기록되었는가(기간귀속)		
6. 급여거래가 급여마스터파일(직원별 급여원장)에 기록되고 올바르게 전기되었는가(분류)		

CHAPTER 12

구매와 대금지급활동의 감사

제 1 절 구매와 대금지급활동의 내부통제
제 2 절 구매와 대금지급활동의 거래유형 테스트절차
제 3 절 매입채무 계정잔액의 실증절차
제 4 절 유형자산의 감사절차

학습목표

이 장의 학습을 완료하면 다음 질문에 답변할 수 있어야 한다.

1. 구매와 대금지급활동과 관련하여 기업이 사용하는 문서는 어떠한 것이 있으며, 각 문서는 어떠한 역할을 수행하는가?
2. 구매와 대금지급활동을 구매요청 및 발주, 입고 및 검수, 매입정산 및 기표, 대금지급 등으로 세분화할 수 있다. 각 세부활동에서는 어떠한 주요 업무가 수행되는가? 각 세부활동에서 발생할 수 있는 위험에 대해 기업은 어떠한 통제활동을 설정하는가?
3. 구매와 대금지급활동의 통제테스트에서 감사인의 주요 감사목표로는 실재성과 완전성을 들 수 있다. 이러한 감사목표를 달성하기 위한 절차로는 무엇이 있는가?
4. 매입채무의 외부조회 설계 및 수행과 관련하여 감사인이 유의해야 할 사항은 어떤 것인가?
5. 감사인이 매입채무와 관련된 기간귀속을 검증할 때 주로 사용하는 테스트방법은 무엇인가?
6. 유형자산의 계정잔액 세부테스트를 위해 감사인이 주로 사용하는 테스트방법은 무엇인가?
7. 감가상각비의 분석적절차는 어떻게 수행하는가?

한눈에 살펴보는 이 장의 내용

구매와 대금지급활동은 재화 또는 용역을 구매하고 그에 따른 대금을 지급하는 활동이다. 본 활동은 재화 공급이나 용역제공이 필요한 사용부서의 구매요청에서 시작하며, 구매주문서 발행(발주), 입고 및 검수, 관련 채무의 기록, 채무 상환을 위한 대금지급으로 종료한다.

구매요청에 대한 승인절차를 적절하게 유지하면 불필요한 구매나 과잉구매를 억제할 수 있다. 내부통제에서 구매기능은 구매요청의 승인기능이나 검수기능과 분리되어야 한다. 검수부서는 수령한 재화 수량을 검증해야 하며, 재화는 도난과 오용의 방지를 위해 물리적 통제가 갖추어진 곳에 안전하게 보관해야 한다. 회계부서는 재화와 용역의 수령에 따라 발생하는 관련 채무는 정확한 금액으로 즉시 기록해야 한다. 대금지급의 적절성을 검토하고 승인함으로써 출금이 정확하고 완전하게 이루어지도록 자금계획 및 지급승인, 자금이체 확인 및 통장관리의 내부통제절차를 설정해야 한다.

감사인은 구매거래 테스트를 수행해 구매거래가 실제 수령한 재화나 용역에 근거한 거래인지와 모든 구매거래를 빠짐없이 기록하고, 정확하게 계산하며, 적절하게 분류했는지 확인한다. 이러한 테스트를 수행해 평가한 왜곡표시위험을 고려하여 계정잔액의 실증절차 범위를 결정한다.

매입채무 실증절차는 매입채무총괄표의 작성에서 출발한다. 감사인은 매입채무총괄표를 작성하여 전기와 당기의 매입채무를 비교하여 특이사항을 파악하고 매입채무회전율과 매입채무회전일수를 계산해 비율이나 추세에 차이가 있다면 경영진에게 질문하고 원인을 분석한다. 부채계정을 감사할 때 과소표시나 누락사항을 검증하기 위해 완전성 감사목표를 중점적으로 감사한다. 외부조회를 수행할 때 기말잔액이 없더라도 기중거래가 빈번하고 금액이 큰 거래처를 대상으로 조회서를 발송한다. 조회를 실시할 때 기업이 조회대상자를 의도적으로 누락시키면 조회대상에서 배제되므로 보고기간말 이후 지급한 증빙서류를 검증해 기간외부채의 존재여부를 확인한다.

유형자산 취득은 상품매매거래와 같이 빈번하게 발생하지 않고 거래금액이 거액이므로 계정잔액 테스트보다는 기중에 발생한 거래를 대상으로 하는 거래유형 세부테스트에 주로 의존한다. 계정잔액 세부테스트는 주로 실물검사 또는 문서검사를 수행해 유형자산거래의 발생사실과 실재성을 확인한다.

구매와 대금지급활동은 외부로부터 재화 또는 용역을 구매하고 구입대금을 지급하는 활동이다. 구매와 대금지급활동의 내부통제와 거래유형 및 계정잔액 테스트절차는 제9장에서 설명한 매출과 대금회수활동의 내용을 구매자 입장에서 매입거래 관점으로 생각하면 쉽게 이해할 수 있다. 예를 들면 적송서류(고객인수증)를 매출 인식을 위한 기초문서로 이용한다면 매입을 인식하기 위한 대칭적 문서는 검수보고서(물품입고증)이다.

제 1 절 구매와 대금지급활동의 내부통제

Ⅰ. 구매와 대금지급활동의 의의

본 활동은 재화공급이나 용역제공이 필요한 사용부서의 구매요청에서 시작한다. 구매요청 및 발주, 입고 및 검수, 매입정산 및 기표(채무의 기록), 채무결제를 위한 대금지급으로 종료한다. 대부분의 기업은 전사적자원관리(ERP) 시스템을 운영하므로 구매와 대금지급활동과 관련한 문서와 회계기록은 전산화시스템을 중심으로 설명한다.

본 활동의 거래흐름 및 관련 계정과목은 [도표 12-1]과 같다.

구매와 대금지급활동에 사용되는 문서와 회계기록은 다음과 같다. 본장에서는 원재료 및 상품 구매활동을 중심으로 기술하며 유형자산의 취득과 관련된 구매활동은 제4절에서 함께 다룬다.

- **구매요청서** : 구매행위원인부서(예를 들어 현업부서에서 재화와 용역의 구매신청, 생산부서에서 원재료 요청)에서 구매요청사항이 발생하면 정해진 승인절차를 거쳐 구매요청서를 작성한다.
- **구매주문서** : 구매하려는 재화와 용역의 명세, 수량, 관련 정보를 기록한 발주 문서이다. 구매행위원인부서의 구매요청서를 근거로 구매부서에서 작성한다. 재화와 용역을 조달할 수 있는 권한을 부여하는 서류

도표 12-1
구매와 대금지급활동의 관련계정 및 거래흐름

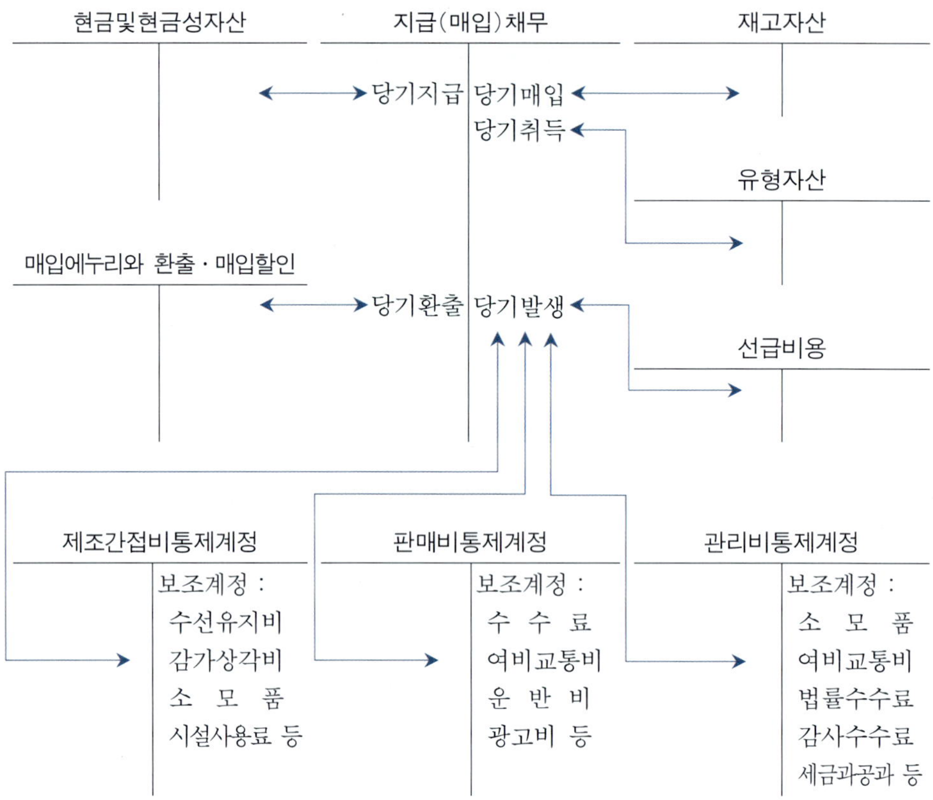

로서 구매지시서라고도 부른다.

- **검수보고서** : 검수담당자는 구매주문서와 거래명세서를 검토해 입고되는 재화의 수량 및 품질 검사를 수행하는데, 수령한 재화의 명세, 수량, 수령일 등이 표시된다. 재화 및 용역의 수령시점은 매입자에게는 관련 채무를 처음으로 인식하는 기준일자가 된다.
- **세금계산서** : 사업자가 재화 또는 용역을 공급할 때 부가가치세를 징수하고 이를 증명하기 위해 공급받는 자에게 교부하는 영수증이다. 세금계산서는 송장(invoice) 역할을 하며, 외상거래에서는 청구서 기능을 갖는다. 세금계산서에는 공급자가 적송한 재화 및 용역의 명세로서 공급품목, 단가와 수량, 공급연월일, 거래 종류, 작성연월일 등이 포함된다. 세금계산서는 외부에서 작성된 서류이므로, 기업의 매입채무 존재를 증빙하는 중요한 문서이다. 2011년부터 납세협력비용(보관비 등)을 절감하기 위해 모든 법인사업자는 전자세금계산서 발급을 의무화했다. 기업은 별도의 종이형태 세금계산서를 보관할 의무는 없으며, 국세청

전산망(etax)에서 전자세금계산서를 조회할 수 있다.

- **기표**: 입력한 자료를 회계시스템으로 확정(장부로 전기)시키는 기능으로, 기표는 입력자료를 근거로 회계전표를 만드는 절차이다. 전산시스템에서는 모든 자료가 회계전표로 관리되며, 매입·매출·결제·수금·경비발생·대체전표·타계정대체 자료 등이 기표에 의해 회계전표를 생성시킨다.
- **매입채무거래파일**: 거래처별로 구입거래, 대금지급거래 및 채무잔액을 기록하는 보조장부 역할을 한다.
- **발행수표**: 지급기일이 도래했을 때 구매대금을 지급하는 수단으로 이용한다. 공급자에게 수표를 교부하고 은행에서 결제되면 기업의 예금계정은 감소하며, 이 수표는 지급필수표(canceled check)가 되어 수표부본이라는 증빙문서로 남는다.
- **현금지출장**: 현금 및 수표에 의한 지출거래를 기록하는 분개장이다. 현금지급총액, 전표철에 표시된 차기메모(debit memo) 발생액 혹은 에누리, 기타 분개 등이 기록된다.
- **공급자월별계산서**: 공급자가 월별 거래명세서를 작성하여 구매거래처에 통보해 온다. 공급자와 기업 간의 당월 구매거래 내역이 기술되고 기초채무액, 당기결제액 및 기말채무잔액이 표시된다. 공급자월별계산서는 외부에서 작성된 서류이므로 기업의 매입채무 존재를 증빙하는 중요한 문서이다.

Ⅱ. 구매와 대금지급활동의 업무흐름

내부회계관리제도를 구축한 기업은 업무흐름도와 이를 기술한 업무기술서, 관련 활동(activity)에서 발생할 수 있는 위험(risk) 내용을 기술한 리스크기술서, 이러한 위험을 방지하기 위해 설정해야 할 통제활동을 기재한 통제활동기술서를 구비한다. 본서에서는 제9장의 매출거래와 마찬가지로 전사적자원관리(ERP)를 도입한 중견 제조기업을 가정하여 통제활동을 기술한다.

업무내용을 담고 있는 업무기술서를 하위과정(sub process)별로 [도표 12-2]에서 한 번에 정리하고(기술서상 번호는 업무흐름도상의 번호와 일치), [도표

도표 12-2 구매와 대금지급활동 업무기술서

하위과정	No.	활동명	업무내용
구매요청 및 발주 [도표 12-3]	1	구매요청서 작성	구매행위원인부서에서는 사내전산망에서 구매요청서를 작성한다.
	2	결재	사내전산망에서 작성한 구매요청서는 결재라인을 따라 전자결재를 받는다.
	3	견적의뢰	구매담당자는 결재를 받은 구매요청서를 사내전산망에서 송부받고, 승인된 공급업체로부터 견적의뢰를 받는다.
	4	구매처 선정	구매부는 견적을 접수해 가격조건 등을 검토하고, 거래처와 협의한 후 최종적으로 구매처를 선정한다.
	5	특별승인	구매부는 특별승인절차를 요하는 항목은 구매결의서를 작성해 구매부서장 승인을 받은 후 대표이사 승인을 받는다. 일반승인절차를 요하는 거래는 부서장 전결로 구매승인이 이루어진다.
	6	발주 및 계약체결	구매담당자는 계약을 체결한 후 구매주문서를 작성하여 팩스나 이메일로 공급업체에 송부하고 ERP에 발주등록을 한다.
입고 및 검수 [도표 12-4]	1	원부자재 수령	공급처로부터 거래명세서와 함께 원부자재가 검사대로 도착한다.
	2	수량확인	창고관리부 물류담당자는 검수단계에서 구매요청서와 거래명세서를 확인해 수량검사를 수행하며, 수량이 일치하면 ERP에 수량등록을 한다. 수량조사를 통과하면 거래명세서는 구매부로 바로 송부된다.
	3	추가입고	거래명세서와 수량이 일치하지 않아 부족분이 발생하면 공급처와 협의해 추가입고를 요청하거나 거래명세서를 수정한다.
	4	품질검사	품질검사담당자는 표본을 추출해 품질검사(규격검사, 외관검사)를 실시한다. 부적합품은 품질관리부서장에게 보고하여 부적합품관리규정에 따라 처리한 후 공장장의 전자결재를 받으며, 대표이사에게는 월별로 보고한다.
	5	성적서 (검수보고서)	품질검사담당자는 품질검사를 통과하면 성적서(검수보고서)를 작성하여 품질관리부서장 승인을 받은 후, 해당 부서에서 1부를 보관한다.
	6	입고등록	품질검사담당자는 성적서를 작성하고 시스템에 합격판정을 입력한다. 창고관리담당자는 반입검사에서 합격한 자재만 입고처리한다.
매입정산 및 기표 [도표 12-5]	1	전자세금계산서조회	매입정산담당자는 전산망에서 거래처로부터 수령한 전자세금계산서를 조회한다.
	2	매입인식액 대조	매입정산담당자는 전자세금계산서, 거래명세서, 구매요청서, ERP의 입고전표를 확인하여 각 서류의 금액과 수량이 일치하는지 검증한다.
	3	매입승인기표	매입정산담당자는 대조 및 검토를 한 후 차이가 없으면 구매부서장 승인을 받고 ERP에 매입채무를 등록한다. 구매담당자는 결산시 정리되지 않은 미결사항을 건별로 원인을 파악하여 처리한다.
	4	외상구매집계표 승인	구매부서장은 외상구매집계표를 월별로 작성해 담당임원 승인을 받아 구매내역 적절성을 사후적으로 검토받는다.
	5	대금지급결의 등록	매입정산담당자는 구매부서장이 외상구매집계표를 담당임원에게 승인받아 ERP에 대금지급결의등록을 한다.
대금지급 [도표 12-6]	1	자금계획 및 승인	자금부서장은 자금의 입금예정액과 지급예정액을 확인하여 일간·월간 자금계획을 수립하고 자금일보를 작성한 후 대표이사 승인을 받는다.
	2	자금집행	자금담당자가 ERP에 결제해야 할 내역을 등록한 후 부서장 승인을 받는다. 대금지급은 구매카드(전자어음)를 발행하고 인터넷으로 조회하며, 소액결제는 은행에 직접 송금한다.
	3	자금이체사항 검토 및 승인	자금담당자는 매일 마감시 지급내역일계표와 ERP에 등록된 결제내역, 구매카드의 은행별 전송자료와 통장사본을 확인하여 자금이체 적절성을 검토한다. 부서장과 대표이사 승인 후 구매카드(전자어음)목록과 지급내역일계표를 비교하여 만기별로 예정자금이 집행되었는지 검토한다.
	4	소액현금 시재액 확인	자금담당자는 관련 증빙과 회계처리를 일정주기로 비교하여 검토한 후 장부금액과 소액현금 시재액의 일치여부를 확인한다.
	5	통장관리	통장은 금고에 보관하며 사용인감은 대표이사가 보관한다.

12-3]부터 [도표 12-6]까지는 세부적으로 업무흐름도를 제시한다. 마지막으로 [도표 12-8]에서는 리스크기술서와 통제활동기술서를 설명형태로 보여준다.

[도표 12-2]에서 보면 구매와 대금지급활동은 구매요청 및 발주, 입고 및 검수, 매입정산 및 기표, 대금지급의 네 단계로 세분화한다. 업무기술서에는 업무흐름도에 표시한 주요 활동의 업무내용을 기술하며, 하위과정의 제목 밑에 표시한 도표번호는 관련 업무흐름도와 직접 연결된다. 구매와 대금지급활동에서의 업무 목표는 생산에 필요한 제품을 적정한 가격, 제품사양, 수량 등을 고려해 구매하며, 적정한 재고수량을 보유해 영업활동에 지장이 없도록 구매업무를 진행하는 데 있다. 구매요청 및 발주는 구매부에서 담당하며, 입고 및 검수는 창고관리부와 품질관리부에서 수행한다. 매입정산은 구매부와 자금부에서 담당한다.

구매와 대금지급활동의 통제활동을 요약하면, 구매주문서는 승인된 구매요청에 의해서만 발행되며, 입고된 자재의 내역은 정확하고 완전하게 기록되어야 한다. 매입채무 등으로 기록된 금액은 구매거래조건대로 적시에 정확히 지급해야 한다.

업무흐름도는 하위과정별로 작성한다. 업무흐름도에 제시한 활동명 옆에 표시한 마름모(◆) 안에 기재한 번호는 각 활동과 관련하여 발생할 수 있는 위험 및 이에 대한 통제활동과 관련된다. 예를 들어 [도표 12-3]의 하위과정인 '구매요청 및 발주'에서 결재 옆에 표시한 "1"은 [도표 12-8]에 제시한 리스크기술서와 통제활동기술서의 구매요청 및 발주에서 "1"에 해당한다. 이 단계에서 발생할 수 있는 위험은 "승인되지 않은 구매신청에 대해 구매주문서가 발행되면 불필요한 재고 및 매입채무를 부담할 위험이 있다"는 것이다. 이러한 위험을 방지하기 위해서는 구매요청에 대한 승인이 필요하며, 이를 위한 통제내용을 통제활동기술서에 기재한다. 즉 구매요청에 대한 승인의 통제내용은 "구매요청서는 반드시 구매행위원인부서에서 작성해야 하고, 전자결재를 통하여 해당 부서장의 승인을 받아야 한다"로 설정하고 있다. 기업은 이러한 통제활동이 실제 수행되고 있는지 주기적으로 검증하며, 감사인은 내부회계관리제도를 검토할 때 이들 통제활동이 설계된 대로 운용되는지 검토한다.

[도표 12-3]부터 [도표 12-6]까지는 하위과정별 업무흐름도를 제시한 것이다. [도표 12-3]을 살펴보면, 생산계획에 따라 구매품목이 발생하면 관련 부서장 승인에 따라 구매요청서를 작성한다. 결재받은 서류가 사내전산망을 통해 구매부와 창고관리부로 송부되면, 견적의뢰를 비롯한 구매부에서 구매활

도표 12-3
업무흐름도 :
구매요청 및 발주

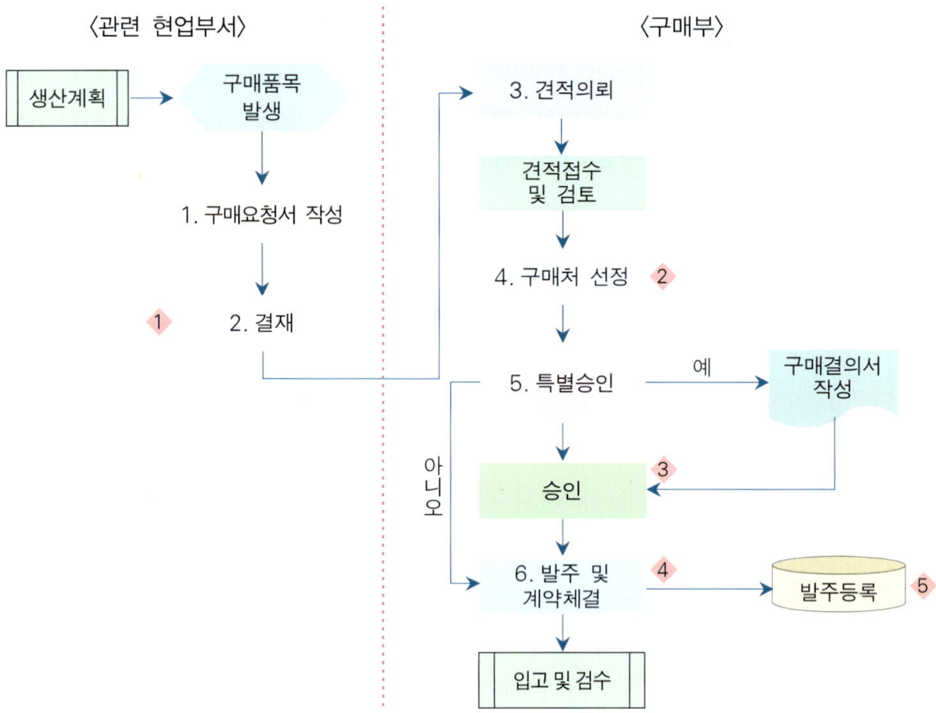

도표 12-4
업무흐름도 :
입고 및 검수

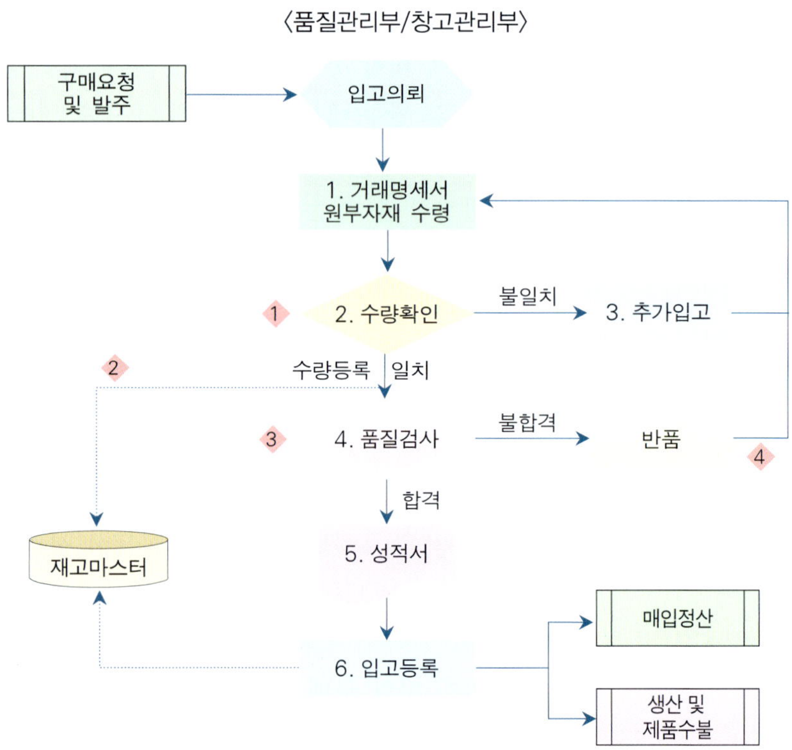

도표 12-5
업무흐름도 :
매입정산 및 기표

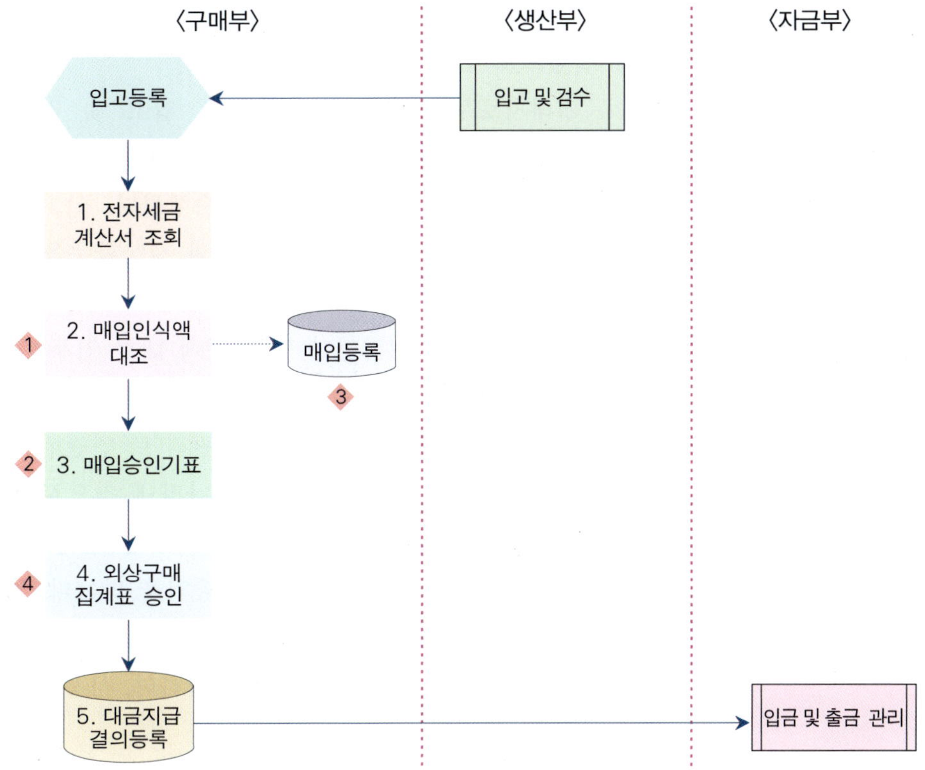

도표 12-6
업무흐름도 :
대금지급

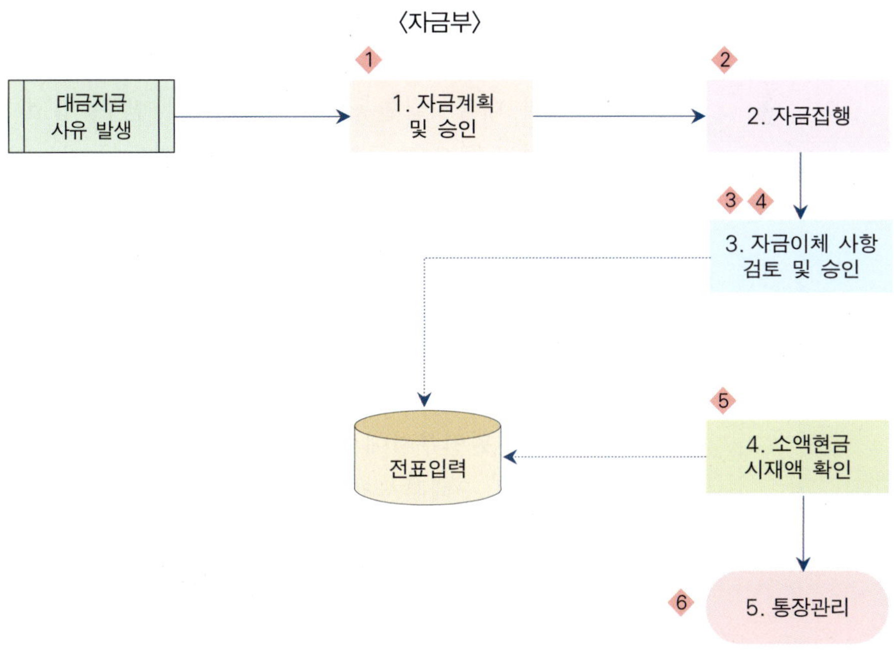

동을 수행하며 마스터파일에 발주등록을 마치면 [도표 12-4]의 '입고 및 검수'활동으로 넘어간다.

거래처로부터 물품이 도착하면 '입고 및 검수'활동을 시작하며, [도표 12-4]는 이러한 활동을 업무흐름도로 표시한 것이다. '입고 및 검수'에서는 수량확인, 품질검사 등의 활동을 수행한다. 입고등록을 끝으로 대금지급을 위한 '매입정산 및 기표([도표 12-5])'와 생산활동을 위한 '생산 및 제품수불'로 이어진다.

[도표 12-5]는 매입정산 및 기표에 대한 업무흐름도를 나타낸 것이다. 구매부에서 관련 활동을 수행한 후 외상구매집계표를 작성하여 마스터파일에 등록하면 자금부의 '입금 및 출금 관리'로 연결된다.

[도표 12-6]은 대금지급활동을 나타낸 것으로, 자금부서장은 자금계획을 수립하여 대표이사 승인을 받은 후 자금을 집행한다. 자금담당자는 매일 지급내역 적합성을 검토해 대표이사 승인을 받는다. 일정주기로 증빙과 회계처리를 검토한 후 장부금액과 소액현금 시재액의 일치여부를 확인한다. 통장과 OTP(One Time Password)는 금고에 보관하며, 사용인감은 대표이사가 보관한다.

Ⅲ. 구매와 대금지급활동의 기능 및 내부통제

구매와 대금지급활동은 구매요청 및 발주, 입고 및 검수, 매입정산 및 기표, 대금지급 등으로 구분한다. 각 세부활동의 기능과 관련 내부통제절차는 다음과 같다.

1. 구매요청 및 발주(구매주문서 발행)

구매행위원인부서에서는 필요한 재화나 용역을 공급받기 위해 구매요청서를 작성하여 구매부서로 송부한다. 구매요청 승인절차를 적절하게 유지하면 불필요한 구매나 과잉구매를 억제할 수 있다.

재화 및 용역의 구매요청을 승인하면 구매부서는 이를 기초로 구매주문서를 발행한다. 주문(order)은 특정품목을 일정가격으로 일정시간까지 인도해 줄 것을 공급자에게 발의(지시)하는 공식절차이다.

구매부서는 현업부서가 요청한 품질의 재화나 용역을 합리적인 가격으로 구입할 책임이 있다. 내부통제에서 구매기능은 구매요청의 승인기능이나 검수기능과 분리되어야 한다. 모든 구매주문서에는 통제목적으로 일련번호가 부여되어야 한다.

2. 입고 및 검수(검수보고서 발행)

재화를 수령하면 재화의 명세, 수량, 납기일 준수여부 및 품질상태 등을 검사한다. 검수부서는 재화 수령 및 검수의 증거로서 수령한 재화의 수량을 검증해야 한다. 작성한 검수보고서(receiving report)의 부본을 창고부서, 회계(매입정산)부서 및 구매부서로 각각 송부한다. 독립적인 검증기능을 강화하는 방법으로 검수부서에 보내는 구매주문서에는 수량을 삭제해 검수부서에서 검수한 수량을 직접 확인하여 기록하는 통제절차를 채택하기도 한다.

재화는 수령에서 사용시점까지 도난과 오용을 방지하기 위해 물리적 통제장치가 갖추어진 창고에 보관해야 한다. 검수담당자 업무는 창고 및 회계담당자의 업무와 분리시켜야 한다.

3. 매입정산 및 기표(관련 채무 기록)

회계(매입정산)부서는 재화와 용역의 수령에 따라 발생하는 관련 채무는 정확한 금액으로 즉시 기록해야 한다. 최초의 원시기록은 재무제표와 현금지출에 영향을 미치므로 실재성 및 금액의 정확성을 검토하고 관련 부채를 회계장부에 기록한다.

회계부서는 구매거래 정당성을 검증해야 하며, 거래를 매입채무원장에 즉시 기록해야 한다. 전산망을 통해 거래처로부터 전자세금계산서를 송부받으면 구매주문서, 검수보고서 등과 비교해 재화의 명세, 수량, 지급조건, 운임의 일치여부를 조사한다. 계산검증을 수행하고 계정분류한 후, 전표에 기록하고 매입채무보조원장(또는 매입채무마스터파일)에 전기한다.

4. 대금지급(관련 채무 결제)

대금지급 적절성을 검토하고 승인함으로써 출금이 정확하고 완전하게 이루어지도록 하는 업무와 관련된 활동이다. 주요 내부통제는 자금계획 및 지급승인, 자금이체 확인 및 통장관리이다.

자금계획이 적절하지 않으면 자금 부족으로 기한 내에 지급하지 못할 위험이 있으므로, 자금담당자는 자금계획서를 작성해 대표이사 승인을 받아야 한다. 자금 승인이 부적절하게 이루어지면 거래처에 대금을 이중으로 지급할 수 있으며, 지급이 완료된 건을 지급요청해 종업원이 횡령할 위험이 있다. 이를 방지하기 위해 지급요청서에 첨부된 관련 증빙에 지급을 완료했다는 표시('지급필')를 한다. 자금이체가 완료되지 않아 대금지급이 누락될 수 있으므로 자금일보의 지급내역일계표와 은행전송 이체자료를 검토하여 오류여부를 확인해야 한다. 통장과 인감관리의 미흡으로 금전사고가 발생할 수 있으므로, 통장은 금고에 보관하고 사용인감은 대표이사가 별도로 보관한다.

IV. 리스크기술서와 통제활동기술서

리스크기술서와 통제활동기술서를 살펴보기 전에 [도표 12-7]에서 하위과정별 통제활동을 개관하고, 통제목표를 살펴본다.

[도표 12-7]의 하위과정별 통제목표를 달성하기 위해서는 주요 활동에서 발생할 수 있는 위험을 파악해야 하며, 이러한 위험을 관리하기 위한 통제활동을 설정해야 한다. 주요 활동에서 발생할 수 있는 위험을 파악한 내용은 리스크기술서에 요약하며, 관련 위험을 관리하기 위한 활동은 통제활동기술서에 기술한다.

도표 12-7
구매와 대금지급활동 하위과정별 통제목표

하위과정	주요 기능	통제목표
구매요청 및 발주	제품의 구매요청, 계약체결 및 구매주문의 과정을 거쳐 정당한 구매처에 합리적인 가격으로 주문하는 발주처리를 관리하는 업무와 관련된 프로세스이다.	• 구매요청은 정확하고 완전하게 이루어져야 한다. • 구매주문은 정확하고 완전하게 이루어져야 한다. • 접근권한이 적절하게 제한되고 업무분장이 되어야 한다.
입고 및 검수	자재입고는 승인받은 구매요청서에 근거해야 하고, 주문수량에 따라 정확하게 입고되며, 품질검사를 통과하지 못한 불량에 대한 적절한 사후관리가 이루어져야 하는 것과 관련된 업무의 프로세스이다.	• 입고는 정확하게 기록되어야 한다. • 자재의 취소·반품은 부적합품관리 규정에 따라 처리되어야 한다. • 부적합품은 적절하게 사후관리가 수행되어야 한다.
매입정산 및 기표	입고된 자재에 대한 채무는 해당 회계기간에 기록되어야 하고, 이중으로 매입을 정산해서는 안 되며, 입력된 구매관련 정보는 총계정원장에 정확하고 완전하게 반영되어야 하는 업무와 관련된 프로세스이다.	• 입고된 자재에 대한 채무는 해당 회계기간에 기록되어야 한다. • 전자세금계산서에 대한 채무는 한 번만 계상되어야 한다. • 정보는 총계정원장에 정확하고 완전하게 반영된다. • 담당임원은 적절성을 사후적으로 검토한다.
대금지급	대금지급을 적절하게 검토하고 승인하여 출금이 정확하고 완전하게 이루어지도록 하는 업무와 관련된 프로세스이다.	• 일별·월별 자금계획은 정확하고 완전하게 검토된다. • 대금지급은 승인된 계좌에 정확한 금액으로 이체된다. • 대금지급의 승인 및 집행은 업무분장이 이루어진다. • 자금출금은 정확하고 완전하게 관리된다. • 통장, 인감에 대한 접근이 제한된다.

[도표 12-8]은 리스크기술서와 통제활동기술서로, 이들 서류들을 바탕으로 최종적으로 통제 매트릭스(control matrix)를 작성한다. 통제 매트릭스에 관련 활동에서 발생할 수 있는 위험, 통제명, 통제내용, 통제목적 등을 열거한다. 이러한 통제활동이 설계된 대로 운용되고 있는지를 평가하기 위해 평가방법과 평가주기를 기술한다.

도표 12-8 구매와 대금지급활동 리스크기술서와 통제활동기술서

하위과정	No.	리스크기술서		통제활동기술서
		활동명	위험내용	통제내용
구매요청 및 발주	1	결재	승인되지 않은 구매신청에 대해 구매주문서가 발행되면 불필요한 재고 및 매입채무를 부담할 위험이 있다.	구매요청서는 반드시 구매행위원인부서에서 작성해야 하고, 전자결재를 통해 해당 부서장 승인을 받아야 한다.
	2	구매처 선정	거래처 선정이 공정하고 객관적으로 수행되지 않아 부적절한 구매거래처와 구매계약이 체결될 위험이 있다.	구매담당자는 공급업체 관리규정에 따라 공급업체 현황조사, 공급업체 평가 등을 근거로 구매처를 선정해야 한다.
	3	승인	승인되지 않은 구매신청에 대해 구매주문서가 발행되어 불필요한 재고 및 매입채무를 부담할 위험이 있다.	구매절차 전결규정에 따라 전결권자를 지정해야 하며, 구매주문서는 전결권자가 적절하게 승인해야 한다.
	4	발주 및 계약체결	구매주문서가 완전하고 정확하게 기재되지 않으면 의도와는 다른 구매가 발생할 위험이 있다.	구매주문서는 전산시스템에서 자동으로 일련번호가 부여되어야 한다.
	5	발주등록	구매주문이 승인 없이 또는 승인된 거래내용과 상이하게 이루어지거나, 승인된 구매요청이 누락될 위험이 있다.	구매승인 및 발주, 취소 등과 관련한 시스템 접근권한은 승인된 담당자에게만 허가해야 한다.
입고 및 검수	1	수량확인	주문되지 않은 자재의 입고처리를 제한하지 않으면 부적절한 자재가 입고될 위험이 있다.	창고부서담당자는 입고시 구매주문서 및 거래명세서의 품목 및 수량이 일치하는지 확인하고 외관상태가 양호한지를 검수한다. 검수에서 문제가 발생하면 구매부서담당자에게 통보한다.
	2	수량등록	입력 누락으로 자재입고가 올바르게 인식되지 못할 위험이 있다.	수량등록시 필수사항을 모두 입력해야 ERP에 등록되도록 설정해야 한다.
	3	품질검사	발견되지 않은 불량원자재가 적절히 처리되지 못하여 반제품·제품의 불량을 야기할 위험이 있다.	불량자재 대처절차를 사전에 수립한다. 품질부서 부서장은 부적합품 처리결과를 매월 대표이사에게 보고한다.
	4	반품	부적합품관리규정을 위배하는 부적절한 반품처리가 발생할 위험이 있다.	ERP에 입고처리된 후 반품되는 자재는 부적합품관리규정에 따라 처리한다.
매입정산 및 기표	1	매입인식액 대조	매입관련 자료간에 상호 정보의 불일치로 매입·매입채무가 과소·과대계상될 위험이 있다.	매입채무를 등록하기 전에 전자세금계산서와 거래명세서, 구매주문서, 수불명세서 등을 비교하여 금액일치 여부를 확인한 후 담당임원 승인을 받는다.
	2	매입승인 기표	제품매입이 완전하고 정확하게 반영되지 않아 매입·매입채무가 과소·과대계상될 위험이 있다.	구매담당자는 매입등록되었으나 매입승인기표가 안된 건이 존재하는지를 주기적으로 검토하고 원인을 파악하여 미결사항을 조치한다.
	3	매입등록	제품매입이 완전하고 정확하게 반영되지 않아 매입·매입채무가 과소·과대계상될 위험이 있다.	구매담당자는 제품이 입고되었으나 매입등록이 되지 않은 건이 존재하는지를 주기적으로 검토하고 원인을 파악하여 미결사항을 조치한다.
	4	외상구매 집계표 승인	오류나 부정으로 부적절한 구매주문을 발견하지 못할 위험이 있다.	담당임원은 구매내역 적절성을 사후적으로 검토한다.
대금지급	1	자금계획 및 승인	자금운용 계획의 검토 미흡으로 자금 과부족 및 불필요한 금융비용이 발생할 위험이 있다.	자금담당자는 일일·월별 자금계획 및 전일 실적을 자금일보로 작성하여 대표이사 승인을 받는다.
	2	자금집행의 접근제한	자금을 집행한 후 내역조회 미흡으로 승인받지 않은 자금이 집행될 위험이 있다.	자금담당자는 자금이체시 부서장 승인을 받아야 하며 구매카드(전자어음) 발행시 ID와 비밀번호는 부서장에게만 부여해야 한다.
	3	자금이체 사항 확인	은행전송의 검토 미흡으로 대금지급이 누락될 위험이 있다.	자금담당자는 지급내역일계표와 은행전송 이체자료를 확인하여 오류여부를 검토한다.
	4	만기일자 확인	구매카드 만기관리 미흡으로 재무적 손실이 발생할 위험이 있다.	자금담당자는 자금집행 후 구매카드(전자어음) 지불결과의 목록을 출력하여 구매집계표의 만기와 대조하여 지급의 적절성을 검토한다.
	5	소액현금 시재액 확인	주기적인 현금실사의 미흡으로 금전사고가 발생할 위험이 있다.	자금담당자는 월 1회 이상 장부금액과 실물의 일치여부를 확인하는 현금시재점검보고서를 작성하여 부서장 승인을 받는다.
	6	통장관리	통장·인감 관리 미흡으로 금전사고가 발생할 위험이 있다.	통장은 금고에 보관하고 금고열쇠는 부서장이 관리하며, 사용인감은 대표이사가 별도로 보관한다.

제 2 절 구매와 대금지급활동의 거래유형 테스트절차

감사인은 통제테스트와 거래유형 세부테스트를 수행해 평가한 거래기록의 왜곡표시위험이 낮다면 계정잔액 실증절차 범위를 줄일 수 있다.

본 활동의 거래유형 테스트절차는 크게 구매거래와 대금지급거래로 나누어 실시한다. 구매거래 감사에서는 구매요청 및 발주, 입고 및 검수, 매입정산 및 기표 등 세 기능에 주로 관심을 두며, 대금지급거래 감사는 네 번째 기능인 대금지급거래를 테스트한다.

Ⅰ. 구매거래의 테스트절차

구매거래의 감사목표, 주요 통제절차, 통제테스트 및 세부테스트절차를 [도표 12-9]에 요약하였다. 주요 통제절차를 감사목표에 대응시키고, 관련 통제테스트와 거래유형 세부테스트를 이에 연결시켜 파악한다.

기중에 발생한 구매거래를 대상으로 감사인은 [도표 12-9]에 표시한 여섯 개 감사목표에 대한 테스트를 실시한다. 여섯 개 감사목표 중 특히 중요한 다음 네 개의 감사목표를 살펴본다.

(1) 기록한 구매거래가 가공이 아닌 실제 수령한 재화나 용역에 근거한 거래인가(발생사실)

발생사실 감사목표와 관련한 내부통제가 적절하다고 판단하면 세부테스트 범위를 크게 축소시킬 수 있다. 내부통제가 취약하면 종업원의 개인 유용목적 재화나 용역의 부당구입, 가공거래의 기록을 통한 현금의 횡령, 특정품질에 대한 비합리적 가격의 구매 등이 발생할 수 있다. 감사인은 내부통제가 취약하다고 판단하면 잠재적 부정위험요소인지를 파악하기 위해 거래의 세부테스트절차를 확대하여 실시한다.

도표 12-9 구매거래의 테스트절차

감사목표	주요 통제절차	통제테스트	세부테스트
• 기록한 구매거래가 가공이 아닌 실제 수령한 재화와 용역에 근거한 것인가(발생사실)	• 구매요청서, 구매주문서, 검수보고서, 전표와 관련 공급자세금계산서를 구비해야 한다. • 승인권자가 취득거래를 승인해야 한다. • 이중사용 방지를 위해 문서 취소절차를 준수해야 한다. • 문서집행 후 취소 표시여부를 조사한다. • 공급자세금계산서, 검수보고서, 구매주문서, 구매요청서 등을 내부검증해야 한다. • 내부검증절차를 조사한다.	• 전표철에 증빙서류가 존재하는지 조사 • 승인의 표시여부를 조사	• 증빙서류의 합리성과 신뢰성 조사(공급자세금계산서, 검수보고서, 구매주문서, 구매요청서) • 재고자산의 실제매입을 장부기록으로 추적 • 취득한 유형자산 및 기타자산의 실사
• 실제 발생한 모든 구매거래가 빠짐없이 기록되었는가(완전성)	• 구매주문서에 일련번호가 부여되고 모두 순번대로 처리되어야 한다. • 검수보고서에 일련번호가 부여되고 순번대로 처리되어야 한다. • 지급(구매)전표에 일련번호가 부여되어야 한다.	• 구매주문서의 일련번호순 발행여부를 확인 • 검수보고서의 번호순 발행과정을 확인 • 지급전표의 번호순 발행과정을 확인	• 검수보고서철에서 지급전표철 및 매입분개장으로 추적 • 지급전표철에서 매입분개장으로 추적
• 기록된 구매거래는 정확하게 계산되었는가(정확성)	• 계산 및 금액의 내부검증이 이루어져야 한다.	• 내부검증절차를 조사	• 매입분개장에 기록된 거래와 공급자세금계산서, 검수보고서, 기타 증빙서류를 비교 • 할인과 운임을 포함한 매도인송장의 계산 정확성을 확인하기 위해 계산검증
• 구매거래는 적절하게 분류되었는가(분류)	• 적절한 계정과목분류표를 유지해야 한다. • 분류에 대한 내부검증을 수행해야 한다.	• 회계규정집 및 계정과목분류표를 조사 • 내부검증절차를 조사	• 공급자세금계산서 분류와 계정과목분류표 분류를 상호비교
• 구매거래는 적절한 기간에 즉시 기록되었는가(기간귀속)	• 재화와 용역이 수령된 후 적시에 거래를 기록해야 한다. • 분류에 대한 내부검증을 수행해야 한다.	• 규정집을 조사, 기록되지 않은 공급자세금계산서가 존재하는지 조사 • 내부검증절차를 조사	• 검수보고서의 일자와 매입분개장 및 공급자세금계산서의 일자를 비교
• 구매거래가 매입채무 및 재고자산마스터파일에 적절히 포함되고 정확히 요약되었는가(표시)	• 주문거래파일, 매입채무 보조파일, 마스터파일 간 합계에 대한 내부검증이 이루어져야 한다.	• 내부검증절차를 조사	• 분개장의 합계를 확인하고 이를 총계정원장, 매입채무 및 재고자산마스터파일로 추적

(2) 실제 발생한 모든 구매거래가 빠짐없이 기록되었는가(완전성)

매입관련채무감사에서 감사인은 과소계상 가능성(누락여부)을 검증하기 위해 많은 시간을 투입한다. 이를 예방하기 위한 내부통제가 효과적으로 운용되고 있다고 평가하면 감사시간을 현저하게 단축할 수 있기 때문이다.

기업이 계속기록법을 사용하면 구매거래 세부테스트에서 계속기록의 매입액 적절성을 검증한다. 기록누락을 예방하는 내부통제의 완전성목표가 효과적으로 관리된다고 판단하면 감사인은 실제수량과 단가에 대한 재고실사 범위를 상당부분 축소할 수 있다.

(3) 기록된 구매거래는 정확하게 계산되었는가(정확성)

관련자산, 부채, 비용계정의 평가는 주로 매입장 기록의 정확성 여부에 따라 좌우된다. 감사범위는 구매거래 계산의 정확성목표와 관련한 내부통제 효과성을 감사인이 어느 정도로 신뢰하느냐에 따라 달라진다.

(4) 구매거래는 적절하게 분류되었는가(분류)

구매거래 분류절차가 합리적이면 계정분류의 오류가능성은 감소한다. 분류목표에 대한 내부통제 효과성은 모든 계정에 영향을 미친다. 그중에서도 특히 유형자산의 당기취득액, 관련 비용계정인 수선비, 소모품비에 직접 영향을 미친다.

Ⅱ. 대금지급거래의 테스트절차

대금지급거래의 감사목표, 주요 통제절차, 통제테스트 및 세부테스트절차는 [도표 12-10]과 같다. 각 감사목표와 관련한 주요 통제절차를 이해하고 효과성을 평가하기 위해 통제테스트와 세부테스트를 실시한다. 이러한 테스트를 수행해 평가한 왜곡표시위험을 고려하여 계정잔액의 실증절차 범위를 결정한다. 실무에서 감사인은 구매거래와 대금지급거래의 테스트절차를 이중 목

도표 12-10 대금지급거래의 테스트절차

감사목표	주요 통제절차	통제테스트	세부테스트
• 기록된 대금지급거래가 가공이 아닌 실제 수령된 재화나 용역에 대한 지출인가(실재성)	• 매입채무의 장부기록업무와 수표발행업무를 적절히 분리 • 승인받은 담당자만 수표에 서명하는지 파악하기 위해 증빙서류를 검사 • 내부검증 • 수표에 서명할 때 증빙서류에 근거하여 지급을 승인	• 담당자에게 질문하고 업무수행과정을 관찰 • 담당자에게 질문하고 업무수행과정을 관찰 • 내부검증의 증적을 조사 • 승인과정을 조사	• 지급된 수표와 관련하여 매입분개장을 추적하여 수령인과 지급액을 검사 • 지급된 수표에 승인받은 자가 서명했는지, 정당한 배서인지, 은행에서 지급했는지 검사 • 구매거래 감사절차의 일부분으로 증빙서류를 검사
• 기중의 모든 대금지급거래는 빠짐없이 기록되었는가(완전성)	• 미리 일련번호가 기입된 수표의 사용 • 은행계정조정이 현금지출거래 기록이나 자산보관과는 독립적인 담당자가 수행해야 함	• 수표가 번호순으로 발행되는지 확인 • 은행계정의 조정내역을 조사하고 수행과정을 관찰	• 장부에 기록된 현금지출과 은행보고서의 현금지출을 비교(현금지출검증표의 작성)
• 기록된 대금지급거래는 정확하게 계산되었는가(정확성)	• 계산 및 금액의 내부검증 • 독립적인 담당자가 은행계정조정표를 작성	• 승인절차를 조사 • 은행계정조정표를 조사하고 작성과정을 관찰	• 지급된 수표와 관련된 매입분개장 및 현금지출분개장을 비교 • 현금할인의 재계산 • 현금검증표의 작성
• 대금지급거래는 적절히 분류되었는가(분류)	• 적절한 계정과목분류표의 유지 • 분류의 내부검증	• 회계규정집과 계정과목분류표를 검사 • 내부검증의 증적을 조사	• 매도인송장과 매입분개장의 분류를 참조하여 계정과목분류표의 분류기준을 상호비교
• 대금지급거래가 적절한 회계기간에 즉시 기록되었는가(기간귀속)	• 수표가 서명된 후 즉시 거래를 기록하도록 하는 규정의 구비 • 내부검증	• 규정집의 조사, 장부에 기록되지 않은 수표지급이 존재하는지 조사 • 내부검증의 증적을 조사	• 지급필수표(수표부본)의 날짜와 현금지출분개일자의 비교 • 지급필수표의 날짜와 은행실제 지급일을 비교
• 대금지급거래가 매입채무마스터파일(보조원장)에 정확하게 반영되어 있으며 또한 적절히 요약되었는가(표시)	• 내부검증	• 내부검증의 증적을 조사	• 분개장의 합계를 확인하고 총계정원장과 매입채무마스터파일(보조원장)로 전기의 정확성을 추적

적으로 동시에 수행한다. 예를 들어 매입분개장에서 특정거래를 추출하여 공급자세금계산서와 검수보고서를 확인하고, 동시에 관련된 대금지급 내용과 금액을 추적하고 검증한다. 이러한 동시검증방법은 감사의 효과성을 감소시키지 않으면서 감사시간을 줄여 감사의 효율성을 높일 수 있다.

제 3 절 매입채무 계정잔액의 실증절차

Ⅰ. 매입채무총괄표의 작성

매입채무 실증절차는 매입채무총괄표의 작성에서 출발한다. 매입채무총괄표상 기초잔액을 전기감사조서와 비교하고, 기말잔액은 당기에 감사할 총계정원장 또는 시산표 잔액과 대조한다. 분석적절차를 수행해 변동내역을 살펴보고 급격한 변동이 있다면 원인을 조사한다. 매입채무명세서를 입수하여 계산검증을 수행하고, 매입처별 보조부와 대조하여 동 잔액이 최근 청구서에 근거하여 계산되었는지 확인한다.

Ⅱ. 실증적인 분석적절차

매입채무총괄표를 기초로 다음과 같이 실증적인 분석적절차를 수행한다.

- 매입채무명세서를 전기와 비교하고, 예측하지 못한 변동이 있는지(예를 들면 주요 공급자) 또는 예측하는 변동이 발생하지 않은 이유를 조사한다.
- 당기매입액과 평균 매입채무를 기초로 매입채무회전율(당기 매입액÷평균 매입채무)과 매입채무회전일수를 계산해 전기와 비교하고, 비율이나

추세에 차이가 있다면 경영진에게 질문하고 원인을 분석한다.
- 지급어음, 기업구매카드, 구매자금대출의 평균잔액에 평균이자율을 곱해 이자비용의 적절성을 테스트한다.

Ⅲ. 계정잔액의 세부테스트

감사인은 매입채무와 같은 부채계정을 감사할 때 과소표시나 부외부채와 같은 누락사항을 검증하기 위해 완전성 감사목표를 중점감사절차로 설정한다. 감사인은 매입채무에 대해 [도표 12-11]의 감사절차를 수행하며, 특히 다음의 감사절차에 유의한다.

- 체계적인 외부조회를 수행하여 과소계상된 매입채무를 적발하고, 계정잔액이 적절한지를 테스트한다.
- 보고기간말 이후에 지급된 매입채무를 검증하여 기간귀속의 적절성과 완전성을 테스트한다.
- 계정분류 적절성을 테스트하며, 공시사항 적합성을 검토한다.

1. 외부조회

매입채무에 대해 외부조회를 실시해 감사인이 검증하고자 하는 감사목표는 매입채무 기록의 완전성(기록누락 또는 과소계상)이다. 중요성 및 조회 범위에 따라 적극적 또는 소극적 조회를 선택하며, 조회할 때 다음 절차를 수행한다.

- 매입채무 기록의 완전성을 검증하기 위해 개별 거래처별 매입채무 계정잔액 크기와 상관없이 기업의 주된 거래처에 조회를 요청한다. 중간감사에서 기중거래가 빈번하고 금액이 큰 거래처를 파악해 주요 매입처를 파악한다. 이러한 거래처는 기말잔액이 존재할 것이므로 매입채무 잔액이 0원인 거래처도 주요 매입처를 포함하도록 조회를 설계한다. 조회대상자 목록을 작성할 때 기업이 조회대상자를 의도적으로 누

도표 12-11 매입채무의 계정잔액 실증절차

감사목표	계정잔액의 세부테스트	비 고
• 매입채무의 계정잔액 및 구성항목, 관련 자산과 비용의 계정잔액이 합리적인가 (분석적절차 – 전반적 합리성)	• 관련계정의 비용총액을 전기총액과 비교 • 비경상적 항목, 매도인이 불명확한 항목, 이자가 발생하는 부채를 파악하기 위해 매입채무명세서를 전반적으로 조사 • 주요 개별 매입채무계정을 전기금액과 비교 • 다음 비율을 계산해 전반적인 합리성을 평가 (당기매입÷매입채무) (매입채무÷유동부채)	• 분석적절차를 실시한다. • 당기의 관련비용을 전기비용과 비교하면 매입채무계정에 포함된 비경상적 항목이나 예외사항을 효과적으로 밝힐 수 있다.
• 매입채무명세서에 표시된 매입채무가 관련보조원장의 금액과 일치하는가, 또한 총계가 정확하게 계산되고 총계정원장과 일치하는가(정확성)	• 매입채무명세서의 계산검증 • 총계를 총계정원장으로 추적 • 공급자세금계산서별로 보조원장의 거래처와 금액으로 추적	• 매입채무명세서에서 일부를 추출하여 개별 매입채무를 계산검증한다. • 통제절차가 극히 취약하지 않는 한 보조원장으로의 추적은 몇 개의 표본으로 한정해 실시한다.
• 매입채무명세서에 표시된 매입채무는 타당하며 가공거래를 포함하고 있는가(실재성)	• 매입채무명세서로부터 공급자세금계산서 및 공급자월별계산서로 추적 • 금액이 크고 비경상적인 매입채무에 대해 조회	• 부채감사는 과소표시에 관심을 두므로 실재성목표에는 별다른 주의를 기울이지 않는다.
• 실제 발생한 매입채무는 매입채무명세서에 빠짐없이 기록되어 있는가(완전성)	• 기간외부채의 검증	• 매입채무감사에서 가장 중요한 감사목표 중 하나이다.
• 매입채무명세서에 표시된 매입채무는 적절히 평가되었는가 (평가 및 배분)	• 기간외부채의 검증	• 감사인은 과대표시보다는 과소표시에 더 관심을 둔다. 평가에서는 누락오류보다 과소표시에 중점을 둔다.
• 매입채무명세서에 표시된 매입채무는 적절히 분류되었는가 (분류)	• 이자발생부채와 장기부채계정잔액을 명세서 및 보조원장과 검토 • 회사 담당자에게 질문	• 기업의 사업목적 및 성격에 대한 이해가 필수적이다.
• 구매와 대금지급거래는 해당 회계기간으로 적절히 기록되었는가(기간귀속)	• 기간외부채의 검증 • 재고자산 실물확인의 일부분으로 세부감사절차 수행 • 미착상품을 테스트	• 매입채무감사에서 필수적인 절차인 기간귀속 검증절차(cut-off-test)를 실시한다.
• 매입채무 및 기타 관련채무의 계정잔액은 적절히 재무제표 및 주석에 표시되었는가(표시)	• 장기부채 및 이자발생을 수반하는 부채가 일상적인 매입채무와 분리해 보고했는지 검토	• 표시의 감사목표는 특수관계자와의 거래 외에는 큰 문제가 되지 않는다.

락한다면 기록되지 않은 매입채무를 적발하기 어렵다. 이를 보완하기 위해 보고기간말 직후 일정기간의 대금지급기록을 테스트한다.

- 미회신거래는 대체적 감사절차(조회일 이후 지급내역 검토, 제삼자로부터의 서신, 상품검수기록의 조사)를 수행한다.
- 조회에서 불일치사항이 발생하면 왜곡표시 여부를 결정하기 위해 조사한다. 왜냐하면 조회결과 불일치는 잠재적 부정위험요소로 전개될 수 있기 때문이다.
- 기중에 조회를 실시하였다면 조회일로부터 보고기간말까지의 거래를 검토하여 동 기간의 비경상적인 항목을 조사하고, 전기 거래수준과 비교한다.

2. 기간외부채의 검증

매입채무계정 감사에서 부채의 누락 및 과소계상 가능성과 관련하여 기간외부채 검증은 큰 비중을 차지한다. 기간외부채(out-of-period liability)는 당기에 귀속되어야 하는 부채를 기록하지 않고 후속기간으로 미루어 기말부채를 과소계상하는 것을 말한다.

조회를 실시할 때 기업이 조회대상자를 의도적으로 누락한다면 원천적으로 조회대상에서 배제되므로 과소계상된 매입채무를 적발할 수 없다. 보고기간말 이후 실제 지급된 매입채무를 대상으로 다음과 같이 감사절차를 추가로 수행한다.

(1) 후속기간의 대금지급에 대한 증빙서류 검증

대부분의 기업은 재고자산을 구매할 때 현금거래보다는 외상거래를 선호하며, 일정기간(예를 들어 월단위)에 발생한 구매대금을 주기적으로 정산한다.

보고기간말 직후 일정기간의 지급기록을 검토하여 매입채무명세서로 역추적하면 부외부채의 존재를 확인할 수 있다. 예를 들어 보고기간말 직후에 결제된 지출은 보고기간말 현재 매입채무로 인식했을 것이다. 보고기간말 후에 지급된 매입채무가 보고기간말 매입채무명세서에 기록되어 있지 않다면 보고기간말에 매입채무를 누락했음을 의미한다.

(2) 전자세금계산서와 매입채무명세서의 비교

공급자는 국세청 전산망에서 전자세금계산서를 발행하므로, 구매기업은 전산 조회를 통해 발급된 전자세금계산서의 조회 및 출력이 가능하다. 감사인은 세금계산서목록의 매입거래가 매입채무명세서에 포함되어 있는지 비교한다.

(3) 세금계산서와 검수보고서의 비교

보고기간말에 근접해 매입한 상품은 검수보고서의 발행일을 확인한다. 보고기간말 이전에 발행된 검수보고서를 공급자세금계산서와 비교해 매입채무에 포함되었는지 확인해 누락된 채무를 검증한다.

3. 기간귀속의 검증

(1) 재고자산의 실사와 기간귀속의 관계

매입채무의 기간귀속(cut-off) 검증은 반드시 재고자산의 실사와 연계하여 수행한다. 매입의 기간귀속정보는 주로 재고자산 실사를 수행하면 얻을 수 있기 때문이다.

감사인은 모든 재고자산이 장부에 포함되었는지 확인하기 위해 실사하고, 최종 발행된 검수보고서번호를 감사조서에 기록한다. 이를 기초로 검수보고서 번호를 매입채무 기록으로 추적한다. 예를 들어 재고자산 수량실사에서 마지막 검수보고서가 3167이면 이전 번호들을 관련 공급자세금계산서, 매입채무목록, 매입채무보조원장으로 추적하여 당기 매입채무에 포함되었는지를 파악한다. 이때 3167 이후 번호의 검수보고서에 기록된 매입채무는 당기말 매입채무 기록에서 제외되어야 한다.

(2) 미착상품의 검증

도착지인도기준의 상품은 수령시점에서 소유권이 구매자에게 이전된다. 보고기간말 이전에 입고된 부분까지만 당기의 재고자산과 매입채무에 포함되어야 한다. 선적지인도기준으로 구매한 상품은 보고기간말 이전에 선적이 이루어지면 당기의 재고자산 및 매입채무로 기록해야 한다.

상품이 어떤 조건으로 구매되었는지 조사하기 위해, 공급자세금계산서나 매도인송장을 검토한다. 선적지인도기준으로 매입한 상품은 보고기간말 이후에 입고된 항목의 관련 송장을 추가적으로 조사한다. 즉 보고기간말 이전에 해당 항목을 선적했다면 관련 재고자산과 매입채무는 당기 거래로 기록해야 한다.

4. 분류와 표시

감사인은 계정분류와 공시가 적절한지를 검토하며 일반적 상거래(재고자산 매입)에서 발생하지 않은 채무는 재분류한다. 예를 들어 유형자산 취득으로 발생한 채무는 매입채무가 아닌 미지급금으로 분류해야 한다.

보고기간말로부터 1년 이후 지급될 금액(예를 들어 장기성매입채무)은 비유동부채로, 보고기간말로부터 1년 이내에 지급시기가 도래하는 금액은 비유동부채에서 유동부채로 재분류(유동성장기매입채무)해야 한다. 기업은 유동비율을 좋게 보이려는 의도로 유동성대체항목을 고의적으로 누락하는 유인이 있으므로 유동성대체를 적절하게 수행했는지 검토해야 한다.

특수관계자와의 거래가 있다면 그 내용을 주석 등으로 적절하게 설명하고 있는지 확인한다.

제 4 절 유형자산의 감사절차

Ⅰ. 유형자산의 내부통제

유형자산과 관련된 계정항목의 상호관계와 거래흐름은 [도표 12-12]와 같다.

도표 12-12
유형자산 관련 계정의 상호관계와 거래흐름

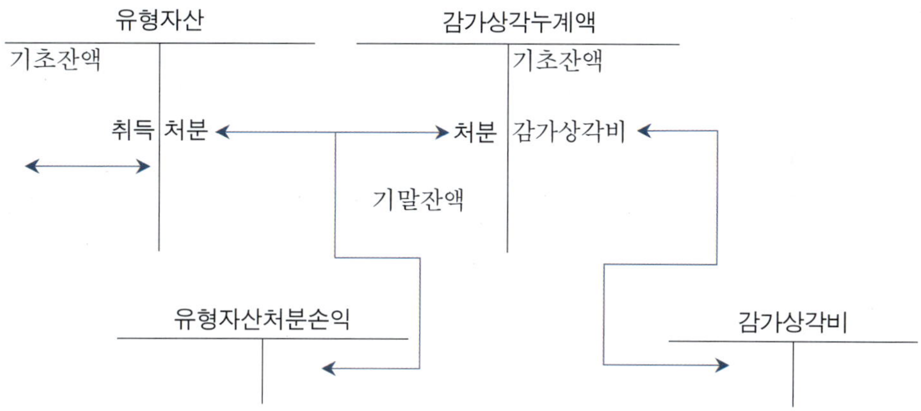

유형자산과 관련한 기업의 내부통제목표는 다음과 같다.

- 유형자산의 취득목적에 적합한 공급업체를 선정하고, 견적조건을 정확하고 완전하게 검토해야 한다.
- 구매주문서의 주문내역대로 유형자산을 취득하며, 취득원가의 계산은 정확하고 완전하게 이루어져야 한다.
- 자산실사 계획수립과 자산실사 보고서의 작성은 정확하고 완전하게 이루어져야 한다.
- 감가상각비를 정확하게 계산하고, 완전하게 장부에 반영해야 한다.

유형자산 업무흐름은 취득활동, 유지·변동관리 및 실사 활동, 기말평가 및 감가상각관리로 세분할 수 있다.

취득활동은 유형자산을 취득할 때 적절한 검토와 승인으로 공급업체를 선정하고, 취득한 자산을 정확하고 완전하게 입고하는 업무와 관련된다. 유지·변동관리 및 실사 활동은 적절한 실사계획에 따라 주기적으로 실사를 수행하고, 자산의 처분·폐기·수선 등의 적절한 검토와 승인절차에 따라 유형자산의 유지·변동관리를 하는 업무이다. 마지막으로 유형자산의 기말평가방법(원가모형과 재평가모형)의 적합성과 손상차손의 계상여부, 그리고 감가상각정보의 적절성을 검토하여 유형자산의 기말평가액을 장부에 올바르고 완전하게 반영하는 업무와 관련된다.

Ⅱ. 유형자산의 감사절차

유형자산 취득은 상품매매거래와 같이 빈번하게 발생하지 않지만, 거래금액이 거액이며 취득금액이 장기간 장부에 존재한다. 취득원가의 결정, 자본적 지출과 유형자산 처분금액의 확인, 유형자산의 기말평가방법, 감가상각방법의 선택 및 계속적 적용 여부를 검증하는 데 중점을 두는 감사절차를 계획한다. 유형자산에서는 주로 실재성, 권리와 의무, 평가 및 배분의 분야에서 왜곡표시위험의 발생가능성이 높다.

유형자산 감사절차는 계정과목의 특성상 계정잔액 세부테스트보다는 기중에 발생한 거래를 대상으로 한 거래유형 세부테스트에 주로 의존한다.

1. 분석적절차

감사인은 계정잔액이나 거래유형 테스트를 수행하기 전에 유형자산 및 관련 계정에 대한 분석적절차를 실시한다. 분석적절차는 다음과 같이 수행한다.

- 유형자산총괄표를 작성하여 유형자산의 기중 증감거래를 요약하여 정리한다. 총괄표에 유형자산을 항목별로 기초잔액과 기말잔액을 기록하고, 전기 감사조서와 당기 총계정원장 및 시산표의 잔액과 각각 비교한다.

- 총괄표를 중심으로 감가상각비와 감가상각대상자산 간의 비율을 분석한다.
- 총자산 대비 유형자산의 구성비율(유형자산÷총자산)과 당기순이익 대비 수선비의 비율(수선비÷당기순이익)을 비교한다.

상기 절차를 수행하면 가공거래(실재성 또는 발생사실, 권리와 의무)나 누락한 거래(완전성)를 식별할 수 있고, 거래가 적합한 기준을 적용해 평가했는지(평가)에 대한 증거를 얻을 수 있다.

2. 계정잔액의 세부테스트

전기에 수행한 감사에서 확인한 유형자산의 기초계정잔액을 당기에 다시 테스트하면 비효율적이다. 이런 이유로 계정잔액 세부테스트보다는 당기 증감거래내역에 대해 세부테스트를 수행한다.

주로 실물검사 또는 문서검사를 수행해 유형자산의 발생사실과 실재성을 확인한다. 유형자산 실사는 실재성에 관한 증거를 제공하지만 법적 소유권에 대한 증거를 제공하지는 못하므로, 다음과 같이 문서검사를 병행한다.

- 유형자산의 법적 소유권을 확인하기 위해 권리증서(부동산 등기부등본, 자동차 등록원부), 보험증서, 재산세 영수증을 조사한다.
- 리스에 해당하는 거래는 리스인식면제규정에 해당하는지 검토한다. 단기리스나 소액자산 리스는 자산과 부채를 인식하지 않고 리스료를 리스기간에 걸쳐 비용으로 인식할 수 있다. 기업이 부외부채 효과를 누리기 위해 리스자산 및 부채로 인식해야 할 리스거래를 리스인식면제규정에 해당하는 것처럼 회계처리할 수 있다. 리스계약서를 입수해 회계처리가 적절한지 검토해야 한다.
- 기업이 자금을 차입할 때 금융기관은 채권회수를 위해 유형자산에 담보권을 설정한다. 부동산 등기부등본을 열람해 소유권뿐만 아니라 적절한 공시가 필요한 담보제공 등의 소유권 제한여부를 확인한다.

기업이 자산의 기말평가방법으로 원가모형과 재평가모형 중 어느 방법을 선택하는지 확인하고, 회계처리방법이 적절한지와 일관성 있게 적용하는지 확인한다. 매기 손상차손 발생을 확인하기 위한 주기적 검토시스템이 기업 내부에 존재하는지 확인하고, 관련 회계처리가 회계기준에 따라 적합하게 이루어지고 있는지 검증해야 한다.

3. 취득거래와 처분거래의 세부테스트

계속감사에서 기초 계정잔액 검증은 전기 감사조서를 인용하며, 당기 증감거래에 대한 테스트를 수행해 기말 계정잔액의 적절성을 검증한다. 기초잔액에 대한 전기감사가 적절하게 이루어졌다고 가정하면, 당기 변동사항(거래유형)만 감사하더라도 기말잔액의 적절성 여부를 검증할 수 있다.

(1) 취득 등 증가거래의 테스트

유형자산 취득거래는 재무제표에 장기간 영향을 미치므로 당기 증가액의 기록을 집중적으로 감사한다. 수선비를 자본화한다든지 당기 취득거래를 잘못된 금액으로 기록하면 자산이 처분될 때까지 재무상태표에 영향을 미친다. 자산의 감가상각이 완료될 때까지 손익계산서에도 계속 영향을 미친다. 유형자산은 취득거래와 자본적 지출 등으로 증가하는데, 감사절차는 다음과 같다.

- 당기 증가액 중 중요한 거래는 세금계산서, 검수보고서, 계약서 등의 문서를 검사하며, 취득승인 및 회계처리의 적절성을 검토한다.
- 소액 지출거래에서 일부를 표본으로 추출하여 실재성을 확인한다. 기업은 감사인이 중요한 거래를 대상으로 감사를 수행하는 점을 이용하여 다수의 소액 거래를 이용해 가공자산을 계상할 수 있기 때문이다.
- 수익적 지출 및 자본적 지출 구분의 타당성 및 계속성을 검토한다. 수익적 지출로 처리해야 할 항목을 자본적 지출로 자본화해 당기 비용을 과소계상하기도 한다. 자본적 지출로 처리된 내역을 검토해 자본화 적절성을 조사하며, 수익적 지출로 처리된 거래 중 자본화해야 할 항목이 있는지 조사한다.
- 복구원가를 추정해 유형자산 취득원가에 포함한 경우에는 복구원가의

내용, 추정방법, 금액 및 회계처리방법을 검토한다.
- 건설중인자산에 대한 당기 지출액의 회계처리 적절성을 검토하고, 자본화한 차입원가는 재계산 검증을 수행해 계산의 정확성을 검토한다.
- 교환거래로 취득한 유형자산이 있는지 질문하고, 회계처리가 적절한지를 검토한다.

(2) 처분 등 감소거래의 테스트

유형자산 장부금액은 처분거래 및 손상차손의 인식거래로 감소한다. 유형자산 처분과 관련된 내부통제로 매각, 교환, 폐기, 도난 등을 보고하고 처리하기 위한 공식적인 시스템과 승인을 받지 않은 자산의 부당한 처분을 방지할 수 있는 유형자산의 매각 및 처분에 대한 승인규정을 들 수 있다.

- 유형자산 처분은 대부분 손실을 발생시키므로 고의적으로 처분거래를 누락할 수 있는데, 완전성목표와 관련된다. 감사인은 완전성목표를 검증하기 위해 다양한 원천으로부터 누락된 처분거래의 정보(예를 들어 처분을 승인한 이사회의사록, 처분대금을 기록한 현금수입장)를 입수한다.
- 유형자산처분손익을 정확하게 계산했는지 세금계산서와 보조원장기록을 확인해 검증한다. 보조원장에 기록된 처분자산의 취득원가와 감가상각누계액을 총계정원장의 기록과 비교해 처분손익을 재계산하고 회계기록과 비교한다.
- 진부화 또는 시장가치의 급격한 하락으로 회수가능액이 장부금액에 현저하게 미달할 가능성이 있는 자산에 대해 손상차손이 적절하게 회계처리되었는지 검토한다.

(3) 감가상각거래의 감사

감가상각비는 외부거래가 아닌 기업 내부의 원가배분방침에 따라 결정되므로 감사목표는 정확성이다. 일반적으로 다음의 감사절차를 수행한다.

- 감가상각비명세서를 입수하여 감가상각비 및 감가상각누계액 계상의 적절성과 감가상각방법, 내용연수 또는 상각률의 계속 적용여부 및 비

용배부기준의 타당성을 검토한다.

- 신규로 취득한 자산에 적용하는 내용연수가 타당한지 검증한다.
- 감가상각누계액 적절성에 대한 테스트는 재계산을 수행해 정확성을 검토한다. 감가상각비는 평균 감가상각률을 이용해 감사인이 개산(approximate estimate)한 금액과 기업이 계상한 금액을 비교하는 분석적 절차를 수행한다. 중요한 차이가 발생하는 항목은 추가로 재계산검증을 수행한다.

다음의 사례는 감가상각비 감사절차를 예시한 것이다.

사례 정액법을 사용하고 있을 경우의 감가상각비 감사절차

〈1단계 : 분석적절차〉

감가상각비 검증은 분석적절차를 이용한 당기총액의 전반적 합리성 검토로부터 출발한다. 당기의 주요 미상각잔액에 개략적인 상각률을 곱해 계산한 금액과 장부에 기록한 감가상각비를 비교한다. 미상각잔액은 당기 취득액 및 처분액은 조정해 계산한다. 주요 유형자산의 감가상각방법 및 당기의 상각률을 파악하고 필요하다면 내용연수를 조정한다. 당기 감가상각비의 개산추정치가 기업의 실제 감가상각비 총액에 근접하고 내부통제가 양호하다고 판단하면 세부테스트 범위를 크게 축소할 수 있다.

계정과목	평균상각 대상금액	평균 상각률	기대 감가상각비	장부상 감가상각비	차 이	감사인 판단
건 물	100,000	30%	30,000	31,000	1,000	적절
기계장치	250,000	20%	50,000	15,000	(35,000)	중요한 차이

〈2단계 : 감사인의 재계산 검증〉

1단계에서 분석적절차를 수행한 결과, 감사인이 계산한 기대감가상각비와 장부에 기록된 감가상각비의 차이가 중요한 기계장치는 추가로 재계산검증을 수행한다. 건물계정은 감가상각목록과 원가계산서(제조원가로 분류되는 감가상각비) 및 총계정원장(판매비와 관리비로 분류되는 감가상각비)을 비교하는 기본적인 절차만으로 세부테스트를 종료한다.

CHAPTER 12

연습문제

진위형

다음의 설명을 읽고, 틀린 기술이라면 그 이유를 제시하시오.

(1) 구매요청에 대해 적절한 사전승인절차를 유지하면 불필요한 구매나 과잉구매를 억제할 수 있다.

(2) 구매부서에서 구매주문서를 작성해 매입처에 송부한 후 검수의 완전성을 위해 품목과 수량이 기재된 구매주문서 부본을 검수부서로 발송하였다.

(3) 기업은 이중지급과 종업원 횡령을 방지하기 위해 지급요청서에 첨부된 관련 증빙원본에 지급을 완료했다는 완불날인표시를 하고 있다.

(4) 구매부서 담당자는 구매행위원인부서에서 수령한 구매요청서에 부서장 승인이 있는지 확인한 후 최적의 품질과 가격으로 매입하기 위해 가장 최근에 구입한 구매처에 구매주문서를 발송하였다.

(5) 감사인은 매입채무의 거래기록 완전성을 검증하기 위해 개별 거래처별 매입채무 계정잔액이 큰 기업을 대상으로 조회확인을 요청하였다.

(6) 감사인은 중요성을 고려해 조회를 기중에 실시하기로 결정하였다. 조회일로부터 보고기간말까지의 거래를 검토해 동 기간에 발생한 비경상적인 항목을 조사하고, 전기 거래수준과 비교하였다.

(7) 감사인은 기업이 조회대상자를 의도적으로 누락하였는지 적발하기 위해 후속기간의 대금지급에 대한 증빙서류를 검증하고 전자세금계산서를 확인하였다.

(8) 감사인은 매입채무의 기간귀속을 검증하고자 한다. 이를 위해 마지막 검수보고서 1234의 이후 검수보고서 번호에서 표본을 추출하여 공급자세금계산서, 매입채무목록, 매입채무보조원장으로 추적하였다. 이를 통해 이후 검수보고서 번호의 검수보고서에 기록된 재고자산의 매입채무를 당기말 매입채무 기록에서 제외하였다.

(9) 구매와 대금지급활동에서 분류와 표시에 대한 감사절차는 특별히 중요하게 다루지 않는다.

(10) 유형자산에 대해 계정잔액 세부테스트를 수행할 때, 일반적으로 계정잔액 세부테스트보다는 거래유형 세부테스트를 수행한다.

(11) 감사인은 실재성을 검증하기 위하여 당기에 취득한 중요한 거래를 대상으로 감사를 수행하여 취득 등 증가거래에 대한 테스트를 수행하였다.

(12) 감사인은 처분된 거래가 누락되었는지 확인하기 위해 처분을 승인한 이사회의사록과 처분대금을 기록한 현금수입장을 검토하였다.

서술형

1 원재료 구매거래의 내부통제 취약점

김뚝뚝 회계사는 한국주식회사의 원재료 구매, 검수, 보관, 출고의 내부통제를 평가하였다. 김 회계사는 회사의 내부통제를 파악한 후 다음과 같은 서술식 업무기술서를 작성하였다.

(1) 원재료는 주로 고가의 전자부품으로 잠금장치가 있는 창고에 보관한다.
(2) 창고에는 감독자 한 명과 네 명의 직원이 있다. 이들은 잘 훈련되어 있고 유능하며 재정보증보험에도 가입했다.
(3) 원재료는 생산담당책임자의 구두 또는 서면 승인이 있는 경우에만 출고된다.
(4) 재고자산에 관한 계속기록법 장부가 별도로 없다. 창고직원들은 물품을 수령하거나 반출할 때 아무런 기록을 하지 않는다. 계속기록을 하지 않는 대신 매월 철저한 감독하에 창고직원이 재고자산을 실사한다.
(5) 실사 후 창고감독자가 실지재고량과 재주문점을 비교하여 재주문점수량에 미달하면 감독자가 원재료구입목록을 작성하여 이를 매입채무담당자에게 보낸다.
(6) 매입채무담당자는 각 부서가 요청한 예정주문량에 따라 주문서를 작성하여 최근에 구입한 구매처에 구매주문서를 발송한다.
(7) 주문한 원재료가 도착하면 창고직원이 수령한다. 창고직원은 수령한 원재료의 수량이 거래명세서 및 공급자송장의 수량과 일치하는지 조사한다. 판매자가 송부한 모든 거래명세서에 날짜를 기입하고 서명한 후, 이를 원재료반입영수증을 대신하여 보관한다.

요구사항

한국주식회사의 원재료 구매, 검수, 보관, 출고절차에 대한 내부통제 취약점을 지적하고 이러한 취약점에 대해 김 회계사가 권고할 개선안을 다음의 [답안양식]에 따라 제시하시오.

[답안양식]

문항번호	취약점	개선안

2 부품구매와 검수활동의 내부통제평가절차

엄다리 회계사는 명륜회계법인의 책임회계사로 혜화카메라(주)의 20×1년 12월 31일자 재무제표감사를 수행하고 있다. 엄 회계사는 20×1년 9월 15일부터 18일까지 중간감사를 수행하였으며 매입 및 검수관련 내부통제를 평가하였다. 엄 회계사는 통제테스트 결과를 기초로 실증절차를 확대하는 세부감사계획을 수립하고 매입채무 및 재고자산의 감사절차를 수행하고 있다.

혜화카메라(주)는 구성부품 규격이 매우 중요한 고가의 정밀 카메라를 제조하는 회사이다. 회사는 제품을 제조하기 위해 고가의 카메라 렌즈와 금속판 및 나사못을 구매해야 한다. 나사못과 렌즈는 단위당 가격으로 공급자에게 대금을 지급하며, 금속판은 중량당 가격으로 지급한다. 검수직원은 검수한 원자재의 품질과 수량을 문서로 작성해야 한다. 엄 회계사는 회사의 내부통제에서 다음 절차를 확인했다.

(1) 구매주문서 : 사전에 일련번호가 부여된 구매주문서는 승인을 받은 후 번호순서로 철한다. 공급자에게 송부하는 구매주문서와 동일한 부본이 검수직원에게 보내진다. 검수직원은 물품의 검수사실을 구매주문서 부본에 기록한다.
(2) 금속판 : 금속판은 기차로 운송된다. 한국철도공사는 금속판 무게를 측정한 후, 중량과 검수일자를 화물운송증에 기록한다. 화물운송증은 모든 물품과 함께 검수직원에게 보내진다. 검수직원은 화물운송증의 중량을 구매주문서와 비교하여 일치여부를 확인한다.
(3) 나사못 : 검수직원은 물품 상자를 개봉해 내용물을 검사하고 무게를 측정하며, 무게는 환산표를 이용해 개수로 환산한다. 검수직원은 환산한 개수를 구매주문서와 비교해 일치여부를 확인한다.
(4) 카메라 렌즈 : 카메라는 각각 분리된 골판지상자에 포장되어 배송된다. 검수직원은 상자 수를 세어 수량을 구매주문서와 비교하여 일치여부를 확인한다.

요구사항

다음의 (1) 구매주문서, (2) 금속판의 검수, (3) 나사못의 검수, (4) 카메라 렌즈의 검수활동과 관련하여 회사의 통제절차가 적절한지와 이유를 다음의 [답안양식]에 따라 기술하시오.

[답안양식]

문항번호	적절 또는 부적절한 사항	적절 또는 부적절한 이유

3 매입채무의 실증절차

다음은 매입채무의 실증절차를 설명한 것이다.

(1) 보고기간말 전후 며칠간 발생한 현금지출과 관련한 증빙서류를 검토한다.
(2) 보고기간말 마지막 수일간과 차기의 처음 수일간에 해당하는 현금수입과 지출거래 중 금액이 크거나 비경상적인 거래가 있는지 검토한다.
(3) 총계정원장과 증빙서류를 추적하여 매입채무와 관련된 관계기업과의 거래, 기타 관련 자산과 부채가 재무제표에 적절하게 표시되었는지 검토한다.
(4) 외화표시부채 환산에 적용한 환율을 조사하고 계산이 정확한지 검토한다.
(5) 매입채무계정명세서에 포함된 금액 중 관계기업 및 담보부지급어음과 관련한 항목이 있는지 회계담당자에게 질문한다.

(6) 회계담당자로부터 거래처가 송부한 공급자월별계산서를 입수해 매입채무계정명세서와 대조한다.
(7) 공급자로부터 직접 구한 공급자월별계산서를 매입채무계정명세서와 대조한다.
(8) 매입채무계정명세서를 계산검증하고 총계정원장과 비교한다.

요구사항

1. 각 감사절차에서 적용가능한 증거입수방법(계산검증, 문서검사, 분석적절차, 외부조회, 질문)을 밝히시오.

2. 각 감사절차는 어떤 세부감사목표(실재성, 완전성, 정확성, 평가 및 배분, 기간귀속, 분류, 표시)를 충족시키기 위한 절차인지 밝히시오. (때로는 두 개 이상 해당할 수 있음)

4 유형자산거래의 통제테스트 및 세부테스트

다음은 유형자산에 공통적으로 적용되는 통제절차이다.

(1) 유형자산별로 세부명세의 기록을 유지하기 위해 개별보조원장을 사용한다.
(2) 자본적 지출, 운임, 설치비, 교체 및 수선유지비계정의 성격을 식별하기 용이하도록 명문화된 회계방침이 존재하며 회계담당자는 이를 숙지하고 있다.
(3) ₩200,000,000 이상의 유형자산 취득은 이사회 승인을 받아 집행한다.
(4) 기계장치에는 금속성 표지의 고유번호를 부착하고 체계적으로 관리한다.
(5) 감가상각비는 개별자산별로 계산하고, 개별보조원장에 기록하며, 독립적인 제삼자가 정기적으로 검증한다.

요구사항

1. 위에서 열거한 각 통제절차의 통제목표와 해당 통제절차에서 예방가능한 왜곡표시 유형을 기술하시오.

2. 각 통제절차의 존재여부를 검증하기 위해 감사인이 실시하는 통제테스트를 하나씩 기술하시오.

3. 각 통제절차에서 왜곡표시가 존재하는지 확인하기 위한 세부테스트를 하나씩 기술하시오.

5 감가상각비의 분석적절차(Ⅰ) (KICPA)

B사는 유형자산의 감가상각방법으로 정액법을 채택하고 있다. B사의 감사인인 정직해 회계사는 유형자산의 취득 및 처분은 연중 평균적으로 발생한다고 가정하고 감가상각비의 분석적절차를 수행하였다. 정 회계사가 수행한 분석적절차에서 추정한 감가상각비보다 B사의 재무제표 감가상각비 금액이 현저히 작은 것으로 나타났다. 정 회계사의 이러한 질문에 대해 B사의 원가관리 책임자는 당기에 대규모 설비투자가 이루어졌으며, 대부분 12월에 완료되어 관련 제품 생산이 연말에 이루어졌기 때문이라고 설명했다.

요구사항

1. 정 회계사는 B사 원가관리 책임자의 답변이 추정 감가상각비와 재무제표 감가상각비 간의 차이를 합리적으로 설명한다고 판단하였다. 정 회계사가 그렇게 판단한 근거를 기술하시오.
2. 원가관리책임자의 답변을 확인하기 위해 정 회계사가 추가로 수행해야 할 감사절차를 두 가지만 기술하시오.

6 감가상각비의 분석적절차(Ⅱ) (KICPA)

김나라 회계사는 (주)도미의 회계팀장으로부터 유형자산명세서를 전달받아 유형자산의 취득과 처분이 연중 평균적으로 발생한다고 가정하여 다음과 같이 감가상각비 적절성에 대한 분석적절차를 수행하였다.

〈수행한 분석적절차〉

- 평균 감가상각대상 자산금액 : 394,000백만원[=(352,000백만원+436,000백만원)/2]
- 평균 상각률 : 7.5%(=29,550백만원/394,000백만원)
- 평균 상각기간 : 13.3년

〈분석적절차 결과〉

- 20×7년 평균 상각기간은 13.3년으로 20×6년의 분석결과는 10.7년이나 동종업종 평균 상각기간인 10년보다 길기 때문에 감가상각비의 과소계상 가능성이 매우 높음.

김 회계사는 유형자산담당자에게 유형자산 항목 중 특이한 사항이 있는지 질문했다. 담당자는 20×7년중 회사가 부담한 공장진입로 포장공사비 5,000백만원은 보수 및 유지책임이 회사에 있으므로 토지로 분류했다고 답변했다. 정부보조금은 전액 특정 기계장치 취득목적으로 정부로부터 수령한 상환의무가 없는 보조금이라는 설명을 들었다. 회사는 동 보조금을 자산에서 차감하는 회계원칙을 적용하며, 모든 상각대상자산은 정액법으로 감가상각하고 있으며 잔존가치는 미미하다.

유형자산명세서 (단위 : 백만원)

구 분	20×6년	20×7년
토 지	85,000	102,000
건물과 구축물	101,000	125,000
기 계 장 치	93,000	117,000
(정부보조금)	(12,000)	(10,000)
리 스 자 산	53,000	53,000
건설중인자산	32,000	49,000
합 계	352,000	436,000
감가상각비		29,550

요구사항

소속회계법인 심리부서에서는 김나라 회계사가 실시한 감가상각비 금액의 합리성에 대한 분석적절차가 전반적으로 적절하지 않다는 심리의견서를 보내왔다. 심리부서에서 지적했을 것으로 예상하는 문제점과 수정요구사항을 두 가지 기술하시오.

♠사례연구

● 유형자산 계정잔액의 실증절차-종합예제

귀하는 20×6년 12월 31일로 종료하는 한국회사의 재무제표를 감사하고 있다. 다음 표의 토지, 건물 및 기계장치와 각각의 감가상각누계액계정명세서는 한국회사가 작성한 것이다. 귀하는 기초잔액을 전년도 감사조서와 비교하여 확인했다.

토지 · 건물 · 기계장치와 관련 감가상각누계액계정명세서

한국회사 20×6년 12월 31일 현재 (단위 : 천원)

항 목	20×5년 12월 31일	증 가	감 소	20×6년 12월 31일
유형자산				
토 지	₩225,000	₩50,000		₩275,000
건 물	1,200,000	175,000		1,375,000
기계장치	3,850,000	404,000	₩260,000	3,994,000
	₩5,275,000	₩629,000	₩260,000	₩5,644,000
감가상각누계액				
건 물	₩600,000	₩51,500		₩651,500
기계장치	1,732,500	392,200		2,124,700
	₩2,332,500	₩443,700		₩2,776,200

귀하는 한국회사를 감사하는 중 다음과 같은 사실을 발견하였다.

(1) 한국회사는 정액법으로 감가상각을 실시하며 모든 유형자산의 잔존가치는 ₩0이다. 건물의 내용연수는 25년이며, 기타 다른 유형자산은 모두 10년이다.

(2) 한국회사는 공장건물의 증축을 6월 30일에 완료하였으며, 증축으로 건물의 내용연수는 증가하였다. 공장을 증축하면서 발생한 ₩175,000을 건물계정에 기록하였다. 한국회사는 건물 증축을 위해 회사의 직원과 장비를 활용하였으며 ₩160,000을 지출하였다(직접재료원가 : ₩75,000, 직접노무원가 : ₩55,000, 제조간접원가 : ₩30,000).

(3) 8월 18일 한국회사는 회사가 보유한 토지에 ₩50,000을 지출하여 포장을 하고 벽돌담을 친 후 종업원 주차장으로 사용하고 있다. ₩50,000을 토지계정에 기록하였다.

(4) 감가상각누계액명세서의 감소란에 표시된 금액은 20×2년에 ₩480,000에 구입한 자산을 9월 5일에 처분하고 받은 현금수입액이다. 20×6년에 회계담당자는 이 자산의 감가상각비를 ₩35,000으로 기록하였다.

(5) 한국회사의 사장인 김호영 씨는 공정가치가 각각 ₩10,000과 ₩400,000인 토지와 건물을 회사에 기증하였다. 9월 1일부터 한국회사는 이 토지와 건물을 사용하기 시작하였으나, 동 자산의 취득을 위해 지출한 현금이 없어 장부에 기록하지 않았다.

요구사항

관련 담당자에 대한 질문 이외에 귀하가 위의 다섯 가지 사실을 발견하기 위해 적용가능한 실증절차를 각각 기술하시오.

CHAPTER

13

재고자산과 생산활동의 감사

제 1 절 재고자산과 생산활동의 내부통제

제 2 절 재고자산과 생산활동의 거래유형 테스트절차

제 3 절 재고자산 계정잔액의 실증절차

학습목표

이 장의 학습을 완료하면 다음 질문에 답변할 수 있어야 한다.

1. 재고자산과 생산활동은 생산계획, 생산 및 제품수불, 재고실사, 원가계산의 네 개 활동으로 세분할 수 있다. 각 세부활동에서 수행하는 업무, 통제목표 그리고 이를 뒷받침하기 위한 통제활동으로는 무엇이 있는가?
2. 재고자산과 생산활동의 통제테스트는 매입채무 및 매출원가와 동시에 수행한다. 일반적으로 어떤 절차를 수행하는가?
3. 재고자산과 관련하여 수행하는 분석적절차로 재고자산회전율과 매출총이익률을 분석한다. 어떠한 상황에서 재고자산의 과대계상 가능성을 의심할 수 있는가?
4. 재고자산 실사의 입회를 계획할 때 감사인은 어떠한 사항을 고려해야 하는가?
5. 경영진이 수행하는 재고자산을 실사입회할 때 감사인이 수행해야 할 감사절차로는 어떠한 것들이 있는가?
6. 재고자산 단가의 검토와 재고자산평가방법의 검증은 어떠한 절차로 수행하는가?

한눈에 살펴보는 이 장의 내용

재고자산과 생산활동의 감사목표는 원재료, 재공품, 제품 및 매출원가가 재무제표에 공정하게 표시되었는지 결정하는 데 있다. 재고자산은 유동자산에서 차지하는 비중이 높고, 여러 곳에 분산 보관되므로 물리적 통제와 실사에 어려움이 있고, 많은 제조기업에서는 원가배분방법에 따라 제품원가가 매우 다양하게 계산된다.

재고자산과 생산활동 업무는 생산계획, 생산 및 제품수불, 재고실사, 원가계산의 네 가지 하위과정으로 구분할 수 있다. 생산부서는 수주정보를 기초로 재고현황과 제조상황을 고려해 생산계획을 수립하고, 능력부하분석 후 생산계획을 확정해 ERP에 생산계획을 등록한다. 수립한 생산계획에 따라 제품을 생산하고, 품질검사를 통과한 제품을 창고에 입고시킨다. 창고에 입고되어 보고기간말 현재 보관중인 재고자산에 대해서는 완전하고 정확한 재고실사를 수행해야 한다. 원가집계는 정확하고 완전하게 이루어져야 하며, 배부기준에 따라 공통비를 배부하여 원가를 산출해야 한다.

실무에서 재고자산 및 생산활동의 통제테스트는 매입채무 및 매출원가의 테스트와 동시에 실시한다. 감사인은 관찰과 질문으로 기업의 실물 통제절차를 확인하고, 재고자산 이동에 관한 문서와 회계기록을 검사해 운용상태를 확인한다. 감사인이 재고자산 장부기록을 신뢰할 수 있다고 판단하면 효율적인 감사를 위해 재고자산 실사를 보고기간말 이전에 수행할 수 있다.

감사인은 계정잔액 세부테스트를 수행하기 전에 중점적으로 감사해야 할 비경상 항목이나 왜곡표시발생위험이 높은 항목을 파악하기 위해 분석적절차를 수행한다. 감사인은 기업이 수행하는 실사에 입회하여 내부통제 효과성과 재고자산 실재성에 관한 증거를 입수할 수 있다. 감사인은 실사입회를 수행해 실사와 관련한 경영진의 지시와 절차를 평가하고, 경영진이 수행하는 실사절차를 관찰하며, 재고자산 일부를 표본으로 추출해 직접 조사한다.

재고자산과 생산활동의 감사절차는 다음과 같은 이유로 복잡하며 비교적 많은 시간이 소요된다. 감사인은 이러한 특성들을 충분히 고려해 감사절차를 계획하고 수행해야 한다.

- 재고자산은 중요한 운전자본 구성요소이며, 재무상태표의 유동자산에서 차지하는 비중이 높다.
- 재고자산은 해외지점이나 영업소 등 여러 곳에 분산 보관되므로 물리적 통제와 실사에 어려움이 있다.
- 재고자산항목의 다양성(예 : 보석류, 화학제품, 전자제품 등) 및 진부화 가능성 때문에 실물확인 및 평가가 어렵다.
- 다양한 재고자산평가방법을 허용하고 있어 재고자산평가액을 비교할 때 어려움이 있다. 제조기업에서는 제품의 원가배분방법에 따라 제품별 원가는 매우 다양하게 계산된다.

제 1 절 재고자산과 생산활동의 내부통제

Ⅰ. 재고자산과 생산활동의 관련계정 및 거래흐름

재고자산과 생산활동의 감사목표는 원재료, 재공품, 제품 및 매출원가가 재무제표에 공정하게 표시되었는지 결정하는 것이다. 재고자산과 생산활동에 관련된 회계자료의 흐름과 계정을 요약하면 [도표 13-1]과 같다.

재고자산과 생산활동의 감사대상은 재고자산계정에만 국한되지 않으며, [도표 13-2]에서 보듯이 다른 활동과 상호 연결된다. 다음과 같은 상호관계를 고려하여 중복되지 않도록 감사절차를 설계하면 감사비용과 시간을 절약할 수 있다.

도표 13-1 재고자산의 관련계정 및 거래흐름

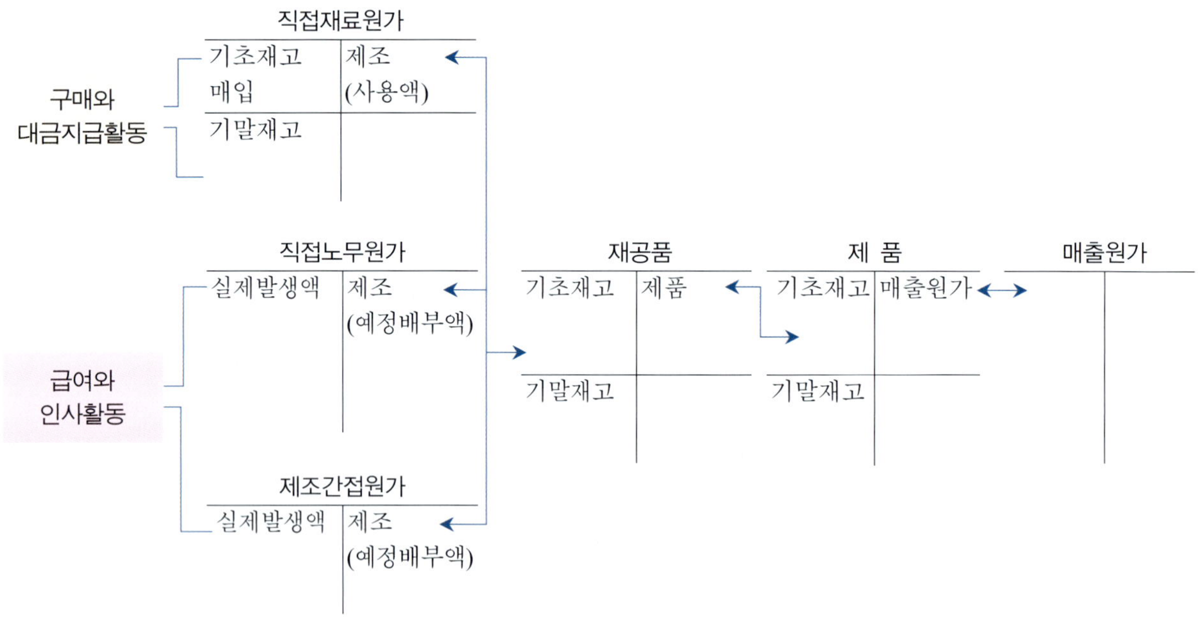

도표 13-2
재고자산계정과 다른 활동의 상호관계

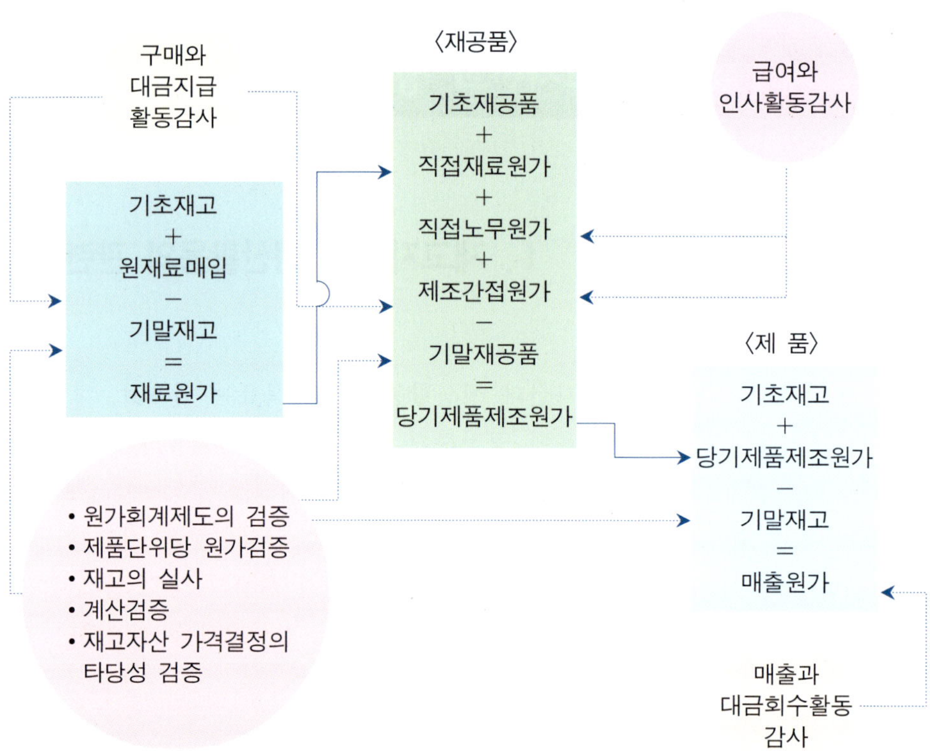

- **구매와 대금지급활동**: 감사인은 구매와 대금지급활동의 감사를 수행할 때 당기매입액을 확인하여 매입한 원재료와 제조간접원가의 계산이 적절한지 검증한다.
- **급여와 인사활동**: 급여와 인사활동의 감사과정에서 원가회계기록을 검증하여 직접노무원가와 간접노무원가의 적절성에 관한 증거를 수집한다.
- **매출과 대금회수활동**: 매출과 대금회수활동을 감사할 때 재고자산과 생산활동감사에 필요한 완제품의 기말재고에 관한 정보로서 보관, 이동, 매출기록 등의 자료를 입수한다.
- **원가회계제도 · 제품단위원가 · 재고실사 등의 검증**: 원가회계제도 검증은 재고자산에 영향을 미치는 관련 통제절차를 확인하기 위해 실시하는 실물통제, 원재료의 재공품계정 대체절차, 완성품 원가의 제품계정 대체절차([도표 13-1] 참조), 장부의 계속기록, 제품단위당 원가의 계산절차를 포함한다.

  매출원가는 기초재고에 당기제품제조원가를 가산하고 기말재고를 차감하여 계산한다. 재고자산과 생산활동의 감사에서 재고자산 실사, 계산검증, 재고자산가격결정의 타당성을 확인해 정확한 기말재고를 산출하고, 매출원가 타당성을 검증한다.

Ⅱ. 재고자산과 생산활동의 내부통제

1. 업무흐름

재고자산과 생산활동의 업무는 생산계획, 생산 및 제품수불, 재고실사, 원가계산인 네 개의 활동으로 세분화할 수 있다. 이러한 세부활동별 구체적인 업무내용은 다음의 [도표 13-3]과 같다.

생산부서는 영업부서가 등록한 수주정보를 기초로 재고현황과 제조상황을 고려하여 생산계획을 수립한다(생산계획). 생산계획에 따라 공정별 · 자원별 부하분석을 수행해 기준생산계획의 타당성을 검증한다. 능력부하분석을 완료하면 생산계획을 확정하여 공장장 승인을 받고 ERP에 생산계획일정을

도표 13-3 재고자산과 생산활동의 업무기술서

하위과정	No.	활동명	업무내용
생산계획	1	기준생산계획 수립	생산부서담당자는 영업부서가 등록한 ERP의 수주정보를 기초로 현재의 재고상황과 제조상황을 고려하여 월 생산계획량과 제품별 필요일자, 생산품목 우선순위 등을 반영하여 월생산계획을 수립한다. 이를 다시 일별 생산계획으로 변환한다.
	2	능력부하분석	생산계획을 수립한 후 각 자원별 부하분석 등을 수행해 기준생산계획의 타당성을 검증한다.
	3	생산계획확정	능력부하분석 후 생산계획을 확정하여 공장장 승인을 받고 ERP에 생산일정을 등록한다.
생산 및 제품수불	1	작업지시	생산일정을 등록하면 ERP에 작업지시서가 생성되며, 계획수량이 POP시스템[1]에 자동등록된다.
	2	공정전개	작업지시는 공정단위로 할당되어 공정별 작업지시 자료(작업일시, 필요자재 등)가 생성되며, ERP에 등록된 작업지시서를 출력해 생산공정 관리담당자에게 배포한다.
	4	원자재출고	자재담당자는 ERP 생산일정에 따라 필요한 작업일시에 자재를 생산공정에 공급한다.
	5	생산	작업담당자는 제품검사규정과 제품검사표준에 따라 품질검사를 수행하고 작업단위(공정별 · 작업지시별)로 양품과 불량품을 구분한 후 생산전표를 수기로 작성한다.
	6	수량확인	생산이 완료되면 POP시스템에 완성된 수량과 수기로 작성한 생산전표를 비교해 계획된 수량만큼 생산되었는지 검토한 후 생산실적에 등록한다.
	7	자원소비량등록	생산실적을 등록함과 동시에 생산에 투입된 자원소비량을 등록해 원가에 반영한다.
	8	공정검사	품질관리부에서는 공정검사품을 대상으로 표본을 추출해 공정검사를 실시하고, 불합격품이 발생하면 원인을 파악한 후 공정수리과정을 거친다.
	9	검사결과등록	검사담당자는 검사기준에 따라 검사결과를 등록하고 현황을 출력해 공장장에게 보고하며, 대표이사에게는 매월 검사보고서를 작성하여 보고한다.
	10	제품입고	생산품이 무검사품이면 공정검사 없이 제품창고에 입고하며, 검사품목에 해당하면 공정검사를 거친 후 ERP에 합격등록한 후 입고한다.
재고실사	1	수검반 준비사항 점검	실사지침서에 따라 재고실사를 수행하고, 창고관리부가 수검반이 되어 준비사항을 점검한다.
	2	재고실사 실시	재고조사담당자는 실물이 재고수불대장의 재고수량과 일치하는지 확인한다.
	3	차이여부	창고관리부 재고담당자는 재고조사담당자로부터 수령한 재고실사결과와 ERP의 수불부를 비교하여 수검반의 재고조사결과를 검토한다. 차이가 없으면 장부재고를 확정한다.
	4	재고과부족목록	재고과부족이 발생하면 재고과부족목록을 작성해 창고관리부서장 승인을 받는다.
	5	실사차이 확인	창고관리부에서는 차이가 발생한 사항의 회계처리를 회계부서와 협의하여 장부에 반영한다.
	6	실사결과보고서	재고조사담당자는 실사결과보고서를 작성하여 부서장 결재 후 공장장 승인을 받는다.
	7	승인	창고관리부서장은 공장장 승인을 받은 실사결과보고서를 대표이사에게 송부하여 승인을 얻는다.
	8	수불마감	창고관리부는 대표이사 승인을 받은 후 수불을 마감하고 ERP에 수불등록을 한다.
원가계산	1	재료출고집계	원가계산담당자는 생산실적정보와 자재수불정보 등을 활용하여 재료출고량을 산출한다.
	2	노무비집계	원가계산담당자는 외주업체로부터 급여지급정보를 송부받아 노무비집계정보를 산출한다.
	3	경비집계	원가계산담당자는 경비집계정보를 산출한다.
	4	총제조원가집계	기본적인 원가의 집계와 배분은 ERP에서 자동적으로 이루어진다.
	5	공통원가배분	원가계산담당자는 사전에 ERP에 설정된 공통비배부기준에 따라 공통비를 배분한다.
	6	제품출고집계	원가계산담당자는 ERP출고목록을 집계하여 제품출고를 집계한다.
	7	매출원가 대체	원가계산담당자는 매출원가를 대체하고, 수불명세서와 대조하여 타계정대체의 적절성을 검토한다.
	8	원가분석	원가분석을 수행하여 전기 대비 비경상적 항목의 분석결과를 대표이사에게 승인받는다.

1) Point of Production으로 공장의 생산과정에서 기계, 설비, 작업자, 작업 등으로부터 시시각각으로 발생하는 생산정보를 실시간으로 직접 수집, 처리하여 현장관리자에게 제공하는 시스템이다.

도표 13-4
생산계획

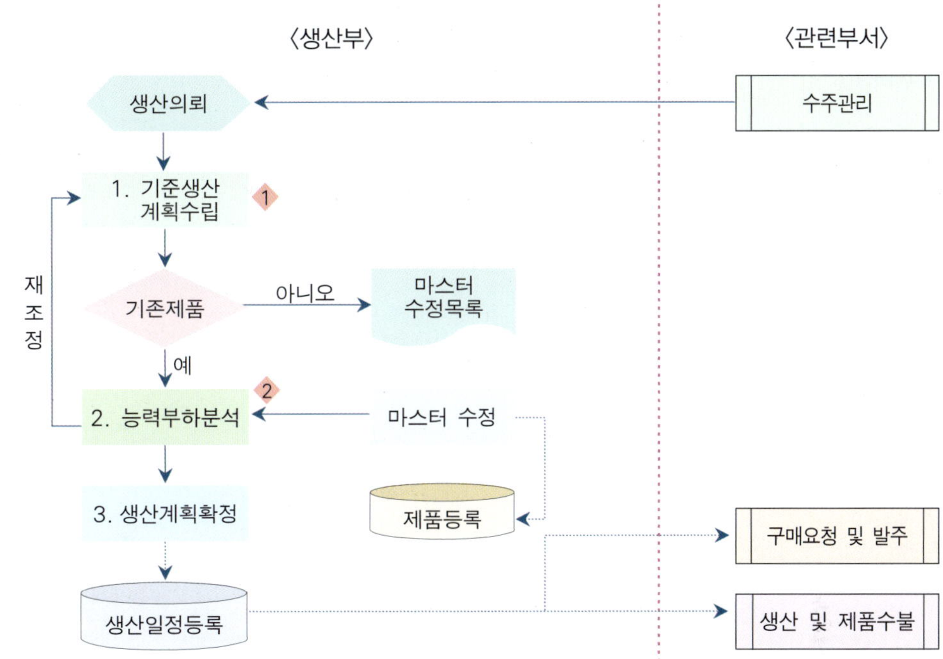

도표 13-5
생산 및 제품수불

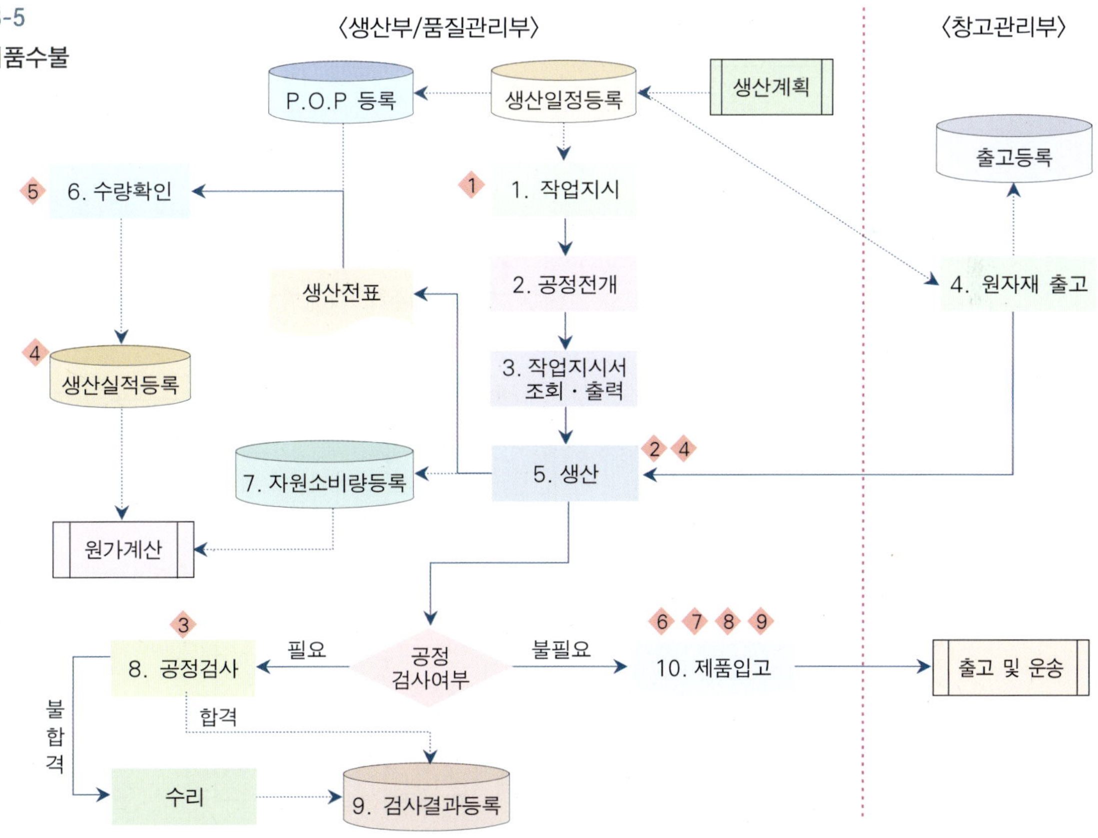

도표 13-6

재고실사

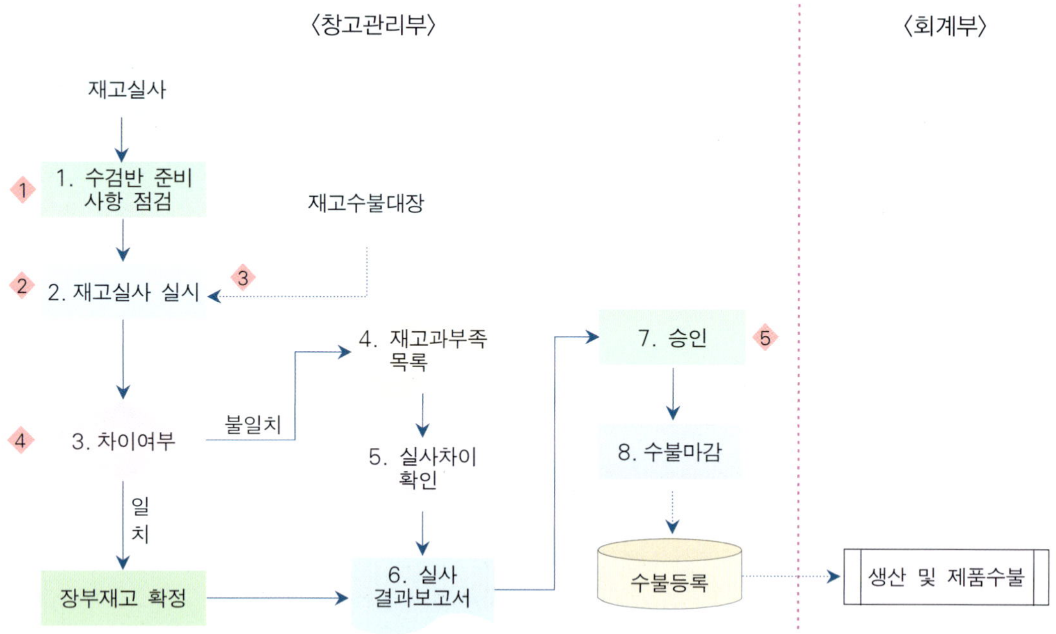

도표 13-7

원가계산

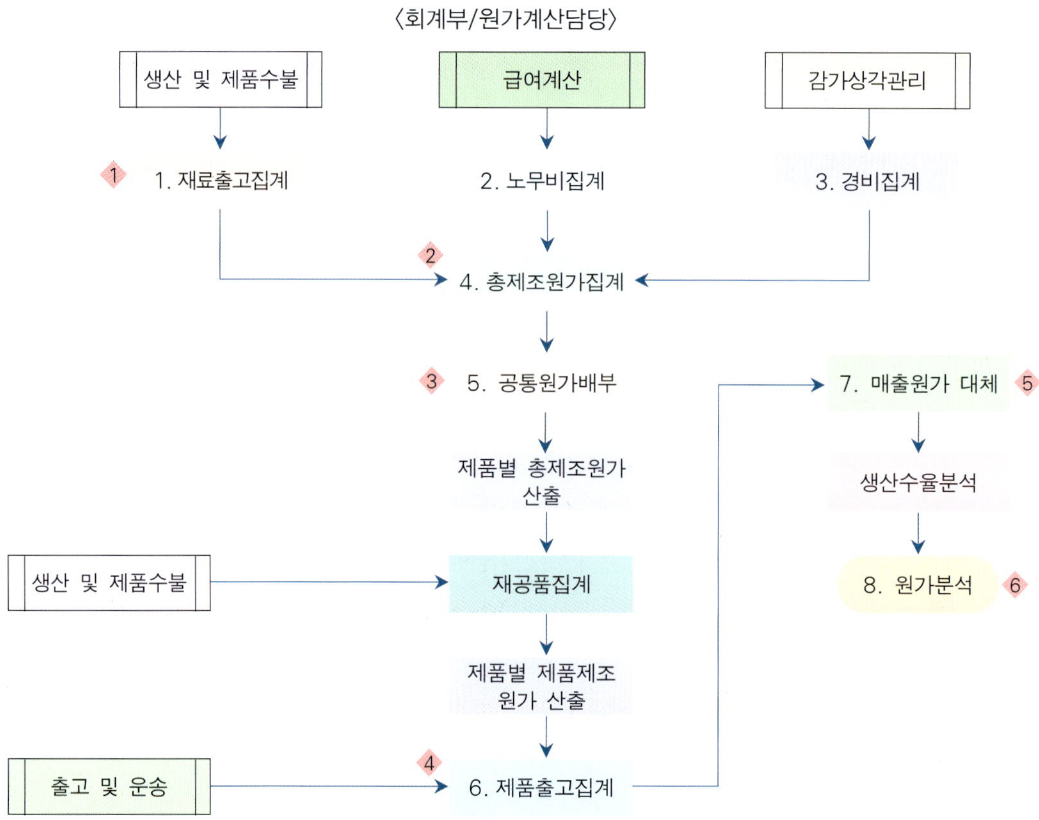

등록한다. 이와 관련된 업무흐름도는 [도표 13-4]와 같다.

[도표 13-5]는 수립한 생산계획 및 생산일정에 따라 제품을 생산하고, 품질검사를 통과한 제품을 창고에 입고하는 활동이다(생산 및 제품수불). 생산일정을 ERP에 등록하면 작업지시서가 생성되며, 창고관리부 담당자는 생산일정에 따라 필요한 자재를 생산공정에 투입한다. 작업담당자는 품질검사를 수행하여 생산전표를 작성하고, 생산완료된 수량을 생산실적에 등록함과 동시에 자원소비량을 등록하여 원가에 반영한다. 품질관리부에서는 공정검사를 수행하고 검사결과를 등록한다.

[도표 13-6]에서는 창고에 입고되어 보고기간말 현재 보관중인 재고자산에 대해서는 완전하고 정확한 재고실사를 수행해야 한다(재고실사). 실사지침서에 따라 재고실사를 수행하고, 재고실사결과와 ERP의 수불부를 비교하여 검토한다. 차이가 발생하면 재고과부족목록을 작성하여 회계처리를 장부에 반영하고, 재고실사결과보고서를 승인받은 후 수불 등록한다.

마지막으로 [도표 13-7]에서 원가집계는 정확하고 완전하게 이루어져야 하며, 공통비 배부기준에 따라 공통비를 배부하여 원가를 산출한다(원가계산). 재료출고를 집계하고 노무비와 경비 집계정보를 산출하여 총제조원가를 집계한 후 공통원가를 배분한다. 원가계산담당자는 제품출고를 집계하고 매출원가를 대체하며, 원가분석을 수행하여 분석결과를 대표이사에게 승인받는다.

2. 주요 통제목표와 통제활동기술서

감사인은 재고자산과 생산활동을 네 개로 세분화한 각 통제활동에 대해 통제테스트를 수행하여 내부통제가 설계한 대로 운용되는지 확인한다.

생산계획에서의 통제목표로는 생산계획의 수립 및 승인, 생산의뢰, 작업지시 및 실적의 주기적인 검토의 수행 등이 있다. 기업은 이러한 통제목표를 달성하기 위해 기준생산계획을 수립하여 주기적인 검토를 수행하며, 생산능력과 생산일정 등을 감안하여 생산계획을 수정하고 작업지시서를 확정하는 능력부하분석 등의 통제활동을 수행해야 한다.

생산 및 제품수불의 통제목표는 제품의 품질검사방법을 사전에 명확히 정의하고, 불량사유에 따른 후속조치를 수행하는 것이다. 제품은 정확하고 완전하게 입고된 후 안전하게 보관되어야 한다. 이러한 통제목표를 달성하기 위해 원재료 출고는 생산부서에 등록된 작업지시서에 따라 이루어져야 하며, 품질검사방법대로 품질검사가 수행되는지 확인한다. 불량품 대처 및 납기준수 등의 효율적인 대비방안도 사전에 마련해야 한다. 창고부서장은 재고자산의 실물관리와 관련된 업무분장이 적절한지와 권한 없는 사람의 무단접근이 차단되는지를 정기적으로 검토한다.

재고실사의 통제목표로는 재고실사의 체계적인 준비, 장부와 실물의 정확한 일치를 들 수 있으며, 재고실사 결과로 발생한 차이는 장부에 정확하게 반영해야 한다. 이러한 통제목표를 달성하기 위해 재고실사담당자는 재고실사체크리스트를 작성하여 실사담당자들을 교육하고, 재고조사표(count tag)를 관리해 실사를 수행한다. 실사에서 차이가 발생하면 과부족원인을 파악하고, 이에 대한 대책을 수립하여 경영진에게 보고한다.

원가계산의 통제목표를 달성하기 위해 미착재고를 재고자산에 완전하게 반영해야 하고, 정확하고 완전하게 원가를 집계하며, 공통비 배부기준은 사전에 승인을 거치고 주기적인 검증을 실시해야 한다. 이러한 통제목표를 달성하기 위해 원가계산담당자는 주문서 등을 검토해 미착재고를 반영하며, 원가계산의 수행 결과를 분석해 경영진으로부터 승인을 받는 등 지속적인 통제활동을 수행한다.

재고자산과 생산활동의 리스크기술서와 통제활동기술서는 다음의 [도표 13-8]과 같다.

도표 13-8 리스크기술서와 통제활동기술서

하위과정	No.	활동명	리스크기술서	통제활동기술서
			위험내용	통제내용
생산계획	1	기준생산계획 수립	정확하지 못한 생산계획으로 생산일정 및 재고계획에 차질이 발생할 수 있다.	기준생산계획은 주기적으로 검토되며 적절한 경영진의 승인을 받는다.
	2	능력부하분석	생산능력 및 생산일정을 고려하지 않은 생산계획 수립으로 불량품 비율이 높아질 수 있으며, 제품의 납기준수를 이행하지 못할 수 있다.	생산계획담당자는 생산부서의 생산능력, 생산일정 등을 감안하여 생산계획을 수정하고 작업지시서를 확정해야 한다.
생산 및 제품수불	1	작업지시	필요하지도 않은 생산을 하거나, 납기가 급박한 거래처의 납기를 준수하지 못할 수 있다.	생산부서장이 승인한 작업지시서에 따라 생산이 이루어져야 한다.
	2	공정전개	검사방법의 사전설정미비 또는 규정을 준수하지 못하여 품질검사의 질적 수준이 하락할 수 있다.	제품검사규정과 제품검사표준은 사전에 경영진이 검토해야 하고, 내부품질감사는 검사방법대로 품질검사가 수행되는지 확인한다.
	3	원자재 출고	불량품 판정 등에 대한 품질관리부의 검토가 누락되어 정확한 불량사유판단 및 이에 따른 사후조치가 지연될 수 있다.	품질관리부의 공정검사에서 문제가 발생하면 사유를 규명해야 하고, 이에 따른 후속조치가 적시에 이루어져야 하며, 이를 문서화해 공장장에게 보고해야 한다.

	4	생산	완성품에 불량이 발생했을 때 대처방안이 없으면 납기를 준수하지 못할 수 있다.	불량품 발생의 대처방안을 마련하여 납기준수를 효율적으로 대비할 수 있어야 한다.
	5	수량확인	계획된 생산수량보다 부족하면 납기가 급박한 거래처의 납기를 준수하지 못할 수 있다.	창고관리부 담당자는 생산출고수량과 제품입고수량을 비교하고 차이유무를 파악하여 입고처리한다.
	6	자원소비량 등록	제품입고가 부정확하고 불완전하여 재고금액이 왜곡될 수 있다.	창고관리부서장은 재고자산 실물관리와 관련된 업무분장이 적절한지, 권한 없는 사람의 접근을 제한하는지 정기적으로 검토하고, 창고의 보험가입 등 화재대비책을 마련해야 한다.
	7	공정검사	권한이 없는 자의 접근으로 재고 도난이나 유용 등의 부정이 발생할 수 있다.	타인소유재고는 구획별로 관리해야 하며, 고객지급품관리규정에 따라 관리해야 한다.
	8	검사결과 등록	타인소유재고를 혼동하여 회사의 재고로 계상하거나, 보관 부주의로 손해배상문제가 발생할 수 있다.	원자재는 생산계획서에 따라 정량이 출고되어야 하고, 사용 후 남은 원자재는 다시 원자재 창고에 입고되어야 하며, 자재수불명세서는 계속기록법으로 관리되어야 한다.
재고실사	1	체크리스트 작성	재고실사준비가 사전적으로 이루어지지 않아 정확한 재고자산금액을 산출하지 못할 수 있다.	창고관리부 재고담당자는 재고실사체크목록을 작성하고 이를 수검반에게 교육한다.
	2	입출고증 확인	장부 재고와 실제 재고의 차이가 발생하여 재무제표의 금액이 과대 또는 과소 계상될 수 있다.	수검반은 이동중인 재고는 입출고증을 확인해 실물실사를 대체한다.
	3	재고실사	장부 재고와 실제 재고의 차이가 발생하여 재무제표의 금액이 과대 또는 과소 계상될 수 있다.	창고관리부 재고담당자는 시스템에서 수량수불부를 출력하여 창고담당자의 재고수불부와 비교해 일치하는지 검토한다.
	4	검토 및 대조	장부 재고와 실제 재고의 차이가 발생하여 재무제표의 금액이 과대 또는 과소 계상될 수 있다.	창고관리부는 실사에서 발생한 차이수량은 ERP 수불부에 반영하고 차이금액을 회계부와 협의하여 재무회계에 적절히 반영하는지 확인한다.
	5	승인	과부족의 원인이 파악되지 않아 대책미비로 추후 동일한 문제점이 재발할 수 있다.	창고관리부 재고담당자는 재고실사결과보고서를 작성하고 과부족 원인 및 대책수립을 관리부서장의 확인을 받은 후 대표이사에게 보고한다.
원가계산	1	수불마감	미착품의 기간귀속이 적절하지 못할 수 있다.	원가계산담당자는 미착재고를 파악하기 위하여 주문서, 수입면장 및 선적서류 등을 검토하고, 선적이 이루어졌으나 결산일 현재 입고되지 않은 재고자산은 미착재고로 반영해야 한다.
	2	원가집계	가공비 누락(혹은 과대계상)으로 재고자산이 왜곡표시될 수 있다.	경비, 제조관련 노무비와 제조간접비는 자동적으로 회계관리시스템에서 이루어져야 한다.
	3	공통비	가공비 배분기준의 불일치로 회계정책이 통일되지 못할 가능성이 있으며, 가공비 배부 후 검증절차 미비로 오류가 발생할 수 있다.	공통비 배부기준은 전사적으로 사전에 설정해 회계관리시스템에 등록해야 하며, 배부기준에 관해 부문간에 이견이 있으면 대표이사가 통제하는 회의체를 구성하여 협의한다.
	4	수불마감	선적이 이루어지지 않아 소유권이 이전되지 않은 제품의 재고기록이 누락될 수 있다.	원가계산담당자는 결산시점 전후로 실제 출고일을 파악하여, 출고되었으나 선적되지 않은 제품은 결산일 현재의 재고자산으로 반영한다.
	5	검토 및 대조	재고자산의 거래가 총계정원장에 반영되지 않아 재고자산금액이 왜곡될 수 있다.	원가계산담당자는 수불명세서를 출력하여 창고관리부가 송부한 기안서 및 샘플출고요청서 등과 비교하여 타계정대체가 적절하게 처리되었는지 검토한다.
	6	승인	원가결산 결과의 피드백 부재로 원가가 정확하지 못할 수 있다.	회계부서장은 원가결산을 수행한 후 결과를 분석하여 대표이사에게 보고하여 승인을 얻는다.

제 2 절 재고자산과 생산활동의 거래유형 테스트절차

실무에서 재고자산 및 생산활동의 통제테스트는 매입채무 및 매출원가의 테스트와 동시에 실시하며, 다음과 같은 절차를 따른다.

- 업무흐름도를 작성해 내부통제절차를 파악하고, 내부통제평가서를 작성한다.
- 표본을 추출해 재고자산 입·출고 및 대금지급거래의 통제테스트와 세부테스트를 수행하며, 거래의 주요 통제절차를 준수하는지 관련 서류를 입수해 확인한다.
- 전기 및 당기의 재무제표, 감사조서 등을 참조해 재고자산 실사계획을 수립한다.
- 재고자산 평가방법과 원가계산 방법을 검토한다.

감사인은 재고자산의 실물 통제절차, 재고자산 이동에 관한 문서와 기록, 장부의 계속기록 유지와 단위원가계산에 주의를 기울인다.

1. 실물 통제절차

원재료, 재공품 및 완제품에 대한 실물 통제절차와 관련한 감사증거 입수방법은 대체로 관찰과 질문으로 한정된다. 감사인은 재고자산의 오용이나 도난을 예방하기 위한 실물 통제절차를 판단할 목적으로 실사입회 전에 재고자산 보관장소를 답사한다. 실물 통제절차가 적절하지 않아 재고자산 수량 파악이 불가능하다고 판단하면, 실증절차에서 수행할 재고자산의 실사입회 범위를 확대하는 감사계획을 수립한다.

2. 재고자산 이동에 관한 문서와 회계기록

재고자산이 타부문으로 대체되거나 이동하는 절차를 검토할 때, 재고수불부에 기록된 대체거래가 실제로 이루어지며 대체된 재고자산의 수량, 명세, 날짜의 기록이 정확한지에 주의를 기울인다. 다른 시스템에서와 마찬가지로 관련 감사절차를 실시하기 전에 대체거래 시스템을 먼저 이해한다. 시스템 파악을 완료하면 관련 서류와 회계기록을 검사하여 운용상태 확인을 위한 통제테스트를 수행한다.

3. 장부의 계속기록 유지

계속기록법에 따른 재고자산 장부시스템을 적절하게 유지하는지는 재고자산 실사의 범위와 시기를 결정하는 데 중요한 영향을 미친다. 감사인이 재고자산 장부기록을 신뢰할 수 있다고 판단하면 효율적인 감사를 위해 재고자산 실사를 보고기간말 이전에 수행할 수 있다. 이때 실사수행일로부터 재무제표일까지 입·출고 현황에 대한 추가적인 세부테스트(예를 들어 실증적인 분석적 절차)를 실시한다.

원재료 구매를 확인하기 위한 문서검사는 구매와 대금지급활동의 감사에서 수행한다. 생산을 위한 원재료 출고나 완제품 재고의 증가와 관련한 서류의 검토는 원가회계시스템의 검증을 통해서, 완제품 재고의 감소는 매출 및 대금회수활동 감사과정에서 검증한다.

4. 단위원가계산

직접재료원가, 직접노무원가 및 제조간접원가의 정확한 회계자료 유지는 원가회계시스템이 지향하는 가장 핵심적인 기능이다. 일반적으로 적절한 원가회계시스템에서는 제품원가 산출을 위해 생산부서 생산기록과 회계부서 회계기록이 하나의 시스템으로 통합되어 있다. 감사인은 원가기록을 감사하기 전에 생산공정의 운영상태를 파악한다. 원가흐름은 서로 다른 시스템과 함께 결합되어 있어 이를 이해하는 데 많은 노력과 시간이 소요된다.

원가기록을 검증할 때 원가배분의 전반적인 합리성을 판단해야 한다. 제조간접원가 배분절차는 재고자산의 단위당 원가산정 및 이에 따른 재고자산 평가에 직접적인 영향을 미친다. 감사인은 단위당 원가 계산에 필요한 모든 분자와 분모 요소의 합리성을 개별적으로 검증한다. 예를 들면 직접노무원가 기준으로 배부된 제조간접원가를 감사할 때 제조간접원가 배부율은 실제제조간접원가를 실제직접노무원가로 나눈 비율에 근접하는지 확인한다. 제조간접원가는 구매와 대금지급활동의 일부로서 감사하며, 직접노무원가는 급여와 인사활동의 일부로서 감사한다. 직접노무원가기준으로 배분하면 제조간접비율 정당성에 대한 판단은 어렵지 않다. 제조간접원가를 기계가동시간기준으로 배부하고 있다면 감사인은 기업의 기계가동시간기록을 확인하여 타당성을 검증해야 한다.

원가배분의 타당성을 검증할 때에는 전기와 일관성 있는 원가배분이 이루어지는지 확인한다.

제 3 절 재고자산 계정잔액의 실증절차

재고자산 금액은 수량에 단가를 곱해 결정되므로, 재고자산 감사에서는 수량의 실재성과 단가의 평가 정당성을 확인한다.

수량의 실재성을 확인하기 위한 가장 효과적인 감사절차는 실사(또는 실사입회)이며, 평가의 정당성은 취득원가와 공정가치의 결정, 취득원가 산출을 위한 원가흐름가정의 합리성을 확인해 검증한다. 제조기업을 감사할 때에는 제품제조원가 합리성을 검증하기 위해 기업의 원가계산제도를 전반적으로 검토한다. 감사인은 재고자산항목에서 경영진의 의도적인 회계부정이 가장 빈번하게 발생한다는 점에 유의해 전문가적 의구심을 갖고 그 정당성에 대해 감사를 진행해야 한다.

Ⅰ. 분석적절차

감사인은 계정잔액 세부테스트를 수행하기 전에 중점적으로 감사해야 할 비경상 항목이나 왜곡표시발생위험이 높은 항목을 파악하기 위해 분석적절차를 수행한다. 이때 재고자산회전율과 매출총이익률을 주로 사용한다.

① **재고자산회전율** 일반적으로 재고자산회전율(매출원가÷평균재고자산)이 하락하면 재고자산의 과대계상 및 재고자산의 진부화 여부(재고자산평가충당금의 과소계상)에 주의를 기울인다.

② **매출총이익률** 매출총이익률이 전기에 비해 상승한다면 재고자산의 과대계상 여부에 유의한다.

Ⅱ. 재고자산의 실사입회

- 실사입회로 얻을 수 있는 감사증거
  ① 내부통제 효과성의 증거 제공
  ② 재고자산 실재성의 증거 제공

재고자산의 실사 또는 실사입회를 수행해 재고자산의 실재성 및 평가에 대한 감사증거를 입수할 수 있다. 감사인이 재고자산 실사입회 때 재고자산 일부에 대해 실물검사를 직접 수행해 재고자산의 실재성을 검증하고, 진부화되었거나 손상된 재고자산을 식별할 수 있다. 통제테스트 일환으로 수행하므로 실사과정에서 경영진 지시의 준수여부를 확인한다. 감사인이 실사에 입회하면 경영진이 수행하는 실사절차의 신뢰성에 대한 감사증거를 입수할 수 있어 내부통제 효과성에 관한 증거도 얻을 수 있다.

「감사기준서 501」에서는 효율적인 감사를 위해 실사입회를 원칙으로 한다.[2] 재고자산 실사입회가 가능하지 않다면 재고자산의 실재성과 상태에 관한 충분하고 적합한 감사증거를 입수하기 위해 대체적인 감사절차를 수행해야 한다. 이러한 대체적 절차의 수행도 가능하지 않다면 감사인은 감사의견의 변형을 고려한다.

2) 실사는 감사인이 직접 기업의 재고자산 수량을 확인하는 절차이며, 실사입회는 기업의 실사과정을 감사인이 관찰하는 절차이다. 실물검사(실사)를 직접 수행하면 감사증거력은 높지만 감사비용이 많이 발생한다. 감사기준에서는 이러한 점을 고려하여 감사증거력이 상대적으로 낮지만, 감사비용이 적게 발생하는 실사입회를 원칙으로 규정하고 있다.

도표 13-9 재고자산 실사입회의 세부테스트절차

감사목표	재고자산 실사입회의 세부테스트	참 고
• 재고조사표에 기록된 재고자산은 전체적으로 합리성이 있는가 (분석적절차 – 전반적 합리성)	• 전반적 합리성에 확신을 가질 때까지 비정상항목을 추적한다. • 금액이 큰 항목은 전기 수량 및 장부기록과 비교한다. • 여러 장소에 분산된 재고자산에 대한 실사가 적절히 이루어지고 있는지, 재고조사표(count tag)의 부착여부를 확인하기 위해 공장 등 보관장소를 답사한다.	• 해당 감사절차는 재고자산 실사를 완료하는 시점에 근접하여 수행한다.
• 재고조사표에 기록된 재고자산은 실제 존재하는 수량이며 정당한 금액인가(실재성)	• 재고조사표에서 표본을 무작위로 추출하여 재고자산에 부착된 재고조사표의 번호와 일치하는지 확인한다. • 재고조사를 실시하는 중 재고자산 이동이 있는지 관찰한다.	• 해당 감사절차는 재고자산 계정잔액에 실제로 존재하지 않는 항목의 포함여부를 확인하기 위해 수행한다.
• 모든 재고자산에 재고조사표가 부착되었고, 수량조사가 수행되었는가(완전성)	• 재고조사표가 모든 재고자산에 부착되었는지 확인하고 검토한다. • 재고조사를 실시하는 중 재고자산 이동이 있는지 관찰한다. • 타처 혹은 외부에 소재한 재고자산이 있는지 질문한다.	• 재고자산에 누락이 있는지 관심을 갖는다.
• 재고조사표에 기록된 재고자산이 실제 기업의 소유인가(소유권)	• 기업이 보관하고 있는 수탁품이나 고객의 상품이 있는지 질문한다. • 별도 보관된 재고자산과 기업 소유가 아닌 재고자산을 확인한다.	
• 재고조사표의 재고수량은 정확하게 실사되었는가 (정확성)	• 기업이 재고조사표에 수량이 정확히 기재되었는지를 확인하기 위해 일부를 표본으로 추출하여 수량조사한다. • 실제수량을 장부의 수량기록과 비교한다. • 후속감사를 위해 기업이 작성한 수량기록을 감사조서에 기록한다. • 담당자에게 진부화된 재고자산의 존재여부를 질문하고, 손상, 녹이나 먼지가 덮인 또는 부적합한 장소에 보관된 재고자산에 유의한다.	• 재고조사표에 기록된 수량을 감사조서에 이기한다. 적절한 재고실사가 이루어졌다는 문서기록을 확보하고, 추후에 회사가 재고실사 내용을 변경할 가능성에 대비하기 위해서이다.
• 진부화된 재고가 파악되었는가(평가 및 배분)	• 재고자산회전율을 계산하고 재고자산의 진부화 및 사용불가 여부를 임직원에게 질문하며, 비정상적인 장소에 보관된 재고자산이 있는지 확인한다.	• 해당 감사절차는 재고실사의 완료시점에 시행한다.
• 재고자산의 적절한 계정분류가 가능하도록 재고조사표가 작성되었는가(분류)	• 재고조사표에 기록된 명세를 조사하고 원재료, 재공품, 완제품 장부의 계속기록과 비교한다. • 재공품 환산량이 합리적인지 평가한다.	
• 매출 및 재고자산 매입의 기간귀속이 적절하게 이루어졌는가 (기간귀속)	• 다음 기간의 감사 등을 위해 당기 최종 적송서류번호를 확인하여 감사조서에 기록한다. • 출고를 위해 별도로 보관하고 있어 재고조사에 포함되지 않은 재고자산이 있는지 보관장소를 답사한다. • 다음 기간의 감사 등을 위해 당기 최종 검수보고서번호를 확인하여 감사조서에 기록한다. • 당기에 속하지 않은 구매분이 재고실사에서 제외되었는지 확인한다. • 검수부서에서 보관중인 재고자산이 재고조사표에 기록되었는지 확인한다.	• 매출 · 구매의 적절한 기간귀속은 재고자산 실사입회에 있어 필수적으로 감사해야 할 부분이다.
• 재고자산의 적절한 표시 및 공시가 가능하도록 재고조사표가 작성되었는가(표시)	• 다음 기간의 감사 등을 위해 사용 · 미사용된 당기의 재고조사표 번호를 기록한다.	

[도표 13-9]는 재고자산 실사(또는 실사입회)를 수행하는 감사인의 세부테스트절차를 요약한 것이다. 재고자산 실사의 테스트절차는 재고자산 계정잔액의 실증절차보다는 하위개념으로, 여기에서 기술한 분석적절차는 실사테스트에 한정한 분석적절차만을 의미한다.

1. 재고자산 실사입회를 계획할 때 고려사항

재고자산 실사입회를 계획할 때 고려할 사항은 다음과 같다.

(1) 재고자산과 관련된 유의적 왜곡표시위험을 고려

재고자산은 그 특성 때문에 계정잔액이나 거래유형에서 왜곡표시위험이 발생할 가능성이 높다. 감사인은 재고자산과 관련한 통제테스트에서 확인한 유의적 왜곡표시위험수준을 고려하여 재고자산의 실사입회 범위를 결정한다. 예를 들어 재고자산 관련 통제위험을 높다고 평가하면 실사입회 범위를 확대한다.

(2) 재고자산 실사 관련 내부통제의 효과성

감사인은 재고자산 실사와 관련한 내부통제를 충분히 고려하여 실사입회 감사절차를 수립한다. 예를 들어 재고조사표(count tag)의 통제절차, 재공품의 완성단계 파악절차와 기간귀속 구분절차 등을 적절하게 운용하고 있다면 경영진의 지시사항이 적절하게 이행할 것으로 예상할 수 있다.

(3) 계속기록법의 유지와 신뢰성

계속기록법에 따른 장부 유지는 재고자산의 중요한 통제수단이다. 재고자산의 계속기록은 원재료 사용 및 제품의 매출정보를 제공하며, 실사수량과 장부수량의 차이를 파악할 수 있다. 계속기록담당자는 재고보관업무를 맡지 않으며, 실물자산에 대한 접근에 제한이 없는지 확인한다.

(4) 입회장소의 결정

재고자산이 여러 장소에 분산 보관되어 있으면 재고자산의 중요성금액과 각각의 장소에 대한 왜곡표시위험의 평가결과를 고려하여 실사입회할 장소를 결정한다.

(5) 감사인측 외부전문가의 도움

재고자산 실사 또는 실사입회과정에서 전문가 도움이 필요할 수 있다. 예를 들어 다이아몬드의 실사입회를 수행해 재고자산의 실재성과 평가의 목표를 확인하는 데 해당 분야에 전문지식이 없는 감사인으로서는 일정한 한계가 있다.

2. 재고자산 실사입회의 시기

(1) 원 칙

원칙적으로 보고기간말이나 보고기간말 전후에 재고자산 실사입회를 실시한다. 감사인은 기업이 작성한 최종재고자산목록이 실제로 재고자산 실사수량과 물리적 상태를 반영하는지 평가하기 위해 실사입회를 수행한다. 왜곡표시위험을 높지 않다고 평가하거나 실무상 이유(예를 들어 폭설로 계획한 일자에 입회할 수 없음)로 재고자산 실사를 보고기간말이 아닌 날짜에 수행할 수 있다.

보고기간말이 아닌 시점에 실사를 수행하면 실사일과 보고기간말 사이의 재고자산 변동이 정확하게 기록되었는지 확인하기 위해 추가적인 감사절차를 수행한다. 즉 재고자산의 실사일과 보고기간말 사이에 발생한 거래를 테스트한다. 예를 들어 보고기간말 이전에 실사를 수행한다면 실사일에 파악한 수량에 입고수량은 가산하고, 출고수량은 차감하는 전진테스트(roll-forward

도표 13-10
보고기간말이 아닌 시점에 실사 수행시 감사절차

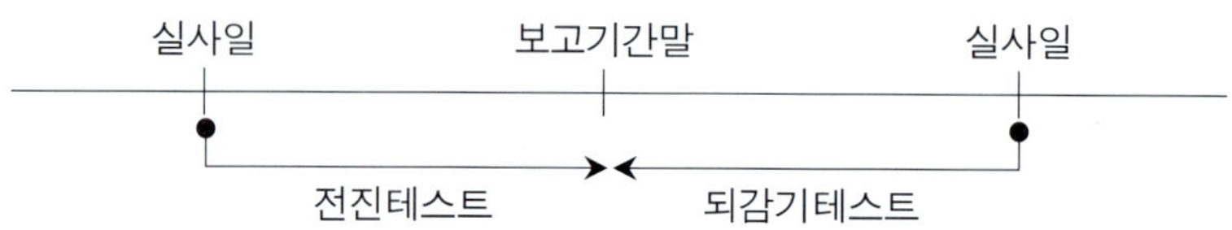

test)를 실시하며, 입고수량과 출고수량의 관련 증빙을 확인한다. 보고기간말 이후에 실사를 수행한다면 실사일의 실제 보유량에서 출발하여 입고수량은 차감하고, 출고수량은 가산하여 보고기간말 수량을 파악하는 되감기테스트(roll-back test)를 실시한다.

(2) 재고자산 실사입회가 가능하지 않은 상황

재고자산의 성격 및 위치(예를 들어 감사인의 안전을 위협할 수 있는 장소에 보관) 때문에 감사인의 실사입회가 불가능할 수 있다. 실사입회가 어렵다거나 시간 또는 비용상 문제가 있다는 이유만으로는 감사절차를 생략할 수 없다. 이러한 상황에서도 감사인은 재고자산의 실재성과 상태(진부화)에 대한 충분하고 적합한 감사증거를 수집해야 한다.

실사입회가 실행가능하지 않으면 재고자산의 실사 이전에 취득하거나 매입한 재고자산 항목은 실사일 이후의 매출관련 서류를 조사하는 등의 대체적인 감사절차를 수행해야 한다.

3. 재고자산의 실사입회절차

감사인은 재고자산의 실재성과 물리적 상태에 관한 충분하고 적합한 감사증거를 입수해야 한다. 이를 위해 실사입회하여 경영진 지시와 절차의 평가, 경영진이 수행하는 실사절차의 관찰, 재고자산의 조사, 추적테스트 등을 수행한다.

재고자산의 최종기록이 실사결과를 정확하게 반영하는지 결정하기 위해 최종기록을 검사한다.

(1) 경영진 지시와 절차의 평가

감사인은 실사에 입회하여 다음과 같이 경영진의 지시사항을 검토하고 적절성 여부를 판단한다.

- 재고조사표(count tag)의 통제절차와 운용실태를 파악한다.

  재고조사표는 기업이 실사단위별로 실사할 때 재고자산 실물 위에 부착하는 표로서, 품목, 수량, 재고조사의 완료여부 등을 기재한다. 감사인은 재고조사표의 일련번호 기재여부, 총인쇄부수와 사용된 수량, 폐기된 수량, 남은 수량의 조정, 폐기된 실사표의 번호관리가 어떻게 이루어지고 있는지 검토한다. 재고조사표의 번호에 일련성이 없거나 사용 수량과 미사용 수량 및 폐기 수량과 일치하지 않는다면 재고조사 실사결과의 신뢰성은 떨어진다.

- 재공품의 완성도, 회전율이 낮거나 진부화 또는 손상된 항목 및 위탁품 등 제삼자가 보관하고 있는 재고자산을 파악한다.
- 실제 수량을 추정하기 위해 사용한 절차를 이해한다.
  감사인은 재고자산 실사를 입회할 때 재고자산 특성에 적절한 방법으로 계측이 이루어지는지 확인한다. 예를 들어 야적된 재고자산(석탄, 목재 등)과 사일로(일종의 곡물저장창고) 내에 존재하는 재고자산(곡물, 밀가루 등), 탱크에 존재하는 재고자산(유류, 가스 등)과 같이 재고자산은 각종 형태로 보관될 수 있다. 야적된 재고자산은 목측(eye observation)으로 재고수준을 파악하고 공학적 방법을 적용하여 기업에서 관리하고 있는 단위의 재고수량으로 변환하기도 한다.
- 재고자산의 보관장소간 이동과 실사기준일 전후의 재고자산 입·출고의 마감통제(cut-off test)를 검토한다.

감사인은 재고자산의 실사입회 전에 재고자산 기간귀속의 적절성을 확인하기 위해 관련 입출고 내역 및 증빙자료를 미리 확보한다. 실제로 재고자산이 출고되지 않았으나, 매출처 요구로 장부에는 재고자산이 출고된 것으로 처리할 수 있다. 감사인은 사전에 기간귀속과 관련된 증빙을 입수하여 적절한지 검증한다.

핵심 기간귀속이 적절한지 평가하는 이유와 절차

(1) 평가이유
- 재고자산을 장부에 기록했으나 관련 매입채무를 누락해 부외부채가 존재할 가능성
- 실물을 인도하지 않았으나 당기 매출로 인식해 매출 및 매출채권의 과대계상가능성

(2) 평가절차
- 재고자산 실사입회 때 확보한 최후 입고 및 출고 재고품목의 번호와 수량이 재고자산에 포함되었는지 문서검사한다.

- 실사일 전 · 후의 입출고 수량이 일상적인 시기의 입출고 수량과 비교하여 정상수준인지 검토한다.

(2) 기업이 수행하는 실사에 입회

감사인은 경영진이 수행하는 실사절차에 입회(예를 들어 실사 중 재고자산의 이동을 통제)하여 경영진 지시사항과 실사절차를 적절히 운용하고 있다는 감사증거를 입수할 수 있다.

(3) 감사인의 직접 실물검사

감사인이 재고자산 실사를 입회할 때 재고자산에서 표본을 추출해 직접 실물검사하여 실재성을 확인하고, 진부화되었거나 손상된 재고자산을 식별한다. 감사인은 재고자산을 조사할 때 다음 사항에 유의한다.

- 재고자산이 분산 보관되어 있다면 실사입회할 때 재고자산명세표를 입수하여 전체 재고자산과의 일치여부를 확인한다.
- 감사인이 실사입회 때 기업이 제시했던 재고자산의 품목과 수량을 조작해 기말감사 때 감사인에게 제공하는 사례가 있다. 실사입회할 때 수령했던 재고자산명세서와 기말감사에서 입수한 재고자산 수량이 일치하는지 확인한다.
- 실사입회는 신뢰성이 떨어지므로, 이를 보완하기 위해 실사입회과정에서 일부항목을 추출해 감사인이 직접 실사를 수행한다.
- 입회과정에서 진부화 재고자산의 존재를 창고담당자에게 질문하고, 진부화된 재고자산의 상태를 확인한다.

제삼자가 보관 · 통제하고 있는 재고자산이 재무제표에서 차지하는 비중이 중요하다면, 감사인은 재고자산의 수량과 상태에 대해 제삼자에게 외부조회를 요청하거나 해당 상황에 적합한 기타의 감사절차를 수행한다. 감사인은 외부조회를 수행해 재고자산의 실재성 및 소유권 주장에 대한 확신을 얻을 수 있으나, 진부화된 재고자산의 존재여부(평가)를 확인하기 어렵다. 평가목표를 보완하기 위해 조회서에 진부화된 재고자산의 존재여부를 확인하는 요청문구를 추가하거나, 재고자산이 실제 입고된 일자를 기재하도록 요청해 재고자산 평가와 관련한 주장을 검증할 수 있다. 입고일자가 오래될수록 진부화된 재고자산일 가능성이 높기 때문이다.

외부에 제삼자가 보관하고 있는 재고자산 감사절차는 다음과 같다.

- 제삼자가 수행하는 재고자산 실사에 감사인이 입회하거나 국외 보관장소는 현지 타감사인이 입회하여 확인한다.
- 타감사인의 감사보고서를 입수하여 제삼자의 재고자산 관련 내부통제가 적절한지를 확인한다.
- 제삼자 보관에 관한 문서(예를 들어 창고보관증)를 조사한다. 감사위험이 높은 상황에서는 제삼자에게 직접 조회하는 등의 보충적 감사절차를 수행한다.
- 재고자산이 담보로 제공되어 있다면 해당 대상자에게 외부조회로 해당 내역을 확인한다.

(4) 추적테스트의 수행

감사인은 기업의 실사기록에서 표본으로 선정한 항목을 실물재고로 추적하거나, 재고에서 표본을 추출하여 기업의 실사기록으로 추적하는 테스트를 수행할 수 있다. 이러한 추적테스트는 기록의 완전성, 실재성과 정확성에 대한 감사증거를 제공한다.

감사인은 테스트 결과를 기록하고, 경영진의 최종 실사기록 사본을 입수한다. 이러한 절차는 재고자산의 최종기록이 기업의 실제 재고자산을 정확하게 반영하고 있는지 확인하기 위한 추가적 감사절차를 수행할 때 도움을 준다.

Ⅲ. 재고자산 단가 및 평가방법의 실증절차

1. 재고자산의 단가 및 계산검증

재고자산의 가격검증(pricing)절차는 단위당 원가가 적절하게 평가되었는지 감사하는 모든 절차를 포함한다. 계산검증(compilation)은 재고자산 실사수량의 집계, 가격과 수량을 곱해 산출한 금액, 품목별 합계, 그리고 재고자산 총액을 총계장원장으로 전기하는 과정을 감사하는 절차를 의미한다.

감사인이 재고자산의 가격 및 계산검증에 주로 이용하는 서류는 실사 완료 후 기업으로부터 입수하는 재고자산명세서이다. 이 문서에는 품목별 재고자산의 수량, 단가, 장부금액 등이 요약되어 있다. 감사인은 재고자산명세서를 입수하여 명세서 내용을 계산검증하고 보조부와 비교한다.

감사인은 단가 적용방법의 타당성(선입선출법 등 원가흐름에 대한 가정 검토), 적용의 계속성 및 계산의 정확성(계산검증)에 대한 증거를 입수한다. 또한 운임, 보관료 및 매입환출·에누리가 적절히 반영되었는지 조사하여 취득원가의 타당성을 검증한다. 감사인은 재고자산을 실사입회할 때 재고자산품목별로 수량을 파악하므로, 재고수불부의 단가와 일치하고 있는지 표본을 추출해 확인한다. 이때 공급자로부터 수령한 세금계산서에 기재된 단가와 재고자산명세서의 단가를 비교 검증한다.

원가계산시스템에서 산정된 단가는 원가계산서류를 입수하여 전기와의 계속성과 계산의 논리성을 검토한다. 품목별로 단위당 원가를 전기의 단가와 비교하고, 중요한 변화가 있거나 비경상적인 재고단가 변동이 있다면 조사한다. 일반적으로 원가회계제도의 검증은 기중에 통제테스트의 일부로 수행한다.

전사적자원관리(ERP)시스템을 도입한 기업에서는 별도의 단가검증 등을 포함한 재고관련 전산자료의 검토절차가 필요하다. 실사입회에서 기업으로부터 받은 재고자산명세서와 전산자료가 일치하는지 확인한다.

2. 재고자산 평가방법의 검증

재고자산을 회계기준에서 정하는 방법에 따라 평가했는지 검증한다. 감사인은 재고자산의 순실현가능가치를 검토하며, 실사입회 과정에서 파악한 진부화 및 장기적체 재고자산에 대해 평가손실을 인식할 필요가 있는지 고려해야 한다.

감사인은 저가평가가 정당했는지 확인하기 위해 보고기간말 이후에 판매된 품목의 실제 판매가격을 이용하여 순실현가능가치를 추정한다. 예를 들어 보고기간말 이후 판매내역에 기재된 가격에서 처분비용을 차감해 순실현가능가치를 구한 후 취득원가와 비교해 재고자산평가손실을 적절하게 반영했는지 검증한다.

연습문제

CHAPTER 13

진위형

다음의 설명을 읽고, 틀린 기술이라면 그 이유를 제시하시오.

(1) 원재료, 재공품 및 완제품 실물 통제절차에 대한 감사증거는 대체로 관찰과 질문을 수행해 수집된다.

(2) 감사인은 재고자산이 다른 부분으로 대체되거나 이동하는 절차를 검토하기 위해 재고수불부에 기록된 대체거래에서 표본을 추출하여 대체된 재고자산의 수량, 명세, 날짜의 기록이 정확한지 확인한다.

(3) 감사인은 재고자산 장부기록을 신뢰할 수 있다고 판단해 효율적인 감사를 위해 재고자산 실사를 보고기간말 이전에 수행하였다.

(4) 감사인은 재고자산회전율을 계산했는데 전기와 비교해 당기에 하락한 것으로 나타났다. 이러한 상황에서 감사인은 재고자산이나 재고자산평가충당금의 과소계상을 의심해야 한다.

(5) 감사인은 계속기록법 유지와 장부의 신뢰성을 확인하기 위해 계속기록담당자가 보관업무를 맡지 않고 있으며, 실물자산에 대한 접근이 제한되는지 확인하였다.

(6) 감사인은 보고기간말에 실사를 수행할 수 없어 보고기간말 이후에 실사하였다. 보고기간말의 수량을 파악하기 위해 실사일에 파악한 수량에 입고수량을 가산하고, 출고수량은 차감했다.

(7) 재고자산이 감사인 안전을 위협할 수 있는 장소에 보관되어 있어 실사입회를 수행하지 않고, 기업이 제시한 재고자산목록을 입수하여 재고자산 수량계산의 정확성에 대한 감사절차만 실시하였다.

(8) 감사인은 외부에 보관된 재고자산이 재무제표에서 차지하는 비중이 중요하다고 판단했다. 조회확인을 할 때 조회서에 진부화된 재고자산의 존재여부를 확인하는 요청문구를 추가하고, 재고자산이 실제 입고된 일자를 기재하도록 요청하였다.

(9) 감사인은 기업의 재고자산 저가평가가 정당했는지 확인하기 위해 보고기간말 이후에 판매된 품목의 실제 판매가격을 이용해 공정가치를 추정하였다.

(10) 기업의 재고자산이 여러 곳에 분산되어 보관되어 있고, 감사인은 일정상 한 곳만 실사입회가 가능한 상황이다. 감사인은 기업과 실사입회할 장소를 사전에 협의하고자 한다.

서술형

1 원가배분회계-분석적절차 (KICPA)

이우리 회계사는 20×3회계연도 감사계획단계에서 (주)금성에 대한 분석적절차를 수행하던 중 매출총이익률의 변동이유를 재무팀장인 조민국 이사에게 질문해 다음과 같은 답변을 들었다.

> "원래 저희 회사는 두 개의 사업부를 운영하고 있었습니다. 20×1년도에 두 사업부에 대한 매출총이익률을 분석했습니다. 생산구조가 복잡해 주로 자동화 제조장비로 생산하는 A-type제품 사업부에서는 매출총이익이 발생하나, 생산구조가 단순해 주로 수작업에 의존하는 B-type제품 사업부에서는 매출총손실이 발생했습니다.
>
> 분석결과를 바탕으로 이사회에서는 회사 전체의 매출총이익률을 높이기 위해 20×1년말 B-type제품 사업부를 폐쇄하였습니다. 신규 투자자금을 차입해 A-type제품 사업부의 자동화 제조장비 증설에 투자하였습니다.
>
> 20×2년과 20×3년에 A-type제품 사업부의 판매규모가 두 배로 증가해 20×1년 매출규모를 유지하면서도 매출총이익률은 지속적으로 증가할 수 있었습니다."

조민국 이사의 답변과 관련해 이우리 회계사는 추가적으로 다음과 같은 사실을 확인했다.

- 20×1년까지 (주)금성에는 직접노무비 비중이 작은 A-type제품 사업부와 직접노무비 비중이 큰 B-type제품 사업부가 있었다.
- (주)금성은 자동화 제조장비에 대한 감가상각비가 대부분인 제조간접비를 직접노무비를 기준으로 배부하는 전통적인 원가배부시스템을 사업초기부터 20×1년까지 계속 유지하고 있었다.
- 20×1년 A-type제품과 B-type제품 사업부의 생산·판매수량과 판매단가에 큰 차이가 없고 각 사업부의 매출규모도 비슷하였다.
- 공장 전체 발생원가 중 재료비 비중은 미미하였으며, 직접노무비와 제조간접비의 비중은 1 : 3 정도였다.
- 최근 3년간 A-type제품과 관련한 시장상황 변화는 거의 없었으며, 판매단가와 단위당 원재료비 및 시간당 노무비 역시 거의 변동이 없었다.

요구사항

이우리 회계사는 재무제표의 왜곡표시가능성이 높다고 판단하였다.

1. 이러한 판단을 한 근거를 제시하시오.

2. 상대적으로 왜곡표시위험이 높을 것으로 예상하는 항목을 제시하시오.

2 재고실사의 입회절차

(KICPA)

최고회계법인의 박신중 회계사는 (주)초일류의 20×6년 재무제표를 감사하는 감사팀 일원으로 참여하고 있다.

20×6년 12월 31일 (주)초일류의 반월공장에 도착한 박신중 회계사는 모든 현장재고에 재고조사표(tag)를 부착하기로 했다는 회사담당자의 설명을 듣고, 다음 감사절차를 수행하였다.

① 재고실사에 사용한 재고조사표의 통제(tag control)
② 기간귀속(cut-off)자료의 입수 및 검토
③ 회사에서 작성한 재고실사지침서의 수령 및 검토
④ 재고자산 실사를 수행할 현장 사전답사
⑤ 재고자산 실사입회과정에서 표본을 추출해 확인
⑥ 재고실사입회 문서화 및 종결

요구사항

1. 위에 언급된 재고실사입회절차를 합리적인 진행순서대로 나열하시오.
(③) → (　) → (　) → (　) → (　) → (⑥)

2. 재고실사입회와 관련한 다음의 사항에 대하여 답하시오.
(1) 재고조사표의 통제방법
(2) 실사지침을 수령하고 검토하는 이유
(3) 실사입회할 현장을 사전답사하는 이유

3. 박신중 회계사는 현장답사 중 재고조사표는 부착되어 있으나 다른 재고자산과 별도로 보관된 재고자산을 발견하고, 회사담당자에게 질문하였다. 회사담당자는 해당 재고자산이 오늘 중(재고실사입회종료 전)으로 출고될 재고자산이라 별도로 보관하고 있다고 답변하였다. 박신중 회계사가 추가로 검토해야 할 서류(문서)는 무엇인가? 재고자산과 관련하여 계정잔액 세부테스트를 추가로 실시해야 할 필수적인 감사절차를 기술하시오.

3 수불이 진행중인 재고자산의 실사절차

(AICPA)

박성실 회계사는 가구조립회사인 베스트회사의 20×4년 12월 31일로 종료하는 재무제표를 감사하고 있다. 20×4년 12월 31일 현재 회사 창고에 보관된 재고자산 실사절차를 회사의 재무담당임원과 의논하고 있다.

완제품, 부품, 소모품은 회사 창고건물에 보관되어 있고, 재고자산 실사기간에도 공장은 계속 가동한다. 12월 31일의 생산에 필요한 부품과 소모품은 12월 30일에 창고에서 조립공정으로 이동하며, 12월 31일 당일 생산을 위한 긴급요청이 있을 수 있다. 재고자산 실사중 창고에서는 계속해서 부품과 소모품을 수령하고 완제품을 출고한다. 12월 31일에 생산된 완제품은 실사 이후 시점까지 공장에서 보관할 예정이다.

요구사항

재고실사에 포함해야 할 모든 항목을 조사하고 같은 항목을 중복 계산하지 않도록 하기 위해 베스트회사는 재고자산의 실사절차를 수립해야 한다. 실사절차를 수립할 때 다음 사항을 포함해야 하는데, 이들 내용을 기술하시오.

1. 재고자산 실사를 수행하기 전 물품의 보관

2. 실사중 이동(부품 및 소모품의 출고, 완성품 출고)한 품목

4 재고자산의 실증절차-종합

(KICPA)

나선명 회계사는 B회사의 외부감사인으로 20×3 회계연도의 재무제표 회계감사를 수행하고 있다. B회사는 반도체조립업체로 주요 원재료인 고가의 반도체칩을 공정 초기에 투입하여 자동화공정을 거쳐 완제품을 제조하는 중견기업이다.

〈자료 1〉 회사가 제시한 재무제표에는 20×3년말 현재 자산총계는 1,500억원, 매출액과 당기순이익은 각각 2,000억원과 150억원이다. 재고자산은 600억원으로 이 중 원재료는 500억원이다. 원재료 비중이 높은 이유에 대해 경영진은 회사가 제품수요를 충족하기 위하여 반도체칩을 미리 확보했기 때문이라고 설명하였다. 회사는 재고자산을 ① 본사공장, ② 지방소재 공장 두 곳, ③ 제삼자의 보관과 통제하에 있는 임차창고에 보관하고 있다.

〈자료 2〉 나선명 회계사가 재고자산 실사입회에서 수행한 절차는 다음과 같다.

① 회사는 20×3년 12월 31일 기준의 재고자산을 20×4년 1월 3일에 실사할 것을 계획하고 있다. 나 회계사는 본사공장 실사에 입회할 예정이라고 회사에 미리 통보하였다.

② 현장실사에 입회하여 회사가 수행하는 실사절차를 확인했으며, 실사목록 중 일부 품목을 무작위 표본추출하여 현장의 실제 재고품목과 비교하였다.

③ 임차창고에 보관되어 있는 재고자산의 보관확인증을 B회사로부터 제출받아 확인하였다.

〈자료 3〉 나 회계사는 기말재고 실사입회 후 세부테스트 수행에서 20×3년도 임금이 전년 수준으로 동결되었고 제품판매단가도 200원으로 전년과 동일한데 매출총이익률이 20×2년의 10%에서 20×3년에는 25%로 상승했음을 발견하였다. 나 회계사는 원인을 파악하기 위해 제품제조원가의 변화를 분석했는데 제품단위당 제조원가가 다음과 같이 변화했음을 파악하였다.

(단위 : 원)

항 목	20×3년		20×2년	
	금 액	비 율	금 액	비 율
재료비	100	66%	130	72%
노무비	20	14%	20	11%
경 비	30	20%	30	17%
합 계	150	100%	180	100%

요구사항

1. 나선명 회계사는 회사 경영진으로부터 "회사는 20×3년중 불량품을 해체하여 고가 반도체칩을 분리 회수해 제조공정에 원재료로 재활용하여 약 200억원 정도의 원가절감 효과를 보았다"는 설명을 들었다. 이러한 경영진진술의 적절성을 확인하기 위하여 나선명 회계사가 취해야 할 감사절차 세 가지를 기술하시오.
2. 나선명 회계사가 1에서 수행한 감사절차에서 만족스러운 증거를 수집하지 못했다. 재무제표의 왜곡표시가능성과 관련하여 제조원가 및 재고자산에 대하여 전체적인 관점에서 추가로 확인해야 할 감사절차를 기술하시오(재고자산 실사입회는 제외).
3. 나선명 회계사가 재고자산의 실재성 확인을 위하여 수행한 절차 중 잘못된 부분 세 가지를 기술하시오.

♠사례연구

재고자산 매입 · 매출의 기간귀속 결정

김한국 회계사는 대한주식회사의 8월 31일 재고자산을 실사입회하고 있다. 회사는 엔진부품 도 · 소매업을 영위하며, 재고자산은 작은 볼트에서부터 중장비 엔진에 이르기까지 다양하다.

회사는 실사를 수행할 때 공급처로부터 물품을 수령하거나 고객에게 물품을 적송하는 것을 제외하고는 재고자산 이동을 통제한다. 9월 2일 실사일에 김 회계사는 전날 발행된 마지막 적송서류와 마지막 검수보고서 번호를 감사조서에 기재하였다. 그 번호는 각각 No.109.314와 No.41.682이다.

김 회계사는 재고자산 실사에 입회하여 일부를 표본으로 추출해 실사하였고 수량과 명세가 정확하다고 결론을 내렸다. 실사입회를 종료한 후 창고를 떠나기 전에 김 회계사는 다음의 몇 가지 보충적 감사절차를 수행하였다.

(1) 검수보고서를 검토하였는데, 마지막 번호는 No.41.685였다. 검수원은 9월 2일에 수령된 모든 물품은 2～3일 전에 수령된 물품과 함께 검수부서에 보관하고 있다고 답변했다.
(2) 적송서류를 검토하였는데, 마지막 번호는 No.109.317이었다. 적송부서 담당자는 당일 출고분 중 3건은 오전에, 2건은 오후에 이루어졌고, 현재 운송중인 것은 1건뿐이라고 답변했다.
(3) 검수부서에 문의해 9월 1일에 수령한 물품을 확인하였다. 검수원에 따르면 검수보고서 No.41.680에서 No.41.682까지는 9월 1일에 선적하였다.
(4) 적송부서에 문의해 9월 1일에 출고되거나 직접 판매된 물품을 확인하였다. 담당자에 따르면 적송서류 No.109.311부터 No.109.313까지는 9월 1일에 출고하였다. 그는 김 회계사에게 약 300장에 달하는 매출주문서 부본을 제시하였고, 9월 1일 매출액(소매)은 총 ₩12,690이나 8월 매출액에 포함되지 않았다.
(5) 검수부서에서 회사 실사팀의 수량조사내용을 확인하였으며, 재고수량에 포함된 검수보고서 번호는 No.41.674에서 No.41.684까지이다.
(6) 적송부서에서 회사 실사팀의 수량조사내용을 확인하였으며, 재고수량에 포함된 적송서류 번호는

No.109.316에서 No.109.317까지이다. 9월 2일에 출고된 모든 재고자산이 재고자산의 수량조사에 포함된 것을 확인했다.

김 회계사는 기말감사절차의 수행중 물품수령과 출고에 관한 다음의 구입원가, 판매가격, FOB조건 및 기타 관련자료를 수집하였다.

〈자료 1 : 재고자산 수령〉

검수보고서 번호	선적일	수령일	수령액	8월수령대장에 포함여부	FOB조건
No.41.679	8-29	9-01	₩860	포 함	도착지
No.41.680	8-27	9-01	1,211	포 함	선적지
No.41.681	8-20	9-01	193	포 함	선적지
No.41.682	8-27	9-01	4,674	포 함	도착지
No.41.683	8-30	9-02	450	비포함	도착지
No.41.684	8-30	9-02	106	비포함	선적지
No.41.685	9-02	9-02	2,800	비포함	선적지
No.41.686	8-30	9-02	686	비포함	도착지

〈자료 2 : 재고자산 출고〉

적송서류 번호	선적일	판매가격	8월판매대장에 포함여부
No.109.310	8-31	₩780	포 함
No.109.311	9-01	56	포 함
No.109.312	9-01	3,194	포 함
No.109.313	9-01	635	포 함
No.109.314	9-01	193	포 함
No.109.315	9-02	1,621	비포함
No.109.316	9-02	945	비포함
No.109.317	9-02	78	비포함
No.109.318	9-02	3,611	비포함

요구사항

검수부서와 적송부서로부터 얻은 9월 1일의 물품수령과 출고정보는 정확하다고 가정하고 다음 물음에 답하시오.

1. 현금지급으로 구입한 재고자산은 없다고 할 때 매입채무계정의 기간귀속오류를 수정분개하시오.

2. 매출에 관한 오류를 모두 수정분개하시오.

3. 재고자산평가를 위해 실지재고조사법을 채택하고 있으며, 위의 **1**과 **2**가 재고자산에 영향을 주지 않는다고 가정할 때, 회사의 재고자산에 포함된 금액 오류는 얼마인가? 매출총이익률은 30%로 가정한다.

4. 김 회계사는 어떤 방법이나 서류를 이용해 9월 1일의 수령과 출고에 관한 검수부서와 적송부서의 정보가 정확한지 판단할 수 있는가?

CHAPTER 14

자금조달과 상환활동의 감사

제 1 절 차입금계정의 감사절차
제 2 절 부외부채의 감사절차
제 3 절 자본계정의 감사절차
제 4 절 금융상품의 감사절차
제 5 절 현금및현금성자산의 감사절차

학습목표

이 장의 학습을 완료하면 다음 질문에 답변할 수 있어야 한다.

1. 자금조달활동과 관련한 내부통제 목표는 무엇이며, 관련 통제테스트는 어떻게 수행하는가?
2. 이자비용의 전반적 테스트(Overall Test)는 어떻게 수행하는가?
3. 차입금에 대한 실증절차로 문서검사와 외부조회 등을 수행한다. 차입금과 관련하여 외부조회서를 발송할 때 어떠한 점에 특히 유의해야 하는가?
4. 어음·수표 수불테스트는 어떻게 수행하는가?
5. 부외부채와 우발채무를 적발하기 위한 감사절차로는 어떠한 방법들이 있는가?
6. 자본계정과 관련한 실증절차로는 어떠한 방법들을 사용하는가?
7. 금융상품투자활동의 왜곡표시위험을 감사인이 평가할 때 어떤 사항을 고려해야 하는가?
8. 현금및현금성자산의 분석적절차는 어떻게 수행하는가?
9. 현금시재액을 실사할 때 유의해야 할 사항으로는 어떠한 것들이 있는가?
10. 예금잔액 및 중요 약정사항의 조회과정에서 발송하는 은행조회서로 어떤 정보를 확인할 수 있는가?
11. 카이팅(kiting)을 적발하기 위한 감사절차는 어떻게 수행하는가?
12. 양도성예금증서(CD)를 감사할 때 유의해야 할 사항은 무엇인가?

한눈에 살펴보는 이 장의 내용

자금조달과 상환활동은 다른 활동과 비교할 때 개별 거래의 금액이 크기 때문에 하나의 거래만 누락되어도 재무제표 공시에 중대한 영향을 미친다. 기업이 차입금을 조달할 때는 적절한 승인절차를 거쳐야 하며, 대금지급의 승인 및 집행 간에 적절한 업무분장이 이루어져야 하고, 중복지급을 방지하기 위한 통제절차를 수행해야 한다.

차입금거래 테스트는 차입금의 조달거래와 원금 및 이자비용의 지급거래로 나누어 실시한다. 개별 거래가 매우 중요하므로 기중거래를 모두 검증한 후 기초잔액에 가감하여 기말잔액을 산출하는 감사절차를 수행한다. 감사인은 이자비용의 전반적 테스트(overall test)를 수행하여 부외부채 존재가능성을 확인한다. 차입금의 세부테스트를 수행하기 위해 기업으로부터 차입금명세서와 이자비용명세서를 입수한다.

보고기간말 현재 기업이 부담해야 할 의무가 있으나 장부에 반영하지 않은 채무를 부외부채라고 하는데, 기업이 고의로 관련 부채를 은폐하면 정규감사절차만으로 이러한 왜곡표시를 발견하기 어렵다. 부외부채감사는 개별 계정과목별 감사절차와 연계해 실시하며, 부외부채를 발견하면 재무제표에 미치는 영향과 회계상 문제점을 검토한다.

모든 자본거래는 상법 규정에 따라 주주총회나 이사회 승인을 얻어야 한다. 감사인은 자본의 주요 증감내용을 이사회의사록과 주주총회의사록을 검토해 확인한다.

현금및현금성자산은 도난 및 횡령의 위험이 크기 때문에 고유위험이 매우 높다. 감사인은 현금및현금성자산계정의 총괄표를 작성하여 전기와 당기 잔액을 비교해 변동사항을 확인하고, 실재성을 확인하기 위해 재무제표일 현재 시재액을 실사한다. 예금잔액과 중요한 약정사항을 확인하기 위해 외부조회를 실시하는데, 감사인은 은행조회서를 확인해 예금잔액뿐만 아니라 부외부채 존재도 파악할 수 있다. 현금거래 내부통제가 취약하다고 판단하면 감사인은 현금검증표를 작성해 기중거래와 관련한 부정이 있는지 확인한다. 양도성예금증서는 왜곡표시위험의 평가수준과 관계없이 일정수준 이상의 실증절차를 수행해야 한다.

최근에는 그 종류와 성격이 매우 복잡하고 다양하며 비정형화된 금융상품이 등장하고 있어, 평가방법이나 회계처리도 매우 복잡해지고 있다. 감사인은 기업의 투자전략, 금융자산의 보유의도, 보유중인 금융상품의 구조와 거래방법, 관련 회계처리와 평가방법에 관한 충분한 이해가 필요하며 전문가 도움이 필요한지 결정해야 한다.

자금조달과 상환활동의 다음 네 가지 특성은 감사계획을 수립하고 감사절차를 수행할 때 중요한 의미가 있다.

- 다른 활동과 비교할 때 거래의 수는 상대적으로 적으나, 개별 거래가 계정 전체에 미치는 영향은 매우 중요하다. 개별 거래의 금액단위가 매우 크기 때문에 자본조달과 상환활동의 감사에서는 각 계정의 기초잔액 확인뿐만 아니라 기중의 모든 거래를 검증한다.
- 한 거래만 누락되어도 재무제표에 중대한 영향을 미친다. 특히 부채의 과소평가 및 부외부채의 누락가능성에 유의한다.
- 기업, 주주 및 채권자 사이에는 법률적 계약관계가 존재한다. 주식 및 사채 등과 관련하여 재무제표에 영향을 미치는 법률적 규제 내용이 본문 및 주석에 충분히 반영하고 공시했는지 확인한다.
- 이자비용과 부채, 배당금과 자본은 상호 밀접한 관계가 있다. 부채를 감사할 때 관련 이자비용과 미지급이자를 동시에 검증하며, 자본을 감사할 때도 배당금 및 미지급배당금 계정을 동시에 검증한다.

제 1 절 차입금계정의 감사절차

Ⅰ. 차입금의 관련계정

기업은 차용증서나 어음을 발행하여 금전을 차입하며, 기한이 되면 이자를 지급하고 원금을 상환한다. 차입금 및 이자비용과 관련한 계정 및 거래의 흐름은 [도표 14-1]과 같다.

차입금과 이자비용을 상환할 때에는 현금지출이 발생하여 현금지출분개장에 기록하므로, 구매와 대금지급활동 감사에서도 부분적으로 검증할 수 있다. 자금조달과 상환활동 감사에서는 관련계정을 종합적으로 검증한다.

차입금계정에서 특히 중요한 감사절차는 다음과 같다.

도표 14-1
차입금의 관련계정 및 거래흐름

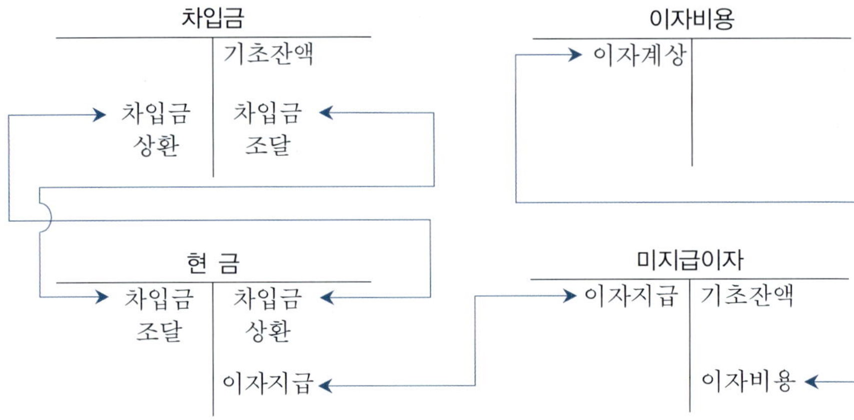

(1) 차입금의 내부통제는 적절한가?
(2) 차입금 관련거래를 규정에 따라 승인하고 내부통제 목표를 충족할 수 있도록 적절하게 기록하고 있는가?
(3) 차입금, 이자비용 및 미지급이자의 계정잔액은 세부테스트 목표를 충족하는가?

Ⅱ. 차입금의 내부통제

자금조달의 활동과 관련하여 기업이 수행하는 업무기능과 이에 따른 내부통제 목표는 [도표 14-2]와 같다.

도표 14-2
자금조달활동과 관련한 내부통제목표

기 능	내부통제목표
사채 및 주식의 발행	이사회 승인을 받고 법적 요구사항을 준수하여 발행해야 하며 자금은 수령 즉시 입금한다.
사채이자 및 배당금의 지급	이사회나 경영진 승인에 따라 권한을 위임받은 지급담당자가 지급한다.
사채 상환과 주식의 재발행	관련 거래는 이사회 승인을 받고 집행한다.
거래의 기록	분류 및 기간귀속 목표에 일치하도록 관련 거래를 기록한다.
부채와 자본 계산의 정확성 유지	장부의 계정잔액과 보조원장의 기록이 일치하는지 검증한다.

차입활동에서 다음의 네 가지 내부통제기능이 중요하다.

(1) 차입금조달의 적절한 승인절차

차입금을 조달할 때 사전에 적절한 승인절차를 반드시 거쳐야 한다. 새로운 차입금의 조달 및 승인책임은 이사회 또는 경영진에게 있다. 조달규모, 이자율, 차입기간, 담보자산의 설정 등은 최고경영진 승인이 필요하다. 차입금을 연장하거나 갱신할 때에도 동일한 승인절차가 필요하다.

(2) 원금 및 이자 지급의 통제

차입금 상환과 이자의 기간별 지급거래는 구매와 대금지급활동의 일환으로 통제된다. 차입금을 조달하면 회계부서는 차입약정서부본을 보관하며, 원금이나 이자 지급일이 도래하면 자금부서에서 자금을 집행한다. 대금지급은 승인된 계좌로 정확한 금액을 이체해야 하며, 대금지급의 승인 및 집행 간에 적절한 업무분장이 이루어져야 한다.

(3) 적절한 문서와 기록의 유지

차입금 관련 보조장부를 유지한다. 이자비용의 중복지급을 방지하기 위해 시효가 지난 차입약정서와 상환완료한 차입약정서를 적절하게 통제해야 한다. 상환완료한 약정서에는 '지급필'의 도장을 찍고 관련 서류를 취소하고 권한 있는 책임자가 이를 보관한다.

(4) 주기적이고 독립적인 내부검증

차입금의 기록업무와 무관한 제삼자가 주기적으로 총계정원장금액을 약정서의 기록과 대조하고 조정한다. 계산의 정확성과 완전성을 검증하기 위해 이자비용을 재계산한다.

Ⅲ. 차입금 거래유형의 테스트

차입금 거래의 테스트는 차입금의 조달거래와 원금 및 이자비용의 지급거래로 나누어 실시한다. 차입금과 관련한 현금 수입과 지출의 감사는 대금회수활동과 대금지급활동의 일환으로 수행한다. 추가적인 거래기록의 테스트는 계정잔액 실증절차의 일환으로 실시한다. 개별 거래가 매우 중요하므로 기중거래를 모두 검증한 후 이를 기초잔액에 가감하여 기말잔액을 산출하는 감사절차를 채택한다.

차입금 및 관련 이자비용의 거래에 대한 감사는 전술한 네 가지의 내부통제기능에 중점을 두어 수행하며, 동시에 현금 수입과 지출 금액의 정당성을 검증한다.

Ⅳ. 차입금 계정잔액의 실증절차

1. 차입금 계정잔액의 분석적절차

차입금, 이자비용, 미지급이자에 대한 분석적절차를 수행해 비경상적인 변동이나 이상항목이 있는지 확인한다. 전기 대비 당기 잔액의 변동내역을 살펴보고, 이자비용과 차입금의 상관관계를 분석한다. 감사인은 상관관계분석을 위해 이자비용의 전반적 테스트(Overall Test)를 실시해 부외부채 존재가능성을 확인한다. 전반적 테스트를 수행해 기대치 범위를 벗어나는 이자비용이 있다면 차이가 발생한 원인을 규명한다.

핵심 이자비용의 전반적 테스트(Overall Test)

차입금 보조원장에서 이자율별 차입금적수를 산출하고, 차입금적수를 이용하여 평균차입금을 계산한다. 동 금액에 평균이자율(계약서의 약정이자율을 근거로 계산)을 곱해 이자비용의 기대치를 구한다. 이때 수용할 수 있는 기대치와의 차이금액(중요성수준)을 결정하고, 장부상 이자비용과 이자비용 기대치를 비교한다. 이자비용 기대치가 장부의 이자비용보다 낮다면 부외부채 가능성을 의심해 볼 수 있으며, 반대의 상황이면 미지급이자와 이자비용을 계상하지 않았을 가능성을 검토한다.

예를 들어 재무상태표 차입금의 연평균잔액은 1,000,000원이며, 손익계산서에 이자비용 120,000원을 보고했다. 감사인이 차입계약서를 입수해 계산한 평균차입이자율은 10%이다. 연평균잔액에 평균차입이자율을 곱해 계산한 이자비용 기대치는 100,000원이다. 이자비용 기대치보다 장부 이자비용이 더 크면 차입금의 과소계상, 즉 부외부채 존재가능성을 의심할 수 있다.

2. 차입금 계정잔액의 세부테스트

감사인은 차입금 세부테스트를 수행하기 위해 기업으로부터 차입금명세서와 이자비용명세서를 입수한다. 이 명세서에는 기초 및 기말 차입금잔액과 미지급이자, 당기에 발생한 차입금 및 이자의 거래, 각 차입금의 세부정보인 지급기일, 이자율, 담보자산 등이 포함된다. 기중거래 빈도가 낮으면 기말계정잔액만을 기록한 차입금명세서를 요청할 수도 있다. 여기에는 차입금 기말잔액의 세부사항(차입처, 금액, 이자율, 이자지급일, 차입일과 만기일)이 표시된다.

감사범위는 차입금항목의 중요성과 내부통제 효과성에 따라 결정된다. 주요 감사절차는 다음과 같다.

- 차입금 및 사채명세서를 입수하여, 기말잔액을 총계정원장이나 시산표 잔액과 비교하고 기초잔액은 전기 감사조서와 비교한다. 양년도간 유의적인 변동이 있다면 이유를 규명한다. 신규 발행한 사채는 유가증권신고서를 확인한다.
- 금융기관 등 채권자에 대한 외부조회를 수행해 기말잔액, 이자율, 최종이자지급일, 만기일, 상환방법, 담보 및 보증내용, 주요 차입조건 등을 확인한다. 이때 기말현재 잔액이 없는 금융기관이라도 기중거래가 있었던 모든 금융기관(전수조사)을 대상으로 외부조회서를 발송한다. 금융기관조회서로 은행조회서, 금융거래조회서(비은행 금융회사용), 금융거래조회서(여신전문 금융회사용), 보험거래조회서, 금융거래조회서(증권회사용) 등이 있다.
- 금융기관조회서를 검토하여 담보로 제공된 자산 및 부외부채(보증채무 등)의 증거를 입수한다.

• 차입계약서의 주요 계약사항 준수여부와 연체 유무를 확인하고, 계약 위반 사항이 있으면 재무제표에 미치는 영향을 파악한다. 공시해야 할 계약조건과 담보로 제공된 자산이 있는지 검증한다.
• 주요 금액의 미지급(선지급)이자는 금융기관조회서의 최종이자지급일을 확인해 계산검증을 수행한다. 미지급비용명세서 또는 선급비용명세서와 연계하여 미지급이자 또는 선급이자 인식이 적절한지 확인한다.
• 전기말 비유동부채로 보고한 금액 중 유동성장기부채로 분류해야 할 항목이 있는지 계약서와 금융기관조회서로 확인한다.

제 2 절 부외부채의 감사절차

부채를 누락시키거나 과소계상하면 자산의 과대계상이나 자기자본의 왜곡(혼수자본)을 초래한다. 부외부채는 보고기간말 현재 시점에서 기업이 부담해야 할 채무이나 장부에 반영하지 않은 것을 말한다. 부외부채는 장부에 기록되지 않았기 때문에 존재여부뿐만 아니라 금액도 측정하기 어렵다.

Ⅰ. 부외부채의 유형

부외부채는 여러 유형으로 분류할 수 있으나, 감사목적을 위해 발생원인 및 장부의 반영형태를 중점적으로 살펴본다.

1. 발생원인에 따른 분류

(1) 회계담당자의 고의적인 누락

부채로 확정되었으나 회계담당자가 고의로 누락시킬 수 있는 부외부채의 유형은 다음과 같다.

- 어음 및 수표와 관련된 채무
- 차입금 및 사채 등과 같은 비유동부채
- 매입채무와 미지급비용
- 퇴직급여채무 및 각종 충당부채

(2) 회계처리방법의 적용오류

회계처리방법을 잘못 적용하여 발생할 수 있는 부외부채의 예로는 리스거래를 단순 임대차거래로 처리하는 경우를 들 수 있다. 이러한 잘못된 회계처리는 리스자산과 리스부채를 모두 누락시킨다.

(3) 우발채무의 미공시

주석으로 공시해야 할 우발채무 내용을 적절하게 공시하지 않으면 부외부채의 누락과 동일한 현상이 발생한다.

- 기말 현재 배서양도, 할인어음 중 만기 미도래분
- 지급보증 또는 판매보증
- 견질용(담보제공)으로 타인이 보관중인 어음이나 수표
- 계류중인 소송사건

2. 장부 반영형태에 따른 분류

부채를 은폐하기 위해 부채 이외의 다른 항목으로 회계처리하거나, 원천적으

로 부채의 기록을 누락시키는 방법을 이용하기도 한다.

(1) 장부에 부채가 아닌 다른 형태로 반영

부채거래를 고의적으로 관련부채 이외의 계정으로 회계처리하는 방식이다. 예를 들어 은행으로부터 자금을 조달하고, 차입금계정 대신 매출계정이나 자본금으로 회계처리해 부채를 숨길 수 있다. 부채를 은폐하기 위해 차입금계정 대신에 주로 사용하는 계정은 다음과 같다.

- **매출 :** 특수관계자와 공모해 가공매출과 매출채권으로 인식
- **자본금 :** 부채로 조달한 자금을 주주 출자로 위장

(2) 장부에서 원천적으로 채무를 누락

자금을 차입했으나 자산(현금)과 부채(차입금)를 동시에 장부에서 의도적으로 누락시킬 수 있다. 일반적으로 일정기간 후에 발생하는 이자지급 및 원금상환 거래까지도 원천적으로 누락시키는 방법을 사용한다. 이러한 부외부채는 더욱 발견하기 어려워진다.

Ⅱ. 부외부채의 감사절차

장부에 기록된 왜곡표시를 감사하기 위한 일반적인 감사절차로는 부외부채를 발견하기 어렵다. 즉 기업이 고의적으로 관련부채를 은폐하면 정규감사절차만으로는 이러한 왜곡표시를 발견할 가능성이 낮다. 부외부채감사는 원칙적으로 개별 계정과목별 감사절차와 연계하여 실시한다.

1. 어음 · 수표와 관련한 부외부채

차입을 하거나(금융어음) 상거래 채무가 발생하여(상업어음) 어음을 발행했지

만 해당 거래를 장부에 적절하게 기록하지 않으면 부외부채가 발생한다.

백지어음이나 백지수표가 계약이행담보나 차입금 담보(견질)로 제공할 수 있다. 이때 기업은 우발상황의 존재 사실을 반드시 주석으로 공시해야 한다. 왜냐하면 백지어음이나 백지수표를 발행하면 계속기업에 중요한 불확실성을 야기하는 유의적 위험으로 발전할 수 있기 때문이다. 어음 · 수표 거래는 다른 거래와는 달리 부정이나 견질목적[1]으로 한 장만이라도 사용하거나 분식을 위해 부외부채로 사용하면 파급효과가 매우 크다.

어음 · 수표와 관련한 감사절차는 ① 어음 · 수표 관련 통제테스트, ② 어음 · 수표 수불테스트, ③ 마감절차 검토 순으로 이루어진다.

(1) 어음 · 수표 관련 통제테스트

어음 · 수표와 관련하여 어음 · 수표 용지의 구입, 사용, 폐기, 견질 등의 내부통제 신뢰성을 평가하고, 부외부채 통제절차와 발생가능성을 테스트한다.

▶ 어음·수표와 관련된 내부통제

- 미사용 어음 · 수표 용지를 보관하는 사람(보관기능)과 인감도장(승인기능)을 관리하는 사람을 분리해야 한다(업무분장 및 승인).
- 미사용 어음 · 수표 용지와 인감도장은 물리적 보안장치가 있는 곳에 보관해야 하며 승인받은 사람만이 접근가능해야 한다(접근 및 사용통제).
- 어음 · 수표를 발행하는 즉시 어음 · 수표 발행대장에 적절하게 관련 기록을 문서화한다(문서화통제).
- 어음 · 수표는 일련번호순으로 발행해야 하며, 폐기한 어음은 사본을 관리하고 원본은 반드시 은행에 반납한다(문서화통제).
- 어음 · 수표 발행과 관련한 기록과 예금 잔액이 일치하는지 확인하기 위해 수시로, 그리고 주기적으로 독립적인 제삼자가 검증한다(독립적인 내부검증).

(2) 어음 · 수표 수불테스트

기업으로부터 거래은행별 어음 · 수표 수불명세서를 받아 거래은행의 조회결

1) 금융기관이 자금을 대출할 때 담보력을 보강하기 위해 기업으로부터 위임받는 어음으로 백지어음의 성격을 갖는다. 대출금회수에 의문이 생기면 즉시 교환에 회부하여 자금화할 수 있다. 발행기관만 기재되어 있을 뿐 금액이나 만기일, 발행일이 없어 금융기관은 채권금액과 발행일, 만기일을 임의로 정해 교환에 회부할 수 있다. 대부분 부도 직전에 유통시키므로 견질어음의 출현은 기업이 파산할 가능성이 임박했음을 시사한다.

과와 비교하고, 사용, 폐기, 미사용 매수를 확인한다. 기초수량에 당기교부수량 및 기말잔량을 가감해 당기사용수량을 구한다. 이렇게 계산한 수량이 회계장부의 발행수량, 비망기록의 발행수량, 폐기수량을 고려한 당기사용수량과 일치하는지 테스트한다.

1) 총괄표의 작성

거래은행별로 다음의 어음수표총괄표를 작성한 후 회사가 작성한 어음수표관리대장과 일치하는지 확인한다.

총교부된 어음 · 수표 용지		사용 또는 미사용 어음 · 수표 용지
㉮ 전기이월 미사용 어음 · 수표 용지 ㉯ 당기에 교부받은 어음 · 수표 용지	=	㉰ 사용 어음 · 수표 용지 ⓐ 정상적으로 사용한 어음 · 수표 용지 가. 회수 어음 · 수표 나. 미회수 어음 · 수표 ⓑ 견질 · 담보로 제공한 어음 · 수표 용지 ⓒ 폐기 · 처분한 어음 · 수표 용지 ㉱ 미사용 어음 · 수표 용지
㉮+㉯		㉰+㉱

"㉮+㉯"와 "㉰+㉱"의 매수는 일치해야 한다. 일치하지 않으면, 견질이나 담보제공 여부 및 개인적인 유용여부 등의 가능성이 있다. 미회수 어음 · 수표(㉰−ⓐ−나) 또는 미사용 어음 · 수표 용지(ⓑ)가 적절하게 부채나 주석으로 공시되어 있지 않으면 부외부채의 존재가능성을 의심할 수 있다.

2) 어음 · 수표 수불테스트의 실시

어음 · 수표 수불테스트는 다음과 같이 실시한다.

구 분	감사절차
㉮ 전기이월 미사용 어음 · 수표 용지	기초수량은 전기조서와 비교한다. 초도감사에서는 기말수량을 기준으로 기업의 어음 · 수표 발행대장, 은행의 어음 · 수표 교부대장을 확인해 기초수량을 역산하는 방법으로 적절성을 확인한다.
㉯ 당기에 교부받은 어음 · 수표 용지	기업으로부터 당기에 교부받은 어음매수의 정보를 제출받아 금융기관조회서(중도해지 은행도 포함)와 비교한다.

㉰ 사용 어음 · 수표 용지	ⓐ 정상적으로 사용한 어음 · 수표 용지 가. 회수 어음 · 수표 금융기관조회서로 확인한다. 나. 미회수 어음 · 수표 은행조회서의 미회수 어음 · 수표 목록과 기업보유 기말 수량, 견질제공 현황, 은행에 보고하지 않고 자체적으로 폐기한 어음 · 수표 현황 등과 비교한다. 규명되지 않은 어음 · 수표가 있다면 부외부채 가능성이 존재한다. ⓑ 견질 · 담보로 제공한 어음 · 수표 용지 견질로 제공한 어음 · 수표는 보관증 확인뿐 아니라 제공원인을 파악해야 한다. 기말 현재 제공한 어음 · 수표가 유효한지와 담보제공기간이 만료된 것은 모두 회수해 보관하고 있는지 파악한다. ⓒ 폐기 · 처분한 어음 · 수표 용지 폐기한 어음 · 수표는 금융기관조회서를 수령해 기업이 보관중인 어음 · 수표의 사본 및 폐기장과 비교 · 확인한다.
㉱ 미사용 어음 · 수표 용지	어음 · 수표의 기말수량을 실사(전수조사)해 지급어음, 수표발행대장과 비교해 보고기간말 현재 미사용 수량을 확인한다.

(3) 마감절차 검토

어음 · 수표 발행의 마감절차를 테스트한다(cut-off test). 보고기간말 직전 최종 발행된 어음 · 수표와 관련한 거래내역이 적절하게 장부에 반영되었는지 검증하면 부외부채 존재여부를 확인할 수 있다.

- 미사용 어음 · 수표 용지의 실사에서 최종 발행 어음 · 수표를 기록하고 지급어음, 당좌예금 등 관련 계정과 비교한다.
- 보고기간말 전후로 일정기간의 은행간 주요 거래를 검토하고, 주요 거래의 내용과 사유를 확인한다.
- 발행되었으나 장기간 인출되지 않은 어음 · 수표가 있는지 확인하고 사유와 회계처리 적절성을 검토한다.

2. 기타의 부외부채

어음수표와 관련되지 않은 기타의 부외부채 감사절차를 실시한다. 일반적으로 차입계약서에는 은행 요구에 따라 이사회의사록이 첨부된다. 이사회의사록에는 차입거래에 대한 승인이 있으나 차입금으로 기록하지 않은 항목이 있는지 확인한다. 보도매체를 통해 부외부채나 우발사항의 존재를 확인할 수도 있다. 기타의 부외부채를 확인하기 위한 감사절차의 구체적인 예는 다음과 같다.

① 구매와 관련한 거래의 기간귀속 통제절차를 평가한다. 이를 확인하기 위해 재고명세서를 수령하여 보고기간말 이전에 입고된 항목을 매입채무에 모두 반영했는지 검증한다.

② 영업외비용을 검토해 장부에 기록된 차입금 이외에 다른 형태의 이자가 지급되었는지 확인한다.

③ 보고기간말 직후 일정기간의 지급기록을 검토해 장부에 반영되지 않은 부외부채를 확인한다. 이를 확인하기 위해 보고기간말 직후 일정기간 지급된 내역에서 비용으로 인식한 중요한 금액의 거래에서 표본을 추출하여 보고기간말 부채로 인식해야 할 거래인지 살펴본다.

④ 보고기간말 직후 일정기간 대금지급이 청구된 거래명세서, 세금계산서 등 청구서를 검토한다. 예를 들어 20×1년 12월에 재화나 용역을 공급받고 관련 세금계산서는 20×2년 1월에 청구되기도 한다. 세금계산서 수령시점에 부채를 인식하면 20×1년말 부채는 누락된다.

⑤ 파생상품거래내역을 확인하기 위해 담당부서의 거래기록을 조사하고 기말 현재 부채로 인식해야 할 거래가 누락되었는지 검토한다.

⑥ 가계정(temporary account)의 발생·결제사항을 검토해 금융기관이 아닌 사채(私債)의 차입여부를 판단하고, 기말잔액에 지급이자와 관련한 금액이 반영되어 있는지 확인한다.

3. 발견한 부외부채의 처리

부외부채를 발견하면 재무제표에 미치는 영향과 회계상 문제점을 검토한다. 감사인은 경영진이 재무제표나 관련 주석에 반영하도록 수정권고하고, 수용하지 않으면 감사의견에 적절히 반영한다.

① 장부에 기록되지 않은 어음·수표채무를 확인하면 기업의 재무제표

에 반영하도록 권고한다.

② 기록누락 등이 재무제표에 미치는 영향의 중요성에 따라 감사의견을 제한할 것을 고려한다.

③ 어음·수표의 기록누락을 발견하면 종업원부정의 가능성을 고려하여 기업의 지배기구와 경영진에게 서면으로 이러한 사실을 커뮤니케이션 한다.

④ 우발채무로 주석으로 공시해야 하는 사항이라면 기업이 적절하게 주석으로 공시하게 하고 감사보고서의 강조사항으로 기재할지를 고려 한다.

Ⅲ. 우발채무의 감사절차

우발채무는 재무제표 본문에 보고하지 않고 주석으로 공시한다. 주석으로 공시해야 하는 우발채무의 공시를 누락하면 부외부채에 해당한다.

우발채무의 예는 다음과 같다.

- 타기업 또는 개인채무에 대해 지급보증하거나 담보제공함
- 배서 혹은 할인한 어음 중 만기가 도래하지 않음
- 기업이 피고로 제소되어 소송이 계류중임
- 판매한 상품이나 도급공사의 하자보증에 따라 보상을 약속함

감사인은 다음 절차를 수행해 기말 현재의 우발채무 및 약정사항의 완전성을 검토한다.

① 경영진에게 보증채무, 어음배서 및 할인, 소송사건의 유무를 질문하고 논의한 사항을 문서화한다.

② 주주총회의사록과 이사회의사록의 내용을 검토한다.

③ 금융기관으로부터 외부조회서를 받아 검토하고, 은행연합회의 기업신용정보자료를 확인한다.

④ 소송과 배상청구 항목의 완전성을 확인하기 위해 경영진 등 기업 내

부인원에게 질문하고, 이사회회의록 및 기업과 외부 법률고문 간의 왕복문서를 검토하며, 법률비용계정을 검토한다. 식별된 소송과 배상청구에 관해 감사인이 중요왜곡표시위험이 있다고 평가하거나 중요한 소송과 배상청구가 존재할 가능성이 있다면 외부 법률고문과의 커뮤니케이션을 수행한다. 법률고문 또는 소송담당변호사에게 직접 조회하여 소송내용과 진행상황을 파악한다.

⑤ 중요판매계약, 구매계약 등 계약서를 검토하여 하자보증내용을 확인하고, 필요하다면 상대 거래처에 직접 확인한다. 제조물책임, 환경문제 등을 원인으로 하는 우발채무를 고려할 필요가 있는지를 검토한다.

⑥ 우발채무 중 확정채무가 될 것이 확실하고 금액을 신뢰성 있게 측정할 수 있는 항목을 부채로 인식했는지 검토한다.

⑦ 우발채무의 재무제표 공시가 적절한지 검토한다. 보고기간 후에 입수한 정보가 재무제표에 이미 인식된 금액에 영향을 미치지 않으나 재무제표의 공시내용을 수정할 필요가 있는지를 검토한다.

⑧ 우발채무내용을 포함한 경영진서면진술서를 받는다.

제 3 절 자본계정의 감사절차

Ⅰ. 자본 관련 계정

자본 관련 계정간의 상호관계 및 거래흐름은 [도표 14-3]과 같다. 자본계정에 대한 주요 감사절차는 다음의 세 가지로 요약할 수 있다.

- 자본 및 배당금과 관련한 거래의 내부통제는 적절한가?
- 자본 관련 거래는 내부통제 목표를 준수하여 적절히 기록하는가?
- 자본 관련 계정잔액은 감사목표를 충족할 수 있도록 적절하게 계산하고 공시하는가?

도표 14-3
자본 관련 계정 및 거래흐름

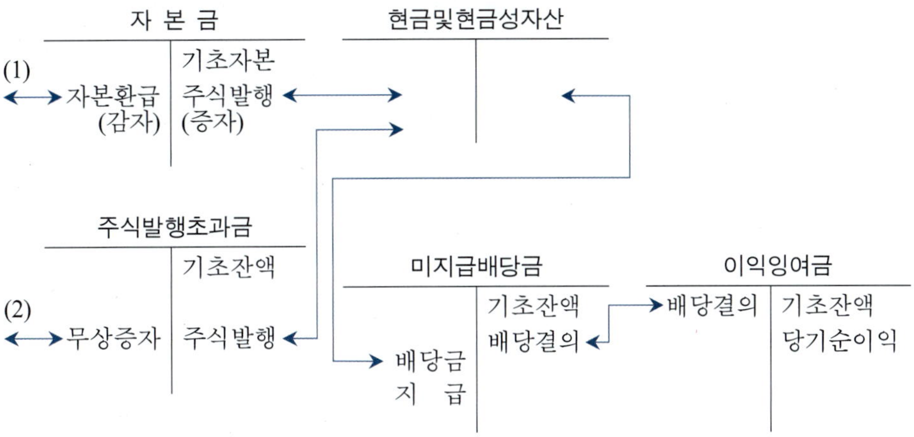

* (1)은 현금및현금성자산계정의 대변으로 연결됨
(2)는 자본금계정의 대변으로 연결됨

Ⅱ. 자본계정의 내부통제

자본계정과 관련한 주요 내부통제절차는 다음과 같다.

1. 개별 거래의 적절한 승인

모든 자본거래는 금액이나 성격이 매우 중요하므로 상법 규정에 따라 주주총회나 이사회의 승인을 얻어야 한다.

① **주식발행** 신주의 종류(보통주와 우선주)와 수, 신주의 발행가액과 납입기일, 신주의 인수방법. 무액면주식을 발행하면 신주의 발행가액 중 자본금으로 분류할 금액은 승인이 필요하다.

② **자기주식 취득** 취득할 수 있는 주식의 종류(보통주와 우선주)와 수, 취득가액의 총액한도, 자기주식을 취득할 수 있는 기간 등을 주주총회(또는 이사회)에서 승인을 얻는다.

③ **배당 선언** 이사회는 배당의 종류(현금과 주식), 배당액, 배당금지급

등을 발의하고 주주총회(재무제표를 이사회가 승인하면 이사회의 결의)의 승인을 받는다. 중간배당은 이사회의 승인이 필요하다.

2. 적절한 기록유지 및 업무분장

기업은 주식의 실제소유자를 주주명부에 등재하고, 배당금은 배당기준일의 주식소유자에게 정확한 금액으로 지급하며, 담당자의 횡령가능성을 방지할 수 있도록 통제절차를 수립한다. 이를 위해 적절한 담당자를 배정하고 업무분장과 기록유지를 위한 절차가 필요하다.

자본과 관련한 부정과 오류를 방지하기 위한 가장 중요한 절차는 ① 적절한 주식대장의 유지 및 자본거래의 기록, ② 기록에 대한 독립적인 내부검증기능의 유지이다. 기업은 주식의 발행 · 기록과정에서 관계법령을 준수해야 한다.

기업은 발행주식을 관리하기 위해 주식대장과 주식거래보조장부를 작성한다. 주식대장에 주식발행과 자기주식 취득내역을 기록하며, 세부기록으로 주권번호, 발행주식수, 발행시 주식소유자, 발행일 등을 포함한다. 자기주식을 취득하면 해당 주식번호와 재취득일을 기록한다. 주식거래보조장부는 현재 발행한 주식의 기록으로, 자본금의 정확성과 총계정원장 잔액을 검증하고 배당금지급을 위한 기준으로 사용한다.

배당금지급대장은 주식대장기록과는 분리된 독립적인 담당자가 주식대장을 근거로 작성한다. 개별주주에게 은행이나 증권계좌로 이체할 때 지급대상자 성명과 계좌번호 및 배당액에 대한 독립적 검증이 필요하다. 지급액은 주주총회의사록에 기록된 총배당금 승인액과 일치해야 한다.

3. 인수대행기관과 양도대행기관의 이용

많은 기업이 독립적인 인수대행기관 또는 증권예탁원이나 증권회사와 같은 인수대행기관을 이용한다. 전문기관이 주식의 발행, 양도, 보관 및 결제업무를 대행한다면 기업의 내부통제절차는 불필요하다.

인수대행기관은 주식이 상법 규정과 이사회 승인에 따라 발행되도록 해야 하며, 재발행이나 소유주 변동시에는 신·구주식 교체에 관한 관리책임을 맡는다. 전문기관인 양도대행기관을 이용하면 주주명부기록의 통제효과뿐만 아니라 비용절감효과를 얻을 수 있다.

Ⅲ. 자본 계정잔액의 실증절차

감사인은 자본계정총괄표를 작성하여 당기말잔액과 전기말잔액을 각각 총계정원장과 전기감사보고서와 대조하고, 양 연도간 변동이 있다면 내용과 사유를 규명한다. 자본거래명세서를 입수하여 금액을 계산검증하고 잔액이 보조부와 일치하는지 테스트한다. 주요 증감내용은 이사회의사록과 주주총회의사록 등을 검토하여 확인한다.

1. 자본금

자본금은 유상증자, 무상증자 및 주식배당 등으로 증가하며, 유상감자와 무상감자 등으로 감소한다. 감사인은 자본금 증감을 초래하는 모든 거래를 대상으로 다음의 감사절차를 수행한다.

- 증자가 발생하면 수권자본 범위 내에 있는지 확인하고, 유상증자는 입금기록과 등기부등본을 확인한다.
- 감자가 있으면 적법성과 감자차손익 인식이 적절한지 검증하고 등기부등본을 확인한다.
- 현물출자는 출자자산의 공정가치 평가와 회계처리가 적절한지 확인한다.
- 신주청약증거금, 청약미수금은 관련 증빙과 비교한다.
- 주주명부나 주식대장을 검토하여 자본의 기중 변동상황을 테스트한다.

2. 자본잉여금

자본잉여금은 주식발행, 자기주식 처분, 감자 등의 거래로 변동할 수 있고, 전환사채와 신주인수권사채의 발행, 주식매수선택권 행사로 증가할 수 있다. 감사인은 다음의 감사절차를 수행한다.

- 자본잉여금 변동사항에 대해 관련 증빙과 비교 확인하고 회계처리의 적정성을 확인한다.
- 전환증권 발행 및 전환 청구 등의 회계처리가 적절한지 검토한다.

3. 이익잉여금

이익잉여금 증감사항의 타당성 확인을 위해 전기 및 당기의 이익잉여금처분내역을 검증하고, 다음 절차를 수행한다.

- 임의적립금이입액, 결손금처리액 및 이익잉여금 처분에 따른 증감에 대해 주주총회 승인이 있었는지 확인한다.
- 상법에 따른 이익잉여금 적립이 관련 법규를 준수했는지 확인한다.
- 현금배당과 주식배당에 관한 승인 및 관련 세부자료를 검토하고, 배당금액의 계산을 검증한다. 법규, 차입약정서 및 기타 증서 등에 따른 제한사항을 검토한다.

4. 기타포괄손익누계액

감사인은 이익잉여금과 기타포괄손익누계액 간 분류가 적정한지를 확인하기 위해 다음 절차를 수행한다.

- 당기손익으로 분류해야 할 항목을 기타포괄손익으로 잘못 분류해 관련 계정잔액을 잘못 표시했는지 확인한다.
- 관련 항목의 처분거래(예 : 재평가자산, 기타포괄손익-공정가치측정금융자

산)가 발생했을 때 손익의 재순환(recycle)회계처리가 회계기준을 준수했는지 확인한다.

5. 자기주식의 취득

감사인은 자기주식의 취득, 처분 및 소각과 관련하여 다음 사항을 확인한다.

- 취득경위, 향후 처리계획, 질권 기타의 담보제공 여부(보관증 확인 또는 조회 확인)
- 자기주식 취득대가의 실제 지불 여부 및 회계처리의 적절성 여부
- 주식소각을 목적으로 취득한 경우에는 실사를 수행

제4절 금융상품의 감사절차

Ⅰ. 금융상품의 복잡성과 감사계획

기업은 일시적 여유자금을 활용하기 위해, 장기적으로 투자수익을 획득하거나 위험거래의 회피목적 등으로 금융자산을 보유하고 매매한다. 전통적인 금융상품은 주식이나 채권과 같은 유가증권이었으나, 최근에는 종류와 성격이 매우 복잡하고 다양하며 비정형화된 금융상품이 다수 등장하고 있다. 거래모형이나 거래시장도 다양해지고 평가방법이나 회계처리도 매우 복잡한 양상을 띠고 있다.

파생상품거래에 따른 기업의 사업위험도 증가하고 있으며, 빈번한 금융사고를 예방하고 관리하기 위한 내부통제절차도 대폭 강화되는 추세이다.

감사인 관점에서는 기업의 투자전략, 금융자산의 보유의도, 보유하고 있

는 금융상품의 구조와 거래방법, 관련 회계처리방법 등에 충분한 이해가 필요하며, 외부전문가 도움이 필요한지 결정해야 한다. 금융자산 투자비중이 높은 기업을 감사할 때에는 금융자산의 분류 및 표시방법, 그리고 회계처리 적절성에 관한 감사인의 결론을 뒷받침하기 위해 감사계획을 체계적으로 수립해 충분하고 적합한 감사증거를 수집해야 한다.

Ⅱ. 금융상품의 감사절차

기업이 보유한 장단기금융상품이 재무제표에 공정하게 표시되었다는 결론을 내리기 위해서는 계정잔액의 실재성 등 세부감사목표를 달성하기 위해 충분하고 적합한 증거를 수집해야 한다.

다른 일반적인 감사대상항목과 마찬가지로 다음의 감사절차를 수행한다.

1. 금융상품 투자활동의 왜곡표시위험 평가

(1) 내부통제의 이해와 사업위험 평가

감사인은 기업의 금융상품 투자활동 관련 내부통제환경에 대한 정보를 수집해 금융상품투자에 따른 사업위험을 평가한다. 기업의 재무투자위험은 금융상품의 비중과 거래빈도에 따라 중요성이 달라진다.

예를 들어 유동성이 낮은 증권이나 파생상품에 투자하면 사업위험은 커지고, 유통물량이 적거나 시장변동성이 큰 주식에 투자하면 사업위험은 증가한다. 기업의 투자정책이나 투자전략에 대한 내부통제의 효과성, 위험관리태도, 준법감시체계의 효율적 운용 등은 감사인이 금융상품 고유위험을 평가할 때 영향을 미친다.

(2) 중요왜곡표시위험의 평가

감사인은 중요왜곡표시위험을 평가하기 위해 기업의 금융상품 투자목적(단기

매매수익, 금융헤징, 정형화된 현금흐름수익, 장기투자수익 등), 투자기구의 복합성 및 변동성, 특정상품에 대한 투자경험 유무, 관련 회계처리의 복잡성 등을 고려한다.

금융상품 회계처리는 상각후원가측정금융상품을 제외하고는 대부분 공정가치측정을 전제로 한다. 상품 및 관련 시장의 유형에 따라 공정가치 회계처리가 매우 복잡해질 수 있다.

공정가치 서열체계상 수준 1 투입변수의 측정은 활성화된 시장이 존재하므로 객관적인 호가가 존재한다. 유사상품의 가격을 적용하는 수준 2 그리고 할인현금흐름 등을 직접 관측할 수 없어 대체방법을 사용하는 수준 3의 공정가치측정은 매우 높은 불확실성과 위험을 수반한다. 감사인은 금융시장의 변동성, 금융상품의 유동화 가능성과 함께 이러한 가치측정의 불확실성을 충분히 고려하여 중요왜곡표시위험을 평가해야 한다.

2. 금융자산 거래유형의 테스트절차

(1) 금융자산 투자활동의 통제테스트

감사인은 금융자산 투자활동과 관련한 내부통제 설계와 운용의 효과성 등을 평가하기 위해 거래의 발의, 승인, 집행, 가치평가 및 공시와 관련한 통제테스트를 실시한다.

감사인은 경영진이 다음 절차를 어떻게 구비하고 운용하는지 확인해야 한다.

- 노출위험 유형별 투자전략과 이에 따른 위험수준을 인지하는 절차
- 금융자산의 분류(상각후원가측정금융자산, 당기손익인식-공정가치측정금융자산, 기타포괄손익인식-공정가치측정금융자산) 절차
- 금융거래의 발의 및 기록 절차
- 수준 2 및 수준 3 공정가치평가를 포함한 평가관련 내부통제절차

기업이 위탁투자기관이나 외부전문가를 이용하면, 감사인은 위탁투자기구의 내부통제를 이해하고 운용보고서를 입수해야 하며, 관련 서비스에 대한

기업의 내부통제절차를 검토한다.

(2) 금융거래의 세부테스트

금융자산거래는 복잡하고 위험수준이 높으므로, 감사인은 기중거래에 대한 경영진주장 수준의 세부테스트를 확대하여 실시한다. 세부테스트 대상에는 증권 및 파생상품의 매입과 처분거래, 관련 평가 및 처분 손익, 금융수익 및 비용인식 거래를 포함한다. 내부통제가 효과적이라고 평가하면 투자담당자 및 위탁운영기관의 금융거래 관련 문서검증에 의존하며, 투자수익을 직접 재계산하거나 외부조회를 수행해 검증하기도 한다.

3. 금융자산 계정잔액의 실증절차

(1) 분석적절차

금융자산 계정잔액은 매기말 계정잔액 변동폭이 클 뿐만 아니라 특정한 다른 계정항목과의 연계성도 밀접하지 않기 때문에 감사인은 분석적절차를 소홀히 하기 쉽다.

이자수익 및 배당금수익 금액의 전반적인 합리성을 검증하기 위해서, 공정가치 서열체계 수준별(1, 2 및 3) 측정치의 상대적 비율구성을 파악하고 연도별 투자전략 및 포트폴리오의 변화를 파악하기 위해 분석적절차를 활용한다.

(2) 계정잔액의 세부테스트

감사인은 당기의 금융자산총괄표와 세부명세서를 기업으로부터 입수해 계정잔액 세부테스트의 출발점으로 삼는다. 금융자산총괄표에는 투자상품별로 기초잔액, 당기매입 및 양도, 관련 손익, 기말잔액 및 적용평가기준 등을 포함해야 한다.

금융상품테스트의 세부감사목표에서는 일반적으로 실재성, 정확성, 평가가 중요하다. 파생상품을 보유하면 잠재적 손실 및 위험의 표시 누락을 검증하기 위한 완전성 및 표시의 세부테스트목표가 중요하다. 공정가치평가에 관

도표 14-4 금융자산의 계정잔액 실증절차

감사목표	계정잔액의 세부테스트	비 고
• 금융자산총괄표의 계정잔액 합산이 정확하며 그 금액은 총계정원장과 일치하는가(정확성)	• 금융자산총괄표와 세부명세서 내역을 합산검증한다. • 총괄표의 금융자산 유형별 계정잔액을 총계정원장으로 추적한다.	• 금융자산은 유형별(예 : 상각후원가, 당기손익인식공정가치, 기타포괄손익인식공정가치)로 구분한다. • 공정가치측정 서열체계를 수준 1, 2, 3으로 구분한다.
• 금융자산명세서에 표시된 금융자산은 실제로 존재하고(실재성), 누락된 금융자산은 없는가(완전성)	• 위탁투자운용기구(신탁운용사 등)에 조회서를 발송한다. • 유가증권이나 파생상품을 실사한다. • 위탁계약서를 문서검사한다.	• 기업이 위탁투자운용기구를 이용하면 실사를 수행하지 않고 조회확인을 실시한다.
• 금융자산은 재무제표에 적절한 계정으로 분류되었는가(분류)	• 상각후원가측정, 당기손익인식-공정가치측정, 기타포괄손익인식-공정가치측정 금융자산별 분류가 적절한지 테스트한다.	• 금융자산관리를 위한 사업모형과 계약상 현금흐름 특성에 근거하여 금융자산을 분류해야 한다. 감사인은 이러한 기업의 분류가 적절한지 판단한다.
• 금융자산거래가 적절한 회계기간에 기록되는가(기간귀속)	• 기말시점의 거래를 추출하여 위탁투자운용기구의 문서에 기재된 거래일자를 추적테스트한다.	• 경영자는 기간귀속을 조정하여 양도 또는 평가손익을 조정하고자 하는 유인이 있다.
• 금융자산명세서에 표시된 유형별 금융자산이 회계기준에서 정하는 평가방법에 따라 적절한 금액으로 표시되는가(평가)	• 공시가격을 검증한다. • 경영진의 보유의도와 분류기준을 테스트한다. • 평가에 이용된 가정의 적절성을 평가한다. • 평가와 관련하여 외부전문가가 필요한지 검토한다. • 손상차손 인식이 필요한지 검토한다.	• 금융자산 감사에서 가장 중요하고 복잡한 세부감사목표이다. 보유하고 있는 금융자산의 유형과 투자전략(목적)에 따라 테스트절차가 달라질 것이다.
• 금융자산명세서에 표시된 모든 금융자산에 대해 소유권을 보유하고 있으며, 행사에 제한은 없는가(권리와 의무)	• 증권이나 부속서류에 표시된 거래조건을 검토한다. • 파생상품에 대해 계약상대방과의 중요계약사항을 확인한다. • 담보부 조건 등을 확인하기 위해 이사회회의록 등을 검토한다.	• 권리 · 의무 검증은 매입거래에 따른 실재성 검증과 함께 실시하는 것이 바람직하다.
• 금융자산계정들이 재무제표 본문 및 주석에 적절하게 표시되었는가(표시)	• 금융자산의 분류기준, 측정수준 1, 2, 3의 구분설명, 파생상품 인식방법 등이 적절하게 주석으로 공시되었는지 검증한다.	• 주석에 금융자산의 분류 및 회계처리방법이 적절하게 공시되어야 한다.

한 주석의 완전공시 문제는 최근 실무에서 중요한 문제로 대두되고 있다.

[도표 14-4]는 감사목표별 금융자산의 계정잔액 실증절차를 정리한 것으로, 신탁운용사를 이용해 금융상품을 투자하는 기업을 예로 들고 있다. 증권 등 금융자산은 위탁투자운용기구(신탁운용사)가 직접 보관하고 기록·관리하며, 기업은 투자지침을 제시하고 계약내용을 관리한다. 감사인은 금융상품의 기말보유잔액을 조회하고, 당기에 발생한 결제 및 미결제 내역도 조회로 확인한다. 조회확인절차는 실재성, 완전성 및 정확성에 대한 증거를 제공한다. 현금의 이중계상을 방지하기 위해 기업의 현금및현금성자산에 대한 잔액확인을 동시에 실시해야 한다. 파생상품을 보유하고 있다면 헤징활동 등을 확인하기 위해 이사회나 투자운영위원회의 기록을 검토해 투자상품의 완전성을 확인한다.

금융자산 계정잔액에서 평가목표의 검증은 매우 중요한 세부테스트절차이다. 금융자산의 종류와 관련 회계처리방법은 매우 복잡하고 다양하다. 활성시장이 없으면 공정가치를 평가할 때 다양한 주관적 방법을 적용할 수 있어 불확실성이 높아진다. 감사인은 서열체계상의 분류, 평가모형의 적합성, 이용된 가정의 합리성에 대해 높은 수준의 주의를 기울여 평가의 적절성과 공시의 충분성이 만족할 수준인지 검증해야 한다.

제 5 절 현금및현금성자산의 감사절차

기업의 여러 활동유형(cycle)은 회계처리 및 거래흐름 관점에서 서로 유기적으로 결합되므로 이러한 특성을 충분히 고려하여 효율적인 감사를 실시해야 한다. 본절에서 다루는 현금계정은 이미 설명한 다섯 개의 활동유형 모두에 대하여 하나하나 연계된다. 왜냐하면 기업의 활동은 궁극적으로 모두 현금흐름에 귀결되기 때문이다. 현금및현금성자산의 잔액감사는 현금흐름표와 더불어 기업의 모든 활동에 대한 최종감사라는 의미가 있다.

Ⅰ. 현금및현금성자산 감사절차의 특징

현금및현금성자산의 계정잔액 감사절차는 다음과 같은 특징이 있다.

① 대부분의 현금은 다른 거래활동의 영향을 받으므로 다른 활동의 거래유형 세부테스트의 평가결과를 참조한다.
② 현금계정잔액은 금액이 크지 않아도 기중의 수입 및 지출에 따른 거래액은 다른 계정보다 훨씬 크다.
③ 현금및현금성자산은 도난 및 횡령의 위험이 크기 때문에 고유위험이 매우 높다. 변칙거래와 부정의 발생가능성에 유의해야 한다.

Ⅱ. 현금및현금성자산의 내부통제

현금및현금성자산의 내부통제는 크게 현금수입 및 지출거래활동의 내부통제와 은행계정 조정절차의 내부통제로 구분할 수 있다.

현금수입 및 지출거래활동의 내부통제는 제9장 및 제12장에서 설명하였다. 예를 들어 구매와 대금지급활동에서는 ① 현금지급과 매입채무기록업무의 분리, ② 거래처에 송금하기 전 승인권자에 의한 관련기록의 충분한 검토, ③ 독립적인 내부검토기능이 수행되는지 확인한다.

은행계정조정의 내부통제와 관련해 매기 적시에 은행계정 조정을 실시해야 하며, 현금 수입과 지출의 기록업무나 취급업무와 관련이 없는 독립된 제삼자가 수행해야 한다.

Ⅲ. 현금및현금성자산계정잔액 실증절차

현금및현금성자산계정잔액의 실증절차와 관련한 몇 가지 절차를 자세하게 살펴본다.

1. 총괄표 작성 및 분석적절차의 수행

현금및현금성자산계정 총괄표를 작성하여 전기와 당기 잔액을 비교해 당기 변동액을 파악한다. 기초잔액은 전기감사조서와 대조하고 기말잔액은 당기에 감사할 재무제표의 총계정원장이나 시산표 잔액과 비교한다.

현금및현금성자산과 관련한 분석적절차는 다음과 같이 수행한다.

① 전기와 비교해 중요한 비경상적 변동이 존재하는지 파악한다. 전기잔액은 당기잔액의 기대치라는 가정하에 당기잔액이 전기잔액과 비교해 중요한 차이가 있다면 비경상적인 변동이라 할 수 있다.

② 비경상적인 항목을 발견하면 경영진에게 질문하거나 기업의 장부와 증빙자료 등을 확인해 원인을 규명한다. 자산에서 차지하는 비중이 지나치게 높거나, 수익률이 낮은 현금성자산을 과다하게 보유하고 있거나, 기중에 비해 기말에 현금잔액이 지나치게 증가하면 계정잔액의 왜곡표시가능성에 유의한다.

③ 보고기간말로부터 감사종료일까지 입출금거래전표를 개관하여 특이한 거래가 있는지 검토한다. 예를 들어 보고기간말에 존재하던 거액의 현금및현금성자산계정이 보고기간말 직후에 인출되었다면 자산의 실재성을 의심할 수 있다.

2. 현금및현금성자산 시재액의 실사

현금및현금성자산의 실재성을 확인하기 위해 재무제표일 현재 시재액을 실사한다. 감사인이 현금및현금성자산을 실사할 때 유의해야 할 사항은 다음과 같다.

① 분실로 인한 오해의 소지를 방지하기 위해 반드시 기업 담당자가 참관한 곳에서 실사를 수행한다. 실사 완료 후에는 현금을 전액 반납했다는 사실을 현금실사표에 기입하고 담당자에게 서명을 받는다.

② 현금이 여러 곳에 분산보관되어 있으면 현금성자산을 한 곳에 모아 동시에 실사하거나 여러 감사인이 분담해 각 보관장소에서 동시에 실사한다.

③ 현금과 상호교환이 가능한 금융자산과 받을어음은 동시에 실사하여 상호 융통가능성을 배제한다.

④ 원칙적으로 실사는 재무제표일에 실시한다. 부득이하게 재무제표일이 아닌 일자에 실사하면 실사일로부터 재무제표일까지 발생한 입·출금거래에 대해 추가적인 증거(문서증빙)를 확보해야 한다.

3. 은행조회서의 발송 및 중요한 약정사항의 외부조회

감사인은 은행조회서를 통해 예금잔액뿐만 아니라 부외부채의 존재도 확인한다. 이를 위해 기중에 거래가 해지되었거나 잔액이 없는 예금계정을 포함하여 모든 금융기관으로부터 조회서를 발송하고 회수한다. 은행조회서를 통해 예금잔액의 감사증거뿐만 아니라 만기, 이자율 및 사용제한 여부도 확인해야 하므로, 은행잔액증명서(또는 통장사본)의 잔액만 확인해서는 안 된다. 차입금과 관련된 담보제공 및 질권설정 등 예금잔액의 사용제한 여부 등은 주석사항으로 기술해야 하므로 조회서 내용에 포함한다.

은행조회서 발신자는 기업의 대표이사 명의로 한다. 회사가 금융기관조회서를 작성하는 것이 효율적이나, 발송과 회신은 감사인이 직접 수행해야 한다. 은행조회서에서 확인가능한 정보는 다음과 같다.

① **예금·적금과 관련한 사항** 예금·적금의 잔액(실재성), 적금은 만기(분류와 표시), 사용제한 여부(권리와 의무, 분류와 표시), 이자율 및 이자 지급조건(분류와 표시, 완전성 등)

② **차입금과 관련한 사항**(usance 포함) 잔액(완전성), 만기와 상환조건(분류와 표시), 동 차입금과 관련한 담보사항(권리와 의무, 분류와 표시)

③ 어음·수표 교부액, 미회수 혹은 미도래수표·어음의 정보, 지급보증 약정 및 미결제 선물환계약(부외부채 관련 사항)

은행조회서는 대부분 사전에 미리 인쇄된 양식을 사용한다. 은행조회서를 수령해 장부의 예금계정잔액의 정당성 확인을 위해 은행계정조정표의 잔액과 비교한다.[2]

---

2) 2014년 1월부터 금융결제원에서는 기업 회계감사자료 발급서비스의 일환으로 감사인에게 기업의 금융거래내역(은행조회

감사인이 부정을 의심하면 은행으로부터 마감후예금거래명세서를 요청하기도 한다. 마감후예금거래명세서(a cut-off bank statement)는 예금거래의 기간귀속을 검증하기 위한 기중거래보고서로서 보고기간말 후 7~10일간 은행거래내역을 기록한 증명서이다. 회사가 기말은행계정조정의 시점에서는 얻기 어려운 증거, 예를 들면 보고기간말 이후에 결제된 지급필 폐기수표의 정보를 제공하므로 기말은행계정조정표의 내용을 검증하는 데 사용한다. 마감후예금거래명세서는 회사가 은행에 요구하는 형식을 취하지만 은행에서 감사인에게 직접 회신하도록 조치한다.

마감후예금거래명세서를 입수하지 못하면, 감사인은 후속기간의 은행조회서를 확인해 지급된 모든 결제수표, 차기메모, 모든 입금, 대기메모를 합산한다. 은행조회서 합계와 잔액보고서 합계가 일치하는지 확인하고, 합산에 포함된 각 항목이 해당 기간에 실제 지급되었는지와 누락이나 변경은 없었는지 검토한다. 이는 보고서가 회사를 거치는 과정에서 내용이 조작 혹은 변경되지 않았는지를 확인하기 위해 필요한 절차이며 의도적인 오류를 밝혀내기 위한 감사절차이다.

Ⅳ. 부정발견 중심의 감사절차

내부통제가 매우 취약하다고 판단하면 종업원의 부정가능성을 고려하여 감사절차를 확대한다. 이때 감사인은 현금 관련 부정위험에 따른 왜곡표시가능성에 특히 주의를 기울여야 한다. 일반적으로 다음과 같은 부정발견 중심의 감사절차를 이용한다.

1. 은행계정조정표의 확대감사

은행계정조정표의 검증과정에서 부정 은폐를 위해 고의적인 회계장부 왜곡

서)을 온라인으로 발급하는 서비스를 제공하고 있다. 기업이 온라인으로 금융결제원에 은행조회서 발급을 요청하면 금융결제원이 해당 은행에 발급 요청하여 이를 온라인으로 감사인에게 전송하는 방식이다. 은행조회서의 발급업무 효율화(금융기관) 및 금융거래정보의 조회편의 제고(기업과 감사인 모두)뿐만 아니라 회계감사자료의 위・변조위험을 최소화한다.

표시가능성이 있다고 판단하면 감사절차를 확대 실시한다.

예를 들어 재무제표일이 12월 31일인 기업의 내부통제가 취약하다고 판단하면, 11월말 은행계정조정표에서 출발하여 12월 중 모든 현금 수입 및 지출 항목을 당월 은행조회서를 중심으로 비교 검토한다. 조정대상인 항목들, 즉 미기록수표나 미통지예금 등은 11월의 은행조회서로부터 출발하여 12월의 현금수입장 및 지출장과 비교 검토한다. 여기서 지급되지 않고 남은 항목들은 12월의 은행계정조정표에 모두 포함시켜야 한다.

2. 현금검증표 작성

• 은행계정조정표는 잔액만 검증하나, 현금검증표는 기중거래도 검증한다.

현금거래 내부통제가 취약하다고 판단하면 감사인은 현금검증표(proof of cash)를 작성하여 기중거래와 관련한 부정이 있는지 확인한다. 현금검증표는 일정기간 기업 장부에 기록된 은행예금의 수입과 지출을 은행측의 기록과 비교하므로 단순히 잔액 차이만 조정하는 은행계정조정표 검증보다는 강력한 실증절차이다.

현금검증표를 작성하면 현금 수입과 지출의 기중거래가 모두 표시되므로, 계정잔액 세부테스트뿐만 아니라 거래유형 세부테스트를 동시에 실시할 수 있다.

3. 예금횡령의 감사

카이팅(kiting)은 기업이 의도적으로 은행간 대체거래를 발생시켜 예입은행의 예금계정에는 입금기록하고 지급은행의 예금계정에는 출금으로 처리하지 않는 방법으로 기말잔액을 과대계상하는 부정수법이다. 예를 들어 서울의 종로은행에서 수표를 발행해 이를 부산의 해운대은행에 입금하면, 기업의 장부에서 종로은행의 예금은 감소하고 해운대은행의 예금은 증가한다. 실제로 타행수표는 종로은행에서 예금이 인출되어 해운대은행에 예입되기까지는 시일이 걸린다. 이러한 거래로 재무제표일 현재 은행의 예금잔액은 이중으로 계상된다. 카이팅은 동일한 직원이 수표 발행과 예금 기록을 동시에 담당하고 있거나 직원들간에 공모가 있는 등 예금의 내부통제가 취약할 때 발생한다.

카이팅을 적발하기 위한 감사절차로서 은행간 대체거래명세서(bank transfer schedule)를 작성하여 재무제표일 전후로 은행간 수표의 입·출금내역을 동시에 검증한다. 카이팅에 이용된 수표는 재무제표일 이후에 결제되지만 재무제표일 현재 은행계정조정표에는 기발행미인출수표로 나타나지 않는다. 이는 재무제표일 후 당좌원장을 검토하면 적발할 수 있다.

사례 **은행간 대체거래명세서**

수표번호	은행		수표금액	지급은행 인출일자		예입은행 예입일자	
	지급	예입		은행	장부	은행	장부
A-0152	우리은행	신한은행	500,000	12/31	1/3	12/31	1/2
A-0168	우리은행	하나은행	100,000	12/31	1/4	1/3	1/2
A-0176	우리은행	국민은행	200,000	1/2	1/2	12/31	12/31
A-0039	우리은행	신한은행	550,000	1/2	1/3	1/2	1/3

분석

수표번호 A-0176은 카이팅을 시도한 경우이다. 12월 31일 현재 지급은행인 우리은행의 잔고와 기업의 장부에는 예금이 2억원으로 기록된다. 12월 31일 우리은행에서 수표를 발행한 후 장부에 출금을 기록하지 않고, 하나은행에서 지급제시하여 출금되는 1월 4일에 기록한다. 따라서 예입은행인 국민은행 예금잔고와 기업 장부에는 12월 31일에 예금으로 계상되어 우리은행과 국민은행에 예금 2억원이 이중으로 기록된다. 이러한 부정은 은행조회서나 은행계정조정을 통해서는 파악할 수 없으므로 재무제표일 전후로 기업간 대체거래를 추적해야 한다.

Ⅴ. 양도성예금증서(CD)의 감사

양도성예금증서(CD)는 현금과 같이 무기명으로 유통되는 대표적인 현금성자산(cash equivalents)이다. 감사인은 CD에 대해서는 왜곡표시위험의 평가수준과 무관하게 일정수준 이상의 실증절차를 수행해야 한다. 양도성예금증서와 관련한 감사절차는 다음과 같다.

- 감사인은 재무제표가 중요하게 왜곡표시될 수 있는 위험에 대해 전문가적인 의구심을 가지고 감사업무를 수행해야 한다. 분석적절차를 수행해 기업의 영업현황, 재무구조 또는 자금능력 등에 비추어 보유사유 타당성과 보유규모 적절성을 평가한다. 예금증서를 재무제표일에 임박하여 취득하거나 유상증자 대금의 대부분을 금융기관으로부터 인출하여 예금증서로 보유하는 사례가 있다. 보유과정에서 사유 타당성이나 규모 적절성을 의심하는 상황에서는 자산부족의 은폐 또는 자금유용 등과 관련되었을 가능성을 고려한다.
- 예금증서의 실재성 등을 확인하기 위해 반드시 회사가 실물을 소유하고 있는지를 실사시점과 계정잔액 테스트를 수행할 때 모두 확인해야 한다. 계정잔액 테스트를 수행하는 시점에 예금증서를 양도했다면 양도대금을 정상적으로 회사에 입금했는지 확인한다. 기업이 보관하는 예금증서 원본을 직접 검사하거나 금융기관 또는 증권예탁기관 등 공신력 있는 기관이 직접 발행한 잔고확인서 또는 보호예수증명 등을 검사한다. 예금증서 사본이나 발행사실확인서만 검토하는 것은 적절한 실사방법이 아니다.
- 실물확인만으로 감사절차를 종료한다면, 기업이 실사시점에 타인 소유 증서를 일시적으로 차용하거나 타인 자금을 일시적으로 차입(부외부채)하여 증서를 취득·제시하는 등 방법으로 회계부정을 은폐하더라도 이를 적발하지 못할 가능성이 높다. 중요성 관점에서 보유사유 타당성과 보유규모 적절성에 의심의 여지가 없다고 인정하는 경우가 아니라면 기업이 해당 예금증서를 정상적으로 소유하고 있는지 확인하는 추가적인 절차가 필요하다.
- 기업이 양도성예금증서를 정상적으로 소유하고 있는지 확인하기 위해 기업에 취득자금의 원천 및 입·출금 관련 증빙자료(통장기록 등)를 요구한다. 이를 통해 기업의 정상적인 자금능력으로 취득하였는지, 실사시점부터 감사보고서일까지 해당 실물을 계속 보유하고 있는지, 양도하였다면 양도대금이 정상적으로 기업에 유입되어 보유 또는 사용되고 있는지를 종합적으로 검토한다.

연습문제

진위형

다음의 설명을 읽고, 틀린 기술이라면 그 이유를 제시하시오.

(1) 감사인은 차입금 관련 현금 수입과 지출 거래는 자금조달과 상환활동감사 일환으로 검증한다.

(2) 감사인은 차입금 계정잔액 실증절차로서 이자비용의 전반적 테스트(Overall Test)를 실시하여 차입금수준의 합리성과 부외부채 존재가능성을 확인하는 분석적절차를 실시한다.

(3) 감사인은 기말현재 잔액이 없는 금융기관에 대해서는 조회수수료 비용절감을 위해 조회서를 발송하지 않았다.

(4) 주석으로 공시해야 할 우발부채의 내용을 적절하게 공시하지 않으면 부외부채 누락과 동일한 결과를 초래한다.

(5) 기업은 부외부채를 통제하기 위한 절차로 어음·수표는 일련번호순으로 발행해야 하며, 폐기한 어음은 사본을 관리하고 원본은 반드시 은행에 반납해야 한다.

(6) 감사인이 어음 수불테스트 일환으로 당기에 교부받은 어음용지를 확인하기 위해 당기에 교부받은 어음매수 정보를 기업으로부터 제출받아 금융기관조회서와 비교하였다.

(7) 감사인이 어음 수불테스트 일환으로 미사용 어음용지를 확인하기 위해 어음의 기말수량 중 일부를 표본으로 추출해, 어음발행대장과 대조해 보고기간말 현재 미사용 수량을 확인했다.

(8) 감사인은 기타의 부외부채를 확인하기 위해 보고기간말 직후 일정기간의 지급기록을 검토했다.

(9) 재무보고체계에서 우발채무로서 주석공시를 요구하는 사항을 기업이 적절하게 주석으로 공시하였다. 감사인은 이러한 사항이 정보이용자의 의사결정에 중요한 영향을 미칠 것으로 판단하여 감사보고서에 이를 강조사항으로 기재했다.

(10) 기업과는 독립적인 인수대행기관 또는 증권예탁원이나 증권회사와 같은 인수대행기관을 이용하여 주식의 발행, 양도, 보관 및 결제업무를 대행하고 있다면 적절한 내부통제를 시행하고 있다고 볼 수 있다.

(11) 금융자산에 대해 위탁투자기관이나 외부전문가를 이용하면 감사인은 위탁투자기관 내부통제를 이해하고 운용보고서를 입수해야 하며, 관련 서비스에 대한 기업의 내부통제 효과성을 검토해야 한다.

(12) 금융자산 계정잔액은 매기말 계정잔액 변동폭이 크기 때문에 많은 감사인은 분석적절차를 중요하게 다루지는 않고 세부테스트에 더 큰 관심을 갖는다.

(13) 파생상품을 보유하는 기업을 감사할 때 잠재적 손실 및 위험의 누락을 검증하기 위한 완전성 및 표시의 세부테스트 목표를 중요하게 다루어야 한다.

(14) 파생상품거래와 관련하여 감사인은 기업 투자전략, 금융자산 보유의도, 보유하고 있는 금융상품의 구조와 거래방법, 관련 회계처리방법 등에 대한 충분한 사전이해가 필요하다.
(15) 정확한 은행계정조정을 위해서는 현금 수입과 지출의 기록업무나 출납업무와 관련이 있는 담당자가 이를 수행해야 한다.
(16) 보고기간말 존재하던 거래의 현금및현금성자산 계정잔액이 보고기간말 직후에 인출되었다면 자산의 실재성을 의심할 수 있다.
(17) 감사인이 현금및현금성자산 시재액을 실사할 때 정확한 잔액을 확인하기 위해서는 현금과 받을어음은 서로 다른 유형의 금융자산이므로 각각 실사하는 것이 바람직하다.
(18) 감사인은 기중거래와 관련한 부정이 있는지를 확인하기 위해 은행계정조정표를 작성해 감사증거를 입수하였다.
(19) 카이팅을 적발하기 위한 효과적인 감사절차로 은행간 대체거래명세서를 작성한다.
(20) 감사인은 보고기간말에 양도성예금증서(CD)에 대한 실사 일환으로 원본을 직접 확인하여 실재성을 확인하여 감사절차를 종료하였다.

서술형

1 차입금과 이자비용의 분석적절차 (KICPA)

이우리 회계사는 (주)금성의 이자비용과 차입금에 대한 분석적절차를 수행하였다. 이와 관련하여 기업으로부터 수집한 자료는 다음과 같다.

계정과목	20×6.1.1	증 가*	감 소**	20×6.12.31
차입금	100억원	50억원	20억원	130억원

* 동 차입금은 20×6.7.1에 신규로 조달되었다.
** 기초에 존재하던 차입금 중 일부가 20×6.10.1에 만기가 도래하여 상환되었다.

요구사항

이우리 회계사는 차입계약서를 검토했는데 평균약정이자율은 8%, 손익계산서에 보고된 이자비용은 14.4억원이었다. 이러한 상황에서 어떤 왜곡표시 가능성이 존재하는지 기술하시오. 단, 자본화할 차입원가는 고려하지 않는다.

2 어음 · 수표의 부외부채 감사절차 (KICPA)

김대한 회계사는 B회계법인 소속 공인회계사로서 PK(주)의 20×2 회계연도 어음 발행기록을 검토하고 있다.

경리부장은 미사용어음을 은행거래용 인감과 함께 금고에 넣어 관리하며, 퇴근 후에는 경비전문회사가 외부 침입을 감시하고 있다(도난 손실은 경비회사가 모든 책임을 짐). 경리부장은 타 부서 요청이 있으면 인수증을 수령하고 어음을 교부하며, 어음발행대장에 즉시 기록한다. 다음은 감사절차에서 입수한 자료이다.

(자료 1) 회사의 유일한 거래은행인 여의도 은행으로부터 도착된 20×2년 12월 31일 현재 금융기관조회서(은행조회서) 내용 중 어음용지 교부 및 은행 미도래(즉 어음 미회수) 내역은 다음과 같다. 아래의 20×2년 12월 31일 현재 상황은 감사기간중에도 변동이 없었다.

교부일자	교부어음번호	미회수어음번호
20×2. 1. 7	#12340～#12349	12342, 12344, 12345, 12347, 12348, 12349

(자료 2) 회사의 어음 발행대장 : 모든 발행기록이 포함됨 (단위 : 백만원)

발행일자	어음번호	액면금액	비 고
20×2.01.10	#12340	200	
20×2.02.01	12346	850	
20×2.04.03	12343	1,000	
20×2.06.14	12344	백지	차입금 담보로 제공
20×2.08.06	12341	5,000	
20×2.09.07	12349	200	계약 이행의 담보로 제공
20×2.11.09	12347	250	

(주) 비고란에 특별한 표시가 없는 것은 외상매입금 결제용임.

(자료 3) 외상매입금 결제를 위해 발행한 어음은 지급어음계정에 기록하며, 차입금계정은 어음발행과 관계가 없다. 지급어음계정의 당기 대변기입액 합계는 7,050백만원이었다.

(자료 4) 담보로 제공된 어음은 회사가 어음보관 영수증 원본을 갖고 있음을 확인했으며, 미사용어음용지의 실사에서 예외사항은 발견되지 않았다.

요구사항

1. 회사의 어음 관련업무를 검토해 볼 때, 직무 분리나 어음발행 및 관리와 관련하여 내부통제 개선이 필요한 업무절차 두 가지를 기술하시오.
2. 20×3년 1월 1일 김대한 회계사가 어음용지를 실사하기 위해 경리부장과 함께 금고를 열었을 때, 금고 파손이 없는 상태에서 2매의 용지만 남아 있었다. 어음용지가 2매만 남아 있을 수 있는 이유를 제시하시오.
3. 위의 자료를 검토하면 부외부채가 존재할 것으로 의심할 수 있는 어음이 있다. #12340～#12349 중에서 어떤 것인가?

3 후속기간중 부외부채 감사절차

온세계 회계사는 20×1년 12월 31일로 종료하는 지구주식회사 재무제표의 감사종료단계에서 후속기간에 해당하는 "20×2년도초의 전표철과 분개의 타당성에는 어떤 문제점도 존재하지 않는다"라고 주장하는 지구주식회사의 이사와 감사업무에 대한 대화를 나누었다. 이 이사는 "① 너무 늦게 거래처로부터 청구서를 받았기 때문에 20×1년 12월의 전표철에 포함되지 못한 20×1년도의 청구액은 원장을 수정기입해 20×1년으로 바르게 회계처리하였고, ② 내부감사인은 재무제표일 후 후속사건을 세부검증하였으며, ③ 온 회계사에게 전표철 회계시스템에서 발생할 수 있는 부외부채는 존재하지 않는다는 경영진서면진술을 제출하겠다"라고 진술하였다.

요구사항

1. 20×1년도에 기록을 누락한 거래처의 청구서에 대해 회사가 후속기간에 이를 확인하여 원장에 바르게 수정기입하였다. 이러한 사항은 감사절차에 어떠한 영향을 미치는가?
2. 내부감사인에 의한 내부검증기능이 존재한다는 사실로 감사인은 부외부채의 감사절차 범위를 축소할 수 있는가?

4 금융자산의 감사절차 – 종합사례

공기청정기를 제조판매하는 샛별기업은 최근 5년 동안 판매가 급증해 빠른 성장을 하고 있다. 당해 연도말 현재 상당한 여유자금을 확보하여 장래의 시설확장에 대비하고 있다. 작년에 새로 취임한 김재무 사장은 올해 여유자금 상당금액을 단기매매목적으로 상장주식에 투자했으며, 일부는 소액이지만 파생상품에도 투자했다.

샛별기업은 자산운용전문사에게 투자자산의 관리를 위탁했으나, 증권 매매거래에 관한 최종의사결정은 김재무 사장이 직접 수행하고 있다. 샛별기업의 재무제표를 감사하는 김태평 회계사는 당년도의 감사계획 수립과정에서 다음 사항을 발견하였다.

(1) 이사회 운영규정에 따라 김 사장은 투자전략을 수립해 이사회 승인을 받는다. 이사회는 금융자산의 매매의사결정에 관여하지 않으며, 파생상품 매매계약체결에도 관여하지 않는다.
(2) 연말 금융자산 비중은 총자산의 15% 정도를 차지한다. 대부분이 단기매매목적으로 보유한 주식이며, 고위험 주식의 비중도 상당히 높은 편이다.
(3) 김 사장이 직접 단기매매 또는 현금흐름수취 등 투자목적의 의도와 분류방법을 결정한다.
(4) 당기의 금융자산평가이익이 전기에 비해 크게 증가하였다.
(5) 회사는 빠른 속도로 성장하고 있으며, 김 사장은 자산수익률에 따라 상여금을 결정하는 보상계약을 체결하였다.

요구사항

1. 샛별기업의 금융자산 관련 중요왜곡표시위험을 평가하시오.
2. 상장주식과 관련하여 실재성목표를 검증하기 위한 감사절차를 기술하시오.

3. 상기 파생상품에 대해 완전성목표를 검증하기 위한 감사절차를 기술하시오.

4. 금융자산의 평가목표를 검증하기 위한 감사절차를 기술하시오. 일반 금융상품은 모두 상장주식이며, 파생상품은 공정가치 수준 3의 평가를 필요로 한다.

5. 김태평 회계사가 감사절차를 수행하는 과정에서 내부 또는 외부 재무금융전문가의 평가관련 조언이 별도로 필요한지 기술하시오.

5 인터넷뱅킹의 내부통제 개선 (KICPA)

임꺽정 회계사는 고려주식회사의 은행거래와 관련한 내부통제를 검토하고 다음과 같은 사실을 확인하였다.

> 회사는 인터넷을 통한 자금이체제도를 이용하고 있다. 회사는 출납직원인 김미화와 담당부장을 은행에 거래 담당직원으로 등록하고 은행거래를 위한 비밀번호를 이들에게 부여하고 있다.
>
> 인터넷 자금이체제도를 통하여 김미화는 회사의 은행계좌간 자금이체뿐만 아니라 회사 거래처에 대한 매입채무의 지급 및 직원의 계좌로의 급여이체 업무를 수행하고 있다. 김미화는 개별금액이 천만원 미만이면 단독으로 인터넷 자금이체제도를 사용하여 자금을 이체할 수 있으며, 천만원이 초과하면 담당부장과 김미화가 동시에 은행의 전산망에 접근(access)해야만 자금을 이체할 수 있다.
>
> 개별금액이 천만원 미만이면 김미화가 인터넷 자금이체제도를 이용할 수 있는 일일 사용횟수는 제한이 없다. 김미화는 매월말 당좌거래은행계좌에 대하여만 은행계정조정을 실시하고 그 결과를 담당부장에게 보고하며 기타의 은행계좌에 대하여는 은행계정조정을 실시하지 않고 있다. 김미화와 담당부장은 5년 이상 회사의 자금관리업무를 특별한 사고 없이 잘 수행하고 있다.

요구사항

은행거래와 관련한 회사의 내부통제의 취약점에 대해 임 회계사가 제시할 수 있는 개선안을 기술하시오.

6 출납담당자의 현금횡령 (KICPA)

별나주식회사는 현금거래 내부통제가 매우 취약하다. 감사인은 20×1년 11월 30일 현금및현금성자산잔액과 관련해 다음 사항을 파악하였다.

(1) 회사의 현금원장 잔액은 ₩1,890,162이다. 동 잔액은 미기록예금을 포함하고 있으며, 은행측 기록의 회사예금 이자수익 ₩10,000은 현금출납장에 표시되어 있지 않았다.

(2) 은행잔액증명서 잔액은 ₩1,555,000이다. 기발행미지급수표는 No.62(₩11,625), No.103(₩15,000), No.284(₩25,325), No.8621(₩19,071), No.8623(₩20,680), No.8632(₩14,528)로 확인되었다.

(3) 출납담당자는 미기록예금을 ₩379,441인 것으로 추산하였고 이에 따라 다음과 같은 은행계정조정표를 작성하였다.

Ⅰ. 회사측 잔액(20×1.11.30)		₩1,890,162
가산 : 기발행미지급수표		
No.8621	₩19,071	
8623	20,680	
8632	14,528	44,279
		₩1,934,441
차감 : 미기록예금		(379,441)
Ⅱ. 은행측 잔액(20×1.11.30)		₩1,555,000
차감 : 기록누락 대변금액(이자수익)		(10,000)
현금시재액(20×1.11.30)		₩1,545,000

요구사항

1. 출납담당자는 자신의 횡령사실을 감추기 위하여 어떤 방법을 사용했는가?

2. 주어진 정보만으로 판단할 때 별나주식회사의 통제절차 미비점을 지적하시오.

7 양도성예금증서(CD)의 감사절차 (KICPA)

다음은 20×5년 10월 중순 어느 일간신문에 게재된 기사의 내용을 요약·정리한 것이다.

"국내 기업들이 타인의 양도성예금증서(CD)를 잠시 빌려오거나, 편법으로 발행한 분식(粉飾)회계 규모가 최대 1조 8,600억원에 달하는 것으로 조사됐다."

〈참고〉

(가) 편법 CD 빌리기란 기업이 CD 발행비용과 거래차익을 부담하고, 증권사가 은행으로부터 CD를 구입하도록 하고, 증권사가 구입한 CD를 잠시 빌려와 기말에 보유하고 있는 것처럼 회계장부를 꾸며 자산을 부풀리는 행위이다.

(나) 편법 CD 발행이란 기업이 은행에서 CD를 발행하는데 대금은 증권사가 부담하는 변칙거래이다. 기업은 연말 감사기간에 증권사로부터 자금을 제공받아 은행으로부터 CD를 구입하여 자산으로 계상한다. 감사가 종료되면 해당 기업은 자금을 제공한 증권사에 해당 CD를 할인된 가격으로 매각하고, 증권사는 이를 투신사 등에 차익을 붙여 되판다.

편법 CD발행 거래

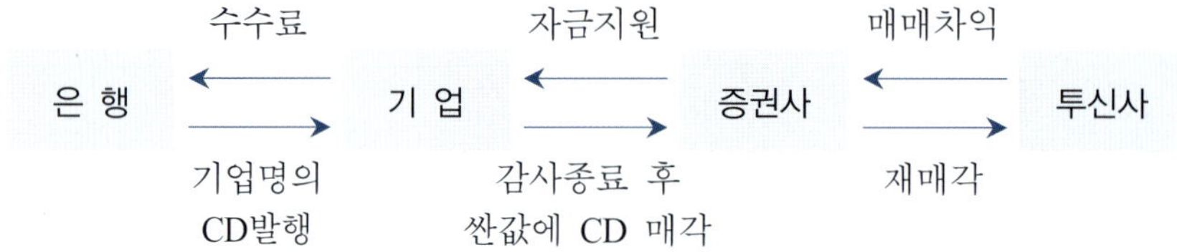

요구사항

감사인은 재무제표를 중요하게 왜곡표시할 수 있는 상황이 존재한다는 전문가적인 의구심을 가지고 CD 등의 실재성 및 소유권 등을 확인하기 위한 절차를 수행해야 한다. 위와 같은 유형의 거래에서 감사인이 수행해야 할 다음의 감사절차를 기술하시오.

1. 위의 (가)와 관련한 실재성 확인을 위한 절차
2. 위의 (나)와 관련하여 회사가 CD 등을 분식회계 목적으로 편법 또는 변칙적으로 소유하고 있는지 확인하기 위한 절차

♠사례연구

어음상의 차입금 감사절차

대한회사의 총계정원장에 기록된 어음상 차입금계정 기말잔액은 ₩186,000이고, 지급어음의 수는 20매이며, 어음소지자(수취인)는 총 8명이다. 지급기간은 30일에서 120일까지 다양하며, 금액도 ₩1,000에서 ₩10,000까지 다양하다. 현금조달을 위해 발행한 경우와 유형자산 구입을 위해 발행한 경우 등 여러 유형이 있다. 회사는 모든 자산이 담보물로 근저당으로 설정되어 단기차입금에 의존할 수밖에 없다. 대한회사는 이러한 이유로 심각한 운영자금 부족난을 겪고 있다.

감사인은 발행어음의 장부기록절차도 높은 빈도의 차입금 거래를 고려할 때 양호하다고 판단하였다. 어음보조원장도 없고 기말잔액에 대한 독립적인 내부검증절차도 존재하지 않는다. 발행어음 기록업무는 현금에의 접근이 통제된 회계담당자가 수행하고 있다.

대한회사에 관한 회계감사는 수년간 동일한 회계법인이 수행하고 있으며, 당기에는 어음상 차입금계정 검증을 위해 다음의 감사절차를 수행하였다.

① 회사로부터 차입금계정명세서를 받아 명세서의 지급어음잔액을 계산검증하고 총계정원장에 금액을 추적한다.

② 차입금계정명세서에 포함된 모든 기발행미지급어음은 어음부본을 검토한다. 어음부본의 수취인(채권자) 성명, 금액, 발행일 등을 명세서와 비교한다.

③ 차입금계정명세서의 어음소지자에게 조회한다. 조회내용에는 지급기일, 지급금액, 재무제표일 현재 미지급이자 등이 포함되어 있다.

④ 차입금계정명세서에 포함된 모든 어음의 발생이자를 재계산한다. 정확한 발생이자를 계산하는 데 필요한 정보는 어음부본으로부터 구한다. 발생이자의 금액을 재계산한 후 총계정원장의 금액과 비교한다.

요구사항

1. 위와 같은 상황에서 어음상 차입금계정을 감사할 때 고려해야 할 사항을 기술하시오.

2. 네 가지 감사절차(①~④)의 감사목적을 각각 기술하시오.

3. 네 가지 감사절차(①~④)는 모두 필요한지를 기술하고, 필요 없다고 판단하는 절차는 이유를 밝히시오.

PART V

감사의 종료 및 보고

제15장 감사의 종료절차
제16장 감사결과의 보고

CHAPTER 15

감사의 종료절차

제 1 절 공시사항의 세부테스트

제 2 절 후속사건의 검토

제 3 절 감사업무수행의 종합평가와 감사조서의 검토

제 4 절 감사결과의 종합과 의견형성

학습목표

이 장의 학습을 완료하면 다음 질문에 답변할 수 있어야 한다.

1. 특수관계자거래의 감사절차는 어떻게 진행하는가?
2. 감사보고서에 기재하는 강조사항과 기타사항은 서로 어떻게 다른가?
3. 계속기업으로서의 존속여부에 대한 감사절차는 어떻게 수행하는가?
4. 후속사건의 세 가지 유형에 따른 감사인의 책임과 감사절차는 어떻게 다른가?
5. 경영진의 서면진술에는 어떠한 내용을 포함하는가? 서면진술서 감사절차는 어떻게 진행하는가?
6. 감사인은 감사의 마지막 단계에서 무엇을 기초로 감사의견을 형성하는가?

한눈에 살펴보는 이 장의 내용

감사인은 현장감사의 종료시점에서 주석을 포함해 기업이 작성한 재무제표의 공시가 적절한지 테스트한다. 감사인은 공시사항의 검토과정에서 검토업무를 체계적으로 진행하기 위해 공시사항점검표를 이용한다.

특수관계자와의 거래는 경영진에 의한 공모나 은폐의 가능성에 따른 중요왜곡표시위험이 높으므로, 감사인은 이에 대응하기 위한 감사절차를 면밀히 수행할 책임이 있다. 특수관계자와의 거래에 대한 감사는 적절한 공시와 부정가능성 파악의 두 가지 측면에서 실시한다.

주권상장법인 감사인은 전문가적 판단에 따라 당기재무제표감사에서 가장 유의적인 사항으로 지배기구와 커뮤니케이션한 사항 중에서 감사보고서에 어떤 항목을 핵심감사사항으로 기술해 재무제표이용자와 커뮤니케이션할 것인지를 결정한다.

강조사항문단은 재무제표에 공시된 사항 중 감사인이 중요하다고 판단해 감사보고서에 포함하는 문단이다. 기타사항문단은 재무제표에 공시되지 않은 사항으로서 감사인이 필요하다고 결정해 감사보고서에 포함한 문단이다. 감사인은 이러한 사항들을 감사보고서에 포함하기 전에 문안을 지배기구와 커뮤니케이션한다.

기업실패가 발생하면 재무제표이용자가 감사인에게 감사실패 책임을 묻기 위한 법적 소송을 제기할 가능성이 높아진다. 감사인은 계속기업을 전제로 감사를 실시하고 감사의견을 표명하므로 감사과정에서 계속기업으로서의 존속가능성에 주의를 기울여야 한다. 경영진이 적용한 계속기업전제의 적합성에 대해 충분하고 적합한 감사증거를 입수해 계속기업으로서의 존속능력에 중요한 불확실성이 존재하는지 결론을 내려야 한다.

재무제표일 이후에 발생한 사건이라도 감사대상 회계연도의 재무제표에 영향을 미치는 중대한 사항이 있을 수 있다. 감사인은 재무제표일 이후에 발생한 후속사건에 대해 적절한 감사절차를 수행하고 필요하다면 그러한 내용을 감사보고서에 반영해야 한다.

감사인은 현장업무를 종료하는 시점에 경영진의 서면진술서를 수령하고, 감사업무수행을 종합적으로 점검하기 위해 감사조서를 검토한다. 경영진서면진술은 반드시 필요한 감사증거이므로, 감사인이 재무제표 작성과 표시의 최종 책임이 있는 사람으로부터 이를 구하지 못하면 감사범위 제한에 해당한다.

감사인은 감사조서를 검토하고 감사의견을 결정하기 위해 미수정왜곡표시금액을 집계해 재무제표 전반에 미치는 영향을 중요성 관점에서 평가한다. 감사인은 감사과정에서 발견한 왜곡표시를 경영진에게 수정 요구하고, 이를 거부하면 미수정왜곡표시금액의 중요성을 고려하여 감사의견을 변형한다.

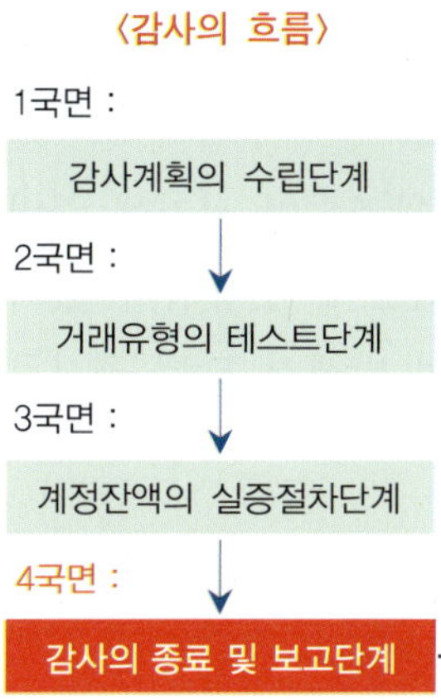

감사인은 모든 활동유형에 대해 통제테스트와 실증절차를 마친 후, 감사의 종료단계에서 개별 감사결과를 종합하고 수집한 증거를 평가하여 최종 감사의견을 형성한다.

[도표 15-1]은 감사의 종료 및 보고단계를 주요 절차별로 요약한 것이다.

도표 15-1
감사의 흐름 제4국면 :
감사의 종료 및 보고단계

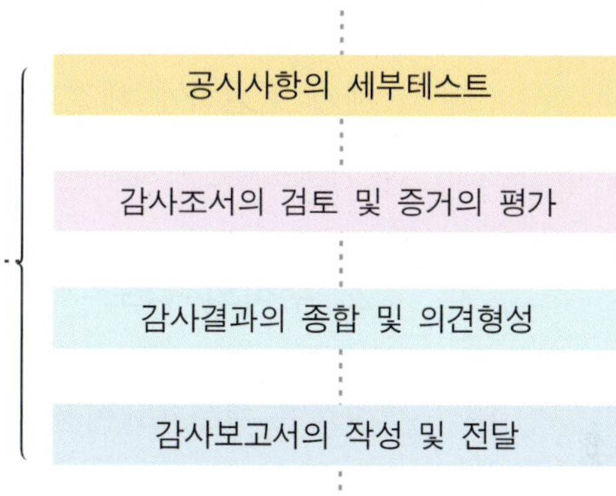

제 1 절 공시사항의 세부테스트

감사인은 현장감사의 종료시점에서 주석을 포함하여 기업이 작성한 재무제표가 공정하게 표시·공시되는지 테스트한다. 감사보고서의 강조사항문단과 기타사항문단으로 기재해야 할 사항도 함께 검토한다.

Ⅰ. 공시사항의 세부테스트

1. 공시사항점검표의 검토

공시사항에 대한 감사절차는 감사의 전 과정에서 수행되나 실무에서는 감사

• **공시사항점검표**: 공시사항의 검토과정에서 누락여부를 확인하기 위해 질문형식으로 작성한 점검표

종료단계에서 감사인은 기업이 재무제표를 올바르게 표시하고 있는지 검토하기 위해 공시사항점검표(disclosure checklist)를 이용한다. 점검표는 공시사항의 검토과정에서 감사인이 상기해야 할 사항들을 질문형식으로 수록하고 있어 검토업무를 체계적으로 진행할 수 있다.

감사인은 재무보고체계 및 감사기준의 요구사항을 참조하여 사전에 준비한 공시사항점검표를 이용한다. 감사인은 공시사항점검표에 포함되어 있지 않은 사항도 감사조서를 검토하여 해당 감사와 관련하여 발생한 모든 공시문제가 적절하게 해결되었는지를 종합적으로 검토한다.

2. 주석의 검토

주석은 재무제표이용자가 기업의 재무상태와 경영성과를 더 잘 이해할 수 있는 추가 정보를 제공한다. 감사인은 감사종료시점에서 재무제표 본문뿐만 아니라 주석이 적절하게 공시되고 있는지 검토해야 한다.

3. 회계변경 및 오류수정의 공시

재무보고체계를 위배하지 않는 회계변경은 그러한 사실이 주석으로 적절히 공시되었는지 확인한다. 재무보고체계를 위배한 회계변경이라면 감사인은 수정할 것을 요구하며, 경영진이 수정을 거부하면 변경 연도와 그 영향이 미치는 차후 연도까지 계속하여 의견변형을 고려한다.

4. 우발채무의 검토와 공시

(1) 우발채무의 공시

우발채무(contingent liabilities)는 보고기간말 현재 부채의 인식요건을 충족하지 않았으나 장래에 우발적인 사건의 발생여부에 따라 부채로 인식될 가능성이 높은 채무이다. 감사인은 보고기간말 현재 우발상황이 존재하는지 검토한다.

- 계류중인 소송사건
- 상환청구 조건으로 배서양도한 어음
- 타인 채무에 대한 지급보증이나 담보제공

(2) 우발채무의 검토절차

- 우발채무의 검토절차
  ① 우발채무의 존재여부 확인
  ② 주석공시의 적절성 확인

우발채무 감사는 계정과목별 실증절차와 연계하여 보고기간말감사에서 수행한다. 이미 개별 과목별로 검증을 했어도, 감사현장을 철수하기 전에 기업 전체의 관점에서 우발채무를 종합적으로 검토한다. 보고기간말 이후에 발생한 사건이 보고기간말의 우발채무 존재여부를 설명할 수 있는지도 검토할 필요가 있다. 감사종료단계에서 수행하는 우발채무 확인절차는 세부테스트라기보다는 검토(review)의 성격이 강하다.

우발채무는 부채로 인식하지 않아 장부에 기록되지 않았으므로 일반적인 감사기술로는 확인하기 어렵다. 우발채무 검토절차의 첫 번째 단계에서는 우발채무의 존재여부를 확인하고, 다음으로는 주석공시가 적절한지를 결정한다.

감사인은 감사종료단계에서 경영진진술서와 변호사조회서를 입수하여 주석으로 공시하지 않은 우발채무가 존재하지 않는다는 사실을 확인한다. 변호사조회서는 일반적으로 다음의 내용을 포함한다.

핵심 변호사조회서의 기술사항

① 소송사건이나 배상청구의 목록
② 소송사건이나 배상청구에 대한 경영진의 평가와 관련비용 등 재무적 영향의 추정치
③ 경영진평가의 적절성 여부를 변호사가 확인하고, 사건목록이 불완전하거나 부정확하면 감사인에게 추가적인 정보를 제공해 주도록 요청

5. 특수관계자거래의 검토와 공시

특수관계자와의 거래가 중요한 이유는 경영진에 의한 공모, 은폐, 조작의 가능성이 있어 중요왜곡표시위험이 더 높기 때문이다. 기업이 특수관계자와의 거래나 잔액을 적절하게 회계처리하지 않거나 공시하지 않으면 중요왜곡표시위험이 발생한다. 감사인은 이러한 중요왜곡표시위험을 식별・평가하고 이

에 대응하기 위한 감사절차를 수행할 책임이 있다.

회계감사기준에서는 특수관계 및 특수관계자와의 거래를 파악할 때 거래중심 감사접근법이 아닌 위험기반 감사접근법에 기초하여 감사절차를 규정하고 있다. 특수관계자와의 거래에 대한 감사는 적절한 공시와 부정가능성 파악의 두 가지 측면에서 실시해야 한다. 특수관계자와의 거래에 대한 감사절차는 다음과 같이 다섯 단계로 나누어 진행한다.

[1단계] 특수관계자의 식별 및 유의적 거래의 파악
[2단계] 특수관계자거래와 관련한 중요왜곡표시위험의 식별과 평가
[3단계] 특수관계자거래의 테스트
[4단계] 회계처리와 공시의 적합성 평가
[5단계] 서면진술의 입수와 지배기구와의 커뮤니케이션

(1) 특수관계자의 식별 및 유의적 거래의 파악

1) 특수관계자의 식별

특수관계자는 지배·종속회사, 관계회사, 주주·임원, 종업원 및 회사와 밀접한 거래 관계가 있고 회사의 경영이나 영업정책에 영향을 미칠 수 있는 자를 말한다. 경영진으로부터 특수관계자의 포괄적인 목록 및 전기 특수관계자 목록과의 변동기록을 입수한다.

감사인은 기록이나 문서를 조사할 때 경영진이 과거에 식별하지 못하였거나 감사인에게 공개하지 않았던 특수관계 및 그 거래 존재를 나타내는 약정이나 기타정보에 주의해야 한다. 특수관계자 명단을 파악하기 위해 금융기관조회서, 주주총회와 지배기구회의록, 공정거래위원회 등 관련 기관의 보고서, 법인세신고서류 등을 조사한다.

2) 정상적인 사업과정을 벗어난 유의적 거래의 식별

감사인은 정상적인 사업과정을 벗어난 유의적 거래(예를 들어 역외기업과의 거래, 재구매약정거래, 비정상적인 대규모 할인거래 등)의 정보입수과정에서 부정위험요소의 존재여부를 평가할 수 있으며 특수관계자와의 거래도 식별할 수 있다.

기업의 정상적인 사업과정을 벗어난 유의적 거래를 파악하면 이러한 거

래의 성격과 특수관계자 관련가능성을 경영진에게 질문한다. 이러한 질문으로 해당 거래의 사업상 논리적 근거와 체결조건을 이해할 수 있다.

(2) 특수관계자거래와 관련한 중요왜곡표시위험의 식별과 평가

감사인은 기업과 기업환경의 이해단계에서 특수관계 및 그 거래에 관련된 중요왜곡표시위험을 식별하고 평가해야 하며, 이러한 위험이 유의적 위험에 해당하는지 결정해야 한다.

특수관계자는 지배력 또는 유의적 영향력을 행사하여 기업이나 경영진에게 부당한 압력을 행사할 수 있다. 일인 또는 소수 인원이 보완통제 없이 기업을 지배하면 이는 부정위험요소에 해당한다. 예를 들어 특수관계자가 유의적 거래를 최종 승인한다면, 특수관계자는 현저한 영향력을 행사한다고 할 수 있다. 유의적 거래를 정당한 사유 없이 중개인을 이용하여 실행하는 특수관계자거래도 부정으로 인한 중요왜곡표시위험이 높다.

(3) 특수관계자거래의 테스트

1) 새로운 특수관계자 또는 특수관계자와의 유의적 거래를 식별한 경우

감사인은 과거에 없었으나 당기에 새롭게 특수관계자를 식별하면 업무팀의 다른 구성원들과 신속하게 커뮤니케이션한다. 이러한 커뮤니케이션을 수행하여 중요왜곡표시위험을 재평가할 필요가 있는지 등 이미 수행한 위험평가절차에 영향을 미치는지 검토한다. 경영진의 미공개가 의도적이라고 판단하면 경영진진술의 신뢰성을 재평가한다.

감사인은 새롭게 식별한 특수관계자 또는 이들과의 유의적 거래에 대해 실증절차를 수행한다. 이러한 실증감사절차의 예로는 법률고문 등과 같은 기업 외부자들에게 질문, 관련 거래의 회계기록 분석을 들 수 있다. 또한 관련 거래조건을 검증하고 회계처리 및 공시의 적절성을 평가한다.

2) 기업의 정상적인 사업절차를 벗어난 특수관계자와의 거래를 식별한 경우

감사인이 기업의 정상적인 사업과정을 벗어난 특수관계자와의 거래를 식별하면 다음 절차를 수행한다.

▶ 특수관계자와의 유의적 거래를 식별한 경우 수행해야 할 절차

① 기본적인 계약이나 약정이 존재하면 이를 조사하여 다음 사항을 평가한다.
- 해당 거래의 사업상 논리적 근거에 비춰 볼 때, 그러한 거래를 부정한 재무보고를 수행하거나 자산횡령을 은폐하기 위해 체결했는가?
- 해당 거래의 조건이 경영진의 설명과 일관성이 있는가?
- 해당 거래를 재무보고체계에 따라 적합하게 회계처리하고 공시했는가?

② 적합한 권한이 있는 자가 해당 거래를 승인했는지에 대한 감사증거를 입수한다.

(4) 회계처리와 공시의 적합성 평가

감사인은 재무제표 의견을 형성할 때 식별한 특수관계 및 그 거래를 해당 재무보고체계에 따라 적절하게 회계처리하고 공시했는지와 재무제표의 공정표시 목적을 달성했는지 평가한다. 만약 특수관계자 및 특수관계자거래에 충분한 감사증거를 입수할 수 없거나 재무제표 공시가 적절하지 않다는 결론을 내리면 감사의견에 적절하게 반영한다.

감사인은 재무제표 의견을 형성할 때 다음 사항을 평가한다.

① 식별한 특수관계 및 그 거래를 해당 재무보고체계에 따라 적합하게 회계처리하고 공시했는가?

② 특수관계 및 그 거래가 다음 사항에 영향을 미치는가?
- (공정표시체계 관점에서) 재무제표의 공정표시를 저해
- (준수체계 관점에서) 재무제표의 오도를 유발

(5) 서면진술의 입수와 지배기구와의 커뮤니케이션

기업이 특수관계자거래를 자발적으로 공시하지 않는 한 감사인이 이를 빠짐없이 식별하기는 불가능하다. 감사인은 경영진 그리고 적절한 경우 지배기구로부터 다음 내용을 서면진술로 입수해야 한다.

▶ 서면진술에 포함되어야 할 내용

① 알고 있는 해당 기업의 특수관계자들의 신원과 특수관계 및 거래내용을 감사인에게 모두 공개하였다.

② 그러한 거래들은 적절하게 회계처리되었으며, 해당 재무보고체계에서 정하는 적절한 방법으로 거래를 공시하였다.

감사인은 기업의 특수관계자와 관련하여 감사 중 발생한 유의적 사항들을 지배기구와 커뮤니케이션한다. 이러한 커뮤니케이션은 유의적 사항의 성격과 해결에 대해 지배기구와 공통된 이해를 구축하는 데 도움이 된다.

Ⅱ. 핵심감사사항

핵심감사사항(Key Audit Matters : KAM)은 감사인의 전문가적 판단에 따라 당기 재무제표감사에서 가장 유의적인 사항으로 지배기구와 커뮤니케이션한 사항 중에서 선택한 것을 말한다. 주권상장법인의 감사인은 핵심감사사항을 감사보고서에 포함해야 할지를 결정한다.

1. 핵심감사사항의 결정

감사인은 지배기구와 커뮤니케이션한 사항 중에서 당기감사를 수행하는 데 있어 유의적 감사인주의를 요구했던 사항 가운데 핵심감사사항을 결정해야 한다. 이때 감사인은 다음 사항을 고려하여 결정한다.

▶ 유의적 감사주의를 요구한 사항을 결정할 때 고려해야 할 사항

① 중요왜곡표시위험을 더 높게 평가하거나 유의적 위험으로 식별한 분야
② 추정불확실성이 높은 것으로 식별한 회계추정치를 포함하여, 유의적 경영진 판단을 수반한 재무제표 분야와 관련한 유의적 감사인 판단
③ 보고기간중 발생한 유의적인 사건이나 거래가 감사에 미치는 영향

감사인은 유의적 감사주의가 요구되는 사항 중 당기재무제표감사에서 가장 유의적인 핵심감사사항을 결정해야 한다. 어떤 사항이 당기재무제표감사에서 가장 유의적인지는 감사인 판단에 기초한다.

지배기구와 커뮤니케이션한 사항보다 더 적은 수의 사항을 선별한다. 지나치게 많은 핵심감사사항의 공시는 감사에서 가장 유의적인 사항이라는 핵심감사사항의 취지를 약화시킬 수 있기 때문이다.

2. 핵심감사사항에 대한 커뮤니케이션

감사인은 감사보고서에 핵심감사사항을 기술함으로써 재무제표이용자와 커뮤니케이션한다.

감사인은 감사보고서에 "핵심감사사항"이라는 제목의 별도 단락을 사용하여 적절한 소제목 아래 각각의 핵심감사사항을 기술한다. 핵심감사사항 단락에는 ① 핵심감사사항은 감사인의 전문가적 판단에 따라 당기재무제표감사에서 가장 유의적인 사항이고, ② 핵심감사사항은 감사의견을 형성할 때 다루어진 사항으로 이에 대한 별도 의견은 제공하지 않는다는 내용을 기술한다.

감사보고서 핵심감사사항 단락의 각 핵심감사사항에 대하여 재무제표의 관련 공시에 대한 언급을 포함해야 하고 다음 사항을 기술한다.

▶ 개별 핵심감사사항의 기술

① 해당 사항을 감사에서 가장 유의적인 사항 중 하나로 고려하여 핵심감사사항으로 결정한 이유
② 해당 사항을 감사에서 다룬 방법

① 법규에서 해당 사항의 공시를 배제하거나 ② 극히 드문 상황에서 커뮤니케이션의 부정적 결과가 공익적 효익을 훨씬 넘어선다고 합리적으로 예상할 때에 감사인은 감사보고서에 해당 사항을 기술해서는 안 된다고 결정할 수 있다. 이때는 그러한 결정근거를 감사조서에 기재해야 한다.

감사의견의 변형을 초래하는 사항, 계속기업으로서의 존속능력에 대해 유의적 의문을 초래할 수 있는 사건이나 상황과 관련한 중요한 불확실성은 특성상 핵심감사사항에 해당한다. 그런데도 이러한 사항은 감사보고서의 핵심감사사항 단락으로 기술하지 않는다. 대신 별도의 감사보고서의 한정의견(또는 부적정의견)근거 단락 또는 계속기업 관련 중요한 불확실성 단락에서 해당 사항을 상세하게 기술하고, 핵심감사사항 단락에서는 이에 대한 언급만을 포함한다.

만약 감사의견이 변형되거나 계속기업 관련 중요한 불확실성이 존재하는 상황에서 감사인이 커뮤니케이션할 다른 핵심감사사항이 없다고 결정하면, 이러한 상황에서는 감사보고서에 다음과 같이 표시한다.

〈핵심감사사항이 없는 상황에서의 감사보고서 표시〉

핵심감사사항
한정의견(부적정의견)근거 단락 또는 계속기업 관련 중요한 불확실성 단락에 기술된 사항을 제외하고는, 우리는 감사보고서에 보고해야 할 핵심감사사항이 없다고 결정하였습니다.

감사인은 핵심감사사항으로 결정한 사항을 지배기구와 커뮤니케이션해야 한다. 핵심감사사항이 없다면 감사보고서에 커뮤니케이션해야 할 핵심감사사항이 없다는 감사인의 결정도 지배기구와 커뮤니케이션한다.

3. 문서화

감사인은 감사문서에 다음 사항을 모두 포함한다.

▶ 핵심감사사항과 관련하여 문서화해야 할 사항

① 유의적 감사주의를 요구한 사항, 이러한 사항이 핵심감사사항인지 아닌지에 대한 감사인의 결정에 대한 논리적 근거
② 감사보고서에 커뮤니케이션할 핵심감사사항이 없다면 이러한 감사인의 결정에 대한 논리적 근거
③ 핵심감사사항으로 결정한 사항을 감사보고서에서 커뮤니케이션하지 않기로 한 감사인의 결정에 대한 논리적 근거

Ⅲ. 감사보고서 강조사항 및 기타사항의 검토

• **강조사항문단**: 재무제표에 공시된 사항을 감사인이 중요하다고 판단하여 감사보고서에 포함한 문단을 말한다.

• **기타사항문단**: 재무제표에 공시되지 않은 사항을 감사인이 필요하다고 판단하여 감사보고서에 포함한 문단을 말한다.

강조사항문단은 재무제표에 적절하게 표시되거나 공시되어 있지만 이용자가 재무제표를 이해하는 데 근간이 될 정도로 중요하다고 판단하여 감사인이 감사보고서에 다시 포함하는 문단이다.

기타사항문단은 재무제표에 표시 또는 공시되지 않은 사항으로서 감사인의 책임이나 감사보고서이용자의 이해와 관련이 있다고 판단해 감사인이 감사보고서에 포함한 문단이다.

1. 강조사항문단 및 기타사항문단의 유형

감사인은 감사보고서에 강조사항문단이나 기타사항문단을 포함하기 전에 해당 문안을 지배기구와 커뮤니케이션해야 한다. 이러한 커뮤니케이션을 수행하면 지배기구는 감사인이 감사보고서에 부각시키고자 하는 특정사항의 성격을 알 수 있고, 감사인으로부터 관련 내용에 대해 보다 명확한 설명을 들을 수 있는 기회를 가질 수 있다.

(1) 강조사항문단의 유형

경영진이 재무제표에 표시하거나 공시한 정보만을 강조사항문단으로 언급하도록 사용을 제한한다. 강조사항문단을 광범위하게 사용하면 강조사항의 커뮤니케이션 효과가 감소할 수 있기 때문이다.

강조사항문단은 감사보고서에 포함되지만 감사의견 종류에는 영향을 미치지 않으며, 해당 재무보고체계에서 경영진에게 요구하는 어떤 공시내용을 대체하지도 않는다.

• 강조사항문단에 포함해야 할 상황
① 후속사건
② 계속기업
③ 재무제표감사에서의 특별한 고려사항

「회계감사기준 706」에서는 강조사항문단에 포함해야 할 상황으로 후속사건, 계속기업, 특정 재무보고체계에 따라 작성된 재무제표감사에서의 특별한 고려사항 등을 예시적으로 제시하고 있다.

▶ 강조사항문단을 포함할 필요가 있는지를 고려하는 상황

- 예외적인 소송이나 규제조치로 인한 미래 결과의 불확실성
- 한국채택국제회계기준과 같이 재무제표에 전반적인 영향을 미치는 새로운 회계기준을 그 시행일 이전에 조기적용하는 경우
- 해당 기업의 재무상태에 유의적인 영향을 미쳤거나 계속해서 영향을 미치는 주요 재해

감사인은 다음 두 가지 사항에 모두 해당한다고 판단하면 강조사항문단을 작성한다.

① 해당 사항으로 감사의견 변형이 요구되지 않음(예를 들어 예외적인 소송)
② 해당 사항을 핵심감사사항으로 결정하지 않음

감사인이 감사보고서에 강조사항문단을 포함할 때 다음 사항을 준수해야 한다.

① "강조사항"이라는 용어를 포함하는 적합한 제목을 가진 감사보고서의 별도 단락 내에 해당 문단을 포함함
② 강조할 사항 및 이를 상세하게 기술하고 있는 재무제표의 관련 공시 위치를 명확하게 언급함. 강조사항문단에서는 재무제표에 표시되거나 공시된 정보만을 언급해야 함
③ 강조한 사항과 관련하여 감사의견이 변형되지 않는다는 점을 기술

〈강조사항문단의 예시〉

강조사항
재무제표이용자는 재무제표에 대한 주석 X에 주의를 기울여야 할 필요가 있습니다. 재무제표에 대한 주석 X는 회사의 생산설비 화재의 영향을 기술하고 있습니다. 우리의 감사의견은 이 사항으로부터 영향을 받지 아니합니다.

(2) 기타사항문단의 유형

감사인이 감사보고서에 기타사항문단을 포함하면 "기타사항" 또는 기타 적합한 제목을 가진 별도 단락으로 해당 문단을 작성한다.

다음에 모두 해당하면 감사보고서에 기타사항문단으로 기술한다.

① 기타사항문단을 포함하는 것이 법규상 금지되어 있지 않음
② 해당 사항은 감사보고서에 커뮤니케이션되어야 하는 핵심감사사항으로 결정되지 않음

〈기타사항문단의 예시〉

기타사항
ABC주식회사의 20×0년 12월 31일로 종료된 보고기간의 재무제표는 타감사인이 감사하였으며 이 감사인의 20×1년 12월 31일자 감사보고서에는 해당 재무제표에 대하여 적정의견이 표명되었습니다.

2. 계속기업으로서의 존속여부 검토

기업실패가 발생하면 감사인에게 감사실패 책임을 묻기 위한 법적 소송이 제기될 가능성이 높아진다. 감사인은 계속기업(going concern)을 전제로 감사를 실시하고 감사의견을 표명하므로 감사과정에서 계속기업으로서의 존속가능성에 각별한 주의를 기울여야 한다.

최종 감사의견의 형성과정에서 계속기업전제에 유의적 의문을 제기할 수 있는 사건이나 상황이 있는지 신중하게 고려해야 한다. 대표적인 예로는 채권자들의 금융지원 철회 징후, 핵심 재무비율의 악화, 심각한 영업손실의 발생, 차입약정 조건의 이행 불능, 주요 시장·고객의 상실 등이 있다.

(1) 계속기업으로서의 존속능력에 대한 평가책임

1) 경영진의 책임

• 경영진의 책임 : 계속기업으로서의 존속능력을 평가해야 한다.

기업은 예측할 수 있는 미래의 기간에 영업을 지속할 것이라는 계속기업을 전제로 재무제표를 작성한다. 국제회계기준에서는 경영진에게 계속기업으로서의 존속능력을 평가하도록 요구하고 있다. 경영진은 계속기업으로서의 존속능력 판단에 관련한 요소들을 고려하여 재무제표를 작성하고 공시해야 한다.

2) 감사인의 책임

• 감사인의 책임 : 경영진이 적용한 계속기업전제 사용의 적합성을 평가해야 한다.

감사인은 경영진이 적용한 계속기업전제의 적합성에 대해 충분하고 적합한 감사증거를 입수하여 계속기업으로서의 존속능력에 중요한 불확실성이 존재하는지 결론을 내려야 한다. 감사인은 미래 사건이나 상황을 예측할 수 없다. 감사보고서에 계속기업으로서의 존속능력에 대한 중요한 불확실성을 언급하지 않는다고 해서 계속기업으로서의 존속능력을 보장하는 것은 아니다.

(2) 계속기업에 대한 감사절차

감사인은 경영진이 적용한 계속기업전제의 평가와 관련하여 다음과 같이 4단계에 걸쳐 감사절차를 수행한다.

[1단계] 유의적 의문이 제기되는 상황의 식별

[2단계] 경영진 평가내용의 검토
[3단계] 사건이나 상황을 식별한 경우 추가적인 감사절차의 수행
[4단계] 감사증거의 평가와 결론의 보고

계속기업의 감사절차는 감사종료단계에서만 수행하는 것은 아니다. 감사인은 감사의 전 과정에서 계속기업으로서의 존속능력과 관련한 감사증거에 주의를 기울여야 한다. 예를 들어 1단계의 위험평가절차를 수행하면 계속기업으로서의 존속능력에 유의적 의문을 제기하는 상황을 식별할 수 있다. 감사인은 그러한 위험에 대응하기 위해 추가감사절차의 성격, 시기 및 범위를 결정해야 한다.

1) 유의적 의문이 제기되는 상황의 식별

감사인은 위험평가절차의 과정으로 경영진이 적용한 회계의 계속기업전제에 중요한 쟁점이 될 가능성이 있는지를 결정하고, 감사계획에 미치는 영향을 결정한다.

유의적 의문이 제기되는 상황이나 사건은 ① 재무적 사항(예 : 누적결손), ② 영업적 사항(예 : 노사문제 격화), ③ 기타 사회환경적 사항(예 : 법규 변화) 등을 개별적 또는 집합적으로 고려하여 결정한다.

▶ 계속기업가정에 의문을 제기하는 사건 또는 상황

재무적 사항	영업적 사항	기타사항
• 순부채 또는 순유동부채 상태 • 갱신, 상환 가능성이 없는 차입금의 만기 도래 • 장기성 자산의 취득자금을 단기차입금에 지나치게 의존 • 채권자의 금융지원 철회 징후 • 부의 순영업현금흐름 • 핵심 재무비율의 악화 • 유의적 영업손실의 발생 • 현금흐름 창출에 사용된 자산가치의 유의적	• 경영진의 기업해산이나 영업중단 의도 • 후임자의 선임이 없는 핵심 경영진의 퇴진 • 주요 시장, 주요 고객, 프랜차이즈, 면허 혹은 주요 공급자의 상실 • 노사문제의 어려움 • 위협적인 경쟁자의 출현	• 자본에 대한 요구사항 또는 기타 법령 요구사항의 위반 • 기업을 상대로 소송 또는 규제절차가 계류중이며, 패소하면 감당할 능력이 없는 배상책임을 부담할 수 있음 • 기업에 불리한 영향을 미칠 것으로 예상되는 법규나 정부정책의 변화

손상 • 차입약정 조건의 준수 불능 • 공급자와의 거래가 신용에서 현금결제조건으로 변경됨		

경영진이 계속기업으로서의 존속능력에 대한 예비평가를 수행했는지에 따라 감사인의 감사절차는 다음과 같이 달라진다.

경영진이 예비평가를 수행함	경영진이 예비평가를 수행하지 않음
감사인은 경영진과 평가내용을 토의한다. 경영진이 개별적으로 또는 집합적으로 계속기업으로서의 존속능력에 유의적 의문을 제기할 수 있는 사건이나 상황을 식별하였는지를 결정하고 이에 대응하기 위한 경영진 계획을 검토한다.	감사인은 경영진이 계획하는 회계의 계속기업전제 사용의 근거에 대하여 경영진과 토의한다. 개별적으로 또는 집합적으로 계속기업으로서의 존속능력에 유의적 의문을 초래할 수 있는 사건이나 상황이 존재하는지를 질문한다.

2) 경영진 평가내용의 검토

- 경영진 평가내용에 대한 감사인의 평가 : 감사인은 계속기업으로서의 존속능력에 대한 경영진 평가에 대하여, 감사 관점에서 이를 평가해야 한다. 기업이 이익을 실현해 왔고 자금조달이 용이한 상황이라면 경영진은 세부적인 분석 없이 계속기업으로서의 존속능력을 평가할 수 있다. 이때 감사인도 세부적인 평가절차의 수행 없이 경영진 평가의 적합성을 수용할 수 있다.

  감사인의 경영진 평가내용에는 ① 경영진이 평가를 위해 수행한 절차, ② 평가 기초가 된 가정, ③ 경영진의 향후 실행계획, ④ 경영진 계획의 실행가능성 여부를 포함한다. 감사인은 감사의 수행과정에서 알게 된 관련 정보가 경영진 평가에 모두 포함되었는지 고려해야 한다.
- 평가기간 : 감사인은 경영진이 평가한 기간과 동일한 기간을 대상으로 존속능력을 평가한다. 경영진이 계속기업으로서의 존속능력을 평가한 기간이 재무제표일로부터 12개월에 미달한다면 경영진에게 평가기간을 적어도 12개월로 확대하도록 요구해야 한다.

• 경영진이 평가한 기간 후의 기간 : 감사인은 경영진이 평가한 기간 이후의 기간 중 경영진이 계속기업으로서의 존속능력에 대하여 유의적 의문을 초래할 수 있는 사건이나 상황을 알고 있는지 질문한다. 감사인은 경영진에 대한 질문 외에는 경영진이 평가한 기간(적어도 재무제표일로부터 1년)을 초과한 기간에 대해 계속기업 의문을 불러일으키는 사건이나 상황을 식별하기 위한 다른 감사절차를 수행할 책임은 없다.

3) 사건이나 상황을 식별한 경우 추가적인 감사절차의 수행

감사인은 계속기업으로서의 존속능력에 대해 유의적 의문을 초래할 만한 사건이나 상황을 식별하면, 이를 완화시킬 수 있는 요소를 포함하여 중요한 불확실성의 존재여부를 결정하기 위한 추가적인 감사절차를 수행해야 한다.

▶ 계속기업으로서의 존속능력에 유의적 의문이 제기된 경우 감사절차

(1) 경영진이 계속기업으로서의 존속능력 평가를 아직 수행하지 않았다면, 평가를 수행하도록 요청한다.
(2) 계속기업의 평가와 관련한 경영진의 향후 실행계획(예를 들어 자산 처분, 자금 차입, 부채구조 조정, 지출 축소나 지연, 증자)과 이러한 계획의 예상결과 그리고 해당 상황에서 실행가능한지 평가한다.
(3) 기업이 현금흐름을 예측하였으며 경영진의 미래 실행계획의 결과를 고려하는 데 유의적인 분석요소 대상이라면, 다음의 절차를 수행한다.
① 예측을 위해 생성된 기본 데이터의 신뢰성을 평가
② 예측의 기초가 된 가정들이 적절한 근거가 있는지 결정
(4) 경영진이 평가를 실시한 이후에 추가적인 사실이나 정보가 이용가능한지 고려한다.
(5) 경영진(또는 지배기구)에게 향후 실행계획과 이러한 계획의 실행가능성에 대해 서면진술을 요청한다.

4) 감사증거의 평가와 결론의 보고

감사인은 재무제표 작성에 있어 경영진이 사용한 회계의 계속기업전제 적합성에 대해 충분하고 적합한 감사증거를 입수했는지를 평가하고 결론을 내려야 한다.

감사인은 입수한 감사증거를 기초로 개별적 또는 집합적으로 유의적 의문을 초래할 수 있는 중요한 불확실성이 존재하는지 평가한다. 불확실성의 잠재적 영향의 크기와 발생가능성 때문에 명확한 공시를 하지 않아 회계정보 이용자가 오도할 위험이 있다고 판단한다면, 감사인은 이를 중요한 불확실성이 존재한다고 해석할 수 있다.

감사인은 경영진이 적용한 회계의 계속기업전제가 타당한지 그리고 중요한 불확실성을 재무제표에 적절하게 공시했는지와 관련하여 다음과 같이 감사의견에 반영한다.

① **사건이나 상황을 식별했으나 중요한 불확실성이 존재하지 않음** 계속기업으로서의 존속능력에 유의적 의문을 발생시키는 사건이나 상황을 식별하였으나 입수한 감사증거에 따라 중요한 불확실성이 존재하지 않는다고 결론을 내린 상황을 "close call(구사일생 또는 아슬아슬한 상황)"이라고 한다. 감사인은 이러한 사건이나 상황에 대한 적절한 공시가 이루어지는지를 평가하고 핵심감사사항으로 기술한다. 즉, 이러한 상황은 감사보고서에 "계속기업 관련 중요한 불확실성" 단락이 아닌 "핵심감사사항" 단락으로 기술한다.

② **회계의 계속기업전제 사용은 적합하나 중요한 불확실성이 존재** 재무제표에 중요한 불확실성에 대한 적절한 공시가 이루어진 경우, 감사인은 적정의견을 표명하고 "계속기업 관련 중요한 불확실성"이라는 제목의 별도 단락을 감사보고서에 포함한다. 별도 단락에는 계속기업 관련 중요한 불확실성을 설명한 사항을 공시한 재무제표 주석에 주의를 기울여야 한다는 내용과 이러한 사건 및 상황과 관련하여 감사의견이 변형되지 않았음을 명시한다.

재무제표에 중요한 불확실성에 대한 적절한 공시가 이루어지지 않은 경우, 감사인은 한정의견이나 부적정의견을 표명한다. 감사보고서의 한정의견근거(부적정의견근거) 단락에 계속기업으로서의 존속능력에 유의적 의문을 초래할 수 있는 중요한 불확실성이 존재하고 재무제표에는 이 사항이 적절하게 공시되어 있지 않음을 명시한다.

③ **회계의 계속기업전제의 사용이 부적합** 재무제표가 회계의 계속기업전제를 사용하여 작성되었지만 재무제표 작성 및 공시에 있어 경영진이 사용한 회계의 계속기업전제가 부적합하다고 판단하면, 감사인은 부적정의견을 표명해야 한다.

핵심 계속기업전제의 공시와 감사보고서 작성

계속기업전제의 타당성	공시의 적합성 여부	감사보고서 반영
사건이나 상황을 식별했으나 중요한 불확실성이 존재하지 않는 상황	"close call(구사일생)"에 해당하고, 적절한 공시가 이루어짐	핵심감사사항 단락에 기술
회계의 계속기업전제 사용이 적합하나 중요한 불확실성이 존재하는 상황	재무제표에 중요한 불확실성에 대한 적절한 공시가 이루어짐	계속기업 관련 중요한 불확실성 단락에 기술
	재무제표에 중요한 불확실성에 대한 적절한 공시가 이루어지지 않음	한정의견근거(또는 부적정의견근거) 단락에 기술
회계의 계속기업전제 사용이 부적합한 상황	재무제표 주석기재와 관계없이 한정의견 또는 의견거절을 표명	

④ **경영진이 계속기업전제에 대한 평가 또는 평가의 확대를 기피**　감사인이 요청하는데도 경영진이 계속기업에 대한 평가 또는 평가의 확대를 꺼린다면, 감사인은 감사보고서에 미치는 시사점을 고려해야 한다. 이러한 상황에서는 감사범위 제한에 따른 한정의견이나 의견거절이 적합할 것이다.

⑤ **재무제표 승인의 유의적 지연**　재무제표일 후 경영진이나 지배기구가 재무제표 승인을 유의적으로 지연하고 있다면 감사인은 이유를 질문해야 한다. 재무제표 승인의 지연이 계속기업평가와 관련된 사건이나 상황과 연관된다고 판단하면, 감사인은 중요한 불확실성과 관련하여 감사결론에 미치는 영향을 고려해야 하며 추가적인 감사절차를 수행해야 한다.

제2절 후속사건의 검토

〈감사의 종료 및 보고단계〉

공시사항의 세부테스트
↓
감사조서의 검토 및 증거의 평가
↓
감사결과의 종합 및 의견형성
↓
감사보고서의 작성 및 전달

감사보고서에는 재무제표일 현재의 재무상태와 동 회계기간의 재무성과가 공정하게 표시되었는지에 관한 의견이 표명된다. 재무제표일 이후에 발생한 사건이라도 감사대상 회계연도의 재무제표에 영향을 미치는 중대한 사건이 있을 수 있다. 감사인은 재무제표일 이후에 발생한 사항이라도 적극적 혹은 소극적으로 검토해야 한다.

감사보고서일 또는 재무제표 공표 이후라도, 감사인이 감사보고서일에 알았더라면 감사보고서를 수정할 원인이 될 수 있었던 사실을 추후에 알게 된다면 적절한 후속절차를 수행해야 한다. 후속사건과 관련된 감사인 책임을 요약하면 [도표 15-2]와 같다.

도표 15-2
후속사건에 대한 감사인의 책임

적극적 책임	소극적 책임	
제1유형	제2유형	제3유형

20×1.12.31	20×2.2.7	20×2.3.7	20×2.3.14
재무제표일	이사회승인일 **(재무제표승인일)**	감사종료일 **(감사보고서일)**	재무제표발행일

- 재무제표일 : 재무제표가 포함하는 가장 최근 보고기간의 말일
- 재무제표승인일 : 관련 주석을 포함하여 전체재무제표를 구성하는 모든 내용의 작성이 완료되고, 권한을 가진 기구(예 : 이사회)가 동 재무제표에 대해 책임진다고 확인한 날
- 감사보고서일 : 감사보고서에 감사인이 기재한 보고일자(사실상 현장감사 종료일)
- 재무제표발행일 : 감사보고서와 감사받은 재무제표를 제삼자가 이용할 수 있게 된 날

- **후속사건** : 재무제표일 후에 발생한 사건으로 재무제표의 수정이나 주석공시가 필요한 사건을 말한다.

후속사건(subsequent event)은 재무제표일과 감사보고서일 사이에 발생한 사건(제1유형) 및 감사보고서일 후 감사인이 알게 된 사실(제2유형 및 제3유형)로서 감사대상 재무제표에 중대한 영향을 미치는, 즉 재무제표에 수정을 가하거나 새로운 정보를 주석으로 공시해야 하는 사건을 말한다.

1. 후속사건에 대한 감사인 책임

• **감사보고서일 :** 사실상 현장감사를 종료한 날

후속사건에 대한 감사절차의 수행책임은 원칙적으로 재무제표일 이후부터 감사보고서일까지로 제한된다. 감사보고서일은 감사인이 사실상 현장감사를 종료한 날(감사증거 입수를 종료한 날)이며, 직업적 전문가로서 부담하는 책임기간을 결정하는 기준이 된다. 감사보고서일 이후 발생한 사항까지 감사인 책임이 확대되지는 않는다. 이때 재무제표일로부터 감사보고일까지의 감사인 책임은 후속사건에 필요한 감사절차를 수행함으로써 재무제표를 수정하거나 새로운 정보를 추가할 것인지를 결정해야 하는 적극적인 책임을 말한다.

사실상 감사를 종료한 날인 감사보고서일 이후에는 재무제표와 관련하여 어떠한 감사절차도 수행할 의무는 없다. 다만 감사보고서일 이후에 감사인이 알게 된 사건으로서 재무제표에 미치는 영향이 중요하다면 그 영향을 평가하여 재무제표에 반영해야 하는 소극적인 책임은 존재한다. 통상적으로 감사인은 이러한 사항을 언론 보도나 경영진의 통보로 알게 된다. 그 예로는 기업의 합병, 부도의 발생사실, 주주총회에서 재무제표의 수정승인, 규제기관의 감리지적 등이 있다. 감사인은 새로운 사실을 반영하여 수정작성된 재무제표와 관련하여 해당 수정사항에 필요한 감사절차를 실시하고 감사보고서를 수정발행한다.

2. 후속사건의 감사목적

후속사건을 감사하는 감사인의 목적은 다음과 같다.

첫째, 재무제표일과 감사보고서일 사이에 발생한 사건으로서 재무제표의 수정이나 공시가 필요한 사건이 해당 재무보고체계에 따라 재무제표에 적절하게 반영됐는지에 관한 충분하고 적합한 감사증거를 입수할 수 있다.

둘째, 감사인이 감사보고서일에 알았더라면 감사보고서를 수정할 원인이 될 수 있었던 사실을 감사보고서일 후에 알게 되었을 때 동 상황에 적절하게 대응할 수 있다.

3. 후속사건의 유형에 따른 감사절차

(1) 제1유형 : 재무제표일과 감사보고서일 사이에 발생한 사건

감사인은 재무제표일과 감사보고서일 사이에 발생한 사건(제1유형)으로서 재무제표를 수정하거나 재무제표에 공시해야 할 사건들을 모두 식별하기 위해 충분하고 적합한 감사증거를 수집할 수 있도록 감사절차를 설계하고 수행해야 한다(적극적 책임). 감사인은 다음의 감사절차를 수행하여 재무제표의 수정이나 공시가 요구되는 사건을 식별하면, 경영진이 그러한 사건을 재무제표에 적합하게 반영했는지 결정해야 한다.

재무제표일과 감사보고서일 사이에 발생한 사건에 대한 감사절차

- 경영진이 후속사건을 식별하기 위해 수립한 절차들을 이해
- 재무제표에 영향을 미칠 수 있는 후속사건이 발생했는지를 경영진(적절한 경우에는 지배기구)에게 질문
- 재무제표일 후에 개최된 주주, 경영진 그리고 지배기구의 회의록을 열람하고, 회의록을 이용할 수 없다면 해당 회의에서 논의한 사항들을 질문
- 기업이 최근 발행한 후속 중간재무제표가 있다면 이를 열람

감사인은 경영진으로부터 재무제표일 후 발생한 사건으로 해당 재무보고체계에 따라 수정이나 공시가 필요한 사건을 모두 수정하거나 공시했다는 서면진술을 받아야 한다.

(2) 제2유형 : 감사보고서일 후 재무제표발행일 전에 감사인이 알게 된 사실

① 감사절차　　감사인은 감사보고서일 후에는 재무제표에 대해 특정한 감사절차를 수행할 의무는 없다. 감사인이 감사보고서일에 알았더라면 감사보고서를 수정할 원인이 될 수도 있었던 사실을 감사보고서일 후 재무제표발행일 전에 알게 된다면 다음의 감사절차를 수행해야 한다(소극적 책임).

▶ 재무제표발행일 전에 알게 된 사실과 관련한 감사절차

- 경영진(적절한 경우 지배기구)과 후속사건 발생사항을 토의
- 재무제표의 수정이 필요한지 결정
- 재무제표의 수정이 필요하다고 결정했다면, 경영진이 재무제표에 어떻게 반영할 것인지 질문

경영진이 후속사건을 재무제표에 수정했는지에 따라 다음과 같은 절차를 수행한다.

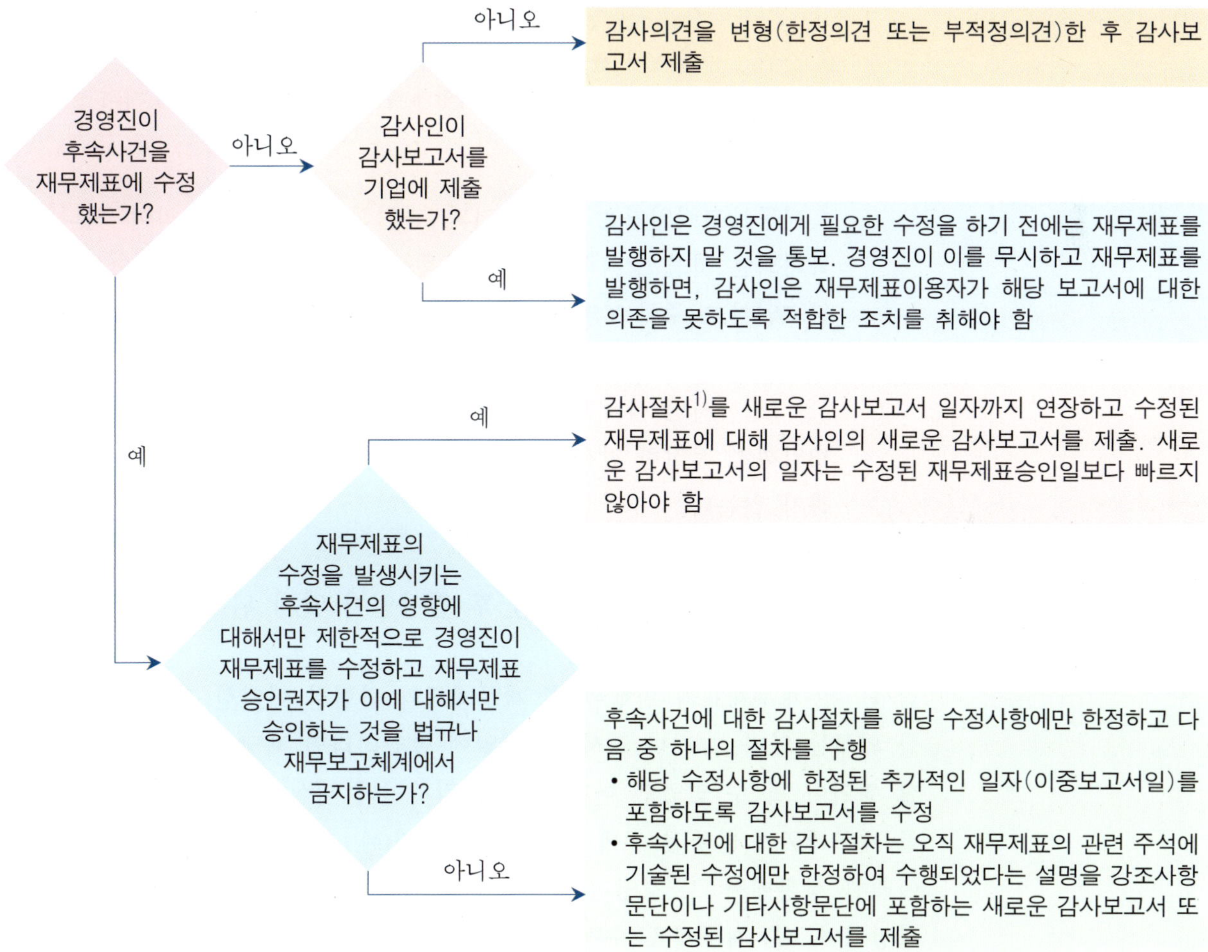

1) 재무제표일과 감사보고서일 사이에 발생한 사건(제1유형)에 대한 감사절차와 동일함

② **이중보고서일** 법규나 재무보고체계에서 제한적 감사절차를 금지하지 않는다면, 감사인은 수정사항에 한정하여 추가적인 일자(이중감사보고서일)를 포함하도록 감사보고서를 수정할 수 있다. 후속사건을 제외한 수정전 재무제표는 최초 감사보고서일로 변경이 없으며, 후속사건으로 수정한 사항만을 추가적인 일자로 수정한다. 추가적인 일자는 해당 재무제표의 후속적 수정항목에만 한정되었다는 점을 알리기 위해 감사보고서에 기재한다. 추가적인 일자는 다음과 같이 기술한다.

〈이중보고서일 기재의 예〉

(감사보고서일), 주석 Y에 관한 사항을 제외한다.
(추가적인 일자), 주석 Y에 기술된 수정사항에 한정하여 수행된 감사절차의 종료일

이중보고서일자는 후속사건과 관련하여 감사인 책임이 지나치게 확대되는 것을 방지하기 위해 사용한다. 예를 들어 감사보고서일이 3월 7일이고 주석 Y와 관련된 추가적인 일자는 3월 13일이라고 하자. 주석 Y에 대해서는 3월 13일까지 적극적 책임을 지며 나머지 사항은 3월 7일까지만 적극적 책임을 진다. 감사인은 주석 Y에 대해서만 3월 13일까지 적절한 감사절차를 수행하며, 다른 항목의 감사절차는 연장하지 않는다.

(3) 제3유형 : 재무제표가 발행된 후 감사인이 알게 된 사실

감사인은 재무제표가 발행된 후 재무제표와 관련한 어떠한 감사절차도 수행할 의무는 없다. 그러나 감사보고서일에 알았더라면 해당 감사보고서를 수정할 원인이 될 수 있었던 어떤 사실이 감사인의 과실 등으로 간과되었고, 이를 재무제표가 발행된 후에 알게 될 수 있다(예 : 법정기관에 의한 감리지적 등). 이러한 상황에서 ① 경영진과 토의하고, ② 재무제표의 수정이 필요한지를 결정하며, ③ 재무제표 수정이 필요하다고 결정했다면, 재무제표에 어떻게 반영할 것인지 경영진에게 질문한다.

경영진이 재무제표를 수정하면 감사인은 다음의 절차를 수행한다. 새로운 감사보고서 또는 수정된 감사보고서에 강조사항문단 또는 기타사항문단

을 포함시킨다. 기업이 이전에 발행한 재무제표를 수정한 이유를 보다 자세히 기술하고 있는 재무제표의 주석, 감사인이 이전에 제출한 보고서를 참조하라는 사실을 언급한다.

▶ 재무제표가 발행된 후 경영진이 수정한 경우의 감사절차

(1) 수정사항에 대해 해당 상황에 필요한 감사절차를 수행
(2) 이전에 발행된 재무제표와 감사보고서를 수령한 사람들이 이러한 상황을 통보받을 수 있도록 경영진이 취한 조치를 검토
(3) ① 법규나 재무보고체계에서 후속사건에 대해서만 수정하는 것을 금지한 경우 : 감사절차를 새로운 감사보고서일까지 연장하고, 수정된 재무제표에 대하여 새로운 감사보고서를 제출
② 법규나 재무보고체계에서 후속사건에 대해서만 수정하는 것을 금지하지 않는 경우 : 이중보고서일을 포함하거나 강조사항문단(기타사항문단)을 포함하여 감사보고서를 수정 또는 새로운 감사보고서를 발행

감사인이 재무제표가 수정될 필요가 있다고 믿는 상황인데도 경영진이 재무제표를 수정하지 않는다면, 감사인은 경영진과 지배기구에게 감사보고서 이용을 방지하기 위한 조치를 취할 것이라고 통보한다. 그러한 통보에도 경영진이나 지배기구가 필요한 조치를 취하지 않는다면, 감사인은 감사보고서 이용을 방지하기 위해 법적 조언을 구하는 등의 적합한 조치를 취한다.

제 3 절 감사업무수행의 종합평가와 감사조서의 검토

본절에서는 감사인이 현장업무(field work)를 종료하는 시점에서 수행하는 경영진의 서면진술, 감사업무수행의 종합 점검, 감사조서의 검토절차를 살펴본다.

Ⅰ. 경영진의 서면진술

〈감사의 종료 및 보고단계〉

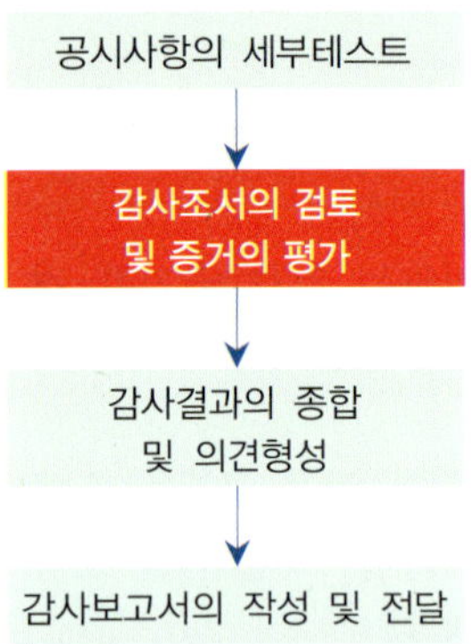

1. 의 의

감사증거는 감사의견의 근거가 되는 결론에 도달하기 위해 감사인이 수집한 자료와 정보이다. 경영진의 서면진술도 감사증거에 해당하지만 그 자체만으로는 충분하고 적합한 감사증거의 역할을 할 수는 없다. 예를 들어 경영진이 서면진술에 우발채무가 존재하지 않는다고 기술해도 감사인은 이를 직접 확인하기 위해 별도의 감사절차를 실시해야 한다. 경영진이 신뢰할 수 있는 서면진술을 감사인에게 제공해도, 경영진의 책임이행 또는 특정 경영진주장에 대해 감사인이 입수하는 다른 감사증거의 성격이나 범위에 영향을 미치지 않는다.

2. 서면진술의 구성요소

(1) 서면진술의 대상

감사인은 재무제표에 대한 적절한 책임을 갖고 관심 사항에 대한 지식이 있는 경영진에게 서면진술을 요청해야 하고, 서면진술의 수신인은 감사인으로 한다. 서면진술 대상은 재무제표 작성과 표시의 책임이 있는 사람이다. 최고경영자와 재무담당임원 또는 그러한 직명은 아니어도 이와 동등한 책임자에게 요청할 수 있다.

(2) 경영진 책임에 관한 서면진술

감사인은 서면진술에 다음의 내용을 포함하여 경영진으로부터 확인하고자 하는 모든 내용의 진술을 요구할 수 있다.

1) 재무제표의 작성

감사인은 감사업무 조건에서 정한 바와 같이 경영진이 해당 재무보고체계에 따라 재무제표를 작성할 책임을 완수하였다는 서면진술을 경영진에게 요청해야 한다.

2) 제공된 정보 및 거래의 완전성

감사업무 조건에서 합의한 대로 경영진은 관련 정보를 감사인에게 모두 제공하고 공개하였으며, 모든 거래를 기록하고 재무제표에 반영하였다는 내용을 서면진술에 포함시킨다.

3) 서면진술에서 경영진 책임의 진술

서면진술에는 감사업무조건에서 기재한 동일한 내용으로 경영진 책임이 기재되어야 한다.

(3) 서면진술일과 대상기간

• 서면진술일

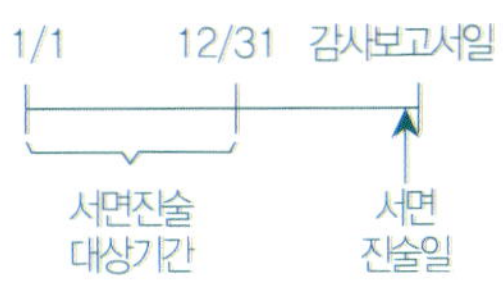

경영진서면진술은 반드시 필요한 감사증거이므로 감사인은 서면진술일 전에는 감사의견을 표명할 수 없다. 서면진술일은 가능한 한 감사보고서일에 가장 근접한 실행가능한 날로 하되, 감사보고서일보다 늦지 않아야 한다. 서면진술은 필수적 감사증거이기 때문에 감사인은 서면진술일 전에 감사의견을 표명할 수 없고, 감사보고서일을 서면진술일 전으로 정할 수 없다.

서면진술은 감사보고서에 언급된 모든 재무제표와 동일기간을 대상으로 한다. 상황에 따라서는 현 경영진이 기중에 부임하여 부임 이전에 해당하는 회계기간에 대해서는 서면진술을 제공할 수 없다고 주장할 수 있다. 이러한 사실로 경영진 책임은 경감되지 않으므로 전체 기간을 포괄하는 서면진술을 입수해야 한다.

3. 서면진술의 감사절차

서면진술 감사절차는 경영진이 제공한 서면진술에 의문이 있거나 경영진이 요청한 서면진술을 제공하지 않을 때 수행한다.

(1) 서면진술의 신뢰성에 의문이 있는 경우

감사인이 경영진의 적격성, 성실성, 윤리적 가치나 근면성 또는 충실성에 대해 우려한다면, 경영진진술 및 감사증거일반의 신뢰성에 미칠 수 있는 영향을 결정해야 한다.

① 서면진술이 다른 감사증거와 일관성이 없으면, 감사인은 이러한 사항을 해결하기 위한 감사절차를 수행해야 한다. 이러한 사항이 해결되지 않으면, 감사인은 경영진의 적격성, 성실성 등에 대한 평가를 재고해야 하고, 경영진진술 및 감사증거일반의 신뢰성에 미칠 수 있는 영향을 결정해야 한다.

② 감사인이 서면진술을 신뢰할 수 없다고 결론을 내리면 감사의견에 미칠 수 있는 영향을 고려하는 등 적절한 조치를 취해야 한다.

(2) 요청한 서면진술을 제공하지 않는 경우

경영진이 감사인이 요청한 서면진술 중 하나 이상을 제공하지 않으면, 감사인은 다음 절차를 수행해야 한다.

▶ 경영진이 서면진술을 제공하지 않을 경우 수행해야 할 감사절차

- 해당 사항을 경영진과 토의
- 경영진의 성실성을 다시 평가하고, 경영진의 구두진술이나 서면진술 그리고 전반적인 감사증거의 신뢰성에 미칠 수 있는 영향을 평가
- 감사의견에 미칠 수 있는 영향의 결정 등 적절한 조치(감사의견의 변형)를 취함

경영진이 재무제표의 작성, 제공된 정보 및 거래의 완전성과 관련한 서면진술을 제공하지 않거나 서면진술을 신뢰할 수 없을 정도로 의문이 있다고 감사인이 결론을 내리면 재무제표에 대한 의견표명을 거절해야 한다.

Ⅱ. 감사업무수행결과의 점검과 감사조서의 검토

1. 입수한 감사증거의 충분성과 적합성

감사인은 현장에서 입수한 증거의 평가과정에서 새로 발견하였던 문제의 성격을 파악하고 이들이 원래의 감사계획에 미치는 영향을 신중히 검토해야 한다. 예를 들어 매출거래 감사과정에서 기대 이상의 많은 왜곡표시를 발견하였다면, 원래 계획된 매출채권 계정잔액의 실증절차는 충분하지 않다. 외부조회를 확대하여 증거의 수집량을 증가시켰어야 할 것이다. 현장감사업무를 총괄 책임지는 감사인(업무수행이사 등)은 감사증거의 충분성 및 적합성 관점에서 입수한 감사증거를 최종평가하는데, 감사업무가 사전에 수립한 감사계획에 따라 수행되어 적합한 결론을 내렸는지 검토한다.

감사위험 평가절차와 연계하면 감사업무의 최종점검단계는 감사계획단계에서 수립했던 감사위험의 목표수준과 감사실시 후 성취된 감사위험의 달성수준이 일치하는지 검토하는 단계이다. 감사인이 재무제표의 공정표시에 관한 결론을 내릴 수 있을 만큼의 충분한 증거를 입수하지 못했다면 추가적인 감사를 실시하고, 불가능하다면 범위제한에 따른 감사의견을 표명해야 한다.

2. 업무수행점검표의 검토

감사인은 감사기준에서 정한 모든 감사절차를 계획대로 수행하였으며 입수한 증거가 충분한지 검토하기 위해 업무수행점검표를 사용한다. 감사업무를 조직적으로 관리하기 위해 감사파일 취합절차의 완결에 대한 점검표를 작성하여 확인한다.

3. 감사조서의 검토

감사인은 감사업무 수행과정에서 객관적 태도를 유지해야 하나 복잡한 문제가 포함되어 있는 현장감사업무를 진행하다 보면 공정한 태도를 유지하기 어려울 수 있다. 감사인의 주관적 편의(bias)를 제거하기 위해 감사조서의 독립적인 검토가 필요하다. 회계법인에서는 조직 전체 수준에서의 감사위험 통제와 품질수준을 유지하기 위해 감사조서를 체계적으로 심리검토한다.

감사조서 검토는 두 가지 단계로 수행한다. 업무수행이사가 수행한 업무를 먼저 검토하고, 업무품질관리검토자는 종합적인 관점에서 심리한다. 업무품질관리검토자는 최종 감사결론의 타당성, 감사위험과 중요성의 달성수준, 감사증거의 충분성, 차년도 감사의 유의사항 등을 종합적으로 검토한다.

제 4 절 감사결과의 종합과 의견형성

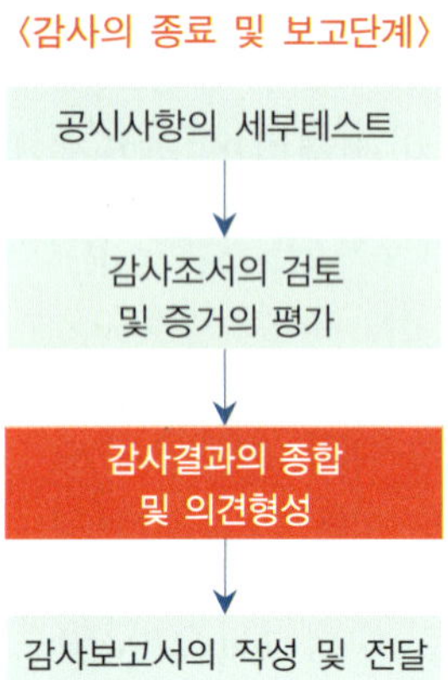

감사인은 감사조서를 검토하고 감사의견을 결정하기 위해 미수정왜곡표시금액을 집계해 재무제표 전반에 미치는 영향을 중요성 관점에서 평가한다. 공시의 적절성과 감사범위 제한의 관점에서 재무제표에 미치는 영향도 고려한다. 감사인은 감사과정에서 발견하거나 추정된 왜곡표시를 경영진에게 수정 요구하고, 이를 거부하면 미수정왜곡표시금액의 중요성을 고려하여 감사의견을 변형한다.

Ⅰ. 왜곡표시의 종합과 평가

감사실무에서 표현하는 오류액을 감사기준에서는 미수정왜곡표시라고 부른다. 재무제표 전체 수준에서 왜곡표시의 중요성 여부를 평가하기 위해 먼저 계정과목별로 세분하여 파악한 미수정왜곡표시를 왜곡표시집계표에 종합한다. 이때 감사인은 왜곡표시의 규모에 대한 개괄적 관점을 얻기 위해 감사과정중에 확인된 왜곡표시액뿐만 아니라 표본감사를 통해 모집단으로 추정된 투영왜곡표시액을 포함시켜야 한다.

감사인이 발견 또는 추정한 미수정왜곡표시는 당기뿐만 아니라 전기감사에서 파악한 미수정왜곡표시의 당기 순효과도 포함한다. 전기감사에서 감사인이 발견한 왜곡표시를 경영진이 당기말까지 수정하지 않으면 당기에 효과가 역전(reverse)되거나 당기 이후에도 지속적으로 영향을 미칠 수 있다. 감사인은 전기 왜곡표시의 성격과 중요성이 당기에 미치는 순효과를 평가해야 한다.

Ⅱ. 왜곡표시의 수정권고와 감사의견의 형성

감사인은 왜곡표시집계표를 작성하여 경영진에게 수정을 요구한다. 이때 감사인은 감사인의 중요성 판단기준인 허용왜곡표시액을 경영진에게 알려서는 안 된다. 왜냐하면 경영진이 중요성금액을 알게 된다면 허용왜곡표시액에 근접하는 최소한의 금액만 수정하려 하기 때문이다.

감사인의 수정요구에 따라 경영진이 수정한 항목은 왜곡표시집계표에 '수정'으로 표기하고, 수정하지 않은 사항은 '미수정'으로 표기한다. 미수정왜곡표시를 모집단으로 투영한 금액과 중요성금액을 비교하여 감사의견을 형성한다. 중요성금액보다 투영왜곡표시액이 작다면 적정의견을 표명하고, 그렇지 않다면 한정의견이나 부적정의견을 표명한다.

Ⅲ. 감사결과의 통보와 감사보고서의 전달

〈감사의 종료 및 보고단계〉

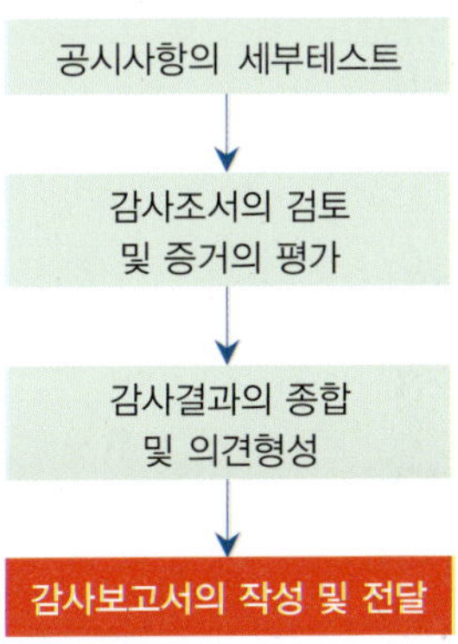

1. 감사결과의 통보

감사인은 감사종료시점뿐만 아니라 감사 진행과정에서도 지배기구와 커뮤니케이션한다. 감사과정에서 재무보고절차의 감독 관점에서 유의적 미비사항을 발견하면 그 내용을 지배기구와 커뮤니케이션한다.

감사인은 회계처리기준을 위반한 사실을 발견하면 외부감사법에 따라 감사 또는 감사위원회에 통보해야 한다(법 제22조 제2항). 이사의 부정행위 또는 법령이나 정관에 위반되는 중대한 사실을 발견하면 감사위원회에 통보하고 주주총회에 보고해야 한다(법 제22조 제1항).

2. 감사보고서의 전달

감사인은 감사보고서를 작성하고, 계약당사자 및 관련 법규에서 규정한 관계자에게 전달한다.

회사는 재무제표를 정기총회 개최 6주 전까지, 한국채택국제회계기준을 적용하는 회사의 연결재무제표를 정기총회 개최 4주 전까지 외부감사인에게 제출해야 한다. 한국채택국제회계기준을 적용하지 않는 회사의 연결재무제표는 사업연도 종료 후 90일 이내(자본시장법에 따른 사업보고서 제출대상법인 중 직전연도말 자산총액이 2조원 이상인 법인은 70일 이내)에 재무제표를 외부감사인에게 제출해야 한다(외부감사법 시행령 제8조).

「외부감사법」에 따라 외부감사인은 정기총회 1주 전, 증권선물위원회 및 한국공인회계사회에는 정기총회 종료 후 2주 이내에 감사보고서를 제출해야 한다. 다만 「자본시장법」에 따라 사업보고서에 감사보고서를 첨부하여 금융위원회와 한국거래소에 제출하면 증권선물위원회 및 한국공인회계사회에 감사보고서를 제출한 것으로 본다.

연습문제

진위형

다음의 설명을 읽고, 틀린 기술이라면 그 이유를 제시하시오.

(1) 기업이 변호사조회를 거부하거나 변호사가 조회응답을 거부한다면 감사인은 대체적인 감사절차를 수행한다.
(2) 감사인은 당기재무제표감사에서 유의적 감사주의를 요구한 사항으로 결정한 사항을 핵심감사사항으로 결정해야 한다.
(3) 강조사항문단은 재무제표에 공시되지 않은 사항을 감사인이 필요하다고 판단하여 감사보고서에 포함시키는 문단을 말한다.
(4) 강조사항문단은 감사의견근거 바로 다음에 기재한다.
(5) 감사보고서에 계속기업 불확실성의 언급이 없다면 계속기업으로서의 존속능력을 보장한다고 볼 수 있다.
(6) 계속기업 감사절차는 감사종료단계에서만 수행한다.
(7) 기업이 이익을 실현해 왔고 자금조달이 용이한 상황이면, 경영진은 세부적인 분석을 하지 않아도 계속기업으로서의 존속능력을 평가할 수 있다.
(8) 경영진이 계속기업으로서의 존속능력을 평가한 기간이 재무제표일로부터 12개월에 미달한다면, 경영진에게 평가기간을 적어도 12개월로 확대하도록 요구해야 한다.
(9) 계속기업전제가 적절하나 중요한 불확실성이 존재하는 상황에서, 기업이 중요한 불확실성을 적절하게 재무제표에 공시하면 감사인은 적정의견을 기재하고 강조사항문단을 추가한다.
(10) 계속기업전제가 적절하나 중요한 불확실성이 존재하는 상황에서, 기업이 중요한 불확실성을 적절하게 공시하지 않으면 중요성에 관계없이 부적정의견을 표명한다.
(11) 계속기업전제가 타당하지 않으면 의견거절을 표명한다.
(12) 감사보고서에 기재되는 감사보고서일은 감사보고서를 인쇄한 날짜이다.
(13) 감사인은 감사보고서일 이후에는 재무제표와 관련된 어떤 감사절차도 수행할 의무는 없다.
(14) 이중보고서일이란 수정사항의 감사절차를 종료한 일자와 최초 감사보고서일을 함께 기재하는 것을 말한다.
(15) 서면진술의 요청대상자는 재무제표의 작성과 표시에 대한 책임이 있는 사람이다.
(16) 서면진술일 전에는 감사의견을 표명할 수 없다.
(17) 감사인이 요청한 서면진술을 거부한다면, 감사인은 감사범위 제한에 따라 한정의견 또는 의견거절을 표명한다.

서술형

1 특수관계자거래

감사인은 경영진이 어떻게 특수관계자를 파악하고 이에 대한 공시를 적절히 하는지, 그리고 재무제표에 중요한 특수관계자거래가 미치는 영향을 어떻게 파악하고 공시하는지 충분하고 적합한 감사증거를 입수할 수 있도록 감사절차를 설계하고 수행해야 한다.

요구사항

1. 국제감사기준에서는 특수관계 및 특수관계자 파악을 위해 어떤 접근법을 기초로 규정하고 있는가?
2. 특수관계자를 파악하기 위한 감사절차를 기술하시오.
3. 과거에 식별되지 않거나 공개되지 않았던 특수관계자와의 유의적 거래를 식별했을 때 감사인은 어떠한 절차를 수행해야 하는가?
4. 새롭게 식별된 특수관계자거래에 대한 실증절차로는 어떤 것들이 있는가?

2 계속기업전제의 검토사례(Ⅰ) (KICPA)

한국회계법인의 김철수 공인회계사는 디자인주식회사의 20×4회계연도 재무제표에 대한 감사절차를 종료하고 상급자(담당이사)와 감사의견을 협의할 예정이다. 김철수 회계사는 감사절차에서 파악한 사항을 다음과 같이 요약하였다.

- 20×4년 12월 31일 현재 총자산은 3,000억원, 부채총계는 2,900억원, 자본총계는 100억원이다. 이 중 유동자산은 1,000억원이며 유동부채는 1,200억원이다.
- 20×4년 매출액은 3,000억원, 매출총이익은 600억원, 영업이익은 100억원, 이자비용은 150억원이다.
- 기업은 20×0년도까지는 실적이 양호한 초우량기업이었으나 창업주의 2세가 경영권을 물려받은 후부터 공격적으로 경영하여 기업의 재무상태가 악화되어 20×3년도에 법정관리에 들어갔다. 기업은 채권단과 채무상환계획을 조정하여 원금상환을 유예받고 20×4년부터 원금을 상환하기로 하였다. 기업은 법정관리 합의사항에 따라 20×4년도 10월에 제1차 원금을 상환하기로 했으나 자금사정으로 상환을 하지 못하고 있다.
- 기업의 부채총계 2,900억원 중 금융기관 차입금은 2,000억원으로 법정관리 합의사항에 따라 20×4년부터 매년 400억원씩 상환해야 한다.
- 기업은 채권단과 채무상환계획을 재협의하여 이자율을 인하하고 원금의 일정부분을 면제받기 위해 협상중이다. 채권단은 100개 이상의 금융기관으로 구성되어 있으며, 기업이 작성한 채무조정안에 대하여 의견을 제시하지 않고 있다. 전체 채권단의 회의는 20×5년 6월중에 열릴 예정이며, 이 회의에서 채무조정안의 채권단 의견이 결정된다.
- 채권단에서 한국회계법인의 감사보고서를 20×5년 3월 31일까지 요구하고 있다.

요구사항

※ 다음 각 요구사항은 독립적인 상황이다.

1. 기업은 20×5년 6월에 열릴 채권단 회의에서 채무조정이 순조롭게 이루어질 것으로 판단하고 있으며 재무제표 주석에 이 사실을 기재할 계획이다. 이와 관련하여 김철수 회계사는 관련 증거들을 검토하고 기업의 주장에 동의하고 있다. 감사인이 표명할 감사의견과 감사보고서의 기재내용을 기술하시오.

2. 기업은 20×5년 6월에 열릴 채권단 회의에서 채무조정 합의가 이루어질 것을 확신하고 있어 계속기업 불확실사항을 재무제표에 주석으로 공시하지 않을 계획이다. 김철수 회계사는 채무조정 예측은 기업의 주장에 어느 정도 동의하고 있으나 주석공시의 내용은 기업과 견해를 달리하고 있다. 이와 같은 상황에서 한국회계법인이 표명할 수 있는 감사의견의 종류는 무엇인가?

3. 김철수 회계사는 상급자(담당이사)와 협의과정 중 기업으로부터 다음 사항을 추가로 통보받았다. "기업에 대한 채권의 70%를 점하고 있는 오메가은행이 담보설정 공장부지에 담보권을 행사하여 처분하겠다고 20×5년 3월 15일 기업에 통보하였다." 상급자는 상기 사항이 기업의 재무제표 전체에 유의적 영향을 미치는 중요한 불확실성이 연루된 상황으로 판단하고 있다. 이와 같은 상황에서 한국회계법인이 표명할 감사의견의 종류는 무엇인가?

3 계속기업전제의 검토사례(Ⅱ)

강정아 회계사는 벤처기업인 (주)광우킬러의 20×1년 재무제표를 감사하고 있다. 강 회계사는 벤처기업에서는 계속기업전제의 검토가 중요하다고 판단하여 감사계획을 수립하는 과정에서 기업과 관련한 거시 및 미시적 경쟁상황을 파악하였다. 강 회계사의 이해에 따르면, (주)광우킬러는 경쟁환경이 치열해져가는 상황이나 이와 관련하여 기업이 20×3년 이후 광우병 예방주사를 출시하면 대폭적인 매출신장으로 이어질 것으로 판단하고 있다. 식품의약품안전처에서 신약에 대한 승인을 강화하는 추세이다.

강 회계사는 차입금계정을 감사하던 중 기업이 (1) <u>명륜은행과의 대출조건을 이행하지 못하고 있음을 발견하였다.</u> 강 회계사는 차입약정서의 대출조건 준수 불이행으로 계속기업의 유의적인 불확실성이 존재한다고 판단하고 경영진에게 향후 계획을 질문하였다. (2) <u>(주)광우킬러의 대표이사인 소사장이 작성한 자금수지계획서에 따르면 20×3년에 출시할 광우병 예방주사로 매출은 현재보다 300%로 급증할 것이며, 마진율이 높기 때문에 영업활동 현금흐름이 개선되어 차입금상환이 약정대로 이루어질 것으로 기대하고 있다.</u>

요구사항

1. 밑줄 친 (1)과 같은 계속기업 불확실성과 관련하여 감사인이 중대한 의문을 갖게 되는 사건 또는 상황을 세 가지 유형(재무적 사항, 영업적 사항, 기타사항)으로 나누어 구체적 상황을 예시하시오.

2. 밑줄 친 (2)와 관련하여 소 사장이 제시한 계속기업의 평가내용을 강 회계사가 검토할 때 반드시 고려해야 할 사항을 언급하시오.

4 계속기업전제의 검토사례(Ⅲ)

(KICPA)

X회계법인은 대형해운사인 A해운(주)의 20×1년도 재무제표(1.1~12.31)를 감사하고 있다. 최근 세계경제 악화로 작년에 중대형 해운업체 38개 중 4개사가 퇴출되고 3개사는 워크아웃되었다. 감사인은 해운업 불황으로 계속기업전제의 검토가 매우 중요하다고 판단하고 있다.

(1) A해운(주)의 경영진은 계속기업으로서의 존속능력에 대한 예비평가를 수행하였으며, 계속기업으로서의 존속능력에 유의적 의문을 제기할 수 있는 상황을 식별하였다.

A해운(주)는 최근 3년간 상당한 규모의 영업손실이 발생하여, 20×2년 9월에 만기가 도래하는 확정만기 차입금을 정상적인 영업활동으로는 상환이 불가능한 것으로 나타났다. 만약 만기도래하는 차입금을 상환하지 못하면 A해운(주)는 부도위험에 직면할 수 있다. 감사인은 만기도래 예정인 차입금의 상환가능성이 계속기업으로서의 존속능력에 유의적 의문을 초래한다고 판단하였다. 감사인은 이를 극복하기 위한 향후 계획을 경영진에게 질문하였다.

이에 대하여 (2) 경영진은 경영개선계획을 작성하여 감사인에게 제시하였다. (3) 경영진이 제시한 경영개선계획에 따르면, A해운(주)는 20×2년 3월부터 브라질에 소재한 B정유와 독점적으로 원유수송업무를 제공하는 계약을 체결할 예정이다. 이러한 계약이 체결되면 영업활동 현금흐름이 개선되어 예정대로 차입금을 상환할 수 있을 것으로 전망하고 있다.

요구사항

1. 밑줄 친 (1)과 같이 경영진이 계속기업으로서의 존속능력에 유의적 의문을 제기할 수 있는 상황을 식별한 경우, 감사인이 수행해야 할 절차를 서술하시오.

2. 밑줄 친 (2)와 같이 경영진이 경영개선계획을 제시한 경우, 감사인이 수행해야 할 절차를 서술하시오.

3. 밑줄 친 (3)과 관련하여 감사인은 해당 상황에서 계속기업전제의 사용은 적합하나 중요한 불확실성이 존재한다고 결론을 내렸다. 이때 경영진이 작성한 재무제표에서 감사인이 확인해야 할 사항을 서술하시오.

5 후속사건의 유형과 관련 감사절차

재무제표일 후에 발생한 중요한 사항을 적절히 감사보고서에 반영해야 한다. 다음 각 사례는 재무제표에 중대한 영향을 줄 수 있는 사건이며, 모든 사례는 국제회계기준을 채택하고 있다.

사 례	사건발생일	사건확인(발견)일
A	재무제표일 이전	감사보고서일 이전
B	재무제표일 이전	감사보고서 제출일 직전
C	재무제표일 이후	감사보고서일 이전
D	감사보고서일 이후	감사보고서 제출일 직전
E	감사보고서 제출일 이후	감사보고서 제출일 이후

요구사항

1. A사례에서 기업은 해당 사건을 재무제표 본문수정과 주석공시 중 어떻게 반영해야 하는가?
2. B사례에서 기업은 해당 사건을 재무제표 본문수정과 주석공시 중 어떻게 반영해야 하는가?
3. C사례에서 후속사건에 대한 감사인의 발견책임을 기술하시오.
4. D사례에서 감사보고서일은 어떻게 표시되어야 하는가? 감사인은 자신의 책임을 최대한 감소시키고자 한다.
5. E사례에서 후속사건에 대한 감사인의 발견책임을 기술하시오.

6 후속사건의 검토 (KICPA)

다음은 대한주식회사에서 보고기간말 이후부터 감사보고서일까지 발생한 독립적인 사건이다.

(1) 전년도 법인세에 대한 국세청의 추징결의서가 당년도 보고기간말 이후에 기업에게 통보되었다.
(2) 지방자치단체는 기업이 당기에 배출한 폐수와 관련하여 보고기간말 이후에 기업을 검찰에 환경공해사범으로 고소하였다.
(3) 보고기간말 이후 이사회에서 무상증자를 결의하였다.
(4) 큰 비중의 처분이익이 발생하는 유형자산을 보고기간말 이후에 매각하였다.

요구사항

감사인이 상기의 후속사건을 발견하기 위해 어떤 감사절차를 수행해야 하는가?

7 후속사건 (KICPA)

X회계법인은 A(주)의 20×1년 재무제표를 감사중이다(감사보고서일 : 20×2년 2월 14일). 감사인은 감사보고서일에 알았더라면 감사보고서를 수정할 원인이 될 수도 있었던 사실을 20×2년 2월 28일에 알게 되었다. 감사인은 감사보고서를 아직 회사에 전달하지 않았다.

요구사항

1. 감사인은 아래의 상황에서 감사보고서일자를 언제로 기재해야 하는지 서술하시오. 단, 감사인은 자신의 책임을 최소화하는 감사보고서일자를 선택하고자 한다.

> A(주)의 경영진은 해당 후속사건을 재무제표에 수정 · 반영하고, 관련 주석으로 기술하였다. 해당 후속사건의 영향에 대해서만 경영진이 재무제표를 수정하고 재무제표 승인권자가 이에 대해서만 승인하는 것이 법규나 재무보고체계에서 금지되지는 않는다. 감사인은 후속사건의 감사절차를 해당 수정사항에만 국한하여 수행하고 20×2년 3월 2일에 감사절차를 종료하였다.

2. 아래 상황에서 후속사건과 관련하여 감사인이 표명해야 할 감사의견과 그 판단근거를 제시하시오.

> 감사인은 감사절차를 수행해 후속사건을 재무제표에 수정 · 반영할 것을 A(주)의 경영진에게 요구하였다. 그러나 경영진은 해당 후속사건을 재무제표에 수정 · 반영하는 것을 거부하였다. 감사인은 해당 후속사건이 재무제표에 미치는 영향은 중요하지만 전반적이지는 않은 것으로 판단하고 있다.

8 감사의 종료절차-종합

감사인은 모든 활동유형에 대해 통제테스트와 실증절차를 마친 후, 감사의 종료단계에서 개별 감사결과를 종합하고 수집된 증거를 평가하여 의견을 형성한다.

요구사항

1. P회사에 투자중인 투자자는 감사보고서의 본문을 정독하던 중 계속기업에 대한 언급이 없는 것을 확인하면서 다음과 같은 질문을 감사인에게 했다.

"감사보고서에 계속기업으로서의 존속능력에 대한 중요한 불확실성에 대한 언급이 없으니 감사인이 계속기업으로서의 존속능력을 보장한다고 생각해도 되죠?"

투자자의 상기와 같은 질문에 대해 감사인은 어떻게 답변해야 하는지를 서술하시오.

2. 감사인은 위험평가절차를 수행할 때 계속기업으로서의 존속능력에 유의적 의문을 초래할 수 있는 사건이나 상황이 존재하는지를 고려해야 한다. 경영진은 아직 계속기업으로서의 존속능력에 대한 예비평가를 수행하지 않았다. 이때 감사인이 수행해야 할 절차를 서술하시오.

3. 금감(주)를 감사하는 인증업무팀의 김 회계사는 위험평가절차를 수행한 후 과거에 없었으나 올해 새롭게 특수관계자를 식별하였다. 경영진은 이러한 사항에 대해 공개하지 않았으며, 감사인은 경영진의 미공개가 의도적이라고 판단하고 있다. 이러한 상황에서 감사인이 수행해야 할 감사절차를 서술하시오.

4. 감사인은 계속기업을 전제로 감사를 실시하고 감사의견을 표명한다. 감사실시과정에서 계속기업으로서의 존속가능성에 각별한 주의를 기울여야 한다.

다음은 계속기업에 대한 감사절차에 대한 기술이다.

> ① 감사보고서에 계속기업으로서의 존속능력에 대한 중요한 불확실성의 언급이 없다면 계속기업으로서의 존속능력을 보장하는 것이다.
> ② 계속기업 감사절차는 감사종료단계에서만 수행한다.
> ③ 감사인은 경영진이 평가한 기간 이후의 기간중 경영진이 계속기업으로서의 존속능력에 대하여 의문을 초래할 수 있는 사건이나 상황을 알고 있는지에 관한 질문 외에는 별도의 감사절차를 수행할 책임은 없다.

아래의 [답안양식]에 따라 상기 계속기업에 대한 감사절차의 기술이 옳은 기술이면 '○', 틀린 기술이면 '×'로 표시하시오. 틀린 기술인 경우에는 그 이유를 서술하시오.

[답안양식]

문항번호	○ 또는 ×	틀린 이유

5. 감사인은 계속기업으로서의 존속능력에 유의적 의문을 발생시키는 사건을 식별하였으나 입수한 감사증거에 따라 중요한 불확실성이 존재하지 않는다고 결론을 내렸다. 이러한 사건에 대해 (1) 감사인이 수행해야 할 절차와 (2) 감사보고서에 어떻게 보고해야 하는지 서술하시오.

9 경영진서면진술 (KICPA)

다음은 A해운(주)의 감사절차를 종료하는 시점에서 X회계법인의 업무수행이사와 현장책임회계사가 나눈 대화이다.

업무수행이사 : A해운(주)로부터 서면진술은 입수했나요? 감사조서를 보니 감사대상기간(20×1.1.1~20×1.12.31)중인 20×1년 5월 1일에 최고경영진이 차○○ 사장에서 변○○ 사장으로 변경되었군요.

현장책임회계사 : 변○○ 사장은 회계기간중에 취임했기 때문에 취임 전 기간에 대한 서면진술을 제공할 수 없다고 하네요. 감사계약서에도 차○○ 사장이 서명하지 않았냐며 항의했습니다.

업무수행이사 : 그래서 서면진술은 누구에게, 어떻게 받았습니까?

현장책임회계사 : (1)로부터 서면진술을 받았습니다. 서면진술일은 (2)의 일자로 확인받았습니다.

요구사항

1. 밑줄 친 (1)과 관련하여 회계감사기준에서 규정하고 있는 서면진술의 요청이 되는 대상자, 대상기간 및 이유를 서술하시오.

2. 밑줄 친 (2)와 관련하여 회계감사기준에서 규정하고 있는 서면진술일을 서술하시오.

10 미수정왜곡표시사항의 종합과 중요성 판단 (KICPA)

감사인은 감사절차의 성격, 시기 및 범위를 결정하거나 왜곡표시 영향을 평가할 때 중요성을 고려해야 한다. 한국(주)의 다음 자료를 토대로 감사과정에서 발견된 사항과 감사인이 설정한 중요성기준에 관련된 다음의 물음에 답하시오. 단, 법인세비용은 고려하지 않는다.

(1) 5년 전부터 코스닥등록을 준비해온 한국(주)는 12월말 결산법인(회계기간 : 1.1～12.31)이며, 통신부품의 생산, 판매를 주력사업으로 하며 부동산임대업을 부수적으로 영위하고 있다.

(2) 한국(주)의 전기감사에서 파악한 미수정왜곡표시사항은 다음과 같다.

① 상각후원가측정금융자산의 손상차손 : ₩3,000,000 미계상

② 위험회피회계 적용대상인 확정계약의 평가손실 : ₩250,000 미계상

(3) 당기감사에서 발견한 사항

① 당기말 재고자산의 실증절차에서 ₩2,000,000의 불량재고가 포함되어 있음이 밝혀졌다. 불량재고의 공정가치는 ₩500,000으로 즉시 매각가능하다. 기업의 경영진은 실제로 매각을 하기 전까지는 취득원가인 ₩2,000,000으로 계상하는 것이 타당하다고 주장했다.

② 당기 1월 1일, 생산공정 개선과 관련하여 외부의 전문엔지니어링사로부터 1년간 기술자문을 받기로 계약하였다. 기술자문료는 총 ₩4,800,000이나, 자문료 지급 약정에 따라 매년 ₩2,400,000씩 2년간에 걸쳐 지급하기로 하였다. 기업의 경영진은 당기에 지급한 ₩2,400,000을 기술자문료로 계상하였다.

③ 위험회피회계 적용대상인 확정계약의 평가손실이 당기말에 ₩500,000이 추가로 발생하였다. 기업의 경영진은 확정계약이 이행될 예정인 다음 회계연도 1월 10일까지 회계처리를 하지 않기로 결정하였다.

④ 기업의 주요 거래처에 대한 대손충당금 추정에 있어 기업의 경영진은 ₩4,500,000의 대손충당금을 설정하였다. 감사인은 감사증거를 입수해 ₩6,500,000을 설정하는 것이 합리적이라고 판단하여 경영진에게 수정을 요구하였다. 경영진은 감사인의 수정요구를 거부했다.

요구사항

감사인은 재무제표의 적절성을 평가할 때 감사에서 발견한 미수정왜곡표시사항의 전체 합계가 중요한지 평가해야 한다. 상기 자료를 토대로 미수정왜곡표시사항의 합계금액을 계산하면 얼마인가?

♠ 사례연구

경영진서면진술의 거부

바른회계법인의 공명한 회계사는 생수를 시판하는 샘물기업(상장기업)의 재무제표를 감사중이다. 공 회계사는 감사업무의 수행중 샘물기업의 대표이사와 면담해 재무담당부사장(CFO)인 조신중 씨가 다음과 같은 이유로 당기감사인이 요구하는 경영진서면진술에 서명하지 않고 있다는 사실을 알게 되었다.

(1) 올해 가뭄과 지난 겨울의 평균 이하 적설량으로 심각한 식수부족이 발생해, 정부에서는 한시적으로 식수의 소비제한을 고려하는 등 식수절약운동을 적극 추진하고 있다.
(2) 조신중 씨는 정부의 식수소비제한 조치가 주생산품인 생수 매출에 미치게 될 영향을 우려하고 있다. 조신중 씨는 정부의 조치로 매출 20%에 해당하는 많은 재고가 증가하고 앞으로 매출이 감소할 것으로 믿고 있다. 어떤 방법으로 측정하든 이 금액은 매우 커 기업 운영에 심각한 자금난을 초래할 것으로 판단한다.

기업의 다른 임원들은 재무담당부사장(CFO)인 조신중 씨의 자금난 전망 의견에 동의하지 않고 있다. 사장은 모든 사람은 물이 필요하고 식수부족은 사람들을 집 안에 더 머물도록 하기 때문에 생수의 판매가능성은 오히려 증가할 것이라고 주장하고 있다. 조신중 씨를 제외한 다른 임원들도 금년도의 재고량이 과다한 수준이라고 생각하고 있다.

샘물기업을 감사하고 있는 공 회계사는 과거의 판매수준을 고려했을 때 기업의 재고는 적정한 수준이라고 판단하고 있다. 공 회계사는 기업의 영업활동에 대한 조신중 씨의 견해가 매우 중요하다고 믿고 있다. 조신중 씨가 경영진서면진술에 서명하기를 거부했다는 사실을 인용하여 감사보고서에 감사범위 제한에 따른 한정의견을 표명하려고 한다.

요구사항

1. 경영진서면진술과 관련하여,
① 경영진은 경영진서면진술에 반드시 서명을 해야 하는가?
② 경영진서면진술의 요청대상자와 수신인은 누구인가?
③ 경영진서면진술에는 어떠한 내용을 포함해야 하는가?
④ 경영진서면진술의 서면진술일은 언제로 해야 하며, 대상기간은 어떻게 해야 하는가?

2. 사례에서의 조신중 씨와 같이 회계책임자나 경영진 중 어떤 사람이 경영진서면진술에 서명하기를 거부했을 때 공 회계사는 어떻게 대처해야 하는가?

CHAPTER 16

감사결과의 보고

제 1 절 표준감사보고서

제 2 절 감사의견의 변형

제 3 절 연결재무제표의 감사보고

제 4 절 비교재무제표의 감사보고

제 5 절 내부회계관리제도의 감사보고

제 6 절 기타정보에 대한 고려사항

학습목표

이 장의 학습을 완료하면 다음 질문에 답변할 수 있어야 한다.

1. 표준감사보고서가 갖추어야 하는 양식과 내용은 어떻게 구성되는가?
2. 감사의견은 어떠한 경우에 변형되고, 변형된 감사보고서는 표준감사보고서와 어떠한 차이가 있는가?
3. 개별재무제표 감사를 수행할 때 부문감사인의 기능과 역할은 무엇인가?
4. 연결재무제표 감사에서는 개별재무제표 감사와 비교할 때 어떠한 감사절차를 추가해야 하는가?
5. 전기재무제표를 타감사인이 감사하였다면 당기재무제표 감사에서는 어떠한 절차를 추가로 수행해야 하는가?
6. 내부회계관리제도의 감사보고서는 어떠한 양식과 내용으로 구성되는가?
7. 기타정보에 대해 감사인은 어느 정도의 책임을 지는가?

한눈에 살펴보는 이 장의 내용

감사인은 전문가로서의 의견을 감사보고서를 통해 표명함으로써 재무제표의 신뢰성을 높인다. 또한 재무제표이용자가 간과하기 쉬운 내용을 감사보고서에 핵심감사사항이나 강조사항을 기술해 정보를 전달하는 기능도 수행한다. 국제감사기준에서는 전문지식이 부족한 일반이용자의 오해를 줄이기 위해 감사보고서에 포함해야 할 내용을 표준화한 양식으로 작성하도록 규정하고 있다.

감사인은 재무제표가 중요성 관점에서 해당 재무보고체계에 따라 작성되었다고 결론을 내리면 적정의견을 표명한다. 회사가 제시한 재무제표가 재무보고체계를 위배하거나 감사범위에 제한이 있다면 감사의견을 변형해야 한다. 재무제표의 왜곡표시가 중요하지만 전반적이지 않으면 한정의견을, 중요하며 동시에 전반적이면 부적정의견을 표명한다. 감사범위 제한도 그 중요성 정도에 따라 한정의견을 표명하거나 의견을 거절한다. 감사인이 감사의견을 변형하면 그러한 변형을 초래한 상황과 변형 문안을 지배기구와 커뮤니케이션하고, 의견변형을 발생시키는 사항을 감사보고서에 기술한다.

국제회계기준을 적용하는 상장회사나 금융회사는 연결재무제표가 주된 재무제표이다. 연결재무제표는 지배회사와 종속회사의 재무제표를 기초로 작성되므로 종속회사의 개별재무제표에 포함된 회계오류가 연결재무제표에 그대로 전이된다. 연결재무제표 감사인은 연결재무제표 감사에 전적인 책임을 져야 하며 종속회사 감사인과 책임을 분할할 수 없다. 연결재무제표 감사인은 감사의견의 근거가 되는 연결절차 및 부문재무정보에 대한 충분하고 적합한 감사증거를 입수할 수 있는지 결정해야 한다. 또한 유의적인 부문을 식별하는 데 충분하도록 해당 그룹과 부문 및 그 환경을 이해해야 한다. 부문감사인을 활용하는 감사업무를 수행할 예정이라면 부문감사인 업무에 관여할 수 있는 정도를 평가해야 한다.

비교재무제표에는 당기 수치와 비교할 목적으로 전기재무제표가 함께 표시된다. 계속감사에서는 전기재무제표와 동일감사인이 당기감사를 수행하므로 기초잔액에 중요왜곡표시가 있다는 사실을 알게 된 상황에서 추가적인 감사절차를 수행한다. 초도감사는 전기재무제표가 감사받지 않았거나 다른 감사인이 감사를 수행했으므로 기초잔액에 대한 감사절차를 수행해야 한다.

감사인은 내부회계관리제도의 효과성에 관한 경영진 평가에 중요한 취약점이 존재하는지에 대한 합리적인 확신을 얻고, 이에 대한 의견을 내부회계관리제도 감사보고서에 표명하기 위한 목적으로 내부회계관리제도감사를 실시한다. 내부회계관리제도 감사보고서는 재무제표 감사보고서와 별도로 작성되어야 한다. 감사인이 내부회계관리제도에 대하여 부적정의견을 표명하는 경우, 내부회계관리제도에 대한 부적정의견이 재무제표에 미치는 영향을 결정해야 하고 재무제표에 대한 감사의견에 영향을 미쳤는지를 공시해야 한다. 감사인은 중요한 취약점이 존재하거나 감사업무의 범위에 제한이 존재하면 내부회계관리제도 감사보고서를 변형해야 한다.

기타정보는 감사받은 재무제표 및 해당 재무제표의 감사보고서가 포함된 문서(사업보고서)에 표시되는 재무정보와 비재무정보를 말한다. 감사의견의 표명대상에는 기타정보를 포함하지 않으므로 감사인은 기타정보가 적절히 기술되었는지 결정할 책임이 없다. 다만 감사인은 기타정보를 열람해 재무제표 정보와의 중요한 불일치를 식별하면, 감사받은 재무제표와 기타정보 중 어느 것을 수정해야 하는지 결정해야 한다.

제 1 절 표준감사보고서

〈감사의 종료 및 보고단계〉

공시사항의 세부테스트
↓
감사조서의 검토 및 증거의 평가
↓
감사결과의 종합 및 의견형성
↓
감사보고서의 작성 및 전달

감사인은 경영진이 작성한 재무제표를 독립적인 제삼자의 입장에서 감사절차를 수행하고, 중요성 관점에서 해당 재무보고체계에 따라 공정하게 표시되었는지에 관한 의견을 형성하여 정보이용자에게 전달한다. 감사보고서는 이러한 감사인의 전문가적 의견을 서면으로 전달하기 위해 작성하는 감사활동의 최종 산물이다.

Ⅰ. 감사보고서의 기능

• 감사보고서의 기능
① 전문가적 의견표명으로 재무제표 신뢰성 제고
② 핵심감사사항 등을 통해 감사인의 독자적 정보전달
③ 감사업무의 책임소재 최종 근거

감사인은 재무제표의 신뢰성에 대하여 전문가로서의 의견을 감사보고서에 표명함으로써 재무정보의 신뢰성을 높인다.

감사보고서는 이러한 신뢰성 제고의 기능 이외에도 독자적인 정보전달의 기능을 갖고 있다. 감사인은 재무제표이용자가 간과하기 쉬운 내용을 감사보고서에 핵심감사사항이나 강조사항을 기술해 기업 경영진이 제공하는 재무제표와는 별개로 독립적인 정보전달의 기능을 수행한다.

감사인은 재무제표의 공정한 표시에 관한 의견을 표명하기 위해 감사기준에서 정한 감사절차를 적용하여 감사증거를 얻는다는 사실을 감사보고서에 기술하여 자신의 책임한계를 분명하게 밝힌다.

Ⅱ. 표준감사보고서의 양식

「회계감사기준」에서는 전문지식이 부족한 일반이용자의 오해를 줄이기 위해 감사의견, 경영진과 감사인의 책임 등 감사보고서에 포함해야 할 내용을 표준화한 양식으로 작성하도록 규정하고 있다.

1. 재무제표에 대한 의견형성

감사인은 재무제표가 중요성 관점에서 해당 재무보고체계에 따라 공정하게 표시되었는지 전문가로서의 의견을 형성해야 한다. 이러한 의견을 형성하기 위해 감사인은 충분하고 적합한 감사증거를 입수하고, 미수정왜곡표시가 중요한지 평가하며, 재무제표가 중요성 관점에서 해당 재무보고체계에 따라 작성되었는지 평가해야 한다.

2. 표준감사보고서의 형식

감사인은 재무제표가 해당 재무보고체계에 따라 공정표시되었다고 결론을 내리면 적정의견을 표명한다. ① 입수한 감사증거에 근거할 때 재무제표가 전체적으로 중요하게 왜곡표시되었다는 결론(재무보고체계의 위배)을 내리거나, ② 재무제표가 전체적으로 중요하게 왜곡표시되지 않았다는 결론을 내릴 수 있는 충분하고 적합한 감사증거를 입수할 수 없는 상황(감사범위의 제한)에서는 감사의견을 변형시켜야 한다.

감사인의 보고는 서면방식(종이형태나 전자매체를 이용)으로 이루어진다. 감사보고서는 제목, 수신인, 감사의견, 감사의견근거, 핵심감사사항, 재무제표에 대한 책임, 재무제표감사에 대한 감사인의 책임, 업무수행이사의 이름 등으로 구성된다. 해당 사항이 있으면 계속기업, 강조사항과 기타사항을 추가한다. 이러한 감사보고서의 표준화는 이용자의 이해가능성을 높이며 변형된 감사보고의 식별을 용이하게 해준다.

「감사기준서 700」의 보론3에 예시된 표준감사보고서의 사례를 구성요소별로 살펴보면 다음과 같다.

1) 제 목

감사보고서에는 "독립된 감사인의 감사보고서"라는 것을 명확히 나타내는 제목을 붙여야 한다. 이러한 제목은 감사인이 독립성에 관한 윤리적 요구사항을 모두 충족했음을 의미하며, 다른 사람(예를 들어 내부감사인)이 발행한 보고서와 구별될 수 있다.

2) 수신인

감사보고서는 해당 감사 상황을 기초로 적합한 수신인을 기재한다. 일반적으로 감사보고서는 누구를 위해 보고서를 작성했는지에 따라 수신인을 결정하며, 통상 감사대상기업의 주주나 지배기구(이사회 등)를 수신인으로 한다.

3) 감사의견

감사보고서의 첫 번째 단락에는 감사의견을 포함해야 하며, 해당 단락의 제목을 "감사의견"으로 한다. 감사보고서이용자에게 감사의견을 표명하는 관점을 알리기 위해 감사의견에 해당 재무보고체계를 언급한다.

감사보고서의 감사의견 단락에는 다음 사항을 포함해야 한다.

- 감사대상기업
- 해당 재무제표가 감사받았다는 사실
- 재무제표를 구성하는 단위재무제표의 명칭
- 유의적인 회계정책의 요약을 포함한 재무제표의 주석에 대한 언급
- 재무제표를 구성하는 단위재무제표의 보고대상 일자나 기간

감사인은 준수체계에 따라 작성된 재무제표에 대하여 적정의견을 표명할 때, 별첨된 재무제표는 중요성의 관점에서 해당 재무보고체계에 따라 작성되었다는 내용을 기술한다.

의견문단에서 기술되는 "우리의 의견으로는"이라는 단어는 문자 그대로 전문가적 의견일 뿐 절대적 사실을 증명하거나 보증한다는 뜻이 아니라는 점을 시사한다. 감사인의 의견은 전문가적 판단에 따른 합리적 확신을 기초로 하고 있어 감사받은 재무제표라 하더라도 모든 정보위험이 제거되지 않았다는 것을 의미한다.

"공정하게 표시하고 있습니다"라는 표현은 재무제표의 정확성에 대한 의견표명이 아니며, 재무상태나 재무성과가 양호하거나 적절하다는 것을 의미하지 않는다. 즉 재무보고체계의 근간을 이루는 회계처리기준에 따라 공정하게(fairly) 회계처리가 이루어졌다는 사실을 나타내기 위해 사용한다.

감사의견은 간단명료하게 표명하되 재무제표 전체에 대해(taken as a whole) 종합적으로 포괄하는 의견이어야 한다. 손익계산서는 공정하게 표시되었으나 재무상태표는 공정하게 표시되어 있지 않다는 등의 부분의견을 표명하거나

이중부정 등의 애매모호한 표현은 원칙적으로 사용하지 않아야 한다.

4) 감사의견근거

감사보고서에는 감사의견 단락 바로 다음에 "감사의견근거"라는 제목의 단락을 포함해야 한다. 감사의견근거 단락에는 다음 내용을 기재한다.

- 감사는 감사기준에 따라 수행함
- 감사기준에 따른 감사인 책임 기술의 단락 언급
- 감사인은 감사와 관련된 윤리적 요구사항에 따라 기업으로부터 독립적이며 그러한 요구사항에 따른 기타의 윤리적 책임들을 이행하였음
- 입수한 감사증거가 감사의견의 근거를 제공하기에 충분하고 적합함

5) 강조사항 및 기타사항의 보고

감사의견을 변형하지는 않지만 감사인이 감사보고서에 특정사항을 강조하여 기술하고자 하거나, 재무제표에 대한 감사기준의 보고책임에 추가하여 기타의 보고책임도 함께 다룰 때 추가하는 문단이다.

6) 핵심감사사항

상장기업의 일반목적 전체재무제표에 대한 감사에 대하여, 감사인은 당기 재무제표감사에서 가장 유의적 감사사항을 감사보고서에 핵심감사사항으로 기재하여 정보이용자와 커뮤니케이션한다.

7) 재무제표에 대한 경영진과 지배기구의 책임

이 단락에서는 경영진과 지배기구의 책임을 기술한다. 해당 재무보고체계에 따라 재무제표의 작성, 부정이나 오류로 인한 중요한 왜곡표시가 없는 재무제표를 작성하고 공시해야 할 책임을 기술한다. 경영진은 중요한 왜곡표시가 없는 재무제표를 작성하기 위해 필요한 내부통제 유지의 책임이 있다는 설명을 기술한다. 지배기구는 회사의 재무보고절차의 감시에 대한 책임이 있음을 설명한다.

8) 재무제표에 대한 감사인의 책임

이 단락에는 ① 감사의 목적, ② 합리적 확신은 높은 수준의 확신을 의미하

나 감사기준에 따라 수행된 감사가 항상 중요한 왜곡표시를 발견할 것을 보장하는 것은 아니며, ③ 부정이나 오류로부터 발생할 수 있는 왜곡표시의 영향을 기술한다.

추가적으로 감사기준에 따른 감사의 일부로서 감사인은 감사의 전 과정에 걸쳐 전문가적 판단을 하고 전문가적 의구심을 유지해야 한다는 내용을 포함해야 한다.

9) 업무수행이사의 이름

상장기업의 일반목적 전체재무제표에 대한 감사보고서에는 업무수행이사의 이름을 포함해야 한다. 개인 안전에 대한 유의적 위협을 발생시킨다고 합리적으로 예상하면 업무수행이사 이름을 공시하지 않을 수 있다. 이를 위해 감사인은 자신의 의도를 지배기구와 논의해야 한다.

10) 감사인의 서명과 주소

감사보고서에는 서명이 있어야 한다. 감사인 서명은 국가에 따라 회계법인 명칭이나 감사인의 개인이름 또는 두 가지 모두를 기재한다. 우리나라에서는 회계법인 명칭과 대표이사 이름을 기재하고 있다.

감사보고서에는 감사인이 직무를 수행하고 있는 국가 내의 소재지 주소를 기재해야 한다.

11) 감사보고서일

감사보고서일은 감사인이 재무제표에 대한 감사의견의 형성에 기초가 되는 충분하고 적합한 증거를 입수한 날보다 빠르지 않아야 한다. 이러한 감사증거에는 다음에 관한 사항도 포함된다.

- 재무제표를 구성하는 모든 단위재무제표와 공시가 작성완료되었다.
- 인정된 권한을 가진 기구(예 : 이사회)가 해당 재무제표에 대한 작성책임을 진다는 사실을 확인하였다.

▶ 감사보고서의 구성요소와 배열방법

독립된 감사인의 감사보고서

ABC주식회사
주주 및 이사회 귀중

감사의견

우리는 ABC주식회사(이하 "회사")의 재무제표를 감사하였습니다. 동 재무제표는 20×1년 12월 31일 현재의 재무상태표, 동일로 종료되는 보고기간의 손익계산서(또는 포괄손익계산서), 자본변동표, 현금흐름표 그리고 유의적인 회계정책의 요약을 포함한 재무제표의 주석으로 구성되어 있습니다.

우리의 의견으로는 별첨된 회사의 재무제표는 회사의 20×1년 12월 31일 현재의 재무상태와 동일로 종료되는 보고기간의 재무성과 및 현금흐름을 한국채택국제회계기준에 따라, 중요성의 관점에서 공정하게 표시하고 있습니다.

우리는 또한 회계감사기준에 따라, 「내부회계관리제도 설계 및 운영 개념체계」에 근거한 회사의 20×1년 12월 31일 현재의 내부회계관리제도를 감사하였으며, 20×2년 2월 17일자 감사보고서에서 적정의견을 표명하였습니다.

감사의견근거

우리는 대한민국의 회계감사기준에 따라 감사를 수행하였습니다. 이 기준에 따른 우리의 책임은 이 감사보고서의 재무제표감사에 대한 감사인의 책임 단락에 기술되어 있습니다. 우리는 재무제표감사와 관련된 대한민국의 윤리적 요구사항에 따라 회사로부터 독립적이며 그러한 요구사항에 따른 기타의 윤리적 책임들을 이행하였습니다. 우리가 입수한 감사증거가 감사의견을 위한 근거로서 충분하고 적합하다고 우리는 믿습니다.

강조사항

재무제표이용자는 재무제표에 대한 주석 X에 주의를 기울여야 할 필요가 있습니다. 재무제표에 대한 주석 X는 회사의 생산설비 화재의 영향을 기술하고 있습니다. 우리의 의견은 이 사항으로부터 영향을 받지 아니합니다.

핵심감사사항

핵심감사사항은 우리의 전문가적 판단에 따라 당기 재무제표감사에서 가장 유의적인 감사사항들입니다. 해당 사항들은 전체재무제표감사의 관점에서 우리의 의견형성시 다루어졌으며, 우리는 이런 사항에 대하여 별도의 의견을 제공하지는 않습니다.

기타사항

ABC주식회사의 20×0년 12월 31일로 종료된 보고기간의 재무제표는 타감사인이 감사하였으며 이 감사인의 20×1년 3월 31일자 감사보고서에는 해당 재무제표에 대하여 적정의견이 표명되었습니다.

재무제표에 대한 경영진과 지배기구의 책임

경영진은 한국채택국제회계기준에 따라 이 재무제표를 작성하고 공정하게 표시할 책임이 있으며, 부정이나 오류로 인한 중요한 왜곡표시가 없는 재무제표를 작성하는 데 필요하다고 결정한 내부통제에 대해서도 책임이 있습니다.

경영진은 재무제표를 작성할 때, 회사의 계속기업으로서의 존속능력을 평가하고 해당되는 경우, 계속기업 관련 사항을 공시할 책임이 있습니다. 그리고 경영진이 기업을 청산하거나 영업을 중단할 의도가 없는 한 또는 그 외에는 다른 현실적인 대안이 없는 한, 회계의 계속기업전제의 사용에 대해서도 책임이 있습니다.

지배기구는 회사의 재무보고절차의 감시에 대한 책임이 있습니다.

재무제표감사에 대한 감사인의 책임

우리의 목적은 재무제표에 전체적으로 부정이나 오류로 인한 중요한 왜곡표시가 없는지에 대하여 합리적인 확신을 얻어 우리의 의견이 포함된 감사보고서를 발행하는 데 있습니다. 합리적인 확신은 높은 수준의 확신을 의미하나 감사기준에 따라 수행된 감사가 항상 중요한 왜곡표시를 발견한다는 것을 보장하지는 않습니다. 왜곡표시는 부정이나 오류로부터 발생할 수 있으며 왜곡표시가 재무제표를 근거로 하는 이용자의 경제적 의사결정에 개별적으로 또는 집합적으로 영향을 미칠 것이 합리적으로 예상되면 그 왜곡표시는 중요하다고 간주됩니다.

[*기타 법규의 요구사항에 대한 보고*]

(감사보고서에서 이 단락의 형태와 내용은 해당 지역의 법규 및 감사기준에 규정된 감사인의 기타의 보고책임에 대한 성격에 따라 달라질 것임)

이 독립된 감사인의 감사보고서의 근거가 된 감사를 실시한 업무수행이사는 공인회계사 ○○○입니다.

[*감사인의 명칭*]
[*감사인의 주소*]
[*감사보고서일*]

제 2 절 감사의견의 변형

Ⅰ. 감사의견의 변형

「감사기준서 705」에서는 적정의견 이외의 변형의견을 한정의견, 부적정의견과 의견거절의 세 가지로 분류한다. 어떤 변형의견에 해당하는지는 다음의 두 가지 기준에 따라 결정된다.

① **변형을 초래한 사항의 성격** 재무제표가 중요하게 왜곡표시되어 있는지 또는 충분하고 적합한 감사증거의 입수여부
② **변형을 초래한 사항의 중요성** 변형을 초래한 사항이 재무제표에 미치는 영향이 전반적인 것인지에 대한 감사인의 판단

1. 감사의견 변형의 결정요인

(1) 변형이 요구되는 상황

감사인은 ① 입수한 감사증거에 근거하여 재무제표 전체에 중요한 왜곡표시가 존재한다고 결론을 내리거나(재무보고체계의 위배), ② 재무제표 전체에 중요한 왜곡표시가 없다는 결론을 내릴 수 있을 정도로 충분하고 적합한 감사증거를 입수할 수 없는 상황(감사범위의 제한)에서 감사의견을 변형시킨다.

1) 중요한 왜곡표시의 존재

재무보고체계 위배에 따라 재무제표에 중요한 왜곡표시가 발생할 수 있는 상황은 다음과 같다.

회계정책의 적합성	회계정책의 적용	공시의 적합성 또는 적절성
• 선택한 회계정책이 해당 재무보고체계와 일관성이 없음 • 재무제표가 재무상태표, 포괄손익계산서, 자본변동표 또는 현금흐름표의 유의적인 항목에 대한 회계정책을 정확하게 기술하고 있지 않음 • 재무제표가 공정한 표시를 달성하는 방식으로 기본적인 거래와 사건들을 나타내거나 공시하고 있지 않음	• 경영진이 선택한 회계정책을 해당 보고체계와 일관되게 적용하지 않음 • 선택한 회계정책의 의도하지 않은 적용 오류	• 해당 재무보고체계에서 요구하는 공시를 재무제표에 모두 포함하지 않음 • 재무제표 공시가 해당 재무보고체계를 준수하여 표시되지 않음 • 재무제표가 공정한 표시를 달성하는 데 필요한 공시를 제공하지 않음

2) 충분하고 적합한 감사증거의 입수 제한

감사인이 중요한 왜곡표시가 없다는 결론을 내리기 위해 충분하고 적합한 감사증거를 입수하지 못하면 감사범위 제한에 해당한다. 감사인이 특정절차를 수행할 수는 없었으나 대체적 절차를 수행했다면 감사범위 제한에 해당하지 않는다.

「감사기준서 705」에서는 감사범위 제한이 성립하는 사유를 다음과 같이 세 가지 유형으로 예시하고 있다.

기업통제를 벗어난 상황	감사인 업무의 성격과 시기에 관련된 상황	경영진에 의한 제한
• 기업의 회계기록이 파기, 훼손됨 • 유의적 부문의 회계기록이 정부 당국에 무기한 압류 또는 압수됨	• 감사인이 지분법의 적합한 적용여부를 평가하는 데 관계기업의 재무정보에 대해 충분하고 적합한 감사증거를 입수할 수 없음 • 감사인이 보고기간초 이후에 선임되어 기초재고자산의 실사에 입회할 수 없음 • 감사인이 실증절차를 수행하는 것만으로는 충분하지 않다고 판단하였으나, 기업의 통제가 효과적이지 않음	• 경영진이 재고자산 실사에 감사인 입회를 거부함 • 경영진이 특정 계정잔액에 대한 감사인의 외부조회 요청을 거부함

(2) 재무제표에 미치는 영향의 중요성

변형이 요구되는 상황이 중요하다(material)고 판단하나 재무제표 전체적인 입장에서 볼 때 예외사항을 제외하면 재무제표가 공정하게 표시하고 있다고 판단하면 "~을 제외하고는"이라는 용어를 사용하여 한정의견을 표명한다. 변형의견 표명사유의 중요성이 전반적인 영향(pervasive effects)을 미쳐 재무제표 자체로서의 존립 의의가 의문시되거나 재무제표에 기초한 대부분의 의사결정이 오도될 가능성이 있다고 판단하면 부적정의견이나 의견거절 감사보고서를 작성한다.

중요성 관점에서 "전반적"이라는 용어는 ① 재무제표의 특정요소, 계정과목이나 항목에 국한하지 않거나, ② 재무제표의 특정요소, 계정과목이나 항목에 국한하지만 재무제표의 상당한 부분을 구성하고 있거나 구성할 가능성이 있을 때 사용한다. 이러한 상황은 이용자의 의사결정에 광범위한 영향을 미치므로 감사인도 감사의견을 결정할 때 특히 중요하게 고려해야 한다.

1) 왜곡표시의 존재

재무제표에 포함된 왜곡표시의 평가를 위한 중요성 판단기준으로 양적 요소와 질적 요소를 동시에 고려한다.

- **양적 요소**: 순이익이나 순자산 등에 미치는 화폐적 금액의 크기를 비율 혹은 절대적 기준으로 측정한다.
- **질적 요소**: 계정의 성격이나 재무제표의 왜곡표시에 대한 민감도 등을 고려하여 측정한다.

2) 감사범위의 제한

감사범위 제한에 따라 생략된 감사절차의 성격을 고려하여 재무제표에 미치는 영향의 중요성을 판단한다. 예를 들어 매출채권의 감사절차 제한은 선급비용의 감사절차 제한보다 계정잔액의 크기나 부정발생위험의 측면에서 재무제표에 중요한 영향을 미친다.

경영진 요구에 따른 부당한 감사범위 제한은 성격상 매우 중요한 사항으로 평가하므로 일반적으로 의견거절을 표명하는 사유이다. 왜냐하면 경영진에 따른 제한은 부정위험에 대한 감사인의 평가 또는 감사의 계속적 수행여부에 대한 의문과 같이 해당 감사 전체와 관련하여 다른 시사점을 의미할 수 있기 때문이다.

2. 변형된 감사의견의 종류

변형된 감사의견은 다음과 같이 한정의견, 부적정의견 및 의견거절로 분류하며, 의견문단의 제목에 변형의견의 종류를 명확히 기재해야 한다.

감사의견의 변형을 초래한 사항의 성격	해당 사항이 재무제표에 미치거나 미칠 수 있는 영향의 전반성에 대한 감사인의 판단	
	중요하지만 전반적이지는 않음	중요하며 동시에 전반적임
재무제표의 왜곡표시	한정의견	부적정의견
감사범위의 제한	한정의견	의견거절

1) 한정의견

감사인은 다음 상황에서 한정의견을 표명한다.

① 감사인이 충분하고 적합한 감사증거를 입수하였으며, 발견된 왜곡표시가 재무제표에 개별적으로 또는 집합적으로 중요하지만 전반적이지는 않다고 결론을 내리는 상황
② 감사인이 감사의견의 근거가 되는 충분하고 적합한 감사증거를 입수할 수 없었으며, 발견되지 않은 왜곡표시가 재무제표에 미칠 수 있는 영향이 중요하지만 전반적이지는 않다고 결론을 내리는 상황

2) 부적정의견

충분하고 적합한 감사증거를 입수하였고 왜곡표시가 재무제표에 개별적으로 또는 집합적으로 중요하며 동시에 전반적이라고 결론을 내릴 때 표명하는 의견이다.

3) 의견거절

감사의견근거가 되는 충분하고 적합한 감사증거를 입수할 수 없으며, 발견되

지 않은 왜곡표시가 재무제표에 미칠 수 있는 영향이 중요하고 동시에 전반적일 수 있다는 결론을 내린다면 의견을 거절해야 한다.

다수의 불확실성이 관련된 극히 드문 상황에서 감사인이 각각의 불확실성에서는 충분하고 적합한 감사증거를 수집하였으나 불확실성이 재무제표에 미칠 수 있는 전반적인 영향 때문에 재무제표에 대한 의견 형성이 불가능하다는 결론을 내리면 의견을 거절해야 한다.

3. 변형된 감사의견의 표명

1) 감사범위의 제한

감사인은 재무제표에 한정의견을 표명하거나 의견을 거절할 필요가 있을 것으로 고려하는 경영진에 의한 감사범위 제한을 알게 되면 경영진에게 이러한 제한조건을 제거해 주도록 요구한다. 경영진이 이를 제거하지 못하면 감사인은 지배기구와 커뮤니케이션하고, 대체적 절차의 수행으로 충분하고 적합한 감사증거의 입수가 가능한지를 결정한다.

감사인이 대체적인 절차를 수행해도 충분하고 적합한 감사증거를 입수할 수 없다면 다음의 조치를 취한다.

- 발견되지 않은 왜곡표시가 재무제표에 미칠 수 있는 영향이 중요하지만 전반적이지는 않음 : 한정의견을 표명한다.
- 발견되지 않은 왜곡표시가 재무제표에 미칠 수 있는 영향이 중요하며 전반적임 : 가능하다면 감사업무를 해지하고, 감사업무 해지가 가능하지 않다면 재무제표에 대한 의견을 거절한다.

2) 부분감사의견의 표명

재무제표 전체에 부적정의견을 표명하거나 의견거절을 표명할 필요가 있다고 판단하면, 일부 단위재무제표 또는 재무제표 중 특정 요소나 계정과목에 대해 동일한 재무보고체계에 따른 적정의견을 표명할 수 없다. 즉 감사의견을 분할하여 재무상태표에는 적정의견을 표명하고 손익계산서에는 한정의견을 표명하는 부분의견(piecemeal opinion)은 인정하지 않는다.

그러나 다음의 상황은 부분의견 금지에 해당하지 않는다.

① 특정 재무보고체계에 따라 작성된 재무제표에 적정의견을 표명하고, 동일 재무제표에 대해 다른 재무보고체계에서는 부적정의견을 표명함
② 초도감사에서 기업의 재무성과와 현금흐름에 대해서는 의견을 거절하고 재무상태에 대하여는 적정의견을 표명함(이 경우 감사인은 재무제표 전체에 대한 의견거절이 아니며, 이러한 의견분리는 「감사기준서 510」에 따른 초도감사에 한정하여 적용)

①은 2개의 재무보고체계에 따라 재무제표가 작성되는 상황이다. 주어진 재무보고체계인 일반기업회계기준에서는 적정의견이나, 다른 재무보고체계인 국제회계기준에서는 재무보고체계를 위배하여 한정의견을 표명하는 것을 예로 들 수 있다. ②는 전기재무제표는 타감사인이 감사한 초도감사로 감사인이 비교재무제표에 의견을 표명하는 상황이다. 예를 들어 기초재고자산에 대한 실사를 수행하지 못하였고 대체적 감사절차도 수행할 수 없었다면 당기 포괄손익계산서, 현금흐름표, 자본변동표는 감사범위 제한의 사유로 한정의견을 표명한다. 기말재고자산에 대한 실사를 수행해 적절하다고 판단하면 재무상태표에 대해서는 적정의견을 표명할 수 있다.

Ⅱ. 변형된 감사보고서의 형태와 내용

감사인이 재무제표에 대한 감사의견 변형을 결정하면, 감사의견 단락과 감사의견근거 단락을 변형시킨다. 감사인은 감사의견의 변형을 예상하면 그러한 변형을 초래한 상황과 변형 문안을 지배기구와 커뮤니케이션한다.

1. 감사의견

감사인은 감사의견을 변형할 때 한정의견, 부적정의견 또는 의견거절이라는 제목을 해당 감사의견 단락의 제목에 적합하게 기재해야 한다.

1) 한정의견

재무제표에 중요한 왜곡표시가 존재하여 한정의견을 표명하면, 감사인은 감사의견에 "감사인의 의견으로는 별첨된 재무제표는 한정의견근거 단락에 기술된 사항이 미치는 영향을 제외하고는"이라는 문구를 포함한다.

감사인이 충분하고 적합한 감사증거를 입수할 수 없어 한정의견으로 감사의견을 변형하면, 감사인은 변형의견에 대하여 "…의 사항이 미칠 수 있는 영향을 제외하고"라는 대응 문구를 사용해야 한다.

2) 부적정의견

부적정의견을 표명하면, 부적정의견근거 단락에 기술한 사항의 유의성 때문에 "감사인의 의견으로는 별첨된 재무제표는 부적정의견근거 단락에 기술된 사항의 유의성으로 인하여, 중요성의 관점에서 한국채택국제회계기준[해당 재무보고체계]에 따라 작성되지 않았습니다"라는 문구를 사용해야 한다.

3) 의견거절

감사인이 충분하고 적합한 감사증거를 입수할 수 없어 의견을 거절하면, 다음 사항을 기술한다.

- 감사인은 별첨된 재무제표에 대한 의견을 표명하지 아니함
- 의견거절근거 단락에 기술한 사항의 유의성 때문에, 감사인은 재무제표에 대한 감사의견의 근거를 제공하기에 충분하고 적합한 감사증거를 입수할 수 없었음
- "감사인이 해당 재무제표를 감사하였음"을 수정하여 "감사인이 재무제표에 대한 감사계약을 체결하였음"으로 기술함

2. 감사의견근거

감사의견을 변형하면 표준감사보고서의 "감사의견근거" 제목을 "한정의견근거", "부적정의견근거" 또는 "의견거절근거"로 수정하고, 의견변형을 발생시키는 사항을 설명한다.

1) 재무제표 특정금액의 중요한 왜곡표시

재무제표의 특정금액(재무제표 주석의 양적 공시 포함)과 관련하여 재무제표의 중요한 왜곡표시가 존재하면, 감사인은 해당 왜곡표시의 재무적 영향의 설명과 계량화한 내용을 감사의견 단락에 기술한다. 재무적 영향을 계량화할 수 없다면, 그러한 사실을 감사의견 단락에 포함해야 한다.

2) 서술적 공시와 관련한 중요한 왜곡표시

감사인은 해당 공시가 어떻게 왜곡표시되었는지에 대한 설명을 감사의견근거 단락에 포함해야 한다.

3) 공시정보의 누락에 따른 중요한 왜곡표시

감사인은 경영진이 공시누락한 사항에 대해 지배기구와 토의하고, 누락된 정보의 성격을 감사의견근거 단락에 기술해야 한다. 감사인은 경영진이 누락한 공시를 포함하는 것이 실행가능하고 누락된 정보에 대하여 충분하고 적합한 감사증거를 입수하면 법규상 금지되지 않는 한 경영진이 누락한 공시를 함께 기술해야 한다.

4) 감사범위의 제한

감사인이 충분하고 적합한 감사증거를 입수할 수 없어 감사의견을 변형하면 감사의견근거 단락에 그 이유를 기술해야 한다.

3. 감사인의 책임에 대한 기술

1) 한정의견이나 부적정의견을 표명

입수한 감사증거가 감사의견의 근거를 제공하는 데 충분하고 적합한지에 관해 기술할 때 표준감사보고서에 기술되는 감사인 책임의 문구를 수정하여 “한정” 또는 “부적정” 문구를 적합하게 포함해야 한다.

2) 의견거절

감사인이 의견거절을 결정하면 ① 감사인 책임이 기술된 감사보고서 단락에 대한 언급과 ② 입수한 감사증거가 감사의견의 근거를 제공하는 데 충분하고 적합한지에 관한 기술 둘 다를 감사보고서에 포함해서는 안 된다.

감사인이 의견거절을 표명하면 감사인 책임에 대한 기술을 수정하여 다음 내용만을 포함해야 한다. 법규에서 요구하지 않는 한, 감사인이 재무제표에 대해 의견을 거절하면 감사보고서에 핵심감사사항 단락을 포함해서는 안 된다.

▶ 의견거절을 표명하는 경우 감사인 책임에 대한 기술

① 감사인의 책임은 감사기준에 따라 기업의 재무제표에 대한 감사를 수행하고 감사보고서를 발행하는 것이라는 설명
② 의견거절근거 단락에 기술된 사항 때문에, 감사인이 재무제표에 대한 감사의견의 근거를 제공하는 데 충분하고 적합한 감사증거를 입수할 수 없었다는 설명
③ 감사인 독립성 및 기타 윤리적 책임에 관한 설명

Ⅲ. 변형된 감사보고서의 사례

「감사기준서 705」의 보론에서는 감사의견이 변형된 경우의 감사보고서 사례를 제시하고 있다.

1. 사례 1 : 재무제표의 중요한 왜곡표시에 따른 한정의견

재무제표의 중요한 왜곡표시에 따른 한정의견을 표명하는 상황이다. 「감사기준서 700」의 표준감사보고서와 비교할 때 다음과 같은 차이가 있다.

단 락	변형내용
감사의견	제목을 '한정의견'으로 변경하고, "이 감사보고서의 한정의견근거 단락에 기술된 사항이 미치는 영향을 제외하고는"의 문구를 추가한다.
감사의견근거	제목을 '한정의견근거'로 변경하고, 해당 왜곡표시의 재무적 영향의 설명과 계량화한 내용을 기술한다. 재무적 영향을 계량화하는 것이 실행가능하지 않다면, 그러한 사실을 기술한다.

2. 사례 2 : 재무제표의 중요한 왜곡표시에 따른 부적정의견

재무제표의 중요한 왜곡표시에 따른 부적정의견을 표명하는 상황이다. 「감사기준서 700」의 표준감사보고서와 비교할 때 다음과 같은 차이가 있다.

단 락	변형내용
감사의견	제목을 '부적정의견'으로 변경하고, "이 감사보고서의 부적정의견 근거 단락에 기술된 사항의 유의성 때문에"라는 문구를 추가하고, "~한국채택국제회계기준에 따라 중요성의 관점에서 공정하게 표시하고 있지 않습니다"라고 기술한다.
감사의견근거	제목을 '부적정의견근거'로 변경하고, 해당 왜곡표시의 재무적 영향의 설명과 계량화한 내용을 기술한다. 재무적 영향을 계량화하는 것이 가능하지 않다면, 그러한 사실을 기술한다.

3. 사례 3 : 감사범위 제한에 따른 한정의견

감사인이 충분하고 적합한 감사증거를 입수하지 못해 한정의견을 표명하는 상황이다. 「감사기준서 700」의 표준감사보고서와 비교할 때 다음과 같은 차이가 있다.

단 락	변형내용
감사의견	제목을 '한정의견'으로 변경하고, "이 감사보고서의 한정의견근거 단락에 기술된 사항이 미치는 영향을 제외하고는"의 문구를 추가한다.
감사의견근거	제목을 '한정의견근거'로 변경하고, 감사범위 제한을 초래한 사항을 기술한다.

4. 사례 4 : 감사범위 제한에 따른 의견거절

감사인이 재무제표의 다수 구성요소에 대해 충분하고 적합한 감사증거를 입수하지 못해 의견을 거절하는 상황이다. 「감사기준서 700」의 표준감사보고서와 비교할 때 다음과 같은 차이가 있다.

단 락	변형내용
감사의견	제목을 '의견거절'로 변경하고, "우리는 별첨된 회사의 재무제표에 대하여 의견을 표명하지 않습니다. 우리는 이 감사보고서의 의견거절근거 단락에 기술된 사항의 유의성 때문에 재무제표에 대한 감사의견의 근거를 제공하는 충분하고 적합한 감사증거를 입수할 수 없었습니다"라고 기술한다.
감사의견근거	제목을 '의견거절 근거'로 변경하고, 감사범위 제한을 초래한 사항을 기술한다.
재무제표감사에 대한 감사인의 책임	감사인 책임에 대한 기술을 아래와 같이 수정하고, 법규에서 요구하지 않는다면 감사보고서에 핵심감사사항 단락을 포함해서는 안된다. "우리의 책임은 회계감사기준에 따라 연결회사의 연결재무제표를 감사하고 감사보고서를 발행하는 데 있습니다. 그러나 우리는 이 감사보고서의 의견거절근거 단락에서 기술된 사항의 유의성 때문에 해당 연결재무제표에 대한 감사의견의 근거를 제공하는 충분하고 적합한 감사증거를 입수할 수 없었습니다. 우리는 재무제표감사와 관련된 대한민국의 윤리적 요구사항에 따라 회사로부터 독립적이며 그러한 요구사항에 따른 기타의 윤리적 책임들을 이행하였습니다."

제 3 절 연결재무제표의 감사보고

「감사기준서 600」 '그룹재무제표 감사'에서는 부문의 재무정보와 그룹재무제표에 대한 감사절차를 규정하고 있다. 연결재무제표의 감사체계와 절차는 개별(별도)재무제표의 감사절차와 동일하므로, 본절에서는 연결의 관점에서 특징적인 내용만 살펴본다.[1]

1) 「감사기준서 600」에서는 두 개 이상 부문의 재무정보를 포함하는 재무제표를 그룹재무제표로 지칭한다. 본서에서는 그룹재무제표와 연결재무제표를 상황에 따라 혼용하여 기술한다.

Ⅰ. 연결재무제표 감사의 의의

국제회계기준을 적용하는 상장회사나 금융회사는 연결재무제표가 주된 재무제표이다. 「상법」에서도 2012년부터 개별재무제표뿐만 아니라 연결재무제표에 대해 이사회 및 주주총회의 승인을 받도록 규정하고 있다. 연결재무제표에 대한 이사회 승인을 의무화한 것은 이사의 책임을 확대하는 의미를 동시에 갖는다. 기업은 종속회사 재무정보의 체계적 관리가 필요하며, 이를 위해 지배회사의 내부통제를 강화해야 한다.

연결재무제표는 지배회사 및 종속회사의 개별(별도)재무제표를 기초로 작성하므로, 연결재무제표 감사도 원칙적으로 지배회사와 종속회사의 개별재무제표 감사를 전제로 한다. 개별재무제표의 감사보고서와 연결재무제표의 감사보고서도 내용이나 양식은 본질적으로 같다.

종속회사의 개별재무제표에 포함된 회계오류는 연결재무제표에 그대로 전이된다. 기업은 연결재무제표에 대한 지배회사의 책임을 고려하여 신뢰성 있는 연결재무제표를 작성하기 위한 체계적인 내부검증시스템과 필요한 전문인력을 갖추어야 한다.

「외부감사법 시행령」에 따라 한국채택국제회계기준을 적용받는 기업의 감사인은 연결재무제표 감사보고서를 정기총회 1주일 전에 기업에 제출하고, 증권선물위원회 및 공인회계사회에 정기총회 종료 후 2주일 이내에 제출해야 한다. 한국채택국제회계기준을 적용하지 않는 기업의 연결재무제표 감사보고서는 사업연도 종료 후 120일(사업보고서 제출대상법인 중 직전사업연도말 현재 자산총액 2조원 이상인 기업은 90일) 이내에 제출하도록 규정하고 있다.

Ⅱ. 그룹감사인의 책임과 감사수임

1. 감사인의 책임

부문감사인은 그룹(연결)감사를 위해 그룹업무팀 요청으로 부문과 관련된 재무정보에 대하여 업무수행하는 감사인이다. 그룹감사인은 부문감사인이 감사한 하나 이상의 재무정보를 포함하는 연결재무제표에 대해 보고책임을 지는 감사인이다.

회계감사기준에서는 그룹감사인이 그룹감사에 전적인 책임을 지게 하여 부문감사인과의 책임분할을 허용하지 않으므로 감사보고서에 부문감사인의 업무를 별도로 언급해서는 안 된다.

2. 감사수임시 부문감사인의 고려

그룹업무수행이사는 그룹감사의견의 근거가 되는 연결절차 및 부문재무정보에 대한 충분하고 적합한 감사증거를 입수할 수 있는지를 결정해야 한다. 그룹감사업무팀은 유의적인 부문을 식별하는 데 충분하도록 해당 그룹과 부문 및 그 환경을 이해해야 한다.

부문감사인을 활용하는 감사업무를 수행할 예정이라면 그룹감사인이 부문감사인의 업무에 관여할 수 있는 정도를 평가해야 한다. 충분하고 적합한 감사증거의 입수가 가능하지 않아 의견거절을 예상한다면 수임을 거절하고, 계속감사라 하더라도 관련 법규상 불가능하지 않다면 업무를 해지해야 한다.

Ⅲ. 연결재무제표의 감사절차

1. 감사계획의 수립

1) 그룹 및 부문과 그 환경에 대한 이해

그룹감사업무팀은 그룹 및 그 환경을 이해함으로써 중요왜곡표시위험을 식별하고 평가한다. 이를 위해 업무수용 또는 유지단계에서 입수한 그룹 · 부문과 그 환경(그룹차원의 통제 포함)에 대한 이해를 강화하고, 그룹경영진이 부문에 내린 지침서한 등의 연결절차를 이해한다. 그룹경영진의 지침서한에는 부문에 적용될 회계정책, 보고일정 등과 같이 그룹재무제표에 포함될 부문 재무정보의 요구사항을 명시하고 있으며, 재무보고절차 매뉴얼과 보고패키지가 포함되기도 한다.

2) 부문감사인에 대한 이해

그룹감사업무팀이 부문감사인에게 부문재무정보에 대한 업무수행을 요청하기로 계획한다면, 그룹감사업무팀은 다음 사항을 이해해야 한다.

- 부문감사인이 그룹감사와 관련된 윤리적 요구사항을 이해하고 있으며 이를 준수할 것인지 여부
- 부문감사인이 감사에 적용하는 감사기준과 해당 산업의 전문지식을 보유하고 있고 해당 재무보고체계를 이해하는지 여부
- 그룹감사업무팀이 충분하고 적합한 감사증거를 입수하는 데 필요한 만큼 부문감사인의 업무에 관여할 수 있는지 여부
- 감사인을 적극적으로 감독하는 규제환경하에서 부문감사인이 업무를 수행하는지 여부

3) 그룹 및 부문별 중요성의 결정

• 그룹 전체 중요성 > 부문중요성의 합계

그룹감사업무팀은 전반그룹감사전략을 수립할 때 그룹재무제표 전체의 중요성과 특정유형의 거래, 계정잔액 또는 공시에 적용할 중요성 수준을 결정한다.

부문감사인을 활용한다면 부문중요성도 설정해야 하는데, 부문별로 설정한 부문중요성(수행중요성) 합계는 그룹재무제표 전체의 중요성보다는 낮아야 한다. 그룹재무제표의 미수정왜곡표시와 미발견왜곡표시의 합계가 그룹재무제표 전체의 중요성을 초과할 확률을 적절하게 낮은 수준으로 통제해야 하기 때문이다.

4) 평가된 위험에 대한 대응

감사인은 재무제표의 중요왜곡표시위험 평가결과에 대처하기 위한 대응절차를 설계해야 한다. 이를 위해 그룹감사업무팀은 그룹감사업무팀 또는 그룹감사업무팀을 대신하는 부문감사인이 부문재무정보에 대해 수행할 업무유형을 결정해야 한다. 또한 그룹감사업무팀은 부문감사인의 업무에 대한 관여의 성격, 시기 및 범위를 결정해야 한다.

연결절차에 대해 수행할 업무의 성격, 시기 및 범위는 그룹차원의 통제가 효과적으로 운영되고 있다는 기대를 근거로 하지만, 실증절차만으로는 충분하고 적합한 감사증거를 입수할 수 없다고 판단할 수 있다. 이러한 상황에서는 그룹감사업무팀이 그룹차원 통제의 운용효과성을 테스트하거나 부문감

사인에게 테스트하도록 요청해야 한다. 이와 같이 그룹차원의 통제테스트를 수행해 평가한 중요왜곡표시위험에 대응하여 연결절차의 추가감사절차를 설계하고 수행해야 한다.

5) 수행할 업무유형의 결정

그룹 관점에서 재무적 유의성이 있는 개별부문이라면 그룹감사업무팀 또는 해당 부문감사인은 재무정보의 부문중요성을 적용하여 감사한다. 즉 부문의 특정 성격이나 환경으로 그룹재무제표에 유의적인 왜곡표시위험이 포함되어 있다면 이에 대한 감사절차(예를 들어 거래유형과 계정잔액 및 공시에 대한 세부테스트)를 수행해야 한다. 유의적이지 않은 부문은 그룹수준의 분석적절차만 수행할 수 있다.

그룹재무제표 벤치마크(예를 들어 그룹세전순이익, 그룹영업이익 등)를 초과하는 부문은 재무적으로 유의한 부문으로 식별한다. 유의한 부문으로 정의하면, 부문재무제표 전체를 대상으로 그룹감사업무팀 또는 부문감사인은 감사를 수행해야 한다. 재무적으로 유의한 부문에 해당하지 않더라도 수행중요성을 초과하는 계정이라면 감사를 수행해야 한다. 수행중요성에 미달하는 계정은 그룹수준의 분석적절차를 수행하여 감사절차를 종결한다.

그룹감사업무팀이 수행할 업무를 정리하면 [도표 16-1]과 같다.

도표 16-1
그룹재무제표에 대한 감사절차의 수행

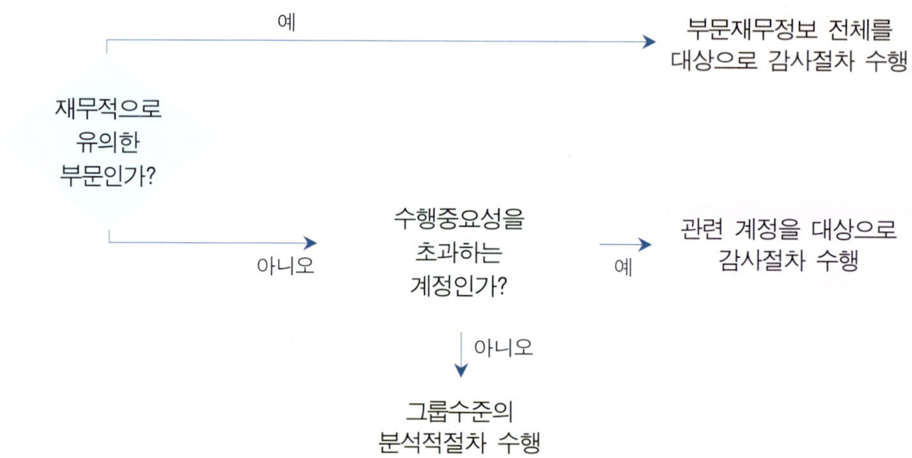

사례 수행할 업무유형의 결정

1. 내부감사매뉴얼

그룹재무제표 벤치마크(그룹세전순이익) 기준으로 20%를 초과하는 부문은 재무적 유의성을 가지므로 재무적으로 유의한 부문으로 식별한다.

2. 부문재무정보

다음은 종속회사인 A사, B사, C사 및 그룹재무제표의 주요 재무정보이다.

(단위 : 억원)

구 분		부문정보			그룹재무제표
		A사	B사	C사	
재무상태표	매출채권	510	80	10	600
	재고자산	300	50	30	380
	유형자산	1,000	200	60	1,260
	매입채무	300	65	25	390
	차 입 금	500	55	35	590
손익계산서	매 출	9,000	940	60	10,000
	매출원가	7,000	700	40	7,740
	판매관리비	1,200	55	5	1,260
	세전순이익	800	185	15	1,000

3. 중요성

그룹재무제표 수준의 중요성은 100억원(세전순이익의 10%)이며, 수행중요성은 70억원으로 설정하였다.

(1) A사

A사의 세전순이익이 그룹세전순이익의 80%에 해당하므로 그룹에 대하여 개별적으로 재무적 유의성을 갖는다. 유의적 부문으로 식별하고 부문감사인에게 A사 재무제표의 감사를 요청한다.

(2) B사

B사의 세전순이익이 그룹세전순이익의 18.5%에 해당하므로 재무적으로 유의하지 않으나 수행중요성인 70억원을 초과하는 계정을 대상으로 감사절차를 수행해야 한다. 부문감사인에게 매출채권, 유형자산, 매출 및 매출원가에 대한 감사를 요청해야 한다.

(3) C사

C사의 세전순이익이 그룹세전순이익의 1.5%에 해당하므로 재무적으로 유의하지 않다. 수행중요성을 초과하는 계정도 없으므로 부문감사인에게 별도 감사절차의 수행을 요청하지 않고, 그룹수준의 분석적절차만을 수행한다.

2. 추가감사절차의 수행

그룹감사업무팀은 다음의 감사절차를 수행한다.

1) 연결절차의 감사

그룹감사업무팀은 연결절차에서 발생하는 중요왜곡표시위험에 대응하기 위해 연결절차에 대한 추가감사절차를 설계하고 수행한다. 그룹감사업무팀은 연결조정과 재분류의 적합성, 완전성 및 정확성을 평가하며, 부정위험요소나 경영진의 편의 징후가 존재하는지 평가한다.

어떤 부문재무정보가 연결재무제표의 회계정책에 따라 작성되지 않았다면, 그룹감사업무팀은 해당 부문재무정보가 연결재무제표의 작성목적을 위해 적절하게 수정되었는지 평가한다. 그룹감사업무팀은 부문감사인과의 커뮤니케이션을 수행해 식별한 재무정보가 연결재무제표에 적절하게 포함되었는지 검토한다. 그룹과 회계기간이 다른 부문의 재무제표가 있다면, 재무제표가 해당 재무보고체계에 따라 적합하게 조정되었는지 평가한다.

2) 후속사건의 감사

그룹감사업무팀이나 부문감사인은 부문의 재무정보기준일과 연결재무제표의 감사보고서일 사이에 발생하였으며, 연결재무제표의 수정이나 공시가 요구될 수 있는 부문사건의 검토절차를 수행한다. 그룹감사업무팀은 연결재무제표에 수정이나 공시를 요하는 후속사건을 부문감사인이 알게 되면 이를 그룹감사업무팀에 통지하도록 요청한다.

3) 부문감사인과의 커뮤니케이션

그룹감사업무팀의 요구사항은 부문감사인에게 적시에 커뮤니케이션되어야 한다. 그룹감사업무팀은 이러한 커뮤니케이션을 통해 부문감사인이 수행할 업무, 업무의 활용, 그리고 상호 커뮤니케이션할 사항의 형태와 내용을 전달한다. 그룹감사업무팀의 커뮤니케이션에는 다음의 사항을 포함한다.

- 부문감사인이 감사인에게 협조할 것을 확인해 주도록 하는 요청
- 그룹감사와 관련된 윤리적 요구사항, 특히 독립성 요구사항
- 부문중요성 및 왜곡표시허용한도 기준

- 부문감사인이 수행한 업무와 관련하여, 부정이나 오류로 연결재무제표에서 유의적인 왜곡표시위험으로 식별한 사항
- 그룹경영진이 작성한 특수관계자 목록 및 그룹감사업무팀이 알고 있는 기타의 특수관계자

4) 감사증거의 평가

그룹감사업무팀은 연결절차에 대해 수행한 감사절차, 그룹감사업무팀과 부문감사인이 부문 재무정보에 대해 수행한 업무를 검토하여 연결감사의견의 근거가 되는 충분하고 적합한 감사증거를 입수했는지 평가한다. 그룹업무수행이사는 그룹감사업무팀이 식별했거나 부문감사인과 커뮤니케이션한 미수정 왜곡표시, 충분하고 적합한 감사증거를 입수할 수 없었던 각 상황이 연결감사의견에 미치는 영향을 평가한다.

5) 문서화

그룹감사업무팀은 다음 사항을 감사조서에 포함한다.

- 유의적 부문을 파악하기 위한 부문 분석 및 부문재무정보에 대해 수행한 업무의 유형
- 부문감사인이 수행한 유의적 부문감사업무에 대해 그룹감사업무팀이 관여한 업무의 성격, 시기 및 범위
- 그룹감사업무팀의 요구사항에 대해 그룹감사업무팀과 부문감사인 간에 이루어진 서면 커뮤니케이션

3. 연결재무제표의 감사보고

연결감사절차를 실시한 결과를 토대로 연결감사의견을 표명한다. 연결재무제표에 대한 감사인의 보고서는 개별재무제표에 대한 일반감사보고서의 체제와 내용이 완전히 동일하다.

다음에 예시한 표준연결감사보고서는 적정의견이 표명된 보고서이다. 계속기업으로서의 존속능력에 유의적 의문을 초래할 수 있는 중요한 불확실성은 존재하지 않고, 핵심감사사항을 커뮤니케이션하지 않기로 결정한 상황이다.

▶ 독립된 감사인의 연결감사보고서 (적정의견)

독립된 감사인의 감사보고서

ABC주식회사
주주 및 이사회 귀중

감사의견

우리는 ABC주식회사와 그 종속기업들(이하 "연결회사")의 연결재무제표를 감사하였습니다. 동 연결재무제표는 20×1년 12월 31일 현재의 연결재무상태표, 동일로 종료되는 보고기간의 연결손익계산서(또는 연결포괄손익계산서), 연결자본변동표 및 연결현금흐름표 그리고 유의적인 회계정책의 요약을 포함한 연결재무제표의 주석으로 구성되어 있습니다.

우리의 의견으로는 별첨된 연결재무제표는 연결회사의 20×1년 12월 31일 현재의 연결재무상태와 동일로 종료되는 보고기간의 재무성과 및 현금흐름을 한국채택국제회계기준에 따라 중요성의 관점에서 공정하게 표시하고 있습니다.

감사의견근거

우리는 대한민국의 감사기준에 따라 감사를 수행하였습니다. 이 기준에 따른 우리의 책임은 이 감사보고서의 연결재무제표 감사에 대한 감사인의 책임 단락에 기술되어 있습니다. 우리는 연결재무제표 감사와 관련된 대한민국의 윤리적 요구사항에 따라 연결회사로부터 독립적이며, 그러한 요구사항에 따른 기타의 윤리적 책임을 이행하였습니다. 우리가 입수한 감사증거가 감사의견을 위한 근거로서 충분하고 적합하다고 우리는 믿습니다.

연결재무제표에 대한 경영진과 지배기구의 책임

경영진은 한국채택국제회계기준에 따라 이 연결재무제표를 작성하고 공정하게 표시할 책임이 있으며, 부정이나 오류로 인한 중요한 왜곡표시가 없는 연결재무제표를 작성하는 데 필요하다고 결정한 내부통제에 대해서도 책임이 있습니다.

경영진은 재무제표를 작성할 때, 연결회사의 계속기업으로서의 존속능력을 평가하고 해당되는 경우 계속기업 관련 사항을 공시할 책임이 있습니다. 그리고 경영진이 기업을 청산하거나 영업을 중단할 의도가 없는 한 회계의 계속기업전제의 사용에 대해서도 책임이 있습니다.

지배기구는 연결회사의 재무보고절차의 감시에 대한 책임이 있습니다.

연결재무제표 감사에 대한 감사인의 책임

우리의 목적은 연결회사의 연결재무제표에 전체적으로 부정이나 오류로 인한 중요한 왜곡표시가 없는지에 대하여 합리적인 확신을 얻어 우리의 의견이 포함된 감사보고서를 발행하는 데 있습니다. 합리적인 확신은 높은 수준의 확신을 의미하나, 감사기준에 따라 수행된 감사가 항상 중요한 왜곡표시를 발견한다는 것을 보장하지는 않습니다. 왜곡표시는 부정이나 오류로부터 발생할 수 있으며, 왜곡표시가 연결재무제표를 근거로 하는 이용자의 경제적 의사결정에 개별적으로 또는 집합적으로 영향을 미칠 것이 합리적으로 예상되면, 그 왜곡표시는 중요하다고 간주됩니다.

이 독립된 감사인의 감사보고서의 근거가 된 감사를 실시한 업무수행이사는 공인회계사 ○○○입니다.

[*해당 국가에 따라 회계법인의 명칭이나 감사인 개인이름, 또는 두 가지 모두를 기재*]
[*감사인의 주소*]
[*감사보고서일*]

제 4 절 비교재무제표의 감사보고

「감사기준서(1001호)」에서는 기간별 비교가능성을 높이기 위해 당기재무제표에 보고되는 모든 금액에 대해 전기비교정보를 공시하며, 당기재무제표를 이해하는 데 목적적합하다면 서술형 정보도 비교정보에 포함하도록 규정하고 있다.

Ⅰ. 비교정보의 성격

비교정보는 해당 재무보고체계에 따라 하나 이상의 이전 보고기간과 관련하여 재무제표에 포함된 금액과 공시내용을 말한다. 비교정보는 여러 회계기간에 걸친 기업의 재무적 추세와 변화를 인식하는 데 유용한 재무정보를 제공한다. 이러한 비교정보에 대한 감사인의 보고책임은 대응수치 접근법과 비교재무제표 접근법에 따라 서로 다르다.

대응수치 접근법에서 전기재무정보를 독립적인 재무제표로 인정하지 않기 때문에 당기감사의견만을 언급하나, 비교재무제표 접근법에서는 각각의 기간에 대한 재무제표를 독립적으로 취급하여 개별 감사의견을 언급한다. 회계감사기준에서는 원칙적으로 두 가지 모두 인정하고 있으나, 「외부감사법」에서는 비교재무제표 접근법을 전제하고 있다.[2]

1. 대응수치 접근법

대응수치('당기대응 전기수치'라고도 함) 접근법에서는 전기 금액과 기타 공시내용이 당기재무제표 체계 내에서 분리할 수 없는 일부분으로 취급된다. 비교정보는 당기와 관련된 금액 및 기타 공시(이하 "당기수치"라고 함)를 이해하기 위한 목적으로 제공된다. 대응수치에 기재된 전기수치는 당기재무제표의 일부로 취급되기 때문에 그 자체로서 완전한 전기재무제표를 대신하지는 않는다.

대응수치 접근법에서 당기감사인은 비교정보로 포함된 전기정보를 당기의 감사의견 결정과정에 포함시켜야 한다.

2. 비교재무제표 접근법

비교재무제표 접근법에서는 전기재무제표를 독립적으로 취급하되 당기 정보와 비교할 목적으로 당기재무제표와 함께 나란히 표시한다.

비교표시된 전기재무제표는 당기재무제표의 일부를 구성하지 않으므로, 당기감사인은 전기재무제표의 감사의견에 대해 기본적으로 별도 책임을 부담하지 않는다.

Ⅱ. 비교정보의 감사절차

계속감사에서는 전기재무제표와 동일감사인이 당기감사를 수행하므로 기초잔액에 중요왜곡표시가 있다는 사실(예를 들어 후속사건에 의해)을 알게 된 때만 추가적인 감사절차를 수행한다.

2) 「외부감사법」에서는 비교재무제표 방식만 인정하고 있으므로, 본서에서도 비교재무제표 접근법을 중심으로 설명한다.

초도감사는 전기재무제표가 감사받지 않았거나 다른 감사인이 감사를 수행했으므로 기초잔액에 대한 추가적 감사절차를 수행해야 한다.

1. 계속감사

감사인은 해당 재무보고체계에서 요구하는 비교정보가 재무제표에 포함되어 있는지, 그러한 정보가 적절하게 분류되었는지 결정해야 한다. 「감사기준서 710」에서는 비교정보와 관련하여 다음과 같은 감사절차를 규정하고 있다.

▶ 비교정보에 대한 감사절차

① 전기 금액 및 공시의 확인 : 전기 금액과 공시사항이 전기재무제표에 표시된 내용과 일치하는지 확인하며, 당기에 재작성되었는지 검토한다.
② 회계정책의 변경여부 확인 : 전기 회계정책이 당기와 일관성이 있는지, 회계정책의 변경이 있었다면 그러한 변경이 바르게 회계처리되고 적절하게 공시되었는지 확인한다.
③ 비교정보에 대한 왜곡표시 가능성을 알게 된 경우 : 이때는 중요한 왜곡표시가 존재하는지를 결정하기 위한 추가적인 감사절차를 수행한다. 감사인이 전기재무제표를 감사하였다면 「감사기준서 560(후속사건)」의 관련 요구사항도 준수해야 한다. 전기재무제표가 수정되었다면 감사인은 비교정보가 수정된 재무제표와 일치하는지 결정한다.
④ 서면진술의 요구 : 감사인은 감사의견에서 언급된 모든 기간을 대상으로 서면진술을 요구한다. 감사인은 비교정보에 영향을 미치는 전기재무제표의 중요한 왜곡표시를 수정하기 위해 재무제표가 재작성되었는지에 대해 개별적인 서면진술을 입수해야 한다.

2. 초도감사

초도감사를 수행하는 감사인은 「감사기준서 510」에서 규정하는 기초잔액에 대한 감사절차를 실시해야 한다. 전기감사의견에 변형이 있었다면 감사인은 당기재무제표의 중요왜곡표시위험을 평가할 때 전기에 변형을 초래한 사항이 미치는 영향을 평가한다.

Ⅲ. 비교재무제표의 감사보고

비교재무제표에 표시되는 전기재무제표와 관련하여 세 가지 상황이 발생할 수 있다. 계속감사하는 상황, 전임감사인이 전기재무제표를 감사한 상황, 전기재무제표가 감사를 받지 않은 상황이다.

1. 동일감사인이 계속감사하는 상황

감사의견은 표명대상이 되는 재무제표의 각 보고기간(당기재무제표와 전기재무제표 모두)을 별개로 언급해야 한다. 감사인은 하나 이상 기간의 재무제표에는 한정의견 또는 부적정의견을 표명하거나 의견을 거절하면서(또는 강조사항문단을 포함시키면서), 다른 기간의 재무제표에는 서로 다른 의견을 표명할 수 있다. 예를 들어 20×1년의 감사의견은 한정의견이었으나 20×2년의 감사의견이 적정의견이라면, 비교재무제표에 첨부되는 감사보고서에는 20×1년과 20×2년의 감사의견을 각각 한정의견과 적정의견으로 달리 표명할 수 있다.

감사인이 당기감사를 수행하는 과정에서 전기재무제표에 중요하게 영향을 미치는 상황이나 사건을 알게 된다면 전기재무제표의 의견은 이전에 표명한 의견과 다를 수 있다. 전기재무제표의 감사의견이 동일감사인이 이전에 표명한 의견과 다르면 기타사항문단에 의견을 변경한 이유를 기술한다.

2. 전임감사인이 감사한 상황

1) 전기재무제표에 대한 감사보고서 재발행이 필요하지 않은 경우

전기재무제표에 대한 전임감사인의 감사보고서를 해당 재무제표와 함께 재발행하지 않는 한, 감사인은 당기재무제표에 대한 의견표명에 추가하여 다음의 전기재무제표 감사사항을 기타사항문단에 기재한다.

▶ 전기재무제표가 전임 감사인에 의해 감사된 경우 기타사항문단 기재사항

- 전기재무제표는 전임감사인이 감사하였음
- 전임감사인이 표명한 의견의 유형과 해당 의견이 변형되었다면 그 이유
- 전임감사인의 감사보고서일

기타사항으로 기재하는 예는 다음과 같다.

ABC주식회사의 20×0년 12월 31일로 종료되는 보고기간의 재무제표는 타감사인이 감사하였으며, 이 감사인의 20×1년 3월 31일자 감사보고서에는 적정의견이 표명되었습니다.

2) 전기재무제표에 대한 감사보고서 재발행이 필요한 경우

전임감사인이 적정의견을 표명한 전기재무제표에 대해 당기감사인이 중요한 왜곡표시가 존재한다고 결론을 내리면, 적합한 수준의 경영진 및 지배기구와 해당 왜곡표시에 대해 커뮤니케이션한다. 경영진에게 요청해 전임감사인이 이러한 사실을 통보받을 수 있도록 한다.

전임감사인이 전기재무제표에 대한 감사보고서를 재발행하는지에 따라 당기감사인의 감사보고는 다음과 같이 달라진다.

전기감사보고서를 재발행함	전기감사보고서를 재발행하지 않음
전기재무제표가 수정되고 수정된 전기재무제표에 대해 전임감사인이 새로운 감사보고서의 발행에 동의한다면, 감사인은 당기에 대해서만 보고	기타사항문단에 전임감사인이 수정전 전기재무제표를 기준으로 감사의견을 표명했다는 사실을 기재

3. 전기재무제표가 감사받지 않은 상황

전기재무제표가 감사받지 않았다면 감사인은 기타사항문단에 전기재무제표는 감사받지 않은 것이라는 사실을 기술한다. 이러한 기타사항을 기재해도 감사인은 당기재무제표에 중요한 영향을 미치는 왜곡표시가 기초잔액에 포함되지 않았다는 점에 대해 충분하고 적합한 감사증거를 입수해야 한다.

감사인은 기초잔액과 관련하여 충분하고 적합한 감사증거를 입수할 수 없다면, 한정의견을 표명하거나 재무제표에 대한 의견을 거절한다. 감사인은 당기재무제표에 중요한 영향을 미치는 왜곡표시가 기초잔액에 포함되지 않았다는 점에 대하여 충분하고 적합한 감사증거를 입수하는 데 유의적인 어려움에 직면할 수 있다. 감사인은 이러한 상황을 핵심감사사항으로 결정할 수 있다.

제 5 절 내부회계관리제도의 감사보고

내부회계관리제도 감사보고서는 재무제표 감사보고서와 별도로 작성되지만, 보고서 형식은 본장 제1절에서 살펴본 표준감사보고서의 형식과 거의 유사하다.

Ⅰ. 내부회계관리제도감사의 목적

내부회계관리제도는 기업의 재무제표가 해당 재무보고체계에 따라 신뢰성 있게 작성되었는지에 대한 합리적 확신을 제공하기 위해 지배기구와 경영진 등이 설계하고 시행하는 프로세스를 말한다. 내부회계관리제도에 대한 경영진 평가란 기업의 내부회계관리제도의 효과성에 대해 적합하고 이용가능한 준거기준에 기초하여 경영진이 내린 결론을 말한다. 경영진 평가는 내부회계관리제도 운영실태보고서에 포함된다.

감사인은 내부회계관리제도의 설계 및 운영의 효과성에 관한 경영진 평가에 대하여 중요한 취약점이 존재하는지에 관한 합리적인 확신을 얻고, 이에 대한 의견을 내부회계관리제도 감사보고서에 표명하기 위한 목적으로 내부회계관리제도감사를 실시한다. 내부회계관리제도의 중요한 취약점은 재무제표가 중요하게 왜곡표시되지 않은 상황에서도 존재할 수 있다.

Ⅱ. 감사보고서 양식

1. 내부회계관리제도에 대한 감사보고

내부회계관리제도 감사보고서는 재무제표 감사보고서와 별도로 작성되어야 한다. 감사인이 내부회계관리제도에 대해 부적정의견을 표명하면, 이러한 의견이 재무제표에 미치는 영향을 결정해야 하고 재무제표에 대한 감사의견에 영향을 미쳤는지 공시해야 한다.

2. 표준감사보고서의 형식

다음은 감사기준서에 기술된 감사보고서 구성요소에 대한 사례로, 감사인이 내부회계관리제도에 대해 적정의견을 표명하는 상황이다.

▶ 독립된 감사인의 내부회계관리제도 표준감사보고서 (적정의견)

독립된 감사인의 내부회계관리제도 감사보고서

ABC주식회사
주주 및 이사회 귀중

내부회계관리제도에 대한 감사의견

우리는 20×0년 12월 31일 현재「내부회계관리제도 설계 및 운영 개념체계」에 근거한 ABC주식회사(이하 "회사")의 내부회계관리제도를 감사하였습니다.

우리의 의견으로는 회사의 내부회계관리제도는 20×0년 12월 31일 현재「내부회계관리제도 설계 및 운영 개념체계」에 따라 중요성의 관점에서 효과적으로 설계 및 운영되고 있습니다.

우리는 또한 대한민국의 회계감사기준에 따라, 회사의 20×0년 12월 31일 현재의 재무상태표, 동일로 종료되는 보고기간의 손익계산서(또는 포괄손익계산서), 자본변동표 및 현금흐름표 그리고 유의적 회계정책의 요약을 포함한 재무제표의 주석을 감사하였으며, 20×1년 2월 17일자 감사보고서에서 적정의견을 표명하였습니다.

내부회계관리제도 감사의견근거

우리는 대한민국의 회계감사기준에 따라 감사를 수행하였습니다. 이 기준에 따른 우리의 책임은 이 감사보고서의 내부회계관리제도감사에 대한 감사인의 책임 단락에 기술되어 있습니다. 우리는 내부회계관리제도감사와 관련된 대한민국의 윤리적 요구사항에 따라 회사로부터 독립적이며, 그러한 요구사항에 따른 기타 윤리적 책임들을 이행하였습니다. 우리가 입수한 감사증거가 감사의견을 위한 근거로서 충분하고 적합하다고 우리는 믿습니다.

내부회계관리제도에 대한 경영진과 지배기구의 책임

경영진은 효과적인 내부회계관리제도를 설계, 실행 및 유지할 책임이 있으며, 내부회계관리제도 운영실태보고서에 포함된 내부회계관리제도의 효과성에 대한 평가에 책임이 있습니다.

지배기구는 회사의 내부회계관리제도의 감시에 대한 책임이 있습니다.

내부회계관리제도감사에 대한 감사인의 책임

우리의 책임은 우리의 감사에 근거하여 회사의 내부회계관리제도에 대한 의견을 표명하는 데 있습니다. 우리는 대한민국의 회계감사기준에 따라 감사를 수행하였습니다. 이 기준은 우리가 중요성의 관점에서 내부회계관리제도가 효과적으로 유지되는지에 대한 합리적 확신을 얻도록 감사를 계획하고 수행할 것을 요구하고 있습니다.

내부회계관리제도감사는 중요한 취약점이 존재하는지에 대한 감사증거를 입수하기 위한 절차의 수행을 포함합니다. 절차의 선택은 중요한 취약점이 존재하는지에 대한 위험평가를 포함하여 감사인의 판단에 따라 달라집니다. 감사는 내부회계관리제도에 대한 이해의 획득과 평가된 위험에 근거한 내부회계관리제도의 설계 및 운영에 대한 테스트 및 평가를 포함합니다.

내부회계관리제도의 정의와 고유한계

회사의 내부회계관리제도는 지배기구와 경영진, 그 밖의 다른 직원에 의해 시행되며, 한국채택국제회계기준에 따라 신뢰성 있는 재무제표의 작성에 합리적인 확신을 제공하기 위하여 고안된 프로세스입니다. 회사의 내부회계관리제도는 (1) 회사자산의 거래와 처분을 합리적인 수준으로 정확하고 공정하게 반영하는 기록을 유지하고 (2) 한국채택국제회계기준에 따라 재무제표가 작성되도록 거래가 기록되고, 회사의 경영진과 이사회의 승인에 의해서만 회사의 수입과 지출이 이루어진다는 합리적인 확신을 제공하며 (3) 재무제표에 중요한 영향을 미칠 수 있는 회사자산의 부적절한 취득, 사용 및 처분을 적시에 예방하고 발견하는 데 합리적인 확신을 제공하는 정책과 절차를 포함합니다.

내부회계관리제도는 내부회계관리제도의 본질적인 한계로 인하여 재무제표에 대한 중요한 왜곡표시를 발견하거나 예방하지 못할 수 있습니다. 또한, 효과성 평가에 대한 미래기간의 내용을 추정시에는 상황의 변화 혹은 절차나 정책이 준수되지 않음으로써 내부회계관리제도가 부적절하게 되어 미래기간에 대한 평가 및 추정내용이 달라질 위험에 처할 수 있습니다.

이 독립된 감사인의 내부회계관리제도 감사보고서의 근거가 된 감사를 실시한 업무수행이사는 공인회계사 ○○○입니다.

[회계법인의 명칭]
[감사인의 주소]
[감사보고서일]

1) 감사의견

감사보고서의 첫 번째 단락의 제목은 "내부회계관리제도에 대한 의견"으로 기재하고, 통제 준거기준인 「내부회계관리제도 설계 및 운영 개념체계」에 근거하여 평가기준일 현재 중요성 관점에서 기업이 효과적인 내부회계관리제도를 유지하였는지에 대한 감사의견을 기술한다.

감사인이 적정의견을 표명하면 감사보고서의 감사의견 단락에 "~중요성의 관점에서 효과적으로 설계 및 운영되고 있습니다"라고 기술한다.

2) 감사의견근거

감사보고서의 두 번째 단락의 제목은 "내부회계관리제도 감사의견근거"라고 기재하고, 다음 요소를 기술해야 한다.

- 내부회계관리제도감사가 회계감사기준에 따라 수행되었다는 기술
- 감사기준에 따른 감사인의 책임을 기술하는 감사보고서의 단락 언급
- 감사인은 감사와 관련된 윤리적 요구사항에 따라 기업으로부터 독립적이며 그러한 요구사항에 따른 윤리적 책임을 이해하였다는 사실
- 입수한 감사증거가 감사의견의 근거를 제공하기에 충분하고 적합하다고 감사인이 믿는지에 대한 기술

3) 내부회계관리제도에 대한 경영진과 지배기구의 책임

감사보고서의 세 번째 단락의 제목은 "내부회계관리제도에 대한 경영진과 지배기구의 책임"이라고 기재하고, 다음 사항에 대한 경영진과 지배기구의 책임을 기술해야 한다.

- 내부회계관리제도 운영실태보고서에 대한 언급

- 효과적인 내부회계관리제도를 유지하고 내부회계관리제도의 효과성을 평가할 책임이 경영진에게 있다는 진술
- 내부회계관리제도를 감시할 책임이 지배기구에 있다는 진술

4) 내부회계관리제도감사에 대한 감사인의 책임

이 단락에는 다음과 같이 감사인의 책임을 기술한다.

- 감사인의 책임은 감사에 근거하여 기업의 내부회계관리제도에 대한 의견을 표명하는 것이라는 진술
- 회계감사기준은 감사인이 중요성의 관점에서 효과적인 내부회계관리제도가 유지되었는지에 대한 합리적 확인을 얻기 위해 감사를 계획하고 수행할 것을 요구한다는 진술
- 내부회계관리제도감사가 내부회계관리제도에 대한 이해의 획득, 중요한 취약점이 존재할 위험의 평가, 평가된 위험에 근거한 내부통제의 설계 및 운영의 효과성에 대한 테스트 및 평가, 그리고 감사인이 상황에 따라 필요하다고 판단한 기타 절차의 수행을 포함하였다는 진술

5) 내부회계관리제도의 정의와 고유한계

이 단락에는 다음과 같이 내부회계관리제도의 정의와 고유한계를 기술한다.

- 내부회계관리제도의 정의
- 고유한계로 인하여 내부회계관리제도가 왜곡표시를 예방하거나 발견 · 수정하지 못할 수 있고, 효과성의 평가를 미래기간에 투영하는 것은 상황의 변화로 인하여 통제가 부적합하게 될 위험이 있으며, 또는 정책이나 절차의 준수 정도가 저하될 위험이 있을 수 있다는 설명

6) 감사보고서일

감사인이 재무제표를 감사하지 않고 내부회계관리제도만을 감사할 수 없으므로, 감사인은 내부회계관리제도감사와 재무제표감사를 통합해 진행한다. 내부회계관리제도 감사보고서일은 재무제표 감사보고서일과 동일해야 한다.

3. 감사보고서의 변형

감사인은 다음 상황이 존재하면 내부회계관리제도 표준감사보고서를 변형해야 한다.

- 하나 이상의 중요한 취약점이 존재함
- 내부회계관리제도 운영실태보고서의 구성요소가 불완전하거나 부적절하게 표시되어 있음
- 감사업무의 범위에 제한이 존재함
- 내부회계관리제도 운영실태보고서에 추가정보가 포함되어 있음

1) 부적정의견

감사인이 업무범위에 대한 제한이 없이 감사를 수행해 하나 이상의 중요한 취약점이 존재한다고 판단하면 내부회계관리제도에 대해 부적정의견을 표명해야 한다. 왜냐하면 재무제표를 만드는 시스템인 내부회계관리제도에 취약점이 존재하면 재무제표에 미치는 영향이 중요하고 전반적이기 때문이다.

감사인은 내부회계관리제도에 대한 부적정의견이 재무제표에 대한 감사의견에 미치는 영향을 결정해야 한다. 감사인은 내부회계관리제도에 대한 부적정의견이 재무제표에 대한 감사의견에 영향을 미쳤는지 공시해야 한다.

감사인이 내부회계관리제도에 대해 부적정의견을 표명하면, 감사의견 및 감사의견근거 단락을 다음과 같이 변형하여 기술한다.

단 락	내 용
내부회계관리제도에 대한 부적정의견	우리의 의견으로는 부적정의견근거 단락에 기술된「내부회계관리제도 설계 및 운영 개념체계」의 목적을 달성하기 위한 중요한 취약점의 영향 때문에 ABC주식회사의 내부회계관리제도는 20×1년 12월 31일 현재 효과적으로 설계 및 운영되고 있지 않습니다.
내부회계관리제도 부적정의견 근거	우리가 입수한 감사증거가 부적정의견을 위한 근거로서 충분하고 적합하다고 우리는 믿습니다. 중요한 취약점은 내부회계관리제도 미비점 혹은 미비점들의 결합으로, 회사의 재무제표의 중요한 왜곡표시가 적시에 예방되거나 발견·수정되지 못할 가능성이 낮지 않은 경우에 존재합니다. 다음의 중요한 취약점이 식별되었으며, 첨부된 내부회계관리제도 운영실태보고서에 포함되었습니다.

2) 의견거절

내부회계관리제도감사의 업무범위에 대한 제한이 있다면 이에 따른 의견을 거절해야 하고, 재무제표감사에 미치는 영향을 고려해야 한다.

경영진이 내부회계관리제도의 효과성에 대한 서면진술의 제공을 거부해 감사범위 제한이 발생할 수 있다. 이때 감사인은 통합감사계약을 해지해야 하며, 법규상 감사계약의 해지가 가능하지 않다면 내부회계관리제도에 대한 의견을 거절해야 한다. 감사인은 경영진의 서면진술 제공 거부가 다른 진술서들(재무제표감사를 수행할 때 입수한 진술서 포함)에 대해 감사인이 의존할 수 있는 능력에 미치는 영향을 평가하는 것을 포함해, 재무제표감사에 미치는 영향을 고려해야 한다.

감사인이 범위제한으로 의견을 거절하면 감사범위가 감사의견을 표명하는 데 충분하지 않았다는 내용과 의견거절의 실질적인 사유를 기술해야 한다. 감사인은 수행된 절차를 식별하거나 내부회계관리제도감사의 특성을 기술하는 문구를 감사보고서에 포함할 수 없다. 감사인은 내부회계관리제도감사가 만족스럽게 완료될 수 없음을 경영진과 지배기구에 서면으로 커뮤니케이션해야 한다.

감사인이 내부회계관리제도에 대해 의견거절을 표명하면, 감사의견 및 감사의견근거 단락을 다음과 같이 변형하여 기술한다. 감사의견근거 단락에는 의견거절을 초래하는 사항과 내부회계관리제도의 중요한 취약점을 기술한다.

단 락	내 용
내부회계관리제도에 대한 의견거절	의견거절근거 단락에서 기술된 사항의 유의성 때문에 우리는 감사의견의 근거를 제공하는 충분하고 적합한 감사증거를 입수할 수 없었습니다. 따라서 우리는 ABC주식회사의 내부회계관리제도 효과성에 대한 의견을 표명하지 않습니다.
내부회계관리제도 의견거절근거	*[의견거절을 초래하는 사항을 기술함]* 상기에서 기술된 사항 때문에, 우리는 감사의견의 근거를 제공하는 데 충분하고 적합한 감사증거를 입수할 수 없었습니다. 그러나 중요한 취약점이 식별되었습니다. 중요한 취약점은 내부회계관리제도 미비점 혹은 미비점들의 결합으로, 회사의 재무제표의 중요한 왜곡표시가 적시에 예방되거나 발견·수정되지 못할 가능성이 낮지 않은 경우에 존재합니다. 하나 이상의 중요한 취약점이 존재하는 경우 회사의 내부회계관리제도는 효과적

	이라고 간주될 수 없습니다. 다음의 중요한 취약점은 첨부된 내부회계관리제도 운영실태보고서에 포함되었습니다. *[내부회계관리제도 운영실태보고서에서 기술된 중요한 취약점을 식별하고 중요한 취약점의 성격과 중요한 취약점이 존재하였던 기간에 발행된 기업의 재무제표의 표시에 중요한 취약점이 미치는 실질적 그리고 잠재적 영향을 포함한 중요한 취약점에 대한 기술을 포함한다]*
내부회계관리제도 감사에 대한 감사인의 책임	우리의 책임은 회계감사기준에 따라 감사를 수행하고 이를 근거로 ABC주식회사의 내부회계관리제도에 의견을 표명하는 데 있습니다. 그러나 이 감사보고서의 의견거절근거 단락에서 기술된 사항 때문에 감사의견의 근거를 제공하는 충분하고 적합한 감사증거를 입수할 수 없었습니다.

제 6 절 기타정보에 대한 고려사항

기타정보(other information)는 감사받은 재무제표 및 해당 재무제표의 감사보고서가 포함되어 있는 문서(예를 들어 사업보고서, 유가증권신고서)에 법규 또는 관습에 따라 포함시키는 재무정보와 비재무정보를 말한다. 기타정보의 예로는 경영활동에 관한 경영진이나 지배기구의 보고서, 재무요약이나 강조사항, 고용데이터, 자본지출계획, 재무비율, 임원 및 이사의 성명 등을 들 수 있다. 언론 보도자료, 재무분석가의 요약보고에 포함되어 있는 정보, 기업의 웹사이트에 있는 정보는 기타정보로 보지 않는다.

해당 업무의 특정상황이나 감사계약에서 별도의 요구사항이 없으면, 감사의견의 표명대상에는 기타정보를 포함하지 않는다. 이때 감사인은 기타정보가 적절히 기술되었는지 결정할 책임도 없다. 그러나 감사인이 감사한 재무제표와 기타정보 간에 중요한 불일치가 발생하면 감사받은 재무제표의 신뢰성이 손상될 수 있다.

감사인은 자신이 감사한 재무제표와 기타정보 간의 중요한 불일치가 있는지를 식별하기 위해 기타정보를 열람(read)해야 한다. 이를 위해 감사보고서일 전에 이러한 기타정보를 입수할 수 있도록 경영진이나 지배기구와 적합한 합의를 해야 한다. 감사보고서일 전에 모든 기타정보의 입수가 불가능하다면 해당 기타정보를 가급적 조기에 열람할 수 있도록 조치한다.

Ⅰ. 중요한 불일치

감사인이 기타정보를 열람해 재무제표 정보와의 중요한 불일치를 식별하면, 감사받은 재무제표와 기타정보 중 어느 것을 수정해야 하는지 결정해야 한다. 감사보고서일 전에 기타정보를 입수했는지에 따라 감사인은 다음과 같은 절차를 수행한다.

1. 감사보고서일 전에 식별

재무제표는 수정이 불필요하고 대신 기타정보의 수정이 필요하나 경영진이 거부하면 이러한 사항을 지배기구와 커뮤니케이션한다. 감사인측 법률고문에게 조언을 구하여 다음 중에서 해당 상황에 적절한 후속조치를 취한다.

▶ 기타정보의 수정을 거부할 경우 감사인의 후속조치

- 관련 법규나 관습상 가능하다면 감사업무를 해지함
- 해당 중요한 불일치를 기술하는 기타사항문단을 감사보고서에 포함시킴
- 감사보고서 발행을 보류함

2. 감사보고서일 후에 식별

경영진이 기타정보 수정에 동의하면 감사인은 해당 상황에서 필요한 절차를 수행한다. 이때 감사인은 경영진이 이전에 발행한 재무제표와 이에 대한 감사보고서 및 해당 기타정보를 수령한 개인들에게 수정한 기타정보를 통지했는지 검토한다.

기타정보 수정이 필요하나 경영진이 수정을 거부하면, 감사인은 기타정

보에 대한 감사인의 우려를 지배기구에 통지하고 적합한 추가조치(예를 들어 감사인측 법률고문으로부터의 조언)를 취해야 한다.

Ⅱ. 기타정보의 중요한 왜곡표시

감사인이 중요한 불일치를 식별하기 위해 기타정보를 열람했는데, 재무제표에는 영향을 미치지 않으나 기타정보에 포함된 명백하고 중요한 왜곡표시를 알게 되면 경영진과 그 사항을 논의해야 한다. 감사인이 경영진과 논의를 한 후에도 기타정보에 중요한 왜곡표시가 여전히 존재한다고 판단하면, 감사인은 경영진에게 기업의 법률고문과 같은 적격한 제삼자의 자문을 받도록 요청하며 경영진이 받은 조언의 내용을 고려해야 한다.

감사인이 기타정보에 중요한 왜곡표시가 존재한다는 결론을 내렸으나 경영진이 수정을 거부하면, 감사인은 기타정보에 대한 감사인의 우려를 지배기구에 통지하고 적합한 추가조치(예를 들어 감사인측 법률고문의 조언)를 취해야 한다.

연습문제

진위형

다음의 설명을 읽고, 틀린 기술이라면 그 이유를 제시하시오.

(1) 감사보고서에는 독립된 감사인의 감사보고서라는 것을 명확히 나타내는 제목을 사용해야 한다.
(2) 감사인이 충분하고 적합한 감사증거를 입수하였으며, 발견된 왜곡표시가 중요하나 재무제표에 전반적이지는 않다고 결론을 내리면 한정의견을 표명한다.
(3) 감사인이 감사의견근거가 되는 충분하고 적합한 감사증거를 입수할 수 없었으며, 발견되지 않은 왜곡표시가 재무제표에 중요하나 전반적이지는 않다고 결론을 내리면 의견을 거절한다.
(4) 감사인이 충분하고 적합한 감사증거를 입수하였고 왜곡표시가 중요하며 동시에 전반적이라고 결론을 내리면 의견을 거절한다.
(5) 감사인은 감사의견근거가 되는 충분하고 적합한 감사증거를 입수할 수 없으며, 발견되지 않은 왜곡표시가 재무제표에 미칠 수 있는 영향이 중요하고 동시에 전반적일 수 있다는 결론을 내린다면 의견을 거절해야 한다.
(6) 재무제표 전체에 대해 부적정의견을 표명하거나 의견거절을 표명할 필요가 있다고 판단하면, 일부 단위재무제표에 대해 동일한 재무보고체계에 따른 적정의견을 함께 포함할 수 있다.
(7) 초도감사에서 기업의 재무성과와 현금흐름에 대해 의견을 거절하고, 재무상태에 대해 적정의견을 표명하는 것은 가능하다.
(8) 감사범위 제한에 따라 감사의견을 거절하면, 감사보고서에는 감사인 책임과 관련된 내용은 기술하지 않는다.
(9) 부문감사인과의 책임분할을 허용하지 않으므로 감사인이 전적으로 책임을 진다.
(10) 부문감사인도 부문재무정보에 대한 감사업무를 수행할 때 감사와 관련된 윤리적 요구사항을 준수해야 한다.
(11) 부문별로 설정된 부문중요성(수행중요성) 합계는 그룹재무제표 전체 중요성보다 높아야 한다.
(12) 그룹관점에서 재무적 유의성이 있는 개별부문이라면 그룹감사업무팀 또는 해당 부문감사인은 재무정보의 중요성을 적용하여 감사해야 한다.
(13) 유의적이지 않은 부문에 대해서는 그룹수준의 분석적절차만 수행한다.
(14) 비교재무제표 접근법에서는 전기재무제표를 비교목적으로 당기재무제표와 함께 표시하므로 비교표시된 전기재무제표는 당기재무제표의 일부를 구성한다.
(15) 동일감사인이 계속감사하는 경우, 비교재무제표가 표시될 때의 감사의견은 표명대상이 되는 재무제표의 각 보고기간에 대해 별개로 언급되어야 한다.

(16) 전기재무제표에 대한 감사의견이 동일감사인이 이전에 표명한 의견과 다르면 강조사항문단에 변경된 의견의 실질적인 이유를 공시한다.
(17) 전기재무제표에 대한 전임감사인의 감사보고서가 해당 재무제표와 함께 재발행되지 않는 한, 감사인은 당기재무제표에 대한 의견문단에 추가하여 기타사항문단에 전기재무제표는 전임감사인이 감사하였다는 사실을 기재한다.
(18) 전기재무제표가 감사받지 않았다면 감사인은 감사보고서에 전기재무제표와 관련하여 아무런 기재를 할 필요가 없다.
(19) 내부회계관리제도 감사보고서는 재무제표 감사보고서와 별도로 작성해야 한다.
(20) 내부회계관리제도 감사의견의 근거에는 내부회계관리제도모범규준에 따라 수행되었다는 기술을 포함한다.
(21) 내부회계관리제도에 대한 감사는 기중에 내부통제에 대한 테스트를 할 때 수행하므로 내부회계관리제도 감사보고서일은 재무제표 감사보고서일보다는 빨라야 한다.
(22) 내부회계관리제도에 대한 감사를 수행해 중요한 취약점이 존재한다고 판단하면 중요성의 정도에 따라 한정의견 또는 부적정의견을 표명한다.
(23) 경영진이 내부회계관리제도 효과성에 대한 경영진의 서면진술을 제공하지 않는다면, 감사범위의 제한에 해당하므로 감사인은 내부회계관리제도에 대한 의견을 거절해야 한다.
(24) 감사인은 감사받은 재무제표와 기타정보 간 중요한 불일치를 식별하기 위해 기타정보를 열람하고 관련 문서를 검사해야 한다.
(25) 감사보고서일 전에 기타정보와 재무제표 간 중요한 불일치를 식별한 경우, 기타정보의 수정이 필요하나 경영진이 거부하면 이러한 사항을 지배기구와 커뮤니케이션한다.
(26) 감사인이 기업의 전체재무제표에 대하여 부적정의견을 표명하였더라도 전체재무제표의 일부를 구성하는 특정 단위재무제표에 대해서는 적정의견을 표명할 수 있다.

서술형

1 감사의견의 종류(I)

다음의 몇 가지 독립적인 상황을 읽고 아래 물음에 답하시오.

(1) P공인회계사는 감사보고서 발행 전 후속사건의 검토과정에서 보고기간말 이후의 후속기간에 두 개의 공장 중 한 곳에 화재가 발생해 막대한 손실을 입었다는 사실을 알게 되었다. 공장은 화재보험에 가입되지 않았다. 기업측이 작성한 재무제표와 주석에서는 화재로 인한 손실이 공시되지 않았다. 이러한 사항이 재무제표에 미치는 영향은 중요하며 전반적이다.
(2) L공인회계사는 여러 도시에 지점망을 갖고 있는 대규모 제조기업의 재무제표를 감사하고 있다. L회계사는 여러 지점 영업소의 회계연도말 송금액에 대한 미기록 예금액을 확인할 수 없었다. L회계사는 대금회수의 기간귀속 검증을 위한 대체적 감사절차로 당기말 은행계정조정표의 미기록예금을 후속기간 검증 등을 통해 조사했다. 그는 이러한 대체적인 절차를 수행해 대금회수의

기간귀속에 대해 만족할 만한 결과를 얻었다.

(3) 20×5년 1월 2일, 새벽자동차제조기업은 주공급업자로부터 즉시 모든 도매가격을 10% 인상할 것이라는 통지를 받았다. 통지사항에 근거하여, 새벽자동차제조기업은 20×4년 12월 31일 현재의 재고자산을 다음 연도초에 인상될 원가를 반영하여 재평가하였다. 재고자산은 총자산에서 큰 비중을 차지한다. 유동자산에 미치는 영향은 중요하나, 재무제표에 미치는 영향은 전반적이지 않다. 이러한 평가증의 사실은 적절히 주석으로 공시되었다.

(4) 아침법인의 연구진은 20×4년중 새로운 공해방지장치를 개발하는 데 전력을 기울였다. 연구단계에서 발생한 지출을 무형자산으로 계상하여 20×4년 12월 31일 재무상태표에 보고하였다. 공인회계사인 K씨는 20×4년 재무제표를 감사하는 과정에서, 연구결과가 시장성 있는 제품을 생산하는 데 기여할 수 있다는 설득력 있는 증거를 입수하지 못하였다. 무형자산으로 계상된 금액은 당기순이익에서 차지하는 비중이 중요하며, 재무제표에 미치는 영향도 전반적이다.

(5) C공인회계사는 샛참제조기업의 재무제표를 감사하고 있다. 감사범위와 관련하여 기업측의 요구로 재고자산실사가 제한되었다. C회계사는 재고자산이 중요한 금액이고 대체적 감사절차로는 만족할 수 없다고 판단하고 있으며, 이러한 감사범위 제한사항이 재무제표에 미치는 영향은 중요하지만 전반적이지는 않다.

(6) P회계사는 동녘기업의 재무제표를 감사하는 과정에서 이사회 회의록의 열람을 거절당했다. 이러한 제한이 재무제표에 미치는 영향은 중요하며 전반적이다. 기업측은 P회계사에게 회계문제에 관련한 기업의 모든 결정과 조치에 대하여 경영진서면진술을 제공했다.

(7) A공인회계사는 20×4년 12월 31일로 종료하는 왕고물버스기업의 재무제표감사를 수행중이다. 20×4년 이전에 기업은 버스의 내용연수를 10년으로 정하여 감가상각했다. 20×4년중 기업은 보다 현실적인 추정내용연수는 12년이라고 결정하고 수정된 추정치에 근거하여 20×4년 감가상각비를 계상하였다. A회계사는 12년의 내용연수변경이 정당한 사유에 근거하고 있다고 인정하였다. 왕고물버스기업은 추정내용연수의 변경과 그 변경이 20×4년 당기순이익에 미치는 효과가 중요하므로 이를 재무제표의 주석으로 적절히 공시하였다.

요구사항

각각의 상황에 대한 감사의견을 기재하시오.

2 감사의견의 종류(II) (KICPA)

다음 각 상황은 독립적이다.

(1) (주)고려는 20×7년 12월 31일 현재 단기자금운용목적으로 거래소 상장기업인 (주)백제의 주식 2%(취득원가 100억원, 공정가치 95억원)를 취득하여 보유하고 있다. (주)고려는 20×7년에 동 주식을 공정가치로 평가하며 평가손실 5억원을 인식하여 재무제표에 반영하였다. (주)고려의 20×7년 재무제표에 대한 감사가 진행중인 20×8년 1월 20일에 (주)백제를 상대로 특허권 침해 소송이 제기됨에 따라 (주)고려가 보유한 (주)백제 주식의 가치는 60억원으로 하락하였다. 경영진은 (주)백제의 주식 가격하락이 결산일 이후에 발생한 것이며, 결산시점에서 전혀 예측할 수 없

었던 사안이므로 20×7년 재무제표를 수정하지도 않았고 주석으로 공시하지도 않았다.

(2) (주)부여는 기계장치의 내용연수를 10년에서 12년으로, 건물의 내용연수를 20년에서 25년으로 변경하였다. 감사인은 이러한 내용연수 변경이 타당하다고 판단했다. (주)부여는 내용연수 변경의 누적효과를 계산해 기초이익잉여금에 반영했으며 변경내용과 영향을 주석으로 적절히 공시하였다.

(3) (주)조선은 20×7년 10월에 특허권 침해와 관련하여 로열티와 손해배상금을 지급할 것을 요구하는 소송에 피소되었으며, (주)조선도 상대방을 제소하여 재판에 계류중이다. 20×7년 12월 31일 현재 최종 재판결과는 예측할 수 없으며, (주)조선은 소송의 결과로 부담할 수 있는 손실에 대해 재무제표 본문에 반영하지 않고 주석으로 공시했다.

(4) (주)신라에너지는 20×7년 12월 31일 현재 원유 100,000배럴을 재고자산으로 보유하고 있으며, 배럴당 구입원가는 1,000원이었다. 재무제표일로부터 감사보고서일 사이에 중동에서 전쟁이 발발하여 유가가 배럴당 2,000원으로 급등하였다. (주)신라에너지는 재무제표일 후 중요한 가격변화를 반영하여 20×7년 12월 31일 재무제표에 재고자산을 배럴당 2,000원으로 평가하여 보고하였다.

(5) (주)명륜은 핸드폰을 제조하는 업종을 영위하는 중견기업으로 제품의 대부분을 국내보다는 중국에 수출하고 있다. 초창기에는 수출물량이 많아 영업실적이 상승하였으나 최근 2~3년 전부터 중국의 경쟁기업들이 핸드폰 가격을 인하하여 (주)명륜의 영업실적이 급격히 악화하고 있다. 향후 중국 휴대폰 시장의 경쟁심화와 주요 원자재의 가격상승으로 영업환경의 어려움이 예상된다. 회계감사를 수행하고 있는 장 회계사는 이 상황이 계속기업으로서의 존속능력에 유의적인 의문을 초래할 상황으로 파악하고 있다. 장 회계사는 이 기업이 계속기업으로 존속할 수 있을 것인지를 판단하기 위하여 충분하고 적합한 감사증거를 수집하고 경영진이 작성한 영업실적개선계획서도 제시받아 검토하는 등의 감사절차를 수행하였다.

장 회계사는 (주)명륜의 경영진이 작성하여 제시한 영업실적 개선계획서의 내용을 검토했는데 실현가능성이 없다고 판단하였다.

〈사례 가〉 계속기업 관련 불확실성을 재무제표에 적절히 공시함

〈사례 나〉 계속기업 관련 불확실성을 재무제표에 적절히 공시하지 않음

요구사항

주어진 각 상황에 대하여 감사인은 다음 중 어떤 종류의 감사보고서를 발행하는지를 기재하시오. 만약 주어진 상황 중에 중요한 왜곡표시사항이 존재한다면 감사인이 경영진에게 수정요구를 하였으나 경영진이 이를 받아들이지 않았다고 가정한다. 재무제표가 중요하게 왜곡표시되었지만 전반적이지는 않으며 핵심감사사항으로 보고될 내용은 없다고 가정한다. 상황 (5)의 〈사례 가〉와 〈사례 나〉는 각각 독립적이다.

① 강조사항이 포함되지 않은 적정의견 보고서
② 강조사항이 포함된 적정의견 보고서
③ 한정의견 보고서
④ 의견거절 보고서
⑤ 부적정의견 보고서

3 비교재무제표의 감사보고

비교재무제표에 표시되는 전기재무제표와 관련하여 세 가지 상황이 발생할 수 있다. 전기에 이어 당기에도 동일감사인이 계속감사, 전기재무제표를 전임감사인이 감사, 전기재무제표가 감사를 받지 않은 상황으로 구분할 수 있다.

(상황 1)
전기(20×1년)에 이어 당기(20×2년)에도 동일감사인인 한국회계법인이 감사하고 있다. 20×1년에는 한정의견이었으며, 20×2년에는 적정의견이 표명될 예정이다. 전기의 한정의견 사유는 당기말까지 해소되지 않았다.

(상황 2)
전기(20×1년)에 이어 당기(20×2년)에도 동일감사인인 한국회계법인이 감사하고 있다. 20×1년에는 한정의견이었으며, 20×2년에는 적정의견이 표명될 예정이다. 전기의 한정의견 사유는 당기중에 해소되었다.

(상황 3)
전기(20×1년)에는 다른 감사인이 감사했으며, 당기에 재무제표감사를 수임하였다. 감사인은 재고자산의 기초잔액과 관련하여 충분하고 적합한 감사증거를 입수할 수 없었다. 이러한 사항이 재무제표에 미치는 영향은 중요하지만, 전반적이지 않다. 재고자산의 기말잔액은 적절하게 계상되었으며, 법규상 의견의 분리가 금지되어 있지 않고, 전기재무제표의 감사보고서 재발행이 필요하지 않은 상황이다.

(상황 4)
전기재무제표는 외부감사법상 감사대상에 해당되지 않아 감사를 받지 않았다. 당기재무제표를 감사한 결과, 중요한 왜곡표시는 발견되지 않았다.

요구사항

상기 각각의 상황이 20×2년의 감사보고서에 어떻게 표시되는지 기술하시오.

4 기타정보

다음 각각의 상황은 독립적이다.

(상황 1)
감사인은 감사현장을 철수하기 전에 기업으로부터 입수한 사업보고서 초안에 기재된 재무요약이 첨부된 감사보고서에 기재된 금액과 중요하게 불일치하는 것을 발견하였다. 감사인은 사업보고서에 기재된 금액을 경영진에게 수정할 것을 권고하였으나, 경영진은 사업보고서 기재사항은 감사대상이 아니므로 수정할 필요가 없다며 수정 권고를 거절하였다.

(상황 2)
감사인은 감사보고서일 후 사업보고서에 기재된 재무요약과 감사보고서에 첨부된 재무제표에 기재된 금액이 중요하게 불일치하는 것을 발견하였다. 경영진은 감사인의 수정 권고에 동의하였으나, 감사보고서는 이미 배포되었다.

요구사항

상기 각각의 상황에서 감사인이 취해야 할 절차를 기술하시오.

5 그룹재무제표 감사(Ⅰ) (KICPA)

대한민국에 소재하고 있는 지배회사인 ABC(주)는 3개의 종속회사(A, B, C)를 보유하고 있다. ABC(주)와 종속회사의 결산일은 모두 12월 31일이다. 지배회사 및 종속회사의 20×5년 주요 정보는 다음과 같다.

(단위 : 억원)

회사명	ABC(주)	A(주)	B(주)	C(주)
구 분	지배회사	종속회사	종속회사	종속회사
매출액	5,000	2,000	400	–
세전손익	400	160	(–)18	(–)2
당기순손익	320	120	(–)15	(–)2
자산총계	6,000	3,000	500	50
자본총계	1,500	600	(–)100	48
외부감사인	X회계법인	Y회계법인	Z회계법인	감사받지 않음

상기 재무정보는 별도재무제표 기준이며, 연결실체간의 내부거래(매출·매입 및 채권·채무 등)는 없지만, ABC(주)는 B(주)의 금융기관 차입금 400억원에 대하여 지급보증을 제공하고 있다. C(주)는 신규사업을 위해 당기에 설립되었으며, 당기말 현재 사업을 준비중이다.

X회계법인은 ABC(주)에 대한 20×5년 그룹감사를 수행하고 있으며, 중요성기준은 세전이익의 5%로 설정하였다.

요구사항

1. 회계감사기준에서 규정하고 있는 그룹재무제표를 감사할 때 유의적 부문으로 식별하기 위한 두 가지 특성을 서술하시오.
2. X회계법인이 ABC(주)에 대한 그룹재무제표를 감사할 때 유의적 부문을 식별하고 이유를 [답안양식]에 따라 서술하시오.

[답안양식]

부 문	유의적 부문 여부 (○ 또는 ×)	이 유
A(주)		
B(주)		
C(주)		

3. X회계법인의 김 회계사는 B(주)의 부문감사인인 Z회계법인의 박 회계사와 커뮤니케이션과정에서 매출채권조회서 중 50%가량이 회수되지 않았으며, 대체적인 절차도 수행하지 않았다는 것을 확인하였다. 미회수된 매출채권조회서의 금액은 그룹재무제표 관점에서 중요성기준을 초과하며, X회계법인의 김 회계사는 Z회계법인의 매출채권에 대한 감사절차가 충분하지 않다고 판단하였다. 이러한 상황에서 ABC(주)의 그룹감사업무팀이 추가로 수행해야 할 감사절차를 서술하시오.

6 그룹재무제표 감사(Ⅱ) (KICPA)

지배회사 AtoZ(주)는 바이오 제품을 주로 국내 및 신흥국에서 생산, 판매하고 있는 생명공학회사이다. AtoZ(주)의 종속회사는 24개이며 모두 해외에 소재하고 있다. X회계법인은 20×2년도 부문감사에 대한 사전감사계획을 수립하고 있다. AtoZ(주)의 20×1년도 재무정보는 아래와 같다. 그룹재무제표는 내부거래 등을 제외한 연결기준이며 부문정보는 별도기준이다.

(단위 : 억원)

	그룹재무제표	부문정보			
		A	B	C	D~Z(주)
재무상태표 주요 항목(12월 31일)					
현 금	600	270	60	50	140
매출채권	3,500	1,000	400	200	800
재고자산	2,500	800	300	150	500
유형자산	1,200	360	120	60	290
선급비용	325	150	50	20	30
매입채무	3,400	1,020	350	170	1,200
미지급비용	800	300	100	50	100
손익계산서 주요 항목					
매 출	48,000	14,000	5,000	2,400	16,000
매출원가	32,000	9,600	3,000	1,600	8,000
판매관리비	6,000	1,800	230	180	1,500
세전순이익	10,000	3,000	800	1,160	3,000

(주) D~Z는 부문 D부터 부문 Z까지 21개 부문의 단순합산이다.

다음은 회계감사기준에 근거한 X회계법인의 내부감사매뉴얼의 일부이다.

<table><tr><td>

내부감사매뉴얼

1. 유의한 부문의 식별

그룹재무제표 벤치마크(예, 그룹세전순이익, 그룹영업이익 등) 기준으로 15%를 초과하는 부문은 재무적 유의성을 가지므로 명백한 반증이 없는 한 재무적으로 유의한 부문으로 식별한다.

(사례)

- 그룹재무제표 벤치마크 : 그룹세전순이익
- 그룹세전순이익 : 1,000억원
- 부문 X의 세전순이익 : 160억원(그룹세전순이익의 16%)
- 그룹재무제표 벤치마크의 15%를 초과하므로 부문 X를 재무적으로 유의한 부문으로 식별

2. 유의적이지 않은 부문의 감사절차

유의한 부문이 아니어도 해당 부문에 그룹재무제표의 수행중요성을 초과하는 계정이 있다면 해당 계정에 대하여는 적절한 감사절차를 수행해야 한다.

</td></tr></table>

김 회계사는 20×2년 AtoZ(주)의 그룹 및 종속회사의 부문재무제표가 20×1년과 크게 다르지 않을 것이라고 예상하였다. 이에 따라 김 회계사는 내부감사매뉴얼에 근거하여 20×2년도 그룹재무제표 수준의 중요성기준(planned materiality)을 500억원(20×1년 세전순이익의 5%)으로, 수행중요성(performance materiality)을 250억원으로 설정하였다. 김 회계사는 해외부문이 모두 감사인의 신뢰도가 낮은 신흥국에 위치하고 있으므로 그룹감사 목적으로 그룹감사인의 관여 정도를 강화할 예정이다.

요구사항

1. 아래 자료는 그룹감사 목적으로 부문정보에 대하여 수행할 업무유형을 결정(scoping)하기 위하여 김 회계사가 파악한 사실 및 결론을 문서화한 것이다.

<table><tr><td>

(부문 A)

파악한 사실 : 부문 A의 세전순이익은 그룹세전순이익의 30%에 해당.

결론 : 부문 A는 그룹에 대하여 개별적으로 재무적 유의성을 가지므로 유의적 부문으로 식별하고 부문감사인에게 부문 A의 재무제표에 대하여 감사를 요청함.

(부문 B)

파악한 사실 : 부문 B의 세전순이익은 그룹세전순이익의 8%에 해당.

결론 : 부문 B의 별도재무제표는 재무적으로 유의하지 않으므로 그룹감사 목적으로 부문감사인에게 별도의 감사절차를 수행하도록 요구하지 않음.

(부문 C)

파악한 사실 : 부문 C의 세전순이익은 그룹세전순이익의 11.6%에 해당됨. 20×2년 3월에 주식을 취득하여 그룹재무제표에 신규 편입되어 그룹 공통의 시스템과 절차가 적용되지 않고, 내부감사업무도 수행되지 않았음.

</td></tr></table>

결론 : 그룹세전순이익의 15% 미만이지만, 부문의 고유한 성격과 환경을 감안하여 부문 C를 유의적 부문으로 식별하고 부문감사인에게 부문 C의 재무제표에 대하여 감사할 것을 요청함.

(부문 D~Z)

파악한 사실 : 부문 D~Z의 세전순이익의 합계는 그룹세전순이익의 30%에 해당. 부문 D~Z 어느 하나의 부문도 재무적으로 유의하지 않음.

결론 : 부문 D~Z 21개 각각의 부문은 재무적으로 유의하지 않으므로 감사의 효율을 고려하여 별도의 감사절차를 수행하지 않음.

업무수행이사는 김 회계사가 문서화한 부문감사인과 관련된 결론을 검토하였다. 김 회계사의 결론에서 수정이 필요한 사항과 그 이유를 부문별로 서술하시오.

2. 김 회계사는 그룹감사 목적으로 해외에 소재한 부문감사인에게 부문정보에 대한 감사수행을 요청하기로 결정하였다. 김 회계사는 부문감사인에 대하여 대한민국의 윤리적 요구사항, 전문가적 적격성, 부문감사인의 업무에 관여할 수 있는지 여부, 감사인을 적극적으로 감독하는 규제환경인지를 이해하고 결론을 아래 자료와 같이 문서화하였다.

(부문 A)

부문감사인 이해결과 : 부문감사인이 20×2회계연도의 재무제표를 작성하고 있음을 확인함.

결론 : 부문감사인의 독립성이 훼손되었음. 이를 극복하기 위하여 그룹감사인이 부문감사인의 모든 감사조서를 제공받아 검토함.

(부문 C)

부문감사인 이해결과 : 부문감사인은 그룹재무보고체계인 K-IFRS에 대한 이해가 없어, 해당 국가의 GAAP에 따른 감사의견만을 제시할 수 있는 것으로 확인함. 해당 국가의 독립된 감독기관에 의한 감사품질 모니터링이 취약해 감사인의 신뢰도가 전반적으로 낮은 것으로 파악함.

결론 : 그룹경영진에게 질문한 결과, 해당 국가의 GAAP와 K-IFRS 간에 차이가 발생하는 항목은 몇 가지 되지 않고 그룹재무제표에 미치는 영향은 중요하지 않을 것이라고 진술함. 이러한 내용을 향후 서면진술에 기재하고, 부문감사인이 해당 국가의 GAAP에 의하여 수행한 감사결과를 신뢰하고 그룹감사 목적으로 수정 없이 사용하기로 함.

업무수행이사는 김 회계사가 문서화한 부문감사인과 관련된 결론을 검토하였다. 김 회계사의 결론에서 수정이 필요한 사항과 이유를 부문별로 서술하시오.

7 감사보고서의 강조사항과 기타사항

다음 각 사례는 서로 독립적이다.

(1) X회계법인은 전기부터 A(주)의 재무제표를 감사하고 있으며, A(주)는 전기부터 건물과 기계장치를 감가상각하지 않고 있다. X회계법인은 전기재무제표에 대해 적정의견을 표명하였다. 회계기준에 따라 감가상각한다면 20×1회계연도와 20×2회계연도의 당기순이익은 각각 6억원이 감소되어야 한다.

(2) A(주)는 당기에 취득한 시장성 있는 유가증권을 공정가치가 아닌 취득원가로 평가하였다. 경영진이 해당 유가증권을 공정가치로 평가한다면, 금융자산은 12억원이 감소되어야 한다. 경쟁기업인 B(주)는 특허권 침해로 A(주)에 소송을 제기하였다. 소송 결과는 예측할 수 없으며, 패소한다면 A(주)의 기업경영에 중대한 영향을 미치는 매우 이례적인 사건이 될 수 있다. A(주)는 해당 소송사건을 재무제표 주석으로 적절하게 기술하고 있다.

(3) X회계법인은 A(주)가 지분법을 적용하고 있는 조인트벤처 투자지분의 재무정보에 대하여 충분하고 적합한 감사증거를 입수할 수 없었다. A(주)가 조인트벤처에 투자한 지분금액은 A(주) 순자산의 20%(A(주)의 순자산 : 500억원)에 해당한다.

(4) A(주)의 당기말 재무상태표에는 재고자산 100억원이 계상되어 있다. 경영진은 재고자산을 취득원가와 순실현가능가치 중 낮은 금액으로 표시하지 않고, 취득원가로 평가하였다. 경영진이 취득원가와 순실현가능가치 중 낮은 금액으로 재고자산을 평가한다면, 기말재고자산은 35억원만큼 평가손실을 인식해 순실현가능가치로 보고해야 한다.

(5) X회계법인은 당기부터 A(주)를 감사하고 있다. 전기재무제표는 Y회계법인이 감사하였으며 전기감사의견은 적정의견이었다. X회계법인은 Y회계법인에 전기감사조서의 열람을 신청하였으나, 거절당했다. X회계법인은 기초잔액에 대하여 대체적 감사절차를 수행하였으며, 기초재고자산 4억원이 과대계상된 것으로 확인하였다.

요구사항

위 각 사례에 대해 다음의 판단지침을 고려하여, ① 감사의견의 종류와 그 근거, ② 강조사항 또는 기타사항으로 기재할지를 기술하시오.

> 1) 중요하다고 판단하는 중요성기준은 10억원, 중요할 뿐만 아니라 전반적이라고 판단하는 중요성기준은 30억원이다. 중요성 판단은 해당 왜곡표시가 순자산(net asset)에 미치는 영향으로 판단한다.
> 2) 감사인이 설정한 수행중요성은 7억원이다.
> 3) 감사의견을 형성할 때 질적 요소는 고려하지 않는다.

8 감사보고서-종합

감사인은 경영진이 작성한 재무제표에 대해 감사절차를 수행하고, 중요성 관점에서 해당 재무보고체계에 따라 공정하게 표시되었는지에 관한 의견을 형성하여 정보이용자에게 전달한다.

요구사항

1. 그룹감사업무팀은 전반그룹감사전략을 수립할 때 그룹재무제표 전체의 중요성과 특정유형의 거래, 계정잔액 또는 공시에 적용할 중요성 수준을 결정한다. 부문감사인을 활용한다면 부문중요성도 설정한다.

부문중요성 합계는 그룹재무제표 전체의 중요성보다 낮아야 하는데, 그 이유를 서술하시오.

2. 아래 그림은 그룹감사업무팀이 수행할 업무이다.

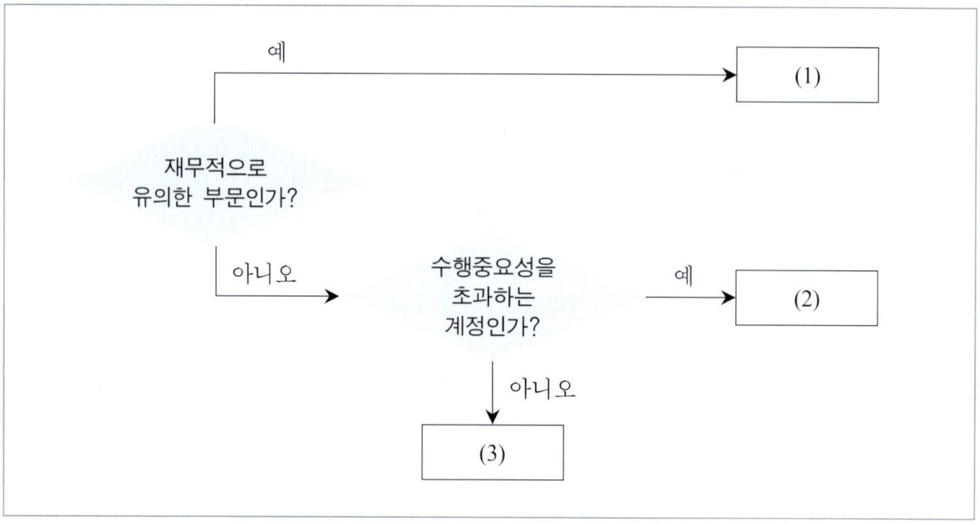

상기 그림의 번호에서 그룹감사인이 수행해야 할 절차를 아래의 번호로 기재하시오.

A. 관련 계정을 대상으로 감사절차를 수행한다.
B. 그룹수준의 분석적절차를 수행한다.
C. 부문재무정보 전체를 대상으로 감사절차를 수행한다.

3. 비교정보란 해당 재무보고체계에 따라 하나 이상의 이전 보고기간과 관련하여 재무제표에 포함된 금액과 공시내용을 말한다. 전임감사인이 적정의견을 표명한 전기재무제표에 감사인이 중요한 왜곡표시가 존재한다고 결론을 내렸다. 전임감사인의 전기재무제표에 대한 감사보고서 재발행 여부에 따라 감사보고서는 달라진다.

다음 양식에 따라 감사보고서 재발행 여부에 따라 감사인의 감사보고가 어떻게 달라지는지 서술하시오.

전기감사보고서가 재발행되는 경우	전기감사보고서가 재발행되지 않는 경우

4. 기타정보란 감사받은 재무제표 및 해당 재무제표의 감사보고서가 포함된 문서에 법규 또는 관습에 따라 포함시키는 재무정보와 비재무정보를 말한다. 감사인이 기타정보를 열람하여 재무제표 정보와 중요한 불일치를 식별하였다.

감사인은 이러한 중요한 불일치를 감사보고서일 전에 식별하였다. 기타정보의 수정이 필요하나 경영진이 거부하였고, 이러한 사항을 지배기구와 커뮤니케이션하였다. 해당 상황에서 감사인측 법률고문의 조언을 토대로 수행해야 할 후속조치를 서술하시오. 단, 관련 법규에 따라 감사업무의 해지는 할 수 없고, 기업에게 감사보고서를 전달하지 않은 상황이다.

♠ 사례연구

● 감사보고서의 유형 (KICPA)

다음은 서로 독립적인 사례이다.

〈사례 1〉

기업은 당해연도에 처음으로 감사를 받게 되어 회계연도 개시일로부터 1개월 후 현 감사인과 감사계약을 체결하였다. 감사인은 감사계약을 체결한 후 재고조사를 즉시 실시하여 기초 재고자산에 대한 충분하고 적합한 증거를 확보하였으나 담당공인회계사의 실수로 금액적으로 중요한 기초 현금에 대한 충분하고 적합한 감사증거를 입수하지 못하였다. 기중의 현금거래에 대해서는 충분하고 적합한 증거를 확보하였다. 소규모 기업인 점을 감안하여 내부통제의 평가를 생략하고 적절한 계획에 따라 실증절차를 수행하였다. 감사결과에 따르면 상기 이외의 중요한 예외사항은 발견되지 않았다.

〈사례 2〉

갑(주)의 감사를 수행하고 있는 ABC회계법인은 갑(주)의 매출 3,000억원(기말 현재 매출채권잔액은 500억원) 전액이 갑(주)의 100% 출자기업인 을(주)에 대한 매출인 것을 확인했다. ABC회계법인은 채권·채무조회서를 발송하여 감사현장 철수일 이전에 회신받았고, 회계감사기준에서 정한 적절한 절차를 수행하였다. 감사인은 갑(주)의 매출액은 적절하지만 매출채권은 을(주)의 재무상태로 볼 때 회수가능성이 전혀 없다고 판단했다. 을(주)의 재무상태는 수년 전부터 좋지 않았지만 특히 당해연도에 더욱 악화되었다. 갑(주)는 전년도에도 유사한 상황이었지만 당해연도에 채권을 회수하고 새로운 매출을 하는 등 활동적인 거래가 있어 현재의 매출채권도 내년에 회수할 수 있을 것이라고 기대하고 있다. 이러한 이유로 재무제표에 기재된 것처럼 매출채권에 대한 대손충당금을 설정하지 않는 것이 바람직하다고 결론내렸다. 갑(주)는 을(주)와의 거래 및 기말 현재 채권잔액의 내용을 주석에 기재하였다. 감사인은 갑(주)의 당해연도 매출채권 잔액이 왜곡되면 재무제표 전체를 왜곡시킬 만큼 특히 중요한 사항이라고 판단하고 있다.

<사례 3>
갑(주)는 컴퓨터를 생산·판매하며, 결산일은 20×4년 12월 31일이다. 갑(주)는 기말 현재 3년 전에 생산했으나, 판매하지 못하고 보유중인 재고자산 500억원(총재고자산은 3,000억원)을 재무제표에 보고했다. ABC회계법인은 이들 재고가 정상적인 가격에 판매되는 것이 불가능하다고 판단하지만, 기업은 적절한 구매처만 만나면 정상적인 가격에 판매할 수 있다고 주장하고 있다. ABC회계법인의 담당공인회계사가 시장조사를 한 결과 비교가능한 제품의 현재 시장거래 가격은 220억원으로 추정되며, 여러 경로로 확인할 수 있었다. 기말감사를 수행하던 중 ABC회계법인은 진부화된 재고자산 중 50억원을 갑(주)의 100% 출자기업인 을(주)에 재무제표일 이후 55억원에 외상으로 판매했다는 것을 알게 되었다. 나머지 진부화된 재고자산을 2개월 이내에 을(주)에 520억원에 판매하기로 계약한 사실도 알게 되었다. 을(주)는 폐기물처리업체이며 당해 거래 당시 자본이 잠식된 상태로 당좌거래가 정지된 상황이다. 갑(주)는 현재 감사받고 있는 재무제표를 수정할 의사가 전혀 없다. 감사인은 당기순이익에 미치는 영향이 200억원 이상이면 중요하다고 판단하고, 중요성기준의 2배를 초과하는 예외사항은 특히 중요하다고 판단한다.

<사례 4>
갑(주)는 건설업을 영위하며, 결산일은 20×4년 12월 31일이다. 갑(주)에 대한 감사를 처음으로 수행하는 ABC회계법인의 담당공인회계사는 기말 실증절차를 수행하는 과정에서 북유럽 건설현장의 재고자산 및 장비 등에 대한 실사를 수행해야 하는 것을 인지하지 못하고 누락하였다. 이를 제외한 모든 감사절차는 회계감사기준에 따라 수행했다. 주주총회일이 임박한 상황에서 북유럽의 화산폭발로 유럽행 비행기가 모두 결항되어 향후 1개월 이내에 비행편을 구할 수 없다. 주주총회 일정을 더 이상 연기하는 것도 불가능하다. 북유럽 건설현장의 재고자산 및 장비 등이 갑(주)의 재무제표에서 차지하는 비중은 자산총계의 30%로서 업무담당 공인회계사는 이들 사항이 왜곡되었을 경우 재무제표 전체를 왜곡시킬 만큼 특히 중요하며 실사 이외의 방법으로는 충분하고 적합한 감사증거를 확보할 수 없다고 판단하고 있다. 업무담당 공인회계사는 갑(주)의 경영진과 의견을 조율하는 과정에서 충분하고 적합한 증거를 확보하지 못했기 때문에 적정의견 이외의 감사의견을 표명할 것이라고 주장하고 있다. 기업의 경영진은 이는 전적으로 감사인의 잘못된 판단 때문에 발생한 문제이므로 감사인은 적정의견을 표명해야 한다고 주장하고 있다. 실제로 직전연도의 감사인은 적절한 시기에 모든 해외 건설현장에 대한 실사를 수행하였으며, 북유럽의 건설현장은 20×4년 중에 새롭게 시작한 현장이다. 업무담당 공인회계사가 회계법인 내부에서 이 문제를 논의했는데, 감사보고서를 발행하지 않으면 회계법인의 예상 피해액이 워낙 막대하여 감사보고서를 발행하기로 했다. 갑(주)도 여러 가지 상황을 고려할 때 ABC회계법인으로부터 감사보고서를 제출받을 수밖에 없는 상황이다.

<사례 5>
갑(주)는 사무용 의자를 제조·판매하고 있으며, 결산일은 20×4년 12월 31일이다. 갑(주)에 대한 감사를 계속해 수행하는 ABC회계법인의 담당공인회계사는 연결재무제표 감사를 수행하고 적절한 감사의견을 표명하고자 한다. 연결 대상 종속기업 중 유럽 현지법인인 유레카 Ltd.의 재무제표감사는 현지 감사인이 수행했으며, 감사의견은 적정의견이었다. 담당공인회계사는 현지 감사인이 현지 지역에 국한된 소규모 회계법인이며, 개업 이후 첫 감사 거래처가 유레카 Ltd.인 것을 알게 되었다. 유레카 Ltd.가 연결재무제표에서 차지하는 비중은 자산총계와 매출액 기준 모두 15%를 초과한다.

ABC회계법인은 연결재무제표 감사를 위해 현지에 공인회계사들을 직접 파견하여 다음과 같은 정보를 얻을 수 있었다.

> 유레카 Ltd.의 재무제표는 현지 회계기준에 따르면 공정하지만, 갑(주)와 다른 종속기업이 적용하고 있는 회계기준에 따르면 자산 중 20%가 과대계상되었다. 이러한 자산의 과대계상이 유레카 Ltd.의 재무제표에서 차지하는 비중은 중요하지만 갑(주)의 연결재무제표에 미치는 영향은 중요하지 않다.

갑(주)의 경영진은 유레카 Ltd.에서 발생한 오류를 수정반영하지 않겠다는 입장이다. 지배기업과 유레카 Ltd.를 제외한 모든 종속기업의 재무제표는 ABC회계법인이 감사하였으며 감사의견은 적정의견이었다.

요구사항

위의 상황에서 감사인은 어떤 감사의견을 표명해야 하는지를 판단하고 그 근거를 제시하시오. 단, 주어진 상황 이외의 모든 사항은 적절하게 회계처리되었고 감사완료되었으며, 중요한 사항은 모두 강조사항문단으로 기재하는 정책을 가지고 있다.

찾아보기

[ㄱ]

가격승인 395
감가상각비 573
감리(audit review) 82
감사(audit) 17
감사계약 162
감사계약변경 233
감사계약서(audit engagement letter) 232
감사계획 163, 209, 244
감사계획 수립단계 223
감사모듈법(audit module method, SCARF method) 350
감사반 35
감사보고서 701
감사보고서일 705
감사수임위험(engagement risk) 205, 228
감사실패(audit failure) 98
감사업무 휴지기간 227
감사위원회 30, 115
감사위험(audit risk) 98, 199
감사의 기초개념에 관한 보고서 46
감사의견 703
감사인(auditor) 18, 34, 53
감사인선임위원회 225
감사인의 선임 224
감사인의 책임 98
감사전략(audit strategy) 209, 246
감사절차 143
감사조서 188
감사증거(audit evidence) 181, 682
감사증거량 208
감사증거의 관련성(relevance) 181
감사증거의 신뢰성(reliability) 182
감사증적 330
감사품질(audit quality) 78
개별승인 280
개선권의서한 303
개업공인회계사 69
거래증적 330
검수 555
검수보고서(receiving report) 548, 555
경영진주장 137, 241
계리사 43
계속감사 32
계속기록법 599
계속기업(going concern) 670
계정잔액 실증절차 253
계층화(stratification) 454

고객주문서(customer order) 380
고유위험(inherent risk) 200, 205
공급자월별계산서 549
공시사항점검표(disclosure checklist) 660
공인회계사 34
공인회계사법 26, 34, 75, 105
공인회계사윤리기준 54
공정가치 회계추정치 422
과대신뢰위험 442, 463
과소신뢰위험 442
구매부서 554
구매요청서 547
구매주문서 547
구획추출(block sampling) 455
국제감사기준 42
국제윤리기준 54
국제회계기준 42
국제회계기준위원회 42
국제회계사연맹(IFAC) 54
궁극적 감사위험(ultimate audit risk) 203
금액단위추출(monetary unit sampling) 454
금액단위표본감사(monetary unit sampling) 475
금융감독원 80
금융어음 622
금융위원회 44
급여거래 531
급여와 인사활동 521
기간귀속(cut-off) 567
기간귀속(cut-off)의 오류 412
기간외부채(out-of-period liability) 566
기업실패(business failure) 99
기초잔액 230
기타사항문단 667
기타정보 739
기표 382, 549

[ㄴ]

내부감사(internal audit) 29
내부통제 45, 202, 286, 517
내부통제질문서 289

[ㄷ]

단위당평균추정법 493
단위원가계산 595
달성정도(computed precision interval : CPI) 497
당기조서 190
대금지급 556
대리인이론(agency theory) 20
대응수치 접근법 728
도착지인도기준 567
독립성(independence) 73, 230

[ㄹ]

랩핑(lapping) 404
리스크기술서 391

[ㅁ]

마감후예금거래명세서 642
마스터파일(master file) 327
매입정산 555

매입채무 563
매입채무거래파일 549
매출거래파일 381
매출분개장 381
매출송장(sales invoice) 381
매출채권 254, 415
매출처원장 382
매출총이익률 597
모니터링 283
모집단 447, 493
목표감사위험(planned audit risk) 205
무결성(integrity) 355
무작위추출(random selection) 453
문서화(documentation) 280
물리적 통제 338
미국내부감사인회 29
미국회계학회 46
미지급급여 535
미지급상여금 536
미지급수수료 535

[ㅂ]

발행수표 549
배당금지급대장 630
백지수표 623
백지어음 623
범용감사소프트웨어 46
법정감사(statutory audit) 31
변수표본감사(variables sampling) 450, 489
변이(anomaly) 458, 471
변호위협 65
병행처리법(parallel simulation) 347
병행 테스트(parallel testing) 337
보고기간말감사(year-end audit) 33
보안통제 338
보완통제(compensating control) 299
부당기각위험 443, 494
부당수용위험 443, 478, 493
부외부채 415, 620
부적정의견 711
부정(fraud) 107
부정위험요소(fraud risk factors) 108, 201
부정의 예방 114
부정한 재무보고(fraudulent financial reporting) 107
분류 143
분석적절차(analytical procedures) 187
분식회계(window dressed accounting) 111
비교재무제표 접근법 728
비교정보 727
비밀유지(confidentiality) 57
비상장법인 225
비통계적 표본감사(non-statistical sampling) 448
비표본위험(non-sampling risk) 203, 444

[ㅅ]

사실상의 독립성(independence in fact) 74
사업위험(business risk) 236
상법 30
상업어음 622
상여금 537
상장법인 224
색출표본감사(discovery sampling) 449

생산계획 587
선하증권(bill of lading) 381
성공보수약정 60
세금계산서 548
세부감사계획 248
세부테스트(detailed test) 148
속성표본감사(attributes sampling) 449, 460
송금통지서 381
수정통제 241, 270
수표 623
수행중요성(performance materiality) 196
승인절차(authorization) 279
시사(試査) 144
시스템개발(systems development) 337
시스템분석가 336
시험자료법(test data approach) 346
신국제감사기준(New ISA) 38
신규감사 229
신뢰구간(confidence interval : CI) 491
신용승인 395
실물단위변수표본감사(physical unit variables sampling) 489
실사(physical examination) 184
실사입회 597
실증적인 분석적절차(substantive analytical procedures) 148
실증절차(substantive procedures) 148, 406

[ㅇ]

압력위협 68
양도성예금증서(CD) 633, 644
양적요소 194
어음 623
어음수표총괄표 624
업무감사(operational audit) 26
업무기술서 549
업무분장 278, 394
업무수행점검표 685
업무흐름도 289, 385
역진법 182
연령잔액시산표(aged trial balance) 411
영구조서 190
예방통제 241, 270
예상왜곡표시액 479
예수금 535
오류(error) 106
오퍼레이터 336
온라인 접근통제 338
왜곡표시액 475
왜곡표시위험 239, 284
왜곡표시집계표 686
외감법 688
외감법 시행령 719
외관상 독립성(independence in appearance) 74
외부감사(external audit) 28
외부조회(confirmation) 186, 564
외부조회절차 414
우발채무(contingent liabilities) 621, 627, 660
월별거래명세서(monthly statement) 382
위험평가 277
위험평가절차 146
유의적 미비점 303
유의적 위험(significant risks) 242

유착위협 66
유형자산 569
유형자산 취득거래 572
윤리강령 55
은행간 대체거래명세서 644
은행계정조정표 642
은행조회서 641
응용통제 340, 344
의견거절 711
이익유연화(income smoothing) 111
이익잉여금 632
이익조정(earnings management) 111
이자비용 615
이자비용명세서 619
이행감사(compliance audit) 27
인수대행기관 630
인증(attestation) 19
일반감리 82
일반승인 280
일반적으로 인정된 감사기준 37
일반적으로 인정된 회계원칙 26
일반통제 343
일반화절차 456
임원급여 537
임의감사(voluntary audit) 31
임의추출(haphazard selection) 455
입고 555
입력통제(input controls) 340

[ㅈ]

자기주식 633
자본거래 629
자본금 631
자본시장법 688
자본잉여금 632
자산 횡령(misappropriation of assets) 107
작업시간카드 522
재계산(recomputation) 186
재고실사 591
재고자산 567
재고자산명세서 605
재고자산회전율 597
재고조사표(count tag) 592, 599
재무적 이해관계 58
재무제표감사(audit of financial statements) 25
재수행(reperformance) 186
적발위험(detection risk) 203, 206
적발통제 241, 270
적송서류(shipping document) 381
적송승인 395
적정의견 702
적합한 감사증거 181
전문가적 의구심(professional skepticism) 116
전문가적 적격성(professional competence) 56
전문가적 품위(professional behavior) 57
전반감사계획 246
전산부서 336
전산통제 343
전임감사인 229
전진법 182
전통적 변수표본감사(classical variables sampling) 489
정당한 주의(due care) 57

정보기술(information technology : IT) 325
정보담당임원(CIO) 336
정보위험(information risk) 20
정사(精査) 144
정신적 독립성(independence in mental attitude) 74
제2의견 72
조직감리 84
종합감사 28
주문(order) 554
주석 660
주식거래보조장부 630
주식대장 630
주식회사 등의 외부감사에 관한 법률(외감법) 21
중간감사(interim audit) 33
중요성(materiality) 193, 208
중요왜곡표시위험(risk of material misstatement) 239
중점감사절차 246
증거수집방법 237
증권선물위원회 80
지배기구 115, 122, 310
직무기술서 289
질적요소 194
집단소송 99

[ㅊ]

차이추정법 493
차입금 616
차입금명세서 619
체계적 오류 329
체계적추출(systematic selection) 453
체계적 추출법 481
초도감사(initial audit engagement) 32, 230, 729
총괄표 640
총급여 538
추가감사절차(further audit procedures) 291
추적테스트(walk-through test) 286, 291
출력통제(output controls) 342

[ㅋ]

카이팅(kiting) 643
컴퓨터자체감사 346
컴퓨터주변감사 345
클라우딩 컴퓨팅(clouding computing) 330, 351

[ㅌ]

타처보관 재고자산 415
통계적 표본감사(statistical sampling) 449
통계적 표본추출 448
통제 매트릭스(control matrix) 391, 557
통제위험(control risk) 202, 206
통제테스트(test of controls) 147, 252, 286, 293, 519
통제환경 274, 286
통제활동(control activities) 274, 278, 286
통제활동기술서 391
통합자료처리법(Integrated Test Facility : ITF) 348
퇴직급여 538
퇴직급여채무 536
투영왜곡표시(projected misstatement) 198
투영이탈률상한 470
투영절차 456
특수관계자 662

[ㅍ]

파일럿 테스트(pilot testing) 337
판매수수료 537
판매지시서(sales order) 381
포괄감사(comprehensive auditing) 28
표본감사(audit sampling) 441
표본감사방법 448
표본규모 478
표본단위 447
표본위험(sampling risk) 203, 442
표본의 대표성(representation of samples) 441
표본이탈률 470
표본평균(sample mean) 489

[ㅎ]

하드웨어통제(hardware controls) 339
한국계리사회 43
한국공인회계사회 85
한정의견 711
합리적 확신(reasonable assurance) 199
허용왜곡표시액 493
허용이탈률(tolerable deviation rate : TDR) 465
현금검증표(proof of cash) 404, 643
현금및현금성자산계정잔액 639
현금시재액 640
현금지출장 549
활동유형(cycle) 250
활동유형별 감사절차 517
활동유형별 접근방식(cycle approach) 249
회계감사기준 38
회계법인 34
회계부서 555
회계추정치 422
후속사건(subsequent event) 676

저자약력

이 효 익 Wisconsin 주립대학교(회계학석사) | 서울대학교 대학원(경영학박사) | 성균관대학교 경영대학 교수 | 금융감독위원회 위원 | 한국회계기준원 원장 | 한국공인회계사회 감사기준위원회 위원장 | NH농협은행 이사회 의장 역임

현, 성균관대학교 경영대학 명예교수

저서 및 논문 IFRS 회계원리(신영사, 2022) | IFRS 회계원리연습(신영사, 2013) | "감사인의 교체가 감사의견에 미치는 영향" | "기업의 이익조정에 대한 윤리적 수용가능성" | "보수주의의 적용과 감사품질의 연구" 외 다수

김 한 수 성균관대학교 대학원(경영학석사) | 성균관대학교 대학원(경영학박사) | 공인회계사 시험위원 | 5급공채시험 시험위원 | 조세범칙조사심의위원 | 국세심사위원 | 학교법인 태양학원 감사 | (주)디엑스앤브이엑스 사외이사

현, 경기대학교 경영학부 교수 | 공인회계사, 세무사

저서 및 논문 붙잡고 읽으면 어느새 회계머리(쏭북스, 2021) | IFRS 재무회계(생능, 2020) | "사립대학 외부감사 제도의 개선방안에 관한 연구" | "사립대학 외부감사보고서의 문제점과 개선방안에 관한 연구" 외 다수

제2판 최신 회계감사

2021년 6월 25일 제1판 1쇄 발행
2024년 7월 10일 제2판 1쇄 인쇄
2024년 7월 15일 제2판 1쇄 발행

저 자 이효익 · 김한수
발 행 인 권 영 섭
발 행 처 (주) **신 영 사**
경기도 파주시 심학산로 12(출판문화단지)
등 록 : 1988. 5. 2 / 제406-1988-000020호
전 화 : 031-946-2894(代)
F A X : 031-946-0799
e - mail : sys28945@naver.com
홈페이지 : http://www.shinyoungsa.co.kr

저자와의 협의하에 인지생략

정가 42,000원 ISBN 978-89-5501-859-2